桃江年鉴

（2021）

桃江县史志编纂室　编

方志出版社
Publishing House of Local Records

图书在版编目（CIP）数据

桃江年鉴. 2021 / 桃江县史志编纂室编. -- 北京：方志出版社，2021. 10
ISBN 978-7-5144-4843-6

Ⅰ. ①桃… Ⅱ. ①桃… Ⅲ. ①桃江县—2021—年鉴
Ⅳ. ①Z526. 44

中国版本图书馆CIP数据核字（2021）第238569号

桃江年鉴（2021）

编　　者：桃江县史志编纂室
责任编辑：罗　滔
出 版 者：方志出版社
地址　北京市朝阳区潘家园东里9号（国家方志馆4层）
邮编　100021
网址　http://www.zgfzcb.cn
发　　行：方志出版社图书经销中心
电话（010）67110500
经　　销：各地新华书店
印　　刷：湖南省越来越好印务有限公司
开　　本：889×1194　1/16
印　　张：24.5
字　　数：757千字
版　　次：2021年10月第1版　2021年10月第1次印刷
印　　数：0001～1000册
ISBN 978-7-5144-4843-6　定价：248.00元

《桃江年鉴》编纂委员会

《桃江年鉴》编辑部

主　编　周群锋

副主编　李梦飞　夏亚军

编　辑　李美华　李志清　周建华　刘万能

夏正君

编 辑 说 明

一、《桃江年鉴》是系统记述桃江县自然、政治、经济、文化、社会等方面情况的年度资料性文献，由中共桃江县委、桃江县人民政府主办，桃江县史志编纂室编纂。

二、《桃江年鉴（2021）》（以下简称本年鉴）以马克思列宁主义、毛泽东思想、邓小平理论、“三个代表”重要思想、科学发展观、习近平新时代中国特色社会主义思想为指导，坚持辩证唯物主义和历史唯物主义的立场、观点和方法，主要记述2020年1月1日至12月31日桃江县经济社会发展情况和发生的大事、新事、要事。

三、本年鉴采用分类编辑法，设类目、分目、条目3个层次。全书共29个类目、149个分目、521个条目。正文体例有综述、概况、条目、附录等。

四、本年鉴所载稿件内容和数据，均由各部门、各单位提供，并经撰稿单位领导审核。凡涉及全县经济社会发展全局的数据，均以县统计局提供的资料为准；县统计局未提供的，以各部门单位提供的资料为准。

五、本年鉴设“特载”，收录桃江县人民政府县长黄劲署名文章；将原有类目“专文”内容录入“附录”部分；增设“2020数字桃江”和“桃江县纪委 监委”“人物”“桃江特产”类目；改原有“商贸旅游”类目为“商贸”类目，旅游内容录入“文体·旅游”；改原有“人民团体”类目为“群众团体”类目。

六、本年鉴所载《桃江县副科级以上领导干部名录》由县委组织部提供，以2020年12月31日在职人员为准。

七、本年鉴所载“人物”“先进名录”由各单位提供。“人物”收录2020年度桃江县获省、部级及以上荣誉且事迹突出的先进人物；“先进名录”收录2020年度桃江县获市以上荣誉的先进集体、先进个人，经编辑部甄别后确定，按单位归属系统排序。

八、本年鉴彩色专版由县委小康办、县扶贫办、县卫健局、县科工局、县商务局、县林业局、县文旅广体局、桃江经济开发区供图；《桃江县行政区划图》由县民政局提供。

九、本年鉴计量单位采用中华人民共和国法定计量单位，考虑到社会使用习惯，全书“亩”未统一换算成“公顷”。

十、为方便读者查阅，本年鉴采用双重检索系统，卷首编制目录，卷末编制索引。

桃江县行

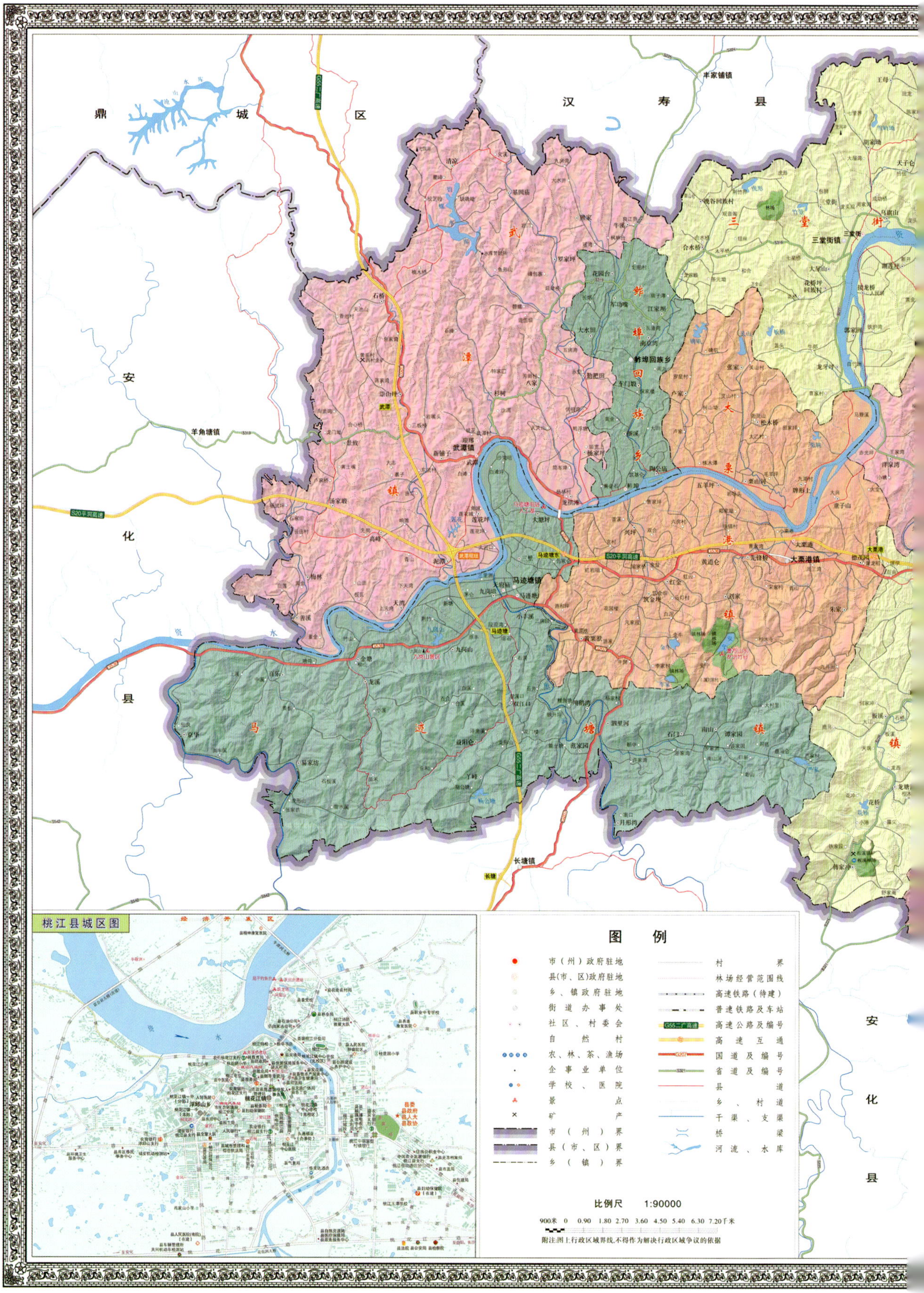

桃江县人民政府 湖南地图出版社 联合编制 湖南省自然资源厅 监制 地图审图号：湘S（2019）111号

政区划图

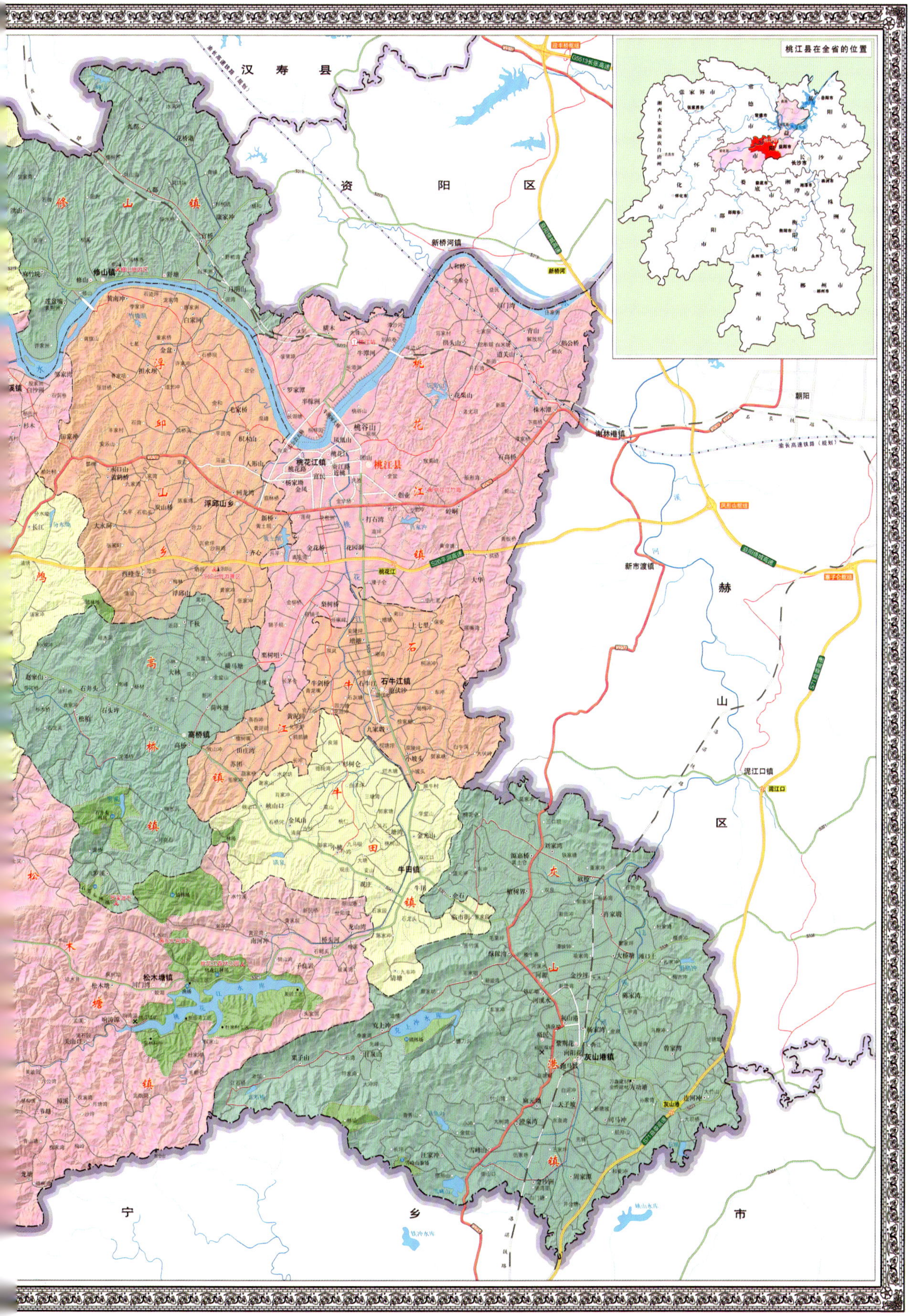

湖南地图制印有限责任公司 印刷 2019年11月

2020 数字桃江

综合	
国土面积	2068 平方公里
耕地面积	4.4 万公顷
地区生产总值	279.88 亿元
第一产业增加值	46.96 亿元
第二产业增加值	129.64 亿元
第三产业增加值	103.28 亿元
三次产业结构比重	16.8：46.3：36.9
人口	
总人口	87.57 万人
城镇人口	26.83 万人
乡村人口	60.74 万人
常住人口	76.99 万人
男性	39.47 万人
女性	37.52 万人
固定资产投资	
全县固定资产投资增长	8.5%
第一产业下降	52.1%
第二产业增长	8.1%
第三产业增长	24%
人民生活	
城乡居民人均可支配收入	24774 元
城镇居民人均可支配收入	33765 元
人均消费总支出	18848 元
人均居住消费支出	4775 元
农业	
农林牧渔业总产值	90.92 亿元
粮食种植面积	87.8 万亩
粮食总产量	36.05 万吨
水稻产量	33.01 万吨
油菜籽产量	32488 吨
肉类总产量	4.47 万吨
新增笋用林基地	2 万亩
生产鲜笋	0.6 亿公斤
建成设施蔬菜基地	200 亩
高效茶园	500 亩
特色水产养殖面积	526 亩
贫困村全部出列	43 个
贫困人口全部脱贫	43739 名
工业	
全县实现工业增加值	102.69 亿元
建筑业增加值	26.95 亿元
新增规模工业企业	22 家
新增入园规模企业	14 家
交通、邮政和电信业	
全县民用车辆	111151 辆
新改建农村公路	120 公里
改造危桥	17 座
固定电话用户	3.48 万户
移动电话用户	59.60 万户
宽带用户	17.51 万户
手机互联网用户	46.18 万户
邮政通信业务收入	3.66 亿元
批发和零售业	
社会消费品零售总额	107.2 亿元
限额以上	17.3 亿元

限额以下	89.9 亿元
城镇	90.3 亿元
乡村	16.9 亿元
批发业	5.9 亿元
零售业	98.8 亿元
住宿业	1.2 亿元
电商产业	
电子商务交易额	100.2 亿元
电商产业园引进企业	16 家
发展跨境电商企业	5 家
对外经济贸易	
引进投资过亿元项目	6 个
过 5000 万元项目	10 个
引进内资形成固定资产投资	88.7 亿元
引进省外境内资金	80.91 亿元
实际利用外资	4517 万美元
财政、金融	
一般公共预算收入	13.98 亿元
一般公共预算支出	51.97 亿元
金融机构年末存款余额	303.02 亿元
住户存款余额	252.1 亿元
保费收入	7.31 亿元
科技、教育	
申报科技项目	17 项
拥有高新技术企业	42 家
中小学校	173 所
普通高中	5 所
职业高中	2 所
初中	34 所
九年一贯制学校	8 所
十二年一贯制学校	1 所
小学	91 所
教学点	30 个
教师发展中心	1 个
特殊学校	1 所
专任教师	5287 人
在校学生	89532 人
高考成绩益阳市领先。全县参加高考	3592 人
一本上线	949 人
二本以上上线	1610 人
三本上线	1922 人
专科上线（专科以上上线人数、上线率居益阳市第一）	3576 人
600 分以上学生（上线率居益阳市第一）	155 人
旅游	
接待游客	1200 万人次
文化旅游综合收入突破	100 亿元
医疗卫生	
公立医疗卫生机构	495 家
卫生技术人员	4539 人
社会保障	
新增城镇就业	4840 人
新增养老保险参保人数	14996 人
发放城市低保对象	74628 人次、2763.1 万元；
发放农村低保和兜底脱贫对象	173244 人次、3448.95 万元

4 月 12 日，水利部副部长叶建春（前排右二）检查桃江县横石村水库安全度汛工作　　（葛　雷 / 摄）

11 月 26 日，水利部副部长田学斌（右二）一行到桃江调研小水电清理整改工作　　（葛　雷 / 摄）

4 月 13 日，省政协副主席、党组副书记戴道晋（前排右二）到修山镇舒塘社区调研人居环境工作　　（刘　丹 / 摄）

9月1日，省政协副主席贺安杰（前排右一）在龙溪调研
（马迹塘镇党政办供图）

4月17日，省人大常委会委员、社会委主任委员祁圣芳（右一），省妇联党组成员、副主席张媛媛（右三）到桃江县就《湖南省家庭教育促进条例》立法开展调研　（许江婷／摄）

9月15日，省委组织部副部长、省委编办主任刘越高（右三）到桃江调研指导工作　　（罗胜兰／摄）

7月14日，共青团湖南省委书记汤立斌（左二）在湖南大队长有限公司调研　（刘　舜／摄）

7月8日，湖南省市场监督管理局党组书记刘湘凌（左二）听取政务中心市场监管窗口工作汇报　（范博琳／摄）

6月12日，益阳市委书记瞿海（左二）到浮邱山乡党群和政务服务中心了解一门式业务办理情况　（周　鹏／摄）

8月26日，益阳市委常委、市纪委书记、市监委主任李永军（左二）走访紫荆新材公司　（梁菲菲／摄）

9月21日，益阳市第三届“中国农民丰收节”桃江分会场
（黄　霖／摄）

9月22日，农民丰收节桃江专场　（周　凡／摄）

桃江县城一角（邓燕盛／摄）

6 月 12 日，全市“一门式”全覆盖现场会在桃江县召开 （杨雅靖 / 摄）

“健康人生 绿色无毒”健康长跑活动现场 （县禁毒办供图）

2 月 19 日，桃花江镇打石湾村开展闹元宵活动 （高　超 / 摄）

改造后的三堂街古镇夜景　（蒋霞飞 / 摄）

▶8 月 8 日，桃江县“全民健身日”系列活动启动　（县文旅广体局供图）

◀10 月 13 日，情景歌伴舞《一个扶贫队长的日记》入选湖南省欢乐潇湘节目展演　（郭　乐 / 摄）

蜜蜂养殖精准扶贫

笋竹产业生产车间

民政干部下村了解低保户情况

上门为贫困残疾人评残

消费扶贫直播带货

鸬鹚渡镇中学新建教学楼及运动场

桃江县石牛江镇九苏公路提质改造

农村饮水安全工程

灰山港镇易地扶贫搬迁户王命强（右一）在扶贫车间就业

家庭医生签约

农村电网改造

修山镇八都村“修山妹子”扶贫女红车间

灰山港镇易地扶贫搬迁安置点

桃江经济开发区易地扶贫搬迁集中安置点

（精准扶贫全版图片由县扶贫办提供）

2月4日，县委新冠肺炎疫情防控工作领导小组第九次会议召开　（莫　睿／摄）

1月27日，县委副书记、县长黄劲（左一）看望县人民医院一线医务人员　（县卫健局供图）

疫情防控期间，一线工作人员值守灰山港高速路口　（县融媒体中心供图）

2月28日，县委办组织机关党员、干部为支持新冠肺炎疫情防控工作捐款　（县委办供图）

援鄂医护人员载誉回归　（周　凡／摄）

3月6日，援鄂医疗队回到桃江　（李成刚／摄）

3月1日，湖南惊石农业30吨竹笋驰援武汉雷神山和火神山医院　（县卫健局供图）

电子商务

11 月 23 日，拥抱电商新风口，大力促进产业转型——2020 湖南桃江直播电商行业交流论坛（颜丙光 / 摄）

12 月 6 日，桃江举办首届村播带货直播大赛（县融媒体中心供图）

11 月 23 日，在拥抱电商新风口，大力促进产业转型——2020 湖南桃江直播电商行业交流论坛上，湖南卫视主持人李林珂正在分享经验（颜丙光 / 摄）

建材

南方水泥生产区南门　（侯荣华 / 摄）

益阳方成建筑新材料有限责任公司车间内外一角（文飞鹰 / 摄）

南方水泥中控室　（侯荣华 / 摄）

湖南紫荆新材料科技有限公司厂区全景　（孙　远 / 摄）

食品

口味王公司　（钟　英／摄）

湖南惊石农业科技有限公司清水笋生产现场
（张　晴／摄）

湖南惊石农业科技有限公司生产车间
（张　晴／摄）

竹产业

5月23日，中央电视台《我爱发明》栏目在桃江县拍摄节目《缆索式竹林拖拽机》（韩松鹤 / 摄）

11月，湖南惊石农业科技有限公司二期工程6755平方米竹笋深加工厂房建成投产（李晓雷 / 摄）

4月29日，县竹产业发展服务中心在桃江县憨哥竹笋专业合作社笋用林基地举办幼竹人工摇梢培训班，高级工程师刘迪钦（居中）在讲解幼竹人工摇梢技术

（张放军 / 摄）

11月30日，德国复兴信贷银行北京办事处高级协调员李萍（前排右三）评估桃花江国有林场德促项目

（胡卫红 / 摄）

10月，桃花江国有林场新建成1000亩笋用林县级示范基地，4年后将进入产笋盛期，年产鲜笋可达75万公斤以上

（李晓雷 / 摄）

文化旅游

4 月 29 日，桃江县举行“锦绣潇湘 安宁竹谷”绿色环保自行车邀请赛 （莫 睿、杨雅靖 / 摄）

4 月 29 日，安宁竹谷自行车邀请赛开幕式 （黄 霖 / 摄）

7 月 18 日，桃花江竹海旅游度假区开园 （黄 霖 / 摄）

10 月 22 日，参加“诗画桃花江”活动的书画家正在描绘修山美景 （肖 丹 / 摄）

10 月 8 日，桃江县美人谷项目建设 （吴海燕 / 摄）

11 月 30 日，桃江县完成旅游集散中心布置 （李 铸 / 摄）

6月18日，湖南省旅博会桃江展区　（李　铸 / 摄）

三堂街水岸小镇度假庄园　（胡远红 / 摄）

装备制造

7月7日，桃江新兴管件公司总经理莫正田（左二）为铸造工部颁发工艺攻关小指标奖励 （薛 敏/摄）

8月3日，新兴铸管党委副书记、总经理何齐书（右二）考察新区建设工作 （薛 敏/摄）

疫情期间，桃江新兴管件公司上下共同发力，确保生产、防疫两不误 （薛 敏/摄）

湖南福德电气有限公司产品展示厅　（薛耀祖 / 摄）

湖南福德电气有限公司生产车间　（薛耀祖 / 摄）

湖南福德电气有限公司正门　（薛耀祖 / 摄）

10 月 22 日，桃江经济开发区消防救援站揭牌仪式 （胡超英 / 摄）

5 月 26 日，市委常委、市委秘书长、市委办主任孙达良（右二）调研园区 （胡超英 / 摄）

3 月 5 日，益阳市委常委、市纪委书记、市监委会主任李永军（右三）调研园区 （胡超英 / 摄）

3 月 30 日，桃江经济开发区行政审批服务中心揭牌 （胡超英 / 摄）

目　录

特　载

大事记

桃江县副科级以上领导干部名录

桃江概览

中共桃江县委员会

桃江县人民代表大会

桃江县人民政府

政协桃江县委员

桃江县纪委　监委

群众团体

法　治

城乡建设・环境保护

综合监督管理

农业·林业·水利

工　业

财税・金融

商　贸

教　育

文体・旅游

卫生健康

社会生活

乡镇概览

人 物

先进名录

统计资料

桃江特产

附 录

索　引

特　载

桃江：务实创新，打造招商引资新“洼地”

桃江县人民政府县长　黄　劲

（2020 年 7 月）

招商引资是一个地区扩大经济总量、提升经济实力的主要手段。县域经济要加快高质量发展，必须把利用外资放在突出位置。桃江县地处湘中偏北，资江中下游，离益阳市区仅 20 多公里，距省会长沙仅 1 小时车程。全县面积 2068 平方公里，人口 89 万人。近年来，桃江县立足自身实际，坚持以高质量发展为方向，解放思想、创新思路，着力打造资金、技术、人才集聚洼地，全县招商引资态势持续向好，有效助推了县域经济发展。

一、既招外商，也招老乡。近年来，全国各地招商引资竞争愈来愈激烈，要想“拔得头筹”，既要完善体制机制，打足“利益牌”，积极培育和营造良好的政策、制度环境，努力建设招商引资“强磁场”，更要瞄准特定群体，利用各类优势条件，有针对性地打好“感情牌”，用真心实意赢得客商青睐。近年来，桃江县先后修改出台《桃江县鼓励投资办法》《桃江县招商引资若干规定》《桃江县招商引资中介人奖励暂行办法》等系列招商文件，创新推行“飞地招商”、挂职招商、驻点招商、会节招商等招商模式，主要领导带头，县“四大家”领导分批次赴深圳、长沙等地深入了解产业发展态势，及时捕获招商信息、扎实开展推介“公关”，并借助互联网和大数据平台，建立了招商引资网站、QQ 群、微信公众号等信息平台，实现网络化、高效化招商。与此同时，桃江充分利用在外乡友资源丰富的优势，坚持以乡友乡情牵引产业发展，大力推进桃商总部回归、产业回归、资本回归、人才回归，利用春节、清明等重要节日，组织乡镇通过上门走访慰问重要乡友和客商、召开座谈会等形式，建立了 600 人左右乡友信息库，实行招商引资常态化集中签约，先后举办“迎老乡 · 回故乡 · 共建新桃江”恳谈会等乡友招商活动 10 余次，累计接洽乡友及关联商界人士 1800 余人次以上。2016 年以来，全县先后引进项目 240 个、签约资金 307 亿元，其中桃江籍乡友直接或为主返乡投资项目 196 个，占总数的 81%。

二、既引大资，也引小资。对较为“孱弱”中部内陆县域经济而言，大企业、大项目犹如西医特效药，见效快，能立竿见影，但往往难有斩获；而中小企业则犹如中草药，来源广泛，药性虽温，却是县域经济强筋骨、壮体质的基础。桃江紧靠长沙、益阳、宁乡等地，交通区位、基础设施对比差距大，近年来，县委、县政府主动调整思路，瞄准主导产业，秉承“抓大不放小”招商理念，积极引进符合本地产业特色的优势重点企业，先后引进了新兴管件、省建工集团、临亚集团、新奥燃气等国企和民营500强企业进驻桃江。同时，在严把产业、环保关的前提下，坚持将发展前景好、潜力足的中小微企业纳入重点引进范围，先后引进了惊石农业、风河智慧、麓上住工、鑫政模架、福德电气二期、新兴管件铸造产业园、颐高电子商务产业园、桃花江旅游度假区、“壹方山水”旅游开发、口味王二期扩建等一大批符合桃江产业发展规划的项目，招商引资实现“量质齐升”。

三、既富财政，也富人民。习近平总书记强调，发展的根本目的是为了人民。招商引资工作，同样要把握好“富民”和“富县”的关系，只有真正让老百姓得到实惠，群众的获得感才会更加饱满有触觉。桃江县委、县政府以“富民”理念为指引，把招商引资与中央重大决策部署推进落实紧密结合，兼顾引进企业（项目）的经济效益与社会效益，促就业、助脱贫、兴产业，有效带动了群众增收致富。先后引进口味王槟榔生产项目等一批劳动力需求量较大的企业，每年实现就业数千人；积极鼓励引导有社会责任感的企业通过入股分红、建设扶贫车间吸纳贫困群众就业等方式，帮扶贫困群众增收脱贫。近三年，累计帮扶贫困户1000余人次。结合电子商务进农村综合示范试点县创建的有利契机，积极引进电子商务和上下游支持企业，颐高电子商务产业园运营合作项目、阿里巴巴天猫优品合作项目等项目落户桃江，农村电商“桃江模式”获商务部和省市充分肯定，电子商务成为全县主推的六大百亿产业之一。

四、既利现在，也利将来。招商引资不应该单纯看重一时的引资数量，而更应着眼于地方产业的长远发展，找准定位，既着眼高水平的引进，更注重高质量的培育。桃江县委、县政府在既有产业基础上，立足当前、着眼长远，确定了到2020年，将竹、建材、装备制造、电子商务、文化旅游、食品加工打造成为全县六大百亿产业的发展目标，并积极围绕六大产业开展精准招商，极大地提高了产业关联度，近年来，全县先后签约引进竹产业项目24个、建材产业项目17个、装备制造产业项目18个、电子商务产业项目3个、文化旅游产业项目20个、食品加工产业项目28个，有效推动了上述六大产业延链、补链、壮链。与此同时，坚持务实惠企原则，先后出台“工八条”“竹八条”“旅八条”等强力产业政策措施，对落户县内的产业项目，在用地价格、标准化厂房租赁、报建费用、人才培养、物流支持、转型升级、设备采购、融资上市等方面给予最大的优惠与扶持，取消涉企收费项目95项、降标67项，为企业申报项目资金1.58亿元、减负3000多万元、退税2.13亿元，等等。一系列的“放水养鱼”政策措施初见成效。截至目前，已先后有53家企业（项目）投产运营，有效促进了产业集群的加速形成，2019年年底，全县六大百亿产业中，竹、建材、装备制造三大产业产值提前实现百亿目标。

五、既优硬件，也优软件。随着时代的发展，过去单纯依靠基础设施、政策优惠为主的招商方式已经失去竞争力，做好当前招商引资工作，营商环境是重中之重。近年来，随着县内益马、益娄、常安、马安等四条高速相继建成通车、三大园区基础设施日益完善，桃江产业发展“硬件”改善进入“平稳放缓期”。县委、县政府在持续强化产业基础设施建设的同时，及时更新思路，将优化营商环境作为推动加快发展新的“突破口”，政务服务力求周到便捷，发展环境力求风清气正，积极对接北上广、优化大环境，全力打造优质“软”环境。出台《关于构建“亲”“清”新型政商关系的八条措施》，扎实开展营商环境大优化和“实体经济服务年”等活动，强化县级领导联系重点项目、重点企业制度实效，持续推进“互联网+政务服务”，推行网上办、马上办、一次办和重点项目政务服务全面“代跑代办”，力争让企业“零跑路”，并实现办结时限压减50%以上，企业落户桃江更加方便快捷，如引进的湖南开益湖南省开益制冷有限公司制冷设备生产项目，从签约到投产历时仅3个月。制定《桃江县整治重点项目建设环境“十二个一律问责”暂行规定》，成立县整治重点项目建设环境办公室，全面公开价格收费、征地拆迁、采购招标等信息，开展“中梗阻”式腐败问题专项治理，重拳惩治“乱作为”，切实纠正“不作为”，集中整治“慢作为”。近三年，查处影响重点项目建设环境问题11起，强行参工参运、无理阻工等涉企案件24起，有效维护了良好的建设和发展环境，营商环境“强磁场”效用日益显现，2016—2019年，全县签约项目分别达到33个、52个、80个、60个，保持了高位、递增态势。

改革开放是持续发展的不竭动力。桃江近三年的实践证明，县域经济要加快发展，必须牢固树立“扩大开放、互利共赢”和“你发财、我发展”的开放思维，解放思想，创新思维，坚持对内开放与对外开放结合、招商引资与培育产业并重，努力形成全方位、多层次、宽领域、内外融通的大开放格局。

大事记

1月

6日　桃江县消防救援大队举行挂牌仪式，市消防救援支队防火监督处处长陈平生，县委常委、常务副县长张晓出席仪式。挂牌仪式由大队政治教导员彭蕾主持。陈平生、张晓为“桃江县消防救援大队”“桃江县消防救援站”揭牌。

7日　市、县市监局负责人到桃花江竹材科技股份有限公司和福德电气有限公司颁发“国家知识产权优势企业”牌匾。这是桃江县企业首次获得此项荣誉。

14日　桃江县就业服务中心获“全国人力资源社会保障系统2017—2019年度优质服务窗口”称号。中心主任唐习春被评为全省人力资源社会保障工作先进个人。

14日21时　桃江县应急管理局接县消防救援大队电话报告，灰山港镇栗子山村一车辆坠崖，5人失联。县委、县政府立即启动应急预案，组织应急管理、消防、公安、交警、卫健、灰山港镇政府、栗子山村委等单位赶赴现场搜救。22时，县、镇两级领导到达现场指挥组织救援。15日0时50分，5人全部找到，已无生命体征。涉事车辆为五菱宏光“面的”，证照齐全。善后工作全面展开。

16日　湖南省地方志编纂委员会印发《关于表彰2019年度全省地方志系统先进集体和先进工作者的通报》，授予省政府办公厅公报室等6个省直单位、株洲市等7个市（州）和桃江县等31个县（市、区）的地方志工作部门“2019年度湖南省地方志系统先进集体”称号。

20日　桃江县政府首次启动“农民工工资支付应急周转金”，发放144名农民工所欠的工资。

22日　县委副书记、县长黄劲主持召开2020年县政府第一次常务会议，专题研究部署新型冠状病毒感染的肺炎疫情防控工作。会议传达学习习近平总书记对新型冠状病毒感染的肺炎疫情作出的重要指示和国务院、省委、省政府有关会议精神，对疫情防控工作提出明确要求。决定成立由县长任指挥长，分管副县长任副指挥长的领导小组。会议指出，要按照“四个最严”要求，加强市场保障、食品安全监管工作，加大环境卫生综合整治力度，全力确保医务人员零感染、重症患者零死亡、聚集性疫情零发生。会议强调，要加强值班值守，严格病例诊断与报告制度，确保信息畅通。

是日　县委领导慰问到县供电公司、县环卫处、县自来水厂慰问干部职工。

27日　桃江县新型冠状病毒感染的肺炎防控工作领导小组召开第4次会议，通报全县新型冠状病毒感染的肺炎疫情防控工作，研究部署下阶段工作。会议决定，桃江县新型冠状病毒感染的肺炎疫情防控工作领导小组由县委书记任第一组长，县委副书记、县长任组长。各乡镇要按此要求升格领导小组。会议要求，要加强组织领导，各分管副县长部署好本行业的疫情防控，其余县级领导督导联系乡镇的疫情防控工作。

2月

5日　桃江县马武现代农业产业示范区投资5000万元的湖南惊石农业二期项目启动建设。

11日　桃江县人民医院3名医护人员抵达湖北，支援黄冈麻城市疫情防控工作。

17日　桃江县首例新冠肺炎确诊病例从益阳市第四人民医院治愈出院。

26日　县委组织召开全县PPP项目工作调度会议，研究解决PPP项目存在的问题与困难。

3月

2日　桃江县2020年第一次招商引资工作调度会在县委常委会议室召开。副县长吴治国主持会议，各乡镇党委书记，各园区、县直责任招商单位和驻点招商办负责人参加会议。会议通报2019年招商引资工作情况，部署2020年招商引资工作。

18日　十二届县委第九轮巡察工作动员部署会召开，县委常委、县纪委书记、县监委主任、县委巡察工作领导小组组长戴剑锋出席会议并讲话，县委常委、组织部部长、县委巡察工作领导小组副组长蒋耿主持会议。蒋耿代表县委授权各巡察组组长、副组长、组员，并宣布第九轮被巡察党组织名单。此轮巡察设4个巡察组，巡察11个县直单位党组织。

30日　桃江经济开发区行政审批服务中心挂牌成立，县委常委、常务副县长张晓，副县长戴文出席挂牌仪式，并检查县经济开发区经济管理权限承接工作。桃江经济开发区、县发展和改革局、县住房和城乡建设局、县自然资源局、县司法局、县政务中心、县数据资源服务中心主要负责人参加仪式。

4月

3日　桃江县召开创建工作调度会议。县委副书记、县长黄劲出席会议并讲话。县委常委、宣传部部长胡国清，副县长林龙飞出席会议。会议通报2019年省级文明城市复检情况，部署2020年创建工作。

8日　桃江县农业综合行政执法局在县农业农村局挂牌成立，副县长罗歆辉出席揭牌仪式并讲话。

13日　县委常委、常务副县长张晓到县档案馆，调研党史、地方志和档案工作。

22日　省地方志编纂院副院长（主持工作）邓建平到桃江调研地方志工作。市地方志编纂室主任周冠军，县委常委、县委办主任肖立新陪同。邓建平一行参观了桃花江竹海竹博物馆和县档案馆，听取了桃江县地方志工作情况汇报。

29日　2020年湖南省春季乡村文化旅游节桃江分会场举行"锦绣潇湘安宁竹谷"绿色环保自行车邀请赛。市、县领导李永军、黄劲、罗卫荣、胡国清、戴剑锋、吴小玲、王建国、黄平等出席开幕仪式。市委常委、市纪委书记、市监委主任李永军宣布比赛开幕。本次比赛由桃江县人民政府主办，县文旅广体局、壹方山水安宁竹谷景区联合承办，来自桃江的11支车队、来自长沙、湘潭、常德等地的9支车队，共226名自行车爱好者参赛。其中桃江11支车队，外地9支。赛程从景区大门出发，绕安宁水库三圈至终点，全程15公里。陈贻恩和陈凯获青年男子组一等奖，唐学坤和陈湘源获中年男子组一等奖，汤娜和代双平获女子组一等奖。

是日　桃江县第三轮部门志编修动员会议召开。县委常委、县委办主任肖立新出席并讲话，会议部署部门志编修工作。会议要求，全县112个承修单位要按县委县政府的要求，确保全县39部部门志编修任务的圆满完成。

30日　团县委召开桃江青年五四奖章表彰大会，县委常委、组织部部长蒋耿出席会议并讲话。会议表彰了范德军等15位"桃江青年五四奖章先进个人"和县人民医院外出支援医疗队等7个"桃江青年五四奖章先进集体"。

5月

3日　共青团中央发布《共青团中央关于表彰"全国优秀共青团员""全国优秀共青团干部""全国五四红旗团委（团支部）"的决定》，授予张美玲等505人"全国优秀共青团员"称号，湖南省源益农业综合开发有限公司董事长龚树国获此殊荣。

12日　2020年桃江县第一次集中签约暨手机产业链项目入驻国辰高科园启动仪式在桃江经济开发区举行。副市长胡安邦宣布手机产业链项目入驻国辰高科园启动。省市县领导罗建军、胡安邦、李国大、黄劲、张晓、符凤文、李质彬等出席签约仪式。签约活动共签约项目30个，签约资金22.5亿元，项目涵盖电子设备制造业、医疗器械制造业、现代农业、现代服务业等领域，其中手机产业链项目总投资16亿元，由深圳可可米科技有限公司等22家企业与桃江县人民政府、国辰高新科技产业园三方共同签约。该项目一期占地128亩，占用标准化工业厂房

19万平方米，总投资26亿元。

26日　大栗港镇朱家村被认定为“湖南省休闲农业集聚发展示范村”，罗溪山庄被认定为“湖南省休闲农业示范农庄”。

6月

11日　“水木杯”2020年桃江县第四届全民健身运动会暨男子篮球赛开幕。县领导黄劲、吴小玲、王建国、黄平等出席开幕式。县委常委、宣传部部长胡国清主持开幕式。本届运动会报名单位117个，报名人数超过1万人，设有美丽乡村越野跑、趣味体育活动、篮球比赛、登山比赛、气排球比赛等特色项目。

19日　2020湖南（国际）文化旅游产业博览会暨文化和旅游装备展在长沙开幕。县人大常委会党组书记、主任符凤文带队参展，桃江修山面业、国泰农业、农铭农机、龙头湾面业、黄旌酒业等企业参展。

29日　桃江县驻村帮扶工作（牛田片区）现场调度会召开。县委常委、组织部部长蒋耿出席会议并讲话。与会人员观摩牛田镇产业扶贫示范基地。会上，牛田镇党委书记蔡亮汇报牛田镇脱贫攻坚工作，4个乡镇的5位驻村工作队队长交流经验。

7月

8日　省市场监管局党组书记刘湘凌到桃江调研市场监管工作。副市长刘国龙，县委副书记、县长黄劲，县委常委、宣传部部长胡国清陪同调研。刘湘凌先后到马迹塘市监所、湖南惊石农业科技有限公司和县政务服务中心调研。

11日　武潭镇人民政府与湖南灰菇娘生物科技有限公司签订合作协议。县委常委、统战部部长李畅和出席签约仪式。项目位于武潭镇泥潭村和莲花坪村，由湖南灰菇娘生物科技有限公司投资1.01亿元，建设年产1200吨灰树花工厂化栽培及深加工项目。规划用地约150亩，分两期建设。第一期建设用地70亩，流转用地40亩，投资5100万元，主要建设大棚种植区、灰树花工厂化栽培区；第二期预留用地面积约40亩，投资5000万元，建设灰树花多糖提炼深加工线。

12日　桃江一中、桃花江镇一中、桂花园小学、桃花江小学获“2020年全国青少年校园篮球特色学校”称号。

14日　团省委书记汤立斌到桃江调研青年投身脱贫攻坚助推产业发展情况。市、县领导潘文剑、谌思羽、黄劲、蒋耿陪同调研。

18日　“益山益水 益美益阳”文旅惠民消费一卡通发行暨益阳人游益阳活动和“山水桃花江 天下美人窝”桃花江竹海旅游度假区开园仪式在桃花江竹海旅游度假区举行。省文化和旅游厅党组成员、副厅长郭固权，市委常委、市纪委书记、市监委主任李永军，县委副书记、县长黄劲等省市县领导参加开园仪式。

23日　桃江县妇联干部能力建设培训班在县党政大楼附属楼开班。省妇联党组书记、主席姜欣出席培训班并授课。县第十四届妇联执委，县直妇委会主任，乡镇妇联主席、副主席，村（社区）妇联主席共400余人参加培训。

是日　桃江县获“全国电子商务进农村综合示范县”称号。

24日　第四届“中国创翼”创业创新大赛桃江县选拔赛暨桃江县第五届创业创新大赛决赛在华美达大酒店落幕。市就业服务中心主任程高中、县人大常委会副主任吴小玲、副县长武和全、县政协副主席龚胜芳出席活动。决赛分为创业和创新两个小组，每组分别有10个优秀项目入围，项目涉及茶艺文化、5G物联、生态农业等多个领域。建筑垃圾（固体废料）资源化再生利用和农用石灰缓释颗粒（专业土壤调酸降镉）两个项目分别摘得创业组和创新组的桂冠。

25日　县工人文化宫PPP项目签约仪式在县总工会举行。县人大常委会副主任、县总工会主席吴小玲，县总工会党组书记、副主席方银飞，湖南省第三工程有限公司党委副书记、总经理吴凯明，党委委员、副总经理李伟代表签约双方出席签约仪式。

是月　“湖南好人”名单出炉，全省22位群众身边好人当选七月“湖南好人”。桃江七中教师夏红霞获敬业奉献类“湖南好人”称号。

8月

5日　省委宣传部副部长、省文明办主任肖凌之率调研组到桃江调研创建全国文明城市和新时代文明实践中心试点建设工作。市领导喻国良，县委相关领导陪同调研。

6日　桃江竹笋产业发展战略合作框架协议签约仪式

在湖南惊石农业科技有限公司举行。

是日　总投资2100余万元的桃江县互联网+交通建设项目开工建设。

19日　湖南建工集团、桃江县人民政府合作建设PPP项目签约仪式在县党政大楼五楼会议室举行。湖南建工集团党委委员、副总经理熊用机，湖南省第五工程有限公司党委书记、董事长龙兴出席签约仪式并致辞，县委副书记、县长黄劲主持签约仪式，县领导张晓、符凤文、李质彬、李丰、吴小玲、戴文、林龙飞等出席签约仪式。本次共签约3个PPP项目，签约总资金13.71亿元，分别是桃江园区基础设施建设PPP项目、县工人文化宫PPP项目和桃江县乡镇污水处理及配套管网建设PPP项目。

20日　桃江县教育基金会曾景祥扶贫助学基金启动2020年度助学金发放。162名困难学生和4名特困教师共获得36万元爱心资助。

24日　桃花江镇中心学校揭牌。县委常委、宣传部部长胡国清，副县长王建国为桃花江镇中心学校总支部委员会和桃花江镇中心学校揭牌。

25日　益阳桃江育才奖学基金会第十三届育才学子颁奖暨扶贫助学奖学金发放大会在县教育局召开，桃江县经济建设促进会广州分会顾问、四十一集团军原政委、桃江育才奖学基金会原理事长钟渭贤，益阳市人大常委会原主任、益阳市桃江育才奖学基金会监事长周再华，湖南省湘腾房地产有限公司董事长、益阳市桃江育才奖学金基金会理事长汪卫东，广西国辰投资有限公司董事长、桃江育才奖学基金会副理事长胡治国以及县领导胡国清、杨海斌、王建国等出席大会，县委副书记、县长黄劲主持大会。会议表彰了2020年获第十三届育才奖学金的10名学生和往届获得育才奖学金的52名学生，每人获1.5万元奖学金。资助10名贫困学生每人1万元。72名学生共获得103万元奖（助）学金。

26日　县政协举行第二届参政议政人才库特聘专家聘书颁发仪式。县委副书记张晓，县政协主席李质彬，县委常委、常务副县长李丰，县领导陈奇才、黄平、龚胜芳、胡喜明出席颁发仪式。会上，李丰宣读聘任专家名单，张晓、李质彬为56名特聘专家发放聘书。

31日　县委组织相关人员到长三角、珠三角地区招商考察，县委副书记张晓，副县长戴文等县领导和县委办、县经开区、县商务局、灰山港镇、灰山港工业集中区、各驻点招商办等相关单位主要负责人参加考察活动。

9月

1日　省政协党组成员、副主席贺安杰率队到桃江，开展“搭建协商平台，提升基层社会治理效能”课题调研。市政协党组成员、副主席黄仲书，县政协主席李质彬陪同调研。

2日　文化和旅游部、国家发改委发布第二批全国乡村旅游重点村名单，大栗港镇刘家村入选。

是日　省文明委、省志工委联合表彰在疫情防控期间表现突出的100名“最美志愿者”、30个“最佳志愿服务组织”、30个“志愿服务工作先进单位”。桃江志愿者符红梅获评湖南省新冠肺炎疫情防控学雷锋志愿服务“最美志愿者”。

9日　省教育基金会理事长许云昭到桃江走访慰问一线困难教师。市委常委、市纪委书记、市监委主任李永军，县委常委、县纪委书记、县监委主任戴剑锋，副县长武和全和市县教育基金会负责人陪同。

11日　县政协举行文史资料赠送首发仪式。首发的文史资料书籍有《我的政协情怀》《桃江人物新编》《美人竹茶》等图书，县档案馆、县新华书店、桃花江文化研究会接受赠送。

15日　省委组织部副部长、省委编办主任刘越高到桃江调研市县和乡镇（街道）机构改革、经营类事业单位改革、中小学教职工编制管理情况。市县领导李永军、蒋耿、李丰等陪同。调研组先后到桃花江镇中心学校、修山镇人民政府、县自来水公司调研，了解学校办学情况、编制配备和管理情况。刘越高对桃江机构编制改革工作予以充分肯定。

19日　桃江县经济建设促进会武汉分会在武汉市莱斯国际酒店成立。胡志建当选首任理事长。湖北省军区原副政委刘共希和桃江县张亮荣、戴文、陈奇才等领导嘉宾80余人出席成立大会。

24日　马迹塘镇（东莞）招商引资推介会暨集中签约仪式在东莞市举行，来自广东各地的60余位马迹塘籍知名乡友和企业家参加集中签约活动。湖南省看今朝户外拓展有限公司和湖南鸬鹚湾生态农业旅游开发有限公司分别与马迹塘镇政府签约，签约资金1.3亿元。

28日　资江雷公岩特大桥开放交通试运行。雷公岩特大桥是浮邱山大道的关键控制性工程，全长1010米，宽26米，荷载等级为公路Ⅰ级。为双向四车道，机动车道两侧设置非机动车道和人行道，实施行人、非机动车、机动车隔绝分流过桥。

29日　益阳市产业项目建设现场推进会召开。在桃江项目建设分会场，市委书记瞿海和市领导黎石秋、李永军、徐云波、胡立安实地察看桃花江竹海旅游度假区和国辰高新科技产业园建设情况。县领导张晓、符凤文、李质彬、肖立新、李丰、戴文、王建国等参加推进会。

是日　桃江县消费扶贫线下体验馆揭牌运营。市扶贫办主任王光辉，县领导张晓、肖立新、罗歆辉、胡喜明等出席揭牌仪式。

10月

17日　"美丽桃江、我是行动者"第五届桃花江30公里环保毅行活动在县城休闲广场启动。县委副书记、县长黄劲，副县长林龙飞，4000多名环保志愿者参加活动。

18日　桃江县举行志愿服务授旗暨"禁捕退捕志愿宣传资江行"启动仪式，县领导黄劲、张晓、伍令贤、蒋耿、戴文、王军华、郭清平、罗歆辉、林龙飞、陈奇才等出席活动。县委副书记、县长、县志愿服务总队长黄劲为8支县级志愿服务分队和15个乡镇志愿服务大队授旗。

19日　桃江县2020年新提拔干部培训班在县委党校开班，共调训来自全县各系统的39名新选拔干部。县委常委、组织部部长蒋耿出席并讲话。

是日　桃江县2020年中小学生运动会开幕。县委常委、宣传部部长戴文宣布运动会开幕，副县长王建国致开幕词。全县各中小学的22支代表队、256名运动员参加运动会。

21日　桃江县召开2020年高标准农田建设项目推进会，副县长罗歆辉出席会议并讲话。2020年，桃江县高标准农田建设项目计划新建高标准农田4.2万亩，涉及10个乡镇28个行政村。会议部署2020年高标准农田建设项目，28个项目村向罗歆辉递交维护施工环境承诺书。

23日　桃江县人力资源和社会保障局在桃花江镇半稼洲社区举办渔民创业培训班和就业专场招聘会。口味王、新兴管件、桃花江竹材科技等14家企业为招聘会提供就业岗位790个。参加培训与招聘的人数超过600人，其中退捕渔民近400人，达成就业意向112人。

24日　湖南省青少年定向越野锦标赛在桃江举行。来自长沙、湘潭、郴州、益阳等市的10支代表队近100名选手参赛。

27日　省农业农村厅党组书记、厅长袁延文到武潭镇莲花坪调研现代农业工作，县委相关领导陪同调研。袁延文在武潭镇莲花坪的国家农村产业融合发展示范园，听取项目负责人对项目土地流转、承包面积、建设规模、年产值等基本情况的介绍。袁延文对桃江县现代农业工作给予充分肯定，指出农业现代化关键是农业科技现代化，要加强农业与科技融合，加快农村一、二、三产业融合发展，助推乡村振兴。

28日　益阳市笋竹产业联盟成立大会在马迹塘镇湖南惊石农业科技有限公司召开。市人大常委会副主任刘时贵，县委相关领导，县政协主席、县竹产业发展领导小组组长李质彬，县政协副主席、县竹产业发展领导小组副组长胡桃等出席大会。

31日　湖南省第五届"桃花江杯"乒乓球混合团体公开赛在桃江县全民健身中心开赛。省体育局副局长苏健全，省乒乓球协会主席、湖南体育学院院长谭焱良，市人大常委会副主任陈佑才，县委副书记、县长黄劲出席开幕式，县委常委、宣传部部长戴文主持开幕式。全省65支代表队、400多名运动员参赛。

11月

2日　县委组织召开桃江县扶贫开发领导小组会议。县领导张晓、肖立新、戴剑锋、伍令贤、李丰、戴文、彭习元、罗歆辉、王建国、胡桃、胡喜明等出席会议。会议学习《2020年市州、县市区党委和政府脱贫攻坚工作考核实施方案》，通过《桃江县关于贯彻落实习近平总书记在湘视察时对脱贫攻坚工作重要指示的实施方案（草案）》《2020年桃江县委和政府脱贫攻坚工作考核责任分工表（草案）》《2020年省脱贫攻坚实地考核迎检任务分工安排方案（草案）》《关于采购益阳市消费扶贫线下体验馆（桃江分馆）扶贫产品的通知（草案）》《关于成立桃江县消费扶贫工作领导小组的通知（草案）》《桃江县消费扶贫智能专柜建设方案（草案）》《关于表彰"脱贫致富模范""社会帮扶模范""扶贫干部模范"的决定（草案）》7个文件。

3日　县委副书记、县长黄劲一行到广东考察景田饮用天然矿泉水惠州生产基地。考察组参观基地生产车间，听取基地总经理万东方的情况介绍。

8日　桃江县城投集团公司投资的桂花园小学人行天桥项目正式启动。

9日 湖南国泰农业开发有限公司生产的“清溪竹缘”牌原味糯米笋获第二十二届中国中部农业博览会金奖。

10日 桃江县第四届道德模范暨2019年度文明村颁奖典礼在县党政大楼附属楼三楼举行。县领导黄劲、张晓、李丰、戴文、王军华、黄平等分别为9位道德模范、8位道德模范提名人选和30个文明村颁奖。

11日 县委组织召开桃江县PPP项目调度会议。会议指出，全县入库PPP项目均为民生工程，要加快推进入库PPP项目建设进度。会议原则同意《桃江县政府和社会资本合作（PPP）项目管理办法》。

17日 共青团桃江县委和益阳市蚂蚁社工服务中心联合实施的青少年儿童社工站项目在城北中学启动。

23日 市委书记、市人大常委会主任瞿海和市领导孙达良、胡安邦、张冠夫到桃江督导生态环境突出问题整改工作。

是日 桃江县“村播带货”科技服务活动电商直播基地授牌仪式在沾溪镇洋泉湾村举行。

是日 “幸福扶贫 追梦小康”桃江县脱贫攻坚表彰晚会在县影剧院举行。会议表彰30名脱贫攻坚模范。县领导黄劲、张晓、符凤文、肖立新、戴剑锋、于新胜、戴文、罗歆辉、胡桃、胡喜明等分别为卢运时等10位“脱贫致富模范”、钟志军等10位“社会帮扶模范”、胡盛武等10位“扶贫干部模范”颁奖。

25日 全国劳动模范、大栗港镇朱家村党总支书记曹麦新，省先进工作者、县中医医院党委书记何强，省劳动模范、湖南福德电气有限公司冲压组组长汤兵，省劳动模范、桃江贺家坪水稻种植农机化服务专业合作社财务负责人兼技术指导贺开长载誉归来。

26日 中共中央宣传部、文化和旅游部、国家广播电视总局公布第八届全国服务农民、服务基层文化建设先进集体表彰名单。益阳农村数字电影院线有限责任公司桃江服务站（桃江县电影公司）获此荣誉称号。

是日 桃江县湖南临亚建材科技有限公司、湖南麓上住宅工业科技有限公司经专家评审合格，被认定为生产类省级装配式产业基地。

30日 湖南省抗击新冠肺炎疫情表彰大会在长沙举行。桃江县王建国、吴建军、董建辉、李益、范德军获湖南省抗击新冠肺炎疫情先进个人称号，鸬鹚渡镇龙塘湾村党总支部荣获湖南省抗击新冠肺炎疫情先进集体、湖南省先进基层党组织称号，董建辉获湖南省优秀共产党员称号。

12月

4日 桃江县首届“村播带货”直播大赛开赛。市政协副主席、市科技局局长高德文，县委常委、宣传部部长戴文，副县长武和全出席开幕式。戴文为桃江电商产业园授予“桃江县农村直播基地”牌匾。直播大赛有65组、150人报名参赛。

5日 桃江县2020首届农产品丰收节在中国供销·桃江·农商城举行。县领导黄劲、张晓、李质彬、肖立新、蒋耿、于新胜、王军华、罗歆辉、武和全、陈奇才、黄平出席活动，全县40多家知名农业企业参加活动。

8日 湖南省重点建设项目——国辰高新科技产业园城市展厅暨营销中心对外开放。

是日 大栗港镇朱家村、刘家村，灰山港镇杨家湾村，牛田镇金凤山村被认定为国家森林乡村。

9日 桃江县获2020年度湖南省知识产权建设强县称号。

10日 桃江县文学艺术界联合会第三次代表大会召开。县领导戴文、吴小玲、王建国、胡桃等出席闭幕式。大会审议通过县文联第二届委员会工作报告和修订的《桃江县文学艺术界联合会章程》；选举产生县文联第三届委员会，选举钟军力为县文联主席，刘小平、朱明星、徐丽华、刘武才、曾向宏、汪胜军、詹菲菲为副主席，吴少郴为秘书长。

是日 桃江县质量大会召开。副县长胡志远主持大会，风冠电机等3家企业获“桃江县县长质量奖”，县委副书记、县长黄劲为风冠电机、乐道茶业、高山农场3家获奖企业颁奖。

15日 省林业局局长胡长清到桃江督查林业重点工作，副市长胡安邦，市林业局局长刘力威，县委副书记、县长黄劲陪同。督查组走访原石牛江镇黄泥田蛇类养殖场，认真听取原养殖场法人代表胡日求的退养转产转业工作情况汇报。胡长清充分肯定桃江禁食野生动物后续工作。

18日 桃江县青年创业者商会换届选举大会暨第二届会员代表大会在华美达大酒店召开，县委副书记、县长黄劲出席会议并讲话，县委常委、统战部部长于新胜出席会议，部分知名企业家参加会议。大会选举杨增为青年创业者商会第二届理事会会长，卢峰为执行会长，袁小年、钟梁为常务副会长，周亮、方喜、陈坤为副会长。

19日 桃江县自行车运动协会成立。

21日　桃江县智慧城市综合指挥中心正式揭牌。县委常委、县委办主任肖立新等为指挥中心揭牌。县智慧城市综合指挥中心是“智慧桃江建设PPP项目”的子项目，总投资约2800万元，总面积约1100平方米，内设指挥大厅、决策会商室、“110”接管中心。

是日　桃江县融媒体中心获全国新闻出版广播影视系统先进集体称号。

22日　桃江县举行2020年第二次集中签约活动。县委副书记、县长黄劲主持签约仪式。此次活动集中签约项目12个，签约资金14.22亿元。

25日　桃江县创业者协会成立。省市县相关领导赵曙光、程高中、黄劲、吴小玲、武和全、龚胜芳等出席成立大会。

28日　桃江县委经济工作会议在县党政大楼附属楼召开，会议总结2020年的经济工作，部署2021年经济工作。县委副书记、县长黄劲主持会议，县五大家领导出席会议。会议号召全县广大干部群众同心同德，顽强奋斗，奋力建设现代化新桃江。

29日　政协桃江县第九届委员会第五次会议在县党政大楼附属楼开幕。县政协副主席陈奇才主持会议，县政协主席李质彬作工作报告，县政协副主席黄平作提案工作报告。县领导黄劲、李质彬、张晓、符凤文、肖立新、戴剑锋、蒋耿、李丰、于新胜、戴文、杨海斌出席会议。会议应到委员257名，实到委员239名，符合政协章程规定。会议执行主席李质彬、陈奇才、黄平、胡桃、龚胜芳、胡喜明、蒋胜丰、刘建荣、汤界华、马清、胡治国。会议指出，政协委员要履行政治协商、民主监督、参政议政三大职能，要坚持党的领导，牢固树立“四个意识”，坚定“四个自信”，坚决做到“两个维护”。要发挥政协的独特作用，精准调研协商，积极建言献策，助力全县经济社会高质量发展。

30日　桃江县第十七届人民代表大会第六次会议在县党政大楼附属楼开幕。县人大常委会主任符凤文主持开幕式并宣布大会开幕，县委副书记、县长黄劲作政府工作报告，县人民法院院长曹雪平作法院工作报告，县人民检察院检察长万红美作检察院工作报告。在家的县级领导出席会议。会议应到代表278人，实到代表256人，符合法定人数。大会执行主席符凤文、张晓、戴剑锋、蒋耿、王军华、吴小玲、张亮荣、彭习元、李仁高、刘楚雄、范尚华、赵勇。大会听取县政府关于桃江县国民经济和社会发展第十四个五年规划和2035年远景目标纲要草案的说明，审查桃江县2020年国民经济和社会发展计划执行情况与2021年国民经济和社会发展计划草案的报告和桃江县2020年预算执行情况与2021年预算草案报告。县人民政府组成人员，县人民法院院长、副院长，县人民检察院检察长、副检察长，县监察委员会副主任，县第九届政协委员，县直有关机关、单位负责人，中央、省、市在桃江单位负责人，不是本届县人大代表的乡镇党委书记、乡镇长、乡镇长提名人选列席会议；在职县级领导和县级干部，享受副市级待遇和曾担任过正县级实职的离退休老领导，历届离任的县人大常委会副主任，离休人员代表，县人大常委会机关在职三级调研员应邀参加会议。

桃江县副科级以上领导干部名录

县　级

县　委

副书记，县政府党组书记、县长　黄　劲
副书记，县委党校（县行政学院、县社会主义学院）校长　张　晓
常委、县委办主任　肖立新
常委、纪委书记、县监察委员会主任　戴剑锋
常委、政法委书记　伍令贤
常委、组织部部长、县直机关工委书记　蒋　耿
常委、常务副县长，县政府党组副书记　李　丰
常委、县政协党组副书记、统战部部长　于新胜
常委、宣传部部长　戴　文
常委、人武部政委　杨海斌

县人大常委会

党组书记、主任　符凤文
党组副书记、副主任　王军华
副主任，县总工会主席　吴小玲
党组成员、副主任　张亮荣
党组成员、副主任　彭习元
党组成员、副主任　李仁高

县政府

县委副书记，县政府党组书记、县长　黄　劲
县委常委、常务副县长，县政府党组副书记　李　丰
党组成员、副县长，县公安局党委书记、局长　郭清平
党组成员、副县长　罗歆辉
副县长、县红十字会会长　王建国
党组成员、副县长　林龙飞
党组成员、副县长（挂职两年）　武和全
党组成员、副县长，县财政局党组书记、局长　刘小阳
党组成员、副县长　胡志远

县政协

党组书记、主席　李质彬
县委常委，县政协党组副书记、统战部部长　于新胜
党组副书记、副主席　陈奇才
副主席　黄　平
副主席、县机关事务服务中心主任　胡　桃
副主席、县工商业联合会主席　龚胜芳
党组成员、副主席提名人选，县扶贫办党组书记、主任　胡喜明

县人民法院

党组书记、院长　曹雪平

县人民检察院

党组书记、检察长　万红美

其他处级干部

二级调研员　胡国清
二级调研员　李畅和
二级调研员　胡跃宏
二级调研员　龚卫山
二级调研员　刘楚江
二级调研员　任小琳
正处级干部　黎跃平
副处级干部　周敏华
副处级干部　龙跃明

副处级干部，县人大社会建设委员会主任委员 杨茂丰
副处级干部 周里忠
副处级干部，县人大常委会联工委主任 黄梦其
副处级干部 邓迎平
桃江经济开发区工委书记 熊跃明
桃江经济开发区工委副书记、管委会主任 曾钰彬
桃花江国家森林公园管理处党组书记、主任 赵立峰
县公安局政委 梁森林

县 直

县纪律检查委员会、县监察委员会

县委常委、纪委书记，县监察委员会主任 戴剑锋
县纪委常务副书记、县监察委员会副主任 刘造军
县纪委副书记、县监察委员会副主任 钟国勋
县纪委副书记、县监察委员会副主任 石敬阳
县纪委常委、县监察委员会委员 陈跃辉
县纪委常委 邓喜平
县纪委常委、县监察委员会委员 薛有为
县纪委常委、县监察委员会委员 周春晖
县纪委常委 符志军
县监察委员会委员 符 亮
县监察委员会委员 熊立春

纪检监察组

驻县委组织部纪检监察组组长、县委非公经济和社会组织纪工委书记（兼） 何 云
驻县委统战部纪检监察组组长 刘淑良
驻县委政法委纪检监察组组长 许芝良
驻县人大常委会机关纪检监察组组长 刘晓红
县政府办党组成员，驻县政府办纪检监察组组长 覃国新
县财政局党组成员，驻县财政局纪检监察组组长 胡希月
县市场监督管理局党组成员，驻县市场监督管理局纪检监察组组长 彭 桧
县交通运输局党组成员，驻县交通运输局纪检监察组组长 莫毅雄
驻县政协机关纪检监察组组长 杨赛明
驻县委办公室纪检监察组组长 罗红卫
县住房和城乡建设局党组成员，驻县住建局纪检监察组组长 曾庆春
县农业农村局党组成员、驻县农业农村局纪检监察组组长 卢秋辉

县委办公室

县委常委、县委办主任 肖立新
常务副主任，县档案局局长 詹国辉
副主任 张 萍
副主任 高志平
深改办专职副主任 王 勇
县纪委、县监委驻县委办公室纪检监察组组长 罗红卫

县委组织部

县委常委、组织部部长、县直机关工委书记 蒋 耿
常务副部长，县委老干部局局长、县公务员局局长 赵 勇
副部长、县委非公经济和社会组织工委书记 胡鹤鸣
副部长 颜建辉
副部长、县委离退休干部工委书记（兼） 刘牛元
县纪委、县监委驻县委组织部纪检监察组组长、县非公经济和社会组织纪工委书记（兼） 何 云
县人力资源和社会保障局党组书记、局长，县委组织部副部长（兼） 徐灿红
县直机关工委专职副书记 符 莹

县委宣传部

县委常委、宣传部部长 戴 文
常务副部长、县新闻出版局局长、县版权局局长、县精神文明建设指导委员会办公室主任 郭龙辉
副部长 周德生
副部长 刘小武

县委统一战线工作部

县委常委、县政协党组副书记、统战部部长 于新胜
常务副部长 刘建荣
部务会成员 陈佳久
副部长 汤湘贤
县纪委、县监委驻县委统战部纪检监察组组长 刘淑良
县工商联党组书记，县委统战部副部长（兼） 王棋洪

县委政法委员会

县委常委、政法委书记 伍令贤

常务副书记　陈建华
副书记　刁均安
副书记　肖东嵘
副书记　唐梦虎
委员　熊楚舒
县纪委、县监委驻县委政法委纪检监察组组长　许芝良

县委网络安全和信息化委员会办公室

主任、县互联网信息办公室主任　罗中华
副主任　龙小林

县委机构编制委员会办公室

主任　文兆星
副主任　刘燕勤
副主任　范　征

县委巡察工作领导小组办公室

主任　龚毅军
副主任　李　翔
副主任　吴学军

县委巡察组

组长　邹武胜
组长　卜建强
组长　文丽莉
副组长　蔡凤文
副组长　戴志珍
副组长　吴剑英

县人大常委会办事（工作）机构和人大专门委员会

县人大常委会党组成员，办公室主任、研究室主任　刘楚雄
办公室副主任　詹伟明
办公室副主任　杨慧娟
财经委主任委员、预算工委主任　钟　锋
监察和司法委员会主任委员、法制委员会主任委员　刘姣辉
监察和司法委员会副主任委员、法制委员会副主任委员　易亮宇
选举任免联络工作委员会主任　黄梦其
选举任免联络工作委员会副主任　邓白龙
民族华侨外事委员会主任　蒋　文
民族华侨外事委员会副主任　袁庚寅
教科文卫委员会主任委员　许道初
环境与资源保护委员会主任委员　李有斌
环境与资源保护委员会副主任委员　郑　芳
农业与农村委员会主任委员　范尚华
农业与农村委员会副主任委员　吴建阳
社会建设委员会主任委员　杨茂丰
县纪委、县监委驻县人大机关纪检监察组组长　刘晓红

县政府办公室

县政府党组成员，县政府办党组书记、主任，县政府金融工作办公室主任、县行政审批服务局局长　胡雄武
党组副书记、副主任　孙大军
党组成员、副主任　贺孟良
党组成员、副主任　张　宏
党组成员、副主任　邓小鹏
党组成员、副主任　胡安清
党组成员、副主任　肖文分
党组成员、副主任　高波芝
县信访局党组书记、局长，县政府办副主任（兼）　谢　胜
党组成员，县纪委、县监委驻县政府办纪检监察组组长　覃国新
县城市管理和综合执法局党组成员、副局长，政府办副主任（挂职一年）　郭永平

县政协办事机构和专门委员会

县政协党组成员、秘书长，办公室主任　蒋胜丰
办公室副主任　张　敏
提案委员会主任　胡福林
经济科技和外事委员会主任　刘一周
经济科技和外事委员会副主任　胡日升
委员学习联络委员会主任　刘胜辉
社会法制和民族宗教委员会主任　薛小燕
农业农村和人口资源环境委员会主任　胡汉模
文教卫体和文史委员会主任　高白秋
县纪委、县监委驻县政协机关纪检监察组组长　杨赛明

县发展和改革局

党组书记、局长，县粮食和物资储备局局长　陈　愈
党组成员、副局长　符　洋
党组成员、副局长　孙　军
党组成员、副局长　汤元林
党组成员、副局长　熊烂辉
党组成员　刘小钉
党组成员、优办主任　周运贤
副局长　胡　蓉

县教育局

工委书记、局长　杨　龙
工委委员、副局长　伍松华
工委委员、副局长　钟建湘
副局长　蔡朝晖
工委委员、县政府主任督学　周育班

县科学技术和工业信息化局

工委书记、局长 黄志刚
工委副书记、副局长 胡尚吾
工委委员、副局长 高象贤
工委委员、副局长 汪志良
工委委员、副局长 郭伟清
工委委员、副局长 张志清
工委委员、总工程师 刘庚申

县民族宗教事务局

党组书记、局长 吴建辉
党组成员、副局长 陈俊希

县公安局

县政府党组成员、副县长，党委书记、局长 郭清平
党委副书记、政委 肖 文
党委副书记、副局长（正科职） 曹莫坤
党委委员，县交警大队大队长 文 胜
党委委员、副局长 高文武
党委委员、副局长 张 进
党委委员、工会主任、政工监督室主任 李光明
党委委员 肖亦雄

县民政局

党组书记、局长 何国伟
党组成员、副局长 郭 华
党组成员、副局长 李锡辉
党组成员、副局长 贺益军
党组成员、县委非公经济和社会组织工委副书记（兼） 贺铁先

县司法局

党组书记、局长 唐 胜
党组成员、副局长 莫劲松
党组成员、政工室主任 龙 腾
党组成员、工会主任 欧阳红
副局长 颜小元
党组成员、副局长 吴 松

县财政局

县政府党组成员、副县长，党组书记、局长 刘小阳
党组副书记、副局长 黄朝中
党组成员、副局长 刘 华
党组成员、副局长 刘 惠
党组成员、副局长 潘新谷
总会计师 何 忠
党组成员，县纪委、县监委驻县财政局纪检监察组组长 胡希月

县人力资源和社会保障局

党组书记、局长，县委组织部副部长（兼） 徐灿红
党组副书记、副局长 汪跃辉
党组成员、副局长 曾洁新
党组成员、副局长 龚玉兰
党组成员 刘党恩
党组成员、总会计师 吴仲初
党组成员 李跃苏

县自然资源局

党组书记、局长 熊 伟
党组副书记 胡练军
党组成员、副局长 吴文正
总工程师、国土资源执法监察大队大队长 张海辉
副局长 谢加强
党组成员、副局长 卢龙飞

县住房和城乡建设局

党组书记、局长，县人防办主任 袁 玫
党组成员、副局长 陈志忠
党组成员、县人防办专职副主任 戴次波
党组成员、县人防办专职副主任 吴光明
党组成员、副局长 高海军
党组成员、副局长 邹 辉
党组成员、总工程师 刘湘辉
党组成员，县纪委、县监委驻县住建局纪检监察组组长 曾庆春

县交通运输局

党组书记、局长，县交通运输综合行政执法局局长 汪小明
党组副书记、副局长 卢向清
党组成员、副局长 薛永华
党组成员、县交通运输综合行政执法局专职副局长 王满云
总工程师 曾 轶
党组成员，县纪委、县监委驻县交通运输局纪检监察组组长 莫毅雄

县水利局

党组书记、局长 符心冰
党组副书记、总工程师 高伟龙
副局长 詹正雄
党组成员、副局长 罗敏志
党组成员、副局长 胡新阳

县农业农村局

党组书记、局长，县委农村办主任、县农业综合行政执法局局长 薛虎军
党组副书记、副局长 彭建良
党组成员、副局长 胡尚林
党组成员、县委农村办

副主任	文爱华
党组成员、副局长	文志安
党组成员、总农艺师	曾卫国
党组成员、县农业综合行政执法局专职副局长	李向辉
党组成员，县纪委、县监委驻县农业农村局纪检监察组组长	卢秋辉

县商务局

工委书记、局长	肖金兰
工委副书记、副局长	胡建保
工委委员、副局长	高榀坤
工委委员、副局长	胡大红

县文化旅游广电体育局

党组书记	彭　建
局长、县文化市场综合行政执法局局长	董　佳
党组成员、副局长	龚弘力
党组成员、文化市场综合行政执法局专职副局长	刘国海
副局长	曾向宏
党组成员、总工程师	刘　军

县卫生健康局

党组书记、局长	吴建军
党组副书记、副局长	刘亮奎
党组成员、副局长	刘友谊
党组成员	王伏华
党组成员、副局长	刘学谘
副局长	李　静

县审计局

党组书记、局长	蔡重阳
党组成员	龙　剑
党组成员、副局长	曹翰云
党组成员、副局长	刘庆辉
总审计师	张珏多

县退役军人事务局

党组书记、局长	张云飞
党组副书记、副局长	何林保
党组成员、副局长	张胜军

县应急管理局

党组书记、局长	王建荣
党组副书记、副局长	殷谷良
党组成员、副局长、政工室主任	李文彪
党组成员、副局长	胡　亮
党组成员、副局长	薛国斌
党组成员、总工程师	张则文

县城市管理和综合执法局

党组书记、局长	李庆华
党组副书记、副局长	李宇红
党组成员、副局长	胡合平
党组成员、副局长	郭永平

县林业局

党组书记、局长	颜克强
党组副书记、副局长	胡建兵
党组成员、副局长	周东慧
党组成员、总工程师	刘同庆

县市场监督管理局

党组书记、局长，县市场监管综合行政执法局局长	肖建光
党组成员、副局长	胡巍然
党组成员、副局长	刘　强
党组成员、副局长	邹跃良
副局长	佘金华
党组成员、总工程师	卢　宁
党组成员、县市场监管综合行政执法局专职副局长	熊军辉
党组成员、副局长	符映东
党组成员，县纪委、县监委驻县市场监督管理局纪检监察组组长	彭　桧

县统计局

党组书记、局长	鲁复生
党组成员、副局长	贺素平
党组成员、工会主任	戴军辉
总统计师	吴　科

县信访局

党组书记、局长，县政府办副主任（兼）	谢　胜
党组成员、副局长	刘　毅

县扶贫开发办公室

县政协党组成员、副主席提名人选，党组书记、主任	胡喜明
党组副书记、副主任	傅建明
党组成员、副主任	夏海燕
三堂街镇副镇长，副主任（挂职两年）	孙求索
县广播电视台副台长、副总编辑，副主任（挂职一年）	苏亚明

县医疗保障局

党组书记	胡国辉
党组副书记、局长	吕红强
党组成员、副局长	文　静
党组成员、副局长	符祝英
党组成员、副局长	夏苍青

县公安局交通交警大队

县公安局党委委员，大队长	文　胜

副大队长　黎军辉
副大队长　江　波
班子成员（副科级）　胡　杰

县森林公安局

党组书记、局长　李跃强
党组副书记、政委　符战辉
党组成员、副局长　文加生
党组成员、副局长　蒋丰初
党组成员　吴伟明

益阳市生态环境局桃江分局

党组书记、局长　周志刚
党组成员、副局长　李谷丰
党组成员、副局长　高　仁
党组成员、副局长　周可京
党组成员　刘桂初
总工程师　汪惜辉

县人民法院

党组书记、院长　曹雪平
党组副书记、副院长　吴一军
党组成员、副院长　刘怡中
副院长　周东勇
党组成员　薛立吾
党组成员、政治部主任　王　筱

县人民检察院

党组书记、检察长　万红美
党组副书记、副检察长　丁益良
副检察长　陈历程
党组成员、副检察长　曾彦杰
党组成员　苏跃明
党组成员、政工科科长　汪朝阳

县总工会

县人大常委会副主任，主席　吴小玲
党组书记、副主席　方银飞
党组成员、副主席　周红光
党组成员、副主席　刁红兵

县妇女联合会

党组书记、主席　胡红艳
党组成员、副主席　吴　蓉
党组成员、副主席　文　萍

共青团桃江县委员会

党组书记、书记　鲁定红
党组成员、副书记　刘　舜
党组成员、副书记　廖　兴

县科学技术协会

党组书记　彭文华
主席　夏末花
党组成员、副主席　杨雪群

县残疾人联合会

党组书记、理事长　刘学文
党组成员、副理事长　刘　红
党组成员、副理事长　徐劲松

县工商业联合会

县政协副主席，主席　龚胜芳
党组书记，县委统战部副部长（兼）　王棋洪
党组成员、副主席　张胜利
副主席　刘玉姝

县归侨侨眷联合会

主席　彭志勇
副主席　赵　华

桃江县文学艺术联合会

党组书记　王　娲
主席　钟军力
副主席　刘小平

县计划生育协会

党组书记、常务副会长　王德祥
党组成员、副会长　张继勇
党组成员、秘书长　高正春

县红十字会

副县长，会长（兼）　王建国
常务副会长　廖文华
副会长　周弟初
秘书长　刘江晖

县桃花江国家森林公园管理处

党组书记、主任　赵立峰
党组副书记、副主任　杨锦人
党组成员、副主任　胡弘韬

桃江经济开发区

工委书记　熊跃明
工委副书记、管委会主任　曾钰彬
工委委员、管委会副主任　薛大为
工委委员、管委会副主任　文　彬
工委委员、管委会副主任　文卫华
工委委员、管委会副主任　刘远志
工委委员、纪工委书记　何俊强
副科职班子成员　刘春蕾
副科职班子成员　丁振亚

县委党校

县委副书记，县委党校（县行政学院、县社会主义学院）校长　张　晓

常务副校长　黄水清
副校长　方　静
副校长　刘德云
副校长、教育长　向芸珂

县机关事务服务中心

县政协副主席，主任　胡　桃
党组书记　丁海鹏
党组副书记、副主任　邓放明
党组成员、副主任　何海雷

县政务服务中心

党组书记、主任　杨松柏
党组成员、副主任　刘运安
副主任　曾少婵

县融媒体中心

党组书记、主任，县广播电视台台长（总编辑）　吴建平
党组副书记、副主任　李宁桃
县广播电视台副台长、副总编辑　苏亚明
党组成员、副主任　朱殿平
党组成员、县广播电视台副台长、副总编辑　刘　鹏

县数据资源服务中心

党组书记　范建新
主任　刘　辉
党组成员、副主任　李世锋
党组成员、副主任　李会龙

县供销合作社联合社

党委书记、理事会主任　王　坚
党委副书记、监事会主任　卢　用
党委委员、理事会副主任　李望秋
党委委员、理事会副主任　曾　建

县档案馆

党组书记、馆长，县史志编纂室主任　周群锋
党组成员、副馆长　安　宁
党组成员、副馆长　李梦飞

县库区移民事务中心

党组书记、主任　胡　军
党组成员、副主任　邓乐波
党组成员、副主任　刘　斌

桃花江核电项目工作办公室

党组书记、主任　吴立丰
党组成员、副主任　胡文凯

县城市建设开发有限责任公司

党委书记、董事长、总经理　夏跃军
党委委员、副总经理　伍忠东
党委委员、纪委书记　鲁晓阳
党委委员、副总经理　瞿建德
党委委员、副总经理　肖　伟

县旅游开发有限责任公司

总经理　苏双喜
副总经理　高　标
副总经理　李杜鸣

桃锰社区服务指导中心

工委书记、主任　陈卫国
工委委员、副主任　陈文革
工委委员、副主任　易　勇

桃冶社区服务指导中心

主任　吴铁流
副主任　曾　慧

县职业中等专业学校

党委书记、校长，县女子旅游学校校长　吕红标
党委委员、副校长　蒋金龙
党委委员、副校长　张革辉
党委委员、纪委书记　赵跃光
党委委员、副校长　曹　群

县第一中学

党总支部书记、校长　邱畅怀
党总支部委员、副校长　薛建新
党总支部委员、副校长　胡往胜
党总支部纪检委员　彭巨洪
党总支部委员、副校长　刘跃明

县住房保障服务中心

党组书记、主任　吴建强
党组成员、副主任　肖文科
党组成员、副主任　方学华

县公路建设养护中心

党组书记、主任　陈海斌
党组成员、副主任　肖建荣
党组成员、副主任　罗灿武

县农机事务中心

党组书记、主任　汪　澎
党组成员、副主任　文剑武
党组成员、副主任　王义玲

县畜牧水产事务中心

党组书记、主任　李志伟
党组成员、副主任　曾卫红
党组成员、副主任　刘雨人

桃花江灌区管理局

主持县桃花江灌区管理局，县桃花江水库管理局工作 范则昌
副局长 薛剑波
党组成员、副局长 彭炼才

灰山港工业集中区

工委书记，灰山港镇党委副书记（挂职） 刘壮辉
工委副书记、管委会主任 熊 军
工委委员、管委会副主任 郭集翔
工委委员、纪工委书记 胡 犇

乡 镇

桃花江镇

党委书记 文志军
党委副书记、镇长 熊 丹
党委副书记 汤森林
党委副书记（挂职两年） 刘 峰
党委委员、人大主席 贺利辉
党委委员、政协联络工作委员会主任 符建安
党委委员、纪委书记，县监察委员会派出桃花江镇监察办公室主任 刘觉哉
党委委员、副镇长 贺龙辉
党委委员、武装部长 刘丰华
党委委员、组织委员 吴婕芳
副镇长 文吉安
副镇长 李芩芹
人大副主席 袁立华

浮邱山乡

党委书记 夏 薇
党委副书记、乡长 文 毅
党委副书记 刘建冬
党委委员、人大主席 莫宏华
党委委员、政协联络工作委员会主任 肖灿文
党委委员、纪委书记，县监察委员会派出浮邱山乡监察办公室主任 王超政
党委委员、组织委员 何 丽
党委委员、副乡长 刘 可
副乡长、武装部长 龚卫锋
副乡长 文俊兵
副乡长 曹向兵

高桥镇

党委书记 文有洪
党委副书记、镇长 胡 军
党委副书记 郭志敏
党委委员、人大主席 江 科
党委委员、政协联络工作委员会主任 张胜名
党委委员、纪委书记，县监察委员会派出高桥镇监察办公室主任 刘科文
党委委员、副镇长 龚振华
党委委员、武装部长 彭劲松
党委委员、组织委员 丁 浩
副镇长 夏叶荷
副镇长 肖 瑶

修山镇

党委书记 黄 军
党委副书记、镇长 薛 浩
党委副书记 刘湘斌
党委委员、人大主席 黎 晖
党委委员、政协联络工作委员会主任 李伟莉
党委委员、纪委书记，县监察委员会派出修山镇监察办公室主任 刘王友
党委委员、副镇长 张耐时
党委委员、武装部长 龚用之
党委委员、组织委员 陈新颜
副镇长 张 昀
副镇长 李 骁

沾溪镇

党委书记 孙准成
党委副书记、镇长 刘矿安
党委副书记 邹珊珊
党委委员、人大主席 周科明
党委委员、政协联络工作委员会主任 胡 劲
党委委员、副镇长 潘志权
党委委员、武装部长 陈曦明
党委委员、纪委书记，县监察委员会派出沾溪镇监察办公室主任 刘传龙
党委委员、组织委员 刘治国
副镇长 吴 宇
副镇长 陈漪泓

三堂街镇

党委书记 左 交
党委副书记、镇长 朱果辉
党委副书记 史壮贤
党委委员、人大主席 胡著宣
党委委员、政协联络工作委员会主任 杨 攀
党委委员、武装部长 胡远鹏
党委委员、副镇长 胡二锋
党委委员、纪委书记，县监察委员会派出三堂街镇监察办公室主任 贺开明
党委委员、组织委员 符建邦
副镇长，县扶贫办副主任（挂职两年） 孙求索
副镇长 文啸林

鸬鹚渡镇

党委书记 莫寿国

党委副书记、镇长　鲁　攀
党委副书记　李政辉
党委委员、人大主席　肖　仁
党委委员、政协联络工作委员会主任、武装部长　舒展炎
党委委员、组织委员　杨文静
党委委员、副镇长　贺志华
党委委员、纪委书记，县监察委员会派出鸬鹚渡镇监察办公室主任　文　彬
党委委员　刘爱花
副镇长　周　慧
副镇长　李小宇

大栗港镇

党委书记　王　锋
党委副书记、镇长　孔国奇
党委副书记　何　虎
党委委员、人大主席　周　凤
党委委员、政协联络工作委员会主任　李卫萍
党委委员、副镇长　邓光明
党委委员、纪委书记，县监察委员会派出大栗港镇监察办公室主任　秦　尚
党委委员、组织委员　龚　成
副镇长　蔡　荣
副镇长　杨金花

鲊埠回族乡

党委书记　璩海雄
党委副书记、乡长　李鹏辉
党委副书记　胡望军
党委委员、人大主席　胡永才
党委委员、政协联络工作委员会主任、武装部长　贺新跃
党委委员、纪委书记，县监察委员会派出鲊埠回族乡监察办公室主任　陈学军
党委委员、组织委员　李美英
党委委员、副乡长　秦正文
副乡长　周　芬
副乡长　王益平

武潭镇

党委书记　符赛龙
党委副书记、镇长　杨明山
党委副书记　杨　浩
党委委员、人大主席　李立华
党委委员、政协联络工作委员会主任　肖新兵
党委委员、副镇长　薛国友
党委委员、纪委书记，县监察委员会派出武潭镇监察办公室主任　胡其跃
党委委员、武装部长　张冠军
党委委员、组织委员　胡　莹
副镇长　王胜华
副镇长　刘　剑

马迹塘镇

党委书记　戴　佳
党委副书记、镇长　李　庆
党委副书记　汪　群
党委委员、人大主席　黄海龙
党委委员、政协联络工作委员会主任　刘　剑
党委委员、副镇长　谢竞飞
党委委员、武装部长　杨岱东
党委委员、组织委员　罗　潇
党委委员、纪委书记，县监察委员会派出马迹塘镇监察办公室主任　雷家骅
副镇长　蒋志华
副镇长　钟　双

石牛江镇

党委书记　荣　凯
党委副书记、镇长　姚兰图
党委副书记　文永来
党委副书记　龚电明
党委委员、人大主席　周　安
党委委员、政协联络工作委员会主任　史新宇
党委委员、副镇长　吴尚辉
党委委员、纪委书记，县监察委员会派出石牛江镇监察办公室主任　付　红
党委委员、组织委员　温德民
党委委员、武装部长　黄德龙
副镇长　莫立明
副镇长　姜玉明

牛田镇

党委书记　蔡　亮
党委副书记、镇长　陈立兵
党委副书记　薛　伟
党委委员、人大主席　丁　峰
党委委员、政协联络工作委员会主任　汤则强
党委委员、武装部长　马建辉
党委委员、组织委员　叶　曹
党委委员、副镇长　高永锋
党委委员、纪委书记，县监察委员会派出牛田镇监察办公室主任　赵世宏
副镇长　刘　静
副镇长　罗宇乾

松木塘镇

党委书记　胡盛武
党委副书记、镇长　谢　佳
副书记　姚永阳
党委委员、人大主席　薛学科
党委委员、政协联络工作委员会主任　胡毅夫
党委委员、副镇长　刘克财
党委委员、纪委书记，县监察委员会派出松木塘镇

监察办公室主任　冷世明
党委委员、武装部长　杨　俊
党委委员、组织委员　徐望军
副镇长　张英杰

灰山港镇

党委书记　郭洪涛
党委副书记、镇长　曾小平
党委副书记　徐　建
党委委员、人大主席、武装部长　彭光明
党委委员、政协联络工作委员会主任　高　明
党委委员、纪委书记，县监察委员会派出灰山港镇监察办公室主任　王宏群
党委委员、组织委员　丁友平
党委委员、副镇长　王文科
副镇长　易镇陵
副镇长　高峻峰
副镇长　吴国春
人大副主席　左文杰
综合执法大队大队长　贺跃军

副科级机构（副科职岗位）

县纪委监委

办公室主任　胡　巍
案件审理室主任　肖　锦
宣传部部长　王　艳
组织部部长　邹　霞
信访室主任　胡立辉
第一纪检监室主任　张　舜
第二纪检监察室主任　吴　喆
第三纪检监察室主任　胡浩然
第五纪检监察室主任　夏勇志
党风政风监督室主任　文旭升
案件管理室主任　胡凤斌
纪检监察干部监督室主任　薛放军

县委办公室

县委督查专员　石　龙

县委组织部

县委非公经济和社会组织工委专职副书记　石　旭
县委基层办主任，县委离退休工委副书记（兼）　龙　宇
县直机关工委纪工委书记　尹云峰
县老干部休养活动中心主任　刘友明
县关心下一代工作委员会秘书长　罗阿凤

县政府办公室

县政府督查专员　邱四兵

县发展和改革局

县区域经济发展事务中心主任　孙应军
益沅桃城镇建设领导小组办公室副主任　胡新辉

县教育局

县教师发展中心主任　丁吉飞

县科学技术和工业信息化局

县推进新型工业化事务中心主任　龚晓林

县民政局

县城乡低收入家庭认定中心主任　汪劲松

县财政局

县财政事务中心主任　刘　瑛
县国库集中支付核算中心主任　罗明利

县人力资源和社会保障局

县社会保险服务中心主任　郭宏英
县就业服务中心主任　唐习春
县劳动监察局局长　文俊良

县自然资源局

总工程师、国土资源执法监察大队大队长　张海辉
不动产登记中心主任　罗敏俐

县交通运输局

县交通运输综合行政执法大队大队长　肖　文
县交通建设质量监督站站长　卢迎书
县水运事务中心主任　代　柯

县水利局

县水旱灾害防御中心主任　葛　雷
县砂石市场管理办公室主任　胡全福
克上冲水库管理处主任　朱兆盟

县农业农村局

县农村经济经营服务站站长　陈　俊
县农业综合行政执法大队大队长　吴国兵

县商务局

县投资促进服务中心主任　李　毅
县市场服务中心主任　石　磊

县文化旅游广电体育局

县文化市场综合行政执法大队大队长　漆放军
县文化旅游产业发展服务中心主任　肖　丹
县全民健身服务中心主任　詹利辉

县卫生健康局

县卫生和计划生育综合监督执法局局长　吴学军
县妇幼保健院党委书记　张建英
县妇幼保健院院长　王志军
县疾病预防控制中心主任、县公共卫生检验检测中心主任　刘新跃
县人民医院党委书记　詹运开
县人民医院院长　杨永中
县中医医院党委书记　何　强
县中医医院院长　陈建文

县审计局

县经责办副主任　刘一孚

县城市管理和综合执法局

县环境卫生服务中心主任　谭赛强

县林业局

县竹产业发展服务中心主任　王钦武

县市场监督管理局

县市场监管综合行政执法大队大队长　朱国勇

县医疗保障局

县医疗保障事务中心主任　高　琪

县住房保障服务中心

县国有土地上房屋征收与补偿办公室主任　颜兆丰

县人民法院

专职审判委员会委员　戴志锋
专职审判委员会委员　李习军
浮邱山法庭庭长　周大武
三堂街法庭庭长　俞世春
大栗港法庭庭长　符晨辉
武潭法庭庭长　胡继恩
马迹塘法庭庭长　周　迅
松木塘法庭庭长　杨　莉
牛田法庭庭长　彭红艳
灰山港法庭庭长　肖力华

县人民检察院

专职检察委员会委员　何瑛南
专职检察委员会委员　周　娟

县公安局

桃花江派出所所长　胡志成
桃花江派出所教导员　文青松
凤凰山派出所所长　陶吉辉
凤凰山派出所教导员　陈建平
花果山派出所所长　张　昭
花果山派出所教导员　严志坚
牛潭河派出所所长　陈湘超
牛潭河派出所教导员　梁　红
浮邱山派出所所长　肖　煌
浮邱山派出所教导员　杨宏达
高桥派出所所长　刘　旭
高桥派出所教导员　刘鹏权
修山派出所所长　鄢建平
修山派出所教导员　薛庆伟
三堂街派出所所长　龙　云
沾溪派出所所长　何　意
沾溪派出所教导员　夏景明
鸬鹚渡派出所所长　刘　梦
鸬鹚渡派出所教导员　吴春生
大栗港派出所所长　丁　葵
大栗港派出所教导员　胡天锡
武潭派出所所长　曹春云
武潭派出所教导员　刘庆华
鲊埠派出所所长　丁　强
鲊埠派出所教导员　卢　华
马迹塘派出所所长　胡跃明
马迹塘派出所教导员　王胜华
石牛江派出所所长　陈大意
石牛江派出所教导员　汤令波
牛田派出所所长　罗　涛
牛田派出所教导员　蔡俊武
松木塘派出所所长　李　慎
松木塘派出所教导员　倪思求
灰山港派出所所长　熊跃庆
灰山港派出所教导员　杨铎平

县森林公安局

武潭派出所所长　夏建国
武潭派出所教导员　何胜彬
牛田派出所所长　詹　健
牛田派出所教导员　钟　锋
鸬鹚渡派出所所长　夏伏军
鸬鹚渡派出所教导员　肖　煦

桃花江国家森林公园管理处

办公室主任　莫　琳
建设管理科科长　刘胜江
市场营销科科长　陈　敏
浮邱山景区管理所所长　王　琪
桃花湖景区管理所所长　张雄锋
桃花江竹海景区管理所所长　彭海波

桃江经济开发区

办公室主任　刘锋华
规划建设局局长　陈静宜

纪工委副书记、监察室主任　李　舟
产业发展局局长　陈　平
经济合作局局长　周无双
安全生产监督管理局局长　郭　强
社会事务管理局局长　樊燕舞
桃江经济开发区征地拆迁安置办公室主任　皮振兴

负责人高配机构

县公安局

党委委员、工会主任、政工监督室主任　李光明
政工室教导员　刘　艳
看守所所长　文寄华
看守所教导员　周亚莉
指挥中心主任　封少华
指挥中心教导员　邹海霞
国保大队大队长　贺白玉
国保大队教导员　贺赛峰
刑侦大队大队长　汤智勇
刑侦大队教导员　文　武
治安大队大队长　胡德为
治安大队教导员　丁毅华
巡特警大队大队长　姚国军
巡特警大队教导员　张　亚
警务保障室主任　唐放仁
警务保障室教导员　游胜兰
经侦大队大队长　刘　敬
经侦大队教导员　杨高飞
禁毒大队大队长　郭军辉
禁毒大队教导员　刘奕星
网监大队大队长　殷灿辉
网监大队教导员　刘文彬

县公安局交通警察大队

桃花江中队中队长　陈怀宇
马迹塘中队中队长　邓跃红
三堂街中队中队长　刘光跃
灰山港中队中队长　莫劲松
公路巡逻中队中队长　卜益军

桃江概览

县情概述

桃江，地处湘中偏北、洞庭尾闾（资江中下游）。因境内桃花江得名。总面积2068平方公里，辖15个乡镇，人口88万人，素有“美人窝”“屈原第二故乡”“楠竹之乡”“茶叶之乡”“建材之乡”等美誉。

桃江人杰地灵。女娲补天传说、屈原天问遗址、全国重点文物保护单位春秋古越墓群、浮邱山千年银杏群，见证人文历史的久远；“马迹塘故事”“胡呐喊”“地花鼓”“五道茶”，诠释桃江民俗文化的厚重。三国老将黄忠、明末重臣郭都贤、清朝名儒肖大猷等历代名流彪炳史册；夏思痛、夏曦、张昆弟、张子清、熊亨瀚等革命先驱功勋卓绝；文坛才子莫应丰，国画大师高希舜、胡念祖，共和国院士丁夏畦、夏家辉、文伏波，7名将军、8名高校校长、800多名专家教授、290多名飞行员，尽显人文底蕴。

桃江景色宜人。资江贯穿县境102公里，汇聚7条支流，水资源总量达23亿立方米。森林覆盖率达64.15%，野生动植物达1584种，负氧离子含量每立方厘米近1万个，有桃花江竹海、浮邱山、桃花湖、凤凰山、罗溪瀑布、羞女峰等风景名胜20多处，年平均气温16.8℃，境内有桃花江国家森林公园和羞女湖国家湿地公园，是全国休闲农业和乡村旅游示范县。

桃江资源丰富。已发现矿产资源25种，探明储量15种，其中陶粒板岩、花岗石、石灰石、锑、金、锰、钼、钨等在全国占重要位置。拥有楠竹115万亩，居全国第三、湖南第一，“桃江竹凉席”“桃江绿茶”“桃江竹笋”为中国地理标志证明商标，其中“桃江竹笋”获国家农产品地理标志。有“鱼米之乡”的美称，是全国生猪调出大县、全国产粮大县、全国油茶林示范基地建设县，修山面、桃花江擂茶、五道茶、二十四碟、竹笋宴、桃江沙鳖、鲊埠牛肉、马迹塘和菜等美味佳肴香飘四海、驰名天下。

桃江交通便捷。桃江距省会长沙仅1小时车程，县城千吨级码头船舶经资江入洞庭湖通江达海，洛湛铁路、石长铁路、渝长厦高铁穿境而过；3条国道（G207、G234、G536）、4条高速（二广、益马、益娄、马安）、6条省道（S223、S225、S319、S321、S538、S541）横贯东西、辐射八方，形成优势凸显的交通大格局。

桃江充满商机。处于长株潭城市群、武汉城市圈、成渝经济圈三大国家综合改革试验区同时辐射的中心点；是“长三角”“珠三角”发达地区向中西部产业转移的战略走廊；是湖南千亿竹产业核心基地；已纳入洞庭湖生态经济区规划；有桃江经济开发区和灰山港工业集中区两大省级工业园区，水、电、路等基础设施配套完备，拥有70余万平方米标准化厂房和1.5万亩工业用地；有3座大型水电站，3座风电场（其中1座风电场已经并网发电），桃花江核电站正在等待中央重启内陆核电政策的出台，是全国绿色能源县；有40多万名劳动力和16万多名熟练工人。

区域发展更加协调。突出“一体两翼”发展布局，着力推动桃江经济开发区、灰山港工业集中区、马武现代农业核心示范区加快发展。桃江经济开发区标准化厂房利用率超过90%，竹材科技、口味王食品等龙头企业做大做强，中铁铝模产业园、国辰高科产业园、手机产业链等项目加快建设，“双创”示范基地建设获省政府“真抓实干”表彰；灰山港工业集中区基础设施不断完善，临亚集团、博威铝业等一批投资过亿元项目落地投产；马武现代农业核心示范区入选首批国家农村产业融合发展示范园，惊石农业等现代农业项目建成投产，三大园区辐射带动能力明显增强。

主导产业不断壮大。制定出台“工八条”“竹八条”“旅八条”“商八条”等产业扶持政策，明确打造笋竹、建材、装备制造、电子商务、文化旅游、食品加工六大百亿元产业和规模工业增加值百亿元园区的奋斗目标。2020年，园区新投产工业项目13个，新开工工业项目14个。新增入园规模企业14家。园区工业固定资产投资41.88亿元。全年新增高新技术企业16家。全县有笋竹、建材、装备制造等三大产业年产值如期过百亿元，获评农村一二三产业（桃江竹笋）融合发展省级示范县、“中国竹凉席之都”“全国竹产业先进单位”；2次获评全国电子商务进农村综合示范县；桃花江竹海旅游度假区、安宁竹谷等旅游项目建成开园。

城乡面貌明显改善。县城“双创”工作有序推进，获得创建全国文明城市提名，拆除违建4.2万平方米，桃花湖路、光明路、文明路等道路建成通行，牛潭河大桥和6个老旧小区改造、6条道路雨污分流工程全面完成，雷公岩大桥全线通车，“智慧城管”上线运行。扎实推进农村人居环境整治，农村生活垃圾分类减量覆盖率以及集中收集、转运处理率均达100%，三堂街镇成为省级文明镇，马迹塘镇龙溪村获评省级美丽乡村。

三大攻坚战成效显著。坚持脱贫攻坚“五个一”工作机制，义务教育、社会保障、农村饮水安全、农村危房改造、农村通组公路全覆盖提前完成目标任务，实现全县43个贫困村全部摘帽出列，15183户43739名建档立卡贫困人口全部脱贫，脱贫攻坚战圆满收官。全力整改中央、省环保督察及“回头看”反馈问题，升级改造畜禽养殖场（户）粪污处理设施312个，石煤矿山治理和生态修复工程竣工并通过验收，空气质量优良率超过98%；全面落实禁捕退捕决策部署，全县1633艘“三无”船舶全部上岸，1016名退捕渔民妥善安置，“四清”（清船、清网、清江、清河），“四无”（无渔船、无渔具、无渔网、无捕捞行为）目标顺利实现。全面规范政府债务管理，全面完成年度化债任务；扎实推进扫黑除恶专项斗争，涉老涉众金融问题妥善处置，农商行实现脱困化险，金沙重机重组稳步推进。

社会事业繁荣进步。城镇登记失业率保持在2%以下。坚持教育优先发展，新增公办幼儿园园位4551个，公办园在园幼儿占比50.68%；桃花江镇中心学校（九年一贯制学校）、扬帆职业技术学校搬迁项目建成开学，补充教师361人，消除普通高中大班额100个、超大班额33个，高考二本以上上线人数和上线率居全市第一。县人民医院南院区和县妇幼保健院整体搬迁项目主体工程竣工，县中医医院成功跻身三级中医医院行列，完成194个行政村卫生室标准化建设，新增申报省级卫生村29个，牛田镇成功创建省级卫生镇。水利建设有力推进，全面完成资江重要河段岸坡防护、中小河流治理、碧螺水库等4座水库除险加固，防汛保安能力明显增强。

依法治县能力全面提升。扎实开展“法治桃江”建设，完善党委（党组）中心组集体学法、任前考法、年终述法等制度；全县1.4万余名国家工作人员参加年度学法用法考试；开展法律进机关、进乡村、进社区、进学校、进企业、进单位等活动70余场次；建立政府法律顾问制度，全面实现“一村（社区）一法律顾问”；获评全面依法治市工作优秀县（区市），县公安局被授予“全国公安机关执法示范单位”，县农业综合行政执法大队被授予“全国农业综合行政执法示范窗口单位”。

党的建设全面加强。圆满完成村（社区）“两委”换届试点工作，调优配强80名村（社区）党组织书记。加大村（社区）基层运转保障力度，提高村、社区党组织书记待遇，为现任村干部购买养老保险补贴，解决其后顾之忧；畅通村（社区）干部晋升渠道，面向村（社区）“两委”干部招录公务员12人、事业编制干部9人。扎实推进党支部“五化”提质工程，打造50个党支部“五化”建设示范点，带动全县各基层党支部“五化”建设全面达标提质。开展基层公共服务“一门式”全覆盖试点工作，制定出台《桃江县推动基层公共服务（一门式）全覆盖工作实施方案》，下放审批服务事项248项到乡镇，下放75项至村（社区），在村上办结事项3500件。

国民经济和社会发展状况

2020年，实现地区生产总值279.88亿元，比2019年增长3.4%。其中，第一产业增加值46.96亿元，增长4.2%；第二产业增加值129.64亿元，增长4.3%；第三产业增加值103.28亿元，增长1.7%。三次产业结构比重由2019年的15.2∶46.9∶37.9调整为16.8∶46.3∶36.9；第一产业比重提高1.6个百分点，第二产业、第三产业分别下降0.6、1个百分点；一、二、三次产业对经济增长的贡献率分别为17.7%、64.1%、18.2%，分别拉动经济增长0.6、2.2、0.6个百分点。全县43739名贫困人口全部脱贫，43个贫困村全部出列。

一、农业

2020年，完成农林牧渔业总产值90.92亿元，比2019年增长4.4%。其中：农业产值42.55亿元，增长4.5%；林业产值6.45亿元，增长8.8%；牧业产值33.17亿元，增长2.9%；渔业产值1.65亿元，增长2.2%；农林牧渔服务业产值7.1亿元，增长6.4%。

全年粮食种植面积87.8万亩，粮食总产量36.05万吨，比2019年增长2.3%，其中水稻产量33.01万吨，增长2.6%。油菜种植面积27.82万亩，油菜籽产量32488吨，增长32.4%。肉类总产量4.47万吨，增长4%；出栏生猪52.28万头，增长5.1%；出栏牛2.22万头，增长5.7%；出栏羊4.78万只，下降0.4%；出笼家禽476.75万羽，增长6.1%；禽蛋产量22500吨，增长4.2%。水产品总产量达13166吨，增长1.4%。

高标准农田建设完成3.6万亩，粮食播种面积、产量再创新高，耕地安全利用获省市肯定。新增笋用林基地2万亩，生产鲜笋0.6亿公斤。建成设施蔬菜基地200亩、高效茶园500亩、特色水产养殖面积526亩，成为全国综合油料大县。国家农村产业融合发展示范园引进项目7个，澳洲淡水龙虾养殖、年产1200吨灰树花工厂化栽培和加工一期等项目投产。培育省级农业产业化龙头企业3家、示范合作社（家庭农场）13家，注册国家农产品追溯平台企业55家，认证“二品一标”产品企业3家，“鲊埠牛肉”申报国家地理标志证明商标取得突破，省级优质农副产品供应示范基地通过验收，大栗港、石牛江分别获评国家、省级农业产业强镇。

二、工业和建筑业

2020年，实现工业增加值102.69亿元，比2019年增长4.4%。全年新增规模工业企业22家。规模以上工业企业增加值增长4.5%，按经济类型分，股份制企业增加值增长3.7%，占全部规模工业增加值比重达到92.4%；外商及港澳台商投资企业增长18.0%，占比5.7%；集体企业增长22.7%，占比0.8%；其他经济类型企业增长14.9%，占比1.1%。规模以上工业主营业务收入增长5.5%，利润总额增长1.7%。单位规模工业增加值能耗增长2.5%。

桃江经济开发区、灰山港省级工业集中区入园规模工业企业126家，完成规模工业增加值比2019年增长5.2%，园区规模工业增加值占全县规模工业增加值比重为82.8%，比2019年提高3.5个百分点。园区全年新投产工业项目13个，新开工工业项目14个。新增入园规模企业14家。园区工业固定资产投资41.88亿元。全年新增高新技术企业16家，高新技术产业增加值增长11.0%，占园区规模工业比重达67.0%。全年工业企业实缴税金3.35亿元，增长21.1%。

全年建筑业增加值26.95亿元，比2019年增长4.0%。资质内23家建筑企业完成总产值69.46亿元，增长6.2%。完成建筑施工面积406.72万平方米，增长4.5%。从产值构成看，建筑工程产值64.97亿元，增长3.1%，占比93.5%；安装工程产值3.5亿元，增长1.1%，占比5.0%；其他建筑业产值0.99亿元，增长1.0%，占比1.4%。

三、第三产业

2020年，实现社会消费品零售总额107.2亿元，比2019年下降2.5%。按规模分，限额以上17.3亿元，增长11.4%；限额以下89.9亿元，下降5.0%。按经营地分，城镇90.3亿元，下降2.3%；乡村16.9亿元，下降3.7%。按行业分，批发业5.9亿元，下降2.3%；零售业98.8亿元，下降2.4%；住宿业1.2亿元，下降12.8%；餐饮业1.3亿元，下降2.2%。全年新增限额以上贸易企业15家、限额以上个体户16家。

实现电子商务交易额100.2亿元，电子商务销售额28.33亿元，比2019年分别增长41.1%、26.0%。电商产业园引进企业16家，发展跨境电商企业5家，再次获评全国电子商务进农村综合示范县，桃花江镇株木潭村、石高桥村成为2020年“淘宝村”。

坚持产业链招商、驻点招商，探索“云招商”，开展集中签约活动，引进投资过亿元项目6个、过5000万元项目10个。以第22届中部农博会等活动为契机，专场推介“桃江竹笋”，培育自营外贸进出口经营权企业21家、“破零倍增”企业10家。全年引进内资形成固定资产投资88.7亿元，引进省外境内资金80.91亿元，实际利用外资4517万美元。

桃花江旅游度假区开业火爆，洋泉湾景区完善游客中心，丰富发展旅游新业态；罗溪风景名胜区完成罗溪瀑布游道、休闲长廊、民宿等项目及设施建设；龙溪村建成游客接待中心，开展旅游项目建设，全力创评省级星级乡村旅游点。大栗港镇刘家村、沾溪镇洋泉湾村分别获评国、省级乡村旅游重点村。全年共接待各类游客1200万人次，比2019年增长33.3%；文化旅游综合收入突破100亿元，增长35%。

2020年，高标准完成常益长高铁建设年度任务。国道207武潭镇区改线工程顺利推进，国道207武潭镇区段、国道234灰山港段提质改造竣工通车。全年新改建农村公路120公里，建成生命安全防护工程535公里，改造危桥17座。

全县民用车辆拥有量111151辆，其中汽车75474辆。全年全社会货物周转量达到28419万吨公里，旅客周转量2982万人公里。

全县固定电话用户3.48万户，比2019年增长2.1%；移动电话用户59.60万户，增长0.7%；宽带用户17.51万户，增长14.0%，手机互联网用户46.18万户，增长33.1%。全年实现邮政通信业务收入3.66亿元，增长2.2%。

四、固定资产投资

2020年，固定资产投资比2019年增长8.5%。按经济类型分，国有投资增长33.7%，非国有投资下降3.9%。按产业分，第一产业投资下降52.1%，第二产业投资增长8.1%，第三产业投资增长24%。投资总额中，工业投资40.51亿元，增长8.1%，工业技改投资25.49亿元，增长8.9%。

全县44个市级重点建设项目、27个市级重点产业建设项目、48个县级重点项目超额完成投资任务。“智慧桃江”、工人文化宫等PPP项目稳步推进。

全县28家资质等级房地产开发企业完成投资15.44亿元，比2019年增长3.6%；施工房屋面积137.32万平方米，增长15.6%；商品房屋销售面积48.36万平方米，下降16.3%。

五、财政金融

2020年，全县财政一般公共预算收入139778万元，比2019年增长5.3%，其中地方一般公共预算收入82814万元，增长4.1%。地方一般公共预算收入中税收收入55124万元，增长0.5%，其中增值税22219万元，增长3.8%;企业所得税5440万元，增长3.2%；个人所得税1183万元，增长5.1%。全县一般公共预算支出51.97亿元，增长4.5%，其中教育、卫生健康分别支出10.3亿元、6.76亿元，分别增长5.2%、11.3%。一般公共预算收入占GDP的比重为5.0%，比2019年提高0.1个百分点。

全县金融机构年末各项存款余额303.02亿元，比年初增加26亿元，增长9.4%，各项贷款余额182.05亿元，增加30.49亿元，增长20.1%。城乡住户存款余额252.10亿元，增加29.74亿元，增长13.4%。

全县保险机构保费收入7.31亿元，比2019年下降0.5%，其中，人寿保险保费收入5.12亿元，增长1.2%；财产保险保费收入2.19亿元，下降4.4%。

六、社会事业

2020年，申报科技项目17项，到位资金518万元。麓上住宅、烯富环保、鑫政铝业、华泰新型、锦林科技等16家企业成功申报高新技术企业；桃花江竹材、风河智慧、紫荆福利、金宙建材重新认定为高新技术企业，至年末全县拥有高新技术企业42家。“桃江经济开发区科技企业孵化器”成功申报认定为省级孵化器，“桃江总部基地众创空间”成功认定为省级众创空间，实现桃江县省级孵化器、省级众创空间两个“零的突破”。年内，组织15家企业参加益阳市创新创业大赛，春龙竹艺、烯富环保、为农农机3家企业荣获湖南省创新创业大赛优胜奖。

全县有中小学校173所（公办171所，民办2所），其中普通高中5所、职业高中2所、初中34所、九年一贯制学校8所、十二年一贯制学校1所、小学91所、教学点30个、教师发展中心1个、特殊学校1所。在校学生89532人，其中普通高中13244人、职业高中3880人、初中23479人、小学48751人、特殊教育学校178人。高考成绩继续保持全市领先地位。全县3592人参加高考，一本上线949人，二本以上上线1610人，三本上线1922人，专科上线3576人，专科以上上线人数和上线率居全市第一；600分以上学生155人，上线率居全市第一。教师结构进一步优化，补充教师361人，培养公费定向师范生160名。小学、初中适龄儿童就学巩固率达100%、99%。新增公办幼儿园园位4551个，公办园在园幼儿占比50%，全面完成小康指标任务。

2020年，完成世界读书日线上答题活动；开展“我们的中国梦湖湘文化进万家”志愿者送戏下乡惠民演出活动15场；举办“我们的文化梦、科技进农家”送书下乡活动。全年放映公益电影3470场，其中贫困村放映254场，中小学校放映408场，县电影公司获“第八届全国服务农民、服务基层文化建设基层电影服务先进集体”称号。桃江被湖南省广播电视局、湖南省财政厅表彰为“湖南省广播电视服务优秀县”，并获得2020年度中央支持地方公共文化服务体系建设绩效奖励。

全县拥有公立医疗卫生机构495家，其中县级医院6家，乡镇医院15家，其他卫生机构4家。实际开放床位4650张。卫生技术人员4539人。每千人拥有医疗卫生机构床位数5.85张、卫生技术人员数5.7人。全县出生人口6636人，符合政策生育率94.6%。年内新增4个市级卫生镇、30个省级卫生村和29个市级卫生村。完成无偿献血4760人份。推广使用“城市一账通”手机客户端签约服务，签约率达全县常住人口的46.9%，其中建档立卡贫困人口签约率100%。县人民医院南院区和县妇保院整体搬迁项目主体工程建设竣工。启动县中医医院医疗康复院区和县精神病医院整体搬迁项目。全年完成217个行政村（社区）卫生室标准化建设。

成功承办“锦绣潇湘 安宁竹谷”绿色环保自行车邀请赛，全省各地及省外的自行车运动爱好者280人参加比赛。成功承办桃江县第四届全民健身运动会，报名单位112个，报名人数近万人。成功承办湖南省第五届“桃花江”杯乒乓球混合团体公开赛，全省共65支队伍412人参赛，品牌赛事影响进一步扩大。开展“全民健身日”系列健身活动，组织县城各健身运动场所当日免费开放，发放全民健身知识手册，播放健身宣传片。

七、生态环境和安全生产

2020年，中央、省环保督察及“回头看”反馈问题整改卓有成效，石煤矿山、资江锑超标问题治理通过省级销号验收。松木塘、灰山港石煤矿山治理和生态修复工程全面竣工，升级改造畜禽养殖场（户）粪污处理设施312个。资江流域锑浓度连续8个月达标，洞庭湖生态环境专项整治成效居全市前列，河长制责任落实较好。整治“散乱污”企业18家，秸秆禁烧、夜宵摊点等专项整治取得实效，空气质量优良率达98%以上。

全年发生生产安全责任事故3起，虽然未发生较大及以上生产安全事故，但事故发生数上升33.0%，死亡人数上升33.0%，直接经济损失上升0.02%。亿元GDP生产安全事故死亡人数为0.014人，每万元人口生产安全事故死亡人数为0.04人。

八、人民生活

2020年，全县户籍总人口87.57万人，其中城镇人口26.83万人，乡村人口60.74万人。人口出生率为8.93‰，死亡率为8.86‰，人口自然增长率0.07‰。

全县城乡居民人均可支配收入24774元，比2019年增长7.2%，其中，城镇居民人均可支配收入33765元，增长5.9%；农村居民人均可支配收入18438元，增长8.7%。人均消费总支出18848元，增长1.5%，其中人均食品烟酒消费支出5663元，增长11.8%；人均居住消费支出4775元，增长2.7%。

全年新增城镇就业4840人，新增农村劳动力转移就业3010人，新增创业实体3000家，发放创业担保贷款9000万元。城镇登记失业率保持在2%以下。完成养老保险征缴53501万元、工伤保险征缴1463万元。新增养老保险参保单位（企业）82个、工伤保险参保单位80家，新增养老保险参保人数14996人。发放养老金111199万元，受理工伤保险快报580起，支出工伤保险待遇2990万元。

全年发放城市低保对象74628人次、2763.1万元；发放农村低保和兜底脱贫对象173244人次、3448.95万元，其中兜底脱贫对象140544人次，发放资金2954.99万元。改扩建牛田、沾溪等敬老院5所，完成城乡低保、特困人员补助、残疾人“两项补贴”提标。全年办理结婚登记4149对，离婚登记1710对，补办结婚登记711对、离婚登记105对。

中共桃江县委员会

综　述

【概况】2020年，桃江县全面贯彻落实中共十九大和十九届历次全会精神，深入学习贯彻习近平新时代中国特色社会主义思想，认真落实习近平总书记在湖南考察时的重要讲话精神，坚持一手抓疫情防控，一手抓经济社会发展，切实把疫情影响降到最低，较好地完成年初确定的各项目标任务。全县地区生产总值等比增长4%，规模工业增加值增长4.5%，固定资产投资增长9%，地方一般公共预算收入增长4%，全体居民人均可支配收入增长8%，全面建成小康社会取得决定性成就，实现“十三五”圆满收官。

修改完善“工八条”“竹八条”“旅八条”等政策措施，推进六大产业加快发展。全年竹产业实现产值120.27亿元，同比增长16.9%，春笋产量突破1亿斤，创历史新高，大栗港镇获评2020年国家农业产业（桃江竹笋）强镇；建材产业实现产值175亿元，同比增长3.6%。装备制造业实现产值136亿元，同比增长6.3%，完成电子商务交易额100.12亿元，同比增长40.8%，再次获评全国电子商务进农村综合示范县，桃花江镇株木潭村、石高桥村成为2020年“淘宝村”。实现文化旅游综合收入100亿元，同比增长33.2%，大栗港镇刘家村成为全国乡村旅游重点村，沾溪镇洋泉湾村成为省乡村旅游重点村。食品加工产业实现产值101亿元，同比增长33.1%，“桃江竹叶”（绿茶）成为国家农产品地理标志。成功申报省级竹产业特色园区，省级高新技术产业开发区申报工作顺利推进。灰山港工业集中区新建标准化厂房2.06万平方米，平整土地350亩，临亚建材装配式建筑构件、临亚新型墙体、三树新材料等6个项目建成投产，新开工项目3个，新引进投资过5000万元项目3个。马武现代农业核心示范区积极探索社会资本与农业农村利益紧密联结的现代农业发展新模式，新引进项目7个，惊石农业二期、先田智慧农业、澳洲淡水龙虾养殖等项目建成投产，国家级农村产业融合发展示范园正式授牌。

营商环境建设迈上新台阶。组建重点项目全程代办员队伍，为96个重点项目开展全程代办，重点项目审批整体提速80%以上。全面落实减税降费政策和疫情防控税费优惠政策，共减税5812万元、减费5317万元；扎实开展拖欠民营企业中小企业账款清理，累计清欠民营企业中小企业账款3.52亿元，实现100%清零。严厉打击破坏营商环境的违法犯罪行为，办理影响营商环境刑事案件18起、行政案件23起，刑事拘留11人，行政拘留22人。

突出产业链招商，积极探索“云招商”，全面完成引进6个投资过亿元项目、10个投资过5000万元项目的年度招商引资任务，其中总投资达16亿元的手机产业链项目填补全县5G和智能设备生产领域产业空白；积极参加第三届进口博览会、第22届中部农博会等活动，培育自营外贸进出口经营权企业21家、“破零倍增”企业10家，外贸进出口额逆势上涨，从2019年的1247万美元提高至2020年的7100万美元。大力开展立项争资，全年争取项目328个，到位资金35亿元；总部经济加速发展，新签约入驻企业16家；

规模企业和高新技术企业培育成效明显，全县新增规模工业企业 20 家、限额以上贸易企业 14 家、高新技术企业 6 家。

精准脱贫、污染防治和防范化解重大风险三大攻坚成效显著。脱贫 862 户 1869 人，实现全县 43 个贫困村全部摘帽出列、15183 户 43739 名建档立卡贫困人口全部脱贫。全力整改中央、省环保督察及“回头看”反馈问题，升级改造畜禽养殖场（户）粪污处理设施 312 个，石煤矿山治理和生态修复工程竣工并通过验收，资江流域锑浓度连续 8 个月达标，空气质量优良率超过 98%；全面落实禁捕退捕决策部署，全县 1633 艘“三无”船舶全部上岸，1016 名退捕渔民妥善安置，“四清”“四无”目标顺利实现。扎实推进扫黑除恶专项斗争，2020 年破获涉恶刑事案件 9 起，犯罪集团 1 个，涉恶团伙 2 个，抓获并刑拘团伙成员 14 人；涉老涉众金融问题妥善处置，农商行实现脱困化险，金沙重机重组稳步推进，扶贫小额贷款保持“零逾期”，牢牢守住了金融风险底线。（杨　帆）

【基层社会治理】2020 年，桃江县出台全面推行乡村、城镇社区网格化管理和志愿服务工作的指导意见，构建以“网格化”为基础的社会基层治理体系和以志愿服务为抓手的新时代文明实践体系，全县各村（社区）共建立基础网格 2425 个，招募网格员 12761 名，对口联系农户 245641 户，打通联系服务群众的“最后一公里”。持续扩大优秀基层妇联组织、“妇贤”奖励范围，进一步激发全县 3660 名妇联执委干事创业热情，成为全省唯一的深化妇联组织建设改革实施“破难行动”试点县。全面办结省委第十巡视组交办的 8 批 506 件群众信访件，化解信访积案 67 件，继续大力推进“三无乡镇”“无信访村（社区）”创建，创新开展“信访工作进步村（社区）”“无诉村（社区）”和优秀调解员评选，大量矛盾纠纷在基层一线化解，全县信访形势持续向好。（杨　帆）

【城乡创建工作】县城“双创”工作有序推进，获得创建全国文明城市提名城市，拆除违建 4.2 万平方米，桃花湖路、光明路、文明路等道路建成通行，牛潭河大桥和 6 个老旧小区改造、6 条道路雨污分流工程全面完成，雷公岩大桥全线通车“智慧城管”上线运行，40 名数字城管网格采集员全天候、无死角巡查，发现问题 1725 件，完成处置 1639 件，处置率达到 95%。扎实推进农村人居环境整治，农村生活垃圾分类减量覆盖率以及集中收集、转运处理率均达 100%，先后接受国家、省检查，获得较高评价，三堂街镇成为省级文明镇，马迹塘镇龙溪村获评省级美丽乡村。（杨　帆）

办公室工作

【概况】2020 年，县委办坚持以习近平新时代中国特色社会主义思想为指导，以“五个坚持”（坚持绝对忠诚的政治品格、坚持高度自觉的大局意识、坚持极端负责的工作作风、坚持无怨无悔的奉献精神、坚持廉洁自律的道德操守）为统领，不断提高“三服务”（服务领导、服务基层、服务群众）工作水平，重点围绕县委中心工作，做好参谋辅政、综合协调、调查研究、服务保障、督查落实等各项工作，助推县委各项决策部署落地落实。

文稿服务。围绕党中央、省委、市委决策部署，在提高政策精神的领会精准度上下功夫，共起草各类文稿 269 篇，其中领导报告 56 篇、汇报材料 84 篇、综合材料 115 篇、经验推介 5 篇、署名文章 4 篇、调研材料 5 篇。《“小网格”发挥基层治理“大作用”》《战“疫”不忘保春耕 不误农时不负春》等文稿被《人民日报》《湖南日报》《新益阳》等中央、省、市级刊物、网络媒体采用。

党委信息。守住党委紧急信息报送底线，实现紧急突发事件第一时间协调处置、第一时间报送。上报党委信息 600 余条，省委办公厅和省委宣传部采用 48 条，市委办公室采用 60 条。刊发《桃江要情》8 期，办理市委书记交办件 20 件，红网“问政湖南”“县委书记信箱”群众来信件 40 件，县政协八届三次会议党委系统提案 2 件。

调查研究。坚持“大调研”工作制度，重点围绕全县中心工作，聚焦产业发展、人居环境整治、脱贫攻坚等，对人民群众关心的热点、难点、堵点问题开展深入调查研究。收集全县乡镇、县直单位上交的调研文稿 90 篇。到各乡镇、县直部门调研 8 次，撰写调研报告 5 篇，《关于加快推动桃江笋竹产业发展的调研报告》报送市委办后，作为全市重点调研课题成果，得到市委书记瞿海批示。

督查督办。围绕全县中心工作及县委决策中的重点难点问题，持续抓好跟踪督查，加大随机抽查、暗访回访、持续跟踪督导力度，共印发《督查通报》10 期《督查专报》

17 期，确保县委决策和重点工作的顺利推进。

办文办会。完成 2020 年经济工作会议、党务工作会议等重大会议及多次上级领导到桃江调研视察或召开现场会的筹备服务工作。制定全县重要会议、重要活动、党内规范性文件、县级层面督查检查考核事项以及应向县委报告的重大事项等制度。制发公文 113 个，其中规范性文件 14 个，均已向市委备案，同比减少 15.7%；制发纪要 68 个，其中县委常委会会议纪要 30 个，专题会议纪要 38 个。

综合协调。开展“大值班”工作，指导全县各乡镇、县直各部门做好值班工作，牵头组织开展值班工作督查，严格落实 24 小时值班制度，确保各项工作上传下达政令畅通。严格规范通知发放流程，全年通过 MAS 通知平台系统发放通知 500 余个、1800 条次，办理上级电报 539 个，未出现拖办、延办、漏办、误办等现象。累计接待信访来访 200 余批次，维护机关正常办公秩序。编印《县委大事记》12 期。严格落实重大事项请示报告制度，对县级领导外出、全县举办重大活动和召开重要会议，采取“一事一报”。办理县委书记交办件 23 件、批示件 17 件。严格按照中央八项规定精神要求，组织宾客接待 78 批次，其中公务接待 43 批次，协助各单位公务接待和商务接待 35 批次，完成省经济责任审计、省委巡视、扶贫省检国检等多项接待任务。

中心工作。围绕县委、县政府中心工作，认真履职，服务大局，持续提升履职实效。召开 2 次财经工作会议，传达学习中央、省、市财经委员会相关指示精神，协调调度年度经济指标、六大百亿产业和规模工业增加值百亿园区培育情况，统筹全县重点项目统计入库、全面小康决胜年行动等工作，研究“十四五”发展主要目标和 2035 年远景目标设定等工作。及时分解下达小康指标任务，实行数据监测，定期对各责任单位进行督促指导；根据市小康办安排，县委办组织在益阳电视台开展《小康 COME ON》专场节目录制，在《益阳日报》专版推介桃江小康工作，全面宣传小康工作成效。出台《中共桃江县委全面深化改革委员会 2020 年工作要点》，包括 33 大项 90 小项改革内容，并将改革事项内容细化到各专项小组，实行一月一调度，确保改革工作顺利推进。新冠肺炎疫情期间，及时向在桃江外籍人员、港澳人员及台胞台属进行政策宣传、思想动员，加强对外籍、港澳台相关人员入桃江、驻桃江情况摸排，协调开展核酸检测，推动防控措施落实落地。加大对非法入境者的遣送、打击力度，2020 年累计配合打击、遣送非法入境者 5 人。主动配合外资、港澳投资、台资企业等复工复产，协调解决防疫物资紧缺等问题。

机要保密。严格执行 24 小时值班制度，全面完成上级文件的收发办理，实现“零延误、零差错、零事故”。组织开展保密检查 1 次。圆满完成 2020 年桃江考区高考、学考试卷安全保密工作。送销涉密载体 16 次，总达 8 吨。完成 44 次党委电视电话会议，14 次书记幻真视频会议的通信保障服务工作，视频保障零失误。

档案管理。全面完成上年度档案登记工作。对 15 个乡镇开展档案库房安全专项检查，25 个立档单位进行档案行政执法检查，40 多个单位开展档案业务指导。牵头召开《桃江县共产党志（2001—2020）》编纂工作部署会，指导相关单位的编纂工作。完成县纪委监委、县委组织部等 31 家机关单位文件材料归档范围和文书档案保管期限表的编制指导和审查。组织举办 4 批次档案工作业务培训，全面提升全县机关单位的档案工作意识和档案员的业务能力。（左家毛）

【全县办公室工作业务培训班】 5 月 15 日，举办全县办公室工作业务培训。县委常委、县委办主任肖立新出

▲ 11 月 27 日，全县办公室主任会议召开 （周永青 / 摄）

席会议，各乡镇、县直部门办公室工作分管领导、办公室主任共200余人参会。会议宣读《2020年全县督查检查考核年度计划》《2020年办公室人员跟班学习安排方案》《2020年全县“大调研”活动实施方案》，学习县委办公室室务会人员、县政府办党组成员和机关干部办公室工作对口联系制度，组织与会人员进行材料写作和办文办会工作业务培训。

（周永青）

【作风建设学习会议】 11月16日，县委办组织开展贯彻落实全县干部作风建设学习会议，县委常委、县委办主任肖立新出席，机关支部全体党员和入党积极分子参加。全办干部职工组织学习《桃江县作风建设负面清单》等内容。肖立新强调，从严治党永远在路上，全体党员干部要切实提高政治站位，充分认识加强作风建设的重要意义。

（周永青）

巡察工作

【概况】 县委巡察办将2020年确定为“巡察整改提升年”，把巡察整改日常监督工作纳入纪检监察业务工作考核范围。县委组织召开2次常委会会议、2次书记专题会议听取汇报、研究部署巡察工作。县委巡察工作领导小组召开4次会议听取和审议巡察工作情况。

巡察“全覆盖”。开展3轮常规巡察、1次交叉巡察和1次省委巡视带巡察工作，共巡察37个单位党组织，完成十二届县委任期内巡察全覆盖任务。其中，县委第九轮巡察共发现问题343个，移交问题线索13件。县委第十轮巡察、省委巡视带巡察和资阳区委交叉巡察共发现问题884个，移交问题线索100件。

巡乡带村。县委第十轮巡察在对7个乡镇开展巡察的同时，巡察金沙坪村、连河冲村等21个村（社区）党组织。延伸巡察共发现问题208个，推动立行立改一批群众身边的急难愁盼问题，解决武潭镇新铺子村两个村民小组的用电难题。针对乡镇和县直单位、村（社区），分别编制《“三个聚焦”检查重点细化清单》。已巡察全县247个村（社区）党组织中的111个，占44.94%。

整改提升。针对巡察“回头看”发现的整改不力问题，组织对县民政局和县住建局两个单位党组班子成员集体约谈；针对县委第九轮巡察发现的县城投集团在招投标领域、工程项目建设方面问题突出、大量存在招待用酒的情况，组织对县城投集团现任主要负责人及前任主要负责人约谈，推动被巡察单位落实整改责任。在县委第九轮巡察中探索出“立行立改面对面专题反馈”新模式，加大边巡边改力度。制定《十二届桃江县委第八轮巡察整改监督工作安排建议》，协调出台《县委巡察整改监督工作实施办法（试行）》，理顺机制推进巡察整改日常监督。先后组织开展两次“点穴式”督查，共对县委第一至八轮、巡察“回头看”及专项巡察的50个被巡察单位进行督查，抽查各类问题530个，发现109个没有整改到位。经督促，均已全部整改到位。

整改成效。第六轮巡察反馈给6个被巡察单位的290个问题，全部整改到位，共收回违规资金462万余元，建立健全制度59项。移交的52件问题线索办结29件，立案11人，给予党纪政务处分3人，运用“第一种形态”23人。第七轮巡察反馈给9个被巡察单位的232个问题，全部整改到位，共收回违规资金48万多元，建立健全制度76项；移交的19件问题线索，办结8件，立案1人，运用“第一种形态”10人。第八轮巡察和巡察“回头看”反馈给8个被巡察单位的232个问题，已全部整改到位，共收回违规资金73万余元，建立健全制度85项；移交的14件问题线索，已办结5件，立案2人，给予党纪政务处分3人，运用“第一种形态”8人。第九轮巡察反馈给11个被巡察单位的330个问题，已全部整改到位，共运用“第一种形态”99人次，收回违规资金86万余元，建立健全制度70项；移交的13个问题线索，办结2件，运用“第一种形态”5人。

业务培训。选派县委巡察组组长文丽莉、县委巡察办副主任吴学军、县委巡察联络员何进参加为期1周的全省市县巡察干部业务培训班，以封闭式进修全面提升巡察工作水平。第九、十轮巡察前，先后共组织115名巡察干部开展为期1天的针对性业务培训，加快进入角色步伐。16名巡察干部先后多次参加“竹廉讲堂”以及为期2天的全县纪检监察干部业务培训班。

意识形态。全年在主流媒体上稿50多篇次，完成转帖跟帖评论300多条，被采用舆情信息60多篇。班子成员按要求开展理论学习中心组学习，学习效果明显。在2020年4月的全县党务工作暨县委、人大、政协工作会议上，被评为2019年度意识形态工作优秀单位。

（孙　庆）

【巡察整改约谈会】 县委第四巡察组在开展巡察“回头看”时发现，县民政局党组上轮巡察整改率仅为54%，县住建局（县人防办）党组仅为72.88%。3月13日，县委巡察工作领导小组组长戴剑锋、副组长蒋耿对县民政局、县住建局（人防办）党组班子成员共11人就巡察整改不力问题进行集体约谈。（孙　庆）

【巡察整改“点穴式”督查】 4月3日，县委第一至五轮巡察整改“点穴式”督查部署会召开，县纪委监委、县委组织部、县委宣传部、县委巡察办、县扶贫办5个督查组，于4月7日至10日对27个单位开展“四不两直”（不发通知、不打招呼、不听汇报、不陪同接待、直奔基层、直插现场）督查。督查组共抽查各类问题207个，发现35个问题没有整改到位。8月底，采取类似方式，对县委第六至八轮巡察及巡察“回头看”的23个单位开展“点穴式”督查。督查组共抽查各类问题323个，发现74个问题没有整改到位。根据督查情况，巡察办先后印发两期督查通报，并督促相关单位在1个月内将发现的问题整改到位。（孙　庆）

【“立行立改专题反馈”新模式】 4月16日，县委第九轮巡察第四巡察组向县应急管理局党组班子成员反馈该单位行政执法方面存在的问题，并要求立行立改。县应急管理局及时就6个问题制定整改方案，研究整改措施，明确具体做法，同时，局党组制定5项制度规范行政执法工作。通过立行立改，全县114家无证经营烟花爆竹门店已全部取缔或转行。（孙　庆）

【市委巡察办专项检查桃江巡察工作】 5月19—20日，市委巡察办对桃江开展巡察工作专项检查。5月19日上午召开桃江县委巡察工作汇报会。会议由市委巡察工作领导小组成员、市委巡察办主任莫学海主持，县委巡察工作领导小组组长戴剑锋作汇报。（孙　庆）

【首次省委巡视带巡察】 9月15日至10月30日，省委巡视带巡察2个巡察组分别对县委宣传部（县委网信办）、县委统战部（县民宗局、县侨联）开展常规巡察和全县石煤矿山治理专项巡察。共发现问题102个，移送问题线索5件。（孙　庆）

【交叉巡察】 9月22日至11月27日，资阳区委交叉巡察组对县委政法委、县人民法院党组开展常规巡察。共发现问题90个，移送问题线索3件。（孙　庆）

▲4月16日，县委第九轮巡察第四巡察组向县应急管理局专题反馈会（刘　剑/摄）

组织工作

【概况】 2020年，县委组织部全面贯彻中共十九大和十九届二中、三中、四中、五中全会精神，学习贯彻习近平总书记考察湖南等系列重要讲话精神和治国理政新理念新思想新战略，严格按照全国、省、市组织部部长和组织工作会议要求，紧紧扭住落实全面从严治党要求这个主题、思想政治教育这个根本、严肃党内政治生活和强化党内监督这个重点、班子队伍建设这个关键、基层党建这个基础，坚持稳中求进工作主基调，聚焦主责主业，强化担当作为，全县组织工作迎来新面貌。

思想政治建设。引导全县广大党员干部严格对标新时代党的建设总要求，将党的政治建设摆在首位，认真学习习近平新时代中国特色社会主义思想和中共十九大、十九届二中、三中、四中、五中全会及习近平总书记考察湖南重要讲话精神。全年举办各类培训班68批次，有科级干部学习习近平新时代中国特色社会主义思想专题研修班1期、中青年干部理想信念宗旨教育培训班

1期、科级干部能力提升研修班1期、新提拔干部培训班1期。举办领导干部专题讲座3期，近1000名科级干部参训。1947名干部报名参加在线学习，通过率99%。建立健全《桃江县党委（党组）“学习课堂”制度》《桃江县党员干部“蹲点调研”制度》《桃江县开展党建引领“基层吹哨、部门报到”工作制度》《桃江县“接地气、去官气、传正气、转作风、惠民利”联系基层服务群众制度》4项制度，巩固全县“不忘初心、牢记使命”主题教育成果。

干部队伍建设。全年共调整干部4批次306人次，其中提拔重用94人，包括35岁以下正科级干部4人，“90后”副科级干部17人。全县35岁以下乡镇领导班子成员55人，35岁以下乡镇党政正职5人。配合完成省派脱贫攻坚干部考察组考察工作，18名干部纳入“四个一批”范畴，其中有1名县级领导干部得到重用，2名乡镇党委书记提拔担任副处级领导职务，3名驻村工作队员晋升职级，8名基层干部在市级以上媒体进行宣传报道，4名基层干部得到表彰奖励。为15个乡镇、75个县直单位党政正职建立政治素质档案。运用SVN版本控制系统，对干部各类基础数据、档案实施集中管理，全年共整理完善20251份电子档案，干部信息协同管理机制建立健全。建立全县各单位公务员职务与职级并行一览表信息库，根据人员变动，统筹做好全县职级职数动态管理。在乡镇机构改革中，将原属于县财政局的乡财所人员编制全部纳入乡镇，各乡镇重新核定行政编制，及时更新乡镇职级职数数据库。着力推进人民警察职级序列改革，先后完成公安机关（含森林公安）、检察院、法院警员职务套转和晋升程序的审核、备案工作。实施定向引进全额事业编制高层次（紧缺）人才计划，赴中南大学、湖南大学等省内9所一本学校及湖南城市学院定向引进一批优秀人才。出台《桃江县县级领导联系服务优秀人才工作方案》，30位县级领导结对联系服务30位具有正高职称的专业技术人才。组建桃江县科技专家服务团，由分管副县长带队对全县16个中央财政资金重点扶持壮大集体经济村、147个集体经济年收入低于5万元的集体经济薄弱村集中开展一轮科技服务活动。严格领导干部因私出国（境）审批管理和“一人多证”专项清理工作，新增列入备案管理的干部814名，撤销备案管理438名，备案登记人员1932人。抓紧抓牢选人用人监督，对拟提拔重用的40名干部和100名晋升职级人选，在网上公示，广泛接受社会监督。召开2020年干部监督工作联席会议，通过《桃江县综合运用干部监督信息成果从严管理干部实施办法》。制定印发《2020年桃江县乡镇、县直部门和双重管理单位绩效考核办法》，突出“六大百亿产业”、污染防治、立项争资、重点工程项目、“双创”、网格化管理和志愿服务、农村人居环境整治、现代农业核心示范区建设等中心工作考核权重，绩效考核“指挥棒”作用得到有效发挥。发放特困老干部及遗孀帮扶救助资金20万元，走访300多人次。打造“金秋党旗红”“金秋志愿汇”“金秋幸福家”“金秋风采园”四大板块老党员之家，提供良好学习、活动、交流、服务平台。引导离退休人员在疫情防控中发挥自身优势，做出相应贡献。开展3次“扶贫助学”“捐资助学”活动，共筹集14万余元资助154名贫困学子。联合县老干部休养活动中心、县老年书画协会开展“送文化、送温暖”下乡活动，惠及贫困学子47人。举办“关爱助成长 童心筑梦想”献爱心助学活动，筹集9万元资助贫困学子59人。组织700余名“五老”人员加入全县防溺水志愿者队伍，协助相关部门及学校开展防溺水工作。关工委工作成效显著，县委组织部副部长、县关工委副主任刘牛元获“全国关心下一代工作先进工作者”称号。

基层组织建设。新冠肺炎疫情发生后，发出《关于在新型冠状病毒感染的肺炎疫情防控中充分发挥基层党组织战斗堡垒和广大党员先锋模范作用的通知》，制定疫情防控“九条措施”，全县1549个党组织共38789名党员迅速投入疫情防控战斗。为全力支持相关企业复工复产，选派280名驻企防疫联络员入企督促指导，出台疫情防控工作具体措施，为疫情期间桃江企业落实好疫情防控措施提供明确指引。调整补充村（社区）党组织书记85人，其中从现任村主任中留任15人，从现任班子成员、后备干部及致富能手中择优选拔51人，从外出能人中动员回引14人，乡镇党委下派5人。经过调整，全县村（社区）党组织书记、主任“一肩挑”比例大幅提升，换届前达72%，换届后预计达100%。持续加大村（社区）基层运转保障力度，将村党组织书记和县城社区党组织书记报酬分别提高到33912元/年和46232元/年，按照常住人口3000人以下的村3万元、3000人以上的村4万元的标准持续提高村级办公经费。重新核定10个社区的111名社区工作者的工资基数，年工资总额增加50.7万元。畅通村（社区）干部晋升渠道，全年湖南省招录公务员考试面向全县现任村（社区）“两委”成员招录12人，在村（社区）党组织书记和其他村支“两委”成员中分别招聘2名和7名乡镇事业编制工作人员。按照先缴后补的方式，为现任村主职提供每人每年2000元的养老保险补贴。在圆满完成高桥镇村支“两委”换届试点工作基础上，12月全面启动全县村（社区）“两委”换届选举，村（社区）党组织换届工作2021年元旦前全部完成，村（居）委换届工作于2021年2月5日前完成。对年初35个软弱涣散基层党组织进行4轮上门督导指导，11月对全县所有软弱涣散基层党组织逐一考核验收并通过。在机关、村（社区）、中小学校、公立医院、国有企业和两新组织等领域拟定50个示范点实施“五化建设”提质工程。制定下发《桃江县村（社区）组织活动场所标识、标牌清理规范清单》，统一标识标牌样式，共清理各类不符合规范的牌匾5300余块，整合功能室牌1200余块。有序推进城市居民小区党建工作，督促指导桃花江镇抓好小区党员排查、党支部组建和班子成员选配、党群服务站建设等。全县共有城市居民小区68个，至年底已成立小区党支部43个，建设党群服务站24个，打造七星铭城、金峪庄园、雷公岩小区等小区示范党支部。督促县直单位抓好中共十九届四中、五中全会精神和《中国共产党党和国家机关基层组织工作条例》的学习宣传贯彻落实。指导成立桃江县妇幼保健院党委，完成党委书记和院长分设和选举相关工作，对县人民医院的党建工作进行上门指导和业务辅导。对全县部分中小学校党建工作进行上门指导，重点了解掌握学校党组织设置和党建各项常规工作落实情况。实施两新党建“标杆引领”计划，将12个党组织打造成为全县标杆引领示范支部，同时成立全市第一家商圈党支部——凯邦华通城商圈党支部。全年新发展党员417名（不包括疫情防控一线发展党员33名），突出做好从产业工人、农牧渔民、外出务工经商人员、高知识群体、少数民族和在非公有制经济组织、社会组织中发展党员的要求。启动排查整顿中共十八大以来农村发展党员违规违纪问题工作，对相关问题进行严肃处理。筹备召开全市、全县基层公共服务一门式现场会，全县247个村（社区）的硬件设施改造已全部完成，水、电、路、网等配套设施均满足要求，已梳理下放75项涉及群众衣食住行的高频服务事项至村，其他商务服务、公共文化和社会服务已完成进驻。为进一步下沉资源，延伸基层公共服务触角，县财政安排300万元，在全县推行乡村网格化管理和志愿服务，共建立2425个基础网格，选配1.2万名网格员对口联系24.6万户农户，有效推动“一门式”服务向“上门服务”拓展、“一站式”服务向“定制化”服务延伸。全县共有4722名市县乡村四级党员、干部与贫困户15187户结对帮扶，实现建档立卡贫困人口结对帮扶全覆盖，同时为确保如期高质量完成脱贫目标，未脱贫户一律由县乡干部结对帮扶，并向省级挂牌督战村补充结对帮扶力量。组织决战决胜脱贫攻坚驻村帮扶培训班和新选派驻村干部暨新任乡村干部脱贫攻坚能力提升培训班，对乡镇组织委员、扶贫站长、工作队员、帮扶干部共623人进行集中培训。从5月起，每月召开驻村帮扶工作调度会，每支工作队介绍一个亮点工作、反映一个突出问题、提出一个工作建议。为做好脱贫攻坚收官工作，鼓励驻村工作队加大对自己工作的宣传报道力度，积极营造全社会关注扶贫、支持扶贫、参与扶贫的良好氛围。（周　鹏）

【全省脱贫攻坚干部考察】 根据省委组织部下发的《脱贫攻坚干部考察工作实施方案》，桃江有效配合完成省派脱贫攻坚干部考察组的考察工作，共有18名县、乡、村领导干部纳入“四个一批”范畴，有1名县级领导得到重用，2名乡镇党委书记提拔担任副处级领导职务，3名驻村工作队员获得职级晋升，8名基层党员在市级媒体进行宣传报道，4名党员进行表彰奖励，有效树立重视基层、崇尚实干的鲜明用人导向。

（龙　宇　吴国辉）

【年轻干部培养使用】 建立年轻干部最低配备比例提示和调控机制，坚持一手抓提拔、一手抓后备，严格实行动态管理、优胜劣汰。全年共提拔重用35岁以下正科级干部4人，“90后”副科级干部17人，7名“90后”年轻干部晋升四级主任科员。全县配备35岁以下的乡镇领导班子成员55人，35岁以下党政正职5人，“90后”乡镇年轻干部18人，年轻力量得到广泛提拔和使用。

（龙　宇　吴国辉）

【指导企业开展疫情防控】 新冠肺炎疫情发生后，针对本地企业疫情防控力量不足的问题，县委组织部及时抽调全县各单位党员领导干部充实企业疫情防控一线工作力量，首批106名驻企防疫联络员于2月12日在全市率先挂牌上岗，全年累计选派280名驻企防疫联络员，按照“十二个有”

▲ 3 月 20 日，县委组织部召开 2020 年全县“90 后”优秀年轻干部代表座谈会（周　鹏／摄）

具体要求指导企业做好各项疫情防控工作，确保企业有序恢复正常生产经营，全县“六大产业”如期突破百亿元大关。（龙　宇　吴国辉）

【“一门式”基层公共服务】全力推行基层公共服务“一门式”全覆盖工作，依托村（社区）综合服务平台设立便民服务中心，实现所有村（社区）综合服务平台均能提供“一门式”办理、“一站式”服务。截至 12 月底，共下放 75 项涉及群众衣食住行的高频服务事项至村。县财政安排 300 万元，用于采购政务服务设备、建设商务中心等。为进一步下沉资源，延伸基层公共服务触角，全县推行乡村网格化管理和志愿服务，共建立 2425 个基础网格，选配 1.2 万名网格员对口联系 24.6 万户农户，有效推动“一门式”服务向“上门服务”拓展、“一站式”服务向“定制化”服务延伸。（刘小丽　周　鹏）

【村（社区）“两委”换届选举】12 月全面启动全县村（社区）“两委”换届选举工作，全面推行村（社区）党组织书记和村（居）委主任“一肩挑”和“两委”成员交叉任职。年底，全县村（社区）党组织换届工作全部顺利完成。（刘小丽　周　鹏）

【省委“1+5”文件落实】为贯彻落实省委关于全面加强基层建设“1+5”文件精神，实施清单化管理、项目化推进，共列出 141 项具体任务，包括提高基层干部待遇，持续加大村（社区）基层运转保障力度，提高村党组织书记、县城社区党组织书记报酬和村级办公经费，畅通基层干部晋升渠道，加大县直机关与乡镇干部的交流力度，重点选拔培养年轻干部等。同时，将贯彻情况纳入各相关单位领导班子政治建设考察、党委（党组）书记抓基层党建工作述职评议考核、领导班子年度考核以及绩效考核中，严格督促落实落地。（刘小丽　周　鹏）

【市驻村帮扶工作桃江安化片区推进会】5 月 11 日，益阳市驻村帮扶工作桃江安化片区推进会在沾溪镇洋泉湾村召开。市委组织部副部长、市派驻村办主任彭伟才，市驻村办全体工作人员，桃江和安化两县的组织部部长及 30 多名市县派驻村帮扶工作队长参加。会上，桃江和安化代表从地方实际出发，根据自身工作经历，交流各自扶贫工作方法、心得和体会。（赵利辉　李　鹏）

【法律知识抢答赛】12 月 3 日，桃江县举办第四届“关爱明天 普法先行”青少年普法教育活动法律知识抢答赛暨法治宣传文艺会演。市关工委主任陆国柱，市关工委执行主任陈恒祥，市关工委副主任曾立坤、袁国军，市委老干部局局长、关工委副主任胡国洪，市委老干部局副局长、关工委副主任文潇宇，桃江县委副书记、关工委名誉主任张晓等出席活动，县委常委、组织部部长、关工委名誉主任蒋耿出席活动并致辞。来自全县的高中、初中和小学 3 组共 10 支代表队以必答和抢答的形式进行比赛。经过激烈角逐，县职业中专、鲊埠中心学校、桂花园小学代表队荣获一等奖。（罗阿凤　刘　倩）

宣传工作

【概况】2020 年，县委宣传部围绕全县中心工作，严格落实意识形态工作责任制，着力抓好理论武装、舆论引导、文化惠民、文明引领、队伍建设，取得较好的成绩。

理论武装。严格按照中心组学习十项制度要求，抓好全县各级党委（党组、工委）理论学习中心组学习。扩大理论武装覆盖面。积极推进 2020 年“大学习拥抱新时代”

读书学习活动。组织完成《习近平治国理政》第三卷的征订发行。不断提高“学习强国”使用率，组织选手参加全市“学习强国”学习达人挑战赛并获一等奖。抓好理论宣传与微宣讲工作。组织完成习近平总书记考察湖南重要讲话精神和中共十九届五中全会精神的专题宣讲报告会，成立全县中共十九届五中全会精神宣讲团。

宣传报道。充分发挥县融媒体中心作用，先后策划“魅力桃江 醉美乡村”“今年我们这么干”等专题专栏，营造全县经济社会发展良好氛围。抓好疫情防控宣传引导。组织全县通讯员队伍把握宣传主动权，推介桃江防疫好做法、好经验、好典型、好故事，引导舆论，鼓舞士气。抓好对外宣传。在《人民日报》等主流媒体推出聚焦竹产业、楠竹扶贫、网红打卡乱石滩等主题报道和《山水桃江·等你来》等专题宣传片，全年在中央省市级媒体发表稿件2200多篇。

意识形态。修订完善《桃江县党委（党组、工委）意识形态工作责任制考核办法》。组织开展意识形态工作专项督查。加强宣传文化阵地管理。县融媒体中心各平台的建设和管理不断上台阶，获2020年县级融媒体中心建设工作先进单位。“掌上桃江”APP使用人数达到10万。桃江县人民政府门户网站两次省检均排名全市第一。桃江被评为“湖南省广播电视服务优秀县”。加强出版物市场监管，全力提升“扫黄打非”进基层规范化标准化建设水平，浮邱山乡回龙湾村被评为市级“扫黄打非”基层示范点。抓好网络舆论引导。完善人民网等重点平台帖文“转办、承办、督办”的工作模式，网上舆情回复率位居全省先进。加强新媒体管理。对县域内擅自发布违规信息、传播谣言的新媒体，及时批评教育整治。抓实网络安全。出台《桃江县政务数据资源管理办法》，组织开展网络安全大检查和网络安全宣传活动，开展“自媒体账号清理整治”“清理整治网络黑恶势力”“打击网络黄赌毒”等专项行动。

精神文明建设。开展全国文明城市（县级）创建工作，获得提名资格。开展文明村镇、文明单位、文明校园、文明家庭等创建工作。制定《2020年桃江县新时代文明实践中心工作规划》，县、乡镇、村（社区）构建“实践中心—实践所—实践站”三级组织体系，全部挂牌运行。在全县各村民小组实施网格管理志愿服务，实现全县县直部门到乡镇村组志愿服务全覆盖。贯彻落实《新时代公民道德建设实施纲要》和《新时代爱国主义教育实施纲要》。组织开展桃江县第四届道德模范表彰活动，深度宣传9名道德模范和8名提名奖获得者。组织开展“潇湘家书”活动。马迹塘战史陈列馆被评为省级爱国主义教育基地和第六批省级国防教育基地。3个爱国主义教育基地申报纳入益阳市红色地图。巩固拓展移风易俗工作成效，持续禁放烟花爆竹，倡导婚事新办、丧事简办、余事不办。组织开展清明“缅怀先烈·亲人”网上祭奠活动。

文化事业。组织召开县文学艺术界联合会第三次代表大会，选举产生县文联第三届委员会和领导班子。组织开展主题文化活动。开展桃江县文化、科技、卫生“三下乡”暨“我们的中国梦”文化进万家、2020年桃江县脱贫攻坚表彰晚会等活动。突出抓好文艺精品创作生产。组织召开桃江县首届地方文学作品创作发行座谈会，制订《桃江县优秀文艺作品扶持奖励办法》，每年县财政专项预算30万元。表彰10位第二届“桃花江文艺终身成就奖”获奖个人和21件第三届“桃花江文艺奖”获奖作品（单位）。挖掘出版地方文化作品《南窗百美人词》、小小说集《竹乡之恋》，组织大型书法摄影绘画采风活动，出版《诗画桃花江》。疫情期间，组织创作歌曲、美术、书法、剪纸、视频等艺术作品300个。组织拍摄脱贫攻坚花鼓小剧《竹妹回乡》，评选26件作品参评市“三周文艺奖”。（黄颖兴）

【“三下乡”活动】 1月12日，桃江县文化、科技、卫生“三下乡”暨“我们的中国梦”文化进万家活动启动仪式在灰山港镇源嘉桥村举行。全县20多个部门的100多名文艺、医疗、科普、法律、农技工作者，在现场文艺演出，开展科普咨询、专家义诊、普法宣传、写春联、剪窗花等活动，把党和政府的关怀与温暖送到基层、送到群众的家门口。（黄颖兴）

【新时代文明实践工作】 5月27日，召开新时代文明实践工作推进会。学习《桃江县2020年精神文明建设工作要点》《8+N志愿服务队职能》《桃江县新时代文明实践中心2020年工作规划》等文件。县委组织部、县文旅广体局和各乡镇宣传委员及县新时代文明实践中心办公室成员等相关负责人分别就新时代文明实践工作提出建议。县委宣传部部长胡国清出席会议并讲话。（黄颖兴）

【首届地方文学创作发行座谈会】 5月29日，桃江县首届地方文学创作发行座谈会举行，薛媛媛、郭辉、曾主陶、刘鉴、郭建勋、陈慧飞等8位桃江籍作家，与桃江本土其他作家及文学爱好者近百人齐聚一堂，共同探讨桃江地方文学作品创作的发展。（黄颖兴）

【肖凌之到桃江调研】8月5日，省委宣传部副部长、省文明办主任肖凌之率调研组到桃江调研创建全国文明城市和新时代文明实践中心试点建设工作。市领导喻国良，县领导胡国清等陪同调研。肖凌之一行先后到三堂街新时代文明实践所、修山镇舒塘社区新时代文明实践站和桃江县新时代文明实践中心，检查相关材料，观摩群众文化活动，详细了解全县新时代文明实践工作开展情况。肖凌之肯定桃江县新时代文明实践中心工作开展情况，并就加大活动开展力度作具体指导与强调。（黄颖兴）

【志愿服务队授旗】10月18日，桃江县举行志愿服务授旗暨“禁捕退捕志愿宣传资江行”活动启动仪式，为8支志愿服务分队和15支乡镇志愿服务大队授队旗。桃江县新时代文明实践中心和志愿服务总队工作全面铺开。（黄颖兴）

【陈明“作品回乡展”】10月21日，“陈明从艺五十年摄影 / 美术 / 艺术设计作品回乡展”在县城希舜艺术中心开展。陈明毕业于湖南师范大学美术学院国画专业，高级工艺美术师，在摄影、美术、艺术设计领域有很高的艺术造诣，收获奖项荣耀无数。此次展出涵盖三大类作品近百件。（黄颖兴）

【“诗画桃花江”活动】10月21日，“诗画桃花江”活动在桃花江竹海景区正式启动，15位来自全国各地著名的书法家、画家走进桃花湖、飞水岩、甘泉山村、洋泉湾生态旅游区等地，以桃江的山水和父老乡亲为描写对象，以饱满的热情绘画写生。通过他们的画笔、镜头和创作，进一步加强文艺交流，深入挖掘桃江深厚的文化艺术资源，充分展示和弘扬山水桃花江的独特美景和厚重文化。

（黄颖兴）

▲5月29日，桃江首届地方文学作品创作发行座谈会在县水利局召开（周雅琴 / 摄）

【道德模范和文明村受奖】11月10日，由县委、县政府主办，县委宣传部承办，县融媒体中心、县文旅广体局协办的“榜样的力量”桃江县第四届道德模范暨2019年度文明村颁奖典礼举行。9位道德模范、8位道德模范提名人选和30个文明村受到嘉奖。（黄颖兴）

网信工作

【概况】2020年，桃江县网信办积极履职、主动作为，认真开展网上宣传引导、应急管控、网络生态治理、网络安全等各项工作，网络空间保持风清气正的良好生态。

网上宣传。在县内网络媒体上开设8个专题专栏。围绕习近平新时代中国特色社会主义思想，中共十九届四中、五中全会精神，中央、省委、市委和县委重要工作、重要会议精神和重大决策部署，疫情防控等，开展系列网上宣传活动。完善网上宣传引导的主流舆论阵地建设。充分发挥桃江县融媒体中心在网上宣传引导的主阵地作用，逐步形成以桃江新闻网、桃江县人民政府门户网站、桃江广电、桃江融媒微信公众号、“掌上桃江”APP、桃江融媒抖音号、桃江融媒视频号、农村广播网等共同发声的主流平台。40场“融媒直播”助力经济社会发展。通过“春风行动”网络直播招聘会、“村播带货”“小康路上圆梦想 桃花江畔庆丰收”第三届农民丰收节桃江专场等40多场网络直播活动，为桃江县疫情防控、复工复产、脱贫攻坚、经济社会发展等助力宣传。组织全县270名网宣员围绕中央、省市县的重要会议和重点工作开展主题宣传，转载转发500多篇重要网络推文。

网络生态治理。妥善处置21起网络谣言。严格监管媒体。约谈违规发布信息的县内自媒体“桃江在线”负责人，对县内的1家微信小程序进行上门审核，对桃江县人民政府网站、桃江新闻网等平台加强日常的巡查监管。开展多次网络生态治理行动。根据上级统一部署安排，在全县开展专项行动，净化网络空间。

网络安全。由县委网信办牵头，县公安局网安大队具体实施，6月，对县内重点单位、重点企业和医院等15家单位进行网络安全检查，排查出50个问题，已全部按要求整改到位。9月14日至20日，在全县开展网络安全宣传周活动，牵头组织网络安全宣传周活动进社区（进农村）、进校园的集中宣传活动。共悬挂宣传横幅500多条，打出宣传电子屏200余块，张贴宣传海报1000余张，发放宣传手册800多本、宣传单3000份，协调三大运营商发送网络安全公益短信37万条。网络安全事件防范和处置。指导县人民医院和县教育局妥善处置网络安全问题，没有造成负面影响。及时提醒全县各单位预防网络安全风险，指导各单位做好本单位的网络安全防护工作。

信息化发展。出台《桃江县政务数据资源管理办法》，规范全县的政务数据资源管理，保证政务数据体系安全，提升政务数据管控能力，提高大数据条件下公共管理服务水平，促进桃江数字经济发展。“雪亮工程（桃江）”项目验收。实现村级综治视频会议接入点位99个，共享教育等部门监控2156路，建成公安办案侦查烽火平台及全县综治网格平台。“智慧城管”项目竣工验收。成立益阳首家县级城管监督指挥中心。“智慧城管”项目实现县城范围内路灯、井盖等城市部件“一库全揽”，卫生秩序等线索网格化收集，问题上报处置销号闭环式管理，工作效率监督自动化评价，推动城市管理由粗放向精细化治理的根本性转变。互联网＋政务服务平台实现与省、市政务服务平台对接联通。开通“一件事一次办”事项253个，注册用户3.3万个，办件5.2万件，实现“网上办、指尖办”。县电子政务外网功能提升。将全县电子政务外网延伸至30所医疗卫生机构、150多所中小学校，骨干网络带宽达1000 M，并且与各接入单位签订用网安全承诺书。

（孙　鹤）

【新闻网信工作例会】 5月20日，桃江县2020年第一次新闻网信工作例会在马迹塘镇召开。县委常委、宣传部部长胡国清出席会议并讲话，他对全县2020年新闻网信工作提出具体要求。县委网信办副主任龙小林点评分析全县一季度新闻上稿、网信工作情况，并安排后阶段新闻网信工作。（文黎明　张　琴）

【约谈违规自媒体负责人】 8月28日，桃江县互联网信息办公室依法约谈“桃江在线”自媒体负责人。微信公众号《桃江在线》擅自更改中央纪委国家监委网站发布的报道内容，且未注明宣传报道来源出处，未经批准发布文稿，造成不良社会影响。依据有关法律法规，县网信办责令其立即整改，加强信息审核和互联网法律法规学习，杜绝此类问题再发生。（赵闻滨）

【信息网络领域涉黑涉恶专项整治行动】 4月14日，县委网信办组织县公安局网安和刑侦部门共同商讨，部署全县信息网络领域专项整治行动，对利用信息网络实施涉黑涉恶等有组织违法犯罪行为开展集中打击整治。专项行动围绕当前涉黑涉恶犯罪新动向，重点打击7类涉网黑恶违法犯罪：网络“套路贷”，利用信息网络威胁他人、强迫交易，利用信息网络威胁要挟他人、索取公私财物，利用网络散布虚假信息

▲5月20日，第一次新闻网信工作例会　（网信办供图）

破坏社会秩序，利用网络实施黄赌毒、暴力传销、放高利贷、非法讨债，网络水军违法犯罪，网络黑色产业链。开展网络乱象治理，通过专项打击整治，实现打掉一批、震慑一批、深挖一批、整顿一批的目标，维护清朗网络空间和良好社会秩序。

（赵闻滨）

【国家网络安全宣传周活动】 9月14—20日是2020年国家网络安全宣传周。9月14日，桃江县网络安全宣传周活动在桃花江镇桃花路社区启动。县委网信办、县公安局网安大队、桃花江镇及桃花路社区的志愿者将宣传资料发放给过路群众；网安大队工作人员现场解答市民如何提升个人信息保护、预防网络诈骗等问题。工作人员、志愿者前往医院、候车室等公众场所发放宣传资料，普及网络安全知识。在网络安全宣传周期间，全县共悬挂宣传横幅500多条，打出宣传电子屏200余块，张贴宣传海报1000余张，发放宣传手册800多本、宣传单3000份，协调三大运营商发送网络安全公益短信37万条。

（孙　鹤）

统战工作

【概况】 2020年，县委统战部在县委的领导及上级统战部门的指导下，落实中央和省委、市委统一战线重大决策部署，围绕“大团结大联合”主题，以“凝心聚力新时代”为主线，突出重点，精心谋划，全面推进统战各领域工作，推动桃江经济社会发展。

党外人士队伍建设。落实《关于加强全县党外干部梯次培养配备工作的实施意见》，全面调研党外干部履职情况，组织乡镇、县直机关单位推荐优秀中青年干部，建立近30名优秀党外中青年后备干部人才档案。2020年提拔任用“90后”党外干部1名，6个乡镇班子配有党外副职，打破论资排辈的干部使用格局，为党外年轻干部的提拔任用开辟道路。组织党外代表人士积极围绕疫情防控、复工复产、全域旅游等中心工作积极开展建言献策，形成优秀调研报告10余篇。组织党外知识分子2次参加益阳市学习《习近平谈治国理政》座谈会并进行主题发言。

民族宗教工作。县委常委会、县政府常务会议专题研究民族宗教工作3次，专题学习1次，县民宗局宣讲民族宗教政策7场次，涵盖2000余人次。常态化开展宗教领域问题整治“回头看”，开展9轮集中调查走访，全面掌握宗教领域问题整治反弹情况，对发现的15个问题，先后通过约谈乡镇党委书记、发督办函和会议通报等形式，压实问题整改，确保整改实效。渐进式推进宗教信息化建设工作，全县5个宗教团体、85个宗教活动场所已开设对公账户，并完成相关信息数据上传。认真落实普通高校招生民族优惠政策，为符合条件的304名中高考学生办理考试加分。落实民贸民品企业贴息政策，及时发放贴息资金24.2万元；选派3人参加全市“民族团结一家亲·同心共筑中国梦”主题演讲比赛，获二等奖1个、三等奖2个。军功嘴村、南京湾村申报为“湖南省民族团结进步创建示范单位”，晚谷村、福森木业被确定为“益阳市民族团结进步创建示范单位”，民族干部李创飞被评为“湖南省民族团结进步模范个人”，南京湾村申报为“第四批中国少数民族特色村寨”。

民营经济发展。疫情期间，县委统战部、县工商联共分5个调研小组，分赴15个乡镇和2个工业园区，以实地走访、问卷调查、召开座谈会等形式，调研不同行业、不同规模的民营企业85家，深入了解新冠肺炎疫情对全县民营企业生产经营的影响，全面掌握民营企业复工复产后遇到的困难与诉求。各调研小组分别形成调研报告，为县委县政府帮助企业尽快恢复正常生产秩序、有序复工复产提供决策依据。现代农业示范区建设稳步推进，县侨联主要负责人直接参与现代农业示范区的综合调度工作。

乡村振兴。统战部扎实推进“万企帮万村”行动，不断深化产业扶贫、就业扶贫、消费扶贫，引导企业建立“公司＋竹笋专业合作社＋贫困户”“公司＋基地＋贫困户”的帮扶模式，通过22个竹笋专业合作社分别帮扶786户2000名贫困人口。井冈山惊石农业的产业扶贫项目覆盖马迹塘、武潭、大栗港、三堂街等乡镇48万亩竹林，其中贫困户竹林17.1万亩，直接帮扶贫困人口近500名。对接爱心企业无偿捐赠净水机243台，解决贫困户饮水安全问题。动员和整合统一战线资源，充分发挥侨商会、青创会、知联会等统战社团组织的优势作用，参与“同心美丽乡村”创建工作。

侨眷帮扶工作。做好桃江侨眷分布情况摸底调查，开展困难归侨侨眷帮扶工作，推进“侨胞之家”阵地建设，全县建成3个“侨胞之家”。开展为侨眷服务工作，协调有关部门帮助解决侨资企业在发展中遇到的实际问题和困难，扶持侨资企业健康发展。加强对侨界人士的思想政治引领。

全力抗疫。新冠疫情防控以来，县委统战部（县民宗局、县侨联）组织机关党员干部驻守社区进行疫情防控值班。走访调研百余家民营企业，为企业恢复生产出谋献力。组织党外代表人士、工商联会员企业、商协会、异地商会、经促分会捐款55.79万元，捐赠口罩、防护服、消毒车、医用酒精、消毒液、体温枪等防疫物资共计324.6万元。（陈佳嵘）

【秦本华调研企业复工复产】3月24日，市委统战部常务副部长秦本华调研桃江中小微企业疫情防控及复工复产情况。秦本华先后到桃花江旅游度假区和湖南新兴机械制造有限公司，详细了解疫情对企业生产的影响，疫情防控措施落实情况，就复工后存在的困难问题与企业负责人进行深入交流，为企业送上口罩等防疫物资，助力企业顺利复工复产。秦本华号召各企业坚定信心，共克时艰，克服麻痹松懈和侥幸心理，在做好疫情防控的同时，要加大复工复产力度，将疫情影响降到最低，争取早日恢复正常生产水平。（胡小实）

【大走访活动】3月30日至4月20日，桃江统战系统按企业需求分成5个调研组，对全县60家中小微企业开展“万企大走访 同心促发展”活动，协助解决企业在政务服务、融资贷款、劳务用工等方面存在的问题，宣传落实疫情期间县政府支持中小企业共渡难关的12条政策意见。活动共收集意见建议500条，现场答复解决问题300个，通过各部门协调解决200个。（胡小实）

【习近平新时代大统战思维学习】6月11日，县委常委、统战部部长李畅和为桃江县委党校全体科干班学员讲授习近平新时代大统战战略思维。李畅和从基本内容、科学价值、伟大实践三个方面，结合桃江实际情况，为科干班学员详细解读习近平总书记关于新时代统战工作的重要思想和重大决策部署。（陈佳嵘）

【民革湖南省委到桃江调研】6月11日，由省农业农村厅二级巡视员袁正乔带队的民革湖南省委调研组到桃江调研推动农民工返乡创业、促进乡村振兴工作。调研组一行先后到桃江县泰宇电子有限责任公司、八一园林绿化有限公司等企业了解企业发展规划、生产经营、农民工返乡创业工作情况，以及存在的困难和问题。座谈会上，县人社局汇报桃江县推动农民工返乡创业、促进乡村振兴等情况，与会人员就产业扶贫、健康扶贫以及乡村振兴、返乡人员医疗资源与教育资源如何解决等方面进行交流。袁正乔要求桃江结合脱贫攻坚、乡村振兴等重点工作，把龙头产业、主导产业、竹产业做大做强；培育创新创业主体农业，搭建好平台；重点发展农业农产品，强化创新创业服务。（陈佳嵘）

机构编制工作

【概况】2020年，县委编办继续推进《桃江县乡镇机构改革实施方案》落实，完成全县动物检疫站、国土所、财政所、林业站人员划转；根据改革实际完成机构编制实名制系统中机构的调整、完善。完成经营类事业单位改革，撤销县城乡规划设计院、县保清律师事务所、县桃花江水库水力发电站的事业建制，在县自来水公司转企改制后撤销其事业建制。完成融资平台转型工作。撤销县桃花江旅游开发建设有限公司、县城市建设开发有限责任公司事业单位建制，完成相关人员转隶。开展公益性事业单位改革，将实际已经实现财政全额保障的单位（县环境卫生服务中心、县自然资源执法监察大队、县不动产登记中心）转为全额拨款，在编人员全部转为全额拨款事业编制。整合征地拆迁职能。设立县征地拆迁安置与房屋征收补偿事务中心，定为县政府直属正科级事业单位。撤销副科级事业单位县国有土地上房屋征收与补偿办公室。规范机构“三定”，完成县妇联、县融媒体中心等20多个单位的“三定”方案。

机构编制管理。坚持控制总量、保障重点，制定2020年编制使用计划，公开考录乡镇公务员107名，招录教师360名、医护专业技术人员46名，安置选调生4名，引进人才12名，安置退役士兵和四类重点对象47名，面向社会公开招聘及公开选调事业编制人员83名，输送15名农技特岗人员、160名免费师范生到湖南师范大学和湖南城市学院等学校进行培养。坚持以机构编制实名制系统为依托，推进机构编制管理的信息化和规范化，全年办理入编（含领导干部）1784人，出编426人。根据机构改革方案、编委会议纪要或“三定”文件对实名制系统中的党政机关、事业单位、内设机构进行完善；重新核定全县行政编制、事业编制以及各单位领导职数。

机构编制督查。根据《机构编制工作条例》的新要求，成立督查股，把工作重心从审批向督查转变。1月，和县委督查室、县政府督查室对15个乡镇、县财政局、县自然资源局、县林业局、县畜牧水产事务中心进行乡镇机构改革落实情况工作督查，确保在2月1日前各乡镇按新体制机制运行。4月，组织开展党政机构改革督查，各单位对照“三定”文件落实情况进行全面自查。对各类监督检查中列入问题台账的问题，全程留痕、动态更新、定期对账，并开展联合跟踪检查，确保存在问题限期整改到位；对重视程度不够的单位，通过下发督办函、上门督促等方式，要求逐项落实整改，全县各单位基本按照三定方案设置机构、行使职能。同时，强调在开展督查方面内部股室明确分工，充分利用机构编制自查自纠工作成果，将问题台账作为机构编制审批的重要依据，相关业务股室在受理审批事项前，及时征求督查股的意见，各部门申请机构编制事项，应先就本部门机构编制问题整改情况作出说明，整改不到位的，原则上暂停受理机构编制申请事项。

事业单位登记管理。完成20家党政机关、1家群团组织的统一社会信用代码证书信息变更；完成国家税务总局桃江县税务局等2家垂直管理单位的统一社会信用代码证书信息变更；完成桃江县人民防空办公室的统一社会信用代码证书撤销，将桃江县人民防空办公室设置为桃江县住房和城乡建设局的第二名称；完成垂直管理单位桃江县消防救援大队的新设。完成年度报告公示320家，年度报告公示100%。以“待办清单”为抓手加强事业单位登记管理，对照《关于印发〈桃江县机构改革方案〉的通知》等文件精神，逐一列出《待办理注销、设立、变更事业单位清单》，要求机构改革后及时办理登记手续，完成143家事业单位注销登记，124家事业单位变更登记，96家事业单位设立登记，事业单位的设立、注销和信息变更等各项登记信息均在桃江县人民政府网上公示；完成事业单位登记档案归档。12月2—7日，实地核查桃江县救助站等48家事业单位，其中抽查13家事业单位2019年度事业单位法人公示信息。做好网上名称管理工作，机构改革后因机构新设、撤并等原因，完成157家新设党政机关、事业单位公益域名注册，对已撤销、已合并事业单位不再续费，保留286家公益域名，注册覆盖率100%。

（龚玉龙）

【省委巡视组巡视桃江机构编制工作】 9月9日至11月10日，省委巡视组对桃江开展为期2个月的机构编制专项巡视，查看各单位机构编制事项调整、“三定”方案、2013—2020年新进人员、两轮机构改革相关资料。根据巡视组提出的立行立改要求，桃江县对部分单位未完成“三定”、部分人员应退休未出编、部分人员调动未调整编制等情况及时进行整改。（高　琼）

【省委编办到桃江调研】 9月15日，省委组织部副部长、编办主任刘越高一行到桃江调研县乡机构改革、经营类事业单位改革、中小学教职工编制管理和使用情况。调研组到桃花江镇中心学校、修山镇人民政府、自来水公司实地调研，围绕乡镇机构改革后体制机制运行情况、经营类事业单位改革等问题与干部群众交流。刘越高充分肯定桃江县机构编制改革工作取得的成绩，认为桃江县的工作认真细致，措施得力，成效明显。（高　琼）

【桃江县代表湖南省迎接中央编办调研】 9月24日，中央编办三局副局长陈颖一行到湖南调研检查工作，桃江县代表湖南省迎接调研。县委编办主任文兆星汇报全县自查自纠工作情况，县委组织部常务副部长赵勇汇报全县干部职数管理、干部监督等工作情况，县纪委常务副书记、监委副主任刘造军汇报全县案件查处、完善协作配合机制等工作情况。县委常委、组织部部长蒋耿表示，机构编制资源是党的重要政治资源、执政资源，机构编制工作是党的重要工作，桃江县将进一步提高政治站位，坚决贯彻落实好《中国共产党机构编制工作条例》，坚持党管机构编制原则，切实加强县委对机构编制的领导。（龚玉龙）

党校工作

【概况】 2020年，县委党校按照党校工作条例要求和全国、省、市党校（行政学院）校（院）长会议精神，开展干部教育培训、科研咨政工作，取得良好的工作成效。

干部培训。发挥培训干部的主渠道、主阵地作用，举办各类培训班7期，培训786人次。其中科级干部专题讲座2期519人、科级干部进修班2期82人、中青年干部培训班1期44人、新提拔干部培训班1期39人、公务员初任培训班1期102人。各类主体班把深入学习习近平总书记系列重要讲话和中共十九大、十九届二中、三中、四中全会精神等中国特色社会主义理论特别是习近平新时代中国特色社会主义思想作为理论教育核心内容，理论教育和党性教育课程占总课程的70%以上，党性教育课不低于总课时的20%。引导学员读原著、学原文、悟原理。同时将桃江县情分析、全县中心工作相关内容纳入教学范畴，包括党建、党风廉政建设、意识形态、精准扶贫、计划生育、依法行政、综合治理、安全生产、食品安全、民族宗教、“双创”等诸多方面。

学员管理。实行班主任负责制，按照《桃江县干部教育培训班学员管理考核办法》，严格规范学员的政治表现、学习生活，进行量化考核。每期主体班开班时，由县纪委驻县委组织部纪检监察组负责人对学员开展入学纪律教育；上课实行点名制度，对学员学习、出勤情况实行登记并及时通报；培训期间严格实行学员上课手机上墙制度；每期培训班结业前，组织学员参加理论考试、党性分析与进行自我总结，小组、班委和党校校委对学员的综合表现进行鉴定，将考核结果分别存入县委组织部、学员所在干部管理部门及党校的档案，作为今后干部年度考核和提拔的重要依据之一。

教学工作。组织全校老师集体备课3次，开展新课试讲、教学研讨，通过集体评课，专家指导，开发出《中国战役精神及后疫情时代警示》《马迹塘战役》《敢于担当创伟业——张昆弟的传奇人生及时代意义》等9个教学新专题。邀请唐琦玉、覃正爱、王蔚、周志宏、李振华等15位省市专家教授，黄劲、张晓、戴剑锋等13名县级领导及县纪委、武装部、宣传、统战、政法委、扶贫、创建、应急等21名县直单位相关领导到校授课91次。除传统的课堂知识讲授外、还采取“党性教育＋现场教学”“专题教学＋情景模拟”“老师讲授＋学员论坛”“送党课下基层”等教学模式。组织科干班学员赴郴州市汝城县“半条棉被的温暖”纪念馆、湘西自治州十八洞村及湘鄂川黔革命根据地纪念馆，中青班学员赴长沙县委党校、韶山毛泽东故居等地进行异地教学，现场感受革命事迹，开展党性教育。在县内，带领学员走进核电科技馆、史志档案馆、经济开发区电商产业园、张子清烈士纪念馆、马迹塘镇伍家仑烈士墓等地进行现场教学。在中青班教学中安排国防教育内容，组织一次军事化训练和一堂国防教育知识讲座、读一本国防教育书、教唱一首军旅歌曲、观看一场国防教育专题片。同时将“学员论坛”“学员座谈”“经验交流会”“心得分享会”融入课堂内容，让学员的学习成果、工作经验、心得体会相互交流转化、丰富提高。围绕党建、中共十九届四中全会精神、桃江县政策精神等主题到各乡镇与县直单位开展送党课下基层39堂，受众2万多人次。

科研资政。2019年立项的省党校系统社科类规划课题《张昆弟的传奇人生及时代意义》已结项，申报课题《财政分权背景下金融抑制对工业减排的影响研究——以湖南为例》获批立项。申报益阳市社科研究课题2个，其中《环洞庭湖生态经济区农产品品牌战略研究——以沅益桃城镇群为例》获批重点项目立项。用制度激励教师开展调研撰写论文，参加省市党校系统理论研讨会等系列征文活动，在省级刊物公开发表论文8篇，在省党校系统理论研讨会获三等奖1篇，省行政管理学会研讨会获二等奖1篇，省科学社会理论学会获一等奖1篇、二等奖1篇、三等奖2篇，市党校系统获二等奖1篇。成立由校委领导带队，骨干力量组成专题调研组，开展《地方政府在突发公共卫生事件中提高应急治理能力的思考》专题调研。调研报告《浅议桃江县生态型城镇的构建》获县党委中心组优秀调研论文二等奖，《关于选拔和培养优秀年轻干部的思考和建议》获县委办、县政府办优秀调研论文评选三等奖。（曾建平）

【新冠肺炎观察隔离点设党校】 2月10日，县委常委会会议决定将县委党校作为县新冠肺炎确诊病例、疑似病例、无症状感染者检测阳性密接者及湖北暴露史返桃未满14天人员集中管理医学观察隔离点。县委党校先后3次启动隔离点工作，持续工作时间171天，节假日无休息，集中隔离医学观察324人。隔离点医护人员、公安特警和党校工作人员为返桃集中观察人员提供核酸采样检测、安全保卫、餐饮住宿后勤保障，实现集中隔离人员零感染，管理工作零失误。（曾建平）

【异地教学】 9月14—18日，桃江县2020年科级干部能力提升研修班赴湘西开展为期5天的异地教学。

▲6月2日，春季科干班赴郴州开展异地教学　（蒋宏伟／摄）

培训从习近平总书记精准扶贫精准脱贫战略思想在湘西州的实践、“不忘初心、牢记使命”红色教育、领导干部综合能力提升三个部分进行教学安排。在湘西州委党校听取《习近平精准扶贫战略在湘西州实践（十大工程）》《十八洞的昨天、今天、明天》《湘鄂川黔革命根据地精神光耀千秋》专题讲座3堂，随后分别到习近平“精准扶贫”首倡地十八洞村、湘鄂川黔革命根据地、秦简博物馆等红色爱国主义教育基地开展现场教学。（曾　媛）

史志档案工作

【概况】2020年，县档案馆贯彻落实习近平总书记对史志档案工作系列指示精神，主动服务、创新服务，夯实史志档案业务工作。

档案工作。共接收土地确权档案182123卷，入馆率100%。接收溪浙线、酒湖线等文书档案1348件、专业档案558卷。接收县企改办、税务局等单位到期档案6104件、397卷。围绕迎接中国共产党成立100周年和新冠肺炎疫情防控，开展专题档案征集。征集到桃江援鄂医护人员相关档案69件，湘潭市中心医院新冠肺炎疫情科研医学资料103件。征集到詹惠高烈士日记、家书等档案50件。完成数字化扫描20万页，购置8T塔式服务器对已有数字化成果进行信息化管理。“桃江县数字档案馆建设项目”已纳入桃江县国民经济和社会发展第十四个五年规划。坚持一切以人民为中心，开展贴心查档文明服务。在部门志编修上，全年共接待查档人数1659批次，利用档案21023卷；在山林权属争议、工龄认定等常规性查档方面，全年共接待查档人数2831批次，利用档案9897卷。发布免费开放参观公告，全年共接待参观人员13批次，400余人次。

党史编修。完成《中共桃江县委工作概况》和《乡镇党委工作概况》编写，上报《益阳党委执政实录》桃江内容。完成《中国共产党益阳历史（1979—2012）》专题资料和桃江经开区建设资料的撰写上报工作。《益阳红色基因文库》编纂工作推进顺利。夏曦、张子清、张昆弟3名红色人物的个人传记均已完成撰稿编纂，并交付出版社审校。8月完成安邦家风故事撰写，在学习强国、清风益阳等主流媒体发布。

地方志工作。《桃江年鉴（2019）》4月交付出版社。《桃江年鉴（2020）》11月正式出版。启动第三轮部门志编修，召开动员会，举办部门志编修业务培训班，持续开展第三轮部门志篇目送审的指导、督促和篇目审定及函复工作，完成34部部门志篇目审定。（谢　耘）

【省地方志编纂院调研桃江地方志工作】4月22日，省地方志编纂院副院长邓建平一行调研桃江地方志工作，市地方志编纂室主任周冠军，县委常委、县委办主任肖立新陪同。邓建平一行先后参观桃花江竹海竹博物馆和县档案馆，听取县地方志工作情况汇报。邓建平肯定桃江地方志工作所取得的成绩，对新一轮机构改革后桃江地方志工作提出具体要求，勉励桃江开创地方志工作新局面。（谢　耘）

【县第三轮部门志编修动员会议】4月29日，桃江县第三轮部门志编修动员会议召开。会议就全面推进部门志编修工作进行动员部署。县委常委、县委办主任肖立新出席并讲话。会议要求，全县112个承修单位要牢固树立部门志编修是重要业务工作的理念，认真领会县委县政府关于部门志编修的部署要求，准确把握编修工作的重点难点，确保全县第三轮共39部部门志编修任务圆满完成。肖立新强调，质量是志书的生命，不仅关系到外界对这个部门工作水准的评价，在很大程度上影响整个县志的编修质量。各承修单位要提高政治站位，坚持实事

▲ 11 月 13 日，退休职工文德军（正中）为县档案馆赠送锦旗　（蒋　玲／摄）

求是，树立精品意识，全力确保部门志书编纂质量。他要求各承修单位要切实强化领导、健全工作机构、保证经费投入。县史志编纂室要加强对全县部门志编修工作的统筹规划和督促指导，确保编修工作顺利进行。（谢　耘）

【红色档案资料征集】 7 月 1 日，县档案馆发布《红色档案资料征集公告》，面向国内外人士和组织征集反映 1920 年至 1949 年桃江革命斗争的重要事件和人物资料的红色档案，无偿捐赠或有偿购买革命战争时期具有重要史料价值的文物、人物、旧址、历史事件的图片等资料。（谢　耘）

【桃江县爱国主义教育基地向社会开放】 县档案馆是县级重要档案的永久性保存基地和利用中心，是省级国家综合档案馆、市县爱国主义教育基地。为迎接中国共产党成立 100 周年，进一步加大党史和县情宣教力度，自 9 月 14 日起，馆内各展厅免费向社会开放。（谢　耘）

【为民服务获“点赞”】 县档案馆始终坚持“人民至上”的理念，紧紧围绕“为民服务”宗旨，通过开辟残疾人专用通道、专用卫生间，添置查档群众专用饮水机，不断完善服务设施，公布查档流程、电话预约查询、加快检索目录数字化进程等举措，不断提高查档效率，让群众少跑路、少等待。进一步严明服务要求，强调微笑服务、耐心服务、免费服务，尽所能让群众满意而归。1—10 月，共接待各类查档人员 2458 人次，调阅档案 5800 余卷，优质的服务赢得办事群众和参与部门志编纂的县直单位的一致称赞。（谢　耘）

桃江县人民代表大会

综　述

【概况】2020年，县人大常委会高举习近平新时代中国特色社会主义思想伟大旗帜，始终坚持党的领导，依法履行法定职责，充分发挥代表作用，切实加强自身建设，取得较好的工作成效。一年来，组织召开常委会会议7次，主任会议10次，听取和审议专项工作报告24项，开展视察调研2次，依法决定重大事项6项，完成选举任免41人次，为推动全县经济社会发展和民主法治建设做出积极贡献。

落实《桃江县人大常委会讨论决定重大事项办法》，全年共对预算调整、智慧桃江PPP项目、“法治桃江行”等重大事项依法作出决议决定6项；坚持党管干部与人大依法任免有机统一，全年共任免国家机关工作人员26人次，接受市县代表辞职12人，补选市代表3人。参与和支持经济建设，联系服务重点项目15个、重点企业14家。积极参与、组织全域旅游示范区创建，联系桃花江竹海旅游度假区、美人谷生态酒店等重要旅游景点景区建设，推动桃江旅游业发展上台阶；联系省级重大招商引资项目国辰高新技术产业园建设，完成投资2.5亿元。参与马迹塘垃圾焚烧发电项目组织协调工作，深入一线排忧解难；联系棚户区改造、风力发电、污水处理厂、工人文化宫等重点项目建设，助力桃江经济发展。积极参与中心工作，重点联系松木塘镇下干沙村、石牛江镇黄泥田村等9个村的脱贫攻坚、基层党建、美丽乡村建设等工作，顺利完成年度工作任务。面对严峻的新冠肺炎疫情，主任会议成员率先垂范，不折不扣落实县委指令，分赴所联系的乡镇、村（社区）加强协调指导，组织动员人大代表和机关干部坚守防控一线。

监督工作。组织对桃江县“十四五”规划编制工作进行深入调研，初审规划纲要草案，推动落实“三高四新”战略。加强计划和预决算审查监督，听取和审议2020年上半年国民经济和社会发展计划、预算执行情况，审查批准2019年财政决算和2020年预算调整方案，专题调研“十三五”规划完成情况，及时提出意见建议。连续多年开展对预算执行和其他财政收支审计查出问题整改工作的监督，针对审计查出的61个问题，深入被审单位调研指导，督促整改落实，并就整改情况提交常委会议审议，促进了问题的解决。加强国有资产管理情况监督，组织对全县国有自然资源管理情况进行审议，提出改进工作的建议。稳步推进预算联网监督，制定出台《桃江县人大预算联网监督暂行办法》，有效开展预算联网监督工作，在全省人大预算联网监督系统研讨会上，桃江县作为县（市）区唯一代表作经验交流。促进生态环境优化和城乡规划建设。着力助推环境质量改善，听取和审议2019年度全县环境状况和环境保护目标完成情况报告，组织对石煤矿山治理和生态修复情况进行实地督查，对乡镇污水处理厂建设运营情况进行调研，促进全县环境质量持续改善。听取和审议县人民政府关于《湖南省野生动植物资源保护条例》贯彻实施情况的报告，强化对野生动植物资源保护。高度重视规划引领，组成调查组对桃江县国土空间规划编制情况开展专题调研，根据桃江国土资源状况和未来经济社会发展需要，就国土空间规划编制及时提出意见建议。配合市人大对《益阳市农村村民住房建设管理条例》的贯彻落实情况开展执法检查，推动村民住房建设管理进一步规范，促进村民牢固树立生态优先理念，着力建设美好家园。促推民生事业改善。积极助力创业就业，组织开展全县创业与就业工作情况调查，审议工作报告，有力推动全县创业就业，为疫情后经济复苏提供支撑。切实关注中医药发展，对全县中医药发展现状进行全面调研，提出意见建议，着力破解制约全县中医药工作发展的瓶颈问题。专题听取全县民族政策法规落实情况的报告，积极开展“民族团结进步行”活动，鼓励鲊埠乡开展民族团结进步示范创建、少数民族特色村创建等活动。常委会坚持“民有所呼，我有所应”，组织对民生实事项目推进、县城中心城区房屋拆迁安置工作等3项审议意见落实情况开展跟踪督办，促进工作进一步落实。推动法治桃江建设。制定出台《桃江县人大常委会加强司法监督工作的规定（试行）》《桃江县人大常委会司法案件与行政执法案件评析办法（试行）》等文件，切实规范司法监督工作。加强与司法机关日常联系，探索法律文书日常报备制度，建立“人大法治工作联络群”，组织人大代表旁听法院庭审活动，进一步拓展监督平台，形成监督常态。深入开展行政执法联合检查，及时指出问题、提出意见，要求相关单位迅速整改落实。成立行政执法案件监督小组，对城管执法工作开展案件监督，听取和审议工作报告，提出系统解决城管执法问题的具体措施与意见，提升城管执法水平。坚持有件必备、有备必查，通过事后审查和提前介入，加强规范性文件备案审查工作，全年共审查规范性文件13件，提出修改建议8条，有效维护规范性文件制发的科学性、合法性。切实抓好“七五”普法决定的全面落实，加强领导干部、执法人员和青少年等重点人群的法治宣传教育，督促全县1.4万余名国家工作人员参加普法考试，进一步强化“谁执法谁普法”工作责任。

代表履职。强化常委会组成人员与代表、代表与选民的联系。建立健全县乡村三级代表联系群众工作室103个，通过上门走访、邀请座谈、电话联系、接待来访等方式，常委会组成人员联系代表260多人次，代表联系选民3万多人次，协助解决问题380多个。扩大代表履职参与，丰富代表履职活动，邀请代表列席常委会会议32人次，参加常委会、专委会组织的调研视察活动58人次，参与“一府两院”组织的听证会、庭审旁听等活动30多人次，有效保障代表的参与权、表达权和监督权。优化服务，代表履职热情更加高涨。注重加强闭会期间代表活动的服务和保障，指导全县15个县代表小组开展集中视察、部门评议、专题调研、执法检查等“四个一”活动，有效促进代表作用的发挥。制定代表活动经费管理办法，提高经费标准，及时发放无固定收入代表补助，进一步提高代表开展活动的积极性。严格代表履职考核，完善履职档案，建立激励机制，评选表彰优秀代表20名，向上级人大推荐优秀代表9人。注重挖掘和推介先进典型，20多名代表的履职事迹被中央、省市媒体刊载，彰显桃江代表履职新风采。加强督办，代表建议办理更具实效。认真总结代表建议督办工作经验，精心制定督办工作方案，实现多层次、全过程督办，有力提升办理质效。十七届人大五次会议期间收到的91件建议均已按时办结；闭会期间收到的88条意见建议已转交县人民政府处理；本届人大以来收到的94件B类建议，已办结落实50件。对每一件建议的办理质效，由领衔代表、督办委室和人大常委会组成人员进行量化测评，满意和基本满意率96.7%。（周　良）

【党务工作暨县委、人大、政协工作会议】 4月15日，桃江县党务工作暨县委、人大、政协工作会议召开。县委副书记、县长黄劲主持会议，县委常委及县人大、县政协、县人武部在家的县级领导出席会议。关于人大工作，会议要求，2020年，县、乡人大要围绕中心，服务大局，勇于担当，积极作为，依法履行好宪法和法律赋予的各项职权，努力推动桃江经济社会高质量发展。要围绕县委决策部署，紧扣“十四五”规划编制等事关桃江全局性、根本性、长远性的重大问题，积极开展调查研究，深入了解民情，广泛集中民智，依法作出决议决定，推动县委重大决策的有效贯彻落实。为推动桃江高质量发展贡献人大智慧和力量。（周　良）

【乡镇民生实事项目人大代表票决制】 实行乡镇民生实事项目人大代表票决制，是省、市人大推动的一项全新工作。桃江在具备条件的10个乡镇实施。浮邱山乡、鸬鹚渡镇、马迹塘镇3个试点乡镇已取得初步成效。县人大常委会主任符凤文认为，乡镇民生实事项目人大代表票决制工作是乡镇人大决定重大事项的有益探索，是人大代表依法履职的重要方式，是发扬基层民主、促进民主科学决策的有效途径，是乡镇党委、政府落实民生实事项目的有力推手，积极推进这项工作，意义深远、责任重大。（周　良）

【徐云波到桃江检查工作】9月22日，市人大常委会党组书记、常务副主任徐云波率队到桃江检查《益阳市农村村民住房建设管理条例》执行情况。市人大常委会副主任王刚强，市检察院检察长张勇，市人大常委会秘书长杨光辉一同参与。县领导符凤文、李丰、王军华、林龙飞等陪同检查。徐云波高度肯定桃江所取得的成效，并对桃江人大工作提出具体要求。（周　良）

重要会议

【桃江县第十七届人民代表大会第六次会议】2020年12月29日至2021年1月1日召开，听取和审查桃江县人民政府工作报告；审查和批准桃江县国民经济和社会发展第十四个五年规划纲要；审查和批准桃江县2020年国民经济和社会发展计划执行情况与2021年国民经济和社会发展计划草案的报告，批准桃江县2021年国民经济和社会发展计划；审查和批准桃江县2020年预算执行情况与2021年预算草案的报告，批准桃江县2021年县级预算；听取和审查桃江县人民代表大会常务委员会工作报告；听取和审查桃江县人民法院工作报告；听取和审查桃江县人民检察院工作报告；听取和审查关于桃江县第十七届人民代表大会第五次会议以来人大代表建议批评意见办理情况的报告。（周　良）

【桃江县第十七届人民代表大会常务委员会第二十四次会议】2月27日上午召开。会议学习习近平总书记关于坚持和完善人民代表大会制度的重要思想，通过第二十四次常委会会议议程（草案），审议《桃江县人大常委会2020年工作要点（讨论稿）》。（周　良）

▲9月22日，市人大常委会副主任徐云波（中）率队到桃江开展《益阳市农村村民住房建设管理条例》执法检查（李成刚/摄）

【桃江县第十七届人民代表大会常务委员会第二十五次会议】3月27日举行。会议通过第二十五次常委会会议议程（草案）；表决通过相关人事任免事项；听取和审议《桃江县人民代表大会常务委员会加强司法监督工作的规定（试行草案）》《桃江县人民代表大会常务委员会司法案件与行政执法案件评析办法（试行草案）》的议案；听取和审议《桃江县人大常委会关于开展“法治桃江行”活动的决定（草案）》的议案；听取和审议表决通过县人民政府关于将智慧桃江PPP项目政府财政支出责任纳入预算的议案。（周　良）

【桃江县第十七届人民代表大会常务委员会第二十六次会议】5月27日召开。会议审议并通过县十七届人大第二十六次常委会会议议程（草案）；听取和审议相关人事任免事项；听取和审议县人民政府关于国有自然资源管理工作情况的报告；书面听取国有资产管理工作情况的报告；听取和审议县人民政府关于创业就业工作情况的报告；听取和审议县人民政府关于2019年度全县环境状况及环境保护目标完成情况的报告。（周　良）

【桃江县第十七届人民代表大会常务委员会第二十七次会议】7月30日上午召开。会议就相关人事事项进行审议和表决；听取和审议关于2020年上半年国民经济和社会发展计划执行情况的报告、2020年县级预算调整方案（草案）和关于《湖南省野生动植物资源保护条例》贯彻实施情况的报告，表决通过2020年县级预算调整方案（草案）。（周　良）

【桃江县第十七届人民代表大会常务委员会第二十八次会议】 9月30日召开。会议通过第二十八次常委会会议议程（草案）；审议和表决相关人事事项；听取和审议县人民政府关于桃江县2019年县级决算草案、审查和批准2019年县级决算；听取和审议县人民政府2020年上半年预算执行情况的报告；听取和审议县人民政府关于桃江县2019年县级预算执行和其他财政收支审计工作的报告，听取和审议2020年县级预算调整方案（草案）；听取和审议县人民政府关于中医药工作情况的报告；听取和审议关于城市管理执法案件监督情况的报告。（周　良）

【桃江县第十七届人民代表大会常务委员会第二十九次会议】 11月20日召开。会议审议并通过县十七届人大第二十九次常委会会议议程（草案）；听取和审议相关人事事项，通过关于提请调整桃江县第十七届人大常委会代表资格审查委员会组成成员的议案；表决通过《关于召开桃江县第十七届人民代表大会第六次会议有关事项的议案》；听取和审议县第十七届人大五次会议以来代表建议督办情况的报告；表决通过审计查出问题整改情况的报告。

（周　良）

【桃江县第十七届人民代表大会常务委员会第三十次会议】 12月15日上午召开。会议审议通过桃江县十七届人大常委会第三十次会议议程（草案）；任命刘婷、林天照、郭凯彬、储梦莹为桃江县人民检察院检察员；听取和审议《关于桃江县第十七届人民代表大会代表异动情况及补选代表资格审查情况的报告》；审查桃江县第十七届人民代表大会第六次会议有关事项。初审《桃江县人大常委会工作报告（初审稿）》、县人民政府关于《桃江县国民经济和社会发展第十四个五年规划和2035年远景目标纲要（草案）》《桃江县2020年国民经济和社会发展计划执行情况和2021年计划草案的报告》和《桃江县2020年预算执行情况和2021年预算草案的报告》；书面审查县人大民侨外委、监察司法委（法制委员会）、财经委、教科文卫委、环资委、农业农村委、社会建设委2020年工作报告（初审稿）。

（周　良）

【桃江县第十七届人民代表大会常务委员会第36次至45次主任会议】 年内共召开主任会议10次。先后听取创业就业工作、中医药发展、国土空间规划编制、民族政策落实情况的报告以及2018年度全县环境状况及环境目标任务完成情况、国有资产管理情况、《政府工作报告》中重点民生实事、县城中心城区房屋拆迁安置工作审议意见落实情况等报告。

（周　良）

桃江县人民政府

综　述

【概况】 2020年，面对突如其来的新冠肺炎疫情和经济下行压力持续加大的双重挑战，全县上下沉着应对风险和挑战，团结带领全县广大党员干部群众，迎难而上、精准施策、攻坚克难，经济社会发展保持稳中向好的发展态势，全面建成小康社会取得决定性成就，“十三五”圆满收官。

实现地区生产总值279.88亿元，比2019年增长3.4%。完成农林牧渔业总产值90.92亿元，比2019年增长4.4%。全年粮食种植面积87.8万亩，粮食总产量36.05万吨，比2019年增长2.3%。现代农业发展迅速，高标准农田建设完成3.6万亩，耕地安全利用获省市肯定。新增笋用林基地2万亩，生产鲜笋0.6亿公斤。建成设施蔬菜基地200亩、高效茶园500亩、特色水产养殖面积526亩，成为全国综合油料大县。培育省级农业产业化龙头企业3家、示范合作社（家庭农场）13家，注册国家农产品追溯平台企业55家，认证“二品一标”产品企业3家，“鲊埠牛肉”申报国家地理标志证明商标取得突破，省级优质农副产品供应示范基地通过验收，大栗港、石牛江分别获评国家、省级农业产业强镇。

全县实现工业增加值102.69亿元，比2019年增长4.4%。全年新增规模工业企业22家。规模以上工业企业增加值增长4.5%。湖南桃江经济开发区、灰山港省级工业集中区入园规模工业企业126家，完成规模工业增加值比2019年增长5.2%，园区规模工业增加值占全县规模工业增加值比重为82.8%，比2019年提高3.5个百分点。园区全年新投产工业项目13个，新开工工业项目14个。新增入园规模企业14家。园区工业固定资产投资41.88亿元。全年新增高新技术企业16家，高新技术产业增加值增长11%，占园区规模工业比重达67%。全年工业企业实缴税金3.35亿元，增长21.1%。

重点项目。全县44个市级重点建设项目、27个市级重点产业建设项目、48个县级重点项目超额完成投资任务。“智慧桃江”、工人文化宫等PPP项目稳步推进。

电子商务。实现电子商务交易额100.2亿元，电子商务销售额28.33亿元，比2019年分别增长41.08%、26%。电商产业园引进企业16家，发展跨境电商企业5家，再次获评全国电子商务进农村综合示范县。以第22届中部农博会等活动为契机，专场推介“桃江竹笋”，培育自营外贸进出口经营权企业21家、“破零倍增”企业10家。

完成常益长高铁建设年度任务。国道207线武潭镇区段、国道234线灰山港段提质改造竣工通车。全年新改建农村公路120公里，建成生命安全防护工程535公里，改造危桥17座。

全县财政一般公共预算收入139778万元，比2019年增长5.3%。全县一般公共预算支出519675万元，增长4.5%，其中教育、卫生健康分别支出103116万元、67599万元，分别增长5.2%、11.3%。一般公共预算收入占GDP的比重为5%，比2019年提高0.1个百分点。

全年共申报科技项目17项，到位资金518万元。组织15家企业参加益阳市创新创业大赛，春龙竹艺、烯富环保、为农农机3家企业荣获湖南省创新创业大赛优胜奖。

（吴凤夫　尹景云）

【社会事业】桃江县把稳就业放在突出位置，帮助劳动者多渠道就业创业，城镇登记失业率保持在2%以下。坚持教育优先发展，新增公办幼儿园园位4551个，公办园在园幼儿占比达50.68%；桃花江镇中心学校（九年一贯制学校）、扬帆职业技术学校搬迁项目建成开学，补充教师361人，消除普通高中大班额100个、超大班额33个，高考二本以上上线人数和上线率居全市第一。办好人民满意的医疗卫生事业，县人民医院南院区和县妇幼保健院整体搬迁项目主体工程竣工，县中医医院成功跻身三级中医医院行列，完成194个行政村卫生室标准化建设，乡镇卫生院实现2名全科医生全覆盖，新增申报省级卫生村29个，牛田镇成功创建省级卫生镇，公共卫生服务体系不断完善。水利建设有力推进，全面完成资江重要河段岸坡防护、中小河流治理、碧螺水库等4座水库除险加固，防汛保安能力明显增强。改扩建敬老院5所，完成城乡低保、特困人员补助、残疾人“两项补贴”提标。文体事业蓬勃发展，农民丰收节、扶贫表彰晚会、绿色环保自行车邀请赛、省青少年定向越野锦标赛、送戏下乡惠民演出等群众文化活动有声有色，人民群众获得感、幸福感、安全感持续提升。（吴凤夫　尹景云）

【园区发展】实现园区规模工业增加值90亿元，同比增长7.7%。桃江经济开发区成立园区行政审批服务中心，康卫宁医疗器械、锋源科技、科惠汽配二期等一批项目建成投产，25万平方米标准化厂房完成主体工程，新引进过亿元项目3个、过5000万元项目5个，园区科技企业孵化器通过省级评审验收，成功申报省级竹产业特色园区，省级高新技术产业开发区申报工作顺利推进。灰山港工业集中区新建标准化厂房2.06万平方米，平整土地350亩，临亚建材装配式建筑构件、临亚新型墙体、三树新材料等6个项目建成投产，新开工项目3个，新引进投资过5000万元项目3个。马武现代农业核心示范区探索社会资本与农业农村利益紧密联结的现代农业发展新模式，新引进项目7个，惊石农业二期、先田智慧农业、澳洲淡水龙虾养殖等项目建成投产，国家级农村产业融合发展示范园正式授牌。（吴凤夫　尹景云）

办公室工作

【概况】2020年，县政府办紧紧围绕中心、服务大局，加强统筹协调，狠抓工作落实，各项工作取得较好成效。

服务大局。围绕省市重点民生实事、“六大百亿产业”和规模工业增加值百亿园区培育、三大攻坚战等重大决策落实，班子成员强化综合协调，组织或参与各类专题协调会议近200次，解决各类问题200多个。如六大百亿产业和规模工业增加值百亿园区培育达到预期目标，石煤矿山、资江锑超标问题治理通过省级销号验收，按时完成禁捕退捕“三无”船舶拆解处置和省市下达的12项重点民生实事。严格落实节假日、特殊时期领导在岗带班和值班员24小时值班等，规范应急信息报送、通知信息发放，上报应急信息59期，发送通知信息3411多条，全年未发生应急信息漏报迟报、通知发放不到位影响会议召开和领导指示通知不到位等情况。围绕县政府常务会议纪要、主要领导批示件、重点项目重点工作以及省市重点民生实事项目开展政务督查近30次，发出政务督查通报16期，政务督查专报10期，有效确保政令畅通、落实到位。严肃财经纪律，严格财务管理，真情关怀老干部生活，疫情防控、后勤服务、人事档案管理、安全保卫、环境卫生、防汛、“双创”等工作扎实有效。

以文辅政。健全文件分线批办督办机制，严把文件起草、审核、发送、时效关，对不符合办理程序和要求的文稿退回重办，全年共撰写会议纪要100件，处理发文188件、来文2103件。严控会议数量，精简会议，全县性会议数量下降5%。坚持问题导向，着眼全局，立足实际研究和思考问题，班子成员带头深入基层一线调研，倾听广大干部群众和社会各界的意见和建议，凝聚各方智慧与力量，切实增强工作的前瞻性、针对性和实效性，为领导科学决策提供参考依据，全年形成调研报告成果10多篇，编印《桃江经济》11期，上报政务信息200多条，政务信息报送工作位居全市前列。高水平抓好综合文稿起草，紧跟县委、县政府部署和主要领导思路，发挥县政府“核心智库”作用，全年完成政府工作报告、工作汇报、领导讲话等文稿300多篇，在市级以上刊物发表领导署名文章和调研文章3篇。

助推改革。严格建议及提案办理。强化办前沟通、办中协商、办后交流，办结市县建议93件、提案58件，实现办结率、满意率、回复率“三个100%”。加强县长热线办理。全年接听群众来电9475个，办结率100%，满意率95%以上，解决拖欠农民工工资等一批热点难点问题。强化结对帮扶。选优配强帮扶干部，全力帮扶桃花江镇拱头山村，班子成员带头联系贫困户，帮助贫困群众发展竹笋等产业，为村上解决农田水利、公路等实际困难。深化放管服改革。围绕全县营商环境大优化行动，深入推进简政放权、一门式服务、“一件事一次办”，指导县乡村三级政务服务中心进一步完善软硬件设施设备、优化办理流程，推动依申请类政务服务事项“应进尽进”，落地“一件事一次办”事项213件，分别下放园区和乡镇行政权力29项、248项，梳理公示4459条权责清单、110条收费清单、55个中介服务事项，在全市率先探索“一件事一次办”一张表单，基层“一门式”服务全省推介。强化金融服务管理。认真贯彻落实各项金融政策，服务实体经济发展，推进“两进两促”活动，引导金融机构加大信贷投放，支持春耕备耕、企业复工复产和上市等，累计发放贷款4.48亿元以上，缓解企业融资难、融资贵问题。开展处非宣传教育活动，加大涉众型金融领域专项整治和风险防控力度，规范小额扶贫贷款管理，妥善处置涉老涉众金融问题，稳步推进金沙重机重组，农商行退出高风险机构，扶贫小额贷款实现“零逾期”，防范化解金融风险工作获得全省先进。优化税控联管。不断加强税控联管工作的管理和创新，升级优化综合治税平台，狠抓征管、挖潜增收，全年控缴税收26030万元。

（吴凤夫　尹景云）

【桃花江竹海旅游度假区开园运营】7月18日，“益山益水 益美益阳”文旅惠民消费一卡通发行暨益阳人游益阳活动和“山水桃花江 天下美人窝”桃花江竹海旅游度假区开园仪式在桃花江竹海旅游度假区举行。省文化和旅游厅党组成员、副厅长郭固权，市委常委、市纪委书记、市监委主任李永军，县委副书记、县长黄劲等省市县领导与嘉宾近1000人参加开园仪式。桃花江竹海旅游度假区占地面积约40万平方米、投资达7亿元，是集主题度假、游乐体验、山水游憩、文化体验、休闲养生等功能于一体的综合性主题乐园，是全县首家大型综合游乐场。（吴凤夫　尹景云）

【刘家村入选全国乡村旅游重点村】9月2日，文化和旅游部、国家发改委发布第二批全国乡村旅游重点村名单，大栗港镇刘家村入选。刘家村位于桃江县大栗港镇西南部，面积11.33平方公里，人口2578人，辖10个村民小组，拥有万亩竹林资源。刘家村于2013年开始由传统农林产业向乡村旅游产业转型，引入湖南壹方山水生态旅游发展有限责任公司为开发主体的旅游企业，完成1万亩笋竹两用林的培育及1000亩茶园、1200亩生态采摘园、300亩玫瑰花园的产业结构调整；发展民宿37家，采摘、观光园13个，全村从事旅游或相关行业的人数占到总人口的40%，从业村民人均年收入超3万元。

（吴凤夫　尹景云）

【雷公岩大桥通车】9月28日，资江雷公岩特大桥开放交通试运行。该桥是省道230线资阳区杨林坳至桃江县高桥镇公路改建工程建设项目（浮邱山大道）的关键控制性工程，全长1010米，宽26米，荷载等级为公路Ⅰ级，双向四车道，机动车道两侧设置非机动车道和人行道，实行行人、非机动车、机动车隔绝分流过桥。大桥于2016年4月开工建设，2019年8月合龙，主体工程完工。2020年9月27日完成交工验收。（吴凤夫　尹景云）

【羞女湖国家湿地公园通过验收】12月25日，国家林业和草原局发布《关于2020年国家湿地公园试点验收结果的通知》，湖南桃江羞

▲建成通车的雷公岩特大桥　（周　凡／摄）

女湖国家湿地公园通过验收。湖南桃江羞女湖国家湿地公园于2014年经国家林业局批准试点建设，属洞庭湖流域河流、库塘湿地。规划总面积2300.5公顷，其中湿地面积1961.6公顷，湿地率85.27%。试点建设开展以来，县委县政府坚持“全面保护、科学修复、合理利用、持续发展”的管理建设原则，累计投入10亿多元开展湿地公园流域基本建设、生态整治、野生动植物栖息地修复和保护、自然教育模式推广和湿地保护创新联盟共建。与2014年对比，公园内新增鸟类3科13种，新增植物17科374种。

（吴凤夫　尹景云）

【六大百亿产业目标实现】 2020年桃江竹产业、建材产业、装备制造产业、电商产业、文化旅游产业和食品加工产业产值均突破百亿元大关。2020年年底，竹产业实现产值120.27亿元，建材产业实现产值175亿元，装备制造业实现产值136亿元，完成电子商务交易额100.12亿元，实现文化旅游综合收入101亿元，食品加工产业实现产值101亿元，六大百亿产业目标如期实现。

（吴凤夫　尹景云）

【防范化解风险工作获省级通报表扬】 省打击和处置非法集资工作领导小组办公室发布《2020年防范化解风险工作表扬通报》，2020年桃江县在打好防范化解金融风险攻坚战中主动作为、扎实工作，打击非法金融活动效果明显，守住不发生系统性区域性金融风险和大规模赴省进京集访底线，得到省处非办肯定。

（吴凤夫　尹景云）

民族宗教工作

【概况】 全县有1个民族乡（鲊埠回族乡），2个民族村（三堂街镇晚谷村、花桥坪村）。有26个少数民族成分，少数民族人口1.1万余人。境内有佛教、道教、伊斯兰教、天主教和基督教，五个教派均成立县级宗教团体。

工作部署。县委常委会专题研究民族宗教工作2次，专题学习1次，县政府常务会议专题研究工作1次。县人大常委会主任会议专题研究1次。将民族宗教工作纳入县委统战工作领导小组重要议事日程，每半年研究一次。组织召开全县统战工作暨民族宗教工作会议、全县宗教工作推进会议，推动民族宗教各项工作的落实。将民族宗教工作纳入县委意识形态和统战工作考核，分别占考核分值的25%、30%；以问题为导向，将民族宗教工作纳入县委巡视巡察内容和平安建设考核内容。

政策法规宣传。扎实实施民族宗教政策法规学习宣传“四个纳入”（纳入各级党委、党组、工委中心组学习内容，纳入县委党校课程内容，纳入全县干部培训计划，纳入基层党组织学习）。在全县村（社区）支部书记培训班、共产党员发展对象培训班、青年团干部能力提升班、全县新闻媒体记者专题培训班、县委党校主体班，宣讲民族宗教政策7场次，涵盖2000余人次。15个乡镇组织宗教领域相关人员，学习宗教信息化建设、《宗教事务条例》。各宗教团体组织教职人员，学习宗教仪规、《宗教团体管理办法》及传统文化教育，践行社会主义核心价值观。结合“民族团结进步宣传月”，在少数民族“一乡两村”，举行“最美鲊埠人”“最美村民”评选活动，深入宣传宣讲民族政策法规，丰富民族政策法规宣传“十进”活动内涵和形式。

规范管理。规范宗教活动场所内部制度管理。印发《关于进一步加强宗教活动场所制度建设的通知》，提供宗教活动场所民主管理、财务管理等9项制度模板，由乡镇指导，全县宗教活动场所全部完善和更新内部管理制度，通过管委会成员会议、上墙公示等方式，向信众公布。省、市人大调研桃江宗教工作，充分肯定宗教场所规范化建设及“五进五好”活动，鲊埠清真寺获湖南省宗教界“五进五好”活动示范宗教活动场所称号。印发《桃江县宗教信息化建设工作实施方案》，举办业务培训班，完成各宗教团体、宗教活动场所对公账户开设、信息数据上传。宗教领域疫情防控。全县进入低风险地区后，针对重要宗教节日、宗教活动、秋冬季疫情防控等不同情况，采取措施，落实人员排查、防控物资储备等工作。宗教领域安全消防监督管理。印发《桃江县宗教领域安全生产专项整治三年行动实施方案》，在全县开展宗教领域安全、消防宣传和隐患排查治理，推行宗教安全、消防标准化管理，做到“五个到位”：责任人员到位、宣传培训到位、设施设备到位、隐患排查到位、综合管控到位。

民族团结进步工作。协调支持少数民族“一乡两村”发展。对支持鲊埠回族乡经济社会发展县长现场办公会推进情况进行及时跟进，协调解决部分项目落实难、资金到位难等问题。将少数民族“一乡两村”相关项目纳入“十四五”规划。向上级争取少数民族发展资金，全年实施项目12个。落实党的民族政策。认真落实普通高校招生民族优惠政策，为符合条件的中高考学生办理考试加分事宜；全面核查县内穆斯林肉食补贴人员信息，开展入户调查，动态核减人员，及时发放穆斯林肉食补贴；落实民贸民品企业贴息政策，及时发放贴息资金；加强少数民族流动人口服务管理，每月定期走访，动态更新在桃江少数民族流动人口档案，做好服务工作。开展民族团结进步示范创建。选派3人参加全市“民族团结一家亲·同心共筑中国梦”主题演讲比赛，获二等奖1个、三等奖2个。制作“民族团结一家亲·和谐共处同繁荣”微视频，在全市推介民族团结进步创建成果，荣获“最佳创编奖”。鲊埠回族乡军功嘴村被确定为“第八批全省民族团结进步示范区（单位）”，三堂街镇晚谷村、福森木业被确定为“益阳市民族团结进步创建示范单位”，鲊埠回族乡南京湾村申报为“第四批中国少数民族特色村寨”。（邓赛红）

【周振宇检查宗教活动场所疫情防控】2月1日，益阳市委常委、统战部部长周振宇带队到桃江检查宗教活动场所“两个暂停”落实情况，先后查看了鲊埠回族乡清真寺、基督教城关中心堂等宗教活动场所。所到之处，都严格落实“两个暂停”要求。周振宇充分肯定桃江宗教领域新型冠状病毒疫情防控工作，认为行动迅速、宣传深入、督促及时。（王　潮）

【赵仁秀督导民族宗教工作】4月1日，省民宗委党组副书记、副主任赵仁秀一行到桃江督导宗教场所疫情防控、“一单四制”常态化管理、民族团结进步创建、少数民族特色村镇建设和宗教督查问题整改工作，市委统战部副部长秦本华陪同。赵仁秀一行先后实地察看鲊埠清真寺、鲊埠宏森木业、军功嘴村等民族团结进步示范单位，了解场所安全情况，调研民族团结进步创建工作，宣传中央、省委有关疫情防控工作部署及防控要求，并对宗教活动场所疫情防控工作提出具体要求。

【夏太平调研宗教工作】6月16日，市人大民侨外委主任委员夏太平一行到桃江调研宗教工作，县人大常委会副主任彭习元和县人大民侨外委、县民宗局相关负责人一同参与调研。夏太平一行查看县城天主教堂、金盆寺等宗教场所，了解宗教活动开展情况，召开全县宗教工作座谈会。他肯定桃江宗教工作所取得的成绩，对宗教事务管理提出指导性意见。（袁庚寅）

【“民族团结一家亲·同心共筑中国梦”演讲比赛】6月28日，益阳市委统战部主办的“民族团结一家亲·同心共筑中国梦”主题演讲比赛在益阳电视台演播厅举行，并通过智慧益阳手机台、央视新闻+新华社现场云、触电新闻、微赞等平台全程直播。桃江职业中专学校教师唐瑭的《回汉人民一家亲 共同浇灌梦想花》获二等奖，县委统战部李胜财的《一直在感动路上》、马迹塘镇中心学校教师刘益的《我们是一家人》获三等奖。（李嫔斌）

【宗教政策法规学习与宣传】2020年，县民宗局开展系列学习与宣传活动，让宗教政策法规进党校，进机关。党组书记、局长吴建辉先后于7月27日、9月21日为县委党校中青年干部培训班、科级干部能力提升研修班作“新时期宗教工作形势与党的宗教工作政策”专题辅导与讲座；10月30日，团县委举办全县2020年团干部能力建设培训班。吴建辉受邀到场授课，并对共青团干部提出具体要求。（邓赛红　曾　媛）

【于新胜到鲊埠回族乡调研】10月21日，县委统战部部长于新胜到鲊埠回族乡调研指导工作。于新胜一行先后来到军功嘴村、宏森木业、福森木业、县伊斯兰教协会，实地调研民族团结进步示范创建、民贸民品企业贷款贴息等相关工作，并召开座谈会。于新胜听取鲊埠回族乡工作汇报，对相关工作提出具体要求。（邓赛红）

【宗教政策法规培训】10月22日，桃江县组织全县村（社区）党组织书记、市县派驻贫困村（社区）和软弱涣散村（社区）党组织第一书记、乡镇组织委员和党建站长近400人集中学习宗教政策法规。吴建辉到场授课。（邓赛红）

信访工作

【概况】2020年，县信访局贯彻落实中央、省、市关于信访工作的指示精神，坚持以人民为中心的发展思想，认真履行信访工作职责，认真接待处理来信来访，及时反映社情民意、妥善解决人民内部矛盾，提升解决信访问题、化解突出矛盾的社会治理效能，更好地维护群众的合法权益，服务桃江经济社会的高质量发展。

来信来访网信。2020年到各级上访1234批次1490人次，其中到县上访1074批次1157人次，到市上访24批次50人次，到省上访113批次260人次，进京上访23批次23人次，收到群众来信181件，收到网上投诉件433件。办理期限内的信访件均已按期办结。

信访件办理。2020年进京非接待场所上访实现零登记，进京越级访为5人6次，国省“两会”实现“七个坚决防止发生”的目标。2020年12月之前共收到国家、省、市、县交办督办信访件67件，其中国家局11件、省局8件、县本48件。化解(办结）共57件，其中国家局7件、省局4件、县本46件。10月6日，国家、省信访局集中交办历年来重复访和信访积案（含来信、来访、网上投诉）66件，均已明确县领导包案，明确办理责任单位，限期办结到位。

联席会议机制。针对一些重点难点问题，提请联席会议共同研究解决，推动形成信访联治、矛盾联调、工作联动的工作格局。2020年，协调处理重要信访事项25起，通过信访联席会议组织召开接谈会或协调会15次，每起案件均组织相关单位会商，与信访人深度沟通，并妥善化解。

责任督办催办。全年对重点交办的信访事项、领导批办案件及市、县领导包案件办理情况加大督导检查，对所有重点信访案件，以案件性质、信访人所在地等为主要依据，明确责任领导和责任人，规定办结时限，积极督促办理，确保信访案件按质、按时办结；对个别上访较多的村（社区）及时提示乡镇党委书记，对涉及多部门、乡镇的信访事项，电话联系督促处理18次，下发交办件11起。

基层信访工作。修改完善《桃江县创建无信访村（社区）暨无讼村（社区）工作方案》，持续推进“无信访村（社区）”和“无讼村（社区）”创建活动，对成功创建“无信访村（社区）”且符合“无讼村（社区）”创建条件的，奖励3万元。同时，设立“信访工作进步村（社区）”奖，对没有达到无信访村（社区）创建条件，信访工作取得明显成效的村（社区），同样给予表彰奖励，激励基层不断提高解决信访问题、人民调解化解社会矛盾的能力和水平。

信访问题化解。坚持领导干部下访约访和领办包案。对一些全县性的重大突出信访矛盾，坚持由县级领导约访，全年县级领导共约访各类信访群体8次，推动这些全县重大突出矛盾得以及时化解和有效处置。对市级以上交办的重点信访问题和市级领导交办件，全部实行县级领导包案。做好信访形势研判预警工作。研究、分析信访情况，及时向县委、县政府提出工作建议，县信访局每季度对上访情况进行分析通报，上访情况通报到各村（社区），对重大信访突出问题及时向县委、县政府提出工作建议，如汉寿锦源老年公寓投资问题、农商银行不良贷款问题等，提请县委、县政府对涉及面广、全局性的群众诉求合理问题尽快予以解决。

责任追究制度落实。9月8日，由“两办”发文，出台《信访问题控增量去存量实施办法》，明确要求各乡镇各部门全面加强初信初访办理工作，落实好初信初访办理工作要求，切实维护群众合法权益，将信访事项化解在早、在小、在萌芽。由县委、县政府督查室牵头，对信访工作开展督查，督查重点为信访工作整体情况、县级领导接访交办件落实情况、周一领导接访情况及网信办理情况，进一步压实各级各部门、各级领导干部的信访工作责任，推进更高水平的责任信访。

信访件办理。省委第十巡视组进驻桃江，9月17日至11月2日共交办7批405件群众信访件（来信161件、来访232件、来电12件），交办件数量依次为98件、100件、51件、39件、58件、1件、58件。经责任单位及包案县级领导调查核实，反映诉求属实的82件，占20%；部分属实的86件，占21%；诉求不属实的237件，占59%。至年底，所有交办信访件已按信访程序全部办结。

信访积案化解和重复访治理。全年各级共化解信访积案67件，其中使用省级信访救助资金共34.5万元，化解信访积案12件；其余55件使用县财政资金予以化解，按照2018年第11次县委常委会议纪要规定，每化解一名上访老户县级补助乡镇和部门50%的资金，由乡镇、部门向县信访局提出资金申请，报分管副县长审定后由财政打款到各单位，至年底县信访局已收到资金申请报告42份共68万元。重复访治理方面，成效显著，共化解重复访信访老户12名。

（温晶晶　项协平）

【张值恒到桃江包案下访处理信访问题】 5月15日，市委副书记、市长张值恒到桃江包案下访处理信访问题，市政府秘书长胡康平陪同。听取信访人王某的诉求后，张值恒现场向县政府和相关单位负责人核实情况，听取有关解决办法和办理意见。张值恒指出，信访工作是党和政府联系群众的桥梁、倾听群众呼声的窗口，各级各部门务必高度重视，认真对待群众反映的每一个问题，确保让每一名群众在信访问题处理中感受到公平正义，努力营造和谐稳定的社会环境。（温晶晶）

【“三无”乡镇和无信访村（社区）获奖】 3月，全县经济工作会议对2019年“无信访村（社区）”创建工作进行表彰奖励，5个“三无”（无越级访、无集体访、无极端恶性事件）乡镇，奖金各5万元，78个无信访村（社区）奖金各2万元。

（温晶晶　项协平）

【群众来访接待中心揭牌】 12月14日，新建成的中共桃江县委、桃江县人民政府人民来访接待室、桃江县群众来访接待中心正式揭牌投入使用。中心位于县党政大楼附属楼一楼，面积约1200平方米，可同时容纳400名来访群众，是全省面积最大的县级接访大厅。（温晶晶　项协平）

数据资源服务

【概况】 2020年，完成雪亮工程、数字城管、智慧政务、指挥中心、政务外网等项目建设，智慧交通、数据库、云数据中心等项目正在实施，完成投资1.5亿元。编制《桃江县新型智慧城市建设顶层规划》和《桃江县新型智慧城市建设“十四五”专项规划》，规划包装新基建项目36个，编制完成智慧桃江子项目深化设计方案9个。成立“综合指挥中心”，按“五个一”模式组建，实现“一个中心统一指挥、一个平台统一管理、一条热线统一受理、一个APP统一聚合、一个机房统一储存”，建成集党建引领、社会治理、城市管理、公共服务等于一体的综合指挥体系，实现指挥调度可视化，事项处理智能化，考评考核科学化，基础数据全息化。加强制度建设，根据国家政策文件要求，编制《智慧桃江项目操作指南》，对项目变更、设备到货、竣工验收等关键环节明确具体要求，进一步规范项目实施流程，确保项目建设合法合规。狠抓协调服务，坚持每半月组织召开项目调度会，通报项目建设情况，明确阶段任务，压实各方责任，协调解决施工难题，组织项目例会48次，解决问题130余个，确保项目稳步推进。狠抓现场监管，明确一名班子成员专门负责施工监管，督促监理、审计机构，会同使用单位，经常深入项目现场检查，对项目中出现的进度、质量、安全问题，下发整改意见函、检查通报15个，并督促整改到位。加强宣传推介，编印《智慧桃江项目月报》10期，组织宣传报道30余次，广泛宣传推介智慧桃江建设成果，其中《湖南桃江“数字城管”提升城市管理水平》在央办《网信动态》第180期刊出。

技术保障。坚持机房每日巡检，完成机房自属服务器“勒索病毒”安全排查，成功处置因各种原因造成的全县网络中断故障，开展党政大楼、附属楼IT运维685次及电子政务外网运维52次，完成县电子公文系统功能调试及培训工作。服务延伸“广覆盖”。电子政务外网建设方面：利用市建项目成果，协调、督促电信实现电子政务外网对215个村、32个社区的全覆盖工作；完成经开区行政审批服务中心政务外网覆盖；更新换代政务外网核心机房设备，改造骨干带宽1000M，并延伸至学校、医院；打通247个村级政务外网接入点与省、市政务外网的链路。视频资源整合方面：完成浮邱山、修山乡村两级的视频会议全覆盖及局域网优化；利用“雪亮工程”成果，将视频监控资源共享至应急管理局、创建办等部门。技术支持方面：协助梳理浮邱山、大栗港、高桥网格化平台上16万人口数据，实现分类查询人口特殊属性（五保户、老年人、残疾人、库区移民、低保户等）。制作各接入村（社区）IP地址及工作人员联络信息汇总表、部门信息化建设情况汇总表，组建县政务信息化建设联络群、政务信息化建设、雪亮工程维护等工作微信群。圆满完成《发展壮大村级集体经济》《发挥妇联执委作用，助力基层社会治理》《桃江竹产业招商》3个PPT制作。完成全市、全县基层公共服务（一门式）全覆盖桃江现场会平台演示及各项技术保障工作。安全防范“零事故”，制定《桃江县网格安全应急预案》，与桃江智城公司及各乡镇部门签订网络安全保密协议。协助部办委安装调试全省安可公文系统；配合县公安局网监大队完成对县直各单位机房进行安全检查及相关整改工作。线上监管“新起色”，完成29个单位、部门省“互联网+监管”平台的账号分配及技术指导，平台人员注册数达1392名，全县目录清单梳理情况达到100%，行政检查实施清单填报情况达到79.22%。积极配合县纪委监委认真做好“互联网+监督”系统的维护工作，及时处理好各单位操作互联网+监督系统时遇到的困难问题。

数据管理。大数据管理开发取得突破，将打通数据壁垒，实现互联互通、共建共享，为县委、县政府重大决策提供科学精准的数据分析与预测。出台全省首个县级大数据管理办法——《桃江县政务数据资源管理办法》，经县人民政府2020年第11次常务会议审定并印发。开展信息系统数据调查摸底，初步统计全县共有各类信息系统165个，各单位自建小机房30个；通过网格化管理平台归集人口、房屋等基础数据104万多条。协助支持项目公司完成对65个单位、282个业务系统的数据资源调研，梳理数据编目5197个。

（李会龙　符蓓婧）

【智慧城管竣工验收】6月29日，智慧桃江建设PPP项目之网格化城市和社会管理（智慧城管）子项目，通过项目竣工验收。该项目是“智慧桃江PPP项目”第一批启动建设的子项目之一，项目总投资2010万元，按照湖南省住建厅《全省数字化城市管理平台建设工作方案》要求，由湖南邮电设计院进行深化设计，桃江智城联合信息科技有限公司负责建设。项目主要建设智慧桃江城管指挥分中心、数字城管九大标准子系统和智慧市政、智慧环卫、智慧执法、智慧城管四大业务平台。该项目于2019年7月动工，11月29日完成初验。项目的竣工验收标志着益阳市首家县级城市管理监督指挥中心正式成立，有效提升桃江县城市治理科学化、现代化、智能化水平，为创建全国文明城市和国家卫生县城提供有力支撑。

（李会龙　符蓓婧）

【互联网+政务服务项目初验】8月18日，智慧桃江建设PPP项目之互联网+政务服务子项目，在县政务服务中心通过项目初验。该项目是“智慧桃江建设PPP项目”的子项目，总投资2450万元，由湖南邮电设计院设计、桃江智城联合信息科技有限公司负责建设。该项目于2019年7月动工，12月试运行，标志益阳市首个“政务服务旗舰店”落地桃江县。主要建设内容包含政务服务事项梳理、一体化平台、镇级政务服务大厅视频监控、公文分发签收系统升级、覆盖15个乡镇的视频会议系统建设等软硬件设施配置等。互联网+政务服务一体化平台的建设标准居省市同类系统前列，已实现与省、市政务服务平台对接联通，累计注册用户3.36万个，完成事项梳理4615件、办件总数达5.9万件，法定提速率达94.33%，“最多跑一次”事项达1070件，实现“网上办、指尖办”，让群众少跑腿、数据多跑路。（李会龙　符蓓婧）

【“雪亮工程”竣工】4月，“雪亮工程”竣工。总投资1800多万元，由全市统一规划、建设、运维，未纳入PPP项目，由县数据中心具体负责实施，至年底全部完成建设任务。共建设一类户外监控点位751路，并与公安“天网”、教育监控系统实现互联互通，总接入视频监控2452路，上线率达95%以上，居全市第一，构建覆盖全县、保安保畅的“天罗地网”。（李会龙　符蓓婧）

【电子政务外网扩面提速】桃江县电子政务外网全面覆盖15个乡镇，247个村（社区），180多个医疗、教育机构，98个县直部门、委办局及经开区管委会、全域旅游游客集散中心。接入单位由110个增至550个，实现原外网核心机房设备更新换代，骨干带宽传输速率从100M提升为1000M，为全县电子政务推广搭建专用信息高速公路。

（李会龙　符蓓婧）

【“综合指挥中心”成立】12月21日，县委常委、县委办主任肖立新等县领导为桃江县综合指挥中心揭牌。综合指挥中心建设项目是“智慧桃江建设PPP项目”的子项目，总投资约2862.5万元，项目于2019年10月动工，坐落于新公安大楼11楼，总面积约1100平方米，设有指挥大厅、决策会商室、贵宾接待室、“110”接警中心、值班室、休息室等，全县数据中心机房及配套的智能信息化设备、指挥系统及电力室，已入驻县长热线、智慧城管平台，实行24小时值班制。指挥中心为集指挥调度中心、决策中心、处置中心、信息中心为一体的实战支撑平台，实施全时段、全方位、全覆盖的数字化管理。（李会龙　符蓓婧）

机关事务服务

【概况】2020年，县机关事务服务中心会同县发改局、县财政局印发《桃江县节约型机关创建行动方案》。机关大院全面采用LED绿色节能产品，有效降低照明能耗，全年机关大院电费较2019年降低3.5万元。开展“弘扬节俭美德，杜绝餐饮浪费”“全国节能宣传周”“全国低碳日”“光盘行动”等活动，成功创建节约型机关。对全县97个相关单位的办公用房情况进行收集、整理，统计汇总，完成县域内办公用房数据摸底工作。

公车管理。5月9日，中心印发《桃江县公务用车平台管理细则》。8月31日，县公务用车改革领导小组印发《桃江县加强和规范党政机关公务用车管理办法（试行）》，完善公务车辆管理，规范驾驶员工作制度，提高公务用车使用效率，有效降低行政成本。将纳入保障的43个单位的公务用车和社会租车进行集中统一管理，将56辆公务车辆的产权、管理、调度和司机统一收归公车平台管理。通过集中管理，提升公务用车的效率和服务质量，实现公务车辆的统一调度，统一加油、统一维修、统一保险。明确司勤人员的待遇标准，将待遇规范化、公开化。

综治消防。全年拦截商品推销21起。按照县依法治县办公室要求做好普法和依法治县工作，派出法治专干赴韶山参加全面依法治县工作骨干培训班，2020年干部职工线上普法考试全部合格。修改消防安全应急预案，更换添置一批消防标识、应急灯和闭门器等消防设施，其中疏散标志灯75个、安全出口标志灯37个、消防应急灯118个、闭门器92个。全年排查安全隐患两次，无安全事故发生。

物业管理。完善《桃江党政大院物业管理办法》，进一步规范县党政大院的物业管理工作。在明确卫生责任的基础上加大平时卫生检查监督力度，通过竞争评比等手段，选优配齐物业保洁人员，不断提高保洁质量，确保两个大院卫生干净整洁。对大院的常规花木绿植，按季度和植物生长规律进行修剪、除草、抗旱、补植和防病杀虫，全年集中作业12次，局部作业20余次。对党政大院西侧原假山山体垮塌处进行降坡整理和绿化修复。砍倒并运走老县委大院高大枯死树木5棵，对老大院凤凰山区域进行白蚁灭治。改造附属楼会议室空调线路，更换电缆电线，消除会议室空调用电安全隐患。对食堂后坪做防水处理，解决附属楼车库上新建的信访大厅渗水问题。维修改造党政大楼十楼，新整合办公室9间。修复改造凤凰山宝塔处长廊，更换廊柱和廊顶盖瓦，保护文物古迹。

全年共召开203次会议（其中国家、省市召开电视电话会议112次），附属楼会议室共召开会议126次（其中国家、省市召开的电视电话会议4次）。党委视频会议系统新增机要设备，政府视频会议系统更换4K高清主机。

（倪万书　卢惠兰）

【橙子表单】 5月9日，在微信推出应用小程序“橙子表单”，通过线上申报维修事项，填报维修表单，申报单位直接对口联系维修工人，党政大院和老大院的维修检修工作效率得到提升，维修更及时，采购和维修记录更透明。截至12月31日，通过小程序申报维修事项229项，办结227项。（吴益举）

【消防培训】 6月8日，中心邀请省消防协会教官，给驻党政大院相关单位综治专干进行安全知识宣讲，增强干部职工的消防安全意识和防范能力。（倪万书）

【公务用车管理推进会】 9月6日，中心召开全县加强和规范党政机关公务用车管理推进会，就公车集中管理和调度工作、用车单位经费指标的确定作出说明，并就驾驶员相关业务和工作纪律进行培训。县政府相关领导和县公车领导小组办公室工作人员、公车平台52名司机参加会议。（蔡全政）

政务服务

【概况】 2020年，县政务服务中心围绕“政务服务质量提升年”目标，结合全县营商环境大优化行动，以切实解决人民群众反映最强烈、最迫切的问题为切入点，不断提升政务服务工作质效，增强人民群众的获得感和满意度，为全县经济社会实现高质量发展提供有力保障。2020年，中心进驻窗口单位34个，共受理政务服务事项54.3万件，按时办结率100%。

放管服改革。推进“三集中三到位”。对照上级发布的事项目录建立县级依申请类行政权力事项、公共服务事项明细表；提请县政府常务会议专题研究“三集中三到位”工作，2020年，具有行政审批职能的30个单位全部进驻政务大厅集中办公，1530项依申请类政务服务事项进驻率达92.3%，基本实现应进尽进。推进190件“一件事一次办”事项落地实施，设置5个综合受理窗口，受理办结事项29万件。加大事项下放力度。发布《桃江县乡镇权力清单和责任清单》《桃江县乡镇经济社会管理权限目录》，明确乡镇自有权力116项，部门下放至乡镇

▲1月17日，县政务服务中心开展"迎新春送春联"惠民服务活动

（刘　凤／摄）

的经济社会管理权限248项。筛选出70个高频、热点事项下沉至村（社区），246个村（社区）均可就近办理老年优待证、生育证等。

服务举措。出台《桃江县政务服务容缺受理制度》，梳理81个事项，156份可容缺材料，推出容缺办理服务60次，为企业和群众办事提质增速。启用排队取号和"好差评"系统。规范政务服务秩序，由办事群众对窗口服务打分，增强群众服务体验，实现即时评价。9月至12月底收到22785起窗口服务即时评价，满意率99.9%。增强自助服务功能，年内新增征信证明、不动产信息查询及首套房证明、交通违章处置、发票购领、婚姻登记等事项的自助办理。

重点企业绿色通道。完善《重点项目绿色通道服务制度》，印制重点项目分类告知书。建立重点项目全程代办员队伍，组织6个部门的9名业务专干进行业务授课。开展全县96个重点项目服务认领包干活动，开展上门走访、主动对接。设立重点项目绿色通道服务窗口，专人值班，并联办理，确保重点项目审批整体提速80%以上。2020年为新兴管件、高胜模架、陶粒科技等重点项目提供全程帮代办服务，高胜模架项目办理项目核准、用地规划许可用时仅2个工作日，比法定时限提前87.5%。（吴灿平）

【征信自助终端落户桃江】5月25日，县政务服务中心会同中国人民银行桃江县支行向上级争取购置的征信自助终端落户县政务服务中心政务大厅，这是全省首台落户县级政务大厅的征信自助设备。需求者携带本人身份证，按语音提示完成身份信息读取和人脸识别即可查询、领取个人信用报告，整个过程不到1分钟。（吴灿平）

【基层便民服务功能获提升】6月，浮邱山乡派出所、市监所进驻乡镇政务大厅办公，对与群众生产生活关系密切的户籍、经商等事项提供便捷服务。这在益阳市尚属首例。2020年县政务服务中心探索将部门派驻机构集中到乡镇政务大厅办公，同时指导各乡镇高标准建设乡镇政务大厅，明确进驻窗口和事项，11月底，全县15个乡镇均已将乡镇派出所、市监所等集中到乡镇政务服务中心办公。

（吴灿平）

【乡镇干部轮训】8月4—7日，县政务服务中心组织城管、自然资源、住建等14个相关窗口业务骨干，就"放管服"改革中，直接赋权、委托赋权、服务前移至乡镇办理的建筑工程施工许可证核发、乡村建设规划许可证核发等46个行政审批事项的办理，对15个乡镇党群和政务服务中心的71名业务经办人员，分4批次开展业务实际操作培训。

（吴灿平）

【形象监督员聘请】9月29日，县政务服务形象监督员聘任仪式在机关五楼会议室举行，来自不同岗位的10名政务服务形象监督员受聘上岗。聘请形象监督员旨在加强对政务服务工作的社会监督，同时为政务服务工作提出意见和建议，进一步规范窗口服务行为，提高政务服务效能，为优化营商环境、促推经济社会发展提供保障。

（吴灿平）

政协桃江县委员会

综　述

【概况】 县政协及其常务委员会以习近平新时代中国特色社会主义思想为指导，聚焦决胜全面建成小康社会，坚决打赢三大攻坚战，认真履行政协职能，为全县经济社会高质量发展做出新的贡献。认真履行政治协商、民主监督、参政议政职能，着力凝聚共识，组织专题议政性常委会会议1次、专题协商会议10次、对口协商会议8次、界别协商会议5次、政协云微协商132次。提交提案60件，提案办理协商8次。

建言献策。召开“规范生猪生产，稳定生猪市场”专题议政性常委会会议，提出“生猪生产规模化、标准化、智能化、产业化”建议，助推全县生猪生产转型升级。开展文旅产业融合调研，提出“高起点做好文旅融合规划、高标准建好文旅融合平台、高品位提升文旅融合创意”建议。促进全域旅游发展。提出“进一步理顺管理体制机制、加大资金投入、强化管养队伍建设”建议，畅通农村交通动脉，促进乡村振兴。开展推进城乡垃圾分类减量提案督办调研，建议“健全工作机制，强化组织领导；明晰分类标准，城乡统筹推进；加强基础建设，推动资源化利用”，破解垃圾分类难题，助推马迹塘垃圾焚烧发电厂建设、县级垃圾分拣中心选址、餐厨垃圾处理设施等一批资源化利用重点项目建设，加强生态文明建设。开展退役军人服务保障体系建设调研，对改革中难点问题提出建设性意见，推进遗留问题解决，促进改革与稳定。专题调研“县城建投资集团国有资产归集工作”，提出“加大县属国有资产归集力度，加快推进县城建投资集团运营发展”建议，为城投公司增强自身造血功能提供参考，防控融资平台风险。还专题协商“十四五”规划编制、财政预算编制、优化营商环境、重大项目建设等工作。

助推百亿竹产业健康发展。为打造湖南千亿竹产业核心基地，县委明确县政协牵头，加强对竹产业发展的指导，通过参观考察、专题协商，助推县委、县政府出台《桃江县竹产业发展工作五年行动计划（2020—2024年）》，完善《关于支持竹产业发展的八条政策措施》，为竹产业快速发展提供强力支撑。全县笋竹两用林和丰产竹林面积达到30万亩，竹材、竹笋加工骨干企业发展到102家，全年竹业产值达到120亿元。发挥北上广深长汉等地经促分会的辐射作用，加强与异地商会的紧密合作，激发桃江籍知名企业家回乡创业的激情。桃江新上招商引资项目80%以上是桃江籍乡友。县政协常委胡治国回乡投资创办的国辰高科技产业园列入2020年省级重点项目，计划投资12亿元，完成投资3.5亿元，项目主体工程基本建成。以该项目为平台，引进签约企业22家，投资总额16亿元，有4家企业正式注册进驻。协助县政府推进总部经济建设，总部基地引进外地乡友企业发展到60家，可实现税收3000万元以上。新冠肺炎疫情发生后，县政协迅速投身抗击疫情阻击战。100多名委员奋战在隔离点、观察点、检查站等抗疫第一线，有50多名委员深入企业指导和帮助复工复产。在外政协委员和知名乡友第一时间捐款、捐物50多批次，总额达400余万元。

为民服务。4月，县委在全县人大政协工作会议上交办政协九届四次会议立案的60件提案。6月、8月，提案委会同县委办、县政府办对提案办理情况进行两轮专项督查；9月，县委办、县政府办向县政协常委会通报九届四次会议以来的提案办理情况；11月，督查3年来B类提案办理情况。通过督查督办，提案办理落实率72%，满意或基本满意率100%。组织全体政协委员扎实开展“三个一”扶贫行动和“助力万户帮扶”行动。特别是在“助力万户帮扶”行动中，省市县三级政协委员和市县政协干部共349人结对帮扶95户，制定帮扶计划，建立帮扶台账，明确帮扶措施和脱贫时限。全年投入扶贫帮困资金100多万元，全力确保这些贫困户如期脱贫。钟渭贤将军等4位知名乡友成立的桃江育才基金会举行第十三届育才学子奖扶大会，发放奖扶资金100余万元。武潭镇教育基金会、大栗港镇“勋贤奖扶基金会”等10多个奖扶基金会发放资金200余万元。

队伍建设。强化内部管理，完善政协常委、政协委员、政协机关、政协参政议政人才库等绩效考核制度，加强日常考核管理。严格委员管理，对3名涉嫌违法、违反公俗良序的委员，依章程撤销其县政协委员资格。8月，将县政协智库更名为县政协参政议政专家人才库，聘任县政协第二届专家55名，兼职政协文史委员8名，优化政协参政议政和文史工作队伍。县政协教卫文史委组织编撰的《桃花江地名趣谈》，收录全县地名故事170篇近28万字，为助推全域旅游发展做出贡献。开展履职能力建设，组织50名政协委员赴韶山华声红色教育学院开展履职能力提升专题培训。将政协云作为打造智慧政协的有力抓手，实现县政协委员、县政协机关工作人员“政协云”APP安装全覆盖。利用全国、省、市政协融媒体平台，宣传桃江政协履职实践50篇、宣传政协委员风采10篇，扩大桃江政协影响力。先后有邵阳市绥宁县、永州市东安县、江西省铜鼓县、安徽省霍山县、广东省清远市、湖北省赤壁市等10多个省内外兄弟单位到桃江考察交流。（文　静）

▲省政协副主席贺安杰（前排右二）在桃江调研　（李成刚　文黎明／摄）

【桃花江旅游度假区项目视察】3月31日，县政协主席李质彬带领政协主席会议成员和相关委室主任专题视察桃花江旅游度假区项目。收集整理项目建设中存在的困难和问题，发挥政协职责，全力以赴推进桃花江旅游度假区项目建设。

（文　静）

【贺安杰到桃江调研】9月1日，省政协党组成员、副主席贺安杰率调研组到桃江，就“搭建协商平台，提升基层社会治理效能”课题开展调研。市政协党组成员、副主席黄仲书，县政协主席李质彬、秘书长蒋胜丰陪同调研。贺安杰一行到马迹塘龙溪村、浮邱山乡枳木山村就基层群众自治工作“怎么做”“做什么”等相关重点问题开展专题调研。

（文　静）

重要会议

【桃江县党务工作暨县委人大、政协工作会议】4月15日，桃江县党务工作暨县委人大、政协工作会议召开。县委副书记、县长黄劲主持会议。会议要求，2020年，全县政协组织要进一步加强人民协商民主建设，充分发挥人民政协作为协商民主重要渠道的作用，聚焦全县经济社会发展的中心任务、实践中亟待化解的突出矛盾和人民群众热切期盼的热点痛点问题，针对性地开展调研视察、协商议政活动，广泛汇集群智群力，不断凝聚思想共识，为全县经济社会的高质量发展献净言、谋实招；动员社会各界力量，共同推动桃江高质量发展。（文　静）

【政协桃江县第九届十七次常委会会议】 7月31日，县政协主席李质彬主持召开政协桃江县第九届委员会第十七次常委会会议。县委常委、常务副县长李丰通报上半年全县经济运行情况，会议传达学习全国政协十三届三次会议精神，审议并通过桃江县政协第二届参政议政人才库特聘专家方案（草案）。

（文　静）

【政协桃江县第九届十八次常委会会议】 10月27日，李质彬主持召开政协桃江县第九届委员会第十八次常委会会议。会议听取县委《关于桃江县政协九届四次会议党委系统提案办理工作情况的通报》和县政府《关于县政协九届四次会议委员提案办理情况的汇报》，民主评议“规范生猪养殖，稳定生猪市场”工作，要求各单位各部门规范生猪养殖，推动生猪复产，稳定全县生猪市场。

（文　静）

【主席（扩大）会议】 11月25日，李质彬主持召开县政协主席（扩大）会议，专题协商“十四五”规划纲要（草案）。县发改局负责人作有关情况汇报，与会人员围绕规划纲要（草案），就打造支持知名竹笋产业企业、县域内红色旅游景区开发、农村垃圾处理等方面进行研讨，建言献策。

12月4日，李质彬主持召开主席（扩大）会议，专题协商2021年全县财政预算工作。会上，县财政局负责人汇报全县2021年财政预算情况。与会人员认真协商桃江县2021年财政预算报告，提出合理化意见和建议。会议同意2021年全县财政预算方案。（文　静）

【政协桃江县第九届十九次常委会会议】 12月3日，李质彬主持召开政协桃江县第九届委员会第十九次常委会会议，县委常委、常务副县长李丰列席。会议协商桃江县第十七届人民代表大会第六次会议作出的《政府工作报告》《法院工作报告》《检察院工作报告》，协商县政协常委、委员增补等人事工作，通过第九届政协常委、委员辞免增补建议，协商通过县政协第九届五次会议日程、会议执行主席、主持人名单、大会秘书处名单和委员分组及委员讨论分组正副组长名单。（文　静）

【政协桃江县第九届二十次常委会会议】 12月30日，政协桃江县第九届委员会第二十次常委会会议召开。县政协主席李质彬主持会议，县委副书记张晓出席会议并讲话。会议听取县政协常委会和各委员组协商讨论县政府工作报告、县法院工作报告、县检察院工作报告、县“十四五”规划和二〇三五年远景目标纲要（草案）说明、县国民经济发展计划报告、财政预决算工作报告等情况，通过政协桃江县第九届委员会增补常务委员、副主席候选人名单，协商讨论通过增补常务委员、副主席选举办法（草案），通过总监票人、监票人名单，决定总计票人、计票人名单。（文　静）

【政协桃江县第九届五次会议】 政协桃江县第九届委员会第十九次常委会会议协商决定，报县委研究同意，政协桃江县第九届委员会第五次会议定于12月28日至31日在县城召开，会期4天。会议听取并审议政协桃江县第九届委员会常务委员会2020年工作报告，听取并审议政协桃江县第九届委员会常务委员会关于九届四次会议以来提案工作情况的报告，举行大会发言，补选政协桃江县第九届委员会常务委员、副主席，列席桃江县第十七届人大第六次会议第一次全体会议，听取并协商讨论县政府、县法院、县检察院工作报告和县“十四五”规划纲要（草案）的说明，书面协商县计划、预算工作报告；听取并审议政协桃江县九届五次会议提案审查情况的报告；听取县人民政府对提案办理工作的初步安排；协商通过政协桃江县第九届委员会第五次会议政治决议等各项决议；民主测评县政府工作部门及县法院、县检察院工作及其他事项。（文　静）

【农村公路养护管理工作协商会议】 11月11日，县政协专题协商农村公路养护管理工作会议召开，推进公路养护管理。会议对农村公路养护管理工作提出具体要求。

（文　静）

提案办理

2020年，县政协常委会开展提案办理协商，坚持以提案的“减量提质”为总抓手，及早谋划征集提案线索，下发提案征集文件，推送提案选题参考目录，服务委员知情明政，着力提升提案办理质量，提案服务发展大局的针对性、可行性得以增强。

【县政协九届五次会议提案征集】 县政协九届五次会议提案征集工作实行提前征集、提前撰写、提前提交，全体政协委员和政协各参加单位围绕全县中心工作和人民群众普遍关注的热点、难点问题，通过提案建言献策，提出许多建设性的意见和建议。截至12月23日下午6时，大会提案组共收到提案50件，其中集体提案14件、联名提案19件；会议期间，收到提案2件；根据提案委员会全体成员会议研究，并报县政协主席会议同意，将6个大会发言转为提案。根据政协提案工作条例的有关规定，提案审查委员会对收到的提案进行认真审查，决定不立案5件，并案3件，实际立案50件，立案率91%。本次会议提案涵盖全县经济、文化、社会、生态建设等各个领域，集中反映全县经济社会发展中的重大问题及事关人民群众切身利益的实际问题，反映人民群众的愿望、呼声和要求，凝聚着委员们履职的责任和智慧。经分类统计，在立案的提案中，农林水方面4件，有关于大力培育新型经营主体全面推动农村产业兴旺、獭溪河道综合治理、推进生猪规模化养殖等建议；经济发展方面7件，有关于优化营商环境、推动项目建设、创新创业、破解中小企业融资难等建议；民生及社会事务方面3件，有关于巩固脱贫成果防范返贫风险、关爱农村留守老人、加强农村白蚁防治等建议；教育卫生方面9件，有关于加强农村医疗体系建设、进一步重视农村基础教育等建议；文化旅游方面7件，有关于完善竹海景区基础建设、加快全域旅游发展等建议；城建城管方面8件，有关于统筹智慧桃江建设、加快县城老城区自来水管网改造等建议；生态环保方面2件，有关于加强人居环境整治、规范县城小区装修建筑垃圾管理等建议；交通建设方面5件，有关于X034列为旅游公路、加强农村公路管理等建议；党群法治建设方面5件，有关于加强青少年网络安全教育、增进民族同心团结等建议；没有立案的5件，提案委已与提案者本人进行沟通，或修改完善后再行审查立案，或将作为委员来信或社情民意转有关部门研究处理。（文　静）

【优质提案助力桃江发展】 围绕贯彻新发展理念、促进经济高质量发展等，马迹塘镇政协联工委提出的《延续我县关于支持竹产业发展的八条政策措施》提案，为持续推进全县竹产业发展发挥重要作用；汤则强、胡可知委员提出的《加快桃江数字乡村经济发展、推动一、二、三产业融合发展》提案，为乡村振兴提供了可行方案；符美华委员《加快总部绿道建设，提升区域环境形象，促进项目招商引资，推动经济快速发展》的提案，对全县产业集聚和园区经济发展起到积极作用；詹菲菲委员提出以“美人文化”为依托开辟“美人经济”产业链，鲁定红、赵建坤、钟佩委员《加快推进羞女湖国家湿地公园旅游资源保护性开发建设》的提案，为发掘地方特色旅游资源，加快全域旅游创建提供有益参考。（胡福林）

桃江县纪委　监委

综　述

【概况】桃江县纪委监委在县委和上级纪委的领导下，围绕全县中心大局，忠诚履职担当，抓实做强监督首责，精准有力执纪执法，一体推进不敢腐、不能腐、不想腐，为建设现代化新桃江提供保障。

执纪问责。全县纪检监察组织共处置问题线索 419 件，立案审查调查 148 件(涉及乡科级干部 17 人)，结案 161 件，给予党纪处分 122 人，给予政务处分 60 人，留置 5 人，移送检察 3 人；共运用监督执纪“四种形态”处置 440 人次，其中运用“第一种形态”处置 279 人次、“第二种形态”105 人次、“第三种形态”26 人次、“第四种形态”30 人次，占比分别为 63.4%、23.9%、5.9%、13%；挽回经济损失 1726.28 万元。紧贴民意狠抓信访，机关信访室共受理群众来信、来访（电）、网络举报 383 件，对 17 个疑难信访问题及 1 条涉及扶贫领域问题线索，落实纪委监委领导班子成员包案制度，充分发挥乡镇党委、县直党组属地管理作用，充分调动纪委监委机关各部室和各纪检监察组织力量，一一对账销号。5 月，成立“2・28”专案组，查办原县移民局系列案。该案共立案审查调查 14 人，至年底已结案 10 人，共收缴违规违纪违法资金 326.05 万元。较好实现法纪效果、政治效果、社会效果三效合一。

专项整治。开展“洞庭清波”专项行动明察暗访 42 次，发现问题 115 个，组织处理 23 人，其中开除党籍 1 人、党内警告 1 人、诫勉谈话 2 人、批评教育 2 人、谈话提醒 3 人、集中约谈 14 人。其中开展禁捕退捕专项督查，督促开展退捕渔民身份精准识别“回头看”“再回头看”，发现问题 55 个，下发督查通报 8 期。共核减专业渔民 217 户、572 人，专业渔船 119 艘，核减持证兼业渔民 169 户、兼业渔船 165 艘；督促加强禁捕退捕执法工作，全县共开展禁捕退捕联合执法 457 次，查办刑事案件 26 起 36 人，经县人民法院判决 24 案 35 人，行政案件 10 案 12 人，没收渔船 12 条、电鱼设备 34 套、地笼等非法捕鱼网具 75.5 吨、违法捕捞渔获物数量 559.3 公斤。共开展禁捕退捕明察暗访 14 次，发现问题 68 个，组织处理 9 人，其中开除党籍 1 人，党内警告 1 人，诫勉谈话 2 人，批评教育 2 人，谈话提醒 3 人。扶贫领域腐败和作风问题专项整治，紧盯问题狠抓整治，以落实扶贫领域监督清单为主要抓手，统筹推进“一季一专题”集中治理工作，全力护航决战决胜脱贫攻坚，共发现和受理扶贫领域腐败和作风问题线索 74 条，立案审查调查 42 人，追缴资金 323.63 万元，退还群众资金 167.43 万元，主流媒体宣传报道 32 篇次。出台《桃江县扶贫领域专项治理工作考核任务责任分工方案》《关于印发桃江县 2020 年扶贫领域监督清单的通知》《桃江县巩固拓展“一季一专题”集中治理实施方案》等文件,夯实责任。作为全省五个探索施行扶贫领域监督清单制度试点县之一，组织构建“三结合、四关口、三重点”工作机制，明确“压实帮扶责任、两不愁三保障政策落实、巩固脱贫成效、乡村振兴”4 大类 59 项监督重点，推动全县扎实开展扶贫领域“清单式”

监督，以精准监督助力精准治理，截至11月底共销号48项，其中提前销号3项。扫黑除恶专项斗争。共受理涉黑涉恶腐败和“保护伞”问题线索15件，办结15件，共立案审查调查3人，给予党纪政务处分17人，组织处理2人。自扫黑除恶专项斗争开展以来，县纪委监委共受理并办结涉黑涉恶腐败和“保护伞”问题线索133件，如期实现“线索清仓”目标。对所有的涉黑涉恶案件开展“一案四查”，强力推进“打伞破网”。共受理办结“一案四查”涉黑涉恶案件14件，共立案审查调查23人，已给予党纪政务处分22人，组织处理17人。人防系统腐败问题专项治理工作，制定《桃江县人防系统腐败问题专项治理工作实施方案》，成立工作机构，督促建立问题台账，会同驻县住建局纪检监察组开展监督检查。2020年以来人防系统腐败问题专项治理工作抽查核查项目464个，发现问题线索19件，处置问题线索18件，查处问题总数18件，组织处理2人，追缴资金数14.85136万元。“四风”问题专项整治，共查处“四风”问题42件，处理51人，其中给予党纪政务处分18人。以接受省委巡视为契机，深入开展“纠‘四风’树新风”“狠刹人情歪风”等专项整治，共查处“四风”问题42件，处理51人，其中给予党纪政务处分18人。加强作风建设监督检查，紧盯关键节假日，抓紧筑牢每个节点，在元旦、春节、清明、“五一”、端午、中秋、国庆等重要节点开展作风建设专项检查，制定切实可行的专项监督检查方案。形式主义官僚主义问题专项整治，将形式主义官僚主义专项整治工作融入节假日作风建设检查、新冠疫情防控督查、扶贫领域作风问题检查中。6月初制定《关于贯彻落实〈湖南省深化整治形式主义官僚主义10条措施〉的责任分工》，围绕全力护航脱贫攻坚决战决胜、聚焦基层减负等10个方面，细化工作措施，明确责任分工。工程建设项目领域招投标突出问题专项整治，组织召开专项整治推进大会，稳步推进各项工作，共向县住建局等行业主管部门交办线索20条。

“互联网＋监督”工作。在全市率先完成1月至12月村级财务数据录入，结账率100%；处理3件“互联网＋监督”投诉件，并完成网上回复；督促互联网＋监督公务用餐监督子系统试点单位县民政局和县审计局对7月后的公务用餐信息进行录入并公开。全县共录入公务接待10次，金额6872元。共录入加班工作用餐6次，314人次，用餐费用12162元。发现超标公务接待报销1次，责令整改并收缴超支款；督促各单位有序开展民生资金数据录入工作。

宣传教育。建立健全内外联动机制，引领宣教工作防促并举，加强“竹廉桃江”“大宣教”品牌建设，在“治未病”上积极探索。1月至11月，在市级以上媒体上稿569篇，居全市第一。“竹廉桃江·一微一网两台”特色栏目逐步做强做优，微信公众号发稿187期530条信息，网站发布新闻100余条，电视台发布党风廉政新闻29条，电台发稿46期92条信息。年度警示教育片已基本拍摄完毕。分类分级建优通讯员队伍，建立62人的外宣信息攻关群、23人的特约摄影师群、26人的派驻纪检组群、25人的乡镇通讯员群。

队伍建设。在全县聘任12名特约监察员，在15个乡镇设立乡镇监察室。举办业务培训7期、竹廉讲堂5期，培训1000余人次。从委机关、派驻纪检监察组和乡镇抽调70人次，到省、市、县纪委监委纪检监察室（专案组）、党风政风监督室、案件审理室等部室“集训”或参与巡视（巡察）工作。提拔转任6名乡镇纪委书记（园区纪工委书记）、提拔重用2名部室副职担任部室主任、从县公安局选调4名一线办案干部、全市公开遴选5名年轻干部，乡镇纪委均配备1至2名纪委副书记，派出监察办公室全部挂牌运行，任用交流机关部室副职12名，提拔2名干部转任乡镇副职。（何　依）

【疑难信访问题化解处置】 3月12日，桃江县纪委（监委）常委（委员）会议专题研究信访工作。会议研究通过《疑难信访问题处置工作方案》，将2020年疑难信访问题领导包案情况进行责任分工，明确相关工作任务。戴剑锋在会上要求，各包案领导要强化各乡镇党委、纪委责任，组织相关部门及时协调处理有关信访难题，确保矛盾不出村、问题不出镇；对不能息访的特殊问题要采取相应的跟进措施，进行正确合理的引导，达到息访的目的；对业务外的信访件要做好问题交接，及时督促相关部门协调处理，争取将问题化解在萌芽状态。

（谢雨师）

【三湘风纪网专访】 7月，根据中央纪委党风政风监督室部署安排，湖南省纪委监委下发通知，选定桃江县探索施行扶贫领域监督清单制度。

▲7月6日，县纪委常务副书记、监委副主任刘造军（中）带队到修山镇督导禁捕退捕工作 （谢雨师／摄）

县委纪监委主任戴剑锋接受省扶贫领域腐败和作风问题专项治理工作办公室的专访。县纪委监委以扶贫领域监督清单为抓手，持续深入推进扶贫领域腐败和作风问题专项治理，坚持将扶贫领域监督清单工作制度化、规范化，对扶贫领域监督清单事项“盯紧、看牢”。为全力推动脱贫攻坚和乡村振兴有效衔接，科学调整监督清单，推动监督重点向乡村振兴转移，以动态调整为抓手，突出“三项重点”，按照“销号一项增补一项”的原则，确保监督清单不清空。（戴剑锋）

【大片区协作联动】 主导完善“大片区协作联动”机制，推动该机制在破除基层监督难题上初显治理效能。五个片区共申请开展协作204次，开展联合办信96件、联合办案33件、监督检查58次，召开会议38次，开展联合调研3次，发现问题线索11件，组织处理22人，立案审查调查37人，给予党纪政务处分2人。《湖南纪检监察信息动态》向全省推介“大片区”协作联动机制。（何　依）

【《桃江县作风建设负面清单》出台】 11月，县纪委监委出台《桃江县作风建设负面清单》，为党员干部划出“硬杠杠”。负面清单从整治违规吃喝、违规收送礼品礼金、违规发放津补贴或福利、违规配备使用办公用房、公务用车、违反财务管理制度、形式主义官僚主义等具体问题着手，列出“30个严禁”，为各级纪检监察组织开展精准监督、日常监督指明方向，以常和长、严和实、深和细的节奏，持续纠“四风”、树新风，不断倒逼“关键少数”以上率下压实作风，引导广大党员干部和公职人员强化纪律“红线”意识，切实把优良作风转化为全县高质量发展的动力活力。（刘美玲）

重要会议

【县纪委第十二届第四次全会】 3月3日，中共桃江县第十二届纪委第五次全体会议召开。县长黄劲主持会议，县领导符凤文、李质彬、张晓、胡国清、肖立新、曾梦辉、李畅和、伍令贤、蒋耿等出席。县委常委、县纪委书记、县监委主任戴剑锋代表县纪委常委会作题为《精准有力监督 科学有效治理 为决胜全面建成小康桃江 决战脱贫攻坚提供坚强保障》工作报告。黄劲指出，全县各级各部门要迅速组织传达学习，贯彻领会本次会议精神，聚焦决胜全面小康、决战脱贫攻坚，紧密结合当前疫情防控工作，进一步提高政治站位、统一思想认识、强化工作措施，确保各项任务落到实处。要牢固树立“四个意识”，坚定“两个维护”，认真贯彻习近平新时代中国特色社会主义思想和党中央决策部署，严守政治纪律和政治规矩，切实强化责任担当，敢于攻坚克难，推动全面从严治党向纵深发展，巩固发展反腐败斗争压倒性胜利。（何　依）

【全县纪检监察系统半年度工作会议】 7月7日，县纪委监委召开全县纪检监察系统半年度工作会议，盘点2020年上半年工作，梳理存在的不足和弱项，理清思路，促进2020年下半年全县纪检监察工作再提升。县委常委、县纪委书记、县监委主任戴剑锋出席会议并作讲话，县纪委常务副书记、监委副主任刘造军主持会议，县纪委监委领导班子、机关各部室主任、各乡镇纪委书记、各派驻纪检监察组组长、其他纪检监察组织负责人、组织关系在桃江的双重管理单位纪检监察负责人以及部分特约监察员参加会议。戴剑锋指出，全县纪检监察组织将稳中求进工作总基调和高质量发展要求，落实到纪检监察工作的全过程和各方面，呈现出“主要指标有进位、重点业务有突破、亮点工作有创新、自身建设有提升”特点。下半年全县纪检监察组织要统筹推进抓落实、聚焦重点抓突破、提高质效抓发展。坚持问题导向、目标导向、争先导向，结合这次半年总结，对照年初任务目标，认真开展“回头看”，查漏补缺，补齐短板，以更强的责任担当、更足的工作干劲、更实的工作作风、更严的办案纪律，以一抓到底的恒心保证工作不跑偏、不掉队、不减劲，推动全县纪检监察工作高质量发展。　（何　依）

群众团体

桃江县总工会

【概况】 2020年，全县有基层工会1227个、工会会员67433人，其中农民工会员14469人。

维权帮扶。县总工会将城市困难职工解困脱困作为重点工作。筹集资金97.75万元，走访慰问71名城市困难职工，71户困难职工已全部脱贫脱困。2月，联合县人社局举办“迎新春——春风行动”网上招聘活动，提供就业岗位9000多个。7月，开展“夏送清凉”活动，对户外作业集中、农民工集中的用人单位进行走访慰问，发放防暑降温用品，提供健康咨询和培训等服务，惠及企业职工8000多人。9月，开展“金秋助学”活动，筹集爱心款8.96万元，救助23名特困职工（农民工）子女。为防控新冠肺炎疫情，筹集资金16万元，慰问奋战在疫情防控一线的400多名干部职工，积极组织各级工会促消费，繁荣市场。确保“双联”和项目化帮扶工作落到实处。完成“双联”对象的走访与调研工作。协助组织29名县级领导与企业困难职工结成“一对一”帮扶对子，结对帮扶全县111户特困职工。

职工医疗互助。全县154家单位12773名职工参加市职工医疗互助活动，完成女职工特殊疾病保障5048人，收取互助金81.68万元，为723名住院职工申请医疗补助金61.39万元。受理职工心理咨询725人次，完成企业续签和新签工资集体协商协议893家，覆盖职工约21396人。参与办理职工法律援助案件2件。认真开展信访接待工作，信访件回复率100%。

职工教育培训。围绕全县“三大攻坚战”“一体两翼”发展等重点内容，开展劳动技能竞赛。发出《关于印发〈桃江县2020年“项目高质量勇夺双胜利”重点建设项目劳动竞赛实施方案〉的通知》，妇幼保院新建项目获评重点项目劳动竞赛先进。积极组织开展“五小”活动，参加企业116家，职工3000多人，获得技术革新成果10件。积极开展岗位练兵、技能比武活动，170家企事业单位参加，提升技术等级职工500人。创建师带徒及劳动竞赛示范基地1个（东方水泥），新增结对师徒265对。积极开展全县第八轮女职工“芙蓉杯”竞赛，表彰桃江县芙蓉标兵岗10人、桃江县芙蓉百岗明星10人。

劳模评选。推荐全国劳模1人（大栗港镇朱家村支书曹麦新），省级劳模3人（县中医院党委书记何强、福德电气桃江分公司汤兵、贺家坪水稻种植示范基地理事长贺开长）。筹集8.24万元，走访慰问全县133名劳模。“五一”期间，召开劳模座谈会，组织15名劳模进行疗休养。成立劳模志愿者协会，对劳模实行动态管理，进一步推进劳模创新工作室规范化工作，新建劳模助推乡村经济发展示范基地1个。

宣传教育。完成工会组建81家，新发展工会会员3077人，其中女职工1117人，农民工700人。完成会员实名制录入59764人。申报修山镇工会联合会为全国规范化建设乡镇工会先进典型。以“中国梦、劳动美”为主题，积极开展“工人阶级宣传月”活动。以弘扬“劳模精神耀三湘”为主题，制作电子标语

50多条，悬挂宣传标语200多条。联合县融媒体中心制作“主力军风采”专题栏目，宣传劳动模范6人、先进班组2人，营造“工人伟大，劳动光荣”的良好氛围。切实推动“网上工会”建设。新闻上稿省级14篇、市级39篇。“桃江县总工会”微信公众号及时发布最新工会政策方针、工会动态，答疑解惑，架设起“娘家人”和广大职工群众之间的坚固桥梁。组织全县126名工会干部参加工会干部业务培训。桃江工会宣传工作获评全市先进。

文体活动。开展“潇湘家书”活动，收到家书126封，县档案馆周群锋的《写给桃江革命先烈们的一封家书》获得市一等奖。积极组织参加市总举办的“网聚正能量，职工展风采”短视频创作赛，16个参赛作品获得二等奖1个、三等奖2个。参加市第一届职工羽毛球赛获得季军。组织全县63支队开展“凝心聚力谋发展，发愤图强奔小康”职工气排球比赛及庆“七一”职工乒乓球赛，举办“湘悦读·工力量”职工主题阅读活动等大型活动。同时，开展进企业、访劳模、送文化以及“三下乡”活动，做实“欢乐潇湘”等群众文体工作。

女职工工作。加强工会女职工组织建设，新成立女职工组织40个，新增女会员1117人。分期开设“心灵关怀”“礼仪培训”“消防培训”等讲座培训14次，共有2000余名女职工参加。全县新签、续签女职工专项集体合同893份，女职工的特殊利益得到有效制度保障。开展女职工心理关爱活动，全年共接待女职工法律咨询20余次、女职工心理咨询20余次。与县妇幼保健院联合开展“关爱女性、关注健康”女职工妇科及“两癌”免费检查活动，惠及14050名女职工。

经济审计。聘请益阳方正会计师事务所对21个基层工会经费收支管理情况进行审查，发出审计报告21份，提出审计意见和建议报告1份。对财务管理、会计核算规范的单位予以肯定，对执行不规范、费用管理不严格，审批手续不健全的单位，提出针对性的整改意见和建议，要求被审计单位按期上报整改报告。 （卢珍美）

【春节送温暖】 元旦，桃江县扎实开展春节送温暖活动，慰问困难职工、劳动模范和先进工作者。县四大家29名在职实职县级领导和86个县直部门、机关、单位278名党政、工会干部上门走访慰问859名困难职工、劳动模范和先进工作者，送去慰问金、物资折款共135.96万元。（卢珍美）

【县总工会第十六届二次全会】 4月28日，县总工会第十六届委员会举行第二次全体会议。县总工会第十六届委员会委员和拟增替补人员参加会议，县总工会经费审查委员会委员列席会议。会议选举增替补县总工会第十六届委员会委员、替补县总工会第十六届委员会常务委员、替补县总工会第十六届委员会主席；差额选举出席益阳市工会第六次代表大会代表36名；审议通过2020年县总工会工会工作报告；审议通过2019年县总工会工会经费预算执行情况报告和2020年县总工会工会经费预算情况报告。（卢珍美）

【职工气排球赛】 5月27—31日，由县总工会主办，县文旅广体局、县创建办、县文明办协办的“凝心聚力谋发展·奋发图强奔小康”职工气排球比赛在金碧（中国）健身中心举行。63支队伍693位职工参赛，分乡镇组和县直组，进行167场比赛，决出一等奖1个、二等奖2个、三等奖5个。 （卢珍美）

【省总工会调研桃江县工人文化宫项目】 11月4日，省总工会纪检监察组副组长张登峰一行到桃江调研工人文化宫项目建设，并召开座谈会。市总工会党组副书记、副主席肖贵云等陪同调研。工人文化宫项目为PPP项目，总投资1.3亿元。该项目于12月3日正式启动主体工程建设，预计2022年可投入使用。调研组实地考察工人文化宫施工现场，详细了解项目设计规划和功能布局等情况，认真听取县总工会关于工人文化宫建设项目推进情况汇报。调研组充分肯定桃江工人文化宫建设所取得的阶段性成效，指出工人文化宫是服务基层、服务职工的主要阵地，是市民的休闲活动场所，建设好工人文化宫意义重大。（卢珍美）

【桃江县工人文化宫建设开工】 12月3日，桃江县工人文化宫建设项目举行开工仪式。文化宫位于桃花江镇建设路、资江路、振兴路和太平路的合围区域，规划总用地面积34371平方米。项目采用PPP模式进行，建设内容包括工人文化宫综合楼、地下停车场、田径运动场、健身场地等，估算总投资1.3亿元。预计2022年5月建成投入使用，将成为集职工休闲、图书阅览、职工娱乐、职工技能培训、技术交流、文艺会演、运动健身以及其他工会活动于一体的多功能场所。

（卢珍美）

▲ 12 月 3 日，桃江县工人文化宫建设项目开工仪式　（卢珍美／摄）

【工会干部培训】 12 月 15—18 日，县总工会在省总工会干部培训基地举办 2020 年工会干部培训，来自全县的 126 名工会干部齐聚一堂，集中学习。此次培训针对学员特点，量身定制培训内容，安排管好用好工会经费、工会与产业工人队伍建设改革、基层工会组织建设、中国工会十七大精神等课程，进一步提高工会干部综合素质和业务能力，推动全县工会工作再上新台阶。学员们还参观毛泽东故居，从红色基因中汲取精神力量。　（卢珍美）

共青团桃江县委员会

【概况】 2020 年，团县委深化青年大学习行动，广泛开展主题团队日、宣讲会等活动，推动团员青年政治学习制度化、日常化。隆重表彰桃江青年“五四奖章”获得者，举办“红领巾心向党”“新时代好队员”等系列主题活动。龚树国、桃江县中医医院团支部分别获评“全国优秀共青团团员”“全国五四红旗团支部”，是益阳市仅有的获奖团员和团组织。

基层团组织建设。完善组织体系，围绕党建带团建，全面拓宽社会领域建团，全年完成社会领域建团 63 家；印发《桃江县村（社区）“青年之家”建设工作指导意见》，21 家青年之家进驻“青年之家云”平台，全年开展线上线下活动 600 次。先后开办 2 期全县共青团系统业务培训班，培训人数 200 人次；深化团课下基层，青年讲师团成员深入基层，为学校团员、农村团员讲解团课知识。全年发展团员 1350 名；基层团支部完成年度对标定级工作，复核率与自评率 100%。

少先队工作。健全机制，全县 170 余所中小学全面建立少先队组织，少先队辅导员配备齐全，团县委联合教育团工委，推进少先队工作改革。12 月 28 日，召开少先队桃江县第二届工作委员会第二次全体（扩大）会议，部署安排全团带队工作，加强对少先队工作的领导，会议表彰年度桃江县“优秀少先队员”“优秀少先队辅导员”“优秀少先队集体”“支持少先队工作好校长”。

青少年权益。开展“青少年维权岗”“青少年维权能手”评选创建活动，动员各方面力量共同维护青少年合法权益。开展法治宣传教育活动，在春运期间走进桃江汽车站开展“青春志愿行 温暖回家路”春运暖冬志愿行动暨禁毒法治宣传，在国际禁毒日进社区开展“6·26”禁毒跑活动，在世界艾滋病日走进桃江县第二中学开展“携手防疫抗艾 共担健康责任”艾滋病防治主题宣传活动，提高青少年法治意识。开展自护教育，在微信公众号“桃江共青团”发布多期预防“小火亡人”、防溺水主题知识。发动各乡镇团委组建防溺水工作青年巡逻队，组织蓝天志愿者协会、资江志愿者协会、旅游志愿者协会、众心志愿者协会、蓝天救援队等 200 名志愿者成立团青义务巡逻队，在县城周边分段开展防溺水安全知识宣传、巡查和劝导工作，保护青少年生命安全。

关爱帮扶青少年。筹措物资资金，向省、市助学基金申请助学项目，号召爱心企业家和个人帮助困难学子，全年共资助学生 174 人、助学金 26 万元。开展“七彩假期”主题关爱行动，7 月中下旬起，在全县推进“七彩假期”志愿行动，开展“成长季·潇湘家书”“七彩假期 情暖童心”公益示范暑托班、“爱在蓝天”公益暑托班等一系列以学业辅导、亲情陪伴、素质拓展、自护教育、思想引领、心理辅导等公益服务活动。全县 6 个县直单位、15 个乡镇 247 个村（社区）、部分中小学校组织活动 354 场，服务留守儿童 5400 人，出动志愿者 1000 人，其中返乡大学生志愿者 500 人。1 月，指导众心志愿者协会在花果山传统文化基地开办“感恩孝亲 梦想起航”励志助学冬令营，43 名中小学生参与传统文化、家风传承的学习体验。5 月

26日，联合县妇联等单位在高桥小学开展“爱心妈妈陪伴·助力幸福成长”“六一”助学活动，为20名留守儿童送去节日礼物。5月底，联合县关工委、县民政局、县妇联等单位在石牛江镇枧塘坪小学举办“关爱助成长·童心筑梦想”献爱心助学活动，募集爱心资金9万元，为30名贫困留守儿童送上圆梦助学金，为231名学生送上爱心书包和文具，并资助学校进行基础设施建设。

青年志愿服务。2月初，在疫情防控阻击战中牵头组建由16名精神科医师和心理咨询师组成的心理救援专家组，向市民、留观人员提供心理疏导服务。2月2日启动县城市场、小区党员志愿服务岗安排工作，召集56个单位96名党员志愿者，在13个市场、14个小区开展文明劝导、体温测量、防疫宣传等工作。2月13日，安排236名志愿劝导岗在县城所有网格和重要市场劝导。2月26日起，保留13个市场30个志愿劝导岗，继续坚守。3月5日，联合县文明办、县志工办启动“‘疫’战到底 志愿到家”主题活动，分温暖慰问、爱心代购、心理疏导、护苗助学、科技助农、爱心义剪6个部分进行，全县各单位、乡镇、志愿服务组织响应并开展活动。号召团组织、团员青年和青年志愿服务组织协助当地党组织开展疫情防控工作。2月4—20日，县青年创业者商会抗击疫情冲锋队的青年志愿者们在县城各公共区域进行消毒作业，前往灰山港工业集中区，为2处办公楼及5家企业的食堂、宿舍、车间等区域集中消毒，给返工复岗的群众提供平安保障；蓝天志愿者协会、资江志愿者协会、旅游志愿者协会、众心志愿者协会均派出队伍支援集中医学观察点，600人次为留观人员送餐、代购，给公共区域消毒、打扫清理等服务；环保志愿者协会、仁心志愿者协会等组织自发筹款筹物开展慰问活动，筹集防疫物资20万元。符红梅获评湖南省新冠肺炎疫情防控学雷锋志愿服务“最美志愿者”，丁三香获评2019年度湖南省最美志愿者，肖正秋、吴永红、张固江分别荣获“益阳市优秀志愿者”“益阳市最美抗疫志愿者”“益阳市最美防汛救灾志愿者”称号，桃江县环保志愿者协会、桃花江社区分别获“益阳市优秀志愿服务组织”“益阳市优秀志愿服务社区”，和平志愿者协会“扶贫帮困项目”获“益阳市优秀志愿服务项目”。

青少年社会服务项目。4月起启动购买青少年社会服务项目工作，通过多轮调研、竞争性谈判、集中评审等，确保社会组织具有承接购买服务的能力，购买青少年社会工作服务的内容适应桃江青少年需求。经过两轮磋商，就项目实施、项目监管、绩效评估等内容提出具体要求后，团县委于11月初与4家具备资质的青年社会组织分别签署协议，通过集中签约购买桃江县青少年儿童社工站、关爱服刑人员未成年子女、关爱孤困留守儿童成长计划、残障青少年陪伴计划4个项目。11月9日，县资江志愿者协会在沾溪镇杉木村小学举行“关爱孤困留守儿童成长”之“情系杉木村学校 关爱留守儿童”活动。11月17日下午，益阳市蚂蚁社工服务中心在城北中学正式启动青少年儿童社工站项目，其他签约项目也陆续启动。

青年就业创业。联合培训机构于年中考试季举办2期“公考公益培训班”，举办“桃江县第五届创新创业大赛”，开展青年文明号、青年岗位能手创评工作；举办“坚定信心 共绘青春”青年创业交流会，创业导师为创业青年解答复工复产方面的疑惑，邀请县直职能部门分管负责人、银行负责人解读政策。推报创业青年蔡锋获评首届“银城青年英才”，获10万元奖金资助，帮助8名创业青年申请湖南省青年创新创业扶持资金41万元。

（陈亚雄）

【五四奖章表彰大会】 4月30日，团县委组织召开桃江青年五四奖章表彰会，县委常委、组织部部长蒋耿出席会议并讲话。会议表彰范德军等15位“桃江青年五四奖章先进个人”和县人民医院外出支援医疗队等7个“桃江青年五四奖章先进集体”。获奖代表现场分享青春故事，动员全县青年团员继承五四传统、弘扬时代精神，展现青春心向党、奋斗新时代主旋律。

（鲁定红　陈亚雄）

【团县委十七届四次全体（扩大）会议】 4月30日，共青团桃江县委第十七届四次全体（扩大）会议在县政府附属楼召开，团县委委员、各级团组织负责人、社会组织团员青年代表共130人参加会议。团县委负责人作工作报告。大会审议通过《关于共青团桃江县第十七届委员会委员卸任免增补确认案（草案）》《中国共产主义青年团益阳市第六次代表大会代表（桃江选区）选举办法（草案）》，增补团县委委员，为在抗击新冠肺炎疫情工作中提供志愿服务的7个组织和优秀代表颁发奖牌和证书，选举王梦凯等26名团益阳市第六次代表大会桃江选区代表。（鲁定红　陈亚雄）

【龚树国获评全国优秀共青团员】湖南省源益农业综合开发有限公司董事长龚树国获评全国优秀共青团员，是益阳市唯一获此殊荣的共青团员。27岁的龚树国是浮邱山乡白家河村人，他放弃待遇优越的工作，返乡发展蔬菜特色产业。公司通过吸纳贫困户打工、入股分红、收购农副产品等形式，每年为当地贫困户创利逾11万元。新冠肺炎疫情发生以来，龚树国为家乡捐献一次性口罩3000个、护目镜20个、电子体温计4个，先后组织300余人次的青年志愿者对县城人流密集的市场、广场消毒；组织对桃江经开区、灰山港工业集中区的160余万平方米厂房和县域内的学校进行全面消毒，支持复工复产复学；还组织公司员工打造方便居民网上下单的线上商城，确保新鲜蔬菜第一时间送达县城居民手中，用实际行动诠释一名优秀共青团员和青年创业者的责任与担当。（胡卫红）

【县中医医院团支部获评“全国五四红旗团支部”】2020年，县中医医院团支部多次组织青年团员开展下乡义诊、社区健康教育、敬老院义务劳动和创建省级卫生县城建设等社会公益活动，奉献爱心、奉献社会。在新冠肺炎疫情阻击战中，医院团支部组织青年团员投入防控一线，参与高速路口、汽运车站等地的疫情排查，参加预检分诊、发热门诊24小时值守，发挥中医药在疫情防控中的作用，展现中医青年团队的责任担当。（廖艳萍　何　婷）

【汤立斌调研桃江青年工作】7月14日，团省委书记汤立斌一行到桃江调研青年投身脱贫攻坚助推产业发展情况。汤立斌一行先后到桃江金瑞电子科技有限公司、湖南大队长农业有限公司，肯定创业青年把扶贫车间办到群众家门口的担当，与企业青年骨干交流，勉励他们带动更多“80后”“90后”青年为经济社会发展做贡献。

（鲁定红　刘　舜）

【青少年社会工作服务购买】11月6日，桃江县青少年儿童社工站、关爱服刑人员未成年子女、关爱孤困留守儿童成长计划、残障青少年陪伴计划4个项目集中签约，团县委书记鲁定红分别与益阳市蚂蚁社会工作服务中心、桃江县众心志愿者协会、桃江县资江志愿者协会、桃江县蓝天志愿者协会4家社会组织签署协议。项目将通过“公益小天使”“青柚课堂”、关爱服刑人员未成年子女、关爱残障儿童、陪伴孤困青少年等62场具体工作，服务至少2000名青少年，解决特殊青少年群体的现实问题和迫切需求，助力青少年健康快乐成长。

（鲁定红　刘　舜）

【少先队桃江县第二届工作委员会第二次全体会议】12月28日，少先队桃江县第二届工作委员会第二次全体会议在党政大楼附属楼召开。少工委委员、中心校团队工作负责人、各乡镇团委书记、初中团队工作负责人代表等86人与会。会议总结上年度委员会工作，安排后阶段工作任务。会议宣读《关于在全县各中小学校全面建立少先队工作委员会的通知》以及《关于2020年度桃江县“优秀少先队员”“优秀少先队辅导员”“支持少先队工作好校长”的表彰通报》。为在场各代表发放荣誉证书并合影留念。会议领学桃江县少先队2021年工作要点以及全团带队重点工作。（罗　寒）

桃江县妇女联合会

【概况】2020年，桃江县妇女联合会（以下简称县妇联）推进组织建设改革，推动妇女儿童工作创新发展，各项工作取得新的进展。

深化妇联改革。制定《桃江县“破难行动”实施方案》，推进妇联组织建设改革。根据《桃江县基层妇联组织、“妇贤”考评奖励办法》的考核结果，县委、县政府对32个优秀基层妇联组织和2名妇贤进行表彰奖励。桃江县被定为湖南省深化妇联组织改革破难行动试点县。11月18日，省委党校妇联改革破难专题研修班一行54人到桃江，就基层党建带妇建、妇联执委作用发挥情况开展现场教学。

关爱妇女儿童。2020年，县妇联在全县开展“把爱带回家”特别行动。县民政局、县妇联、县教育局联合发出倡议，接受深圳市慧涔集团顾问有限公司捐赠的200件羽绒服，捐赠给县特殊教育学校。县妇联联合团县委、县女企协、县读书协会、县旗袍协会开展“爱心妈妈陪伴·助力幸福成长”——“六一”助学活动；联合县关工委、民政局、团县委等单位在石牛江镇枧塘坪小学举办“关爱助成长·童心筑梦想”献爱心助学活动，募集爱心资金9万元，为学校30名贫困留守儿童送上圆梦助学金，为231名学生送上爱心书包和文具，并资助学校进行基础设施建设；携手长沙市爱心志愿服务组织和社会爱心人士开展“情暖童心·爱筑梦想”爱心助学活动，为高桥小学送去40套就餐桌椅、1套音响、780本书籍和部分体育用品，并向10名贫困学子每人发放1000元助学金。深入鸬鹚渡等5个乡镇宣传发动，为15050名农村适龄妇女进行“两癌”免费筛查，为27名“两癌”贫困妇女发放公益金救助资金27万元。开展“户帮户亲帮亲互助脱贫奔小康”主题活动，组织3660名村妇联执委开展结对帮困，共帮扶12000余人次。争取相关部门和社会各界爱心人士救助妇女儿童200余人，救助金额20余万元。成立县家庭教育讲师团，聘请10名优秀人士担任成员，开展家庭教育公益行动，关爱农村留守儿童成长。开展“家风家教进万家”系列活动，建立县级“家校共育”试点学校高桥镇小山湾学校。

妇女儿童维权。年内，通过微信公众号“桃花妹子”发布普法维权推送，累计阅读量5000人次。与公安、法院、司法、民政等部门加强横向合作，构建妇女多元化维权服务体系。7月21日，成立桃江县首个婚姻家庭纠纷调解工作室，全年共接待妇女来信来访100件，提供法律援助60件、接受咨询家庭355个、受理婚姻家庭纠纷调解321起，帮助200个家庭和好。

文明创建。举办“树清廉家风·创最美家庭”“平安家庭”“美家美妇共建幸福桃江”等各类活动10余次。推荐评选了一系列优秀典型，其中1人获评全国“巾帼建功标兵”、1户获评全国“最美家庭”、1人获评省“巾帼建功标兵”、7人（家庭）分别获评“市三八红旗手、最美巾帼奋斗者、书香家庭、五好家庭、最美家庭”，2个集体获评市“三八红旗集体”、市“最美巾帼奋斗集体”。表彰各类县级先进60个。

创新创业。全年举办各类培训班21期，培训妇女900余人次。为困难群体创造就业岗位1200余个，向女性创业者发放小额贷款3150万元，指导女企业家协会结对帮扶100名贫困妇女。在县第五届创新创业大赛中，麦趣生态农庄、米儿家庭农场均获创业组优胜奖。吴永红获第四届“中国创翼”创业创新大赛桃江县选拔赛暨桃江县第五届创业创新大赛中的创业组优胜奖。组织参与2020年“春风行动”网络直播招聘会，561名女性实现就业。全县小额创业担保贷款工作启动后，与县就业局、金融部门有效对接，确保更多创业女性小额担保贷款到位。

联系县创业服务专家咨询团深入灰山港、大栗港、松木塘等乡镇开展大型创业培训后续服务3场，10家女性创业企业获专家团现场指导服务。指导女企业家协会结对帮扶100名贫困妇女。罗小卫共安置55名建档立卡贫困人员、10多名残疾人就业，郭美华打造桃江县第一家试点扶贫农场，为村上60个建档立卡贫困人口提供就业机会，其他会员多种形式帮扶贫困户。开展“户帮户亲帮亲互助脱贫奔小康”主题活动，动员全社会力量参与精准扶贫。在端午节、重阳节，发动3660名村妇联执委开展“姐妹守望、邻里相助”帮困行活动，捐资送物、劳动互助、庭院清洁、医疗服务、照料留守儿童及老人，共帮扶2400余人次。（许江婷　何　婷）

【“三八”妇女节庆祝系列活动】 3月4日至11日，为坚守“疫”线的机关事业单位工作人员、志愿者代表、“疫”情防控工作表现突出的乡镇、村（社区）妇联干部、复工复产企业女负责人、女骨干、女员工，开展上门送节日祝福活动。3月5日至8日，县妇联启动组织2019年度三八红旗手（集体）、最美家庭、最美女性等进行评选表彰，并将荣誉和奖牌送到基层、送到岗位。3月6日至20日，与县融媒体中心合作开辟“巾帼风采”专栏，对2019年度三八红旗手、三八红旗集体、最美家庭、最美女性等巾帼建功中涌现出的桃江先进妇女、集体、家庭典型的VCR视频、文字和图片，在桃江县广播电视台、“桃花妹子”微信公众号等线上平台展示。2月，面向全县家庭征集家书，包括抗疫阻击战中的家书、讲述抗疫一线医务人员和家人的感人故事。在“桃花妹子”公众号上将征集到的优秀家书进行连续展播。3月，为助力疫情防控，利用新媒体平台开展女性维权、心理疏导、维护妇女合法权益等普法宣传。3月—5月，联合县妇幼保健院开展关爱女性健康，“三进”（进基层、进机关、进企业）系列活动。

（许江婷　何　婷）

【全县妇女工作会议】 3月31日，桃江县妇联召开2020年妇女工作会议。会议总结2019年度全县妇女工作，部署安排2020年工作。各乡镇妇联主席、县直妇委会主任、女企业家协会会长参加会议。

（许江婷　何　婷）

【首个婚姻家庭纠纷调解工作室成立】 7月21日，桃江县首个婚姻家庭纠纷调解工作室成立。工作室由25名律师、法律工作者、部门领导和骨干力量心理咨询师等组成。

【全县妇联干部能力建设培训】7月23—24日，桃江县妇联干部能力建设培训班在县附属楼三楼会议室举办。省妇联、市妇联相关领导出席，县第十四届妇联执委、县直妇委会主任、乡镇妇联主席、副主席、村（社区）妇联主席，亮点村（社区）2名副主席，共计400余人参加培训。

（许江婷　何　婷）

【省委党校妇联研修班到桃江现场教学】11月18日，省委党校妇联改革破难专题研修班一行54人到桃江，深入修山镇花桥港村和石牛江镇增塘村，就基层党建带妇建、妇联执委作用发挥等情况开展现场教学。在随后召开的“深化妇联组织建设改革实施‘破难行动’现场交流会”上，县妇联就促推基层妇联执委作用发挥进行交流，增塘村妇联就基层妇联工作开展情况作具体生动的介绍。省妇干校校长刘艺高度肯定桃江现场教学所展示的成绩和经验。（许江婷　何　婷）

【张媛媛到桃江调研】12月22日，省妇联党组成员、副主席张媛媛一行到桃江，就如何发挥基层妇联组织作用和促进基层社会治理工作开展调研，对困难妇女儿童进行慰问。市妇联党组书记、主席杨丽萍等陪同调研。调研组到石牛江镇增塘村看望离任妇联干部、困难妇女儿童，给他们送上慰问金。在增塘村村委召开的座谈会上，省妇联相关领导充分肯定桃江县基层妇联组织工作，并就如何更好发挥妇联执委在基层社会治理中的作用提出新要求，强调各级妇联要担当起基层社会治理先锋，切实发挥好基层妇联组织社会治理工作中的独特作用。

（许江婷　何　婷）

桃江县科学技术协会

【概况】2020年，桃江县科学技术协会坚持“为科技工作者服务、为创新驱动发展服务、为提高全民科学素质服务、为党和政府科学决策服务”的职责定位。

组织体系建设。全县15个乡镇科协完成换届，分管农业的班子成员担任乡镇科协主席，中心学校校长、卫生院院长、农技站站长（农业综合服务中心主任）担任乡镇科协副主席。246个行政村（社区）成立村（社区）科学技术协会，全部录进中国科协组织信息管理系统，实现基层科协组织全覆盖。规范园区、企业组织科协建设，成立12家企业科协。建立桃江科技志愿分队，科技志愿者注册达1200多人，科普信息员注册7680多人。

科普阵地建设。科普大篷车电视专栏播放52期，累计1500多分钟。构建“互联网+科普”新模式，桃江科普网发布信息500余篇，微信公众号推送科普知识60多期，手机短信推送科普知识15万多条。组织2万多人次参与湖南省第四届科学素质网络大赛。建设科普e站信息化平台，在桃花江镇团山社区新建1个社区e站、石牛江镇黄泥田村新建1个乡村e站。浮邱山乡炭山桥村、牛田镇观庄村创建县级科普示范村成功。

青少年科技活动。联合教育局、科工局等单位组织县第36届青少年科技创新大赛，选派优秀作品参加市科协举办的益阳市41届青少年科技创新大赛，获一等奖2项、二等奖1项、三等奖8项。

科普活动。组织100多名科技工作者和文艺工作者，深入全县15个乡镇开展文艺演出、科普咨询、专家义诊、普法宣传等集中为民服务科技文化卫生“三下乡”活动。组建93人的科技专家服务团赴武潭、三堂街、牛田、石牛江、灰山港等乡镇重点村开展春耕生产、竹笋高效培养、加工与销售等知识培训。开展科普进机关、进社区活动，赠送科普读本1.5万多册（份），制作宣传栏600多个、宣传标语条幅1000多条，开设专题讲座60多场次，对机关干部、城镇各类从业人员、社区居民，进行应急避灾、食品安全、健康养生等知识普及。

科技工作者日活动。以“科技为民，奋斗有我”为主题，表彰抗疫英雄县人民医院李肽芝等12名最美科技工作者、科普工作者和5个优秀基层科协组织，宣传推介典型事迹。开展举才荐才，组织评选桃江县自然科学学科学术带头人和自然科学优秀学术成果，农业农村局丁朝辉获评市第二届自然科学学科学术带头人。

院士专家工作。完善桃江籍院士专家信息库，启动科技人才智库建设，专家库录入160多名。在上海、武汉、长沙等地开展院士专家工作联络活动，对家乡的项目建设和企业科技需求进行推介。引进北京农业大学刘学军、中南大学周向阳与吉祥天生物有限公司、博强再生资源有限公司入驻企业担任技术顾问，实现科技供需精准对接、产学研深度合作。12名科技专家和109家高新技术企业、规模以上企业注册应用中国科协建设的“绿平台”，全面

链接全国人才、设备、技术、专家、服务、政策等科技要素。（杨璧懋）

【全国科普日活动】 9月15日，组织县全民科学素质行动计划纲要实施成员单位，在桃江玉潭学校举行“决胜全面小康，践行科技为民”全国科普活动日活动暨校园科普联合行动启动式。开展科普阅读联合行动、校园科普联合行动、农村科普联合行动、卫生健康科普联合行动等11项科普专项行动，共制作科普展板500余块，免费发放《桃江县公民科学素质读本》《新型冠状病毒感染的肺炎防控知识100问》等各类科普手册2.5万余册，被湖南省科协评为2020年湖南省全国科普日活动优秀组织单位。（杨璧懋）

【五项学科竞赛】 开展全县中学生五项学科奥林匹克竞赛，全县六所普通高中学校选拔数学、物理、化学、生物等学科优秀学生82名参加湖南省省级联赛，2人获得数学竞赛二等奖，19人获得物理学竞赛二等奖，1人获得生物学竞赛二等奖，1人获得化学竞赛二等奖。（杨雪群）

【党建带群建暨组织建设工作现场推进会】 11月20日，全市科协系统党建带群建暨组织建设工作现场推进会在桃江召开，益阳市科协主席黄维民及市科协全体班子成员、桃江县委副书记张晓、各区县市科协主席参加会议。（杨璧懋）

【桃江代表入选市科协五届委员会委员】 11月9—10日，桃江12名代表参加益阳市科学技术协会第五次代表大会，县科协主席夏末花、博强再生有限公司科协主席龚亚强、湖南福德电气有限公司科协主席薛耀祖3位代表被选为市科学技术协会第五届委员会委员。（杨璧懋）

桃江县归侨侨眷联合会

【概况】 2020年，县归侨侨眷联合会学习贯彻习近平总书记关于侨务工作重要论述，宣传党的侨务工作方针政策，加强对侨界群众的思想政治引领，增强侨界对党的拥护，对民族、国家和中国特色社会主义制度的认同，增强“四个意识”，树立“四个自信”，做到“两个维护”。

经济发展服务。邀请市侨商会到桃江考察，组织到安达电子、大统农场、安宁竹谷等侨企调研，组织召开侨商企业负责人座谈会，深入了解桃江侨商企业现状，为侨商企业发展提供良好服务。牵头联系建行与侨企对接，帮助2家侨企解决资金问题。2月，派出1名侨联工作人员驻侨企安达电子厂，指导其恢复生产，帮助解决实际困难和问题。参与桃江现代农业核心示范区工作，为园区企业融资、推销产品及立项争资等工作献计出力。

侨益维护。开展“侨法进侨企”“走基层送侨法”活动，向归侨侨眷及广大市民宣传侨务法规。邀请市侨联法律维权领导小组顾问刘新年给桃江侨商们进行法治辅导。

侨界群众服务。常态化开展“察侨情、送温暖、献爱心”活动，对特困归侨侨眷予以重点帮扶慰问。走访侨界人士700多人次，慰问困难归侨侨眷35户，发放慰问金1万余元，帮助78岁的俄罗斯归侨熊实华解决住房问题。

海外联谊。团结动员归侨侨眷、留学生和海外侨胞开展联谊联络工作。鼓励海外侨胞更好地融入和回馈当地社会。加强同海外华人华侨社团的联谊，开展对侨胞、留学人员及海外华人华侨社团联谊和服务工作。加强同海外侨商侨领的沟通联系，春节期间对他们的亲属进行慰问。接收海外侨民支援家乡抗疫捐赠的物质。走访58名侨界知名人士。

参政议政。认真履行好政协成员单位的职责和义务，积极参政议政，充分发挥侨联组织的政治参与和民主监督作用。组织专题学习、调研活动3次，2020年提交政协委员提案2篇。（赵　华　胡艳桃）

【“侨胞之家”建立】 在团山社区、桃花路社区先后建立“侨胞之家”活动室，为归侨侨眷、海外侨胞、留学生提供加强学习、开展活动、扩大交流、增进友谊、相互关爱的平台。（赵　华　胡艳桃）

【侨商调研座谈会】 7月7日，市侨联主席曾斌率市侨商会一行，到桃江召开现代农业发展调研座谈会，市侨商会18名侨商参与座谈交流。会后，侨商会成员一起考察桃江惊石农业、桃江现代农业示范园。

（赵　华　胡艳桃）

桃江县工商业联合会

【概况】 2020年，县工商联克服新冠肺炎疫情影响，为会员企业服务，指导企业做好疫情防控和合理复产复工，为企业纾难解困谋发展，较好地发挥党和政府联系非公有制经济人士和非公有制经济企业的桥梁纽带作用。

尽职履责。开展企业走访调研活动。搭建政企沟通交流平台，继续实行“双十”联系制度，将工商联108位企业家常执委分为6个活动小组，机关干部分别联系不同的小组。积极深入企业开展调研,3月，通过实地走访、问卷调查、召开座谈会等方式,对全县不同行业、产业、规模的民营企业和商协会开展经济发展现状调研，并形成《对当前疫情防控期间桃江县民营企业的调查与思考》调研报告。开展招商引资搭桥活动。克服疫情影响，在疫情危机中寻找商机，先后对接洽谈景田（百岁山）优质饮用水、喵走出行等优质项目。景田（百岁山）优质饮用水项目已完成实地打井取水、水质检测和水量监测等前期基础工作，于12月22日与县政府成功签订投资合同书。带领企业主动出击，寻找商机。先后接待陕西湖南益阳商会和邵阳市工商联，双方就感兴趣的项目进行深入探讨。9月20日，受邀带领桃江湖南惊石农业科技有限公司和亿阳仑生态食品有限公司负责人前往西安参加陕西湖南益阳商会成立大会，推动竹产业的“走出去”发展。开展主题教育实践活动。9月25日，开展“国防教育”主题活动，组织县域内50余名民营企业家共同走进位于益阳市的湖南兵器轻武器研究所，聆听红色历史、实地体验打靶、接受国防教育，激发大家的爱国爱军情怀和崇高理想追求，坚定对党和政府的信任，坚定对企业发展的信心。开展队伍建设活动。年初召开桃江县工商联（总商会）第十一届三次执委会议，审议通过桃江县工商联（总商会）十一届三次执委会候选人建议名单，选举龚胜芳为桃江县第十一届工商联主席（总商会会长），刘玉姝为桃江县第十一届工商联副主席（总商会副会长）。吸收新会员9人。

▲7月7日，市侨商会侨商考察桃江现代农业示范园 （赵　华／摄）

服务社会。开展“户帮户亲帮亲互助脱贫奔小康”活动，67位企业家帮扶联系407户贫困户，捐款捐物32.63万元，通过消费扶贫、代销扶贫产品等形式实现消费金额7.4万元，23名企业家参与帮扶志愿服务，帮助贫困户实现“微心愿”8个。9月29日，联合湖南大队长农业有限公司，在工商联机关对口帮扶的灰山港镇雪峰山村开展“农资捐赠，助力扶贫”走访慰问活动，给贫困户送去农资产品、月饼、米和油等，大队长农业有限公司购置2吨化肥送到困难群众手中，并现场提供技术服务。县工商联常执委积极投身“光彩护眼三年行动”计划，副会长符浩牵头，先后募集资金100万元,对全县四所中学、桃江特校、桃江县职业中专等51间教室进行灯光照明改造。此外，通过工商联的联系对接，先后组织为大栗港刘家村小学师生资助运动服、校服活动和为县职业中专捐赠学校部分场地绿化活动。

疫情防控。新冠疫情以来，工商联党组切实扛起政治责任，强化党建引领，打好“党建+防疫+复工复产”组合拳。1月31日至2月1日，组织桃花江商协会部分党员、入党积极分子，对县城新旧商业街、主要干道沿路个体门店、企业摸底排查、宣传动员，累计发放倡议书300份。2月4日至16日，指导县青创会党支部组建20余人的志愿者队伍，对县城重要公共区域进行喷雾式杀菌作业，消杀面积累计100万平方米。为夺取疫情防控和经济建设“双胜利”，县工商联多次召开专题会议，聚焦企业需求，为企业恢复正常生产秩序出谋献策。同时，多方筹措资金、找寻渠道采购6000个医用口罩，支持和推动微小企业安全、有序复工复产。1月30日向全县广大会员企业、商协会和非公有制经济人士发出《助力打赢新冠肺炎疫情防控阻击战的倡议书》。疫情期间，县工商联会员企业、商协会、非公经济人士以及异地商会、经促分会共计捐款55.79万元，捐赠口罩、防护服、消毒车、医用酒精、消毒液、体温枪等防疫物资共计324.6万元。

（张胜利　李　丹）

【桃江县青年创业者商会换届选举大会暨第二届会员代表大会】 12月18日，桃江县青年创业者商会换届选举大会暨第二届会员代表大会在华美达大酒店召开，县委副书记、县长黄劲出席会议并讲话，县委常委、统战部部长于新胜出席会议，部分知名企业家代表受邀参加会议。

（罗　寒　李　丹）

【开展企业走访调研活动】 3月，县工商联深入企业开展调研，通过实地走访、问卷调查、召开座谈会等方式，对全县不同行业、产业、规模的民营企业和商协会开展经济发展现状调研，并形成高质量的调研报告《对当前疫情防控期间桃江县民营企业的调查与思考》，获县委、县政府主要领导重视。　（李　丹）

桃江县文学艺术界联合会

【概况】 2020年，县文联下辖作协、书协等13个协会，及灰山港镇文联、三堂街镇文联、县文化研究会、县老干诗社、县老年书法家协会。全县各类文艺协会会员5000多人，其中国家级会员37人、省级会员153人、市级会员600人。

作家协会举办“我爱桃江·中华人民共和国成立70周年”征文活动，昌松桥的小说集《竹乡之恋》获“三周文艺奖”银奖，向晓青获“三周文艺奖”新秀奖。在益阳市书协主办的首届临书展中，书法家协会的王超才等5人获优秀奖。王超才、王筱获年度黄自元创作奖；曹述林作品获首届“何绍基杯”全国书法篆刻作品展优秀奖。美术家协会举办画家“陈明从艺50年”摄影/美术/艺术设计作品回乡展，参与名画家曾景祥的“诗画桃花江”桃花江写生活动，联合希舜书画艺术中心主办“九秩墨韵香”南京美专高鹏举、伍祥千、符竹书三老中国画作品回顾展。李向红的《与日争晖》获“中国梦、劳动美”第六届全国职工摄影赛铜奖，刘太平出版《朝花夕拾》摄影集。戏剧家协会在文艺抗疫中以“云游湖南”为主题自创小型花鼓戏《待在家中不添乱》；花鼓戏《红军名将张子清》入围省文旅厅精品艺术创作计划。原创小型花鼓戏《文明墙下》在全县社区巡演，抗疫小品《推迟的婚礼》参加县2020年度“八一”建军节文艺晚会。舞蹈家协会编排抗疫舞蹈《共同抗疫》、广场舞《一个扶贫队长的日记》、欢乐潇湘重点节目歌伴舞《一个扶贫队长的日记》等节目。音乐家协会创作抗疫题材歌曲《去武汉》《背影》《港城文化志愿者之歌》，扶贫题材《来到你的家》等一批优秀作品，举办以张海宁作词的歌曲和音协词曲作家创作的歌曲为主的专场演唱会。民间文艺家协会主席朱明星的长篇纪实文学《一个扶贫队长的日记》入围“全国党员培训教材”，获“桃花江文艺奖”特别奖和“三周文艺奖”金奖，同名歌曲入围中宣部“中国梦”主题征歌大赛。剪纸协会开展剪纸进学校、进乡村、进社区活动，抓好三官桥中学、桃谷山小学、新桥小学3所“非遗”（剪纸）传承基地的培训工作。楹联学会主编的桃江第一本联艺专著《桃江楹联集萃》编审完毕，共收集明朝以来的优质对联约1500首，拟正式出版发行；牵头重印《南窗百美人词》，完成校正、注释、赏析、作者信息等工作。天问诗社《天问诗词选》结集出版发行，诗社成员在省以上组织的诗联大赛中获奖20项次。孔学会参与编写《桃花江地名趣谈》，编辑会刊《桃江孔学》1期。收藏家协会举办第五届桃花江古玩艺术品收藏交流会，会员刘光忠的作品《指点江山》获首届长沙博览会“金鸡杯”全国观赏石精品展银奖。

编辑发行《桃花江文艺》抗疫专辑、创建专辑、文艺专辑、文代会专辑4期。成立桃江文艺轻骑队，到牛田镇敬老院慰问演出。制定出台《桃江县优秀文艺作品扶持奖励办法》，设奖励专项基金30万元，为全县文艺事业的繁荣提供经费保障。

（王　娲　钟群力）

【益阳市第三届“三周文艺奖”】 3月3日，益阳市宣传思想文化工作会议在益阳大剧院召开，会上，表彰第三届益阳市“三周文艺奖”获奖作品和文艺新秀。桃江县朱明星《一个扶贫队长的日记》和曹述林的书法作品获金奖。获得银奖的是昌松桥的小说集《竹乡之恋》、何志伟的花鼓戏《红军名将张子清》、肖国新的《拆拱门》、漆放军的歌曲《来到你的家》、张孝凯的诗《山村女教师》以及桃江融媒体中心专题片《走遍桃花江》。向晓青获得新秀奖。（王　娲　钟群力）

【县文学艺术界联合会第三次代表大会】 12月10日，县文学艺术界联合会第三次代表大会在县党政大楼附属楼召开。市文联党组书记、主席易青群，县委副书记张晓、县人大常委会主任符风文、县政协主席李质彬等县领导出席开幕式。大会审议通过县文联第二届委员会工作报告和《桃江县文学艺术界联合会章

▲ 12 月 10 日，县文学艺术界联合会第三次代表大会颁奖 （胡卫红 / 摄）

程》，选举产生第三届委员会和领导班子，选举钟军力为主席，刘小平、朱明星、徐丽华、刘武才、曾向宏、汪胜军、詹菲菲为副主席，吴少郴为秘书长。会议安排之后 5 年县文联工作。王正牛等 10 位文艺家被授予“桃花江文艺终身成就奖”，21 件作品获县第三届“桃花江文艺奖”。县委常委、宣传部部长戴文在闭幕式上讲话。 （王 娲 钟群力）

【第二届“桃花江文艺终身成就奖”颁奖】 12 月 10 日，县文学艺术界联合会第三次代表大会为王正牛、龙希牛、皮文彬、刘登云、李浴新、肖国新、柳卫平、莫雪芬、夏家兴、龚德林 10 位文艺家颁发“桃花江文艺终身成就奖”。 （王 娲 钟群力）

【第三届桃花江文艺奖】 朱明星的纪实文学《一个扶贫队长的日记》和何志伟的戏剧《红军名将张子清》获桃花江文艺奖特别奖，舞蹈《二宝来了》、大型情景剧《祖国颂》、曾主陶的《浮邱山诗文抄》等获桃花江文艺奖，李向红、张孝凯、吕松桥等获提名奖，高汉武、钟健等获入围奖。 （王 娲 钟群力）

桃江县残疾人联合会

【概况】 2020 年，全县共有残疾人 5.62 万人，占全县总人口的 6.31%。县残疾人联合会下辖桃江县残疾人劳动就业服务中心，15 个乡镇均成立残疾人联合会，每个乡镇明确残联理事长和残疾人工作专干各 1 名。每个乡镇、村（社区）选聘 1 名残疾人专职委员。

全县残疾人工作认真履行“代表、服务、管理”职能，深入贯彻落实《中华人民共和国残疾人保障法》，以残疾人“两个体系”建设为主体、重点民生实事工作为抓手，全县残疾人康复、教育、就业、扶贫、维权等各项工作扎实开展，残疾人生存状况不断改善，残疾人群体基本稳定，残疾人事业发展良好。

事业发展机制。县、乡（镇）两级党委政府重视残疾人事业发展，将残疾人工作纳入经济社会发展大局整体推进。县委常委会、县政府常务会议专题听取残疾人工作汇报，研究部署全县残疾人工作。特别是助残日、春节期间，县级领导集中慰问困难残疾人，为他们送去党和政府的温暖。县残工委各成员单位发挥职能优势，支持残联工作，落实扶残助残政策，为残疾人解决实际困难。利用电视、网络、微信等媒体大力宣传残疾人事业，弘扬人道主义精神，越来越多的爱心单位、爱心企业、爱心人士和志愿者加入扶残助残队伍中，全社会理解、尊重、关心、关爱残疾人的扶残助残氛围日益浓厚。

基本民生保障。为 10725 名一、二级重度残疾人全额代缴城乡居民医疗保险 268.13 万元；为 7947 名三、四残疾人代缴 50% 的城乡居民医疗保险 99.38 万元；为 5498 名一、二级重度残疾人全额代缴居民养老保险 54.98 万元；为 9448 名三、四级残疾人按人均 50 元代缴居民养老保险 47.24 万元；为 6572 名建档立卡贫困残疾人购买意外保险 26.29 万元；投入资金 112.2 万元，对全县 421 户有需求的建档立卡重度残疾人家庭无障碍改造实现全覆盖，帮助贫困残疾人家庭改善居家环境，提高生活质量。

康复服务。让符合条件的残疾儿童可以自主选择康复机构，做到应救尽救。全年共有 105 名残疾儿童在康复机构进行康复治疗，完成目标任务的 131%；整合资金 20 余万元，在大栗港镇开展残疾人社区康复综合服务示范站试点工作；投入资金 38.16 万元为 69 名肢体残疾人集中免费安装假肢；在灰山港镇筛选 150 名符合条件的重度残疾人实施居家托养，提供上门进行卫生清扫、购物引导、家电维修和心理疏导等服务。

就业创业。争取省残联项目资金 26 万元，配套 26 万元，对全县 5 个乡镇 260 名贫困残疾人开展农村实用技术培训，帮助残疾人提升就业技能；投入资金 36 万元，扶持 36

名残疾人创业；支持残疾人就业示范基地建设，做好残疾人稳岗就业政策宣传，出台《疫情期间残疾人一次性房租补贴工作方案》，对残疾人个体经营户、吸收残疾人集中就业的企业分别申报一次性房租补贴和小额贷款贴息，两项合计 31 万元，促进了残疾人就业增收。

信访工作。从抓好教育入手，正确引导残疾人以理性的方式反映自己的意见和诉求，不断提高残疾人依法、逐级、有序信访的自觉性。规范法律救助站制度，聘请 1 名法律顾问和 2 名法律援助志愿者开展残疾人法律救助工作。接待残疾人法律咨询 9 人次，办理法律援助案件 2 件，及时处理上级信访交办件 2 件、县长热线交办件 4 件、答复网络舆情 5 起。全年无群体性缠访闹访、无非法上访现象，残疾人队伍基本稳定。

脱贫攻坚。开展上门评残服务。核发残疾人证 3410 份，包括残疾人证到期换发、等级变更、新办等，涉及贫困户人口 1015 人，贫困户新核发残疾人证 586 份，现有贫困残疾人 6565 人。全面落实残联系统学费资助政策。完成高中阶段学费资助 186 人、34.1 万元；完成大学阶段学费资助 84 人、26.7 万元。全面落实残疾人“两项补贴”政策。全县享受生活补贴的残疾人有 5918 人，月发放资金 41.73 万元；享受护理补贴的残疾人有 12110 人，月发放资金 78.92 万元。（刘　红　龚　健）

【抗疫行动】 2 月 8 日，县残联组织机关干部职工捐款 5000 元，用捐款采购艾条 100 盒、消毒液 50 公斤、医用酒精 50 公斤，并捐赠到县新冠肺炎疫情防控联防联控机制物资保障组。新冠肺炎疫情发生后，县残联制发有关文件，并采购艾条 1000 盒、口罩 2800 个、消毒液 338 斤，慰问全县 15 个乡镇残联、2 个托养机构、2 个康复站、2 个扶贫联系村以及残疾人专门协会，印发宣传资料 5 万份。（刘　红　龚　健）

【省残联调研指导残疾人精准康复服务工作】 3 月 31 日，省残联党组成员、副理事长陈毅华，组织康复部相关负责人，到桃江调研指导残疾人精准康复服务工作。益阳市残联副理事长刘勇，桃江县委常委、县委办主任肖立新陪同参加。在调研会上，县残联理事长刘学文详细汇报残疾人精准康复服务工作。陈毅华表示，桃江县委、县政府高度重视，桃江残疾人精准康复服务工作思路清晰、认识到位、工作扎实。强调要根据 2020 年工作要点，确保残疾儿童康复救助制度落地落细，明确预算安排、机构定点、对象筛查、救助范围、救助标准、生活补助，要加强资金监督，确保专项资金运行安全。要提高基层康复服务能力，提高服务质量，确保残疾人精准康复服务率和辅助器具适配率达到 80% 以上，其中建档立卡贫困户覆盖率必须达到 100%。（刘　红）

【残疾人工作暨残联系统党风廉政建设工作会议】 4 月 10 日，县残疾人工作暨残联系统党风廉政建设工作会议在县党政大楼召开。副县长、县残工委主任罗歆辉出席会议并讲话，县残工委成员单位分管负责人，县残联全体班子成员、各乡镇残疾人工作分管领导、理事长、专干，以及各业务机构相关负责人参加会议。县残联党组书记、理事长刘学文作工作报告。总结 2019 年残疾人工作，部署安排 2020 年的残疾人工作任务。罗歆辉肯定 2019 年残疾人工作。会议表彰 2019 年度残疾人工作 10 个先进单位和 10 名优秀个人。（刘　红　龚　健）

【贫困重度残疾人家庭无障碍改造】 根据各类残疾人残疾程度不同与居住环境不同，为残疾人家庭量身设计改造方案，合理确定改造内容，有效改善重度贫困残疾人家庭的生活条件，提升他们的生活质量，减轻家庭的照护看管压力。全县 421 户贫困重度残疾人家庭分别进行灶台、厕所、浴室、坡道、护栏、扶手等项目改造，实现有需求的贫困重度残疾人家庭无障碍改造全覆盖。（龚　健）

【第三代（智能化）残疾人证换发】 12 月 22 日，第三代（智能化）残疾人证换发工作部署会在县残联机关会议室召开，第三代（智能化）残疾人证换发工作全面启动。第三代（智能化）残疾人证形似身份证，内含智能芯片样，有效期 10 年，视力残疾人是印有盲文的红色证，其他类别残疾人是蓝色证。采用与身份证同类环保材料制成，内装有芯片容量为 160K 的集成电路。（刘　红　张　麟）

【县残联机构改革工作会议】 12 月 22 日，县残联机构改革工作会议召开。会议部署本次县残联机构改革工作，决定对领导机构和运行机制进行改革、对干部选拔任用管理制度进行改革、加强残疾人服务体系能力建设。会议要求，要结合当前工作实际，按照中国残联和省、市残联改革要求，突出“讲政治、强基层、转作风、广代表、专兼挂、助小康、信息化、聚主业”八大重点改革任务，确保如期高质量完成各项改革任务，奋力推进桃江残疾人事业再上新台阶。

（刘　红　萧慧仙）

桃江县红十字会

【概况】2020年，县红十字会春节期间开展“博爱送万家”活动，发放现金、物资折款共计5.14万元，惠及447户困难家庭。协助21名困难群众获得省人道救助金10.5万元，7名白血病患儿获得小天使基金20万元。

应急救援。先后报灾5次，争取上级下拨救灾物资价值7.04万元，会同县应急管理部门、相关乡镇及时将救灾物资发放给受灾群众。组织52名乡镇应急管理干部参加救护员培训。

应急救护培训。全年共培训救护员673名。推动应急救护知识培训“五进”（进农村、进学校、进企业、进机关、进社区），在县委党校、桃江七中、马迹塘镇中学、灰山港镇澄泉湾小学等地实施普及培训，举办防溺水安全知识讲座。

无偿献血促进。协助县卫健局开展团体预约无偿献血，累计无偿献血4507人次、175万毫升。

人体器官捐献。实现公民逝世后人体器官捐献2例。

（刘江晖　张彬彬）

【疫情防控阻击战】面对突如其来的新冠肺炎疫情，县红十字会把疫情防控作为最大的政治任务，取消春节休假，严格落实联防联控工作要求。派出2名工作人员到县委疫情防控工作领导小组综合协调组和物资保障组工作。1月28日发布接收社会捐赠公告，累计接收社会捐款100.5万元、捐物价值191.3万元。所接收的捐赠款物全部及时转赠县委疫情防控工作领导小组物资保障组统筹安排，或划转至武汉市红十字会、县内相关企事业单位用于疫情防控。（刘江晖　张彬彬）

【红十字生命健康安全教育】7—12月，在国家彩票公益金支持下，桃江首次承担国家红十字会总会生命健康安全教育项目，以“学校+社区”为单元，在马迹塘镇马迹塘社区开展救护员培训、亲子讲座、应急演练、主题宣传和学校安全教育体验活动五大项活动。全年完成救护员培训673名、亲子讲座1000人、应急演练650人、防溺水主题宣传、世界急救日主题宣传活动2次覆盖420人、学校安全教育体验活动2次，马迹塘镇完全小学1649名学生参加。（刘江晖　张彬彬）

【急救知识普及】7—8月，县红十字会在桃花江、灰山港、马迹塘等5个乡镇和县卫健局、桃江七中、七星苹果幼儿园等单位及学校，开展“地摊式”急救知识普及活动，通过发放倡议书、“地摊式”操作演示等形式向群众普及心肺复苏、溺水和气道异物梗阻急救技能，提高群众自救互救能力。累计发放倡议书5000余份，普及应急救护知识万人次。（刘江晖　张彬彬）

桃江县计划生育协会

【概况】2020年，桃江县计划生育协会获全国“优生优育进万家”赠险活动优秀组织奖，被省计生协授予“全省计生协重点工作优秀单位”称号。修山镇计生协肖斌、鸬鹚渡镇计生协杨建红、石牛江镇计生协李朝晖3人获全国“优生优育进万家”赠险活动优秀个人奖。高桥镇习训兵家庭获“全省生育关怀—幸福健康家庭”荣誉称号。县计生协党组团结带领全县各级计生协会抓改革、促发展、惠民生，宣传教育、优生优育指导、生殖健康咨询服务、计生家庭帮扶、权益维护和流动人口服务等重点工作稳步推进，计生协组织的政治性、先进性、群众性不断增强。《中国人口报》《人口与健康》杂志、《大众卫生报》、省市

▲5月17日，第三十次全国助残日，县残联党组慰问残疾职工　（刘　红／摄）

卫健网站等媒体多次正面报道桃江计生协在生育关怀、助力乡村振兴、宣传教育等方面的经验与做法。

民生关怀。发放计划生育特殊家庭住院护理补贴191人次、24.59万元。完成“分娩无忧”与“疫苗卫士”保险赠送6018份。成功申报中国计生协“向日葵计划”亲子小屋项目点4个。成功申报省级计生协“三结合”项目1个，争取省级资金5万元。申报计划生育创业扶贫贷款贴息项目6个，为计生家庭贴息15万元。春节前后，县乡两级筹措生育关怀资金和“小善举大爱心”帮扶资金42.1万元，走访慰问失独家庭、独生子女家庭、两女户、计生伤残家庭、计生流动人口家庭、建档立卡贫困户、特困基层计划生育工作者1176人。“5·29”活动期间，在县级生育关怀资金中提取28万元用于慰问全县计生特困家庭700户；9月，再次对全县120名考上一本的农村独生子女每人给予1000元奖励。

宣传倡导。春节前后，组织各乡镇制作发放“把健康知识带回家”计生政策宣传册15万余份，赠送励志喜庆春联7800余幅。强化户外宣传。出资3万元，会同县戏迷协会在县城公众大舞台每周六展出计生宣传板报，并演出一定的计生文艺节目。5月，县乡两级在人口集聚地开展融宣传、咨询、义诊为一体的集中活动20次，宣传服务群众5.18万余人次。全县共创建新型生育文化长廊24个，完善村级宣传阵地210个，制作宣传板报750块，书写悬挂宣传标语2800条。8月，三堂街镇计生协携手县妇幼保健院在三堂街社区会员之家开展融“优生优育促进行动”和“金秋助学”活动为一体的主题活动。石牛江镇石牛江村、武潭镇武潭社区等47个会员之家举办优生优育生殖健康专题讲座，印发《中国公民健康素养66条》8900份。强化寓教于乐。5月，与县妇幼保健院共同编印2.5万册《优生优育》（绘画本）免费赠予目标人群。全县各级计生协引导群众创作倡导婚育新风、宣传中共十九大精神、赞誉社会主义新农村、宣传计划生育政策的小品、相声、快板、三棒鼓、花鼓戏等既具地域特色又为群众喜闻乐见的文艺节目128个，演出140余场次。

组织建设。全县15个乡镇的常务副会长、协会秘书长和协会专干配备到位。每个乡镇明确1名协会专干，协会专干均由社会事务中心工作人员担任。加强业务培训。乡村两级紧紧抓住“5·29”活动契机，采取集中轮训、互动交流、“一对一”辅导等多种形式对计生协会会员小组长进行新一轮岗位业务培训。落实表彰奖励。县级表彰5个乡级计生协、5个流动人口计生协、15个村级计生协和40名优秀计生协会员，评选出桃江县“生育关怀—健康幸福家庭”24户，每户奖励500元及奖牌1块。各乡镇共表彰先进村级协会92个，优秀会长、优秀秘书长188名，优秀协会小组长286名，优秀会员和志愿者680名。（文有定）

【协力疫情防控】 3月上旬，县计生协根据上级有关文件精神，在生育关怀资金中列支10万元慰问全县参与新型冠状病毒感染的肺炎疫情防控第一线的乡村医生。防疫期间，全县各级计生协激活协会社会资源优势，积极动员、联络爱心企业、社会组织、爱心人士，发扬“一方有难、八方支援”精神，为抗疫提供物资帮助。马迹塘镇计生协会组织会员、志愿者和各村（社区）计生协会会员，短时间内募捐1.55万元汇入县红十字会募捐账户。（文有定）

【万册图书助推优生优育】 5月，县计生协与县妇幼保健院共同编印2.5万册《优生优育》（绘画本），免费赠予目标人群。全书共分5个版块46个条目，配有插图100余幅。

（文有定）

【“生育关怀·金秋助学”活动】 9月，县生育关怀领导小组奖励全县120名考上一本的农村独生子女每人1000元。全县“生育关怀·金秋助学”活动开展以来共奖励1950名考上大学的农村独生子女，发放奖金195万元，已形成关爱计生家庭子女成才的常态化机制。（文有定）

【“向日葵计划”亲子小屋】 10月29日，“向日葵亲子小屋”揭牌仪式在鸬鹚渡镇蓝精灵幼儿园举行，这是继县妇幼保健院儿保中心、大栗港镇成长快乐幼儿园之后在桃江落成的第三个中国计生协“向日葵计划亲子小屋”。县人大常委会副主任吴小玲、县计生协会会长杨俗华、常务副会长王德祥等出席揭牌仪式。

（文有定）

法　治

综　述

【概况】 2020年，桃江县委政法委员会贯彻落实党中央关于政法工作的方针政策和决策部署以及省委、市委、县委的要求，加强党对政法工作的集中统一领导。

维护稳定。重点时段、重点领域矛盾问题排查化解。在“两会”“两节”、清明、端午、中秋等敏感时段组织乡镇和有关部门开展集中排查，重点针对新冠肺炎疫情下劳资争议、民间集资、小微企业存在的新情况新问题，排查涉稳风险，及时发现、超前介入各类苗头性、倾向性问题，严防发生现实危害。及时会商调度重大问题，逐件明确责任主体和化解责任，研究对策，全部实行领导包案。预警防范。把情报信息作为维稳工作生命线，督促各职能部门加大情报信息收集研判工作力度，延伸工作触角，及时、准确收集掌握各种内幕性、预警性、行动性情报信息，特别是越级上访、群体性事件的情报信息，防止突然聚集等情况发生，做到未动先知、有动必知。固化特护期维稳安保工作预警情报信息每天研判，预警风险每天交办，工作落实每天反馈等机制，对预警情报信息及时通报相关部门，交办属地乡镇和责任单位，研判势态走向，为党委、政府决策和精准防范处置提供信息支撑。聚焦各类利益诉求群体中组织煽动策划的重点人员，聚焦问题矛盾突出领域、地方的重点人员，聚焦容易漏管失控的重点人员，向属地乡镇和主管部门下发维稳任务交办件，要求逐人明确责任领导、责任民警，落实“五包一”“双管控”、包联走访、上门约谈疏导、教育训诫等管控措施。做好不在视线人员排查和源头失控人员查找，加强票务信息预警协作，强化情报信息、源头稳控、中途查控、现场管控无缝对接，防范到省进京集访和非访。社会面防控。紧盯重点人员、物品、业态，排查风险隐患，落实监管责任。加强对重点单位、要害部位、人员密集场所的安全保卫。制定完善应对预案，对于超出县信访联席办和县信访局处理权限的群体性聚集事件及规模上访，明确由县维稳联席办牵头，协调、部署、调度相关职能部门、属地乡镇、责任单位共同参与处置，公安机关负责情报、查控、现场秩序维护等工作。全年妥善处置因交通事故、非正常死亡等引发的各类突发事件40起。

扫黑除恶。高位推进，构建齐抓共管的大格局。绷紧“责任弦”，通过谈心谈话、绩效考核、督查指导等措施，压实各级各部门责任，实现上下联动、同频共振。认真做好中央、省、市督导整改工作，做到立行立改，确保专项斗争朝着正确方向推进。紧盯涉黑涉恶重大案件、黑恶势力经济基础、背后“关系网”“保护伞”不放。专项斗争中，全县公安机关查获涉黑涉恶刑事案件285起，抓获犯罪嫌疑人297人，打掉黑恶犯罪团伙12个，抓获团伙成员77人，破获涉黑涉恶刑事案件69起。检察院批准逮捕涉黑涉恶案件20件50人；法院审结涉黑涉恶案件9件45人，其中3人被判处十年以上有期徒刑，8人被判处五年以上有期徒刑，累计处以财产刑罚1765万元，追缴违法所得3242万元。摧毁该黑社会性质犯罪集团，抓获犯罪嫌疑人24名，扣押、冻结、查封涉案企业10家、涉黑涉恶财产价值近1.5亿元。查处一批有影响恶势力团伙案件。查处在桃花江镇聚众斗殴的犯罪团伙，在灰山港镇强迫交易的犯罪团伙，维护群众和相关单位的合法权益。在打击刑事犯罪的同时，纪委监委机关查办涉黑涉恶腐败和"保护伞"问题线索113件，立案调查审查32人，给予党纪政务处分20人，组织处理21人。铲除黑恶势力滋生土壤，排查整顿软弱涣散党组织153个，摸排处理违纪违法村（社区）干部66人。依法查办一批行业领域违法犯罪问题。

平安桃江建设。县平安办制订并下发《桃江县全力推进电动车、摩托车、三轮车智能防盗管理工作实施方案》暨"行车卫士"项目。县委组织召开专题会议，平安办组织电信、联通和移动三大运营商及相关职能部门召开雪亮工程"六进六护"协调会。下发《关于开展"雪亮工程""六进六护"专项活动的实施方案》,将"雪亮工程""六进六护"专项活动纳入全县公共安全视频监控建设联网应用工作领导小组职责，加强协调指导和督促推动。全县15个乡镇和相关职能部门通过与电信、联通和移动三大运营商合作，建设城市安防技防服务网络体系。在桃花江镇、修山镇、马迹塘镇、鲊埠回族乡、大栗港镇、牛田镇、灰山港镇7个乡镇开展综治保险工作。

基层群众自治创新。结合网格化服务管理工作，通过"两办"行文印发《关于加强党建引领，全面推行乡村网格化管理和志愿服务工作的指导意见》的通知。成立县级网格化服务管理工作办公室。出台考核奖励办法，县、乡两级财政每年安排300万元进行评比表彰。制定下发《关于加强党建引领，全面推行乡村网格化管理和志愿服务工作的指导意见》，指导全县网格化服务管理工作。全县15个乡镇以村民小组为单位，划分网格2366个，选聘网格员12643人。

基层平安创建活动。开展自查，将平安创建活动与"文明户""无毒村（社区）""无诉村（社区）"等创评活动有机结合，分别落实到县教育局、卫健局、妇联等部门，推动全县平安创建工作向纵深发展。坚持创新推广"枫桥经验"，发挥专业性、行业性人民调解委员会的优势和特色，集中排查并全力化解一批影响人民群众生产生活和社会安全稳定的重大疑难复杂矛盾纠纷与积案。全县有专业性、行业性调委会10个，乡（镇）调委会15个，村级调委会244个，其中"五老""乡贤"等民间调解组织成员1767人、法律工作者115人，人民调解组织网络体系实现"县、乡（镇）、村（社区）"全覆盖。由县平安办牵头，组织城管、市监、公安等部门在桃花江小学、县一中、县职业中专、近桃小学开展集中整治行动，改善校园周边治安秩序。

法治桃江建设。加强与各协调小组的沟通协调和业务指导，统筹协调各单位力量，推动依法治县工作不折不扣落实落地。草拟《中共桃江县委全面依法治县委员会2020年工作要点》《2020年度全面依法治县工作考核评估方案》及《桃江县关于全面推进法治乡村建设的实施意见》，提交县委全面依法治县委员会第二次会议审议后正式印发执行。制定《2020年度桃江县全面依法治县工作考核方案》，将法治政府建设纳入县委县政府对部门工作考核目标。5月下旬至6月上旬，联合县人大监察内司委、县作风建设大提升营商环境大优化领导小组办公室、县人民检察院，全方位督察全县11个主要行政执法部门法治政府建设与依法行政工作情况，通报检查结果。完善执法监督。全年通过定期不定期的执法检查或案件评查等监督方式，通过评审查找政法机关在办案过程中的不公不正、瑕疵不足，不断提高政法干警的业务素质和工作水平，从源头上减少涉法涉诉信访的发生，至年底已完成7件案件的评审，完成益阳市委政法委部署的对涉黑涉恶案件的自查、交叉检查、市直复查工作，同时强化对政法机关办案环节的监督力度，已对26名涉嫌"黄赌毒"犯罪嫌疑人和5名涉黑涉恶犯罪嫌疑人的取保候审进行审查备案。

主动担当防范化解重大风险，参与金融风险防范化解工作，加大对涉老、涉众金融欺诈等的打击力度，加大对金沙重机"挤兑风波"的维稳力度，把对涉众型经济犯罪案件的查办和化解风险、维护稳定结合起来，为群众守好"钱袋子"，为企业筑牢"安全阀"，守护好金融风险底线。全县公安机关共立案侦查非法集资、破坏金融管理秩序、金融诈骗案件25起，抓获犯罪嫌疑人28人；检察机关批捕破坏金融管理秩序、金融诈骗等犯罪嫌疑人17件18人，起诉13件13人；法院审结金融借款合同纠纷案件199件，依法对审理的345件企业借贷、股权质押、互联互保等案件慎用财产保全和强制措施，为金融机构挽回损失0.57亿元。 （万盛兰）

【疫情防控】 1月26日开始，县政法委班子成员、相关办室负责人，全体公安干警、辅警取消休假，坚守一线开展人员查控、舆情管控、联防联控，打击涉新冠肺炎疫情违法犯罪。落实核查涉鄂车辆7600余台；查处网上造谣传谣舆情2起，教育训诫3人、批评教育2人；办理涉疫治安案件2起、刑事案件3起；排查化解复工复产矛盾纠纷180余起，督促企业、行业场所整改安全隐患38处。（万盛兰）

【护航污染防治】坚持以最严格的执法司法手段保护生态环境，组织开展重点水域禁捕专项行动，依法打击破坏环境资源违法犯罪行为，为全县生态文明建设提供坚强法治保障。全县公安机关共侦办破坏生态环境类刑事案件20起，抓获犯罪嫌疑人24人；检察机关批捕破坏环境资源犯罪嫌疑人共5件6人，起诉29件41人；法院审结破坏生态环境类案件23件。（万盛兰）

公　安

【概况】2020年，县公安局围绕县域警务和全县中心工作，推进各项重点工作，维护了全县社会大局的持续稳定。

安保维稳。按照县域警务工作要求，对全县247个行政村（社区）政治安全和社会稳定进行风险评估，加强风险防控；落实维稳工作联席会议制度。实现进京非接待场所上访“零登记”，该项工作在全市政法工作会议上做典型发言；夯实反恐防恐基础，严打涉恐违法犯罪，破获涉嫌传播暴恐音视频案件1起。

案件侦破。开展集中打击专项行动，共破现行刑事案件466起（其中破命案1起），破命案积案2起。推进禁捕退捕工作，侦办非法捕捞刑事案件26起（其中部督案件1起，省督案件5起）。推进扫黑除恶专项斗争，侦办黑恶势力团伙2个。组织开展企业生产经营和重点项目建设周边环境治理专项行动，办理影响营商环境刑事案件21起，破获经济犯罪案件48起，挽回经济损失近6000万元。

基础工作。推进二代证指纹补采工作，共采集指纹288925人，完成率65.78%。推广“湖南公安服务平台”，全年注册量达177688人，完成目标任务。公安业务技术用房实现整体搬迁。完成“三所合一”中戒毒所建设的基础工程。完成鲊埠派出所主体工程建设。

安全生产。配合抓好疫情防控工作，扎实做好联防联控、涉“疫”违法犯罪打击等工作，确保疫情防控期间社会稳定。强化危爆物品管理，开展安全检查50余次，发放整改通知书29份，破获涉枪涉爆刑案7起，实现“不流失、不炸响”目标。开展交通秩序整治，全年未发生较大以上交通事故，交通事故、死亡人数、受伤人数和财产损失4项指数同比下降。

规范执法。以专家授课、随岗培训、法制员例会、旁听庭审、执法资格考试等形式，组织培训200期，培训民警7000余人次。在全省首创证据证明力列举制度，规范民警执法程序，防止行政复议、诉讼案件被撤销发生。2020年县局被公安部评为“全国执法示范单位”。（胡群佩）

▲运用“雪亮工程”“六进六护”社会面监控摄像头开展重点路段整治工作（刘伟达／摄）

【全县公安工作会议】3月17日，2020年全县公安工作会议召开。副县长、县公安局局长郭清平，县公安局全体党委成员及县纪委监委驻政法委纪检组组长许芝良等领导出席会议，局属各单位、森林公安、交警大队主要负责人参加会议。县公安局党委副书记、政委肖文主持会议。（王　鹏）

【全县城乡社区警务工作会议】7月10日，全县新时代城乡社区警务工作会议召开。县委常委、县委宣传部部长胡国清，副县长、县公安局局长郭清平，县公安局党委副书记、

▲陈震宇（左）代表市公安局为县公安局授牌　（王　鹏／摄）

政委肖文等出席会议。60个县直相关单位负责人、各乡镇党委书记、桃江经开区党工委书记、县公安局党委班子成员、县公安局局属各单位主要负责人、78个一类风险村（社区）支书（主任）等200余人参加会议。县委副书记张晓主持会议。

（尹志高）

【黄伟督导警务工作】 7月24日，省公安厅人口与出入境管理局副局长黄伟一行到桃江督导入境部门县域警务工作。市公安局党组副书记、副局长郭陆武，人口与出入境管理支队支队长张跃军、一大队大队长刘竞，县局党委副书记、政委肖文，党委副书记、副局长曹奠坤、人口与出入境管理大队全体民警、修山派出所教导员参加汇报会。

（姜　岚）

【县公安局获评全国执法“示范单位”】 6月，县公安局被公安部授予“全国公安机关执法示范单位”称号。8月5日，驻市公安局纪检监察组组长、局党组成员陈震宇率市局法制支队支队长张强，信访处处长胡红剑、副处长匡涛等一行代表市局授牌。

（胡群佩）

【刘湘奇督导调研县域警务保障工作】 8月31日，省公安厅警务保障部主任刘湘奇、副主任颜赤亚一行到桃江督导调研“十四五”规划编制、县域警务工作。厅政治部人事处、厅警保部综调室、国资处负责人和规划编制专业团队成员随同参加。市公安局党组成员、副局长邓惜春，后勤装备部主任严少华，副县长、县公安局局长郭清平陪同调研。

（王　鹏）

【14年前命案积案告破】 9月29日，县公安局在省公安厅、市公安局统一部署下，成功破获“2006·1·5”甘某遇害案，桃江民警到山西抓获犯罪嫌疑人张某娃并押解回桃江。

（刘　玲）

【“三所合一”建设项目签约仪式】 10月15日，县公安局举行“三所合一”建设项目签约仪式。副县长、县公安局局长郭清平，湖南教建集团总经理刘建桥出席仪式，并签署合作协议。党委副书记、政委肖文主持签约仪式。（王　鹏）

【省考核督查组到桃江调研】 12月17日，省人力资源和社会保障厅二级巡视员全教稳率领省维护社会安全稳定考核督查组成员一行到桃江调研督导社会安全稳定工作。副市长、市公安局局长瞿晏平，市人民政府副秘书长杨禄仁，市公安局党组副书记、副局长郭陆武，市公安局党组成员、副局长詹望彪，县委副书记、县长黄劲，副县长、县公安局局长郭清平陪同。　（胡群佩）

森林公安

【概况】 2020年，县森林公安局贯彻落实习近平总书记关于公安工作的重要指示，忠实履行宪法法律赋予的职责，全面保障桃江森林生态安全、林区社会稳定，统筹推进疫情防控，严厉打击破坏野生动植物资源的违法犯罪，共办理刑事案件21起，刑事拘留14人，提请逮捕1人，移送起诉18起，各项工作取得新进展、实现新突破。

“昆仑2020”专项行动。采取领导班子分片包干责任制，抽调精干警力，组建专案组，对重点疑难案件专案侦办。与检法、林业、工商等部门，建立完善定期会商、联动执法工作机制，联合开展打击野生动物违规交易巡查，共清理整治市场、酒楼、饭店等场所50余个（次）。在侦办李某某非法收购、销售野生动物案件中，专案组辗转湖南、湖北、贵州、安徽等省，对非法收购、销售野生动物及其制品的上、下线进行侦查，现场查获蛇类1041.7公斤、干蛇尾50.27公斤，一举摧毁这一跨省非法经营野生动物犯罪网络，野生动物非法交易金额达

700余万元。

非法捕捞整治。打击非法捕捞水产品犯罪，加强与农业农村局等行政监管部门的沟通协作，精准发力，迅速侦破赵某某利用粘网非法捕捞、吴某某非法电鱼、昌某某非法电鱼等案件，刑事拘留5人，有效保护资江流域渔业资源和生态环境。

扫黑除恶和平安建设。深入推进扫黑除恶专项斗争，打击林区涉黑涉恶势力，推动“法治林区”建设，加强4个林区警务室的建设和管理，利用警务前移强化林区治安巡查、线索摸排，组织开展扫黑除恶法治宣传进林区活动8次。针对复杂的林权矛盾纠纷，不推不避，主动联系县林业局和各乡镇党委政府积极调解、公开答复，化解各类涉林纠纷26起，林区社会综合治理取得实效。

（常奇特　赵历洪）

【2名民警获省、市疫情防控战时表彰】 3月3日，市森林公安局局长吴建辉到县森林公安局，为在疫情防控中获得表彰的民警颁发证书，并向一线森林公安民警送上慰问与关怀。新冠肺炎疫情防控阻击战打响后，县森林公安局全面取消休假，开展打击非法猎捕、经营、加工、食用、运输、收购、出售野生动物违法犯罪行为专项行动，排查检查全县酒店、农家乐、农贸集市、养殖场等相关场所，打击源头违法犯罪。专项行动中，民警詹健、文加生分别获省森林公安局和市森林公安局战时嘉奖。

（常奇特　赵历洪）

【伍令贤调研森林公安工作】 4月28日，县委常委、政法委书记伍令贤率工作组到县森林公安局调研指导工作。伍令贤对森林公安以案促改、打击涉林违法犯罪和保护森林生态资源工作取得的成绩给予肯定，要求贯彻落实中共十九大精神，提高群众安全感和执法满意度。

（常奇特　赵历洪）

【县森林公安局正式划归县公安局】 12月28日，县编委印发《关于县森林公安机关管理体制调整及相关机构编制事项的通知》，明确县森林公安局划归县公安局管理，调整相关职责。县公安局此前承担的掌握生态环境、生物安全等领域犯罪动态，拟定预防、打击对策，组织开展对生态环境、生物安全等领域犯罪案件的侦查工作职责划入县森林公安局。

（常奇特　赵历洪）

▲县森林公安局民警巡察张家码头市场　（赵历洪／摄）

【破获非法捕捞刑案】 1月1日起，桃江县实施长江十年禁渔计划之后，共破获非法捕捞水产品刑事案件20起，刑事拘留22人，提请逮捕4人，移送起诉17人，取保候审4人。

（常奇特　赵历洪）

检　察

【概况】 2020年，县检察院监督公安机关立案2件、撤案2件，追诉漏罪漏犯5人。对侦查机关违法取证、适用强制措施不当发出书面纠正违法通知书10份，对刑事判决提出抗诉2件。为避免冤假错案发生，开展重大案件侦查终结前讯问合法性核查1件，非法证据排查12件。

刑事执行活动监督。监督县公安局抓捕1名暂予监外执行情形消失裁定收监执行罪犯，交付监狱执行刑罚；监督县法院对2名特殊已决犯罪收监执行。约见在押人员谈话教育123人次，办理控告申诉案件2件，均息访息诉，监督看守所纠正违法行为2件。办理县人民法院提请暂予监外执行审查案件5件5人。对全县在册社区服刑人员监督管理情况开展专题检察4次，向县司法局发出检察建议2份。

民事行政监督。办理民事行政检察案件13件。其中办理裁判结果监督案件2件，向法院发出再审检察建议2份；执行监督案件3件，向法院发出检察建议2份，不支持监督申请1件；跟进监督案件1件，已提请抗诉；支持起诉案件3件，均已被采纳；收到法院采纳再审检察建议后改判案件1件；发出行政检察建议3份，均已被行政机关采纳并回复。

公益诉讼监督。办理公益诉讼案件47件，其中办理民事公益诉讼案件2件、刑事附带民事公益诉讼案件26件、行政公益诉讼案件19件；发出公告28件，发出诉前检察建议17份。加强对外协作配合，会同县人大、县纪委监委、县司法局联合开展行政执法行为监督专项活动，向相关行政机关发出检察建议16份，并督促整改到位。监督相关单位对无证无照娱乐经营场所开展专项整治活动，发出检察建议3份，有效净化娱乐经营场所环境。

助力经济发展。出台《桃江县人民检察院营商环境大优化行动方案》，建立完善法律服务保障、平等法律保护、法律风险防控长效机制。开展“护航民企发展”检察开放日活动2次，为企业家提供法律咨询26人次，发放宣传手册113份。依法办理涉企刑事案件，对涉嫌犯罪的民营企业负责人依法不起诉2人，尽量减少办案对企业经营的负面影响。

护航三大攻坚战。积极防范化解重大金融风险，依法办理非法吸收公众存款、违法发放贷款、骗取贷款等犯罪案件，批准逮捕21人，起诉13人。组织专业化办案团队办理相关金融机构从业人员违法发放贷款案，批准逮捕14人，起诉10人。依法办理电信网络诈骗犯罪案件，起诉20人。精准服务脱贫攻坚，司法救助“因案致贫”被害人4人，发放救助金15万元。依法打击污染环境、非法采矿等破坏环境资源的犯罪，批准逮捕6人、起诉4人，办理生态环境类公益诉讼案件34件。围绕党中央长江“十年禁渔”的重大决策，依法起诉非法捕捞水产品案件18件24人，督促侵权行为人向资江水域桃江段投放鱼苗11万余尾。

打击刑事犯罪。受理审查逮捕案件302件387人，依法批准逮捕210件273人，受理移送审查起诉案件488件635人，向法院提起公诉380件501人。严厉打击侵害公民人身、财产安全犯罪，起诉故意伤害、强奸、抢劫、盗窃等犯罪案件138件170人。依法严惩妨害社会管理秩序犯罪，起诉毒品犯罪、寻衅滋事、聚众斗殴等犯罪案件142件222人。加大反腐倡廉工作力度，受理移送审查起诉职务犯罪案件3件3人，依法对县移民开发管理局原党组书记、局长张某以贪污罪、受贿罪提起公诉。持续开展食品药品安全犯罪专项立案监督，依法批准逮捕危害食品药品安全犯罪嫌疑人6人、起诉6人。

扫黑除恶。开展专项斗争以来，依法批准逮捕涉黑涉恶犯罪嫌疑人48人，提起公诉58人，起诉案件有罪判决率100%。依法严惩黑恶分子、村霸恶痞，首要分子陈某生、李某秋分别被法院判处有期徒刑23年和25年。落实提前介入机制，提前介入引导侦查3件次，纠正遗漏同案犯8人，发出纠正违法通知书1份。狠抓“打伞破网”“打财断血”，共移交“保护伞”线索4条，监督查封扣押冻结涉黑涉恶财产2300万元。充分发挥检察建议堵漏建制作用，发出检察建议12份，针对加强燃气行业监管的检察建议，得到市委政法委的充分肯定，相关经验材料在《检察日报》和湖南省人民检察院工作简报上刊发。4月，被评为“全省检察机关扫黑除恶专项斗争先进集体”。

未成年人检察工作。坚持对未成年人犯罪少捕慎诉，无逮捕必要不批准逮捕8人，相对不起诉2人，附条件不起诉3人。组织开展“同舟共济，检护明天”检察开放日活动。深入开展“法治进校园”活动，13名检察官被聘任为中小学校法治副校长，举办专题法治课堂4场，发放宣传手册2000余份。

社会治理工作。全面贯彻宽严

▲7月20日，被告人陈某生、李某秋等黑社会性质案在县法院开庭审理
（雷　苗／摄）

相济刑事政策，对犯罪情节轻微、依法不需要判处刑罚的，决定不起诉 89 人，有效化解社会矛盾，减少社会对抗。充分发挥“12309”检察服务平台作用，畅通群众诉求渠道，依法妥善处理群众来信来访 74 件。聚焦扫黑除恶、环境治理等重点领域，发出社会治理类检察建议 5 份。

司法责任制改革。顺利完成内设机构改革，内设机构由原 14 个合并为 8 个，实现司法管理扁平化，进一步提升司法效能。11 名“80 后”“90 后”干警走上部室正副职岗位，真正做到让想干事、能干事、能干成事的青年干警“挑担子”。持续深化捕诉一体工作机制，通过检察官办案职权的统一配置，全过程监督，实现捕诉办案质效双向提升。落实认罪认罚从宽制度，对 394 件 494 人适用认罪认罚从宽制度，全年适用率达 87.28%。

接受监督。坚持把检察工作置于县人大及其常委会监督之下，认真落实人大对检察工作的决议决定和审议意见。邀请各级人大代表、政协委员参加检察专题活动 3 次、参加公开听证会 1 次，确保代表委员联络工作实效化、常态化。落实案件信息公开制度，主动向社会公开案件程序性信息 685 条，公开法律文书 428 份，发布重要案件信息 17 条。利用“两微一端”发表原创作品、稿件 98 件次，在省级以上媒体刊发稿件 140 篇。（郭旭光）

【涉民企案件不起诉听证会】 6 月 23 日，县检察院对一起拟做不起诉处理的民营企业家龚某某涉嫌伪造、变造国家机关证件罪案件举行公开听证会，落实高检院涉民营企业案件的执法司法标准及慎捕慎诉的司法理念。犯罪嫌疑人龚某某为申请新型农业经营主体贷款，将伪造的动物防疫合格证提供给中华联合财产股份有限公司，县畜牧业水产事务中心在例行检查中发现了龚某某提交的动物防疫条件合格证副本复印件系伪造，遂对其进行调查并作出行政处罚决定后将其移交公安机关处理。案发后，龚某某如实交代自己的犯罪事实。县检察院案件承办人、员额检察官李诗云经调查核实认为，龚某某案发后，能主动投案自首，并如实供出自己的罪行，自愿认罪认罚，未造成严重后果，对其适用相对不起诉有法可依；鉴于龚某某作为本县生猪养殖大户，因现在本地经济形势受疫情影响的情况下，鼓励其继续养猪有利于恢复本地生产经营、带动恢复生产、促进经济发展，刺激社会经济振兴的角度出发，综合考量全案情况，根据宽严相济刑事政策，对龚某某作出相对不起诉的意见处理。（郭旭光）

【市检察院到桃江调研督导】 8 月 10 日，市检察院副检察长张越新一行调研督导县检察院 2020 年 1–7 月民事行政、公益诉讼检察工作。县检察院党组副书记、副检察长丁益良，第四检察部、第五检察部全体成员参与督导汇报会。县检察院详细汇报民事行政、公益诉讼检察工作业务数据情况、人员配备情况及后续的工作安排情况。市检察院第六检察部主任李俊敏、第七检察部主任熊薇就县检察院民事行政、公益诉讼检察工作进行指导并讲话，分别对 2020 年度 1 月至 7 月该院民事行政、公益诉讼业务数据办理情况进行分析，同时对后续的工作开展提出指导意见。副检察长张越新肯定桃江民事行政、公益诉讼检察工作，对后续工作提出要求。

（郭旭光）

【刑事附带民事公益诉讼案集中审理宣判】 9 月 11 日，县检察院提起的 12 起 17 人非法捕捞水产品刑事附带民事公益诉讼系列案开庭集中审理和判决。法院当庭对 17 名被告人以非法捕捞水产品罪，判处 13 名被告人拘役 2 个月至 6 个月不等的刑罚，4 名被告人单处 8000 元的罚金。经法庭当庭调查、质证、辩论，对公益诉讼起诉人所提诉讼请求全部采纳，判决 17 名被告人在判决生效后 10 日内在当地市级以上新闻媒体公开赔礼道歉，并向资江捕捞水域段投放鱼苗合计 11 万余尾。17 名被告人当庭表示认罪服判不上诉，并愿意承担法庭判决所应承担的民事责任。（郭旭光）

【精准服务高铁建设】 11 月 13 日，县检察院检察长万红美等一行 3 人前往县常益长建设项目指挥部开展检企共建活动，围绕铁路在建工程所面临的新形势、新特点、新问题开展座谈交流、沿线实地走访查看，部署开展“深化检企共建，以铁路高质量建设助力湖南高质量发展”检企共建工作主题活动，以检企共建形式着力打造服务高铁建设新亮点。（郭旭光）

法　院

【概况】 2020 年，县法院受理各类案件 6638 件，结案 6498 件，法定期限内结案率 100%，结收比

100.81%，法官人均结案 185.65 件。

惩治刑事犯罪。审结各类刑事案件 429 件，判处罪犯 545 人。全面推行认罪认罚从宽制度，对 94 名被告人适用社区矫正。审结妨害新冠肺炎疫情防控犯罪案件 7 件 10 人，审结检察院指控的黑社会性质组织犯罪案件 1 件 16 人、恶势力犯罪案件 4 件 12 人，认定涉黑社会性质组织犯罪 1 件 15 人，发现并移送线索 1 条。发出司法建议 10 份。

专项行动。共执结案件 1670 件，到位标的达 1.82 亿元。依法查询、冻结被执行人银行账户 2011 个，扣划资金 1.3 亿元，查封房产 516 套、车辆 486 台，电商网络平台拍卖诉讼资产 76 项，成交额 1189 万元，为当事人节省佣金 118.9 万元。发布失信被执行人名单 18 期 521 名，限制高消费 755 人次，拘留、罚款 47 人次。开展拒执违法犯罪专项打击行动，4 人被移送公安机关追究刑事责任。

化解行政争议。受理赫山区、安化县、沅江市行政案件 383 件，审结 334 件。强化行政机关负责人出庭应诉机制，行政机关负责人出庭应诉 85 人次，同比上升 6.2%，向行政机关发出司法建议 6 份。

服务精准脱贫。落实落细服务乡村振兴司法政策，妥善审执涉扶贫、惠农案件；维护群众诉讼权益，常态化开展为农民工讨薪专项行动，为农民工追回拖欠工资 84.63 万元。认真做好困难当事人司法救助工作，为 30 件案件的 42 名确有困难的当事人缓减免诉讼费 8.3 万元，发放司法救助资金 110.3 万元。

服务防范化解重大风险。开展涉农商行金融案件专项行动，审执结案件 461 件。维护诚信市场环境，审结侵权责任纠纷、民间借贷等合同纠纷 2341 件，打击非法经营、网络诈骗等扰乱市场秩序类犯罪 28 件。推动产业结构升级，完善市场主体退出机制，依法处置“僵尸企业”，审理破产案件 7 件。

服务污染防治。深入开展“环境资源审判专项行动巩固年”活动，充分发挥环境资源审判职能作用，审结破坏生态环境资源类犯罪案件 38 件，受理公益诉讼案件 18 件，审结公益诉讼案件 15 件，责令 17 名被告人向捕捞水域投放 272 公斤成鱼和鱼种 11 万余尾，修复渔业资源和水域生态环境。

推进司法公开。落实“谁执法谁普法”责任制，在省级以上媒体上稿 153 篇，微信公众号推送信息 146 期，被省高院指定为全省法院重点培养自媒体平台。创新网络直播普法形式，在新浪网上直播各类案件庭审 1660 场次，浏览量达 800 万人次。网上公开裁判文书 5769 份，生成电子卷宗 6228 件。联络代表委员 37 人次，邀请社会各界人士走进法院 350 余人次，其中邀请代表委员视察法院、旁听庭审、见证执行 136 人次。

诉讼服务体系建设。在诉讼服务中心设立“两庭两中心四室”，即“家事法庭、速裁法庭”“速裁中心、调解中心”和“律师调解接待室、行业调解室、在线调解室、法官会见室”，积极推广新型诉讼服务方式，严格落实立案等级制，网上立案 276 件、跨域立案 39 件，运用远程视频方式开庭 149 次。

纠纷调解。深化与政府职能部门协作，创建涉家事纠纷、金融纠纷等 16 个行业调解委员会，在桃花江镇、灰山港镇、松木塘镇、关山口村等 6 个乡镇、村设立诉源治理工作站，并与全县所有乡镇、村级自治组织建立工作联系机制。组织成立诉前人民调解委员会，招募 35 名调解员志愿者作为特邀调解员开展调解工作，诉前调解纠纷 1324 件，调解成功率 57.4%，司法确认 184 件。

（李庆辉　李燕妮）

【诉讼服务体系建设】 2 月 20 日，县法院首次使用远程视频开庭审理一起盗窃案。全面贯彻落实上级法院决策部署，依托信息化手段和“智慧法院”建设，坚持线上线下相结合，畅通立体化诉讼服务渠道，加强诉讼服务集成建设，大力推行网上立案、跨域立案、“云”庭审、“云”调解、网络查控执行，搭建全流程“在线”诉讼服务平台，形成集约高效、便民利民、开放互动的现代化诉讼服务体系，为人民群众提供高品质的诉讼服务。（李庆辉　李燕妮）

【首例涉疫情寻衅滋事案】 2 月 27 日，县法院通过互联网庭审方式依法公开开庭审理一起在预防、控制突发传染病疫情的关键时期实施寻衅滋事行为的刑事案件并当庭宣判。该案系新冠疫情发生以来，县法院审理的首例涉疫情寻衅滋事案件。

（李庆辉　李燕妮）

【审判质量、效率和公信力巩固年活动推进会】 3 月 11 日，县法院召开审判质量、效率和公信力巩固年活动推进会。县纪委监委驻县委政法委纪检组组长许芝良、全体院领导和全院干警参加。截至 2020 年底，县法院共受理各类案件 6638 件，结案 6498 件，审限内结案率 100%，一审案件化解率 1.44%，一年以上长期未结案件清零，裁判文书上网率

100%，审判流程信息公开率99.7%，民事案件调解率28.11%，简易程序适用率92.6%。一站式多元解纷和诉讼服务工作排名全市第1位。执行质效位列全市法院第1位，全省基层二类法院第5位。

（李庆辉　李燕妮）

【12起公益诉讼案集中审理】 9月11日，县法院公开集中审理12起非法捕捞水产品刑事附带民事环境类公益诉讼案，并于当日裁定先予执行，将一批成鱼及鱼种放流至资江水域。此次庭审和集中放流活动是县法院贯彻党中央关于加强生态文明建设的决策部署，落实长江经济带“共抓大保护、不搞大开发”的战略要求的具体举措。（李庆辉　李燕妮）

【法官进村（社区）】 10月上旬，县法院民事、行政审判领域的每一名法官都走出法庭，来到各自所包的诉源治理工作村或社区，与当地党委政府和村（社区）“两委”联系，积极融入党委领导下的诉源治理工作中。驻村法官将立足点放在提供送法下乡、法律宣传、就地调解等人性化司法便民服务上，随时为群众提供法律指导，将定纷止争的工作职能延伸到诉讼之前。年内，桃江县247个村（社区）实现村村见法官。2020年共受理司法确认案件148件，超过上年司法确认案件近30倍，为构建纠纷解决新模式提供法律保障。（李庆辉　李燕妮）

司法行政

【概况】 2020年，县司法局发挥全面依法治县委员会（以下简称县治委）办公室的统筹协调作用，组织召开县治委第二次会议、县治委办公室第二次会议暨各协调小组第一次会议，加强与各协调小组的沟通协调和业务指导。组织全县170余名法治骨干赴韶山进行业务培训。制定下发《中共桃江县委全面依法治县委员会办公室关于切实加强疫情防控法治宣传和法律服务工作的通知》，要求针对执法对象、服务对象、主管领域，加大以案释法力度，引导群众自觉遵守法律法规。印发《中共桃江县委全面依法治县委员会2020年工作要点》《2020年度全面依法治县工作考核评估方案》及《桃江县关于全面推进法治乡村建设的实施意见》。制定《2020年度桃江县全面依法治县工作考核方案》，将法治政府建设纳入县委县政府对部门工作目标考核。对全县11个主要行政执法部门法治政府建设与依法行政工作情况开展全方位督察，对权责清单完善落实情况、行政执法“三项制度”落实情况、规范性文件制定实施及备案情况等进行全面督察，并将检查结果予以通报。全面开展全省法治政府建设示范县创建活动，完成申报工作。

法治政府建设。严格执行评估论证、公开征求意见、合法性审核、集体审议决定、向社会公开发布等程序，审查规范性文件、非规范性文件、政府合同、协议103件，提出建议400余条，完成领导批示件交办件10件。印发《关于加强规范性文件登记、备案工作的通知》《关于做好规范性文件清理工作的通知》，加强对部门行政规范性文件“三统一”、乡镇规范性文件备案工作的指导监督，依法对规范性文件进行定期清理。起草《桃江县重大行政决策程序规则》《桃江县重大行政决策目录管理办法》《桃江县重大行政决策听证办法》3个文件征求意见稿。抓好行政执法“三项制度”落实，开展行政执法监督，加强行政执法人员资格管理，累计换发行政执法证1700余件。出台《关于疫情防控期间加强行政执法工作推进严格规范公正文明执法的通知》《行政执法案卷评查办法》，充分发挥行政执法协调监督职能，推动严格规范公正文明执法。组织开展“桃江县2020年度乡镇行政综合执法暨司法

▲6月5日，县人民法院院长曹雪平以互联网庭审方式依法审理一起涉疫野生动物刑事案件（李燕妮／摄）

所法制审核业务培训会”，全县160余名乡镇执法人员和司法所干警参加培训。统一为乡镇设计雕刻行政审批专用章和行政执法专用章255枚，制定统一的行政执法文书模板35类，编写《行政执法业务指南》，为12个行政执法单位及15个乡镇拟制委托文书共计600份，为全县行政执法大队车辆和执法装备统一式样。协助县政府办对15个乡镇综合执法大队进行为期一周的行政执法督查，并对行政案件办理提出意见。推进行政复议规范化建设，推行重大复杂案件集体讨论制度，健全行政复议案件审查机制。全年共收到行政复议申请22件，办结19件；收到行政诉讼案11件，已开庭审理6件，5件已提交答辩状等待法院开庭。

法治宣传。把学习宣传习近平总书记全面依法治国新理念新思想新战略作为全民普法的首要任务，推动领导干部发挥示范带头作用。召开县治委守法普法协调小组第一次会议，加强组织协调，统筹推进全县普法依法治理工作。深入开展各类法治宣传主题活动，积极组织开展“疫情防控，法治同行”专项法治宣传活动，印发《新冠肺炎疫情防控相关法律问题操作指引》宣传手册6500册。紧扣全县经济社会发展总体部署，围绕“三大攻坚战”、乡村振兴战略以及扫黑除恶等重点工作开展专项法治宣传教育活动。开展“优化营商 法治护航”专项活动，进一步加强经济、社会、环保、安全生产等相关领域法律法规以及新颁布的《中华人民共和国民法典》等的宣传普及。开展《中华人民共和国宪法》《中华人民共和国民法典》“进宾馆”“进景区”法治宣传活动，举办企业“法治体检”座谈会，组织律师、法治骨干与60余名企业主及代表面对面沟通交流，收集企业代表意见建议40余条。组织《中华人民共和国社区矫正法》系列宣传活动，让全社会深入了解中国特色社区矫正制度。官方抖音号“法治桃江”正式上线开通。健全领导干部学法用法制度，探索建立领导干部学法清单制度，完成2020年国家工作人员学法考法工作。进一步加强法制副校长队伍建设，利用开学第一课举办集中法治讲座，开展“拥抱民法典，走进法治新时代”青少年法治宣传教育周活动和“全省义务教育阶段法治示范课程”推广活动。认真推进第九批全省民主法治示范村创建活动，推荐田庄湾村、花桥港村、杉树仑村、浮邱山村为候选对象。迎接省、市“七五”普法总结验收，得到检查组高度肯定。

人民调解。全县人民调解组织调处纠纷13173件，排查矛盾纠纷470余次，预防矛盾纠纷370余起。成立桃江经济开发区司法所。加强行业性专业性人民调解组织建设，培育灰山港镇诉前人民调解委员会、桃江县公共租赁住房纠纷人民调解委员会、桃江县金融纠纷人民调解委员会3个调委会，着力健全完善人民调解组织网络，积极探索人民调解员队伍职业化专业化建设新路径，全县有人民调解组织279个、人民调解员963名，其中乡镇调委会16个，村（社区）调委会247个，专业性行业性调委会和个人品牌调解室16个。通过线上、线下、集成式培训，培训调解员2000余人次。印发《进一步加强基层人民调解工作推进（一门式）服务的实施意见》，方便群众寻求法律帮助，深化全县社会矛盾纠纷调处化解综合机制建设。

社区矫正。落实刑满释放“必接必送”制度，确保无缝衔接。鼓励有条件的社区矫正对象志愿参加疫情防控、捐款捐物等活动，疫情期间，全县在册社区矫正对象累计参加疫情志愿者活动11人，捐赠口罩、消毒液等防疫用品20余箱。开展《中华人民共和国社区矫正法》各类宣传活动16场次，受教育人数548人次。依法推进社区矫正委员会成立工作，将原“桃江县社区矫正工作领导小组”更名为“桃江县社区矫正委员会”并调整成员单位。有序推进远程视频会见工作，实现“家门口”探视，节约探视成本，充分发挥亲情感化和社会帮教的作用，提高了服刑人员的改造质量。探索个别化矫正和分类管理，指导司法所探索社区矫正分类管理、个别化矫正新模式、开展修心教育新做法。新接收社区矫正对象267人，解矫281人，在矫291人，开展集中教育178场次，组织社区服务176次，参加1895人次，个别谈话752人次，心理辅导672人次，实地查访1991人次，就业就学指导246人次。开展“情暖高墙·关爱孩子”专项帮扶活动，为符合条件的32名社矫对象未成年子女申报白鹿寺慈善基金会助学金，20人申报“为了花朵的微笑”佳祥助学基金。

法律服务。开展疫情防控法律服务，发布公共法律服务指南，指引群众采取“非急缓办、急事网办”的方式办理公共法律服务事项。制定《应对“新冠肺炎”疫情支持中小企业共渡难关商事纠纷专项法律援助工作实施方案》，成立疫情防控期间企业复工复产法律服务团，为12家民营企业开展“法治体检”。通过“一村一法律顾问”微信平台，及时推送疫情防治法律知识，为群众义务解答法律问题200余人次。整合优化法律服务资源，推进“一村（社区）一法律顾问”，40名法律服务工作者与244个村（社区）签订合同，建立法律顾问微信群200余个，以“窗口化”和网络延伸服务相结合的方式提供综合性法律服务。进一步加强行业监管，出台《律师代理涉黑涉恶案件工作制度》，加强对律师办理涉嫌黑恶势力犯罪案件的指导监督。制定《公证行业集中警示教育活动实施方案》《司法鉴定清理整顿工作实施方案》，办理各类公证事项1094件、司法鉴定业务734件。推进法律援助服务社会民生，受理法律援助案件268件，解答法律咨询2000余人次，对已办结的申请类案件全部完成回访，群众满意率100%。建立法律援助应急机制，推行“三优先”（优先受理、优先审查、优先指派），受理农民工法律援助案件28件，帮助50余名农民工追回工资79万余元。其中，为鲊埠26位农民工追讨欠薪326994元，在光明网、《潇湘晨报》《益阳日报》等主流媒体刊载。开展特殊群体法律援助宣传活动10次。

（高　爽）

【防疫抗疫法治宣传教育】 疫情防控期间，县司法局开展“疫情防控，法治同行”专项法治宣传活动，组织宣传车队在辖区内循环播放《传染病防治法》《中华人民共和国野生动物保护法》《突发公共卫生事件应急条例》等与新冠肺炎疫情防控相关的法律法规。组织法治骨干编写《疫情防控相关法律问题操作指引》宣传手册，聚焦疫情防控中与干部群众最贴近如隔离治疗、市场秩序、复工复产、医疗保险、劳资纠纷等45个法律热点问题，给出较为规范的解析，印发5500册到各单位。精心制作疫情防控短视频，在全县行政机关、小区、医院等场所的180个视频传媒机上滚动播放，引导群众依法支持和配合疫情防控工作。倾心服务，筑牢依法防控根基。服务全县防控工作大局，抽调8名法治业务骨干专门成立法律服务工作组。司法所干警主动下沉，组织村（社区）人民调解员、“法律明白人”，配合乡镇党委政府开展“拉网式”疫情排查，充分运用调解技巧为排查对象释疑解惑，对涉及疫情纠纷第一时间受理、第一时间调处。调处涉疫情矛盾纠纷32起，劝阻各类聚集活动300余场次，有效确保疫情防控工作的顺利开展。县公共法律服务中心、乡镇公共法律服务站点通过服务“线上”运行，为群众解答各类法律问题130件。全县56名法律服务工作者发起捐资捐物倡议，募集资金2.16万元，并通过“一村一法律顾问”微信平台，及时推送疫情防治法律知识，为群众义务解答法律问题200余人次。开展行政执法综合协调工作，对疫情防控期间发生不听劝阻、违反防控规定以及囤积居奇、哄抬价格等违法行为的，全程指导、监督行政执法单位依法打击，维护社会治安秩序和市场经营秩序。（高　爽）

【护航企业复工复产】 2月10日，县司法局出台《应对“新冠肺炎”疫情支持中小企业共渡难关商事纠纷专项法律援助工作方案》，帮企业完善防疫措施，为复工复产提供法律服务。疫情防控期间，帮助企业协调处理与行政机关、司法机关有关的法律问题7个，提出应对措施或合理化建议50余条。选派3名工作经验丰富的司法行政干警进驻灰山港镇2家企业，收集企业需求，帮助指导企业做好疫情防控、复工复产。组织司法所和行业性人民调解组织积极参与企业矛盾纠纷排查调处工作，重点关注因防疫误工等引发的合同纠纷、劳资纠纷，调处企业矛盾纠纷6件。组织工作人员和律师、法律服务工作者走访辖区内较大规模企业，解答涉疫情法律咨询服务14次，审查合同10份，开展企业上门法治体检3次，帮助企业列明复工准备、员工上岗、恢复生产、日常管理等环节的防疫重点与注意事项。梳理政府部门关于企业复工、防疫的相关政策，制作宣传手册，印发《疫情防控相关法律问题操作指引》宣传手册6500册、《法律援助服务指示》1200本，张贴“疫情防控，法治同行”海报1000余张。利用公共法律服务平台、法律服务热线，零距离为企业提供涉企法律咨询服务，对中小企业办理公证事项优化办证流程，缩短公证办理时限，最大限度服务企业。

（高　爽）

【“优化营商 法治护航”活动】 4月21日，县司法局联合县经济开发区、县发改局等单位举行“优化营商 法治护航”活动，30余名业务骨干与40余名企业主及代表面对面交流、探讨后，对园区企业进行“法治体检”，随机抽取12家企业填写法治调查问卷，由专业律师对问卷所涉及的问题进行分析并提出解决办法。活动发放《优化营商环境条例》读本60本，收集企业代表意见建议40条。

（姚蘅桉　胡梦婷）

【全县司法行政工作会议】 5月11日，桃江县2020年司法行政工作会议召开。会议指出，全县司法行政系统要围绕跃位争先“一个目标”，推进全面依法治县和法治政府“两大建设”，夯实人民调解、社区矫正和公共法律服务“三项基础”，提升职能承接、服务大局、防控风险和监督协调“四种能力”。县委常委、政法委书记伍令贤出席并讲话。（高 爽）

【农民工欠薪追讨】 2月，鲊埠回族乡人民政府将追讨26名农民工工资的事交由司法所负责协调。所长薛茂林联系每一名当事人，核实身份信息，收集证据材料，引导农民工提起诉讼，走法律途径维权。4月21日，通过法院调解，纸厂与农民工达成10日内付清所有工资的协议。到期后，厂方并未履约。5月初，得知县政府将对淘汰的落后产能给予补偿，薛茂林和乡政府干部就优先保障农民工工资事宜向县政府汇报，县政府全力支持。6月3日，所有钱款到位。6月5日，薛茂林将326994元发放给26名农民工。

（高 爽）

【维权“绿色通道”】 县司法局全年为农民工申请劳动报酬案件开辟维权“绿色通道”，组建专业律师团队代理农民工追索劳动报酬案件，为农民工提供优质法律援助和法律服务。全年受理农民工法律援助案件28件，服务农民工100余人次，帮助追回工资79万余元。（高 爽）

【经济社会管理权限委托仪式】 7月1日，桃江县经济社会管理权限委托仪式在县党政大楼附属楼举行，12个单位与全县15个乡镇签订《行政审批委托协议书》《行政执法委托协议书》。2020年，桃江县出台《桃江县乡镇权力清单和责任清单》《桃江县乡镇经济社会管理权限目录》等文件，明确248项经济社会管理权限下放到乡镇，涉及部门23个，承接乡镇15个县行政审批服务局、政务服务中心完成赋权事项的办理培训，县司法局统一为乡镇设计雕刻行政审批专用章和行政执法专用章255枚，组织签署委托文书600份，制定统一的行政执法文书模板和行政执法业务指南，进一步优化工作流程，规范办事程序，确保经济社会管理权限真正承接落实到位。委托仪式结束后，160余名乡镇行政综合执法人员集中学习“充电”，深入学习行政程序规定及行政执法规范化建设、行政执法“三项制度”解读、行政处罚与行政强制、案卷规范整理等内容。（陈奕怡）

▲6月5日，鲊埠乡司法所所长薛茂林将32万余元发放给农民工

（高 爽/摄）

【行政执法联合监督】 5月下旬至6月上旬，县人大常委会牵头组织县司法局、县监察委、县人民检察院等监督主体单位，到县交通运输局、县农业农村局、县市场监督管理局、县城市管理行政执法局开展行政执法调查。各被调查单位主要负责人汇报行政执法公示制度、执法全过程记录制度、重大执法决定法制审核制度“三项制度”的落实，行政复议与应诉，优化营商环境等工作情况。调查组仔细查阅2019年以来的行政执法案卷及规范性文件等资料。针对查出的问题，调查组当场提问，并对相关单位提出的执法难题进行专业解答和指导。（陈奕怡）

【全面依法治县骨干培训班】 9月20—26日，桃江县2020年全面依法治县骨干培训班在湖南师范大学韶山人才培训基地举办。各乡镇、县直单位法治分管负责人、执法大队队长以及法治专干共160余人参加培训。县委常委、政法委书记、县治委办公室主任伍令贤出席开班仪式并讲话。培训主要讲授《中华人民共和国民法典》《人民调解与枫桥经验》《魅力语言与调解沟通能力提升》《提高领导干部运用法治思维和法治方式的能力》《行政执法程序与中国安全战略分析》《行政审批难点与实践》，进行实地走访教学。

（龚 芬）

【“七五”普法总结验收】 9月1日，市人大常委会副主任王刚强带领检查组对桃江县“七五”普法工作进行总结验收。县领导符凤文、胡国清、伍令贤、李仁高、郭清平、陈奇才陪同检查并参加座谈会。检查组通过查看资料、现场询问、观看汇报片、听取情况汇报等方式，详细了解“七五”普法组织领导、安排部署、基础保障、工作措施及工作成效等方面的情况，并到大栗港镇朱家村、县农业农村局、口味王桃江基地、法治文化长廊进行实地查看。王刚强认为桃江县普法工作，特别是青少年普法、全媒体普法覆盖的经验值得学习借鉴。（姚蘅桉）

【司法部行政执法专项监督组到桃江检查工作】 12月3日，司法部行政执法协调监督局副局长、一级巡视员徐志群率监督组一行，到桃江检查行政执法与规范性文件合法性审核工作，省司法厅党组成员、副厅长张维杰，副市长、市公安局局长瞿晏平，县领导黄劲、戴文、郭清平陪同检查。专项督查组实地检查县市场监督管理局、县城市管理和综合执法局、县文化旅游广电体育局的行政执法体系制度建设、行政执法“三项制度”和规范性文件合法性审核机制落实情况，进行个别访谈。徐志群充分肯定桃江的工作。（高　爽　陈奕怡）

交　警

【概况】 2020年，县公安局交通警察大队深化全县公安交管工作改革，全年未发生一次死亡3人以上的较大以上交通事故，未发生大面积、长时间的交通拥堵，全县交通安全形势平稳，人民群众交通出行安全感提升。

打击交通违法犯罪。全年查处各类交通违法犯罪行为10.8万余起，现场查处交通违法犯罪行为4.5万余起，其中查处酒驾1039起、醉驾30余起、假套牌104起、货车超载780起、客车超员350起、机动车闯红灯9679起、超速9276起、摩托车和电动车违法1.4万起，强制注销达到报废标准的车辆296台。

严控事故。全年受理交通事故11246起，其中死亡事故64起，死亡66人，亡人事故数量连续4年呈下降趋势，全年未发生交通事故引发的不稳定事件。同时，侦破交通肇事致人死亡逃逸案3起，破案率保持100%；吊销驾驶证24张，降级7人，道交庭结案470起。

县域警务。全面启动县域警务工作，组织警力对确定的10个风险维度进行摸排，出动警力2000余人次，走访所有村和社区，完善维度数据并出台“一县一策”。

服务群众。深入落实公安部“放管服”改革“20+10+6+12”项便民利民措施，全年共办理各类车驾管业务56972起，完成各类机动车驾驶证考试22258人次，完成机动车检验8900台。在全县设置电动车上牌点19个，将“流动车管所”开到社区和村委，完成电动车上牌49007台，上牌率居全市前列。

“双创”工作。以最高标准最严要求迎接“创文”“创卫”“国检”，为桃江荣获“全国文明城市”提名奖贡献力量。集中开展整治行动30天，出动警力3400余人次，警车800台次，共查处违停车1万余台，拖移违停车、僵尸车1100余台，拆除违法安装的伞具9300余把，曝光交通违法与不文明行为1100余次。

交通整治。开展交通问题顽瘴痼疾大宣传、大排查、大整治，主动对接应急、公路、交通等部门，对全县通车道路安全隐患进行排查，共排查出大小安全隐患400余处，并全部整改到位。完成省、市交办的9处事故多发和高风险路段的治理并通过验收，顽瘴痼疾整治工作在全县名列前茅。

超限超载治理。派出民警6人、协警10人参与全县治超工作，联合交通部门开展路警联合执法和站点联合驻守工作，同时大队下属的5个路面中队全力配合全县治超治限工作，查处车辆超载1100余起，其中查处“百吨王”18台，查处车辆改装改型200余起。

基础设施建设。补划道路交通标线6800平方米，维护桃花路、芙蓉路和金盆大道等处的隔离护栏200余片1800余米，新增中心隔离护栏810米，维护各类交通设施280余次。新增电子警察系统4套，设置临时红绿灯3处，建成县级交通指挥中心。

交通安全宣传。持续加强警媒合作，在《人民公安报》《法制日报》和人民交通网等中央级主流媒体上稿23篇，在《湖南日报》、红网等省级媒体上稿104篇，在市、县级媒体上稿255篇。自主运行的“桃江公安交警”微信、微博平台上，发布案情、路况、安全提示等信息281条，点击率60余万人次。

（陈　龙）

【全警上路抗疫情】 大队成立防疫工作领导小组，印发《桃江县公安局交通警察大队新型冠状病毒感染

▲2月3日，交警在省道207线三堂街镇黄泥坳隧道疫情防控点值守
（陈 龙/摄）

的肺炎防控工作方案》，全面动员部署，明确责任到每一名队员。按照县委、县政府的部署，取消春节休假，坚守一线抗击疫情，出动警力6000余人次，警车1200余台次。根据安排部署，在全县6个高速出口协助相关部门设置防疫检查点，每天每个点派驻3名警力，检查过往车辆，劝返武汉籍车辆。其他警力上路切实加强春运交通秩序管控，保障疫情处理车辆、人员和防疫物资运输车辆顺利通行。此外，还根据指令实行交通管制，为应急车辆开辟“绿色通道”。特别是精准防控专班，共查控湖北籍车辆4000余台，排查人员1万余人，为全县打赢抗疫保卫战和做好复工复产工作奠定坚实基础。
（陈 龙）

【交通肇事致人死亡逃逸案破获】2月7日上午9时23分，灰山港镇肖家塅村路段发生一起交通肇事死亡逃逸案。交警大队立即成立“0206”专案组，展开案件分析并开展下一步工作。通过摸排走访，通过事故现场周边监控设备查询事故发生时间段来往车辆的活动轨迹，加上现场遗留下来的物证等基本情况，初步断定出嫌疑车辆的大致情况和逃逸方向。在专案组的强大攻势下，下午2点，肇事人文某（男，灰山港镇人）投案自首。在案发不到5小时后即得到侦破。
（陈 龙）

【窗口服务助力复工复产】2月24日，交警大队严格落实各项疫情防控措施，多措并举恢复窗口服务，并开通抗疫“绿色通道”，助力复工复产。普通业务“网上办”。对于非现场交通违法处理、驾驶证满分学习、审验学习等业务，引导群众登录“交管12123”，在网上办理。到期业务“延期办”。对疫情防控期间不能按期办理驾驶证审验、换证、机动车检验、现场违法处理等业务的延期办理。特殊业务“应急办”。疫情防控期间，紧急情况确需现场办理交通违法处理或车驾管业务的，安排专人测试体温、登记身份证和手机号码等相关信息，在体温合格并佩戴口罩的情况下应急办理，尽可能避免人员聚集，交叉感染。绿色通道“高效办”。大队在车管所开辟“绿色通道”，确保疫情防控和复工复产的车辆及人员的业务办理便捷高效。交警大队车管所各服务窗口2月24—26日共办理业务4100余起，引导群众网上办理业务1200余起，开辟的“绿色通道”为复工复产的车辆及人员办理车驾管业务300余起。
（陈 龙）

【全县公安交管工作会议】4月17日，2020年全县公安交管工作会议在县公安局召开。副县长、县公安局局长郭清平出席会议并讲话。会议回顾2019年全县公安交管工作和2020年春运交通安保及防疫工作，分析全县道路交通安全形势，部署2020年全县公安交管工作。会议表彰马迹塘中队、灰山港中队和科技应用中队3个2019年度全县公安交管工作先进单位。郭清平肯定2019年全县公安交管工作成绩，强调要重点围绕保畅通压事故、提高服务质量水平、提高队伍素质形象和从优待警从严待警等方面做工作。
（陈 龙）

【首款电动自行车号牌发布】5月6日，县交警大队开启电动自行车上牌登记工作，桃江首块电动自行车号牌“益阳·5000000”发布。同时，增设桃花江中队、公路巡逻中队、马迹塘中队、三堂街中队和灰山港中队5个上牌点。全县电动自行车开始纳入交通管理。
（陈 龙）

军　事

桃江县人民武装部

【概况】 2020年，县人民武装部以习近平新时代中国特色社会主义思想为指导，全面贯彻习近平强军思想和中央军委基层建设会议精神，着力在举旗铸魂、聚焦主业、正风肃纪、夯实基础上下功夫，推动全县党管武装暨民兵预备役工作迈上新台阶。

思想政治建设。打牢官兵思想政治建设基础。坚持把学习贯彻习近平主席系列重要讲话精神作为长期政治任务，巩固深化“不忘初心、牢记使命”“传承红色基因、担当强军重任”主题教育和经常性思想教育成果，强化先进典型示范。积极创新教育形式，探索运用启发式、互动式、访谈式等新模式。在干职员工、专武干部和民兵队伍中广泛开展微课堂、微讲座、微视频等活动，用好“学习强国”和“军职在线”APP，开展学习评选活动，掀起学理论、用理论的热潮。探索民兵政治教育有效途径，深入挖掘红色资源，讲好桃江红色故事，着力增强教育的实效性和感召力。以争创全国双拥模范城为抓手，做好拥政爱民工作。持续抓好联系点响涛源社区脱贫攻坚任务。

战备执勤训练。领会习近平主席新年开训动员令精神，把练兵备战作为年度中心工作。完善战备方案，增添战备器材，落实战备秩序，常态组织战备值班拉动演练。抓好“两会”、国庆及重大节日等重要敏感时期战备执勤。落实《关于民兵应急力量纳入政府应急管理体系办法》，健全“共商、共建、共享”机制，确保民兵队伍拉得出、用得上。坚持战斗力标准，区分层次大抓基础训练，深入开展群众性岗位练兵比武竞赛。结合军事日活动，组织地方领导、机关干部进行军事体能训练和野外生存拉练。抓好本部、国动委机构、专武干部和基干民兵等四类人员训练，遴选一批尖子参加上级比赛，争取优异成绩。结合第一季度民兵调整改革，提升民兵专业对口率，规范基干民兵预建党组织，抓好民兵专业力量、新质力量建设。7月，组织参加军分区新质民兵分队比武，推动民兵队伍建设提质增效。督促乡镇抓好新入队人员训练，按计划组织专武干部和民兵骨干轮训，重点抓好基础理论、单兵技能、应急行动的组织训练，提高民兵队伍组训水平。

国防教育。弘扬爱党爱国爱社会主义和崇军尚武精神，提升国防教育时代感召力。从“军队英模人物”进校园、国防教育宣传橱窗进校园等5个方面，按勇敢、好学、坚强、奉献4个方面从全省遴选优秀军人事迹材料，发放到中小学生手中，让他们了解身边英模的英雄事迹，在潜移默化中拉近他们的距离。

基础工作。深入学习中央军委基层建设会议精神，抓好经常性基础性工作落实，推进基层建设整体跃升。基层武装部按照《桃江县关于加强新时代基层武装部、村级民兵连建设的实施办法》，抓好阵地建设，规范基本设置，完善基本制度，强化组织功能，建强民兵队伍等落实。经县委议军会研究决定，2020年在基层武装部深入开展全面建设星级达标活动，10月，由县人武部军事科会同政府办组织达标验收。县级（三星）验收合格奖励1万元,市级(四星)、省级(五星)验收合格分别奖励1.5万元、2万元。对星级达标结果进行通报排名，作为评先创优的重要依据。争取3年内基层武装部全部达到“三星”以上,“四星”以上不低于80%，在上级达标验收和集中评比中力争上游。

兵员征集。适应改革步伐，抓实抓细宣传发动，摸索信息统计、政策激励等基础工作,坚持早筹划早准备,扎实细致做好兵役登记工作，运用教育网综合数据,摸清乡镇大学生底数,提高大学生征集比例，积极探索实行征兵常态化建设，研究破解大学生和大学毕业生征集难题，认真组织征兵体检和政治考核，严格标准程序，把牢廉洁征兵关口，推行综合素质考评及择优定兵系统筛选预定新兵，进一步提高兵员征集质量，确保圆满完成年度征兵工作任务。（李　林）

【“种下果树美家园 扶贫路上一家亲”活动】3月5日，县人武部向全县发出倡议，号召全县民兵人人种植一棵果树，为家乡人居环境整治助力，着力打造一个良好生态环境；倡议全县民兵自发为贫困户捐赠、种植果树苗，并提供技术指导，助力脱贫攻坚。倡议发出后，高桥镇石头坪村民兵班长王斌，主动带领村上的村民与贫困户种下150多亩的茶油树及果树。全县几家大型苗木园林负责人，不少既是军人出身，又是基干民兵，纷纷向各村的贫困户捐种树苗并无偿提供种植技术，同时还开展“基干民兵一帮一”结对子活动。全年先后为全县贫困户捐赠树苗近1.5万余株，价值15万多元。（李　林）

【基干民兵训练暨民兵舟桥应急演练】6月12日至23日，县人武部组织70名基干民兵在沾溪镇洋泉湾展开为期7天的基干民兵暨冲锋舟操作手培训。23日上午，民兵舟桥大队在资江沾溪段举行水上应急演练，民兵分组开展编队行进、转移群众和打捞漂浮物3个项目的检验。（李　林）

武警桃江中队

【概况】2020年，武警桃江中队以习近平强军思想为指导，贯彻武警部队、总队、支队三级党委决策部署，铸牢忠诚、维护核心，牢记训词、练兵备战，夯实基础、建强队伍，确保实现“四铁”先进中队。

▲6月14日，桃江县第一期基干民兵训练　（李　林/摄）

政治教育。中队践行政治工作时代主题，适应强军目标要求，健全理论学习机制，官兵应知应会学习掌握入心入脑。加强政治教育，培养立场信仰坚定的“四有”(有灵魂、有本事、有血性、有品德)革命军人。一队一品，官兵文化生活丰富，心理引导有效，培树官兵正确的军人价值观和端正的服役态度。

执勤效能。以习近平主席训词训令精神为根本遵循，对照军事训练新大纲内容，突出战斗力生成，突出实战化要求，提升中队官兵军事训练成绩。聚焦执勤效能，哨兵情况处置能力有大的提升，确保固定勤务和临时勤务全年安全无事故。创新执勤管控，解决执勤常见病、多发病，强化战斗意识，引导官兵树立“心中有任务、眼中有敌人、脑中有对策”的敌情观念。

作风建设。以“四心”(知心、稳心、强心、暖心)工程为主要抓手，深化军民融合式发展，构建拴心留人的和谐警营。以贯彻新条令条例为主线，安全工作“八个规范”(安全环境良好，安全制度落实，安全活动经常，安全教育深入，安全设施齐备，安全训练到位，安全责任明确，安全组织健全)为抓手，“四治”(治松、治散、治虚、治软)为重点,围绕“四个秩序”(战备、训练、工作和生活秩序)正规，确保部队安全稳定。树牢以队为家，队兴我荣、队衰我耻的集体荣誉感，全年深入开展“尊干爱兵”系列活动，在新兵第二适应期、老兵退伍等时期，突出抓好密切内部关系教育，严肃查处打骂体罚、冷暴力，收受战士钱物、侵占士兵利益等突出问题。军人委员会每月收集官兵对中队建设的意见建议，党支部对官兵反映的意见和建议做到件件有答复，事事有回音，高度重视官兵的各项权利，维护好官兵参与中队建设的积极性和创造性。内外关系和谐，政令、军令畅通，官兵关系、兵兵关系、军民关系发展融洽，建立炊事员每季度轮岗制度，定期更换口味、精炼厨艺，每月为战士举行一次集体生日聚餐，使战士吃得放心，生活舒心，工作顺心。每逢重要节日向官兵家人进行短信问候，定期谈心交流，抽查干部骨干知兵情况，在发现问题和解决问题上下功夫，及时妥善处理士兵的各种现实思想问题和实际困难。隐患治理得力，建设“五无”（无安全事故、无违反“五条禁令”事件、无违法违纪案件、无失泄密事件、无自杀事件）基层中队，以抓好风气建设的精神为指引，畅通民主渠道，在处理战士入党、考学、选取士官、骨干配备、学技术等热点敏感问题上，广泛听取中队官兵意见，主动接受群众监督，维护士兵的切身利益，发挥士兵“主人翁”作用。

建强支部班子。始终以思想建队、政治建队为引领，重点抓好习近平主席系列重要讲话精神、中共十九大会议精神、军队改革会议精神、三级党委（扩大）会议精神、新颁发的《军队基层建设纲要》精神学习和成果转化，搭好班子带好队伍。从“每月主动交纳党费、按时参加党小组会”严起，以“三会一课”、主题党日活动为抓手提高党组织生活质量，不断增强班子凝聚力战斗力。

建强“四支队伍”。着眼抓落实、抓责任、强根基，通过支部正、副书记影响和带动支部一班人围绕中心抓建设，抓好建设保中心。落实党的七项组织生活制度，用组织制度来抓党员队伍。实现干部事业心责任感强，党员模范作用好，士官工作热情高、任务完成出色，扭转“要我干”的局面，弘扬“我要干”的氛围。加强党员教育管理，落实每月思想分析、每两个月思想汇报制度，定期组织民主评议，及时公正处置不合格党员，促进党员先锋模范作用发挥。建好群众组织。指导两个群众性组织制定好年度活动计划，及时调整充实团支部、军人委员会。努力把争创“四铁”先进单位、争当“四有”优秀个人结合起来，紧紧围绕抓党建带团建的方针，开展三大组织联建联创活动，按照选准配强、加强指导、注重培训的原则，真正做到“有组织、靠群众，有制度、靠落实”，积极促进两大群众组织作用发挥。按照“日有指导帮建，周有学习培训，月有安排部署、季有总结讲评”的建设思路，大力营造“工作常指导、活动常开展、制度常落实、作用常发挥”的良好氛围。中队党支部全面统筹牵头，严格依据时间节点展开工作，不等不靠、不拖不慢，对请示报告工作中的难点，遇特殊情况及时作出调整。（段济川）

【军训大练兵】 1月开始，中队坚持以训强能、科学组训，开展大练兵军事训练热潮。坚持“一切从实战出发”的训练思路，以提高战斗力为标准，重点抓好体能、技能训练，提高官兵能力素质，确保中心工作圆满完成，大力宣传和表彰训练中的先进典型，让官兵学有标准、练有榜样、赶有方向，营造“比、学、赶、帮、超”的浓厚训练氛围，进一步激发官兵的训练热情。（段济川）

【李汉忠检查桃江中队】 3月12日，武警益阳支队政治委员李汉忠、政治工作处主任李祥检查指导桃江中队工作。李汉忠详细询问疫情防控工作、训练工作和官兵身心等情况，充分肯定近期中队各项工作，深入一线哨位，与执勤哨兵亲切交流。

（段济川）

交通·邮电·通信

交通运输

【概况】 2020年12月，根据县政府统一安排，县交通运输局搬迁至县城芙蓉路741号原月飞学校第一栋教学楼。2020年，全县公路通车里程2449.929公里，按行政等级分，国道123.188公里、省道206.297公里、县道266.954公里、乡道1025.608公里、村道827.882公里；按技术等级分，一级公路44.996公里、二级公路237.523公里、三级公路13.582公里、四级公路2056.98公里、等外公路96.848公里。过境高速公路5条，总里程约100公里(主线95公里，互通5公里。其中常安24.728公里、益马48.46公里、益娄13.6公里、马安9.36公里、益阳南线1公里)；铁路（洛湛、石长及其复线）69公里；航道102公里，500吨级货运码头1座；在建高铁1条（常益长高铁）。

道路运输。在籍营运货车（总质量4.5吨以上）3354辆，运输企业5家，三级以上客运站6家，驾校13家，二类以上维修厂15家。城乡公交企业1家（线路53条，城乡公交车193辆），城市公交企业1家（线路10条，城市公交车96辆），城市出租汽车企业2家（出租汽车209辆）。

水路运输。在籍经营户103户（客运99户、货运4户），营运船舶118艘（渡船103艘、货船15艘）。渡口码头37道（座），其中人行渡口19道、汽车渡口15道、客运码头3座，2020年，按省、市、县统一部署取缔8处。

项目建设。2020年完成交通建设固定资产投资5.8202亿元。处置益马、益娄、马安、常安高速公路及牛大公路、舒牛公路、S230第五标等建设项目遗留问题，解决个案20多个，落实补偿资金400余万元，改善了路地关系。G207武潭镇改线工程路基拉通全线纵向便道，软基处理、桥梁桩基全部完成，完成通涵工程29.5%，鹅公垭隧道中导洞工程全部完成；G234赫山区谢林港至桃江石洞公路桃江段取得省交通运输厅的工可审查（修编）意见，公路建设养护中心完成G234（灰山港至麻园坳段）、G207（武潭路段）大中修。建设农村客运招呼站10个，全县投入使用的农村客运招呼站达247个。公路养护中心完成223.57公里安保工程、17座危桥改造、28.249公里窄加宽和86.5公里通自然村公路建设。完成立项争资5428.34万元，为年度任务的159%，引进企业1家。

依法行政。全年办理行政许可460件，事项按期办结率100%，服务满意率100%。完成交通运输综合行政执法改革机构设置及人员划转，办理行政处罚案件1155件，无一例复议或赔偿案件。勘定全县境内的国、省、县、乡公路界址和里程（共计1836.329公里），制定各乡镇所属国、省、县、乡公路明细表，明确各中队的路政巡查范围，不定期开展路政巡查，查处各类涉路违法违章25起，当场纠正15起，立案2起，准备立案5起，移交案件1起，交办2起，处置投诉3起，维护公路畅通。查处超载车辆863辆次，责令非法改拼装货运车辆自行恢复273辆，强制切割恢复原状52辆，吊销道路运输证9本，吊销驾驶员从业资格证9本，从业人员诚信扣分2140分，干线公路超限超载率下降至0.43%，高速公路入口超限超载率控制在0.5%以下。

安全监管。开展交通运输行业安全隐患排查整治，重点对超限超载及非法营运、马路市场占道经营、渡口码头、交通建设现场、铁路沿线隐患进行专项整治，共排查出交通运输安全隐患161起，现场整改101起，下达整改通知书60份，取缔占道经营52处、流动摆摊点61处，消除占路施工作业21处、打场晒粮49处，治理铁路沿线隐患93起，完成上级交办件34份，遏制了隐患向事故发展的趋势。

城乡统筹。协调相关部门出辆补贴政策，完成原有农村客运班线整合，收购车辆271辆，并购湘运灰山港公汽公司，收购车辆90辆，全县开通城乡客运线路63条，覆盖全县215个行政村、31个社区，所有车辆实行统一智能化调度并落实价格惠民政策，创建工作通过省厅正式验收，实现全县城乡客运建制村全覆盖，“开得通、留得住、管得好”的城乡客运一体化格局基本形成。

污染防治。加强机动车污染源治理，查处货车货物扬撒行为47起，淘汰老旧柴油货车7辆，建成M站1家。关停7处渡口和2处砂石场，完成岸线复绿任务，对辖区水域所有客渡船配发垃圾桶，油污水回收桶，在三堂街镇建成一个船舶污染物收集点。

管理服务。配合市水运事务中心完成辖区102艘船舶检验，更换58本到期船员适任证书、24本国籍证书，确保辖区船舶、船员资质齐全有效。办理普通货运经营许可393件、道路客运经营许可1件、班线经营许可4件，配发道路运输证537件，完成营运货车年审2618件。

运输保障。完成14家运输企业上年度安全生产状况评估工作、41家运输企业2019年度质量信誉考核工作。举行10期（共690人）从业资格考试，办证686本，补换证2809本，完成4843名道路运输从业人员网上诚信考核，吊销从业资格证9本。落实财政补贴政策，完成2019年度225辆农村班线客车、108艘客船、289辆城市（城乡）公交、209辆巡游出租汽车的成品油价格补助和154辆新能源公交车运营补助申报和发放。（熊　平　苏胜林）

【交通机构改革到位】 3月9日，“桃江县交通运输综合行政执法局”揭牌仪式在县交通运输局机关大院举行，副县长戴文出席揭牌仪式，局党组班子成员和机关股室长参加。随后，局党组班子成员到各乡镇，为新组建的局属二级单位揭牌并授旗。此次改革，县交通运输局加挂县交通运输综合行政执法局牌子，增设专职副局长1人、机关股室3个。整合原县道路运输执法大队（县道路运输管理所）、县地方海事处、县交通建设质量监督站及15个交通运输管理所执法职能，组建县交通运输综合行政执法大队。

（熊　平　苏胜林）

【资江非法码头渡口整治】 10月31日，全县列入整治范围的7处非法渡口码头、2处砂石堆场全部关闭或取缔，复绿与恢复自然坡岸工作同步完成，资江非法码头渡口整治实现目标清零。（崔文芳）

【规划编制取得重大进展】 2020年，县交通运输局成立“十四五”规划编制工作小组，开展大量前期调研、资料收集工作，为挤进省计划“笼子”，及时准确掌握政策动向，征求社会各界意见，在多次讨论的基础上，形成涵盖公路、水运、运输、科技信息、绿色交通、安全应急、养护管理七个方面的初步规划方案。全县列入国家国道网规划的普通国道3条，全长95.24公里；列入湖南省省道规划路网的5条，全长114.381公里。（熊　平　丁立元）

公路建设养护

【概况】 县公路建设养护中心是县财政补助（差额）事业单位，现有在职职工143人。其主要职能是对全县国道、省道干线公路进行大中修改造、养护，对全县农村公路进行规划、建设、养护（含危桥改造、安保工程），对外承担公路桥梁施工。2020年，全中心管养国省干线公路里程220.602公里。其中国道（G207、G234、G536）117.452公里，省道（S223、S225、S319、S321）103.15公里。

民生实事。完成农村公路窄路加宽28.249公里，完成自然村通水泥（沥青）路项目86.5公里。完成农村公路危桥改造17座，其中中桥1座，小桥16座。消除湖南省交通运输厅下达的农村公路223.573公里隐患，完成76条、设计线路里程146.71公里顽瘴痼疾线路安全生命防护工程整治；消除14个乡镇共138处农村客运班线、通校车线路安全隐患，消除G536、G207、G234、S223、S319、S225、S538，7条线路共114处顽瘴痼疾隐患。

▲9月30日，武潭镇杉树港村国道207线完成提质改造　（汪朗清/摄）

公路建设。完成G207武潭镇区段3公里大修工程，完成G234国道5.5公里大修工程，完成G536南环线路段7公里中修工程，完成G536桃益线6.153公里中央分隔带护栏设置。完成27条、105.416公里线路破碎板换板处置，创建石牛江镇、浮邱山乡2个“四好农村路”示范乡镇。完成桃花江镇大华村Y5052.81公里提质改造，新修建高桥镇罗溪村虎家湾农村公路2.647公里。

公路养护。结合桃江县乡村振兴、农居环境治理，完成S223桃江—灰山港段的预防性养护，及时修补路面坑槽，确保304公里国省干线公路的路况稳定，指导并督促属地乡镇完成2100公里农村公路养护。（雷凤林）

【益桃线花果山段增设中央分隔护栏】4月28日，在益桃线船形湾村路段，施工人员使用公路护栏打钻一体机对地面进行定点打钻，进行支柱固定和护栏安装，增设中央分隔护栏。新建的隔离带护栏从桃花江度假村路段一直延续到花果山路段，总长6.153公里。（雷凤林）

【紧急处置山体滑坡】7月28日，国道207线桃江县武潭镇杉树村地段突然发生山体滑坡，导致交通完全中断。接到报警后，县公路建设养护中心组织当地政府、交通、交警等部门赶赴现场处置。公路部门紧急调运铲车、挖掘机等机械设备，将滑落的泥土和山体边坡上松散的泥土运走。山坡上存在随时可能垮塌的土石，公路部门决定再在公路靠山体一侧堆土，构造长约20米、高1.8米、面积100平方米的围挡。经过近3小时的紧急抢修，地段恢复通行。（雷凤林）

▲桃益线桃花江镇船形湾村段中央分隔护栏施工　（雷凤林/摄）

【国道207线武潭镇区段提质改造完工】9月23日，县公路建设养护中心完成国道207线武潭镇区段水泥路面换板处置及沥青混凝土ATB基层，开始面层摊铺。10月底完成路基路面排水工程、安保附属设施和标线工作。（雷凤林）

【全力以赴迎国检】10月19日，湖南省“十三五”全国干线公路养护管理评价工作（简称迎国检）开启，桃江县迎检线路为G536线K162.8—K214.11段（桃江界—G207三岔口）。公路部门联合沿线乡镇、交通运输局综合执法大队、城管执法局、交警大队对迎检线路进行路容路貌整理、路域环境治理，对水泥路进行清灌缝及换板处理、沥青路裂缝修补及坑槽挖补；恢复路面标线、钢护栏、标识标牌、道口警示柱等。经过多部门协作，10月21日顺利通过交通部路况评定的检测。

（雷凤林）

邮　政

【概况】2020年，桃江邮政总收入

9409.72万元，较2019年同期增长419.23万元，增幅4.66%，完成年度收官收入计划的93.54%，居民存款市场占有率20.33%。

普遍服务。2020年，邮政普遍服务网点四项普遍服务业务开办率100%，乡镇邮政局所覆盖率100%，实现空白乡镇补建局所正常运营，巩固了农村地区建制村100%直接通邮成果。对竹业城支局、程控大楼支局、灰山港支局、沾溪普遍服务网点进行装修升级改造。浮邱山普服网点迁址至水口山村委大楼营业。配合政府部门落实行政村“一门式”服务工作。下发《桃江县邮政分公司“一门式”服务全覆盖工作操作方案》，与全县215个行政村签订“一门式”服务村级代办协议，村部代办收寄出口包裹、快递1.8万余件，实现收入14.2万元。2020年，县级以上行政事业单位及乡镇人民政府实现党报党刊当日见报率100%。

寄递业务。2020年，在县城成立芙蓉路、竹业城、金凤3个揽投部，邮政寄递服务辐射到城区各个方位。签订优质协议客户30余户，在桃江县口味王公司、各乡镇村委等地设立电动自行车上牌登记服务点，开展电动自行车上牌上门服务。2020年寄递事业部完成收入782.61万元，其中快包收入566.27万元，标准快递完成收入112.69万元（含政务类56.78万元），物流收入完成79.11万元；支局窗口完成收入16.82万元；国际业务完成收入2.89万元，其他类完成收入4.83万元。

金融业务。2020年，邮储余额规模47亿元，网点点均邮储余额规模2.94亿元，点均余额净增2639万元，新增储蓄存款排名全市第4。大理财（理财+基金+国债）规模5.03亿元。全年累计销售保险1.84亿元；其中趸交1.3亿元、期交5228万元。手机银行新增2.07万户，新增激活率96.85%，电子银行交易替代率93.3%，较2019年提升3.42%，电子银行渗透率48.07%。中邮消费贷发放贷款894.5万元。全县设立16个邮政金融网点，在空白乡镇浮邱山乡投放了离行式柜员机。竹业城邮政营业所迁址重装开业。

农村电商。2020年，全县有205个站点开通易邮自提业务，并实现全站点多业务叠加。出辆《邮掌柜站点管理考核办法》，明确支局长、区域经理、邮掌柜三方的岗位职责；出辆《桃江邮政渠道平辆运营转型方案》，专型推进6类网点。落实3个生态圈工作，实现全站点多业务叠加，“6+X”业务管理模式，构建渠道生态圈。全年分销收入504.95万元，增值业务收入47.76万元；批销完成313.21万元，其中自营完成313.06万元；代收费业务完成345.26万元；简易险14438笔，258.01万元。

惠农项目。2020年，惠农项目实现农社客户源头获客信息采集1045户，进度116.11%，排名全市第一。全县参与惠农合作项目客户743户，与邮政开展业务合作两项及以上业务渗透率34.01%；惠农项目帮助农企销售农副产品184万元、寄递物流3万余件，同时吸收惠农项目总资产6968.5万元。

消费扶贫。县邮政分公司与县总工会开展“线上消费扶贫”，与县扶贫办开展“消费扶贫线下体验馆”消费扶贫，全年与194个单位签订协议，服务工会会员和职工16405人，消费扶贫金额585万元。

集邮与文化传媒。举办《盛世珍藏》文化金活动，销售邮票198套，完成销售金额27.32万元。在全县开展“益阳人游益阳”活动。全年销售“益山益水益美益阳”文旅惠民消费一卡通57900元。春季校园报刊征订实现流转额35.60万元。

人力资源。分公司金融从业人员93人，持证55人，持证率59%，未持证人员38人。全年举办支局长、邮政金融业务、邮政营业、邮政投递、安全生产等短期培训班及岗位练功19批次，参培1506人次，有效提升了干部员工的执行力，提升了管理人员的管理能力与管理水平。

网运服务。2020年，县邮政分公司检查全县支局、网点、揽投部、邮件中心、综平站点260余次，检查履职检查记录50多人次，处罚170多人次，处罚金额6万余元；受理各类工单3000多件。下发《关于在全县开展服务质量专项整治活动的通知》，出辆《关于在全县集中开展邮政资费专项整治活动的通知》，开展邮件规格质量检查活动。（张婧子）

【桃江邮政职工代表大会】 4月15日，县分公司召开2020年度工作部署会暨第一届八次职代会，分公司领导班子成员、全体正式代表、列席代表参加会议。分公司党委书记、总经理黄郴辉在会上作工作报告，总结2019年桃江邮政取得的成绩，部署2020年的工作。工会主席、副总经理王伟作工会工作报告。会议审议通过《行政工作报告》《工会工作报告》《薪酬分配办法》《服务质量管理办法》。行政与工会续签集体合同、集体合同补充协议和工资集体协商协议。与会代表审议企业2019年度工会经费审查通报。各部室主任、网点负责人向黄郴辉总经

理递交党风廉政建设责任书，表彰先进单位和先进个人。（张婧子）

【消费扶贫联盟成立大会】 9月22日，桃江县2020年消费扶贫产销对接暨消费扶贫联盟成立大会在县邮政分公司三楼举行。市扶贫办党组成员、副主任蔡小鹏，县政协副主席、县扶贫办主任胡喜明参加大会。胡喜明详细介绍消费扶贫联盟情况。县扶贫办社会扶贫股股长任大为部署全县消费扶贫工作。（张婧子）

核　电

【概况】 县核电办具体承担核电工作和总部经济工作。2020年，县核电办的核电工作仍以核电厂址保护、公众沟通及遗留问题处理为主，核电项目累计完成投资50余亿元。

桃花江核电站。桃花江核电站位于沾溪镇与三堂街镇交界处的荷叶山。厂址毗邻资江，离桃江县城16.5公里，距益阳市中心城区37.2公里，距省会长沙108公里。核电站主厂区占地面积约3000亩，规划安装4辆125万千瓦AP1000核电机组，总装机容量为500万千瓦。受政策影响，2020年，桃花江核电项目继续处于暂缓状态。

厂址巡查。2020年，协同湖南桃花江核电有限公司、沾溪镇、三堂街镇有序开展了11次厂址保护日常巡查，发现并制止一起轻度厂址破坏行为，桃花江核电厂址保护完整。

排忧解难。2020年，发放生活救助金38万元，用于补助桃花江核电项目征地拆迁厂区完全失地困难农民，维护安置区的和谐稳定。争取资金21.3万元，协调解决35千伏三核线线房、沾溪镇核电大道（进厂道路）两侧景观绿化、三堂街镇湖莲坪村核电复迁地排水沟修复、三堂街镇湖莲坪村南岳庙渠道改道疏通、三堂街镇王母冲村拆迁户洪灾后护坡受损补助5个遗留问题。

总部基地。桃江县总部基地一期规划用地面积约175亩，其中A地块（配套住宅）57亩，B地块（新经济产业园）52.77亩，C-O商会区域共12个地块67.74亩，已有8个地块签约并完成土地出让手续，完成总部大楼主体建设。入驻总部基地的桃江三千加、湖南石建、湖南润格建设工程有限公司、湖南弈彩化工有限公司等企业缴纳税收5000余万元。总部基地建设。新经济产业园建成办公大楼11幢，园区内游泳池、整体景观和众创空间等对外呈现，其中8号幢完成内装修，完成投资2亿元。总部基地规划红线外“七通”全部到位。根据县政府安排，县经开区负责场地外“七通”建设，即自来水、电力、道路、通信、燃气、地下管网均全部链接至规划红线外，竹海游步道完成建设。总部基地招商。县总经办与入驻企业通力合作，重点针对在外乡友招商。成都置信集团的湖南三千加旅游资源开发有限公司引进珀林酒店、成都瑞方人力资源有限公司、成都合达联行物业服务桃江分公司等43家企业，在谈企业60余家。商会区域剩余6个地块有明确投资意向的企业近10家。（殷敏俐）

【核电工作进展】 2020年，县核电办推进核电和总部经济工作，通过商务谈判争取核电资金133万元，解决核电厂址遗留问题5个，总部经济基地新引进企业24家，完成税收3000万元。（陶　浩）

【科普宣传】 2020年，桃花江核电科技馆接待参观人数200人次。协助核电公司开展第八届“魅力之光杯”全国中学生核电科普知识竞赛。核电公司专家录制云课堂核电科普视频。（殷敏俐）

供　电

【概况】 2020年，县供电公司广大

▲桃江县总部基地　（殷敏俐/摄）

员工众志成城、攻坚克难，克服新冠病毒肺炎疫情的不利影响，全面落实“6+3”重点工作要求，扎实推进各项改革任务，在电网建设、提质增效、两降一控、扶贫攻坚等方面取得阶段性成绩。

电网建设。2020年，完成电网建设投资9883万元，35千伏板溪变电站投运。坚持规划引领，落实“三个导向”，收集“两个规划”问题辆账梳理、市场需求梳理及农村用电调研等问题2008条。按照“没有规划就没有项目，没有项目就没有投资”的要求，实行项目需求提报、项目需求审查立项、可研设计全过程管控。

生产管理。2020年，完成27条10千伏线路集中检修和14条雷击频繁线路的防雷专项治理，处理缺陷隐患2794处，完成64条线路通道治理，清理树竹14.8万余棵，完成40辆重过载配变推磨轮换，163个辆区三相负荷不平衡治理和319个辆区档位调整。“两降一控”（10千伏线路故障率、配变停运率及配变平均停电时长的指标管控）指标分别下降55.31%、35.25%、34.72%。

营销管理。全年治理C、D类高损辆区728个；完成青山、德茂园、露尖、高桥自供区及灰山港石堪湾、松木塘林场趸售辆区现场整治，年少损失电量130万千瓦时，县供电公司成为益阳公司第一个自供区和趸售辆区同步双清零的县公司。电能替代电量1518万千瓦时，签订智能运维合同78份，签订42户市场化合同，年市场交易电量3600万千瓦时，投入电动汽车直流充电机20辆，车联网平辆接入137个，开展不停电作业76次，自动化设备正确动作减少全线跳闸418次，减少辆区停电次数18431辆次，减少停电时户数46077小时。持续深化集体企业规范管理，签订72个工程施工合同。推广微信服务号130869户，完成全年目标100.66%。严格落实抗疫期间电价政策，对23932户减免电费1443.42万元，支持企业复工复产。

安全工作。开展安全生产“大反思、大讨论、大学习”活动，开展安规培训，培训人员387人次，深入推进安全生产反违章工作，对2336个检修、施工、倒闸操作作业现场开展安全稽查，查处各类违章50起，全面排查问题隐患2810起，成功制止220千伏黄桃线一处线下吊车危险作业，及时避免外破事件和人员触电伤害事件发生。全力迎战迎峰度夏、迎峰度冬，完成春节、“两会”等重大节会保电任务，全年累计安全行驶1016713公里。

（安　莎　龙姗姗）

【脱贫攻坚】2020年，县供电公司实施贫困村电网改造、光伏扶贫、驻村帮扶“三大工程”。2个贫困村全部脱贫出列，精准脱贫19户49人。消纳光伏扶贫电站上网电量61.25万千瓦时，开展“五进农家”等特色扶贫活动，消费扶贫42万余元。自然村全部按标准通“动力电”，农网户均配变容量2.1千伏安。

（安　莎　龙姗姗）

【桃江供电公司创两项历史新高】2020年，县供电公司完成售电量14.22亿千瓦时，同比增长2.63%；日最大供电量57.28万千瓦时，电网最高负荷31.81万千瓦，均创历史新高。（安　莎　龙姗姗）

▲5月27日，大栗港镇德茂园电网改造　（龙姗姗/摄）

电　信

【概况】2020年，中国电信股份有限公司桃江分公司下设2部1室8个中心，25个四级经营单元（其中城市营业部3个、农村支局15个、渠道片区4个及核心商圈、政企分部、商客分部）。公司有AB类员工119人，D类员工26人，退休、退养、协议离岗员工82人；维护人员57人（其中城区客户端8人、农村代维49人）。渠道有效网点68家，商圈3个（核心商圈加2个支局商圈）。

生产经营。发挥中国电信综合优势，通过平安乡村推进拉动，促使核心平辆收入稳步增长和农村区域规模发展，完成收入1.05亿元，净增移动客户2.12万户，移动用户18.3万户，净增宽带客户0.74万户，宽带用户7.09万户。净增ITV客户0.73万户，宽带用户7.09万户。

客户服务。实现服务标准化、营销交付规范化、渠道暗访常态化、厅店测评即时化，营业厅服务满意率91%。全屋wifi检测率达标，故障催单率低于全省均值。从客户视角审视网络、产品、流程、渠道，提升全方位服务水平。制定5G、智慧家庭等重点业务关键环节的体验计划，开展渠道服务、全屋wifi体验活动。统一分析模板，建立整改销项制度，实行横向考核。

网运工作。紧贴市场需求，建设精品网络。5G以SA目标网架构，基本实现市区室外连续覆盖、县城及乡镇有重点覆盖、重点场景室内覆盖，确保用户5G体验。4G网络重点关注存量用户感知，以优化提升、动态扩容为主，预留资源，及时响应无线网络全流程运营建设工单。

宽带网络。加快千兆光网升级，新增光网端口1.62万个，全县光网端口达到15.90万个，加快PON向10G PON升级，新建10G PON口80个；试点wifi6，提升全屋wifi网络品质和用户感知。为5G、边缘计算等新业务提供基础能力保障。完成主干光缆网络优化和建设101万元，新建OLT13辆，扩容PON口108个。县城以上红线区域实现无资源光网建设15天交付及时率大于90%，新增光端口3个月内利用率不低于30%，全年光网端口利用率提升6.4%。做好网络保障工作。移动网做好C网、LTE网和5G网三网协同，C网语音加快向VoLTE迁转，3G网加快退频，降低能耗并腾出频率资源，重点针对春节期间农村800M超忙站点进行扩容；宽带网聚焦农村接入网薄覆盖、弱覆盖问题，分场景优化ODN，提升集镇及周边区域光接入网结构、质量和能力，持续保障光网品质，全年光衰达标率97%，OLT脱网率小于2%，故障派单处理及时率大于95%。

（范亦男）

【精准扶贫】2020年，公司派出2人担任石牛江镇增塘村、上七里村驻村工作队队长（第一书记），23名党员作为2个村结对帮扶责任人，结对帮扶2个村94户贫困户。公司筹集5万元扶贫资金，用于帮助贫困户进行产业脱贫，向上级公司申请建设资金，实现2个村光网络全覆盖，在上七里村建移动基站1个，满足了村民对通信信息的需求。

（范亦男）

【基站新建与优化服务】2020年，中国电信股份有限公司桃江分公司新建基站114个，开通县城20个5G基站。完成雪峰山茶场、八公庄、大桥塘等15个基站优化测试与天线调整。

（范亦男）

移动通信

【概况】中国移动通信集团湖南有限公司益阳市桃江县分公司设综合部、营销中心、网络支撑中心、政企客户中心、城区大片网格、城鸬大片网格、灰山港大片网格、武马大片网格，下辖渠道网点105家。2020年，桃江移动加大4G、5G、宽带投资建设力度，提升桃江信息化水平。

投资建设。完成215个行政村光宽带网络优化补点，新推送12136个家宽端口，提升了农村用户深度覆盖。新增31个4G基站，完成11个5Gc-ran机房的装修和建设。完成松木塘响涛源、鲊埠花园辆、三堂街虎形村、武潭天池村等贫困区域的信号覆盖。

建设规模。有4G基站1016个，4G覆盖率99.33%，有5G基站22个，光宽带端口136050个。新建开

▲高考期间，桃江移动公司开展爱心助考活动 （刘海燕／摄）

通4G站点31个；解决11个历史疑难站点的攻坚复通，4GMR覆盖率99.05%。完成OLT上行改造所需20余段传输线路及管道施工，改造完成OLT上行，完成70余套接入层PTN的入网工作以及45个环网优化工作。新增光缆600余皮长公里。新增宽带建设125个点位，完成新增端口推送12136个，总端口数136050个。总计214个行政村通光，通光率99.53%。开通187条集团专线，专线总数量1189条。

业务指标。桃江移动主营业务收入1.9亿元，通话客户30.64万户，通话市场份额56.68%，宽带客户规模8.9万户。

“平安乡村”创建。公司领导班子带头参与“六进六护”“平安乡村”创建工作，制订工作计划，组织各乡镇、村委做好业务宣传，共计发展摄像头4969个。

降本增效。构建低成本高效率运营体系、打造成本领先优势，强化成本精益管理，优化成本资源配置，促进公司高质量、有效益的可持续发展。规范“三费”平辆报账，加强“三费”稽核，合计稽核电费、租费、服务费100多万元。联合铁塔公司打击88处偷盗电行为，追回、核减电费26.5万元。完成150余套废旧基站设备的下电拆除，9处转供电改直供电，7处转供电费压降，节省电费约22万元。

隐患整治。全年完成128处传输线路隐患整治；新大楼、旧大楼新增OTN备份保护系统；完成一个环网9个站点10G改造；完成18套PTN安装，其中3套纳入环网开通；完成9个下挂站成环；完成5个超大环拆分；为增强PTN网络承载能力，完成新大楼、旧大楼烽火690和华为7900升级；完成两个平面4个汇聚环10G扩容；完成郊外汇聚3个环网10G扩容；完成省干马迹塘至安化部分管道井整治。

应急保障。2020年，2次雷雨极端灾害期间累计出动维护人员312人次，车辆162辆次，油机195辆次，抢通基站288个，确保在重大险情面前未出现重大通信故障，未出现人员安全事故。完成重大活动应急保障3次，其中省级重大活动1次，出动应急通信车3辆次，确保重大活动期间通信畅通。

扶贫攻坚。2020年，新建扶贫基站21个，投资约600万元。开展扶贫攻坚志愿服务活动，成立桃江移动扶贫工作队，工作队负责组织、协调、实施、督办驻村扶贫工作，派出扶贫第一书记2人、队员11人，做好软桥村的后备支援和帮扶工作。

（周　俏）

【防疫期间保通信】1月25日，桃江移动接到县委、县政府指令，启动通信应急保障机制，组建网络志愿者先锋队，对各乡镇、村委的云视讯设备进行调测、移机。2月2日，松木塘镇白茅塘基站出现故障。桃江移动网络部主任彭玮带领党员先锋队赶往故障点排查，以最快的速度恢复基站通信。2月3日，武潭镇莲花坪村村委反映莲花坪村20余户宽带用户出现故障，桃江移动维护人员前往抢修，20余户用户宽带、电视恢复正常。1月26日至2月3日，完成9处线路故障紧急抢修，112处宽带故障远程处理，10个基站中断故障抢修。出动维护人员45人次，维护车辆15辆次。（周　俏）

【雷雨冰雹灾害通信保障】3月26日，接气象局发布的暴雨蓝色预警，桃江移动启动应急保障预案。21时，受雷雨冰雹灾害影响，桃花江镇、大栗港镇、三堂街镇、马迹塘镇、灰山港镇等乡镇发生多处高压线路故障，三乌线、灰精线、童镇线、武西线等停电导致全县大面积停电，桃江移动基站停电69站次，包含汇聚机房4站次。桃江移动启动应急通信保障一级响应，联合铁塔公司、润建综合代维公司成立通信保障指挥部，根据应急预案进入保障工作状态。18名维护人员编成7个保障小组、1个后勤小组，进行通宵发电保障处理。27日上午10点，全部基站通信恢复正常。（周　俏）

联通通信

【概况】中国联合网络通信有限公司桃江县分公司秉承新发展理念和以人民为中心的发展思想，加快转型升级，提升服务水平，推动公司持续健康发展。2020年，公司有在编员工44人，有合作渠道148家，成功签约桃江县第四中学校园网络、监控、广播、无线改造项目，桃江新兴整体搬迁项目，创新收入200余万元。

通信建设。2020年，全县新建基站41个，其中5G基站19个，覆盖县城人口密集区域。4G农村信号补盲32个，解决14个贫困村长期信号弱问题以及边远农村信号弱问题。疫情期间对全县14辆固网OLT设备进行扩容，保障全县固网高质量的网络运行。完成桃江县“雪亮工程”三期400个点位的建设。

经营服务。助力平安农村建设，实现村委实时监控、村民互助。为用户免费升级宽带、迁转融合、演示体验。按季开展业务培训与服务培训，优化合作渠道23家，满足用户服务需求。按月评估、通报、考核渠道服务质量，用户满意度上升。固网收入、新增收入、净增收入居全市前列。

实名登记。实名登记工作纳入重点工作项目，按照“谁的卡，谁负责”落实责任追究。在全渠道开展实名登记宣传，全体员工、全渠道开展实名登记公益短信转发，开展明查24次、暗访12次，有效防范通信信息诈骗和影响社会稳定事件的发生，做到安全经营、诚信经营。

综合管理。建设阳光、自信的和谐团队。组织全员开展业务营销、创和谐文明家庭、做优秀奋斗者、提合理化建议活动，激发员工工作活力，挖掘员工潜力。关心员工家庭生活，做到“三必访”，即遇婚丧嫁娶必访、员工生病住院必访、家庭出现矛盾纠纷必访，提升员工归属感。关爱员工成长，开展PPT制作培训、“三八”女神节、健康知识讲座等活动，提升员工幸福感。桃江分公司获益阳联通“2020年度先进工会小组”称号。优化员工绩效考核与薪酬分配办法，实行“纵向考核，横向排名”的考核机制，形成力求上进的良好氛围。营造安全、稳定的工作环境。落实安全生产“一岗双责”，全体员工签订安全生产与综合治理承诺书，按月进行安全隐患排查治理，公司全年安全运营。（陈　健）

【社会责任】严格落实“提速降费”和“携号转网”等相关工作要求。落实国家提速降费政策，针对贫困人群，公司出辆家庭融合套餐，一家人绑定消费，宽带电视全免费，帮用户省钱提速。搞好精准扶贫工作，“一对一”走访贫困户，做到因户施策、因人施策。资助扶贫资金2万元，投资25万元用于贫困村宽带网络覆盖，产业帮扶3户，教育帮扶5户，危房改造4户，小额信贷2户，医疗救助覆盖100%，帮扶对象满意度100%。组织志愿服务活动，单位员工志愿者注册率100%。开展“3·15”消费者权益日宣传，爱心助考、关爱空巢老人、慈善一日捐等公益活动，全力做好通信保障与应急工作。利用通信优势免费群发禁毒、创文创卫、征兵等公益短信40万条，履行企业的社会责任。（陈　健）

【联通服务提升活动】2020年，中国联合网络通信有限公司桃江分公司为强化效能、满足用户服务需求，开展服务提升活动，对渠道服务质量按月评估、通报、考核，用户满意度持续上升，使服务、业务双丰收。固网收入、新增、净增居全市前列。（陈　健）

城乡建设·环境保护

住房和城乡建设

【概况】2020年，县住房和城乡建设局机关内设16个股室。下辖县住房保障服务中心、县建设工程质量安全监督站、县建筑施工企业管理站、县城建档案馆、县燃气管理站、县城市供水有限责任公司、县市政重点工程建设管理中心、县人民防空指挥信息保障中心、县房屋交易中心（县房地产信息中心）、县物业管理所、县白蚁防治管理所等11个所属单位。全系统共有在编在岗干部职工122人。

老旧城区改造。2020年，实施老旧小区提质改造项目6个，涉及12个小区、楼宇112幢，2088户，投资1638万元。完成改造外立面31333平方米、小区内道路修复及黑化29443平方米，改造屋顶及天沟防水5325平方米，绿化2432平方米，安装路灯167盏，改造雨污分流管网3557米，原有管网清淤2291米，增设道路标线8996米、停车位195个、健身设施36台、垃圾箱36个等。改变了老旧小区服务设施“老旧缺”、功能配套不完善、“脏乱差”现象。

农村危房改造。全县农村危房改造采取“一户一策，因户施策”，建档立卡贫困户危房存量基本清零，364户4类重点对象和28户边缘户危房改造年度任务按期完工，共拨付资金819.27万元。对全县15297户建档立卡贫困户住房全部入户核验，填报核验APP，掌握贫困人口住房安全状况，整改贫困户住房安全问题157个。

黑臭水体整治。省住建厅《关于开展城镇黑臭水体整治工作的函》和《益阳市农村双改三年行动计划实施方案（2018—2020年）》下达桃江县乡镇建成区黑臭水体整治任务21处，县住建局制定工作方案，实施乡镇建成区黑臭水体整治，完成桃花江镇创业村水沟、沾溪镇杉木村等10处黑臭水体整治。乡镇建成区黑臭水体整治任务全部完成。

污水处理设施建设。采用工期倒排、挂图作战方式，大栗港等8个乡镇污水处理设施建设任务按期完成，实现全县乡镇污水处理设施全覆盖，并通过省住建厅组织的环保督察任务销号；完成县城芙蓉东

▲6月20日，市、县环保局在修山镇污水处理厂采样　（肖荣宗/摄）

路、金盆北路、欧锦铭城至冶金厂段雨污分流管道改造，埋设雨水、污水管道3000米。完成资江路（中海城至雪峰山路）雨污分流改造，新建雨水管450米，完成投资250万元；完成七星河水环境综合治理（二期）项目的河道清淤、堤岸修复等工程，完成投资500万元，实现县城第一污水处理厂环保问题销号。

房地产市场交易。2020年，全县有房地产开发资质的企业37家，其中三级12家、四级15家、暂未定级10家。办理房地产开发资质业务22宗，其中办理延期业务8宗，办理定级业务6宗，办理新申报业务8宗。全年完成房地产开发投资15.44亿元。新批准预售商品房面积62万平方米，计5900套。新建商品房销售面积32.31万平方米，其中住宅28.83万平方米；新建商品房销售金额17.89亿元，其中住宅15.77亿元；销售2947套，其中住宅2410套；商品房销售均价5538.68元/平方米，其中住宅5471.62元/平方米。完成1167宗控税业务，完成控税金额1114万元。

物业管理。2020年，全县有物业服务企业30家，在管商品房小区28个，商业街2个，其他单位项目29个，保障房小区5个，棚改房小区2个，农贸市场2个。建立前期物业招投标管理机制，强化物业招投标活动监督管理，前期物业小区实现招投标项目6个。全年交存维修资金1581.9711万元，交存户数2084笔，交存项目42个。使用维修资金804437元，维修项目202个。

城镇供水设施建设。完成新建管网（DN110以上）1.44万米。其中“三所合一”给水工程安装DN400主管道1800米；二水厂下山管改造工程安装DN600主管道600米；团山路棚户区改造、桂花园安置地、曾家湾安置地、建新路复迁地、莲荷安置地等供水工程，安装DN110以上主管2000米；经济开发区加压泵站安装DN600球墨铸铁主管500米；新兴管件给水工程安装DN600球墨铸铁管1100米。完成豪苑、农械厂、碧裕园、木艺巷、广厦建材、金凤小区、滨江小区、鑫海城、党校、林业局等老旧小区改造，整改户表2100余台，安装DN110以上主管2000米。完成大汉三期、金裕庄园三期、谷山郡、中梁首府、紫金湾一期等新建小区的供水主管道安装和4000余台户表安装；完成曙光路加压站设备改造；完成水厂安防配套设施建设，一水厂、二水厂安装电子围栏875米；安装市政智能消火栓90余台。生产水量945.09万立方米，销售水量841.06万立方米，漏损率为9.8%，新发展用户4923户，规划建成区供水普及率95%以上，供水水质合格率100%，水质检测率100%，确保县城安全优质供水。

▲4月13日，市、县水利局领导在石牛江镇踏勘污水处理厂建设选址
（肖荣宗/摄）

燃气建设管理。2020年，敷设天然气管道6.8公里，其中中压4.3公里、低压1.5公里；承接新建小区工程项目17项，合计3458户，交付14项，计1467户；在建3项（中央公馆、总部基地、中梁首府），计1991户；留堵完成150户，零散新用户完成188户。入户安检4500户；承接工、商、集体非居民燃气安装工程项目31项，交付使用30项，在建1项。发现城区威胁天然气埋地管道安全运行的开挖施工行为15起，发现次高压管线威胁天然气埋地管道安全运行的开挖施工行为12起，并逐一采取现场监护，实施管道隔离等措施对埋地天然气管道进行合理保护。

城建科技设计。完成初步设计评审16个，完成施工图审查53个，支付政府购买施工图审查服务费186.462万元；推进建筑节能、绿色建筑和装配式建筑，建筑节能比例达65%以上，装配式比例达23%以上。

立项争资。争取乡镇污水管网建设、老旧小区改造、水环境综合治理等11项到位资金1.17亿元，超额完成县定任务4800万元。成功引进中景宏图（桃江）智能科技有限公司入驻县经开区。全年收缴城市基础设施配套费3006.8万元、人防易地建设费730万元。
（曾海英　揭光保）

【抢修天然气管道】6月15日下午4时30分，县城桃花江大道浩茗茶业门口第三方顶管施工损坏天然气主管道，导致县城停止供气；益阳中油天然气有限公司立即启动一级事故应急处置预案，切断供应气源，在事故地点周边设置安全警戒区，避免因泄漏天然气爆燃导致发生二次事故。下午5时12分，公司应急抢修队赶赴事故现场，采用封堵已损坏管道，原供气主管道改线连接的方案进行抢修。经过1个小时紧急抢修，晚上6时20分县城开始逐步恢复供气。（熊一辉）

【防空警报试鸣】11月1日，县人防办组织开展防空警报试鸣活动，上午9时30分，县城17个警报点全部启动试鸣。桃江玉潭学校1000余名学生按照疏散线路有序从教室撤离至操场安全区域，整个过程用时4分钟。指挥员现场为学生讲解防空警报信号的相关知识。（吴仔宜）

【自来水公司转企改制】11月5日，按照县委、县政府有关文件精神，县自来水公司转企改制为县属国有独资企业。改制过程中正确处理改革、发展和稳定关系，维护公司和职工的合法权益，确保社会稳定。改制后的自来水公司更名为“桃江县城市供水有限责任公司”，新公司承接县自来水公司原有资产与职能职责。公司为县政府全额出资、直属县政府领导的独立核算单位，由县住建局管理。（郭沿军）

住房保障服务

【概况】县住房保障服务中心为桃江县住房和城乡建设局所属正科级公益类事业单位，中心设9个股室，国有土地上房屋征收与补偿办公室、租赁所（税征办）2个直属二级机构，桃花江分中心、三堂街分中心、马迹塘分中心、灰山港分中心4个分中心，共有干部职工197人。2020年，县住房保障服务中心实现经济总收入2004万元，其中可支配收入1724万元，全中心的正常运转，有力地推动了全县经济社会持续发展。

各项经济指标。完成立项争资1780万元，为任务数的178%；招商引资1亿元；完成固定资产投资计划15亿元；协征“三私房”税收任务220万元，完成619万元，为任务数的281%；完成原人民中专家属楼30户3864平方米征收项目拆迁任务；公租房租金收入任务252万元，收缴428万元，为任务数的169%。

棚改工作。2020年，全县棚户区改造任务根据实际进展情况调整后总计619户，其中居士巷片区城市棚户区改造项目519户（全部为改扩翻），莲荷片区城市棚户区改造项目100户（全部为新建）。竹业城一期棚户区建设项目拆除房屋22户，拆除面积4563.8平方米，建成封顶；完成老区公所棚改项目建设量的80%，建设17层房屋；完成竹业城二期（原种场）片区棚改项目的征拆工作，拆除房屋77栋260户，安置面积22337.07平方米，全面动工建设；拆除滨江棚改二期美人窝路片区棚改项目房屋58户，安置面积8812.2平方米，进入土地出让程序；签订团山路公路局片区棚改项目协议276户，拆除房屋42栋，约12000平方米；签订老畜牧局片区棚改项目协议30户，拆除房屋10栋30户；签订滨江二期育英巷东片区棚改项目协议261户，腾空房屋116户，完成征拆任务的70%；桃冶片区棚改项目已确定投资商。

保障性住房规范管理。2020年，全县受理、审核并公示符合分配条件的保障对象495户，分配入住495户。制定《桃江县2020年度住房租赁补贴发放实施方案》，明确自2020年起，城镇居民住房租赁补贴发放工作由各社区组织实施，12月发放到位。发出《进一步加强公共租赁住房管理工作的通知》，完成七星桥保障房小区提质改造，清退不符合租住条件住户6户。

职能划转。2020年，中心的房地产开发经营、白蚁防治、物业管理、房地产交易等行政管理职能划入县住建局，房地产执法职能划入县城管局。人员转入县住建局52人、转入县城管局17人。改革后中心的主要职能是：负责全县政府投资的公共租赁住房的建设、储备、分配和后续运营管理工作；负责全县国有直管公房的管理、经营、租赁、维护改造工作；承担县政府下达的城市棚户区（含城中村）改造和旧城改造任务；负责全县政府投资项目国有土地上房屋征收与补偿的组织实施；负责城镇房屋租赁管理事务工作。2020年中心已按新的“三定”规定平稳有序运行。（莫　威）

【林龙飞督查疫情防控工作】2月4日，副县长林龙飞督查县城公租房小区疫情防控工作。林龙飞先后到桃谷山、七星桥公租房小区，查看小区的检查岗和进出人员登记表，实地检查疫情防控措施、防疫物品配备以及值班人员安全防护等情况，现场听取住房保障服务中心、小区物业负责人疫情防控工作的情况汇报，详细了解小区内入住的湖北返乡人员跟踪摸排与处理情况。林龙飞要求小区工作人员要严格按照疫情防控要求，坚守岗位，做好登记排查、测量体温等工作。（杨志军）

【直管公房巡查】 3月22日凌晨2点，桃江发生突如其来的冰雹和暴雨，县住房保障服务中心立即启动突发事件应急预案，组织工作人员对县城区及乡镇直管危旧房屋和重点区域的公房进行安全排查，发现垮塌房屋4处，80余户的房屋严重受损。工作人员劝离群众36人，未出现人员伤亡。（刘长毅　刘　哲）

【育英巷东片区改造项目】 8月24日，发布滨江棚户区（二期）育英巷东片区房屋征收公告，本项目累计征收居民房屋386户。2020年，已签订征收协议268户，195户已领取征收补偿款，148户完成搬迁、腾空。滨江棚户区（二期）育英巷东片区改造项目，东至獭溪路、西至育英巷、南至振兴路、北至桃花路。棚户区改造项目范围内的獭溪路连接芙蓉路与桃花路，是县城一条重要的城市道路，交通流量较大。

（杨定安）

城市管理和综合执法

【概况】 县城市管理和综合执法局于2012年10月组建，属全额拨款事业单位。2019年3月，县城市管理行政执法局正式更名为桃江县城市管理和综合执法局。负责行使县城规划区市容秩序、规划执法、渣土运输、环境卫生、市政园林、路灯照明的管理和行政处罚权，负责行使住房城乡建设领域和市监、环保、公安交警方面的部分行政处罚权。

规划执法。2020年，依法拆除县城规划区支棚搭角、乱搭乱建。组织开展拆违行动61次，拆除各类违法建筑241处，拆违面积39335.4平方米。其中拆除存量违建194处34940.1平方米，拆除新发抢搭抢建47处4395.3平方米。

市容秩序管理。按照网格化管理思路，对县城城区各沿街门店下发“门前三包”责任书600余份，劝导占道经营、越门经营行为5200余起、流动摊贩3500余起，规范乱停乱靠车辆700余辆，登记保全各类物品580余件，清理乱挂横幅1500余条，立案处罚15.6万余元。开展“一店一招”专项整治行动，拆除各类违规招牌216块、横幅385条、门店小广告353块。立案查处非法小广告、“牛皮癣”行为57起，罚款1.6万余元。在县城安装禁止车窗抛物警示牌10块，4月，通过融媒体中心、宣传车、发放“致驾驶员朋友的一封信”，发动广大市民参与“随手拍”活动，全年受理投诉1200余起，与交警大队衔接调取车主信息，办理处罚流程430余人，共处罚金4.3万余元。

城市公用设施建设。完成项目政府采购，添置1000个240升生活垃圾分类垃圾桶、9台勾臂车、2台封闭后卸式小运输车，2台五十铃小压缩车，2台高位后卸式小挂桶车，3台压缩式小挂桶车，1台侧挂式小挂桶车，200个封闭式垃圾箱、700个果皮箱，建设4个移动式水平压缩站。县城投集团基本完成环卫设施车辆清洗维修站一期项目。3月12日，团山泵站前池改造项目，由桃江县桃花江市政工程有限公司中标，中标方式为EPC总承包。3月至4月完成新建污水池建设，包括基坑土方开挖及外运，拉森钢板桩施工，新池钢筋混凝土结构施工，配套绿化种植。5月完成地下排水管道建设、人工挖孔桩与钢板桩。6月20日项目完工并通过验收。2020年，鲇鱼港泵站提质改造因新建污水池

▲5月7日，县城管执法局定点检查渣土运输车辆　（肖　潇／摄）

选址位置变更，完成地质勘查工作，县城投集团负责收集相关资料，提供给省建筑设计院完善、修改初步设计方案。10月中旬召开可行性研究论证会。完成县城城区2779盏路灯的节能改造，新装城区小街小巷路灯119盏。其中太平路新装38盏、金凤小区20盏、西溪街9盏、育英巷5盏、天涯巷10盏、海角巷8盏、邮电巷7盏、园艺巷4盏、印刷巷2盏、居士巷LED灯16盏。

城市公用设备设施维护。清理主次干道人行道上的伞墩、石块等障碍物100多处，修复摩托车、自行车停靠位护栏，及时处理市民群众反映堵塞下水道等市长热线、数字城管交办件、电话诉求100多件。修复獭溪路、芙蓉路、大汉路、金盆北路、桃花东路侧石约1100余米，修复平石750余米，修复破损人行道5200平方米；完成獭溪路、大汉二期、雪峰山路、资江路盲道改造2000多平方米；完成沥青路面维修1200平方米；维修树围478套，加装下水井防护网420个，更换破损吸水栅170个、井盖130余套。完成城区5座桥梁的安全性能检测。对芙蓉桥、牛潭河大桥桥面实施局部维修。在5座桥梁安装防护救生圈19个。新建曾家坪中转站、资江南路中转站投入使用。完成43块公厕隔板的安装；更换公厕及中转站责任牌、制度牌、标识牌25块；对县城26座垃圾房房门进行除锈、刷漆等日常维护；更换垃圾桶轮子670个、240升桶轴147根，维修果皮箱151次，维修中转站273次；疏通公厕132次，维护公厕137次，投放240升垃圾桶162个，果皮箱内胆637个。强化4个泵站的日常管理和设施设备维护，及时清理污水蓄积池内的垃圾，提升输送污水960万吨。维护经开区金牛路1号变压器，更换负荷开关1台，更换被损坏控制终端2台，表计1块，更换芙蓉路雷击损坏控制终端2台，处理沿江风光带控制箱安全隐患2次（3月22日雷雨冰雹损坏），维修保养桃益线变压器4台。检修路灯1337盏，更换电缆13254米、灯泡81个、镇流器59套、灯罩580个（益马连接线）、LED灯泡280个、灯具45套，维修路灯接线井170余处，更换铜芯电缆180米。配合电力部门对城区62处表计进行核查与更换。

城市环境治理。整个城区夜宵漫酒摊点有76家，其中獭溪路2家、振兴路11家、雪峰山路11家、资江路20家、金盆大道19家、桃花路10家、芙蓉路3家，组织执法人员对城区76家夜宵漫酒摊点进行摸底造册，专项整治查处违规商家16家，暂扣烧烤器具8台，桌椅板凳32套。联合交通局桃花江治超中队对城区运输渣土、砂石的车辆进行2次治超治载专项行动，出动执法人员74人次，执法车辆6辆，检查车辆98台次，查处2台超载运输车辆、3台无准运证运输车辆。全年对城区渣土运输公司核发准运证130余份，开展设点检查，查处违规运输车辆140余辆，共处罚23万余元。对城区内主要道路、卫生死角、背街小巷的环境卫生进行日常巡查，治理县城私自焚烧、乱堆乱放垃圾，乱排乱倒污水，公共区域违规饲养牲畜等破坏环境行为310余起，对商户下发整改通知书90余份，立案查处1起，现场处罚3起，共处罚款3400元。对县城各医院、学校、酒店等单位的污水排放进行了检查，严格餐厨垃圾的管理。规范“排污许可”和“洗车场验收合格证”的发放，统一进入政务中心窗口。启动垃圾场销号工作，5月14日，县委常委第17次会议研究决定，一期库区将启动生态封库工作。7月10日起桃江县垃圾场闭库，停止接收全县垃圾，全县生活垃圾先后送益阳、湘阴、汨罗、湘乡光大焚烧发电厂进行焚烧处理。桃江县垃圾场完成闭库封场工作。完成城区各主要街道下水道疏通和清淤12600米。开展公共绿化区域苗木的抗旱保苗、病虫害防治工作，修剪行道树3500余株、补植苗木2万余株，养护面积40余万平方米。清理绿化苗木断枝、倒扶50余处。

“数字城管”建设。县城10个社区40名数字城管网格采集员全天候、无死角进行巡查，发现问题及时上报。2020年立案4037件，结案4001件，处置率99.11%，城市管理水平和问题处置效率得到有效提升。

（肖　潇　胡永胜）

【强制拆除超层建筑】 1月13日，县城管执法局会同征拆办、自然资源局、房产局和桃花江镇，依法对创业村一处安置房超层建设部分采取强制拆除措施。该处安置房于2019年取得相关规划审批手续后动工建设，规划批准层次为4层，现正在建设第5层，为此，执法人员对其下发责令停止建设通知书，但当事人拒不履行停工义务，多次强行施工。为此，对停工后继续建设部分依法进行拆除。

（肖　潇　胡永胜）

【设置12个废弃口罩收集箱】 1月29日，桃江县城管执法局在城区公共场所设置12个废弃口罩收集箱，分别设置在县城人流比较大的3个医院、5个超市、2个车站附近，引

导群众在公共场所不乱丢乱扔废弃口罩。（肖　潇　胡永胜）

【施工车辆集中整治】4月13日—15日，县城管执法局联合交通运输局开展建筑施工车辆联合整治行动。联合整治组对原种场棚户区改造项目、增塘棚户区改造项目等施工场地，检查车辆出入登记台账，对工作人员进行安全生产知识宣传教育，对出入建筑项目施工场地的运输车辆逐一进行排查整治。联合行动共出动执法车辆10余台次、执法人员50余人次，检查货运车辆40余台次，查处超限超载和未采取有效措施防止货物脱落扬撒的货运车辆8台，卸载砂石土方90余吨。

（肖　潇　胡永胜）

【县城路灯节能改造启动】6月28日，县城管执法局路灯管理所开始对城区传统高压钠灯路灯更换为LED节能路灯。这次更换的节能改造路灯有2779盏，覆盖县城城区的32条主次干道。该项目采用合同能源管理模式，在不降低路面照度与亮度的前提下，采用高光效LED路灯替换原有的高压钠灯，改造后实际运行总功率由原来每年的868千瓦下降为334.5千瓦。全年可节省路灯耗电量190万千瓦时，减少粉尘排放量526吨，二氧化碳排放量1928吨、二氧化硫排放量58吨。

（肖　潇　胡永胜）

【城区5座桥梁装上救生圈】7月19日，县城管执法局市政站为县城区的牛潭河大桥、桃花江一桥、芙蓉桥、美人窝桥、人行天桥5座桥梁安装防护救生圈。每座桥梁栏杆相隔50米安装1个救生圈，共安装防护救生圈19个，为城区大桥织起一张“安全防护网”。

（肖　潇　胡永胜）

城市建设投资

【概况】县城市建设投资运营集团有限公司有工作人员23人。2020年，集团有限公司围绕“发债有方案，项目有保障，经营上台阶，企业冲双A”的工作思路，以融资平台转型为契机，凝心聚力、攻坚克难，有序完成工作任务。

筹融资工作。2020年，融资以市场化融资和存量债务化解为工作重点，全面完成年度融资任务。存量债务化解7.97亿元，其中存量债务接转6.58亿元，调整还款计划减少年度还本1.39亿元。新增到位市场化融资11.96亿元，其中国开行到位4.96亿元，农发行到位3亿元，建行到位1亿元，工商银行到位1亿元，华融湘江银行到位2亿元。新增到位专项债券资金3.52亿元，其中供水管网项目0.85亿元，县城停车场项目0.92亿元，滨江棚户区改造项目1.75亿元。

经营工作。对照年初集团公司土地经营目标，报批土地500亩，出让土地163亩，获得出让土地收益1.2亿元。实际完成报批土地736.258亩，出让土地310.672亩，土地成交价款4.73亿元，获得出让土地纯收益1.7亿元。针对县政府确定的重点工程项目和集团公司的各工程项目用地及时完成土地报批及征拆相关工作。实现国有资产经营性收入1856.02万元。其中包括财政移交门店租赁收入873.5万元，因疫情减免及因疫情未经营门店租金393万元；自有经营性门店及闲置储备地块租赁收入38.58万元；代管灰山港四家市属企业场地租赁10.33万元；城市棚改安置房租赁105万元；政府文印室经营收入18.56万元；户外广告收入37万元；电子停车坪收入1.06万元；竹海风景区门店租赁、门票停车票收入及特产店收入51.49万元；弃土场经营收入26.2万元，土石方出售收入100万元；涉案资产代管加气站经营收入201.3万元。加大县属国有资产归集力度，有效盘活了国有资产，化解政府存量债务，推进平台公司市场化转型，实现国有资产优化配置和保值增值。全县资产归集共计发证44089.49亩，房屋建筑面积343033.02平方米，其中市政商业设施用地归集发证8254.57亩，林权归集发证32126亩，企事业单位经营性资产归集发证2944.94亩，房屋建筑面积343033.02平方米，挂牌（拍卖）交易出让土地486.65亩，存量土地归集发证277.41亩。完成可作为融资贷款抵押物的土地面积2402.32亩，房屋建筑面积109825.88平方米。其中现已贷款抵押土地面积1791.66亩，融资贷款14.28亿元，结存可抵押物土地面积610.66亩，房屋建筑面积32860平方米。

项目建设。2020年，承建工程大小项目107个，项目总金额2.88亿元，其中2019年签订合同本年度完成的金额为2973.4万元，完成合同签订8732.5万元，未完成相关程序已完成部分工程量的年度项目17151万元，完成工程总金额为1.98亿元，实现利润3564万元。其中已竣工项目有大华村2.3公里道路黑化、金华桥排涝泵站设备及配电工程、团山泵站前池改造工程、桃江县三所合一工程、城市微工程建设工程、新建公厕工程、旱厕改造工程、桃谷山学校配电工程、信息化建设工程、西环线路灯及路灯供电变压器工程、金盆南路绿化工程、2020年度市政维护工程、2020年度绿化维护工程、垃圾场封场闭库工程、桃江创卫围挡工程、资江南路停车坪围墙工程、楠竹路道路工程、环卫收集设施车辆工程、环卫设施车辆清洗维修站工程、梅林寺骨干粮仓工程、牛潭河大桥维修工程、文明路箱涵工程、打石湾安置区挡土墙工程、金盆大道应急抢险工程、谷山郡外人行道修复工程、大汉5—9号地块道路工程、中农批高压杆迁工程、上海佳苑高压改迁工程和教师发展中心公交站台建设工程。（颜 婷）

【谷山郡幼儿园、金峪幼儿园揭牌】9月24日、25日，县幼儿园教育集团谷山郡幼儿园、金峪幼儿园分别揭牌。其中谷山郡幼儿园东临金盆大道，北靠谷山郡小区，西接谷山路，南至龙云台小区，占地面积1800平方米，有标准教学楼1幢，内设现代化教育教学设施，有教室活动室、休息室、功能室，以及幼儿户外活动场地；金峪幼儿园位于县城金盆北路与振兴路交会处，占地面积3000平方米，为花园式“L”形三层建筑设计。（颜 婷）

【城北加油站开业】11月18日，中石化益阳石油分公司与桃江县城市建设投资运营集团有限公司合作的首座联营加油站——城北加油站正式开业。城北加油站项目总投资1600余万元，总用地面积3332平方米，配有加油机4台。站内设有加油区和购物区。（颜 婷）

【资江雷公岩特大桥建成通车】9月28日，资江雷公岩特大桥建成通车，雷公岩特大桥是省道230线资阳区杨林坳至桃江县高桥公路改建工程建设项目即浮邱山大道的关键控制性工程，全长1010米，宽26米，荷载等级为公路Ⅰ级，为双向四车道，机动车道两侧设置非机动车道和人行道，实施行人、非机动车、机动车隔绝分流过桥。（颜 婷）

环境保护

【概况】益阳市生态环境局桃江分局（以下简称生环局）机关内设8个股（室站），下设环境执法大队、环境监测站2个二级机构，在职干部职工88人。

环境质量。2020年，县环境空气质量综合指数在全市排第2位。县城环境空气质量优良率为96.2%，同比提升4%；PM2.5浓度为28微克/立方米，同比下降30%；PM10浓度为42微克/立方米，同比下降35.4%；无重污染天气，各考核指标均达到市定目标任务，县城空气质量达到国家二级标准。国控桃谷山断面水质保持Ⅱ类，两个省控考核评价断面桃江县一水厂断面、新桥河断面水质保持Ⅱ类。资江桃江段锑浓度值持续下降，桃江段3个断面锑浓度5—12月连续8个月达标，资江桃江段锑浓度年均值为0.0044毫克/升，实现达标。桃江一水厂一季度锑超标（锑浓度值为0.0053毫克/升），其余季度均达标；全县12个“千吨万人”饮用水水源水质达标率100%。

环境管理。收集汇总县经开区和灰山港工业集中区“三线一单”所需要的各项材料，按相关法规技术规范修改相关资料，通过专家审查。33个行业和91个行业共应完成发证管理的固定污染源103个，发证103个；应登记管理的固定污染源875个，登记完成875个，完成率100%。县生态环境方面信访件118件、突出问题56个。118件信访件全部办结，56个问题中年底需销号的41个问题完成整改和县级销号程序并上报销号资料；15个（2019年全国人大常委会水污染防治法执法检查指出问题14个、中央环保督察“回头看”反馈的城市污水管网建设滞后1个问题）年内不需销号按照整改措施持续推进。执行“双随机、一公开”执法监管。全县121家企业纳入双随机管理范围，检查6家重点污染源、115家一般污染源，要求企业污染防治设施正常运行，污染物达标排放。全年立案查处行政处罚案件35件（其中移送2件），罚款158.79万元。开展6大环保专项行动和涉镉、涉重金属企业环境风险排查整治专项行动。督促7家企业对锅炉的环保设施进行改造，达到特别排放限值标准；整治验收9家砖厂；开展全县竹木胶板企业持久挥发性有机物治理，15家竹木胶板企业新上污染防治设施并正常运转；开展全县采碎石场整治，立案查处9家，联合执法取缔非法碎石场10家；开展混凝土搅拌场专项整治行动，整治验收2家，立案处罚3家。县城垃圾无害化垃圾填埋场闭库；调查处理马迹塘、白竹洲、修山3个水电站的垃圾围坝问题；拔英湾、硫铁矿污水处理厂正常运行；开展涉重金属污染排查，排查涉重金属点30个，完成固定污染源排污许可证清理整顿。解决群众关心的热点环境问题，全年处理各类环保投诉358起，办结率100%。办理桃江县光鑫矿业耕地生态环境损害赔偿案，组织企业磋商并达成生态环境损害赔偿协议，企业按照磋商协议内容对损害的生态环境进行修复。此案为益阳市生态环境部门办理生态环境损害赔偿的首个案例。

立项争资。2020年，生环局立项争资任务为4500万元，其中资江流域锑超标整治资金1000万元，东方矿业及周边环境整治资金1000万元。完成立项争资的有：桃江县松木塘镇拔英湾石煤矿开采区遗留污染治理项目1000万元，原资江流域锑污染治理400万元，松木塘镇黄家坝石煤矿开采区遗留污染治理项目1874.2万元。桃花江干流河道疏浚与水生态修复项目1500万元，共4774.2万元。2020年的招商引资任务为2000万元，引进湖南旺财盛新能源科技有限公司年产800吨甲醇固体燃料建设项目，总投资5080万元。完成立项批复和安全评价。

环境综合整治。成立桃江县蓝天保卫战指挥部，负责大气污染防治工作的调度与落实；出台《桃江县蓝天保卫战专项行动实施方案》，明确6个部门分6个行业重点抓大气污染防治工作。完成3个网格化微型站建设，完成重污染天气应急减排清单的更新，完成25家企业的重污染天气应急响应"一厂一策"实施方案编制。32家工业窑炉和9家45米以上高架源的摸排工作，完成2家重点企业VOCs治理，完成7台锅炉超低排放改造，完成县城区声功能区的划定。推进"散乱污"企业整治，全县18家"散乱污"企业，关闭取缔4家，13家提升改造类企业中7家企业通过市、县相关部门验收，6家企业无法达到整治标准现已停产；桃江县新兴管件有限公司搬迁。完成1100台非道路移动机械编码登记工作，淘汰老旧柴油货车7台。开展秸秆综合利用和禁烧专项行动，处理私自焚烧垃圾、秸秆（杂草）53起。加强扬尘、餐饮油烟污染防治，16个重点施工场地基本落实扬尘防治相关要求，升级改造"门前灶"餐饮单位170多家。制定《桃江县2020年"千吨万人"饮用水水源地环境问题专项整治工作方案》，千吨万人饮用水水源保护区存在的10个问题完成县级验收、市级复核6个；其中4个为大栗港安宁水库饮用水水源保护区的问题，该饮用水水源地问题的整治措施为置换水源地，完成新水源地的选址、论证、测量、财务评审工作，桃江县人民政府已向湖南省生态环境厅申请延期至2021年6月30日前完成整治，湖南省生态环境厅批复同意。核定34个千人以上水源地保护区划分清单，聘请有资质的专业技术公司编制了水源地保护区划分技术报告，通过市生态环境局专家审查，全部获得益阳市人民政府的批复。强化土壤污染风险管控。配合农业农村部门进行土壤污染状况详查，开展严格管控类红斑地块排查。6家尾矿库中3家无主已闭库、1家为空库、2家完成治理，完成101家企业的固废申报。加大石煤矿山与涉镉污染源整治。桃江县纳入整治的6个石煤矿区也是6个涉镉污染源，全部完成工程竣工验收，完成销号。推进资江流域锑污染整治，完成鸬鹚渡镇蒋家村135号洞和张万波屋后矿洞矿涌水处理建设项目，并投入正式运营，通过市级验收。桃江久通锑业有限责任公司完成扬尘整治、雨污整治、尾砂库整治，转运废石7万吨。通过整治，久通锑业废水锑排放浓度降到了0.11毫克/升。资江河道桃江段锑浓度连续8个月稳定达标。

重点流域污染防治。启动桃花江流域的整治，完成獭溪河（又名桃花江）上游河道综合治理工程、孟溪（桃花江水库上游支流）生态小流域综合治理工程的实施方案、施工图设计、项目的预算及工程量清单的编制，通过市生态环境局专家审查，并获得批复，工程已移交给业主单位松木塘人民政府招投标。启动桃花江干流河道疏浚与水生态修复项目前期工作。

工业园区水环境整治。桃江县2个省级及以上工业集中区水环境问题12个已全部整改，经市生态环境局和市发展和改革委员会确认销号，并向社会公示。灰山港工业集中区入驻企业均不是涉水企业，只有少量生活污水排放，灰山港工业集中区购置日处理能力100吨的一体化生活污水处理设备，处理园区生活污水。

（杨　颜）

【非法制胶厂设备被依法拆除】 7月21日，鲊埠回族乡政府和益阳市生态环境局桃江分局联合公安、电力等部门对鲊埠回族乡江家坝村一非法制胶厂设备依法进行拆除。（杨　颜）

【县城近桃砖厂关闭】 9月16日，桃江县接到湖南省第四生态环境保护督察组第一批信访举报件，反映桃花江镇第三幼儿园后面的近桃砖厂噪声、灰尘影响学生学习。对此，桃江县人民政府立即启动整治行动，桃花江镇人民政府、益阳市生态环境局桃江分局、桃江县自然资源局、桃江县城管执法局联合执法，启动近桃砖厂关闭程序，砖厂的设施设备、厂房、机械已被拆除。（郭　强）

综合监督管理

发展和改革工作

【概况】 2020年，县发改局组织召开全县“十四五”规划编制工作动员会议，成立县编制工作领导小组，部署重大课题任务22个、重点专项规划31个。编制小组深入调研，组织15个乡镇、38个县直部门召开座谈会，全面掌握县情。多次跟省市规划编制部门对接，聘请国家发改委相关人员对规划文本进行指导，确保消化好、对接好。多次听取县人大、县政协、县专家库的意见建议。全县规划文本初稿已经县两会通过，统筹谋划重点项目377个，总投资达2761亿元。

稳投资工作。加快在建项目有序复工，44个市级重点项目计划投资91.14亿元；加大新开工项目协调力度，新开工5000万元以上重点项目52个，重点产业项目实质性开工率100%；做好重大项目储备，储备“十四五”重大项目381个。康卫宁医疗器械年内开工年内投产，方成建材、锋源科技已投产，惊石农业二期竣工，桃花江旅游度假区项目已实现部分项目开园运营，教师发展中心、扬帆职业技术学校投入使用，人民医院南院、妇保院整体搬迁主体建设完成，新兴管件铸造产业园项目春节后可投产，省级重点建设项目鑫辰实业国辰高科进展较快。发挥政府投资项目的引导和带动作用。进一步规范投资管理，严格执行国务院发布的《政府投资管理条例》和《企业投资项目核准和备案管理条例》的同时，充分考虑全县项目建设的实际需要，从快审批项目。发挥社会投资对稳投资的关键作用，全面规范PPP项目，撬动社会资本参与桃江公共服务领域基础设施建设。桃江PPP项目为16个，计划总投资额约54亿元。已有10个项目入国家发改委、财政部PPP中心库，6个项目入省财政PPP项目储备库。国家库项目已开工7个（其中开工的4个项目累计完成投资11.2亿元，拟开工的3个项目共投资7.69亿元），其余PPP项目正稳步推进。

融合发展。园区产业迅速发展，桃江园区规模工业企业142家（灰山港52家，经开区90家），1—12月工业总产值384.45亿元（灰山港127.17亿元，经开区257.28亿元）。特色产业蓬勃发展，湖南省桃江竹产业特色产业园9月通过省级部门联合评审。物流行业全面发展，组织编制《桃江县“十四五”物流业发展规划》《桃江县县乡村三级物流体系建设方案（2020—2023）》。

营商环境优化。助力企业复工复产，1月—10月，全县累计新增减税降费5812.14万元，全年全县减税降费金额7000万元；除高耗能行业外，一般工商业电价、大工业电价下降5%；工商业用户2月至6月每立方米气价优惠0.4元；全年为中小微企业减免养老保险费6604.89万元，减免工伤保险费1610万元，免征失业保险费175.1万元；提升行政审批服务效能，在全市率先出台《桃江县政务服务容缺受理制度》《桃江县政务服务“好差评”制度》，审批流程不断优化简化；主动服务，排忧解难，县优办、县司法局等13个单位在经开区与园区66家企业负责人面对面交流，直面问题，解决问题。强化行政执法监管。落实涉企检查备案制度，全面推行行政执法“三项制度”，推行“双随机、一公开”监管，加大涉及民营企业行政复议维权力度。开展重点企业营商环境整治，全年办理影响营商环境刑事案件18起、行政案件23起，刑事拘留11人，行政拘留22人。“桃江县主动服务优化营商环境，当好‘店小二’，服务送上门”被市优办作为典型在全市推介。

易地扶贫。完成搬迁任务1771人，实现后续产业帮扶全覆盖并建立“一对一”帮扶台档，全面实现有劳动能力和就业意愿的家庭实现一人稳定就业，就业安置248人。全县6个集中安置点基础设施和公共服务配套均已到位并全部纳入社区管理服务，搬迁群众满意度高。

粮食安全。严禁超标粮食流入口粮市场；推进粮食收储工作，启动最低价收购预案。开展价格收费调研，完成3家口罩生产企业生产经营、城乡客运运营情况的调研。加强价格监管、价费审批管理，杜绝乱收费现象。加强疫情期间县蔬菜家禽等生产供应情况调度及信息上报，保障县域重要农产品按时保供。

（周星莎　徐智明）

【“十四五”规划编制工作】 县发改局制定《桃江县“十四五”规划编制工作方案》，部署22个前期重大课题、1个综合规划、31个专项规划，形成“十四五”时期经济社会发展规划体系。规划草案经由县政协主席扩大会议协商、县人大常委会及县政府常务会议研究、县委常委会审议并经桃江县第十七届人民代表大会第六次会议表决通过，已形成正稿。

（刘灿龙）

【桃花江通用机场建设项目通过选址评审】 12月8日，中国民用航空湖南安全监督管理局机场处处长傅飞虎等一行对湖南桃江县桃花江通用机场项目选址进行现场踏勘和场址评审，项目成功通过评审。湖南桃江县桃花江通用机场选定建设地点为石牛江镇上七里村，为A1类通用机场规模，跑道长度800米，飞行区等级2B。机场服务于应急救援、通勤飞行、飞行教学、地质勘探测绘、农林作业、空中游览、空中巡查、航空探矿、通用航空飞机研发、制造、组装、维修、托管及相关培训，重在开发航空旅游、飞行体验、低空运输等项目，以促进低空经济发展。

（高　昊　胡镇东）

▲ 12月8日，专家在机场选址地点现场踏勘（汤元林　胡镇东／摄）

【湖南省竹产业特色产业园申报成功】 12月，省发展和改革委员会、省科学技术厅、省工业和信息化厅等5部门联合发布认定9个省级特色产业园名单，湖南省（桃江）竹产业特色产业园成功通过认定。桃江是中国竹子之乡、全国竹产业示范县，竹林面积115万亩，立竹2.16亿株，竹林资源总量居全国第三、湖南第一。全县共扶持发展竹业专业合作社52个、家庭农场（专业大户）123个、竹业企业202家，竹产业从业人员15万人，2020年度产值已突破100亿元，形成区域特色发展、集群发展、循环发展、品牌发展的产业格局。产业园坐落在湖南桃江经济开发区内，规划面积220.13公顷，已聚集规模以上关联企业47家，企业普遍采用国际质量管理体系认证，产品质量、工艺技术处于国际先进水平，拥有省级以上名牌产品5个、著名商标8个，拥有省级创新平台8个，拥有高新技术企业19家，众创空间1个，省级双创示范基地1个，省级新型工业化产业示范基地1个。

（汤元林　胡镇东）

【易地搬迁产权证到位】 11月6日，在县经开区安置点易地扶贫搬迁户不动产权证书发放仪式上，来自全县10个不同乡镇的154户搬迁户都领到不动产权证书。桃江“十三五”期间实施易地搬迁的518户1771名贫困群众的不动产权证已全部办理完成，并发放到位。基本实现“搬得出、稳得住、能致富”的目标。

（刘小钉）

【省发改委、交通厅调研汽车客运场站】 4月27日，省发改委经贸处一级调研员彭志勇、省交通运输厅综规处副处长龚国清、省交通运输厅运输处副处长匡健飞等一行，在市县发改、交通等单位相关工作人员陪同下，到马迹塘农村客运站、湘运桃江汽车站等进行实地调研，听取相关负责人对桃江县汽车客运场站建设工作的情况汇报，给予充分肯定。桃江在籍旅客运输企业共62家，客车435台，客运班线119条，出租汽车209台。其中城市公交企业2家、城市出租汽车企业2家、农村客运企业4家，农村班线运输车辆261台，农村客运班线53条。

（汤元林　高　昊）

自然资源管理

【概况】 2020年，县自然资源局办结出让土地分配方案（剔除自行储备土地4宗、城建投融资土地5宗）22宗，实现土地出让总价款6.15亿元，完成财政预算计划任务3亿元的205%；土地储备中心自行储备土地出让分配方案4宗，实现土地出让总价款6220万元，完成财政预算计划任务5000万元的124%。全年报批项目用地46宗，批准总用地面积159.1181公顷（2386.7亩），共计收取报批税费1.087亿元。

耕地保护。完成永久基本农田补划3201公顷，储备区705公顷。下达大栗港镇五羊坪村等2020年县级耕地占补平衡项目实施计划两批次，规模面积252公顷，预计新增耕地203公顷。完成779.7亩旱改水指标交易，交易金额4678万元，已到位1566万元。完成2019年度一期、二期增减挂钩项目实施与验收，确认周转指标90.7公顷，为目标任务80公顷的113%。完成城乡建设用地增减挂钩资金收入4913万元，完成财政预算计划任务1000万元的491%。

规划管控。完成生态保护红线评估调整方案、城镇开发边界的模拟划定。完成国土空间规划大纲编制、《国土空间用途管制研究》等13个专题研究、灰山港镇澄泉湾村等5个“多规合一”试点村庄规划。组织召开各级规划例会22次，审查项目357个。组织建设项目放样、定位42起，规划核验68起，用地核验55起，处理违法违规项目17起，收缴补交出让金1060万元。现场登记和土地市场动态监测监管系统录入全县45处批后用地项目进行。

地质环境保护。督促28家矿山企业完成2019年度采矿权信息网上公示，合格率100%。督促6家矿山编制绿色矿山建设方案，其中1家已基本完成建设。全年全县发生地质灾害险情12起，转移受威胁群众11户33人。组织汛中巡查120次、应急处置20处，连续6年地灾防治“人员零伤亡”。完成25宗建设用地的地质灾害危险性评估工作、2个合法矿山地质环境阶段性验收及4轮合法矿山地质环境巡查。全县所有矿山恢复治理成效明显，获省、市认可。

专项整治。立案查处自然资源违法案件43宗，结案46宗。向人民法院申请强制执行90宗，裁决48宗。推进违建别墅问题清查整改，甄别疑似别墅类用地23宗，其中2宗违建已拆除到位。累计收到部、省卫片图斑914个，面积7296亩，立案查处33宗，非立案处理8宗。累计接到省“月清三地”处置任务14宗，面积45.7亩，已处置到位5宗30.6亩。完结摸排下发农村乱占耕地建房疑似图斑184829个。整治砂碎石场，下达砂石场执法文书26家，关闭非法砂石场10处。

政务服务。完成29项自然资源权力下放。组织召开政务例会4次，业务办结1146件，收取出让金396.7万元。整合设置不动产登记“综合受理窗口”，优化办理流程，实现产权、抵押登记5个工作日内办结，查封、异议、注销登记即时办结；开放不动产在线登记系统，实现“零见面，零跑腿”；实现不动产登记信息自助查询；发放不动产证书37163本、相关证明7194份。

（项　军）

【农房确权颁证】 2020年，县自然资源局出台《桃江县农村宅基地和集体建设用地房地一体不动产权籍调查专业技术设计书》，推进农房确权登记颁证工作。在完成外业权籍调查和建库公示公告的基础上，全年累计完成登记颁证16万宗，在全市率先实现确权登记颁证率90%以上的工作目标。

（郭益丰　项　军）

【国家防总湖南工作组指导桃江工作】 7月27日，由应急管理部地震地质司副司长胡杰一行7人组成的国家防总湖南工作组到桃江检查地质灾害防治及应急救援工作。检查组一行实地查看马迹塘镇金华村地质灾害治理点、武潭镇琅琊社区琅琊港地质灾害治理点，详细了解工程建设、应急处置、后期管护等情况，充分肯定桃江县在地质灾害治理及

▲7月27日，应急管理部地震地质司副司长胡杰（前排左五）一行检查桃江地质灾害防治及应急救援工作 （项　军／摄）

应急救援方面所取得的成绩。

（项　军）

【全县国土空间总体规划编制工作动员大会】 10月13日，桃江县国土空间总体规划编制工作动员大会召开，部署国土空间规划编制工作，下发《桃江县国土空间总体规划(2020－2035年)编制工作方案》。会议对各级各部门国土空间总体规划编制工作提出具体要求。

（莫哲星）

【月清“三地”违法问题整治工作专项督查】 12月28日，市人民政府督查室会同市自然资源和规划局组成督查组，督查桃江县月清“三地”土地违法问题整治工作。督查组肯定桃江县在月清“三地”违法问题整治工作中所做的工作和取得的成效。

（薛惠芬　李学峰）

【获评2020年省自然资源执法案件优秀案卷】 桃江选送的“杨某某等5人非法开采案”获评省自然资源厅2020年全省自然资源执法案件优秀案卷，是益阳市唯一获评优秀的案卷。全省14个市州自然资源和规划局报送53宗案卷参加评查，评定优秀案卷15宗，占案卷总数28.3%。

（李学峰）

审　计

【概况】 2020年，县审计局坚持依法审计，完成县本级审计项目33个，查出违纪违规金额4426万元，管理不规范资金148733万元，促进增收节支45053万元；完成单项工程结算审计（审核）106个，核减投资7320万元。

财政财务收支审计。组织对县本级和县教育局等5个县直单位开展预算执行审计，桃花江镇、修山镇2个乡镇决算情况审计。审计中，重点关注重大政策措施贯彻落实、预算编制和分配、预算执行、预算资金绩效、转移支付管理、政府债务情况、决算（草案）编制及部门预算执行情况，共查出预算编制、预算执行、财务管理等方面问题61个，提出审计建议32条。组织开展财政财务收支审计项目7个，查出违规购买商业保险、违规救助单位职工等问题，提出审计建议21条，进一步促进财政资金提质增效。

经济责任审计。对县财政局局长等7名党政主要领导干部任期经济责任审计，促进增收节支4121万元，提交审计报告和审计结果报告14篇，提出审计建议25条。

民生项目审计。对资阳区开展2017—2019年城镇职工医疗保险基金专项审计，查出重复参保、乡镇卫生院截留村级卫生室一般诊疗费及重复、违规报销，医院违规收费等问题11个，提出审计建议3条，促进医保资金的规范使用。开展退役军人事务专项资金审计，查出挤占挪用专项资金、会计核算不准确、未按规定结算优抚对象医疗补助等问题11个，提出审计建议4条。

政府建设投资审计。全年共完成单项工程结算审计（审核）项目106个,查出“超合同”“超概算”“违规发包”“边设计边施工”“监理履职不到位”等问题，核减投资7320万元。开展县人民医院（南院）、城市防洪工程、教师发展中心、智慧桃江4个PPP项目和桃江县妇幼保健院1个EPC项目的跟踪审计，促进项目的规范管理，提高资金使用效益。

税控联管。加强对审计中发现税收违法信息的报送工作，报送涉税信息47条，助力全县财税工作。

（薛跃兵）

【县委审计委员会第三次会议】 3月18日，县委审计委员会第三次会议召开。会议传达学习习近平总书记对审计工作的重要指示精神和李克强总理在听取审计署工作汇报时的讲话精神及省、市党委政府主要领导对审计工作的批示讲话精神。听取2019年全县审计工作情况，安排部署2020年全县审计工作，审议通过2020年1—5月和6—12月审计项目计划。（薛跃兵）

【《桃江县政府投资项目审计监督暂行办法》印发】 5月28日，《桃江县政府投资审计监督暂行办法》(以下简称《办法》)印发。《办法》明确部门职责，规范造价咨询机构服务行为，解答审计转型期政府投资项目审计内容与流程，强化审计整改问责追责，推动投资审计工作“从数量规模向质量效益转变”“从单一工程造价审计向建设项目预算执行和决算全方位审计转变”“从传统投资审计向现代投资审计的转变”。（莫文雯）

【政府投资项目委托审计中介机构会议】 7月30日，县审计局召开2019年桃江县政府投资项目委托审计中介机构会议。通报2019年度对10家中介机构的考核情况，并向获得“2019年度桃江县政府投资项目委托审计优胜单位”的4家中介机构颁发奖励证书。组织学习《桃江县政府投资项目审计监督暂行办法》，要求中介机构加强互动沟通，确保审计质量，严格落实审计工作流程规定，规范档案资料管理，再次重申审计工作相关要求。10家中介机构代表作了表态发言。（莫文雯）

【陶德保调研桃江审计工作】 10月26日，市审计局党组书记、局长陶德保到桃江调研指导审计工作。听取县审计局局长蔡重阳汇报后，陶德保充分肯定桃江的工作成绩，强调扩大审计覆盖面，提高审计质量，运用好审计成果，做好审计“后半篇”文章。（薛跃兵）

【张晓调研审计工作】 2月8日，县委常委、常务副县长张晓调研指导审计工作。张晓肯定审计工作在县域经济社会发展中发挥的作用，要求县审计局提高政治站位，增强紧迫感，提升审计成果运用，规范政府投资审计。（薛跃兵）

【戴文指导中心组学习】 11月26日，县委常委、宣传部部长戴文指导县审计局11月党组中心组理论专题学习。戴文对审计局党组中心组学习情况给予了高度评价，要求提高政治站位，强化理论学习；完善学习制度，增强学习效果；坚持学用结合，推动工作开展。（何　婧）

统计管理

【概况】 2020年，县统计局认真贯彻落实上级决策部署，紧紧围绕全县经济社会发展大局，坚持依法统计，严格依法治统，大力推进统计体制改革，强化统计监测调查职能，为桃江高质量发展提供优质统计服务。

聚焦经济建设。统计预警预测及时有效。密切跟踪监测经济形势，紧盯地区生产总值核算关键性指标，编制主要经济指标月度卡，做到月度数据及时跟踪、经济形势及时研判，突出问题及时预警，为全县经济企稳回升贡献统计力量。地方一般公共预算收入、社会消费品零售总额、全体居民人均可支配收入等多项经济指标位居全市前列，地区生产总值、规模工业增加值、固定资产投资等经济指标位居全市中上水平。紧扣全县“六大百亿产业和规模工业增加值百亿园区培育两年行动计划”，认真做好数据汇总、评估认定工作。全县建材产业产值、装备制造产业产值、食品加工产业产值、竹产业产值、电子商务产业交易额、文化旅游产业综合收入、园区增加值都呈现稳步增长。统计核算联管成效显著。进一步健全完善统计核算联管机制，多次组织召开统计核算联管联席工作会议，及时传达学习上级有关规定要求，研究解决统计工作中遇到的重大问题，为修正经济运行偏差提出建议方案，为推进全县经济社会良性有序发展发挥积极作用。统计公共服务不断优化。及时发布2019年国民经济和社会发展统计公报。精心编撰《桃江统计》《桃江统计年鉴》等统计产品。组织做好第四次全国经济普查数据分析和普查公报编撰工作。全力落实优化营商环境相关政策，出具企业划型证明80余份，为企业减负提供优质服务。

统计调查更加全面精准。第七次全国人口普查进展顺利。按照国家和省、市的总体部署，为组织好本次人口普查做了大量工作。印发《关于认真做好桃江县第七次全国人口普查工作的通知》，成立县乡两级工作领导小组，组建普查工作办公室，明确普查工作时间节点、工作要求、职责与分工，相继组织召开动员大会、成员单位联席会议、乡镇人普办主任会议及各阶段业务培训会，扎实开展建筑物标绘、普查小区划分、户籍清查摸底、入户登记等工作。全县共选聘两员2460人，普查系统平台标绘建筑物187723个，录入住房单元总数292385个，划分普查小区2561个，下发户籍清查表格35.2万张、致住户的一封信32万张、普查员手册、普查方案和培训教材6500本、宣传海报3600份、公告3000份。定制人普宣传彩铃，发送人普宣传短信，通过采纳传媒投放20秒视频人普广告，通过户外宣传屏投放30秒视频人普广告。已圆满完成32.13万户、96.41万人普查短表和2.52万户普查长表录入工作。各项重点调查有序开展。组织开展新冠肺炎疫情对县域经济社会发展影响抽样调查，撰写《新冠肺炎疫情对房地产开发投资的调查》《新冠肺炎疫情对服务业影响的调查》《2020年上半年桃江县规下工业呈稳步复苏态势》等统计调查分析。认真组织实施工业、投资、商贸、劳资、农业等领域常规统计调查。

法治基础更加坚实牢固。依法治统体制不断健全。组建统计执法大队，建立统计执法人才库，公开选聘4名执法工作人员，局机关两名工作人员考取统计执法证，彻底扭转了全县一直以来无统计执法机构和统计执法人员的被动局面。制定《关于统计机构负责人和统计人员防范和惩治统计造假弄虚作假责任制实施办法》《桃江县统计局统计违法举报线索管理办法（试行）》，畅通统计违法举报途径，在县人民政府网站统计版块新增失信企业和失信统计从业人员双公示目录，依法治统工作机制不断健全。统计执法能力不断提升。随机抽取16家行政企事业单位开展统计执法检查，对工业、商贸、投资等在库企业、项目单位进行数据质量及联网直报专项检查，严肃处理相关违法违规行为，各级各部门依法统计意识不断增强。普法宣传教育不断深化。积极组织参加全省统计系统学法考法，网上学法课时达标率100%，应考人员参考率100%，考试合格率100%。组织乡镇、部门深入学习《中华人民共和国统计法》《统计法实施条例》等统计法律法规精神，下发领导干部法律知识小读本96本、《统计法律法规文件汇编》38本。结合第七次全国人口普查，多形式多渠道开展统计法制宣传和人口普查知识宣传，让统计法律知识和人口普查知识家喻户晓，人人皆知。

统计效能更加优质高效。统计体制改革不断深化。深化地区生产总值统一核算改革。2020年季度地区生产总值核算按新的核算基础指标、新的基础、新的参数和统一核算模式进行，核算基础指标由原来的24个调整至41个。及时协调各地区生产总值核算指标涉及单位，规范数据采集和数据审核，强化专业质量管控，提高全县地区生产总值数据质量。深化固定资产投资改革。严格按照国家统计局新制定的入库标准和审核规定，强化项目审核把关，强化项目入库业务指导，大力提升申报项目入库率，确保项目应入尽入、应统尽统。深化劳动工资统计改革。地区生产总值统一核算改革后，财政八项支出由国民经济六大行业劳动报酬替代，劳动工资统计对地区生产总值数据影响大幅增加。切实加强各调查单位数据上报、审核进度的监测，强化数据质量评估，确保了劳动工资统计调查数据的真实性和准确性。

入规入统持续发力。坚持把做好企业入规、项目入统作为重点工作来抓，坚持“达标企业抓入库、后备企业抓培育”，加强对后备企业的规范引导，加大培育扶持力度，不断强化举措，创新方法，全力推进企业入规、项目入统工作。全县“四上企业”入库共42家，其中规模工业25家、建筑业3家、房地产业3家、商贸11家，投资项目入统207个，为统计数据提供了强力支撑。队伍建设不断优化。积极落实综合统计员变动备案制度，健全完善乡镇、部门统计工作人员信息台账。积极举办乡镇、部门统计员综合业务培训及工业、商贸、“七人普”等专项统计业务能力提升培训共计12次以上，全面提升了统计干部业务水平。

统计生态更加风清气正。政治建设扎实有力。严格落实管党治党政治责任，坚守意识形态阵地，着力践行为民服务初心。确保每日学习常态化；坚持党组中心组学习制度，将意识形态工作纳入局党组学习的重要内容，全年共组织党组中心组学习12次，每月按时开展主题党日活动，坚持《中国共产党章程》一月一学、党费一月一缴，严格组织生活，召开高标准的领导班子民主生活会、支部书记述职评议会。扎实开展脱贫攻坚工作，选派1名副科级干部担任联系扶贫村工作队队长兼第一书记，结对帮扶的39户贫困户现已全部脱贫，联系村南河冲村“软弱涣散村”整顿转化通过验收。1—12月共举办道德讲堂6期，“文明劝导”和每月一次的“全民清扫”志愿活动一次不落，开展网格化管理区域门店“门前三包”宣传活动和卫生责任路段定期清扫和创文宣传入户等工作。作风建设持续深入。组织学习习近平总书记在十九届中央纪委四次全会上的重要讲话精神、十二届县纪委五次全会及中共十九届五中全会重要精神，党组书记、局长上党风廉政建设党课1次，局党组专题研究部署党风廉政工作4次。进一步强化监督执纪，防止“数字上的腐败”，做到问题早发现早预防，开展谈话提醒31人次，查处4起轻微违纪行为，运用“第一种形态”4人。高度重视省委巡视组统计专项巡视，召开动员会，成立接待工作小组，认真部署各项工作。巡视期间，进一步严肃工作纪律，对照专项巡视内容认真开展自查自纠，制定统计工作问题清单，坚持立改立行狠抓巡视问题整改。（陈　艳）

【地区生产总值统一核算和劳动工资统计改革及年报工作培训】 1月8日，县统计局组织召开桃江地区生产总值统一核算和劳动工资统计改革及年报工作培训会议。会议由县统计局总统计师吴科主持，乡（镇）、经济开发区、工业集中区、县直部门、教育系统统计员参加，全面部署2020年地区生产总值统一核算和劳动工资改革及2019年劳动工资年报。劳动工资专业人员详细讲解地区生产总值核算新增6个行业的劳动工资指标增速、劳动工资统计报表填表方法和制度，要求全体统计人员增强责任意识，做好相关工作。（胡　辉）

【新冠肺炎疫情对服务业影响调查】 为了解新冠肺炎疫情对桃江县服务业的影响，县统计局服务业股对县域规上服务业5家重点企业的开复工及生产运行情况进行电话调查。县安利出租汽车有限责任公司、湖南有线桃江网络有限公司、县广电文化传媒有限公司、桃江绿十字单采血浆站有限公司、县美人窝文化传媒演艺（集团）有限公司5家企业都普遍存在开复工推迟、资源严重不足、防疫物资缺乏、业务基本封停等难堪局面。1—2月营业收入同比2019年减少30%~50%，严重的企业营业收入同比2019年减少70%。面对这种局面，各企业积极想办法应对，开展生产自救，县人民政府相应出台关于应对新型冠状病毒感染的肺炎疫情支持中小企业共渡难关的十二条政策意见。（曾旭珍）

【新冠肺炎疫情期间，房地产开发投资调查】 桃江县统计局组织开展电话调查，了解疫情对房地产开发投资的影响。2月，桃江房地产开发企业27个，在库项目20个，其中在建项目14个。据调查，疫情影响有三方面：一是复工时间较往年普遍延迟半个月不等；二是工程进度减缓，交房时间推迟，如金裕庄园三期交房时间从2月底改期后延；三是房地产投资有所下降，初步测算本年度前两个月房地产投资预计下降20%左右。（胡惠娟）

【邓象庭调研园区企业】 5月12日，市统计局局长邓象庭一行调研桃江经开区园区企业生产情况，县统计局局长鲁复生陪同。邓象庭一行先听取经开区管委副主任文卫华的汇报，详细了解园区企业受疫情影响的情况、疫情稳定后园区的企业复工复产情况、新建和技改投资情况、新投产企业运营情况。会后，邓象庭一行实地调研新投产企业湖南得琪电子科技有限公司、益阳市科惠汽配有限公司及国辰手机产业链项目启动仪式现场。（陈咏芳）

【县第七次全国人口普查乡镇办公室主任会议】 6月12日，桃江县第七次全国人口普查领导小组办公室组织召开乡镇人口普查办公室主任会议，总结前期人口普查准备工作及试点工作，安排部署下一阶段工作。会议传达省、市人普办主任会议精神，修山镇分享第七次全国人口普查专项试点工作方法经验和入户登记中发现的问题及建议；就普查小区划分、经费保障、两员选聘等存在的困难，组织乡镇进行广泛交流和认真探讨；部署下一步的区划核定、普查宣传和工作督查等工作。会议要求，各乡镇务必高度重视人普工作，切实履行工作职责，明确工作进度安排中各时间节点任务，扎实做好各阶段准备工作，坚持依法普查，规范普查流程和业务指导，强化指导督查，确保数据质量。（胡　辉）

【唐根深调研桃江电商工作】 11月5日，省统计局贸易外经处处长唐根深一行调研桃江县电商及直播带货统计工作，了解2020年疫情对电商企业的影响。调研组就桃江电商企业入统所遇到的难题等问题进行深入探讨，了解所遇到的困难，鼓励尽量把稳定性好、成长性好的企业纳入到商贸统计的笼子里来。调研组实地查看桃江县缘湘聚文化传媒有限公司（湘北曾姨），观看直播和与企业负责人谈话，了解企业的规模以及直播带货使用的主要平台、货物发送的公司及方式、结算方式、直播带货的效果。县商务局副局长胡建保、经开区主任曾钰彬等陪同参加调研。（吴　萍）

市场监督管理

【概况】 桃江县市场监督管理局加挂桃江县食品安全委员会办公室、桃江县消费者委员会办公室、桃江县个体私营企业协会、桃江县打击传销联席会议办公室、桃江县查处无证无照经营联席办公室、桃江县特种设备事故调查处理办公室、桃江县商事制度改革领导小组办公室、桃江县质量强县工作领导小组办公室、桃江县打击侵犯知识产权和制售假冒伪劣商品工作领导小组办公室、桃江县重大食品安全事件应急处置指挥部办公室、桃江县推进知识产权建设强县工作领导小组办公室、桃江县疫苗管理联席会议办公室、桃江县公平竞争审查工作联席会议办公室等牌子。2020 年 1 月，组建桃江县市场监管综合行政执法大队，加挂桃江县市场监管综合行政执法局牌子。

招商引资工作。通过有针对性地开展走访调研 27 家生产加工企业，收集招商意见建议 45 条，先后与 8 家县外公司进行对接洽谈，详细介绍桃江的投资环境、招商引资优惠政策，成功签约日产 100 万只以上的口罩生产项目 1 个。

交通顽瘴痼疾整治。开展车辆生产、销售、维修、二手车交易市场、马路市场、机动车检测机构等方面的清查整治工作，排查整治 318 家车辆维修门店，97 家电动车销售门店，12 处二手车交易场所，立案查处 5 起违规销售电动车行为，罚没 12 万元，全面整治马路市场 111 处，规划新建 26 个集贸市场，并纳入政府划定免于市场主体登记区域。民生计量工作。进一步维护计量公平，共检定民生计量器具 765 台件，完成医疗卫生计量器具检定 285 台件。

禁捕退捕工作。对辖区内渔具销售经营门店、餐饮门店和农贸市场鱼类销售摊位等开展“禁捕退捕”专项执法检查，共检查相关经营门店 800 家并逐一签订《承诺书》，张贴《关于禁止销售食用非法渔获物的提示函》1600 份，拆除和整改不合格招牌 81 块，更换店内广告 63 处，指导更换违规菜单 600 份，查处相关典型案件 2 起。污染防治工作。加强成品油市场监管力度，全县各加油站（点）均已按要求经营国六标准油品，查处销售不合格烟花爆竹产品质量案件 4 起，罚款 12 万元。县城建成区淘汰完成每小时 35 蒸吨及以下燃煤锅炉设施，全面完成燃煤锅炉超低排放改造，县城建成区无 65 蒸吨及以上燃煤锅炉。

服务六大百亿产业。服务百亿食品加工产业培育，帮助企业进行厂房选址规划、图纸设计，全县新办食品生产企业 7 家。持续推动竹笋产业发展，指导湖南惊石农业二期生产线投产，向市政府提出要求修改小作坊禁止目录，允许复水笋办小作坊。注重提升产品质量，采取基层所负责日常监管和专项整治、股室负责飞行检查和风险监测的模式，提升食品生产企业产品合格率与产品质量；加强工业企业产品质量提升；加大质量强县的宣传力度，组织全县 93 家企业进行“质量大讲堂”“质量提升”等活动，指导企业完成 45 项企业标准公示工作。大力发展电商产业，新发展入园电商企业 13 家。

优化营商环境。认真落实有关改革要求，将特种设备使用登记、食品经营许可、药品经营许可、动产抵押登记等 117 项行政审批事项全部进驻县政务服务中心，同时根据乡镇实际工作需要，派出 6 个乡镇市监所行政审批服务人员进驻乡镇政务服务中心。重新整理所有行政审批及公共服务事项，优化流程、简化资料、压缩办理时间，编制《办事一本通》，提升窗口办件效率。全力推进“一件事一次办”改革，在全县首批公布的 120 项“一件事一次办”工作内容中，涉及市场监督管理局的有 44 项，其中 26 项由县市监局牵头，通过进一步压缩企业开办时间，实现企业设立登记、公章刻制、申领发票等并联，办理时间压缩至 3 个工作日之内。实行行政许可标准化服务“一窗办理、一次告知、一网通办、一次办好”，共办理“一件事一次办”事项 5469 件。全面实施全程电子化登记，全县所有企业新设、变更、注销实行全程电子化登记，并发放电子营业执照，通过全程电子化登记系统申请登记 2625 件，核准通过 2505 件，电子化登记业务办件数和办件比例均稳居全市前列。新增市场主体 6689 户，同比增长 2.25%。其中各类企业新增 1458 户，与上年度新增企业数基本持平；个体工商户新增 5231 户，同比增长 2.29%。开展公平竞争审查工作，按照市、县文件要求制定《关于做好妨碍统一市场和公平竞争的政策措施清理工作的通知》，对全县规范性文件和涉及市场主体的文件开展清理，审查文件 255 份，其中修订 1 份、废止 10 份。推动“双随机、一公开”监管，组织全县 20 个成员单位召开“双随机、一公开”工作推进会，制定实施方案，建立全县市场监管领域部门联合“双随机、一公开”监管联席会议制度，组织各成员单位完成执法人员系统录入检查人员693人，通过综合管理系统、协同监管平台与政府门户网站统一录入并公示案件、药品等行政执法信息280余条，做到应公示尽公示。

保市场主体。品牌服务不断加强，全县新增注册商标1012件，注册商标总量达4242件；完成申报马德里商标3件；完成“桃江修山面”“桃江鲊埠牛肉”地理标志证明商标资料申报工作；完成知识产权建设强县申报工作；完成专利申请597件（含发明专利），完成湖南省知识产权战略推进专项项目申报工作，一家企业成功立项，并获得相关项目经费。指导企业完成专利质押融资金额达1500万元；指导企业完成《复水毛竹笋加工技术规程》湖南省地方标准的制定，指导县常丰水果种植专业合作社成功申报市级标准化试点示范项目单位。有序推动复工复产，维护疫情期间市场秩序，强化行政审批、计量检定、年报公示等方面的服务，做到疫情防控和企业发展“两手抓、两不误”。5月底，全县5万余家市场主体实现有序复工复产。盘活市场主体经济，搭建政银企三方对接平台，依托县个私经济协会，帮助全县13家个体工商户成功贷款1024万元。着力推动动产抵押登记、股权出质登记，帮助企业融资，全年动产抵押担保债权4515万元，股权出质担保债权64816万元，合计融资总额69331万元。维护市场主体权益，加强价费监管，开展水电气价费及行政收费专项检查行动，宣传阶段性降费政策并送达县发改委文件精神，共检查转供电主体14家，相关单位39家，供气企业1家，下发提醒告诫书38份，下发责令改正通知书4份，清退多收电费14.97万元；降低企业生产成本，非居民用户天然气由4元/立方下降至3.6元/立方米，清退135户多收气费1.4万元；查处乱收费行政案件5起。实施包容审慎监管，探索建立市场监管领域轻微违法行为容错机制，激发市场活力和社会创造力，建立、落实市场监管领域轻微违法行为不予行政处罚清单，采用行政提示、行政指导、行政告诫、行政约谈、行政警告等方式予以规范处置，全年共开展行政约谈10余次，约谈相关企业50家次，行政告诫38家次，共计34项违法行为列入不予处罚范围。

市场秩序。加强食品安全监管，开展粮食及相关制品百日整治行动、食品安全大排查大整治百日行动、砖茶质量安全“百日”整治行动、食品监督抽检等工作，共排查市场主体8000余家次，排查整改问题647个，下架问题茶砖58.3吨，召回4.93吨。整治校园及周边无证无照经营行为6处，整治校园及周边食品流动摊点8处，完成食用农产品抽检1004批次，完成砖茶县级风险监测185批次，所有检验结果完成录入与依法公示。加强药械化妆品安全监管工作，组织开展药品、医疗器械经营企业日常监督检查，共计检查药品零售企业1053家次，各类医疗机构1020家次，药品零售企业、三类医疗器械零售企业检查覆盖面100%，乡镇以上医疗机构检查覆盖率100%；组织上报不良反应1187件，医疗器械不良事件373件，化妆品不良反应60件，共指导或参与办理药械妆案件53件。加强特设安全监管，2020年全县共有特种设备3021台，在用2573台，其中锅炉126台、压力容器771台、电梯1403台、起重机械230台、厂内机动车辆40台、游乐设施3家。通过与各监管所签订《安全生产责任书》，与各企业签订《特种设备使用承诺书》，共出动执法人员1500余人次，检查企业600家，清理安全隐患300余处，在用设备登记率100%，下达特种设备指令书48份，共查处特种设备安全违法案件11起，罚没19万元。提升消费维权服务，开展“3·15”国际消费者权益保护日活动，围绕“凝聚你我力量”年主题，倡导健康安全消费和科学理性维权；受理消费者诉求810件，接待上门咨询126人次，办结率100%，涉及争议金额36.78万元，为消费者挽回经济损失26.29万元。

其他工作。在鸬鹚渡镇花桥村、千工坝村，松木塘镇苍霞峧村开展帮扶工作，落实帮扶资金9万元，完成消费扶贫资金额1800万元。扫黑除恶工作。投入10万元进行全覆盖、无死角、全方位的宣传，形成强大舆论氛围；深入开展行业清源行动，开展“一案一整治”行动40次，办理“三书一函”6件，查办案件320起，遏制和打击市场监管领域黑恶行为。创文创卫工作。作为全县双创工作的主创单位，负责城区3000家门店的创建工作，创建桃花路、资江路、金盆路三条示范街，完成70家药店、7家大型商场超市、800家餐饮门店、2000家“三小门店”的整改升级。 （范博琳　王德阳）

【服务小微企业】 为更好地服务民营经济发展，有效应对疫情影响，解决小微企业融资难融资贵的问题，县市监局出台《关于有效应对疫情影响切实加大对个体工商户扶持力度的通知》，依托县个体私营经济协会，多次携手邮储银行召开政银企三方对接座谈会，主动向小微企业宣传优惠政策，实施人性化信贷，贷前调查与资料审核同步进行，放贷时间由7个工作日缩减到3个工作日，为贷款者免除评估、抵押等费用，贷款利息同比下降15%。至9月14日，已帮助13位个体工商户贷款1024万元。（范博琳）

【第六届“县长质量奖”】12月10日，全县质量大会在县市监局召开。县长黄劲为风冠电机、乐道茶业、高山农场颁发“桃江县县长质量奖”。黄劲指出，质量问题关系经济发展，关系千家万户，持续开展质量提升行动，加快建设质量强县，是全县上下的共同使命和重大责任。他要求各级各部门切实提高站位、统一认识，牢固树立质量第一的理念，全力实施质量提升行动，努力提高产品质量，为全面建设小康新桃江、全面开启现代化新征程做出新的贡献。

（范博琳）

【刘湘凌调研桃江市场监管工作】7月8日，省市监局党组书记刘湘凌一行到桃江调研市场监管工作。副市长刘国龙，县长黄劲，县委宣传部部长胡国清陪同调研。刘湘凌一行先后调研马迹塘市监所、湖南惊石农业科技有限公司和桃江县政务中心。刘湘凌肯定桃江的市场监管工作，要求所有市场监管人员认真履职，紧扣工作要求，持续抓好服务，优化监管，不辜负各级党委政府寄予的厚望，不辜负人民群众的殷切期盼。（范博琳）

【阳芳华调研桃江食品安全工作】7月21日，省市监局一级巡视员阳芳华一行调研桃江食品安全工作，市市监局局长龚悟云和桃江县常务副县长李丰、县市监局局长肖建光陪同调研。阳芳华听取县市监局全县食品安全工作专题汇报，充分肯定桃江食品安全实现连续多年“零事故”、两次荣获全省食品安全工作先进单位等成绩。调研组现场查阅2020年以来全县各项食品安全工作的监管资料，组织食品监管人员考核。调研组先后来到开发区市监所、玉潭中学、张家码头市场、新龙超市、资江缘茶厂，了解基层所的日常监管情况，查看台账资料、食品安全相关制度，了解食品安全工作落实情况。阳芳华高度认可桃江切实开展粮食质量安全专项整治和强化砖茶产品质量监管等工作，强调食品安全工作责任重大，要坚决守住不发生食品安全事故这一底线，保障群众“舌尖上的安全”。

（范博琳）

【知识产权宣传周活动】在第20个“4·26”世界知识产权日来临之际，县市监局从4月20日开始在全县开展以“知识产权与健康中国”为主题的知识产权宣传周活动。4月20日，副局长余金华带队先后前往湖南福德电气有限公司、湖南桃花江竹材科技股份有限公司、湖南浩茗茶业食品有限公司开展知识产权入企宣传，创导运用知识产权加快企业创新发展、提升核心竞争力，实现扩大化、规模化生产。4月22日，在全县15个乡镇开展知识产权现场执法和法治宣传进门店活动，向广大人民群众重点宣传《中华人民共和国商标法》《中华人民共和国专利法》等相关法律法规及专业知识，增强全社会知识产权普及意识，严厉打击侵权假冒行为，进一步优化全县营商环境。（范博琳）

农村调查工作

【概况】国家统计局桃江调查队主要开展农村住户调查、产粮大县粮食监测调查、生猪调出大县生猪监测调查、农民工监测调查、劳动力就业调查、工业品价格调查、农产品价格调查、集市贸易价格调查、农村固定资产调查及其他社会经济调查。

居民收入。2020年，桃江县全体居民人均可支配收入24774元，在益阳市排第六位，同比增长7.2%，较益阳市平均水平高0.2个百分点，增速在益阳市排第二位。其中桃江县农村居民人均可支配收入18438元，在益阳市排第七位，同比增长8.7%，较益阳市平均增速低0.1个百分点，增速在益阳市排第五位；城镇居民人均可支配收入33765元，在益阳市排第五位，同比增长5.9%，较益阳市平均增速高0.5个百分点，增速在益阳市排第一位。

粮食产量。2020年，桃江县粮食播种面积87.8万亩，排名益阳市第三，同比增长4.46%，排名益阳市第五，高于益阳市平均水平0.11个百分点；粮食产量36.05万吨，排名益阳市第四，同比增长2.27%，排名益阳市第五，低于益阳市平均水平0.02个百分点。

生猪生产。2020年，桃江县生猪出栏52.28万头，排名益阳市第二，同比增长5.09%，排名益阳市第二；

年末生猪存栏42.07万头，排名益阳市第二，同比增长38.48%，排名益阳市第三，其中能繁母猪存栏3.74万头，排名益阳市第三，同比增长38.52%，排名益阳市第四。

基层网点。狠抓样本轮换，确保样本代表性。无论是住户还是农产量、畜禽、劳动力的样本轮换，队领导严格把关。严格按照《湖南调查队系统调查工作规范化规程》和县级统计机构规范化建设对各专业的相关要求，及时了解掌握调查网点、调查员、调查户的生产生活实情，帮助解决生产生活中的困难，促使调查基础工作更加规范化、制度化，做到户户有干部对接联系、具体业务问题解决件件有着落。2020年是本调查网点样本轮换周期中轮转组中正常转换，从5月开始就着手任务的布置，在5月召开队务会，正式把换户工作提前纳入工作日程。成立领导班子，向常务副县长和分管农业副县长作专题汇报，向领导解释说明样本代表性和样本轮换的目的。着手点上情况摸底。5—6月，利用下乡检查和办季报的机会，对调查样本网点进行逐点摸排，与当地村干部和辅助调查员广泛沟通。7月6日召开住户辅助调查员培训会，对是否有扩充样本户进行充分讨论，明确13个样本点中10个样本点不用扩户、3个样本点进行扩户。针对2019年和2020年的住户调查工作进行总结和系统的再培训。7月底8月初，组织力量对资江路社区、桃花江社区、凤凰山社区3个扩户网点进行扩户30~50户不等的户进行摸底调查，完成M表的登记录入。加强住户调查宣传，及时宣传住户调查的目的意义。

直接调查。完善直接调查模式，不断扩大直接调查覆盖面。借助季报会议、现场指导、专题交流、现场观摩等方式,对村（社区）辅助调查员、记账户等进行培训。（蒋　文）

【范素琴到桃江调研指导工作】 8月26日，湖南调查总队党组成员、副总队长范素琴，总队住户监测处副处长伍学贵在益阳调查队党组书记、队长李扬陪同下，到桃江调查队调研指导工作，同桃江县委副书记张晓就统计调查工作进行交流。

（蒋　文）

【信息采编位列全省县级调查队第三】 桃江调查队2020年编写重大信息19篇，其中中办国办采用4篇，国家统计局采用2篇，省级及以上领导批示4篇，省委、省政府采用14篇，在湖南省41个县级调查队列第三。（蒋　文）

农业·林业·水利

农业农村工作

【概况】 全县完成粮食播种面积87.8万亩，总产36.05万吨，其中，早稻收获面积23.94万亩，总产8.67万吨，一季晚稻播种面积29.45万亩，总产15.59万吨，双季晚稻播种面积25.51万亩，总产8.53万吨，旱杂粮播种面积10.18万亩，总产3.56万吨。完成早稻专业化集中育秧6.63万亩。创办双季稻绿色高质高效创建万亩示范片2个，千亩示范片18个。全县油菜收获面积27.84万亩，同比增长8.26%，产量3.31万吨，“稻油”水旱轮作项目顺利通过省级验收。全县蔬菜播种面积26.2万亩，产量54.1万吨，生产值18.4亿元。支持佛座坳蔬菜合作社建设200亩蔬菜绿色精细高效生产示范基地。完成马武现代农业核心示范区500亩高端高效茶园基地，投入12万元完成茶园节水喷灌系统建设，投入27万余元开展茶园绿色防控。年末全县存栏生猪47万头，出栏生猪68万头。完成放养水面4.5万亩，其中特色水产面积2.3万亩，水产品总量13853吨，同比增长3%以上。2020年高标准农田建设任务4.2万亩，年底已完成投资4166万元，完成项目工程量的68%。

农业产业化。现代农业核心示范园区先后引进华莱御园生物科技、井冈山惊石农业、先田智慧农业等7家企业入园，总合同金额18.29亿元；2020年完工项目8个，完成投资1.94亿元。启动现代农业特色产业园“三级同创”工作，获批2020年省级示范园创建单位2家，2家市级示范园和4家县级示范园完成创建。新增省级农业产业化龙头企业3家，全县现有农业产业化龙头企业57家，其中省级9家、市级36家、县级12家。特色农产品“桃江竹笋”年产值已达22.5亿元，大栗港镇获得2020年国家农业产业（桃江竹笋）强镇创建单位；省级优质农副产品供应示范基地（桃江竹笋）建设已完成，正待省市验收。县农业农村局被授予“2019年度湖南省千亿茶产业建设先进单位”荣誉称号；“桃江竹叶”获批国家地理标志产品。成功举办第三届中国农民丰收节；积极推介特色农产品，组织15家企业参加第二十二届中国中部农博会，3个企业获得金奖。举办“桃江竹笋”公用品牌推介会，组织参加第五届中国国际食品配料博览会、湘潭三湘农产品嘉年华活动；推荐5家企业参与对接粤港澳大湾区“菜篮子”工程，签约金额2.2015亿元。成功创建省五星级农庄1家、省四星级农庄1家。申请创建“壹方山水”省休闲农业示范点、“洋泉湾村”休闲农业聚集村。完成立项争资1.52亿元。2020年“三农”领域补短板项目共包装上报项目43个，合计总投资62.40亿元。

农产品质量安全。加速推进“两证一追溯”工作，新增“二品一标”认证企业3家。开展农产品溯源体系建设，完成20家基地、15个乡镇设备安装和更新，已有55家企业注册国家追溯平台。全县农产品例行监测和专项抽查合格率为99.95%，配合省、市开展例行监测抽检与监督抽查均合格。水果农药残留监测合格率为100%。水稻生产“四包一”责任制清单严格落实，全面抓好水稻溯源工作，全县严格管控区已种植早稻面积4536亩（其中含81.2亩再生稻），早稻收获后严控区粮食全部实行退耕，收割完成的早稻已全部集中交售至县储备库，没有发现一例流入市场的情况。农业综合执法卓有成效。开展春季农资打假“春雷”行动，立案查处8起。严厉打击非法捕捞，共查处34起。取缔私屠滥宰点5个，查处动物卫生监督应检疫未检疫、私屠滥宰、生猪违规调运案9起。完成退捕渔民身份精准识别，退捕渔民补贴已全部到位；全县1633艘“三无”船舶全部处置到位，实现“四清”（清船、清网、清江、清湖）“四无”（无捕捞渔船、无捕捞网具、无捕捞渔民、无捕捞生产）工作目标。严厉打击非法捕捞，已查办刑事案件24起35人。县农业农村局被评为“第二批全国农业综合行政执法示范窗口”。

农业社会化服务。全县农药使用量降低4.1%，整体病虫危害损失控制在3%以下。组织开展7次病虫害防治战役，防治面积537.54万亩次，完成病虫害统防统治面积49.1万亩，病虫害绿色防控面积28万亩。全县化肥使用量降低2.3%，完成推广测土配方施肥技术153.2万亩次，推广水肥一体化技术应用面积0.55万亩，秸秆还田面积54万亩，完成冬绿肥种植面积13.7万亩。重视受污染耕地安全利用工作，成立受污染耕地安全利用领导小组，县财政先期安排500万元启动资金，制定出台《桃江县2020年推进耕地安全利用工作方案》。严格管控区全部落实种植结构调整，全县共计投入735.4万元，完成3万亩石灰撒施，10.06万亩叶面阻控剂喷洒。桃江县洞庭湖流域化肥农药农业废弃物污染整治项目申请资金1000万元，已开工建设。推进秸秆综合利用，建立稻草收储点2个。农业生产经营服务不断完善，益农信息社通过省市验收。冷链物流市场主体达24家，补贴资金125万元。农业保险工作顺利完成，全县早中晚稻参保涉及229个村，投保面积74.444万亩，交纳保费1339.992万元。全县产业扶贫长效利益联结达到74.7%。推进“千企帮村”“万社联户”行动，全县44个省、市级龙头企业结对帮扶43个贫困村，投入1386万元产业扶贫资金到61个农民专业合作社，帮扶8316名贫困人口。组织实施6批次共计1656万元的产业扶贫项目，确定新型经营主体41个，帮扶贫困人口8320人。

农村人居环境整治。全县完成改（新）建农村户用卫生厕所1.4万个，新建农村公共卫生厕所25座，石牛江镇实行整镇推进。积极开展美丽乡村创建工作，组织2个村进行省级美丽乡村示范创建申报，马迹塘镇龙溪村获评省级美丽乡村，5个村进行市级美丽乡村示范村创建申报。

农业农村改革。新发展农民专业合作社76家，全县农民专业合作社的总数达到877家。新发展家庭农场76家，全县家庭农场总数达到1110家。创建百强联合社2家、省百佳农民合作社1家、省百佳家庭农场1家、省级示范农民合作社2家、省级示范家庭农场7家、市级示范农民合作社8家、市级示范家庭农场6家、县级示范农民合作社10家、县级示范家庭农场16家，桃江县被纳入省级家庭农场示范县范围。开展“三月村级财务清理月”活动，全年化解村级债权债务目标为8%，对全县开展债权债务摸底调查，至2019年年底，全县村级债务总额10149.55万元，建立化解村级债务月报告制度。申报8个村为扶持发展壮大集体经济试点村，获得中央财政奖补。农村土地承包经营权确权登记颁证农户档案入馆率达95.4%，县农业农村局被评为“全国农村承包地确权登记颁证工作先进集体”。成立桃江县农村宅基地管理与农房利用工作领导小组，出台《桃江县关于切实加强农村宅基地管理与农房利用的实施意见》，开展乱占耕地建房情况摸底核查以及“宅基地法律政策宣传月”活动。

（胡　琼）

【市第三届农民丰收节桃江专场活动】 9月21日上午，由益阳市委、市政府主办，桃江县委、县政府承办的益阳市庆祝第三届中国农民丰收节“小康路上圆梦想 桃花江畔庆丰收”桃江专场活动在武潭镇莲花坪村的桃江县现代农业核心示范区举行。县长黄劲等县级领导出席此次活动。丰收节安排启动仪式、文艺表演、现场采摘、现场捕捞和扶贫农产品现场展销、网络直播等一系列活动。桃江15个乡镇扶贫、特优农产品汇聚一堂，齐贺丰收节。

（胡　琼）

【“湖南省最美基层农技员”丁朝辉】 8月3日，湖南省农业农村厅表彰50名在2020年“三农”工作中为保障国家粮食安全和主要农产品供给做出积极贡献的基层农技人员，桃江县农业农村局植保植检站丁朝辉荣获“湖南省最美基层农技员”称号。丁朝辉，高级农艺师，1997年9月从基层调桃江县农业农村局植保植检站工作至今，从事农作物病虫害监测预警防治与科研试验推广工作

▲ 9 月 21 日，武潭镇莲花坪村第三届农民丰收节开幕式　（谢开云／摄）

23 年，为桃江县粮食稳产、提质增效、绿色发展做出突出贡献，得到全国、省、市、县等各级部门认可。

（胡　琼）

【“桃江竹叶”成国家农产品地理标志】 9 月 21 日至 23 日，农业农村部中国绿色食品发展中心在北京召开全国第一次和第二次农产品地理标志登记专家评审会。“桃江竹叶”顺利通过农产品地理标志登记专家评审，成为继“桃江竹笋”之后，桃江县第二个国家地理标志农产品。评审会上，由桃江县农业农村局组成的答辩组，从“桃江竹叶”的品质特色、产地环境、生产方式、人文地理、产品知名度及产业发展前景等方面向专家组进行汇报。“桃江竹叶”以独特的品质和丰富的人文历史得到专家组高度好评。“桃江竹叶”由桃江县茶科所创制。1985 年在湖南省茶叶展评会上获优胜奖，1987 年被评为益阳地区名茶，1988 年、1992 年均被评为湖南省名茶。其外形扁平挺秀光洁、色泽绿润隐毫，形同竹叶；香气浓郁，滋味鲜醇；汤色黄绿，清澈明亮；叶底嫩绿明齐。（罗奕凡）

【龙头企业带动桃江笋竹产业发展】 桃江县现有竹林面积 115 万亩，居全国第三、湖南第一，竹产业占全县地区生产总值的 30% 以上。经过多年发展，桃江笋竹产业初步形成“龙头引领、集群发展”的产业格局，产业链主要涉及建材、集装箱板、凉席、竹笋、休闲食品加工和三产融合。县龙头企业积极探索“公司 + 农户”“基地 + 农户”等模式，开展集约化经营，扶持发展竹业专业合作社 52 个、家庭农场和专业大户 123 个，笋竹产业从业人员达 20 万人，人均产业收入 3800 多元。桃江县已有笋竹企业 300 余家，其中中国竹藤品牌集群企业 1 家、中国竹业龙头企业 2 家、国家林业重点龙头企业 2 家、省级林业产业龙头企业 13 家；省级竹产业标杆企业 1 家、省级农业产业化龙头企业 3 家、市级 3 家。（李平安　吴　吒）

【桃江县农业综合行政执法局挂牌】 4 月 8 日，桃江县农业综合行政执法局在县农业农村局成立，副县长罗歆辉出席揭牌仪式并讲话。按照中央深化行政执法体制改革工作部署，桃江整合农业农村系统执法职责和队伍，组建县农业综合行政执法局，统一行使兽医兽药、饲料及饲料添加剂、生猪屠宰、种子（种畜禽）、肥料、农药、农机、农产品质量及动物卫生监督、植物检疫、渔业等农业综合行政执法职能，由县农业农村局统一领导。县农业综合行政执法局挂牌后，其下属的桃江县农业行政执法大队更名为桃江县农业综合行政执法大队，也于当日上午挂牌，以主管部门名义依法行使职责。（高葵花　胡　琼）

【农业企业抗击新冠肺炎疫情爱心捐赠】 1 月 22 日，桃江县 2020 年第一次政府常务会议专题研究部署新冠肺炎疫情防控工作，全县迅速进入抗击疫情的紧张状态。2 月 8 日，县农业农村局县域经济发展股股长、省人大代表熊艳辉为帮助乡镇抗疫一线的工作人员生活后勤而倡议发起的农业企业爱心捐赠活动在农业农村局办公楼前展开，牛魔王食品、先田智慧农业、浩茗茶业等 18 家公司纷纷响应，共募集到价值 50.6 万元的米、蛋、油、蔬菜、方便面等物资。2 月 9 日，这些物资通过县红十字会分配给全县 15 个乡镇、县新冠肺炎定点收治医院和县融媒体中心。

（胡　琼）

【从源头增“绿”农业底色】 4 月 10 日，修山镇莲盆嘴村李家园组渠道被整治成一条宽 3 米、长 522 米的生态拦截沟，沟中种植梭鱼草、美人蕉、鸢尾等水生植物，消纳近 500 亩农田排水和 200 多户农户生活污水中的 COD、氮、磷等污染物质。2018 年 10 月，湖南省农业农村厅选择洞庭湖区的望城区、岳阳楼区、桃江县等 15 个县（市）区开展农业面源污染综合治理示范区建设。桃江县洞庭湖流域化肥农药农业废弃物污染整治项目覆盖修山镇洪山村、麻竹垸村和莲盆嘴村3个自然村，建设工期为4个月，建设内容包括农田面源污染治理工程、农业废弃物资源化利用及无害化工程、生活污水净化工程、湿地公园、地表径流污染治理工程、水产污水治理工程等。项目完工后，主要农作物化肥利用率可望提高5%，主要农作物测土配方施肥覆盖率达100 %，主要农作物病虫害专业化统防统治覆盖率达41%，化学农药使用总量减少15 % 至20%，农药包装、农膜全面回收，秸秆综合利用率达88.3 %。

（熊艳辉　李平安）

【县茶叶产业发展服务中心获评省先进单位】 4月20日，"2020湖南省茶叶行业工作会议"在吉首召开，全国茶行业组织、政府部门、茶叶龙头企业、茶馆及茶产品经销商等500余名代表参加活动，表彰33家2019年度湖南省千亿茶产业建设先进单位及39位先进个人。桃江县茶叶产业发展服务中心被授予"2019年度湖南省千亿茶产业建设先进单位"荣誉称号。

（龙建琪　罗奕凡）

【吴国强到桃江调研】 10月23日，农业农村部农药检定所党委书记吴国强一行，就统防统治、农药经营监管、农药包装废弃物回收等情况到桃江县调研。调研组对桃江谷丰农作物病虫害统防统治专业合作社进行实地考察，与县农业农村局局长薛虎军、总农艺师曾卫国、"谷丰"合作社主要负责人及有关人员座谈。调研组充分听取薛虎军及合作社对桃江县统防统治的运行机制及发展情况，农药监管与农药包装废弃物回收机制的介绍，并就农药包装废弃物及回收问题进行深入交流和探讨。

（刘　玲　胡　琼）

【守护"菜篮子"】 2月以来，为保障疫情防控期间全县蔬菜水果等农产品的有效、安全供给，县农业农村局农产品质量安全检测站深入桃花江、武潭、灰山港等乡镇的农产品生产基地进行农产品质量安全监测，保障居民"菜篮子"安全。重点抽查农药安全间隔期落实情况、禁限用农药使用情况。检测站工作人员在武潭镇先田智慧有限公司、灰山港镇佛坐坳蔬菜合作社、灰山港镇凯伍蔬菜种植合作社、浮邱山乡白家河蔬菜专业种植合作社、桃江振华蔬菜批发市场等地共抽取红菜薹、生菜、青椒、莜麦菜等蔬菜样品62批次，苹果、橘子、青果等水果7批次。经检测，全部样品合格。工作人员向各基地负责人传达上级精神，要求配合做好当前疫情的防护工作，落实安全生产主体责任，严格执行农产品质量安全各项监管要求，确保桃江县合格农产品不脱销、价格稳定。

（肖楚傲　胡　琼）

扶贫开发

【概况】 桃江县15个乡镇244个村（社区）中，有贫困人口的村（社区）234个，其中贫困村43个、面上村191个，有建档立卡贫困户15359户45286人。2020年，县扶贫办深入学习习近平总书记关于扶贫开发重要战略思想，认真贯彻落实中央、省、市有关脱贫攻坚统一部署，以坚持实施"五个一"工作机制为抓手，全力推进"两不愁三保障"和饮水安全问题清零，切实巩固提升脱贫成果，取得了较好的成效，实现所有贫困人口脱贫，所有贫困村出列，在省级脱贫攻坚考核中获得综合评价为"好"的等次。

资金管理。出台《桃江县财政专项扶贫资金管理办法》，严格资金拨付流程和监督检查，及时掌握项目资金使用情况，确保资金不"趴账"。全年财政扶贫资金拨付率100%。出台《桃江县扶贫项目资金绩效管理办法》，按照工作规程开展扶贫资金绩效管理，严格审核项目绩效目标申报，对于设置不科学、不精准的绩效目标坚决不予批复，确保资金精准使用。开展绩效自评报告抽查工作，每年检查项目在10% 以上，对重点项目和重点区域资金进行重点绩效评价，将评价结果和整改情况作为下一年度扶贫资金安排和使用的主要依据。严格执行公开公示制度，出台《桃江县扶贫资金项目公告公示制度实施细则》，从制度上确定公开的内容、公示的主体、公示的标准、公示的形式和公示的要求，加大信息公开力度，强化扶贫资金社会监督。

项目库管理。严格按照村申报、乡镇审核、县行业主管部门论证项目是否可行、县财政部门审核投资规模、县扶贫开发领导小组审定的流程确定项目，坚决杜绝负面清单项目出现，2018—2021年项目库现有项目4605个，所有实施的扶贫项目均从项目库中选取。

扶贫项目资产后续管护。出台《桃江县扶贫资产管理办法（试行）》，对2016年以来实施的"幸福安居工程”、新建危房改造、产业扶贫项目、9个光伏电站、农村安全饮水工程、易地扶贫搬迁（含房屋、门面）、小型公益项目等六大类4695个由扶贫资金形成的扶贫资产进行全面清产核资，完成确权登记，由公路、水利、住建、农业农村、发改等项目实施单位分别建立相应的扶贫项目后续管护制度，逐一明确管护主体，确保所有项目后续管护到位、收益分配到位、全面发挥带贫减贫效益。

项目实施质量。通过实施小型基础设施项目，贫困群众生产生活条件明显改善。投入资金0.508亿元，完成自然村公路硬化24.088公里，对村道公路线路里程388.104公里安全隐患进行整治。投入资金1016万元，新建和巩固提升农村饮水安全项目68处，新增和巩固提升农村饮水安全人口15.7万人，其中新增受益人口1万人，农村自来水普及率达到82.1%，供水保证率达到95%以上。通过实施产业扶贫等措施，全县贫困人口人均纯收入由2016年的2554.64元提高到2020年的11068.44元。坚持“四跟四走”原则，依托资源禀赋，构建以笋竹产业为主，茶叶加工、特色种养为辅的“一特两辅”产业扶贫格局，通过“龙头企业+合作社+农户”模式，开展直接帮扶、委托帮扶、股份合作，实现所有有产业发展能力、意愿的贫困户和边缘易致贫户产业帮扶全覆盖，扶贫产业与贫困户利益联结机制长效紧密。截至2020年底，贫困户获得产业帮扶收益共计2711.64万元，其中贫困户自主发展小产业获得奖补资金384.37万元、平均每户1836.46元；直接帮扶项目收益1423.23万元、平均每户1144.05元；委托帮扶和股份合作项目收益904.04万元，平均每户828.71元。在全县扶贫企业就业务工的贫困群众877人，务工收益790.72万元，平均每人获得薪酬9016元。

脱贫质量。成功劝返义务教育阶段贫困家庭学生18人，确保建档立卡家庭子女无一人因贫辍学；累计发放助学资金2549.9万元、39408人次；发放助学贷款976.45万元、1168人次；“雨露计划”补助340.5万元、2270人次。整合各类助学基金494.1万元，其中资助特困户子女149人次。县域内贫困人口住院医疗实际费用报销比例89%，转诊转院的县域外4类9种大病（含扩大救治病种）住院财政兜底实际报销比例80%。全县贫困群众住院综合报销共20851人次、6943.6万元，贫困群众受益2921.9万元。完成4类重点对象危房改造364户，边缘户改造30户，做到“人不住危房、危房不住人”。着力开展易地搬迁后续帮扶，确保“搬得出、稳得住、能致富”。就业增收方面。开展返乡回流人员“一对一”帮扶，完成贫困劳动力技能培训1033人，发放一次性交通补助8576人、269.3617万元，一次性求职创业补贴888人、26.64万元，全县贫困劳动力外出务工总人数14670人，省外务工总人数5677人，均比2019年增加。建设扶贫车间21家，开发公益性岗位976个。兜底保障：将农村低保标准提高至4020元/年。采取上门评残等方式，全面摸清残疾人底数，为全县6565名贫困残疾人办理了残疾证，残疾人社会保障政策全面落实，实现“应办尽办、应补尽补”。社会扶贫：发起“爱心助学、关爱健康”众筹活动，筹集资金107万元，为贫困户解决医疗、教育等资金难题。

脱贫成果巩固。出台《关于深入开展扶贫扶志扶智行动的实施方案》，出版《一个扶贫队长的日记》，编写《答卷——桃江脱贫攻坚案例故事》，开展“幸福扶贫、追梦小康”桃江县脱贫攻坚表彰晚会，讲好脱贫攻坚故事，全面激发贫困群众内生动力。出台《关于做好新冠肺炎疫情防控期间脱贫攻坚工作的通知》《关于进一步做好稳岗就业工作的通知》，制定落实省“十条措施”工作方案，做好稳岗就业工作，安排30万元用于消费扶贫平台建设，动员社会各界力量完成消费扶贫销售额1.29亿元，帮助9797名贫困群众增收。切实化解涉贫风险隐患。重点围绕返贫致贫风险、小额信贷逾期风险、涉贫信访舆情等方面加大工作力度，出台《桃江县防止返贫致贫监测和帮扶实施方案》，纳入边缘易致贫户258户764人，脱贫不稳定户1349户2326人，为全县建档立卡信息系统中所有标识为已脱贫人口的对象，统一购买“稳定脱贫保险”；按照四级预警机制对借款主体进行贷款清收，出资1345.8万元设立扶贫小额信贷风险补偿金，确保小额信贷逾期率为零；开通扶贫领域县委书记、县长热线电话，成立专门的信访接待办公室，畅通信访渠道，及时回应群众诉求，桃江到省、市信访件数量显著下降，群众满意度不断提升。（熊思宇）

【桃江县实现全面脱贫】桃江县全面完成脱贫攻坚各项目标任务，2020年年底全县43个贫困村已全部摘帽出列，15187户43719名建档立卡贫困人口已全部脱贫。（熊思宇）

【抓消费促增收】成立消费扶贫协

▲ 11 月 23 日，桃江表彰脱贫攻坚先进典型　（县扶贫办供图）

会，扎实开展“三专一”平台建设和扶贫企业、扶贫产品认定，推进消费扶贫产销对接。建设消费扶贫专区 4 个（线上 3 个、线下 1 个）、消费扶贫专馆 1 家，认定扶贫企业 38 家、扶贫产品 121 种，260 个消费扶贫智能专柜正在建设中；动员社会各界力量完成消费扶贫销售额 1.29 亿元，帮助 9797 名贫困群众增收。　（熊思宇）

农机事务

【概况】 2020 年，桃江县农机总动力 89.79 万千瓦，同比增长 0.63%，大中型拖拉机 2106 台，收割机 2678 台，水稻插秧机 421 台，抛秧机 13 台，水稻机种率达到 35.88%，综合机械化水平 80.64%。

农机购置补贴。全年争取中央农机购置补贴资金 2130.28 万元，其中上年结转资金 497.7 万元。实施农机购置补贴资金 1939.2426 万元，含报废机具补贴 226.4 万元，同比增长 1.4%，补贴各类机具 1582 台（套），拉动农民投入 1.03 亿元。全年农机购置补贴严格按照《湖南省 2018—2020 年农业机械购置补贴实施方案》进行，购机者、机具、发票等从严把关，机具核验每批联合县财政、县农业农村局纪检组共同参与，核验率 50% 以上。

农机推广。全年推广新型适用水稻种植农业机械 797 台，通过开展先进机具现场演示会，引进新机具、新技术，利用举办水稻机抛秧、油菜机收播现场演示会，向农机合作社、种粮大户推广先进适用、安全可靠、环保节能的农业机械，提高农机装备水平。开展送技术上门服务，跟踪回访 2019 年举办的新型农业经营主体培训班的学员 213 人次，农机化生产水平进一步提高。

农机合作社。按照依法组建、自主自愿、“小精坚”原则，经自主申请、村委会审查、乡镇初步验收，新建桃江县乡里人农机服务水稻种植专业合作社、桃江县谷丰共享农机专业合作社。县农机事务中心、县财政局、驻县农业农村局纪检组联合对两社实地验收，给予经营管理、节本增效、维护保养和操作适用等方面全方位指导与服务，使桃江农机合作社逐步向组织化、市场化、企业化、社会化方向发展。

农机化作业水平。2020 年，桃江水稻耕、种、收综合机械化水平为 80.64%，同比增长 1.19%，油菜耕种收综合机械化水平 63.11%，同比增长 1.15%。全县基本实现水稻机耕、机收、机械植保作业，将逐渐实现机播和机烘。机收作业面积 78.63 万亩，机械化植保面积 58.8 万亩，完成全县早、中、晚水稻机插机抛面积共 28.31 万亩，成为首批机抛秧作业补贴项目试点县。项目任务下达后，及时组织召开全县机抛秧现场演示培训会，新增抛秧机 13 台，完成机抛秧面积 12840 亩。全年建立稻油轮作示范基地 3 个，稻油轮作示范面积 1200 亩，培育稻油轮作科技示范户 25 户，培训县级农机技术人员 20 名，举办稻油轮作全程机械化示范推广技术培训及现场演示 2 次，举办全县稻油轮作农机示范户农机操作手技术培训会 1 次，为期两天，培训人员 108 人次。

安全生产。全县农机安全工作持续向好，事故为零。全年共开展 7 期农机驾驶员安全生产培训会，培训学员 317 人，辅导申报 2020 年度现代农机合作社成员安全生产培训 1 期。结合安全生产专项整治三年行动计划，将农机安全生产培训课堂开进农机示范合作社，培训农机从业人员 70 人，提高农机从业人员安全生产意识，提升新型农机经营主体安全管理能力。　（夏伟财）

【安全生产检查】 1 月 14 日，副县长罗歆辉带队到石牛江镇碧海农机合作社开展安全生产检查。现场察看农机合作社安全隐患排查治理情况，仔细查阅农机合作社从业资格人员资

▲3月10日，市委副书记黎石秋（居中）在高桥镇机抛秧现场演示会实地调研 （夏伟财/摄）

质、冬季农业机械保养、安全生产责任制度的建立及落实情况等。

（夏伟财）

【春耕备耕检查】 2月25日，县农机事务中心对全县农机销售网点、农机合作社开展春耕备耕检查。农机销售网点保养检修440台机具，送机上门12台，调配所需机具、配件已到位，农机合作社春耕备耕工作准备就绪。 （夏伟财）

【水稻机抛秧现场演示会】 3月10日，县农机事务中心组织15个乡镇农机站站长、农机合作社、种粮大户共计100余人，在高桥镇横马塘村召开水稻机抛秧技术培训暨现场演示会，向种粮大户推广水稻钵体育秧播种机和水稻有序抛秧机，展示从育秧到抛秧的机械化全过程。市委副书记黎石秋、市农业农村局局长胡跃龙参加现场演示会。 （夏伟财）

【稻油轮作全程机械化现场演示会】 5月19日，县农机事务中心在灰山港镇举行稻油轮作全程机械化示范推广技术培训及现场演示，各乡镇农业综合服务中心农机工作负责人、农机合作社负责人、油菜种植大户、粮油轮作种植大户近100人参加。

（夏伟财）

畜牧水产事务

【概况】 2020年，县畜牧水产事务中心完成乡镇机构改革，撤销原所属15个乡镇动物防疫站，职能划转到乡镇人民政府，15个乡镇动物防疫站55名工作人员转隶至各乡镇；3月完成行政执法改革，兽医兽药、饲料和饲料添加剂、生猪屠宰、动物卫生监督、渔政等行政执法职能划转至县农业农村局，共转隶人员27名。

禁捕退捕。成立以县委书记、县长为组长的桃江县长江流域重点水域退捕禁捕工作领导小组，开展20余次专题培训，宣传退捕渔民身份识别的政策界限、识别程序、识别标准等。对渔民开展4次精准识别，严格按照“一个不多、一个不漏”要求，核定纳入政策专业渔民276户466人，持证专业渔民64户119人，“一县一策”渔民431人。拆解渔船635艘、其中持证专业渔船217艘、无证专业渔船174艘、持证兼业渔船244艘；收回捕捞证427本；共收缴各类网具123.4吨。发放退捕渔民过渡期生活费487.68万元，社保补贴3710.1万元，发放渔船拆解、渔具渔网清缴补偿费996.0368万元。对其中13户贫困户纳入“一县一策”渔民，发放退捕渔民过渡期生活费6.24万元，社保补贴27.3万元，渔船拆解、渔具渔网清缴补偿费47.7566万元。

动物防疫。对养殖业重点场所进行“大清洗、大消毒”。1月底紧急发放消毒药2.5吨，组织1569个养殖业重点场所开展清洗消毒，累计消毒面积2663.39万平方米。调配禽流感疫苗45.3万毫升，共计紧急免疫禽流感90万余羽。在全县遴选10个禽类养殖场，发放检测试剂开展禽流感监测；对全县17个动物放养养殖场建立监管责任人制度，对养殖业重点场所从业人员463人开展健康跟踪管理。对15个乡镇的宣传发动、应急值守、养殖业重点场所传染病监测及消毒、从业人员健康监管、动物卫生监督、生猪定点屠宰场监管等工作进行督查。全年杜绝动物疫情与“新冠肺炎”疫情叠加发生。组织各乡镇全面完成春秋两季动物集中免疫工作，全县春、秋两季共免疫生猪口蹄疫116.9万头、牛口蹄疫12.42万头、羊口蹄疫19.67万只，羊小反刍兽疫15.29万只，禽流感1080.3万羽，免疫密度达到上级要求。严格落实“两场”保护措施，对存栏生猪100头以上的规模化猪场执行动物防疫行政监管责任人和技术监管责任人负责制，切实履行动物防疫主体责任，落实各项综合防控措施，定期开展巡查，加强整改落实。对121个养殖场进行监测和流调工作，共监测1140个样本；采集620份拭子样和90份牛OP液送上级单位检测，检测结果均符合要求。2020年，全县共收集处理病死生猪33695头、禽类16224羽、生猪定点屠宰场三腺产品26711公斤、配合市监局处理过期肉品3735公斤，有效保障全县养殖业生产安全、生态环境和公共卫生安全。

生猪生产。全县存栏生猪47.85万头，同比增长18.4%；出栏生猪68.82万头，同比增长32.8%，完成生猪出栏任务。指导养殖户新改扩建发展适度规模的标准化规模养殖，新改扩建生猪规模养殖场74家，建成后生猪存栏16.259万头。新增年出栏万头以上生猪养殖大户4家，有各类畜禽养殖场户3000多个，规模场养殖比率55%。对全县存栏生猪50头以上的养殖户实行“应保尽保”，全面完成育肥猪、能繁母猪等养殖业保险投保工作，全年共投保能繁母猪38150头、育肥猪516660头、生猪价格指数32500头、肉鸡1680400羽、能繁母牛4200头。积极争取生猪规模化养殖建设项目，为桃江县大冲生态农业、三堂街朝辉生猪家庭农场、黄金坝生猪养殖场3个符合申报条件的新建猪场成功争取2020年生猪规模化养殖建设项目共计150万元。发展“龙头企业+养殖场”，已有多家养殖业龙头企业分别与本地40余家规模猪场签订合作协议。

特色水产。全县放养水面4.5万亩，其中特色水产面积2.3万亩，水产品总量13166吨，同比增长5.88%。新增特色水产养殖面积526亩，包括小龙虾养殖280亩、桃江县现代农业核心示范区水产养殖基地引进新品种澳洲龙虾养殖246亩。完成1706亩池塘标准化改造任务。开展鱼类人工增殖放流活动2次，投放鱼苗鱼种650万尾。受年初新冠肺炎疫情的影响及禁捕力度的加大影响，渔业生产增幅略有下降，全县休闲渔业产值1408万元，同比下降5%，接待人数为44500人，一季度休闲渔业发展缓慢，从二季度开始休闲渔业产值和接待人数快速增长。

畜禽污染防治和粪污资源化利用。指导64个生猪规模养殖场及6个养殖密集区共160个养猪专业户完成标准化建设，支持动物防疫、粪污处理设施、养殖环境控制等基础设施建设。完成24个种植基地畜禽粪污资源化利用设施建设，完成4大溪流周边312个畜禽养殖场（户）粪污处理设施升级改造、现场验收，建设粪污输送管网186270米、干粪堆积发酵棚35570平方米、沼气池30789立方米、沉淀池128240立方米，发放奖补资金555万元。全县规模养殖场畜禽粪污综合利用率92.1%，散养户畜禽粪污综合利用率70%以上，规模养殖场粪污处理设施装备配套率100%。

养殖业技术服务。全年共举办培训36期，培训1800余人次，养殖业主25人次参加省畜牧水产事务中心举办的4期“全省基层农技推广骨干人才培训班”，电话指导或接受业务咨询500余人次，每月开展1次送科技下乡活动，辐射各类养殖场户近1000个。（刘亚丽　姜　娜）

【重大动物疫病防控】 2月6日，桃江县召开重大动物疫病防控工作会议，传达贯彻落实省、市相关工作会议精神，部署高致病性禽流感等重大动物疫病防控工作。会议传达全省重大动物疫病防控工作视频会议和全市农村防疫工作调度会议精神，对重大动物疫病防控工作提出具体要求。（曾卫红）

【生猪定点屠宰企业复工复产指导】 2月14日至17日，县畜牧水产事务中心组织人员到桃花江镇、武潭镇、大栗港镇、修山镇、灰山港镇生猪定点屠宰企业指导复工复产。全县配送消毒药剂总计34件，屠宰企业日消毒面积达26660平方米。严把返岗关，了解返岗职工身体状况。严把检疫关，确保生猪产品质量安全。

（刘亚丽　刘乐令）

【490万尾鱼苗鱼种投放资江】 5月9日，490万尾鱼苗鱼种在桃江县资江流域的修山镇修山电站库区投放。副县长罗歆辉出席活动，畜牧水产系统干部职工及库区部分群众参加，县公证机关进行现场监管和公证。

（刘亚丽）

【非洲猪瘟检测实验室通过省级授权】 7月10日，桃江县兽医实验室顺利通过全省非洲猪瘟检测实验室能力认证，获得该项目的实验室授权，桃江县可以自主开展非洲猪瘟检测。按照上级建设标准，县兽医实验室添置荧光定量PCR仪、自动核酸提取仪、组织研磨仪等分子生物学检测设备，组织检测技术人员参加系统培训。湖南省动物疫病预防控制中心对实验室建设情况进行现场验收，经综合评估予以授权可开展非洲猪瘟检测工作。

（李　晶　刘亚丽）

▲5月9日，490万尾鱼苗鱼种投放资江　（刘亚丽／摄）

【退捕渔民身份识别】 8月1日，县畜牧水产事务中心组织沿河9个乡镇召开退捕渔民身份精准识别培训会。会议传达7月30日湖南省委副书记乌兰在全省长江流域重点水域退捕渔民精准识别工作视频会议上的讲话精神，学习省农业农村厅《湖南省禁捕退捕政策解读》，讲解退捕渔民身份识别的政策界限、识别程序、识别标准，探讨乡镇退捕工作存在的疑点和难点，布置8月退捕工作，发放《禁捕退捕政策38问》资料300份。会议要求各乡镇组织人员对渔民开展入户调查和政策宣传，并在8月7日前完成乡镇对退捕渔民的身份识别，8月12日前完成县级对退捕渔民身份识别的联合审核，8月15日前完成数据系统上报。同时成立3个督查组负责督查退捕渔民身份精准识别工作，纪检监察部门全程监督检查，对工作不力、责任落实不到位的依法依规问责追责，确保退捕渔民“一个不多、一个不漏”。　（刘亚丽）

【畜禽粪污资源化利用项目收尾验收】 8月20日，县畜牧水产事务中心和县财政局、县生态环境保护分局、驻县农业农村局纪检组相关人员组成督查验收组，对全县四大支流畜禽粪污资源化利用项目进行收尾验收。验收组按养殖场建设方案，分别验收雨污分流管网、沼气池、沉淀池、干粪棚等粪污处理装备配套设施，共检查验收308家养殖场（户）建设项目。

（黄志奇　朱　丹）

【渔网渔具清缴行动】 10月14日召开禁捕退捕工作推动会后，各乡镇组织开展大规模渔网渔具清缴行动，组织对辖区内“地笼王”等的渔具渔网摸底、称重登记、清缴。截至10月20日，全县收缴渔网26404.65公斤、“地笼王”132636.15公斤。

（丁　江　刘亚丽）

【华家山畜禽养殖场落户桃江】 10月26日，县畜牧水产事务中心与广州回乡创业老板华鑫慧签订750万元招商引资投资协议书，生猪规模养殖场华家山畜禽养殖场落户桃江。项目用地面积4000平方米，建筑面积3500平方米，生猪养殖栏舍3000平方米，仓库、消毒室及管理设施套用房500平方米。项目建成后，年存栏生猪2000头，年出栏生猪4000头。

（杨　帆　姜　娜）

【省级畜禽粪污资源化利用第三方评估组实地评估桃江】 11月16日，省级畜禽粪污资源化利用第三方评估组到桃江实地评估2020年度畜禽养殖废弃物资源化利用工作。市畜牧水产事务中心副主任李兰田、副县长罗歆辉陪同。评估组从规模养殖场直连直报系统中分类随机抽取20家规模养殖场（评估15家）和5家散养户，先后到桃花江、浮邱山、修山、武潭和大栗港等乡镇实地查看。专家组肯定桃江畜禽养殖粪污资源化利用工作，对薄弱环节提出改进意见。　（刘雨人　曾卫红）

【养殖业基层农技推广骨干人才培训】 11—12月，县畜牧水产事务中心选派养殖技术推广骨干25人次，分4批次参加省畜牧水产事务中心分别在岳阳职业技术学院、常德职业技术学院、湖南农业大学举办的水产养殖、草食动物养殖、生猪养殖技术培训，每批学员脱产学习5天。

（黄贤明　贺湘玲）

林　业

【概况】 2020年，组织完成人工造林1333公顷，其中重点工程造林200公顷；完成封山育林1533公顷；森林抚育5333公顷；退化林恢复2000公顷。组织全民义务植树160万株。繁育各类用材林苗木1000万株、珍贵绿化苗木1500万株。退耕还林工作接受国家级的检查，完成情况全省排名第一。全年共到位林业专项资金5700余万元。

森林资源管理。完成森林督查暨森林资源管理“一张图”年度更新工作，完成12666公顷天然商品林禁伐限伐资金发放工作，立案查处非法使用林地违法案件30多起，其中刑事处罚1人。依法办理林地征占用手续28宗，审批面积48.7公顷，收缴植被恢复费1109万元。组织防治黄脊竹蝗2800公顷，清除松材线虫病枯死木1.19万株，首次使用无人机防治松褐天牛马尾松林面积300公顷，设置松褐天牛诱捕器200套。组织开展野生动植物保护执法行动23次，立案查处案件12起，其中行政案件11起，刑事案件1起，没收违法所得财物3万余元。

野生动物处置。完成第一和第二批退养野生动物的核实、补偿、处置工作，全县退养养殖场103家，成功转产转业79家，涉及贫困户的养殖场共计11户，对4户业主是贫困户的养殖场，按照湖南省补偿标准发放补偿资金34.856万元，制定“一户一策”帮扶措施，其中有3户已顺利外出务工，1户转型养殖药用蛇类，已由林业局帮助办理药用蛇类驯养繁殖许可证；对6户在养殖场投入资金的贫困户，由养殖业主偿还同等额度的资金，共偿还资金25万元；对1户在养殖场寄养野生动物的贫困户，由养殖场业主按照不低于湖南省补偿标准给予相应补偿款共计0.28万元。

自然保护地管理。完成全县3个自然保护地批复，落图面积11217.09公顷（桃花江省级风景名胜区5689.11公顷、湖南桃花江国家森林公园3280.45公顷、湖南桃江羞女湖国家湿地公园2247.53公顷）。接手桃花江风景名胜区（桃花江竹海景区、修山景区、浮邱山景区、桃花湖景区、罗溪景区、凤凰山景点）管理，总面积5689.11公顷。12月25日桃江羞女湖国家湿地公园通过国家级验收。

林业产业发展。全年实现林业总产值146.63亿余元，增长2.5%，其中竹产业产值120.27亿元，增长16.94%。出台新修订的《关于支持竹产业发展的八条政策措施》，编制《桃江县竹产业发展工作五年行动计划》，落实乡镇和部门竹产业工作目标考核办法。全县竹产业归集资金4000万元支持竹产业。到位德促贷款资金710万欧元，折合人民币5600余万元。全县新建笋用林基地1333公顷，其中县级基地333公顷，镇级基地667公顷。新增德促实施面积2000公顷，全年生产鲜笋1亿多斤，竹笋产业实现总产值8.05亿元。支持竹缘林科公司在长沙高桥市场设立销售中心，支持亿阳仑生态食品有限公司在道县设立销售窗口。全年举办竹笋培育与加工技术培训班41期，培训林农3391人次。编制《地理标志证明商标 桃江竹笋》团体标准，牵头成立益阳市笋竹产业联盟，顺利完成FSC森林认证年度监督审核。协助央视《我爱发明》拍摄1期电视节目《缆索式竹林拖拽机》；协助中国网拍摄竹产业外宣节目《一根竹子铺就的脱贫致富路》。桃江县竹缘林科开发有限公司与“湘北曾姨”合作开展竹笋产品直播带货，全县竹类产品直播带货开始起步，产品涉及竹凉席、竹笋等。

（胡建龙　尹　进）

【禁食退养野生动物】 5月22日，县政府召开全县第一批退养野生动物补偿工作会议，确定全县组建21个核实小组，其中数据核实组20个，组成成员为县林业局、县财政局、各相关乡镇工作人员；纪检监督组1个，组成成员为县政府办副主任及县农业农村局纪检组，5月23—24日开展现场数据核实。第一批退养野生动物，全县共核实退养养殖场102家，退养的野生动物有王锦蛇、水律蛇、眼镜蛇、竹鼠、豪猪及灰胸竹鸡6种，其中王锦蛇、水律蛇及眼镜蛇等蛇类养殖场60家共206023.01公斤，竹鼠38家共32243.9公斤，豪猪3家共674只，灰胸竹鸡1家共1669只。补偿资金2766.0808万元，其中县级补偿资金1106.4323万元，省、市补偿资金各为829.8242万元，省市县三级补偿资金于8月中旬由县林业局全部拨付至人工繁育主体提供的账户上。8月7日，存栏野生动物已全部处置完毕。第二批退养野生动物共核实养殖场4家，核实野生动物种类有4种，其中蓝孔雀1208只，尖吻蝮、乌梢蛇、黑眉锦蛇等蛇类6862.1公斤。相关养殖动物于9月30日全部完成处置工作，补偿资金133.0812万元已拨付到位。

（欧卫明　胡胜红）

【首届羞女湖湿地文化节】 10月13日，桃江首届羞女湖湿地文化节开幕。修山学校50名学生宣读羞女湖湿地保护倡议书，以“秀美桃花江　生态羞女湖”为主题，历时3个月的桃江首届羞女湖湿地文化节启动。10多名国内知名的湿地专家、300多名省市县政府工作人员、100多名摄影及文学爱好者、500多名湿地保护志愿者、1000多名中小学生和3000多名湿地公园周边社区群众参

▲5月26日，羞女湖国家湿地公园域内郭家洲河岸白鹭
（杨　勇　莫晓春/摄）

加活动。（薛　强）

【羞女湖国家湿地公园通过国家验收】12月25日，国家林业和草原局批复，湖南桃江羞女湖国家湿地公园通过国家验收。公园设定5个湿地生物监测点和监测样线（带），完成湿地流域科学考察并形成专项考察报告和湿地动植物图集。建立“湖小青”湿地志愿者营、湿地志愿者服务队，聘请专职湿地巡护员，配备湿地保护管理站工作人员，开展日常湿地巡护；会同农业执法队开展湿地流域禁捕行动；新建远程监控系统，对域内重点保护动物实时监控；新建巡护码头1座；在湿地岸线区域栽植柳树1000株，在桃花江竹海新建1000平方米湿地科普宣教中心，在全流域设立科普宣教牌208块；建立湿地保护专业机构，组建羞女湖流域湿地保护网络创新联盟并开展活动，开展湿地宣传和科普活动，建立网站和微信公众号；新建羞女湖湿地广场，绿化面积4000平方米；在湿地岸线撒播花草种子300公斤，全年接待游客10万人次。（杨　勇　莫晓春）

竹产业发展服务

【概况】2020年，全县有毛竹林面积115万亩，立竹2.56亿株，竹林面积10万亩以上的乡镇4个，9万亩以上的乡镇2个，8万亩以上的乡镇1个，竹资源总量居全省第一，是十大“中国竹子之乡”之一。2020年全县产竹材4000万根、鲜笋产量1亿多斤，居全省第一位。实现竹业总产值120.27亿元，同比增长16.94%，居全省第一。

竹产业品牌。全县共有竹业企业202家，其中中国竹藤品牌集群企业1家，国家林业重点龙头企业2家，中国竹业龙头企业2家，高新技术企业5家，省级林业产业龙头企业15家，省农业产业化龙头企业3家，市农业龙头企业3家，“新三板”和Q板上市企业2家，规模以上企业39家。全县共注册竹业品牌102个，“桃江竹凉席”获国家地理标志证明商标，“桃江竹笋”获国家地理标志证明商标和国家农产品地理标志，有3个湖南省名牌产品，有9个湖南省著名商标，1个国家林业和草原局竹子研究开发中心实验基地，1个国家“非遗”传承基地，2个国家森林康养基地试点建设单位，1个竹文化博览馆，1个省级毛竹丰产林培育示范基地。湖南国泰农业开发有限公司生产的“清溪竹缘”糯米笋在2020中国中部农业博览会上获金奖。新增食品生产许可证3个、竹产业专利2个。

百亿竹产业打造。修订出台《关于支持竹产业发展的八条政策措施》，编制《桃江县竹产业发展工作五年行动计划（2020—2024年）》，落实乡镇和部门竹产业工作目标考核办法。全县竹产业归集资金4000万元支持竹产业。新建笋用林基地1333公顷，其中县级基地333公顷、镇级基地667公顷。竹笋产业实现总产值8.05亿元，湖南惊石农业科技有限公司二期正式建成投产。

竹产业德促项目。继续推进“利用德国促进贷款湖南森林可持续经营项目”（简称“德促项目”），建设材用竹林1473公顷、笋材两用林527公顷，省级验收合格1977.2公顷，合格率98.86%。到位德促贷款资金710万欧元（折合人民币5600余万元），争取德国复兴信贷银行贷款655.3096万欧元（折合人民币51114154.2元）。

FSC年度监督审核。继续开展FSC森林认证年度监督审核，为桃江竹业企业产品出口免费提供认证指标。认证森林面积3001.96公顷，其中竹林面积1770.68公顷。

竹产业产品销售。竹缘林科公司在长沙高桥市场设立销售中心，亿阳仓生态食品有限公司在道县设立销售窗口。桃江县竹缘林科开发有限公司与“湘北曾姨”抖音平台

合作开展竹笋产品直播带货，全县竹类产品直播带货起步，产品涉及竹凉席、竹笋等。

竹产业科技推广。摸索出毛竹幼竹人工摇梢技术并申请国家发明专利，举办毛竹幼竹人工摇梢技术培训班1期，培训45人次。全年举办竹笋培育与加工技术培训班41期，培训林农3391人次。

竹产业标准编制。《复水毛竹笋加工技术规程》省级地方标准由省市场监督管理局发文批准。编制《地理标志证明商标 桃江竹笋》团体标准，解决复水笋产品无产品执行标准难题。

竹产业宣传。协助央视《我爱发明》拍摄一期电视节目《缆索式竹林拖拽机》，协助中国网拍摄竹产业外宣节目《一根竹子铺就的脱贫致富路》，协助中央广播电视总台拍摄一期面向非洲观众的竹产业直播节目。牵头成立益阳市笋竹产业联盟，湖南惊石农业科技有限公司董事长赵逸平当选首任理事长。（刘迪钦）

【竹产业领导小组第一次会议】 1月3日，桃江县竹产业发展工作领导小组2020年第一次全体会议召开。审议通过关于2019年桃江县竹产业发展情况及2020年竹产业工作设想的报告、关于2019年度竹产业发展工作绩效考核情况的报告、关于县财政500万元竹产业发展资金预分配方案编制情况的报告，通报县竹产业发展工作领导小组及办公室负责人的调整方案。会议决定向县委县政府提议《关于支持竹产业发展的八条政策措施》继续实施3年，每年归集3000万元资金支持竹产业发展。（刘迪钦）

【竹笋省级地方标准发布】 1月14日，湖南省市场监督管理局批准发布《复水毛竹笋加工技术规程》省级地方标准，该规程是由桃江县林业局牵头，县市监局及桃江县天赐食品科技开发有限公司、桃江县双俊竹笋有限公司、桃江县竹缘林科开发有限公司参与制定的。规程综合几个规模较大的竹笋加工企业的加工技术，并由权威专家审查和指导加工技术规程，使复水毛竹笋的加工工艺进一步成熟、规范，产品质量符合相关标准并具备可操作性。（刘迪钦）

【注册“中国楠竹之乡”域名】 9月28日，县林业局收到中国互联网络信息中心（CNNIC）颁发的国家域名注册证书，域名为“中国楠竹之乡.cn”。（刘迪钦）

【“桃江竹笋”获金奖】 在11月举行的第22届中国中部农业博览会上，湖南国泰农业开发有限公司参展的“清溪竹缘”牌原味糯米笋获得金奖。（刘迪钦）

【“桃江竹笋”获全国第十名】 10月8日，商务部主办的“‘千品万店美食荟’——家乡味道菜品推荐”活动结束。桃江县竹缘林科开发有限公司领衔的“桃江竹笋”获全国第十名、湖南第一名。（刘迪钦）

水　利

【概况】 2020年，桃江共迎战20轮强降雨，启动防汛Ⅳ级应急响应5次，桃江站最高水位41.35米，超警戒水位2.15米。受强降雨影响，全县共8.3万人次受灾，紧急转移安置人口854人，农作物受灾面积2.8万公顷，因灾倒塌房屋338间，直接经济损失3.4亿元。全年无溃垮堤垸、库坝，无人员伤亡。

水利建设。城市防洪工程PPP项目总投资3.89亿元，累计完成投资3.04亿元。完成碧螺水库、楠木村水库等4座水库除险加固。资江重要河段治理项目马迹塘、武潭等8段河段治理项目建设，治理河道总长度13.15公里；中小河流治理项目沾溪二期续建和獭溪二期治理工程，治理河道总长度15.6公里；三堂街片区、石牛江片区农田水利标准化建设和农业水价综合改革试点县建设项目，沟渠疏浚317公里，塘坝清淤461处。

立项争资。完成立项争资2亿元。完成资江重要河段治理工程（龙拱滩—回龙庵等11段岸坡防护）、克上冲水库除险加固、沂溪河中小河流治理、小型水库除险加固、克上冲灌区节水改造及续建配套、“十四五”水安全保障规划等项目的前期工作。

河长制工作。建立完善“三长一站”“一办两员”工作机制，落实省第1至5号总河长令，推进“一河一策”。全年县、乡、村三级河长累计巡河20856人次，整治河流“四乱”问题19个，清理河道垃圾1万吨，建设示范河流（段）15条，“三无”船舶上岸1633艘（含竹排），资江流域实现全面禁捕，上级下达的17项河长制年度重点工作任务完成，河长制年度考核位居全市前列。獭溪河桃花江镇段被评为湖南省“美丽河流”，张建军、李球安获湖南省“最美河湖卫士”称号。

行政执法。共出动车辆150多台次、人员420余人次，开展资江及一级支流日常巡查和办案等工作，立案查处办结19起，发出责令停止水事违法行为通知书49份、水事违法行为整改通知书8份，收缴罚款5.5万元。开展“清四乱”自查及整治工作，及时发现、整治18起新“四乱”问题，上报、整改并销号3起新“四乱”问题，组织拆除石洞水寨、贺某、詹某3起河道管理范围内违建3000余平方米。

水利工程确权与河湖划界。完成纳入河湖管理范围的16条河流的划定、界桩（告示牌）埋设、数据入库工作。完成全县所有大中型和重点小一型水利工程调查摸底、上图入库、确权划界工作。

水土保持与水资源管理。共审批生产建设项目水土保持方案31个，可投入水土保持治理资金6686.03万元，治理面积113.7631公顷，征收水土保持补偿费155.36万元。完成取水许可行政审批47处，开展取水许可监督检查57次，发放督办函15份，征收水资源费50.32万元。

农村安全饮水工程。完成农村饮水安全巩固和新增农村自来水人口15.765万人。完成农饮工程水质抽检和普检，制定出台《桃江县农村饮水安全工程运行管理绩效目标考核办法》《桃江县农村饮用水水质达标工作方案》《关于加快农村供水工程水费收缴工作方案》等办法制度，确保水源水质和工程运行。

工程监管。对在建工程开展70余次/处质量安全检查，排查出质量和安全隐患20多次/处，对验收中发现的质量安全缺陷隐患提出整改意见20余条。对全县小型水库开展安全运行监督检查，发现并整改消除91个水库200余个安全隐患。

小水电清理整改。编制《桃江县小水电清理整改综合评估报告》《湖南省桃江县小水电清理整改“一站一策”工作方案》等文件，形成各个电站整改目标明确、任务具体化的工作措施。全县综合评估整改类电站22座，已按“一站一策”工作方案全部完成整改。整改主要内容包括完成生态流量监测设施建设3座，生态流量监控设施建设11座，大坝安全鉴定3座，水位尺、生态流量泄放标示牌安装14座，安全警示牌安装16座，防汛安全责任牌安装17座，鱼类增殖放流8座，其他非工程措施8座。完成县级验收销号22座。（何晚丰）

【叶建春到桃江检查】 4月12日，水利部副部长叶建春率队到桃江检查指导防汛备汛工作。水利部水旱灾害防御司副司长王章立参加检查，省政府副秘书长欧阳煌，省水利厅厅长颜学毛，省水利厅副厅长罗毅君，省水文中心党委书记、主任郭世民，益阳市委书记瞿海，市政府常务副市长熊炜陪同。检查组先后到横石村检查防汛备汛情况，在桃江水文站观看益阳市智慧水利建设情况并座谈，参观初具规模的资江流域水文展示馆，察看桃江站各备汛测验设施运行情况。郭世民向检查组演示资江流域洪水调度系统，汇报湖南水文防汛备汛工作。叶建春肯定湖南水文现代化建设及汛前准备工作，对湖南水文人提出具体要求。（何晚丰）

【饮水安全工程大排查】 5月8日至20日，县水利局派出15名专业技术人员分组到各乡镇，针对安全饮水不稳定、通管不通水、季节性缺水、水质不达标、个别年老残疾行动不便农户取水不便等问题，对所有建档立卡贫困人口饮水安全和农村饮水安全工程运行状况全面排查。根据检查发现的问题，落实镇、村整改责任单位和责任人，确保农村饮水安全。（何晚丰）

【田学斌到桃江调研】 11月26日，水利部副部长田学斌一行到桃江调研小水电清理整改工作，省水利厅厅长颜学毛，市政府副市长汤瑞祥，副县长罗歆辉等领导陪同调研。调研组一行先后实地察看碧螺电站和白竹州电站整改情况，与电站负责人现场交流。田学斌肯定桃江县小水电清理整改工作，并对开展长江经济带小水电清理整改工作提出指导性意见。（何晚丰）

【县水利局获评“省防汛救灾先进集体”】 12月14日，县水利局被湖南省防汛抗旱指挥部评为“湖南省防汛救灾先进集体”。入汛后，受强降雨影响，桃江共启动防汛Ⅳ级应急响应5次，Ⅲ级响应1次，部分乡镇启动Ⅱ级响应1次，对3个万亩堤垸启动防汛抢险应急预案1次；对资江3座梯级电站启动联合调度3次。全县未溃一堤一垸、未垮一库一坝，山洪地质灾害未发生人员伤亡，灌溉和饮用水未受到明显影响。（何晚丰）

库区移民事务

【概况】 2020年，县库区移民事务中心转变传统争资观念，拓宽思路，加大力度，从产业发展、整村推进等方面入手包装申报项目，全方位开展立项争资工作。全年共争取到县移民后扶资金2758.46万元，超额完成县定立项争资任务。

整村推进工作。投入移民资金320万元，用于2个重点移民村的整村推进工作。石牛江镇石牛江村投入资金210万元，项目12个。其中用于公路硬化1.2公里，投入资金40万元；公路黑化489.4米，投入资金30万元；路灯建设131盏，投入资金29万元；渠道建设60米，投入资金7万元；绿化建设2469米，投入资金26万元。石牛江镇黄泥田村投入资金100万元，项目4个。其中用于塌岸治理1处495米，投入资金30万元；绿化3.5公里，投入资金20万元；公路拓宽1200米，投入资金20万元；扶持光伏发电产业1处30万元。

移民后扶工作。在全县开展移民信息采集工作，采集核对全县后扶人口信息，完成全县大中型水库移民后扶人口的信息更新，核减移民后扶人口164人，足额发放移民直补资金1015.68万元。

移民产业发展。争取生产开发项目资金406万元，实施项目40个，重点扶持2家移民企业。主办移民培训班7期，培训移民359人。其中农业实用技术培训4期232人，就业技能培训3期培训移民127人。推荐参加省、市中心移民就业技能培训10人。

基础配套设施。争取项目资金980万元，规划建设项目152个。完成公路建设17.7公里、环境整治2处、绿化5处、公路桥2座、机耕道0.1公里、管网建设2060米、电灌机埠2座、水坝1处、渠道建设6.71公里、山塘4座、塌岸治理10处、路灯安装1231盏、饮水安全治理4处、移民活动中心1处、安置区灾后恢复8个村。

项目资金监管。按照《大中型水库移民资金管理办法》的相关要求，严格执行“专款专用、专户存储、转账核算”，实地检查项目实施情况和资金落实情况，确保移民资金真正用于移民项目。2019年起，将移民资金、移民独生子女家庭户、移民两女家庭户子女考取高中或全日制大学补助、移民中长期职业教育补助等统一规范纳入省“一卡通”系统发放。

信访维稳。切实加大库区和移民安置区维稳工作力度。上门走访4个三峡移民乡镇，10个三峡移民安置村，共计走访移民352人次。接待移民来访16批次121人次，受理“网上信访”交办件3件，化解移民矛盾纠纷16起。依法处理信访事项，未发生一起越级上访和群体性事件，维护了库区和安置区和谐稳定。

脱贫攻坚工作。完成帮扶贫困户全线脱贫任务，按期脱贫8户17人。加大村公益事业建设投资力度。投入资金15万元进行基础设施改造，扩宽硬化公路600米、渠道建设300米、电排维修1处。（贺启斌）

【慰问三峡移民】 1月17日，开展“办实事、送温暖”活动，中心主任胡军带领3个慰问组深入4个乡镇的三峡移民安置点走访慰问，共计慰问三峡移民96户，发放慰问金4.8万元。慰问组与移民一起共同探讨新一年发展生产、增加收入的途径，为移民送去党和政府的关怀，确保三峡移民群众过上欢乐祥和的春节。（贺启斌）

【省移民中心到桃江调研】 5月9日，湖南省库区移民事务中心巡视员马至武、财务部副部长江枫、信访维稳部副部长吴群雄、搬迁安置部副部长周群芬一行9人到桃江调研移民重点工作情况。县库区移民事务中心主任胡军汇报移民脱贫攻坚、避险解困、重点移民村建设、移民资金使用绩效、项目计划申报备案、移民信访维稳6个方面的情况。调研组一行到灰山港镇克上冲村视察重点移民村整村推进项目实施情况后，肯定桃江落实移民政策和重点工作取得的成绩。（贺启斌）

【移民“十四五”规划谋划】 9月24日，大中型水库移民后期扶持“十四五”规划编制暨移民信息采集工作会议召开。全县15个乡镇和125个移民村相关负责人参加会议。中心主任胡军对加快全县水库移民产业发展，提升移民村社会治理能力提出要求。（贺启斌）

【培训移民养中蜂】 10月27日，中心与益阳红海职业技能培训学校在石牛江镇牛剑桥村联合举办2020年库区移民中蜂养殖技能培训班，全县各移民库区60位移民参加培训。老师结合实例讲解养殖技术，介绍中蜂形态与生活习性、中蜂的食物、养蜂工具、活框饲养管理技术、蜂群检查。课后，全体人员到养蜂基地，针对蜂农遇到的问题，通过拆解蜂箱的方式现场教学，并讲解日常管理、繁殖与断子管理、活框蜂群运输、中蜂病害的防治等中蜂养殖技能和方法。（贺启斌）

桃花江灌区管理

【概况】 2020年，桃花江灌区管理局完成《桃花江水库汛期控制运行方案》《桃花江水库调度规程》《桃花江水库防汛抢险应急预案》的编制并通过上级部门批复。召开防汛抗旱工作动员会，举办防汛抗旱知识培训班，组织水库应急抢险演练，备足防汛物资。完成沿线渠道清淤扫障和重点险工险段除险加固及所有闸启设备维修养护。全面落实防汛应急响应，有效应对强降雨，及时排除险情，没有发生大面积的渠堤穿孔和垮塌，渠系及建筑物安全度汛。科学制订水量调度方案和专项水量调度计划，坚持水量“一日一调度”，满足灌区范围内11个乡镇早、中、晚稻种植灌溉用水需求。实现水利工程平安度汛，灌区群众旱涝保收的工作目标。

项目建设。桃花江水库大坝除险加固项目投资计划5190万元，2020年到位资金4152万元（其中中央资金3113万元、省级资金1039万元），已完成大坝围堰填筑等年度建设任务。完成“十四五”大型灌区续建配套与现代化改造项目实施方案编制并通过省水利厅评审，已在发改部门立项。完成桃花江灌区重点干支渠修复项目400万元，完成渠道衬砌4960米，渠道清淤疏浚50420米，渠系建筑物加固改造64处，灌区干支渠通水能力得到明显增强，灌溉水利用系数得到提高。完成桃花江灌区2019年续建配套与节水改造省级补助配套追补资金项目276万元。

水资源管理。加强桃花江水库水资源管理，全年水库水质达Ⅲ类水及以上标准。打击库区违法行为，查处违法案件4件，购买执法船只1艘。做好桃花江水库空库捕捞环境协调工作，组织水政执法人员集中执法2次，联合县农业农村局执法大队执法2次，维护了水库周边渔政、水政秩序。

疫情防控。快速响应，认真部署，做到疫情防控常态化。安排专职网宣员负责网络舆情监控，组织志愿者参加团县委、创建办开展的社区网格以及市场疫情防控劝导和健康码注册。推进爱国卫生运动，做好常态化防控机制下个人防护知识和防控举措宣传引导工作。印制关于疫情防控知识宣传栏8块，悬挂宣传横幅21条，发放宣传资料300多份，利用电子显示屏24小时不间断滚动宣传。

脱贫攻坚。全年安排对口联系村松木塘镇关山口村和灰山港镇天子坡村扶贫资金12万元。帮扶关山口村天润关山养殖专业合作社、恒瑞养殖专业合作社，效益明显。完成关山口村农渠改造、河堤修复、拦河水坝修建、路灯亮化等工程。

经营类事业单位改革。采取直接撤销经营类事业单位建制的方式完成桃花江水库水力发电站改革，注销经营类事业单位法人登记，30名电站人员编制调整至桃花江灌区管理局同类编制属性的其他二级机构。电站所有资产划归国有资产，由桃花江灌区管理局代管经营。

（胡卫平　吕　胜）

【张晓调研灌区工作】 3月10日，县委常委、常务副县长张晓，副县长罗歆辉调研桃花江灌区管理局工作。县政府办、县编办、县财政局、县水利局、县农业农村局、县数据资源服务中心、县城投集团等单位主要负责人参加。管理局主要负责人汇报工作情况。会议就如何提高管理局保障水平、理顺体制机制、改善基础条件、充分发挥作用提出具体要求和解决措施。

（胡卫平　吕　胜）

【服务农业生产】 2月15日，桃花江灌区管理局召开“服务农业生产、保障灌溉用水”动员部署会议，要求全局上下奋战1个月，消除安全隐患，打通灌溉堵点，全力服务春耕生产。投入资金120万元，完成干渠清淤扫障92公里、重点险工险段处险加固22处、所有闸门和启闭机完成保养。4月下旬，管理局组织对浮邱山、鸬鹚渡、大栗港等乡镇阻水严重的近100公里干支渠砍杂、清淤、疏浚与维修，增加水稻灌溉面积4万亩，保障灌区范围内23万亩农田的有效灌溉。

（胡卫平　吕　胜）

【重点干支渠修复项目】 桃花江灌区重点干支渠修复项目是政府投资公益类项目，县财政投资400万元，疏通重点干支渠淤塞严重地段、修复险工险段。管理局按照“一个项目一名责任领导、一名项目负责人、一名技术负责人，一个工地一名业主代表”的项目分工负责，采取多施工人员、多机械台班、多工作面的施工方式，完成渠道衬砌4960米，渠道清淤疏浚50420米，渠系建筑物加固改造64处，灌区干支渠通水能力得到明显增强，灌溉水利用系数得到提高，灌区群众的生活用水和农业灌溉用水安全得到保障。

（胡卫平　吕　胜）

气　象

【概况】 2020年，县气象局坚持“公

共气象、安全气象、资源气象”的发展理念，坚持“以人为本，无微不至、无所不在”的服务宗旨，气象事业有新的发展。

主要天气气候特点。年平均气温17.3℃，较历年平均（16.8℃）偏高0.5℃，较2019年（17.2℃）偏高0.1℃。最冷1月平均气温5.0℃，最热8月平均气温29.7℃。极端最高气温（8月4日）38.0℃，极端最低气温（12月31日）-3.8℃。年内日最高气温≥35℃的高温日有22天，日最高气温≥37℃的高温日有2天。年内日最低气温≤0℃的低温日有6天。年总降水量1831.1毫米，较历年平均总降水量（1580.0毫米）偏多251.1毫米，较2019年总降水量（1459.2毫米）偏多371.9毫米。一日最大降水量为114.8毫米，出现在7月27日。年总日照时数为1260.9小时，较历年（1344.1小时）偏少83.2小时，较2019年（1413.7小时）偏少152.8小时。无霜期为318天。

异常气候现象。2月14—16日受地面冷空气影响，出现寒潮天气过程，24小时内降温幅度13℃，最低温度降至0.5℃；过程天气现象复杂，先雨后雪。3月21日20时至22日凌晨，出现雷雨大风冰雹天气，部分乡镇最大冰雹直径40毫米，极大风速30.7米/秒。12月13—14日出现低温雨雪冰冻天气，积雪深度1厘米，最低气温-0.7℃。12月29—31日出现寒潮天气过程，48小时内降温幅度10.1℃，过程最低气温降至-3.8℃。

天气不利影响。3月27日—4月6日，受持续冷空气影响，气温连续偏低，达到轻度倒春寒。9月13日—10月10日，受地面冷空气影响，出现重度寒露风，气温异常偏低，日照异常偏少，雨量雨日异常偏多，雨日数居历史同期第一高位。8月上中旬受副热带高压控制，出现轻度高温热害。

天气气候综合评价。年气温偏高，降水偏多，日照偏少。年内出现倒春寒、雷雨大风、冰雹等灾害性天气，对农业生产造成一定的不利影响。年内出现的重度寒露风，严重影响一季稻收晒和双季晚稻产量形成。本年度雾和霾天气较多，对人体健康和交通出行造成不利影响。

基础业务工作。在基础业务和公共服务方面：立志做到完善，错情率为0.0%，传输率、资料可用性达到省局要求，报表全优无错。公共服务方面：在防汛抗旱期间发挥“气象防灾减灾第一道防线”作用，得到县委、县政府的高度肯定。制定并完善区域自动站监测维护制度，对全县24个乡镇区域自动站进行2次大巡检，排除设备故障十余次，区域站全年数据到报率100%，可用率100%，及时率100%。保障全县的气象数据质量。

防灾减灾与公共气象服务。向县委办、政府办、防汛办、自然资源局、民政局、林业局、农业农村局等相关部门不定期发布一周天气预报104期、重大气象专报16期、专题天气预报23期、旬月预报48期、地质灾害气象等级预报23期、春耕春播专题气象服务4期、夏收夏种气象服务3期、秋收秋种气象服务16期、森林火险专题气象服务11期、滚动天气预报46期，通过MAS平台发布各类气象服务信息15万余条。并通过显示屏、大喇叭、微信公众号等方式广泛发布气象防灾减灾信息。（王　恺　周　宇）

【气象设备维护】 3月至4月初，县气象局组织业务人员成立区域站维护工作小组，对全县24个区域站的气象设备全面巡查维护。清洗、校准、测试雨量传感器；测试检查电源系统、数据采集模块，更换有故障的模块；维护环境，清理周围有可能影响采集数据质量的草木。维护人员通过数据读取调试端口，现场读取采集数据进行质控分析，确定无误后通过省区域站维护系统填报维护记录。维护工作小组冒着风雨，完成所有24个区域站的巡查维护工作。（王　恺　周　宇）

【汛期气象服务】 县气象局年内共启动13次灾害性天气应急响应，应急响应期为县政府、防汛办及相关单位提供滚动预报预警和降水实况。过程结束后，及时收集、上报灾情，加强与防汛办、应急管理等部门的信息互通。（王　恺　周　宇）

水　文

【概况】 2020年，县水文局完成桃江（二）站和蒙公塘站缆道主索、循环索的打油，完成桃江（二）水文站、桃花水文站、蒙公塘水文站、鸬鹚水文站和沾溪水位站的校核标和基本标的校测、水尺校测、大断面测量等工作，并对缆道、绞车、循环索以及各种测验仪器设备进行全面检查和维护，并记录在案，为测好特大洪水过程做好准备。在桃江（二）站开展浮标法测流演习，以利测出洪水过程及其相关数据，确保高水期间人身安全；在鸬鹚、桃花站开展手持雷达波测流演练和培训。组织职工对全县11个水文雨量报汛站仪器进行安装调试，并对委托观测员进行业务培训；对部分雨量站的自动测报仪进行主电源的补充电或更换，确保仪器记录数据的完整性。在整个汛前准备工作中，对测验资料现场计算分析，有问题现场解决。由于汛前准备扎实到位，全年的测验工作得到顺利推进，桃江（二）站共测流 122 次，布点合理，能满足定线要求。

水文资料统计。实测年降水量 1875.5 毫米，年降水日数 173 天，年蒸发量 749.6 毫米，年平均气温 18.0℃，年平均水温 18.2℃。资江桃江水文站全年最高水位 41.35 米，最低水位 31.56 米，年平均流量 844 立方米 / 秒。

防汛备汛。围绕“测得到、报得准”的目标扎实做好备汛工作。坚持汛期根据雨水预测预报情况向县主管领导发送《水情简报》，定期向县委、县政府汇报雨情、水情，为政府部门做好防汛抗灾工作提供准确的决策依据。共发送《水情简报》5 期，水情预测 4 期，水情快报 2 期。

水资源管理。依托益阳市洞庭湖水环境检测中心，完成全县 4 个省级水功能区水质采样点（每月 1 次）、8 个市级水功能区（每两月 1 次）、千吨万人以上农村饮水工程(每年 2 次）的监督性水质分析工作，配合水务部门为河长制工作“一河一策”提供基础水文数据。（李　璐）

【桃江水文测报楼建成】 2020 年 3 月，桃江水文测报楼各项设施设备基本安装完毕。4 月 28 日，干部职工正式搬入新楼办公。县水文局从 2018 年 11 月开始修建新测报楼，2019 年 12 月主体建筑完工。

（李　璐）

【林祚顶到桃江调研】 9 月 24 日，水利部水文司司长林祚顶到桃江调研，省水文中心主任郭世民、市水利局局长孙小华、市水文中心主任易瑾瑜陪同，调研组察看桃江水文站防汛设施设备，了解桃江站防汛情况。益阳水文中心通过电子沙盘等方式汇报资江流域概况、洪水特征特点、水文监测站网分布、水文情报预报服务等情况。林祚顶一行和副县长罗歆辉出席资江流域水文展示馆揭牌仪式。（李　璐）

工　业

科学技术和工业信息化

【概况】2020年，县科学技术和工业信息化局围绕工业强县、科技兴县战略，稳步推进产业建设、园区建设和创新创业事业，有效保障了工业经济、科技事业的平稳发展。

工业经济发展。全县规模工业企业新增20家，总数210家，规模工业增加值同比增长4.5%；累计工业用电量6.77亿千瓦时，同比增长0.4%；规模工业企业实缴税收3.9亿元，同比增长24%。

工业引导。加强项目扶持和引导，落实2019年度奖励资金596.96万元。南方水泥增资扩能技改项目、临亚建材二期项目全面建成投产，浮邱山循环经济建材产业园初具规模，方成新材项目、泰基混凝土项目、新宇建材项目和惠强环保项目建成投产。新兴管件铸造产业园基本完成主体工程，科惠汽配一期投产。华莱茶旅一体化项目主体工程抓紧建设。做好中小企业服务。培育小巨人企业，紫荆铸业获第二批国家专精特新小巨人企业称号；完成“小升规”推荐任务27家，中小企业技术创新“破零倍增”任务19家。5家企业参加“创客”中国益阳赛区比赛，获得1个三等奖。县中小企业服务平台运行良好。助力企业复工复产，协调推动《桃江县人民政府关于应对中小企业共渡难关的十二条政策意见》落地见效，着力解决企业资金难和运输难的问题，为得琪电子、锦林科技、琼宇生物等重点防疫物资生产企业开具了“绿色通行证”，确保企业设备和原材料采购。3月，全县规模工业企业到岗率和复产率均达到100%。完成清偿拖欠民营企业欠款。拖欠民营企业欠款工作提前“清零”，共清欠35209.11万元。组织企业申报“湖南省工业质量标杆”“湖南省工业领域知识产权运用标杆企业”“湖南省工业品牌培育示范企业”。完成湖南制造强省项目建设调度、湖南省重大技术改造项目调研和制造业重点项目融资需求工作。

百亿产业。出台《2020年六大百亿产业和规模工业增加值百亿园区培育考核办法》，按月调度建材、装备制造、食品加工产业相关工作任务。2020年，科工局牵头的建材产业实现产值175亿元，同比增长3.6%，规模企业达到100家，博威铝业、方成建材投产；装备制造业实现产值136亿，同比增长6.3%，规模企业达到25家，新兴管件铸造产业园建成；食品加工产业实现产值101亿元，同比增长33.1%，规模企业达到26家，“桃江竹叶”（绿茶）成为国家农产品地理标志。

园区建设。桃江园区136家规模企业全年完成规模工业总产值402亿元，同比增长8.44%；实现规模工业增加值93亿元，同比增长7.7%；工业集中度83%，比上年同期提升4%；完成工业投资32.5亿元，同比增长38.2%。新增规模企业13家，完成全年目标的108%；完成工业税收3.35亿元，同比增长21%。

科技工作。2020年申报“高端装备用铸件合金成分优化及智能化生产工艺研究与应用”等国家、省科技项目7个，项目资金达500万元以上。“桃江经济开发区科技企业孵化器”“桃江总部基地众创空间”

▲8月28日，经开区中小企业技术创新“破零倍增”服务活动（莫佳俐／摄）

省级孵化器、省级众创空间到省厅备案，实现省级孵化器、省级众创空间零的突破。组织福森木业、冰梦家居等5家企业申报“2020年企业研发财政奖补资金”，争取奖补资金148.77万元。组织鑫政铝业、华泰新材、锦林科技等10所企业分别与湖南大学、湖南科技大学、长沙理工大学等10所高校院所签订“产学研”合作协议。申报高新技术企业20家（其中新申报16家，重新申报认定4家）。“湖南桃花江竹质新材料科技创新创业团队”列入湖南省企业科技创新创业团队支持计划。组织15家企业参加益阳市创新创业大赛市州赛，湖南省春龙竹艺有限公司等3家企业获省创新创业大赛优胜奖，分别获得20万元的创业项目资金。县科学技术和工业信息化局被评为市创新创业大赛优秀组织单位。

绿色工业。全县规模工业增加值能耗比上年同期增长3.6%。组织湖南桃花江竹材科技公司开展工业节能诊断服务工作。推进工业固废资源综合利用，完成全县工业企业工业固体废物资源综合利用情况调查。益阳方成建筑材料有限公司获湖南省第一批工业固体废物资源综合利用示范创建企业称号。完成18家“散乱污”企业整治，检查验收11家保留砖厂。完成沿江1公里化工企业摸底调研并组织企业整改。抓好稀土厂8000吨放射性废渣处理、纸厂整治、涉锑整治工作。建设32个5G基站。培育交易额超5000万元的工业电商企业1家和交易额超1000万元的工业电商企业3家。湖南省春龙竹艺有限公司获批湖南省移动互联网产业发展示范项目。桃花江竹业股份有限公司获评市级绿色工厂。

电力管理。湖南益阳板溪35千伏输变电工程竣工投产，完成大屋山110千伏输变电工程、花苞洲110千伏输变电工程生态红线矿区准压协议、选址方案和路径方案的审定。履行《中华人民共和国电力法》规定职责，参与电力纠纷、电力事故的调查和协调，全年查处破坏电力设施和违章违法等用电案件2起。协调推进树障安全隐患排查治理，平稳调度春节、迎峰度夏、迎峰度冬等特殊时段有序用电。协调供电公司依法对29家落后淘汰企业停电、断电。

行业扶贫。组建科技特派员小分队，成立桃江县科技专家服务团。组织省市县三级科技特派员对接全县村、企业、合作社等实体，农业示范基地、星创天地和龙头企业与村结对精准帮扶。组织科技特派员、科技专家，采取“一人一村”和“一人多村”的形式深入基层一线，通过专题讲座、现场示范、发放资料等方式，开展各类培训和科技服务，提升农户的致富本领。2020年，全县215个行政村实现了光网全覆盖，光纤通达率100%，4G无线覆盖率98%。

▲6月29日，市工信局局长刘正良（前排左一）巡查砖厂（雷韫铭／摄）

立项争资与招商引资。立项争资完成2981.84万元，超额完成县定任务。成功引入东莞鼎成发展投资有项公司入园开工。

安全生产。加强宣传教育，发放安全生产宣传资料2000余份，张贴各类安全生产横幅和海报50余条。抓好安全生产专项整治“三年行动”。2020年对县经开区、灰山港工业园区进行了安全生产工作检查，每月定时上报工作信息。全年完成县安委办重大安全隐患交办件5件。申请专项资金100多万元用于西村金矿尾矿库安全隐患治理，顺利通过竣工验收。

法治政府建设。全年接待上访600人次，回复信访交办件77件，回复湖南省巡视组交办件22件，成功排查调处矛盾纠纷3起。2020年，被省工信厅评为“湖南省行政执法创建工作示范单位”。全年发放法治宣传资料3000余份，普法考试参与率和通过率100%。（刘　浩）

【科技服务活动】 6月18—19日，副县长、专家服务团团长武和全和县委组织部、县科学技术和工业信息化局、县科学技术协会工作人员到武潭镇新铺子村、三堂街镇九峰村、牛田镇临市街村、浮邱山乡田家村、灰山港镇刘家湾村、石牛江镇田庄湾村现场培训授课，培训农业种植养殖大户、专业合作社技术人员240人，发放技术资料300册，实地指导农户20人次。（吕　盛）

【“村播带货”技能培训】 7月20日，桃江科技专家服务团举办第八期“村播带货”技能培训班，全县各乡镇的种养大户、电商经理人、直播电商近100人参加培训。（吕　盛）

【轮窑砖厂整治】 6月29日，市工业和信息化局和市生态环境局联合工作组到桃江，整治检查3家轮窑砖厂（灰山港镇金沙新型建筑材料厂、马迹塘环保砖厂、桃江县鑫泰建材有限公司）。工作组要求轮窑企业负责人落实环保污染防治的主体责任，要求马迹塘环保砖厂、桃江县鑫泰建材有限公司2家企业停止生产进行技术升级改造。（徐述峰）

【桃江首届“村播带货”大赛】 12月4日，县政府主办桃江县首届“村播带货”直播大赛。市政协副主席、市科技局局长高德文，县委常委、宣传部部长戴文，副县长武和全等出席开幕式。市委组织部、市科技局及县直相关部门参加启动仪式。戴文授予桃江电商产业园“桃江县农村直播基地”牌匾。65组150人参加直播大赛。参赛主播以团队形式参赛，通过快手、抖音等直播平台从“竹乡臻品”入驻目录内挑选修山面、竹笋、坛子菜、红薯粉、茶叶等桃江特色农副产品带货，按照成交单量、成交总额、点击量评出直播带货奖、短视频创意奖和人气奖。（龙孺夫）

桃江经济开发区

【概况】 湖南桃江经济开发区成立于2003年，位于桃花江镇资江以北，下辖牛潭河村、横木村、罗家潭村和半稼洲社区，总面积5.868平方公里，调区扩区后增至12.71平方公里。2006年获批省级经济开发区，2014年获省级园区规划批复，并纳入省级及以上产业园区名录，同年获“湖南省第二批新型工业化产业示范基地”称号，2018年是益阳市唯一一家省级“双创”示范基地，同年被国家林业和草原局评为“国家桃江楠竹产业示范园区”，2019年在省级区域“双创”示范基地方面获得省政府2019年度真抓实干表彰奖励，2020年被认定为“湖南省桃江竹产业特色产业园”、省级区域“双创”示范基地。园区以“留山水风光，建生态园区”为理念，以“服务立园、招商活园、管理强园”为宗旨，加强基础设施建设，完善配套服务功能，培育壮大主导产业，推进区域经济发展。园区共建成标准化厂房83万平方米，厂房利用率91.1%；配套生活设施用房12万平方米；共修建道路23.9公里，形成“四纵六横”主干道路网络；建成桃江县第二污水处理厂日处理1万吨；新建垃圾中转站1座；自来水、电力、学校、医院等基础设施不断完善。

园区拥有企业143家，其中规模以上工业企业90家，高新技术企业25家，纳税企业120家，投资过亿企业27家，已基本形成竹资源深加工、机械电气装备、食品医药三大主导产业。2020年实现规模工业总产值257.28亿元，同比增长10.3%，规模工业增加值59.6亿元，同比增长11.5%；固定资产投资28.8亿元；完成新增规模企业13家，其中新增规模工业企业10家，实现税收收入超1.78亿元，同比增长20.8%。园区主要经济指标呈现稳中有进、进中向好的态势。

产业发展。实现规模企业复工复产100%；园区企业各项指标在第三季度得到恢复性增长，特别是湖南口味王食品有限公司，新增就业人数2500人，全年新增税收2500

万元。全年园区企业申报发明专利224项，其中发明专利136项，新认定高新技术企业7家。落地投产提质提效。康卫宁医疗器械项目于2月签约，3月投产，实现税收330余万元，再次刷新项目落地投产见效新速度；总投资12亿元国辰高新科技产业园智能终端制造基地第一期项目8月开工建设，已完成主体工程；总投资1.9亿元的新兴管件扩建搬迁项目、总投资1.6亿元的高胜模架年产120套模架铝建材建设项目及年产100万平方米铝建材项目、总投资均为1亿元至和年产35万公里特种电缆建设项目、合群新型建筑爬架项目等用地项目全线开工，预计2021年春节前全部建成投产。立项争资。全年共协助企业完成立项争资1421万元。

招商引资。全年完成新签约项目18个，其中，过亿元项目4个，过5000万元项目5个，5000万元以下项目9个。同时，县委、县政府“飞地项目”顺利落地，入园落地服务工作稳步推进。新开工新投产方面，全年完成新引进项目新开工15个，新投产14个。

项目建设。全年建成标准化厂房及配套用房23.54万平方米，口味王3号厂房扩建及配套工程建成交付企业使用。扬帆职业学校主体工程建设完成并促成顺利开学；国辰高新科技产业园项目年底建成标准化厂房达21万平方米；新兴管件整体搬迁项目实现主体竣工；至和电缆建设项目已完成主体工程；高胜铝业、城鉴铝模爬架项目已完成主体工程建设。完成牛潭河安置地、半稼洲安置地桩基础13028米工程建设和扬帆学校、罗家潭安置地800米供水工程及家潭村、半稼洲棚改配套的1285米污水管网工程；安装变压器5台；建设加压泵站1处；建设一体化污水治理站1座；建成经开区消防站并交付使用；完成总部经济基地游步道建设，商会地块市政配套设施建设项目的立项、规划设计、预算财评等前期工作已全部到位。

三大攻坚。派驻驻村工作队到安化文溪村、桃花江镇鹅公桥村2个贫困村以及面上村川门湾村开展帮扶工作；筹资10万余元，支持鹅公桥村修建公路1800米、抗旱线路3条、打造乡村特色旅游线路1条；引进数据线加工扶贫车间项目，解决贫困人口8人，村民就业22人，产生经济效益25万余元。脱贫攻坚工作取得阶段性成果。风险防控。稳步推进融资平台公司转型升级，完成新增融资63653.5万元，化解债务17496万元，债务风险基本可控；全年开展安全生产大检查3次，隐患排查2次，共排查安全隐患500余处，立案查处12起，均及时督促整改到位，确保园区安全生产“零事故”。污染防治。开展园区蓝天保卫战专项行动，定时对污水处理厂、提升泵站、园区雨水污水管道以及企业废水、废气、固废物排放进行巡查，对工地扬尘、餐饮油烟、秸秆焚烧等进行专项整治，启动平垸行洪安置小区一体式污水处理站的建设，及时整改省级环保问题并销号，确保园区各项工作安全有序推进。

要素供给。全年平整园区土地295亩，完成土地报批300亩；完成征地184亩，拆迁房屋17栋，迁坟300余冢，协调处理各项矛盾纠纷80余起，确保九年一贯制学校、中医康养、平垸行洪安置小区生活污水治理工程等项目的用地需求及扬帆职校、高胜铝业、新兴管件搬迁、国辰高新科技产业园等重点项目的推进。（刘锋华　李钰滕）

【日产口罩30万只项目签约】 2月27日，桃江经济开发区与湖南卫宁健康管理有限公司签订医疗器械生产项目合同。该项目总投资2000万元，主要生产医用口罩、防护服等医疗器械，日产口罩30万只。

（桃江经济开发区）

【行政审批服务中心揭牌】 3月30日，桃江经济开发区行政审批服务中心正式揭牌。县委常委、常务副县长张晓、副县长戴文带队出席挂牌仪式。县经济开发区、县发展和

▲3月30日，桃江经济开发区行政审批服务中心揭牌　（胡超英/摄）

改革局、县住房和城乡建设局、县自然资源局、县司法局、县政务中心、县数据资源服务中心主要负责人参加仪式。

桃江经济开发区行政审批服务中心是根据桃江县人民政府《关于向湖南桃江经济开发区下放县级经济管理权限的决定》成立的服务机构，主要承接县级部门的29项经济管理权限，其中县发展和改革局4项、县住房和城乡建设局11项、县自然资源局14项。

（桃江经济开发区）

【首届IYB创业培训班结业】 5月5日，由县人力资源和社会保障局组织，县经开区承办的桃江县首届IYB（改善你的企业）创业培训班结业典礼在县经开区举行。县人力资源和社会保障局及县经开区相关负责人、知名创业培训师以及县经开区企业负责人和高管共30余名学员参加了结业典礼。培训从4月22日起至5月5日，历时14天，是桃江县第一次专门为园区企业负责人和高管量身打造的晚班培训会，主要学习市场营销、采购、存货管理、成本核算、记账、企业计划、人与生产力等企业经营的基本课程。四位国家级专业老师结合实际案例及体验式教学风格，让学员在轻松愉悦的氛围中学习。结业典礼上，园区企业学员纷纷表示感谢政府提供这么好的平台支持创业，给予园区企业学习成长的机会。

（桃江经济开发区）

【电子胶带生产研发项目落户桃江】 11月3日，深圳市旭显电子材料有限公司电子胶带生产研发项目在桃江经开区举行签约仪式。该项目总投资5000万元，共设置三条流水生产线，主要生产电子胶带。投产后年产900万平方米电子胶带，年产值可达7000万元—10000万元，年纳税100万元以上。深圳市旭显电子材料有限公司是广东省深圳市高新技术企业，有10项产品专利，专业从事电子工业材料的开发、生产、销售，主要产品有高温胶带、泡棉胶带、黑遮光胶带等，产品多应用于电子显示器、平板电脑、智能手机、液晶电视。

（胡东明）

【铝建材项目厂房基础钢筋完成验收】 10月28日，桃江经开区规划建设局组织相关人员对年产100万平方米铝建材项目厂房基础钢筋进行了验收。通过认真查看与核对，该项目厂房基础钢筋符合验收标准。年产100万平方米铝建材项目是2020年园区引进的重点项目，主要生产铝模板、铝幕墙、铝装饰板等产品。

（廖雅璐）

【国辰产业园一期主体工程完工】 国辰高新科技产业园智能终端制造基地项目是由广西国辰投资集团建设并运营的，该公司是一家专注于产业园开发建设并运营的企业，拥有国际国内制造业上下游资源。项目规划总用地约400亩，总投资约36.86亿元，其中一期项目用地128亩，规划建设标准化工业厂房21万平方米，引进1条以深圳可可米科技有限公司为代表的22家手机产业链制造企业，总投资达12亿元，项目建成投产后，形成年产1200万台—1500万台手机、年产1亿台以上的智慧医疗、车载电子、5G产品、智能穿戴设备等各类智能终端设备的生产制造基地，投产当年产值可达35亿元。该项目8月1日正式启动，第一期项目共17栋厂房、2栋宿舍楼，截至年底17栋厂房已全部封顶，2栋宿舍楼已建至5层。

（桃江经济开发区）

【2000万元项目落户桃江经开区】 11月30日，湖南凯祥金属结构有限公司年产6000吨钢结构生产项目签约落户桃江经开区。项目总投资2000万元，主营网架和钢结构的设计、制造与安装，项目建设期5个月，正式投产后年产值3600万元，可实现年缴税收160万元。

（徐　巧）

【5000万元项目落户桃江经开区】 11月30日，投资5000万元的防火门窗项目正式签约落户桃江经开区，该项目用地面积14亩，计划打造防火门窗生产基地。项目拟规划建设标准化厂房1栋、综合服务楼1栋，投入钢质防火门窗、木质防火门窗及锌钢栏杆生产线各2条，项目正式投产后可年产15万平方米防火门窗、10万平方米锌钢栏杆，预计年产值约8000万元，可实现年缴税收100万元。

（徐　巧）

灰山港工业集中区

【概况】 2020年，灰山港工业集中区总规划面积236公顷，分为东、西两个片区。其中东部片区48.35公顷，西部片区187.65公顷。东部片区为新开发区，以建材产业、装备制造产业和有色金属精深加工业为发展方向，规划建成中南装备制造基地、承接长株潭产业转移的引领区、新型工业化示范区和现代新型建材产业集聚区。西部片区以建材循环经济和新型产业为发展方向，拉伸水泥产业链条，建设全省最大的水泥生产基地和中部地区建材新型产业示范区。灰山港工业集中区党工委、管委会内设8个部室。

工业经济。2020年，园区完成税收收入2.138亿元，同比增长16.7%；固定资产投资完成10.9亿元，超额完成263%；灰山港工业集中区2020年度规模工业总产值145.85亿元，增速3.3%；新增规模工业企业3家（湖南临亚建材科技有限公司、湖南临亚新型墙体材料有限公司、湖南湘怡钙业有限公司），规模工业增加值实现36.52亿元，完成任务100%。

基础建设。2020年，完成临亚二期90亩和雪峰山路东侧260亩土地平整。完成紫荆新材配套基础设施东侧、西侧雨水管网配套工程，完成项目北侧路基、东侧路基土地平整。完成连河冲变电站升级改造。完成安置区80%建设及其配套工程的初步设计。完成紫荆铸业3.5万伏电力专线架设工程接入系统设计，变电站设计、预算及线路路径方案等工作。港城大道北段、雪峰山路北段、世纪大道东西延伸线道路共3条道路已纳入PPP项目建设，其设计、预算、财评等前期工作及路基填筑已完成。

招商引资。紧紧围绕建材产业、装备制造产业和有色金属精深加工业等主导产业方向，按照“建链、强链、补链、延链”的要求，全力实施产业链精准招商。2020年，成功签约由湖南熊力金属制品有限公司投资5000万元的年产国标防盗门8万樘生产加工项目。

项目建设。园区签约企业9家，入驻5家，投产4家。投产项目：湖南临亚建材科技有限公司投资2.7亿元的建筑产业化生产基地项目、博威铝业科技有限公司投资1亿元的铝型材生产加工项目、湖南烯富环保科技有限公司投资0.9亿元的年产15kt环境净化材料与5kt锂电池负极碳材料项目、湖南湘怡钙业有限公司投资0.2亿元的年产10万吨工业级氢氧化钙生产线项目。湖南烯富环保科技有限公司被认定为高新技术企业、省新材料企业获省创新创业大赛优秀奖，紫荆铸业被认定为湖南省“小巨人”企业，临亚建材被省住建厅认定为第六批装配式建筑产业基地。

服务企业。园区为企业提供“保姆式”服务，“一对一”跟踪协调解决企业发展中的困难，切实增强服务的主动性、针对性、有效性。2020年为博威铝业、九富家居争取到“135升级版第一批”项目资金372万元；为烯富环保争取到“135升级版第二批”项目资金40万元，为紫荆新材争取其他项目资金合计405万元，为临亚建材争取到25万元。全年共计为企业争取资金842万元。全力为企业争取项目资金扶持等工作。积极推行“一站式”服务，全程代办相关手续，以优质服务打造优良的园区营商环境。

（梁菲菲　李　娜）

【张晓到集中区调研】 6月10日，县委副书记张晓到灰山港工业集中区调研。在听取园区工作情况汇报后，张晓肯定园区所取得的成绩，并对园区下一步工作提出要求。

（梁菲菲）

【李丰到集中区调研】 8月25日，县委常委、常务副县长李丰到灰山港工业集中区调研工作。听取情况汇报后，李丰肯定集中区工作成绩，并对集中区后阶段工作提出要求。

（梁菲菲）

【李永军到集中区走访】 8月26日，市委常委、市纪委书记、市监委主任李永军一行到灰山港工业集中区走访重点工业企业。在座谈会上，李永军强调要严格落实省纪委《关于规范政商交往推动构建亲清新型政商关系的意见》文件精神，构建亲清政商关系；要持续优化企业服务，及时主动协调解决企业遇到的困难和问题，依法依规在企业开拓市场、融资等方面给予支持。（梁菲菲）

▲临亚建材车间　（梁菲菲／摄）

【县委主要领导检查安全生产工作】 12月13日，县委主要领导到灰山港工业集中区检查安全生产工作。领导们检查湖南博威铝业有限公司、湖南临亚建材科技有限公司2家重点企业，要求集中区树立安全意识，把安全生产摆在首位，完善好各项安全措施。（梁菲菲）

南方水泥

【概况】 湖南桃江南方水泥有限公司是湖南南方水泥集团有限公司的独资公司，注册资金42180万元，拥有一条4500t/d熟料新型干法水泥生产线配套9MW纯低温余热发电机组、一条4000t/d熟料新型干法水泥生产线配套9MW纯低温余热发电机组，总资产20亿元，年熟料生产能力310万吨，年水泥生产能力400万吨，是益阳市最大的新型干法水泥生产企业。2020年，公司设综合管理部、财务部、供应部、销售部、生产技术部（安全环保部）、化验室、熟料分厂、水泥分厂、沅江分公司5部1室2分厂1分公司，有员工357人，其中专业技术人员130人。

生产经营。2020年生产熟料275.53万吨，生产水泥268.77万吨，完成水泥、熟料销售322.04万吨，实现销售收入94462万元，实现税收10409万元。吨熟料标准煤耗99.67千克，吨熟料综合电耗52.11千瓦时，吨熟料余热发电量25.12千瓦时，吨水泥综合电耗32.64千瓦时。

疫情防控。健全疫情防控制度。成立公司疫情防控领导小组、疫情防控突击队，制定疫情防控方案和疫情防控应急预案。对全体员工实行排查登记、签订疫情防控承诺书，对员工进行疫情防控知识及安全生产培训。紧抓复工复产工作，2月10日复工，应返岗员工312人，复工返岗310人，2月21日复产，水泥磨开机，2月24日2#窑开机运行。全年到位资金2248.47万元，其中桃江县政府复工复产奖励1458.73万元，湖南省工业企业技术改造税收增量奖补资金430.19万元，社保减免资金359.55万元。

▲厂区全景　（侯荣华/摄）

精益生产。全年实现两台窑平稳高效运行，可靠性系数98.75%，同比提高近1个百分点。完成1#窑篦冷机"三改四"、立磨、窑头窑尾风机、水泵等一批节能减排技改项目。改造后，吨熟料标准煤耗下降2千克，吨熟料余热发电量提高6千瓦时。完成"大部制"改革，减冗员20人，全员劳动生产率突破1万吨/人·年。治理"跑冒滴漏"，通过南方水泥四星级整洁工厂验收。全年开展两轮"百日整治活动"，完成1356个整治整改项和生产厂区园林绿化改造，同时对水泥磨坊、余热发电冷却塔等场地进行亮化改造，对煤磨、水泥磨辊压机、包装机等重点设备进行维护治理。

安全生产。公司同各部门、分厂签订《安全生产目标责任书》，加强督查，开展"安全生产月"活动，启动一级安全标准化创建工作。举办员工安全培训班34次，培训1000人次。对外协单位进厂安全培训724人次。排查安全隐患312处，整改率100%。完成安全标准化项目整改12个，投入资金600万元。全年安全事故为零。

环境保护。公司同各部门、分厂签订《环保目标责任书（2020年度）》，明确各部门、分厂环保监管职责，落实"一岗双责"。2020年投资环保设施改造资金1000多万元。环保指标达标，未发生环保事故。公司排放达标，建成花园式工厂。

二期项目建设。公司建成一条4000吨/日熟料新型干法水泥生产线暨9兆瓦纯低温余热发电项目（含新建年产100万吨水泥粉磨系统），建成一条石灰石皮带廊，建设了一座年产400万吨石灰石矿山，总投资12亿元。项目建成后，公司年熟料生产能力达到310万吨，年水泥生产能力400万吨。熟料生产线投入平稳运行，熟料产量稳定在6000

吨/日，达到6200吨/日；吨熟料标准煤耗98千克；42.5水泥电耗28千瓦时/吨，产量180吨/小时。矿山建设于2020年9月21日获得400万吨/年采矿许可证，水土保持方案通过评审，获得林地使用许可证。皮带廊全线贯通，12月投入运营。智能化工厂建设总体工作完成80%，智能物流投入使用。

党建工作。公司撤销党委，8月18日成立中共湖南桃江南方水泥有限公司总支部委员会，王伟、王一之、邓云、贺云、侯荣华当选为第一届党总支委员，王一之当选党总支书记。公司党总支下辖机关党支部、生产一党支部、生产二党支部、熟料分厂党支部、沅江分公司党支部5个党支部。5个党支部完成换届选举。公司党总支全年召开调研会6次，组织中心组理论学习6次，各党支部开展“三会一课”18次、主题党日活动12次、研讨会4次。2020年召开纪检监察专题会议9次，召开党风廉政建设和反腐败工作会议5次，培训65人次，进行廉洁谈话40人次，签订廉洁自律承诺书57份。（侯荣华）

【黎石秋到桃江南方调研】3月10日，益阳市委副书记黎石秋到桃江南方调研疫情防控、复工复产工作，县委有关领导，湖南南方副总裁、桃江南方党委书记、总经理李远，常务副总经理王一之陪同调研。黎石秋对桃江南方疫情防控、复工复产工作表示肯定。黎石秋勉励桃江南方继续抓好疫情防控和复工复产工作。（侯荣华）

【南方水泥有限公司工作推进会】3月25日，湖南桃江南方水泥有限公司相关工作推进会在县委常委会会议室召开。县委、县政府有关领导及县科工局局长、县财政局局长、县自然资源局局长、县应急管理局局长、县林业局局长、县生态环境分局局长、县国税局局长和灰山港镇党委政府领导参加会议。领导们就桃江南方矿山征拆、皮带廊建设、二期环保拆迁、林地使用许可、周边环境等相关工作作部署，要求灰山港镇党委政府、县政府各职能部门支持桃江南方项目建设，并明确相关工作具体办结时间。（侯荣华）

▲3月10日，市委副书记黎石秋（前排左一）调研疫情防控、复工复产工作（侯荣华/摄）

东方水泥

【概况】益阳市东方水泥有限公司是一家民营建材企业，成立于2002年7月，是益阳市第一家回转窑新型干法水泥生产企业。公司拥有一条3700吨/日熟料新型干法水泥生产线配套6兆瓦纯低温余热发电机组。注册资金1亿元，总资产6亿元。2020年，公司设行政部、财务部、销售部、供应部、生产部、质管部、安环监察部7个部门，有员工358人，专业技术人员122人。

生产经营。2020年，公司生产水泥110万吨；实现销售收入37754万元，上缴税收4336万元，同比增长142.5%；实现利润5033万元，同比增长76%。

技改竣工。2020年10月，公司投资3.2亿元的3700吨/日熟料节能降耗技改工程项目整体竣工，各项配套设施陆续投入使用，年生产水泥160万吨。公司余热电站利用烧成余热发电1913万千瓦时，创经济效益1300万元。

安全生产。公司把员工生命安全放在首位，完善制度、强化责任、加强管理、严格监督，把安全生产责任制落到实处，防范安全生产事故的发生。2020年职业病事故为零，重伤以上生产安全事故为零，完成公司年初预订的安全生产指标。6月，公司进行安全生产专项整治三年行动计划的动员部署，大幅提高公司安全生产管理水平、改善安全生产环境、增强员工安全意识。

环境保护。公司坚守绿色发展的理念，持续加强对环境保护的管理。2020年，公司投入收尘器改造、维护、废气治理、废水治理等环保设施资金 1000 万元，各类设备运行正常，环境管理到位，各项排污指标均低于国家标准，创造较好的内部和外部环境。

员工培训。2020 年，公司在规章制度、安全生产、财务统计、仪表操作、设备维护、质量分析等方面组织各类培训 20 次，累计培训、考核员工 1300 人次。

复工复产。2020 年，公司落实县委疫情防控工作指示精神，成立东方水泥疫情防控工作领导小组，制定新冠肺炎防控措施，细化落实各项工作任务，并严格按要求组织复工复产，2 月 10 日开始复工检修，2 月 28 日生产线全部复产。

（卢　昶）

【李永军督查疫情防控】 2 月 15 日，市委常委、市纪委书记、市监委主任李永军到公司督查企业复工复产后落实疫情防控责任措施情况。李永军在听取企业和驻企防疫联络员开展的工作情况介绍后，查看员工健康信息摸排台账，询问口罩配备和员工就餐情况。李永军要求企业要以车间、班组为单位严格分级负责落实疫情防控措施，人员摸排要到位、健康情况要搞准，发现应隔离的情况坚决及时隔离，食堂要错峰就餐、分散就餐，严防出现聚集性疫情。（卢　昶）

【“师带徒”活动】 2020 年，益阳市东方水泥有限公司以抓党建、工会工作促培训，开展岗位培训和“师带徒”活动，使职工的业务技能水平得到提升。（卢　昶）

新兴管件

【概况】 桃江新兴管件有限责任公司是世界 500 强——国务院国资委监管的新兴际华集团核心企业新兴铸管股份有限公司的全资子公司，有员工 500 人。公司主要经营球铁管件及其他装备、铸造制品设计、生产、销售。拥有球墨铸铁管件 2.5 万吨，铸造制品 1 万吨的生产能力。产品广泛应用于国内南水北调、西气东送、三峡水电站等大型民生工程和 60 多个大中城市的自来水和煤气工程，国内市场占有率 40%，是国内 DN50—2600 毫米品种规格最齐全的管件生产厂家。公司坚持“科技兴企”方针，注重技术研发和投入，自行设计制造的真空消失模铸造生产线全套设备出口印度、韩国等地。公司生产的多种接口型式、多种防腐处理的球墨铸铁管件，广泛应用于输水、输油、输气及相关液、气体有压输送。其中球墨铸铁管件的生产规模、综合技术实力居世界领先水平。公司依托新兴铸管遍布世界各地的销售网络，产品远销欧洲、非洲、中东、东南亚、美洲等地 58 个国家和地区，出口比例 45%。公司先后通过法国船级社产品质量认证、ISO9001 质量管理体系认证、ISO14001 环境管理体系认证、ISO18001 职业健康安全体系认证。公司先后荣获国家“创新型企业”“中国铸造行业排头兵企业”“湖南省铸造十强企业”等称号。

生产经营指标。2020 年，完成管件生产 1.5 万吨，完成铸件生产 170 吨、完成管件销售 1.43 万吨，其中出口销售 0.23 万吨，内销 1.2 万吨，铸件 165 吨。实现营业收入 1.35 亿元。实现利润 864 万元，基本完成全年预算目标。

安全环保。强化安全事故责任追究，落实“两个责任清单”，搞好日常检查和隐患排查治理，减少安全损失，加强环保投入，全年投入环保资金 144 万元，控制粉尘和噪声。提出各类整改项目 1674 条，完成整改 1650 项，完成率 98.6%，安全隐患比上年减少 353 项。

模具整改。全年投入改造资金约 120 万元，模具由蒸缸模向成型机模转变，由小模块向大模块转变，新模具生产的产品，外观质量得到显著提升，提高了生产的效率。

政府补贴。疫情期间，政府部门补贴 319 万元。落实疫情期间“五险”优惠政策。全年实现工伤保险单位部分免缴 21.8 万元、养老保险免缴 124.7 万元；返还稳岗补贴 8.4 万元、医保完成 12 个月的缓缴报批。电力市场交易项目享受政府补贴累计 43.1 万元。其中无功补偿奖励 4.2 万元；电力差价补贴 7.2 万元；疫情优惠 32 万元。（李建军）

【整体搬迁项目】 2020 年 5 月，公司铸造产业园项目开工兴建，总投资 2 亿元，占地 150 亩，完成主体工程建设。（李建军）

【最大海外单体销售订单签署】 8 月 17 日，新兴管件公司通过视频连线同科威特 QTECH 公司签署科威特 UAH 项目 20 余万吨铸管及管件的供货合同。该合同是公司有出口历史以来最大的海外单体销售订单。

（李建军）

财税·金融

财　政

【概况】县财政局是县政府主管全县财政收支、财税政策、会计工作的组成部门。2020年，县财政局机关内设19个职能股室。下辖县财政事务中心、县国库集中支付核算中心、县财政投资融资管理中心、县财政投资评审中心、桃江经济开发区财政所和灰山港工业集中区财政所。

收入情况。2020年，全县完成财政总收入13.9777亿元，比上年同期完成增加7086.58万元，增长5.34%。税收收入占同期财政收入比重的80.19%，同比下降1.23个百分点。分部门完成情况：税务部门完成11.1684亿元，为目标任务的95.55%，增长5.40%；财政部门完成2.1017亿元，为目标任务的110.48%，增长12.39%。分级次完成情况：地方财政收入完成8.2813亿元，为目标任务的97.33%，增长4.14%；上划中央"两税"（增值税、消费税）3.0565亿元，为目标任务的93.90%，增长6.99%；上划中央所得税1.4191亿元，为目标任务的97.74%，增长3.54%；上划省"四税"9368.77万元，为目标任务的100.33%，增长14.88%；上划省所得税2838.29万元，为目标任务的97.74%，增长3.54%。分税种完成情况：增值税完成6.1042亿元，增长6.98%；消费税完成44.44万元，增长12.62%；企业所得税完成1.9428亿元，增长3.20%；个人所得税完成4223.74元，增长5.11%；资源税完成1555.64万元，增长18.19%；城镇土地使用税完成1922.90万元，下降5.87%；城建税、房产税、车船税等税收完成1.1239亿元，下降21.22%；耕地占用税完成945.13万元，下降74.65%；契税完成1.1350亿元，增长75.52%；非税收入完成2.7689亿元，增长12.31%。分行业完成：一产业完成127.57万元，增长76.48%；二产业完成6.2254亿元，增长15.9%，其中采矿业完成3117.88万元，下降2.38%，制造业完成3.7062亿元，增长28.91%；三产业完成5.2772亿元，下降6.7%，其中：批发和零售业完成1.2402亿元，增长6.63%，房地产业完成2.1431亿元，下降8.42%，租赁和商业服务业完成2743.49万元，下降52.61%。重点企业纳税：25家县级企业完成1.7773亿元，减少7193.68万元，下降28.81%。42家乡镇企业完成2.7764亿元，增加5006.53万元，增长22%。

支出情况。2020年，全县累计完成财政支出51.965亿元，同比增加2.2219亿元，增长4.47%。其中一般公共服务支出4.6940亿元，增长12.56%；教育支出10.3116亿元，增长5.17%；社会保障和就业支出6.6851亿元，下降22.80%；卫生健康支出6.7599亿元，增长11.26%；农林水事务支出9.3727亿元，增长2.12%；商业服务业支出3279万元，增长146.9100%。

财政收入。全年完成地方一般公共预算收入8.2814亿元，同比增长4.14%。科学分解收入任务，完善社会综合治税系统，强化协税护税和税收协控联管工作机制，加强非税收入征收和非税票据管理，开展定期调度考核，落实征管责任。加强重点税源税收分析调度，组织开展财税政策优惠专项督查和税收清理，严格规范退税审核管理，加大税收清欠力度，实现应收尽收。完成立项争资14.51亿元，其中争取新增财力性转移支付近2亿元，有力缓解财政收支压力。

三大攻坚战。防范化解债务风险。完成财政厅安排的隐性债务自查自纠工作，配合省经济责任审计债务专项审计组对桃江债务工作的审计。争取和协助发行专项债券5.2700亿元、新增一般债券1.5800亿元、再融资债券2.6278亿元，减轻债务压力。安排产业扶贫资金2350万元，支持贫困人口产业发展和产销对接。投入资金5975万元，用于扶贫公路、安全饮水、危房改造等农村基础设施建设。整合各类涉农资金8000万元，优先支持脱贫攻坚和产业发展。投入资金1383万元，狠抓村级公益建设项目。支持打好污染防治攻坚战，着力解决环境污染突出问题。统筹安排石煤矿治理资金6396万元，投入乡镇污水处理及配套管网建设项目资金6100万元，全县乡镇污水处理设施全覆盖。

经济建设。支持粮食产业转型升级，大力提升粮食产业化水平，成功申报综合油料大县。各级财政补贴资金4726万用于农业保险，总规模5717万。推动产业结构优化升级，支持传统产业改造提升。奖励企业600万元，对项目引进人才、引进重大机械设备等方面明确奖励政策，鼓励工业企业转型升级。奖励电商294万元。争取专项资金6400万元支持中小微企业，促进新型优势产业做大做强。减税降费政策持续发力，累计新增减税降费5824.88万元。

民生保障。惠民政策扎实落实。通过“一卡通”发放各项惠农补贴3.8894亿元；投入资金320万元，支持村级集体经济发展。社会保障水平持续提高。城乡居民基础养老金、企业离退休人员养老待遇、城乡低保、城乡居民医疗保险、基本公共卫生服务财政补助标准和农村特困人员救助供养标准全面提标。安排就业补助资金4588万元。教育保障机制公用经费8000万元，教育资助经费2442万元。

财政管理。完善部门预算编制，加强预算执行约束力。落实行政事业单位津补贴和补助奖金发放规定，规范公务接待、外出考察学习管理，制定新的公务接待标准，严控“三公”经费增长。出台《桃江县加强和规范党政机关公务用车管理办法（试行）》，依法拍卖61台公务车辆，处置收入严格实行收支两条线管理。严格落实向人大报告的国有资产管理制度，分别报告了全县国有资产与自然资源管理工作情况。出台《桃江县行政事业单位国有资产使用管理办法》，对全县县属国有资产进行专项清理和重点核查。提高财政资金效益。完成财政投资评审项目355个，净审减项目资金3.2亿元，核减率20.11%。出具正式报告的项目5个，评审项目资金775.32万元，审定项目资金719.69万元，净审减金额55.63万元，核减率7.18%；清理结余结转资金9135万元，强化资金统筹管理，缓解支出压力。

（王　书）

▲7月8日，县财政局局长刘小阳（中）在龙塘村慰问贫困户　（王　书/摄）

【李丰到县财政局调研】 5月10日，县委常委、常务副县长李丰到县财政局调研。县财政局全体班子成员和局属单位、股室负责人参加调研。调研会上，县财政局主要负责人汇报财政收支及管理情况。李丰对财政工作给予肯定，就做好财政工作提出要求。（王　书）

【石建国到桃江调研】 9月3日，省财政厅纪检组组长、党组成员石建国到桃江调研。县委常委、县委办主任肖立新和县财政局有关负责人参加调研。调研会上，县财政局有关负责人汇报工作，石建国对桃江县的财政工作给予肯定，与相关人员就直达资金工作系统操作存在的难点问题进行探讨。（王　书）

【县财政局法治微电影获全国优秀奖】 9月13日，司法部、国家网信办、全国普法办共同主办的“第十五届全国法治动漫微电影作品征集活动”组委会给予桃江县财政局制作的法治作品《推进依法理财打造法治财政》微视频类优秀奖。

（聂卫中）

税　务

【概况】国家税务总局桃江县税务局机关设办公室、纪检组、机关党委办公室（党建工作股），财务管理股、征收管理股、税政股、法制股、人事教育股、收入核算股、社会保险费和非税收入股、税源管理股、风险管理股、纳税服务股、信息中心、税务工会、团总支和妇委会，下辖第一税务分局、第二税务分局、桃花江税务分局、灰山港税务所和马迹塘税务所，全局有341人，在职干部237人，其中公务员209人、事业干部3人、工勤人员25人，离退休干部104人。2020年，全县税务系统沉稳应对统筹推进疫情防控和经济社会发展，主动担当、奋力作为，各项工作取得丰硕成果。

税费收入。2020年，实现税费收入19.6115亿元，比上年增收2.3890亿元，增长13.87%。其中完成县政府计划口径收入11.5856亿元，比上年增收4171万元，增长3.73%。政府口径包含的18个税费种中12个增、6个减。完成税收11.2088亿元，比上年增收4042万元，增长3.74%。其中增值税6.1042亿元，企业所得税1.9428亿元，契税1.1350亿元。完成县政府地方级税收5.5124亿元，比上年增收260万元，增长0.47%。

非税收入。完成非税3768万元，比上年增收130万元，增长3.56%。其中教育费附加1834万元，比上年增收10.25%。地方教育费附加1222万元，比上年增收10.26%；残疾人就业保障金712万元,因政策性减免，比上年减收17.83%。

▲12月3日，县税务局召开领导干部大会　（高云汉/摄）

社保费收入。完成各项社保费7.5021亿元。其中企业职工基本养老保险费3963.73万元，企业职工失业保险费339.85万元，企业职工基本医疗保险费1.1674亿元，工伤保险费1070.03万元，生育保险费387.86万元。城乡居民基本养老保险费9832.02万元，城乡居民基本医疗保险费2.0875亿元。机关事业单位基本养老保险2.5639亿元，机关事业单位职业年金1239.30万元。

减税降费。实施普惠性减税降费政策和疫情防控税收优惠政策，新增减税降费5824.88万元，其中2020年新出台的政策减税，包括提供公共交通运输服务、生活服务、疫情防控捐赠税前全额扣除、支持个体工商户复工复业减免增值税3110.09万元，新增减税降费2714.79万元。为减轻纳税人负担，小型微利企业所得税缓缴518.93万元，个体工商户个人所得税缓缴32.85万元。

纳税服务。按照“三用三全”便民办税春风行动工作要求，成立39支先锋服务小分队，4支后援支持、政策解答、巡查督察小分队各，建立45个税企联系群，实行包片包干负责。推广涉税事项“全程网上办”，有效引导纳税人通过非接触渠道办理涉税费事项。举办7场企业所得税汇算清缴培训、1期新资源税法培训、1期财务报表规范报送培训和1期社保费划转培训。实地走访3家行业协会、380户普通纳税人和240户重点纳税人，宣传疫情防控和减税降费优惠政策，收集并解答纳税人在纳税过程中遇到的问题和实际困难。

风险管理。2020年，完成风险任务57批次共627条，其中自然人异议申诉风险45批次585条，减税降费及其他风险任务12批次42条。全年税收风险管理任务入库1932万元，有效防范风险，填补税收漏洞。完善对物流快递公司、会计代理记账公司专项风险评估，督促企业加强内部控制。严惩虚开增值税发票行为，对涉案企业进行行政处罚。强化对混凝土、精制茶核查，查补税收95.74万元。

征收管理。建立网格化管理工作格局，将全局在管7754户纳税人划分为5个网格管理单元、细分23个网格管理小组。开展"互联网+发票有奖"宣传活动，核实发票"二次中奖"11人，发放奖金2.2万元。依托电子税务局，推行企业自建和第三方电子发票服务平台备案全程网上办。强化管理2020年全县中标的150个基本建设项目，控缴各项税收5250万元。

重点税源。督促和辅导重点企业报送资产负债表、利润表、现金流量表，送服务上门，逐户安装财务报表预审软件，确保三张财务报表之间的钩稽关系准确，能够相互印证，顺利报送资料。对全县房地产业、建筑业、金融保险业等重点户加强监督，深入挖掘税源，完成契税全年任务的183%，比上年增收4883万元。2020年全县纳税额排名前100位的重点税源企业入库税费6.8590亿元，比上年减少11121.7万元，减收14.0%。

税收政策。聚焦"六稳""六保"工作，落实疫情防控税收优惠政策，抓好首次个税年度汇算清缴、出口退税以及国际税收等各项工作。共计1189个扣缴单位，23964名纳税人进行年度个税申报，申请补税769人，补税金额167.83万元。申请退税8334人，退税金额310.30万元。按照"及时审核、应退尽退"的原则完成资源综合利用和福利企业即征即退退税1994.45万元，增值税增量留抵退税464.55万元。办理出口退税663万元。（李聪敏）

【县税务局捐款支援武汉】 2月18日，县税务局开展向湖北疫区捐款活动，全局捐款38050元。捐款交桃江县慈善基金会，通过专门渠道送到湖北疫区。（刘 杰 姜胜平）

【李丰调研税务工作】 5月18日，县委常委、常务副县长李丰到县税务局调研税收工作。他要求税务部门依法依规开展工作，不折不扣完成税收任务，强化征收管理，改进征管措施，突破挖潜难点，严惩税收违法行为，依据减税政策，做到点对点精准滴灌，释放县域经济活力，推动税源培育发展。（高云汉）

【县税务局资助桃江一中学生】 9月2日，县局党委书记、局长肖志芳，副局长王建斌到桃江一中，看望并资助两名品学兼优的高二贫寒学子，为他们每人送去6000元助学金。

（高云汉）

住房公积金管理

【概况】 益阳市市住房公积金管理中心桃江管理部为益阳市住房公积金管理中心派出机构，主要负责桃江县住房公积金的归集、管理、使用和会计核算。2020年，新开户单位18家，实缴单位254家，净增单位30家；新开户职工2369人，实缴职工2.74万人，净增职工2271人；缴存额4.30亿元，同比增长7.25%。全县人均月缴存额1569元，比上年增加94元，同比增长8.40%。缴存总额30.55亿元，比上年年末增加16.72%；缴存余额12.32亿元，比上年年末增加11.01%。

住房公积金提取。2020年，为1.04万名职工提取2.93亿元（含逐月提取还贷），同比增长6.03%；提取率（当年提取额与缴存额的比值）为69.95%，比上年增加2.87个百分点。提取总额14.40亿元。

住房公积金贷款。2020年，发放个人住房贷款806笔、2.01亿元，同比减少分别为-25.3%、-24.15%，回收个人住房贷款1.62亿元，个人住房贷款余额占缴存余额的11.46%。累计发放个人住房贷款7922笔、14.12亿元，比上年同期增加2.93%。

线上服务。上线新的信息管理系统和综合服务平台，原有的单位网厅和开发商网厅功能得到优化，新开发的银行网厅和个人网厅投入使用。99%的缴存单位通过单位网厅实现住房公积金自助缴存，所有签约楼盘通过开发商网厅进行住房公积金（含组合）贷款的线上申请，所有合作银行通过银行网厅完成住房公积金组合贷款的线上审批，所有缴存职工可任意选择个人网厅、微信公众号或手机公积金APP，足不出户办理公积金开户、查询、退休提取、提前偿还公积金贷款本息、个人手机号码和还贷账号变更、灵活就业人员销户提取等多类业务。

规范单位缴存。规范缴存是2020年工作重点。要求所有行政事业单位补缴2019年度绩效、奖金部分住房公积金，共补缴住房公积金1830万元；要求单位实现按月缴存，绝大部分乡镇卫生院实现按月缴存，少数按季缴存。农商银行从7月开始实现按月缴存。

纾解企业困难。市中心发布《关于做好疫情防控期间住房公积金管理服务工作的通知》后，管理部主动对接企业，告知企业有申请降低比例和缓缴的权利，办理降低比例和缓缴的手续。湖南福德电气有限公司等企业申请缓缴手续，有效缓

解企业的资金压力，稳定企业发展和职工就业。（贺亚飞）

【疫情影响处理】 对受疫情影响不能正常还款的缴存职工，不作逾期处理，并减免罚息；疫情防控期间，缴存职工未能在规定时效内申请办理住房公积金提取和贷款业务的，可延期至2020年12月31日办理。2020年6月30日前，因受疫情影响生产经营困难的企业可以阶段性降低缴存比例或者缓缴。（肖 伟）

【贷款保证金停收和清退】 3月26日，益阳市住房公积金管理中心决定，自2020年4月1日起停止收取住房公积金贷款保证金，同时开展贷款保证金的清退工作。（贺亚飞）

【桃江管理部进驻县政务中心】 6月1日，益阳住房公积金管理中心桃江管理部进驻桃江县政务中心。

（肖 伟）

【公积金月缴存额调整】 6月24日，益阳市住房公积金管理委员会发出《关于印发2020—2021年度住房公积金缴存标准的通知》，2020—2021年度公积金月缴存额调整为350元至4192元。（肖 伟）

中国人民银行桃江县支行

【概况】 2020年，人民银行桃江县支行设办公室、综合监督办、国库会计股、货币信贷统计股4个股室。有人员17人（其中正式员工15人、聘用制员工2人）。年内，县支行贯彻落实人民银行货币政策，坚持稳中求进工作总基调，加强宏观审慎管理，持续加大对实体经济支持的力度，防范化解金融风险，提高金融服务质量和监督管理水平，促进县域金融经济健康发展，全面提升履职能力。

存贷款情况。2020年，全县存款余额303.02亿元，比年初增加26亿元，同比增加15.64亿元，增长9.39%；各项贷款余额182.05亿元，比年初增加30.49亿元，同比增加11.72亿元，增长20.12%。

疫情防控。县政府出台《关于应对疫情支持中小企业共渡难关的十二条政策意见》，制定《桃江县金融“暖春行动”助力疫情防控和复工复产工作实施方案》，金融机构开展“十名行长百企行”活动。在全省首创“教育e贷”新产品，向8家幼儿园投放信用贷款238万余元，推出面向小微企业的“极速贷”线上纯信用贷款产品，疫情期间共办理贷款业务120笔，金额817万元，解决小微企业资金周转困难问题。疫情期间全县银行机构发放各类贷款455笔，金额2.52亿元。县农商银行、桃江中银富登村镇银行2020年发放贷款利率较2019年分别降低1.24个百分点和0.52个百分点。相关报道《“金融支持”有重点“春耕小微”有保障》被益阳日报刊登推介。组织开展“进社区下乡镇”稳企业保就业活动。桃江建行等五家主办行针对对接乡镇实际，制定“进社区下乡镇”工作推进方案。益阳市第一所“建行大学 裕农学堂”落户牛田镇小桃村；县邮储银行授予鸬鹚渡镇鸬鹚渡社区、沙河湾社区和张子清村“信用村”称号。

移动支付。搭建金融服务平台，开辟“云审批”绿色通道，简化企业贷款审批流程，满足企业流动性需求。县邮储银行推出面向小微企业的“极速贷”线上纯信用贷款产品，2020年，办理贷款业务1104笔，金额1.13703亿元，解决小微企业资金周转困难。县域公交云闪付交易12.09万笔，金额34.40万元。民生缴费实现6个学校的学杂费线上代缴试点，交易笔数8875笔，金额1667.02万元。医疗健康领域启动“银医通”项目，建设医院移动支付平台，采用国内最先进的MIS系统，实现线下面对面扫码付款与线上预约挂号。完成对15个乡镇卫生院的邮惠付收费系统安装与运行，2020年交易量9.86万笔，交易金额4134万元。

“一门式”服务。县支行协同县人民政府金融工作办公室印发《桃江县推动助农取款服务纳入基层公共服务（一门式）实施方案》，按照“科学规划、机构共建、统筹推进、全面覆盖”的原则，依托（社区）综合服务平台，完善金融服务功能，推动主办银行县农商行和其他协办银行贯彻落实“一门式”服务全覆盖工作，辖内银行采取网点就近原则和助农取款服务低成本高效能原则，在原有助农取款服务点基础上，推进“一门式”服务工作，实现桃江县农村金融支付服务全面有效覆盖。2020年主办银行县农商行在全县布放助农金融服务终端193台，交易11.09万笔，交易金额3836.35万元。

征信服务。全年接待企业751家、个人信息查询15430人次，出具企业信用报告751份、个人信用报告15430份。审核人大、政协委员候选人167人次的个人征信报告。督促金融机构做好客户异议处理申报，及时回复处理客户的异议信息，提高异议处理工作效率。落实个人信用报告“网上查、马上办、就近办、一次办”的便民措施，益阳辖内政务中心首台个人征信自助服务终端落户桃江政务中心，2020年为桃江农村商业银行减免查询费17415元。

（高立和）

【金融风险防控】 2020年，关注地方法人金融机构风险化解。搞好存款保险宣传和保险标识使用启动工作。组织银行业金融机构走进社区、走进乡镇、走进园区，从营业网点到微信公众号，结合“线上线下”宣传、普及《存款保险条例》知识，增强公众存款保险金融意识。全年处理金融投诉案件3起，投诉者满意度100%。

（高立和）

【移动支付便民服务】 2020年，桃江县通过开展公共交通、文体商圈、农贸市场、医疗健康、民生缴费5大移动支付便民服务场景建设，便利民生。全年县域321台公交车实现“云闪付”累计交易31.82万笔、金额93.22万元，乘客实现智慧出行；医疗健康领域启动“银医通”项目，建设医院移动支付平台，采用国内最先进的MIS系统，实现线下扫码付款与线上预约挂号；完成县域15个乡镇卫生院的邮惠付收费系统安装与运行，全年交易9.86万笔、4134万元；张家码头菜市场和振华蔬菜公司实现移动支付全覆盖；在6所学校实施学杂费线上代缴试点，累计交易8875笔、1667.02万元。（高立和）

【金融支持助力企业疫情防控】 桃江县疫情防控期间，县人民银行制订方案，简化企业贷款审批流程，对受疫情影响的小微企业开辟贷款审批绿色通道，督促普惠小微延期还本付息、普惠小微信用支持计划2项政策落地落实。全县银行机构共发放各类贷款455笔，金额达2.52亿元，解决小微企业资金周转困难问题。桃江建行等5家主办行针对各对接乡镇实际制订方案，村镇银行发放普惠小微信用贷款4832万元，人民银行配套信用支持计划1932.8万元，2家机构共办理延期还本付息4923.41万元。截至12月末，全县存款余额达303.02亿元，比年初增加26亿元，同比增加15.64亿元，增长9.39%；各项贷款余额182.05亿元，比年初增加30.49亿元，同比增加11.72亿元，增长20.60%。

（高立和）

中国工商银行桃江支行

【概况】 2020年，中国工商银行股份有限公司桃江支行内设行长办公室，综合管理办公室、营业部、公司业务部、个金部、卡部，下辖桃花江支行、灰山港支行。在职员工40人。

业务发展。2020年，各项存款19.34亿元，比上年净增1.13亿元，其中个人存款余额16.08亿元，对公存款余额3.3亿元，各项贷款余额15.16亿元，比年初净增3.84万元，其中公司贷款6.88亿元，个人住房贷款7.89亿元，实现净利润0.37亿元，缴纳税金265万元。围绕地方经济发展，加大信贷支持力度。信贷规模突破15亿，较年初净增3.84亿元，存贷比78.38，同比提高16个百分点，超过桃江县金融机构平均占比。

社会责任。教育发展项目，获批2.6亿元授信额度，投放1.2亿元，支持教育项目建设。清洁能源项目，获批1.5亿元授信额度，新增贷款2000万元，支持中广核桃江风力发电项目。科技民营经济，支持小微企业的发展，余额8000万元。其中当年新增金宙建材1000万元。民生工程，落实普惠金融政策，支持企业复工复产，开展 暖春行动。面对疫情期间客户还贷压力增加的情况，所有个贷（约1000户）由系统自动设置延期1个月还款，其中8户、395万元当面申请延期1～4个月还款。

服务能力。以客户为中心，提升服务能力。不断完善各项服务功能，自觉融入“创文”“创卫”工程，开展账户实名制清理核查，主动配合断卡，断网行动，打击洗钱和电信诈骗，维护金融秩序。被中国人民银行长沙中心支行授予“湖南省金融消费者权益保护标准化网点”“湖南省普及金融知识示范基地”称号。引领“互联网+”智慧项目建设，直接投资桃江中医院“互联网+”智慧医疗项目。（朱新强）

【责任履行】 落实县政府重点工作会议要求，分批次完成金沙重机借新还旧的续贷4180万元，化解信贷风险，促进公司持续发展，协助县委县政府开立金沙重机维稳、环境治理、社保等专户；开展精准扶贫工作，完成规定任务，捐赠扶贫资金3万元。（朱新强）

【陈钢到桃江指导工作】 3月12日，益阳分行副行长陈钢到桃江指导工作。陈钢召集桃江支行负责人及对公客户经理通报益阳分行经营形势，分析桃江支行核心指标同业排位及差距，对桃江支行提出具体工作要求。

（朱新强）

【陈钢走访湖南紫荆新材料科技有限公司】 10月12日，益阳分行副行长陈钢率公司金融业务部客户经理在桃江支行负责人陪同下，走访湖南紫荆新材料科技有限公司，双方就项目融资业务合作及全方位金融服务等事宜进行沟通和交流。陈钢一行参观公司年产2万吨高端装备及高品质轨道交通零部件铸造加工项目建设现场，听取紫荆新材项目工程建设进度、设备先进程度和安装情况、拟实现产能和所生产产品市场的发展预测，以及目前资金投入使用情况和经营融资需求等情况，并就向工商银行申请的项目融资合作情况进行交流，达成共同推进全面合作、实现银企共赢发展的共识。

（朱新强）

中国农业银行桃江县支行

【概况】 2020年，中国农业银行股份有限公司桃江县支行下辖4个二级支行、1个营业部、2个分理处，2个离行式自助网点，有在职员工99人。人民币各项存款余额44.5015亿元，较年初净增3.7348亿元，各项贷款余额21.5744亿元，较年初净增4.2304亿元，营业收入、中间业务收入、净利润等多项重点指标均超额完成了上级行计划，被评为省、市分行经营管理先进单位，党风廉政建设管理先进单位。获桃江县2020年金融工作优秀单位、桃江县平安创建优秀单位等称号。桃江支行营业部被评为桃江县消费者权益保护“诚信经营放心消费”示范网点。

服务水平。桃江支行围绕桃江县委、县政府确定的培育六大百亿产业发展目标，支持小微企业发展。支持行业类客户发展。全年为129户小微商户提供2173万元信贷；主动对接桃江2个工业园区，为45家小微企业提供贷款5400万元，支持园区企业发展。在全省农行系统内首创“教育e贷”，为桃江10家民办教育机构发放贷款283.84万元；推广“烟商e贷”“餐饮e贷”等助业e贷系列产品，为多个行业客户提供信贷资金支持。开展金融抗疫，2020年疫情期间，对接县级防疫定点医院，为3家医院提供6500万元的抗疫流动资金贷款，向当地7家有资金需求的合法药品销售零售商户提供“药商e贷”信用贷款。

金融场景建设。继续代理社保、医保征缴服务工作，通过布放的惠农通机具全年共代缴380824笔，金额1.0458亿元，征缴份额50%。满足农民金融需求，为被征地农民发放“农民养老贷”471万元，帮助53户农民参保缴费。营销桃江县委组织部“智慧党费”项目，为全县38200名党员交纳党费提供便利。营销上线智慧校园、智慧食堂、智慧交警等项目17个，金融服务延伸至学校、交警罚没等板块。打造农村商圈，围绕便民场景，在乡镇创建农村商圈移动支付示范点。

金融扶贫。推进农行金融扶贫工作。全年精准扶贫贷款净投放4692万元，完成率521%，带动建档立卡贫困户943户成功脱贫；倡导员工消费扶贫，“扶贫商城”购物消费3万多元，完成率117.92%。

疫情防控。面对新冠肺炎疫情，桃江支行理性应对疫情风险。落实县委、县政府的防控举措，组建党员抗疫先锋队，在疫情防控责任小区、路段开展防控劝导。开展捐款献爱心活动。组织全行党员干部捐款支持抗击新冠肺炎疫情，全行（含离退休）参与捐款244人次，捐款35970元。

（李瑞平）

【防控风险能力提升】 2020年，桃江支行持续开展“双基”管理，筑牢风控堤坝。加强各类问题的整改，提升基层合规操作水平。推进合规文化建设，围绕“依法治行、从严治行”管理要求，成功创建为益阳分行内部控制管理“一类行”。强化信贷在线监控，提升防控风险能力，定期发布信用风险分析报告，揭示信贷风险，发布信贷风险提示7期、在线监控提示12份。强化安防、技防监督管理，全行安全运营无事故。

（李瑞平）

【信贷支持民生】 2020年，桃江支行围绕全县六大百亿产业发展目标支持实体经济发展，对中广核风电项目、园区企业等重点项目加大信贷支持；助力小微企业发展；推进“烟商e贷”“餐饮e贷”“教育e贷”等信贷产品，为多个行业客户提供信贷资金支持。疫情期间，对接县级防疫定点医院，为3家医院、7家有资金需求的合法药品销售零售商户提供信贷支持。

（李瑞平）

中国农业发展银行桃江县支行

【概况】 2020年，中国农业发展银

行桃江县支行内设办公室、信贷业务部、会计结算部，有员工20人。桃江县支行以严守政策为准则，以合规管理为抓手，以高质量发展为目标，克服疫情影响，全力推进企业复工复产，夯实基础工作，大力拓展业务。年内，各项存款余额3.4792亿元，比年初增加1.6494亿元，增幅90.14%；各项存款日均余额2.1703亿元，比年初减少2591.51万元，减幅10.67%，各项贷款余额16.9984亿元，比年初增加5.06亿元，增幅42.38%，实现贷款利息收入6799万元，贷款利息综合收回率99.55%，实现账面利润741.93万元。

支持企业复工复产。支行主动对接企业，了解企业的资金需求。全年对5家企业发放贷款6.1573亿元，支持企业复工复产。

信贷资产质量。疫情发生以来，支行通过风险排查，提前催收约定还款还息等方式，未发生逾期和欠息现象，不良贷款继续保持“零余额”。

粮食安全。支行对桃江县粮食购销公司发放县级储备粮贷款2496万元、调控贷款4000万元，支持企业收购粮食10000吨，落实粮食安全行政首长责任制。严格按照“一人一库一站式服务”的标准，紧密跟进收购进度，及时提供收购资金，保证收购资金及时足额供应。收购早籼稻5000吨和中晚稻5000吨；最低收购价早籼稻1.27元/斤、中晚稻1.27元/斤，做到库存数量与台账一致。

财会管理。支行推广网银服务，保障客户结算快捷、安全，解决了支付结算手段单一、业务办理不便捷的问题。2020年，为8家客户开通网银服务。（张　辉）

【金融扶贫】2020年，中国农业发展银行桃江县支行共投放扶贫贷款3.6065亿元。承担县政府分配的新铺子村和浮邱山村两个贫困村的精准扶贫任务。支行成立精准扶贫领导小组，明确2名扶贫队长负责。“一对一”帮扶20户贫困户，制定脱贫方案，走访贫困户20余次。

（张　辉）

【信贷基础工作】2020年，县农业发展银行按总行要求完成信贷基础管理年各项规定动作，CM2006系统、综合报表系统、风险统计系统操作比往年更规范。实行一户一档，在CM2006里建立完整系统的客户信息档案，按时更新，确保信贷资料归档和各项结转工作的规范管理。信贷台账和报表能完整、准确、及时地反映数据。（张　辉）

中国建设银行桃江支行

【概况】2020年，中国建设银行股份有限公司桃江支行设桃江支行营业部、文化路支行和桃花路支行3个营业网点和1个支行业务部，职工39人。年内，支行聚焦“三大战略”，服务实体经济，实现各项业务的高质量平稳发展。2020年，一般性存款余额38.42亿元，各项贷款余额36.19亿元，存贷比94.2%，上缴税收823万元，实现利润9143万元。2020年，支行乡村金融团队获湖南省分行五星团队称号和县金融工作先进单位。

公司业务。2020年，支行按照省行、市分行、桃江县委、县政府的要求，持续对政府平台类贷款实行减息免费；对县域重点产业项目、重点行业加大信贷投入，全年新增贷款6.11亿元，对公贷款新增3.96亿元，同比增长18.22%，其中对县政府平台公司新发放流动资金贷款2亿元；服务民营经济，践行普惠金融，支行对辖内优质民营经济和小微企业重点帮扶。利用“云电贷、云税贷、账户云贷”等线上线下普惠金融信贷产品，推进“互联网+不动产抵押登记”和数据共享服务，有效解决部分小微企业“融资难、融资贵、融资慢”问题。全年对892家小微企业发放贷款6500万元，其中67户通过线上申请的方式获得信贷支持，贷款金额4850万元。

个人金融。2020年，支行在个人金融业务方面坚持“以客户为中心”，服务先行，着力发展乡村金融，推进个人金融业务发展。2020年个人存款余额28.45亿元，同比增长19.74%；个人贷款余额10.5亿元，同比增长25.18%。

便民服务。支行打造“裕农通”便民服务点，助力金融扶贫。支行推进金湘通服务点建设工作，2020年，拓展服务点596户，实现了乡镇、定点扶贫村全覆盖，全县247个行政村覆盖率100%，发行金湘通卡超3万张，村民足不出村即可办理银行卡查询、取款、汇款、医保、社保、缴费和村级政务等多项业务。2020年，裕农通的投入为全县医保、社保的缴纳提供便利。支行不断提升服务能力与服务水平，为客户提供更全面、多渠道的金融咨询，满足客户多元化的金融需求，并继续推进全县移动便民支付工程建设。2020年成功打造智慧菜市场、学费缴费平台、医院移动

支付缴费等示范商圈。（王飞跃）

【案防工作】2020年，支行强化内部管理，防范化解风险，开展合规案防“每周一讲”，讲解分析合规管理、合规操作中存在问题与不足。每月召开案件防控和预防腐败例会，通报违规问题发生情况，剖析原因，查摆内控合规管理中存在的问题，全面贯彻落实湖南省分行全面管、主动管的风险管控要求，扎实推进信贷管理“315”工程，实现经营目标。（王飞跃）

【服务实体经济受表彰】2020年，建设银行桃江支行服务实体经济，实现一般性存款余额38.42亿元，各项贷款余额36.19亿元、存贷比94.2%。全年上缴税收823万元，实现利润9143万元。支行乡村金融团队获评湖南省分行五星团队，支行被县人民政府授予2020年度全县“金融工作先进单位”而受到表彰。（王飞跃）

中国银行桃江支行

【概况】2020年，中国银行桃江支行下辖营业部、劳动支行2个网点和综合管理部，有员工27人，其中新进员工2人，调出总行1人、市分行1人、桃江农业局1人、安化税务局1人。年内，桃江支行坚持转型发展、创新发展、合规发展，运用绩效考核、产品计价等激励约束机制，持续提升综合发展能力。

负债业务。2020年，桃江支行个人存款余额14.5亿元，较年初净增1.2亿元，个人存款日均余额14.7亿元，个人存款日均较年初净增0.93亿元。公司存款余额3.75亿元，较年初增长0.49亿元，日均余额4.08亿元，较年初负增长0.33亿元。

资产业务。桃江支行各项贷款余额10.4亿元，个人贷款实现新投放1亿元，公司贷款新增0.16亿元。2020年营销桃江县志诚电子、桃江县妇幼保健、桃江县精神病医院、桃江县人民医院等项目，并实现大公司智慧桃江贷款投放。个人普惠实现新增980万元，公司普惠实现新增1700万元，普惠金融超额完成任务。

中间业务。实现桃江开元发展公司掉期交易，收取中间收入60万元；手机银行、贵金属、重点池基金销售、分期、三方存管、单位账户、企业网银，代理保险均取得较好发展。

内部管理。支行及时调整班子成员的分工，提高了工作效率和执行力。坚持每周工作例会制度，实时了解全行业务发展动态，部署重大事项，及时改进工作中的不足。强化内控管理，坚持依法合规经营，加强信息治理工作，A级客户增长率稳步提升，桃江支行优化资源 科学治理工作经验被省行在全省推广。

业务提升。桃江支行揽入中粮首府、青春里、万基紫金湾、碧桂园等楼盘项目，提升了桃江支行个金资产业务。桃江县唯一通过县人大批准的PPP项目交给桃江支行授信，9月成功拿到桃江智城1.7亿元授信项目的获批通知单，11月放款成功，资产业务获得大幅提升。

服务实体经济。落实桃江支行《支持民营企业二十条》，支持民营企业发展。年初，支行只有5户中小客户；下半年，桃江支行积极落实政策，紧抓民营业务不放松，成立民营业务营销小组，制订民营业务激励方案，对民营业务的营销与发展进行积分与绩效双重奖励。桃江支行先后对桃江县林业局、县农业局、县畜牧局、县卫计局等单位进行了营销，从源头捕捉客户信息，实现渠道拓展，通过多渠道营销，积累了发展的经验，支行取得民营业务金融显著成效。（袁　珺）

【疫情防控资金绿色通道开通】2月，中国银行桃江支行开通疫情防控资金绿色通道，拨付疫情防控资金152笔，金额2206万元，确保桃江县卫生系统医用物质及全县医疗保障费用资金通畅。（袁　珺）

【首次放款8373万元】11月，全省第一笔智慧城市项目贷款，智慧桃江项目1.7授信总量落地，首次放款8373万元。（袁　珺）

桃江中银富登村镇银行

【概况】2020年，桃江中银富登村镇银行设置分前台部门和中后台部门，前台部门设置公司金融部、“三农”金融部、零售金融部；中后台设置风险管理部、运营部、财务、人力、合规审计等职能岗位，有员工43人。年内，桃江中银富登村镇银行团结带领全行员工，实施普惠金融发展战略，坚持“支农支小”经营定位不动摇，创新金融产品，加强内控管理，信贷资产质量总体风险可控，各项监管指标良好，各项工作平稳有序。

贷款业务。2020年，贷款余额41510.43万元，贷款较年初净增

3977.42万元(含中富翼贷331万元),贷款户数1296户,贷款客户数较年初增加344户(含中富翼贷105户),户均32.03万元,户均较年初下降7.4万元;发放贷款638笔(中富翼贷105笔),发放金额23287万元(中富翼贷331万元)。其中纯新贷款线下发放391笔,金额9585万元;纯新线上(中富翼贷)发放105笔,金额331万元。小微企业贷款28853.54万元,较年初净增6849.53万元,涉农贷款26032.08万元,较年初增加3657.37万元。

存款业务。2020年,全口径存款余额50865.32万元,余额较年初净增2166.87万元,客户数12111户,较年初增加2946户,客户数2051户,较年初增加157户。个人存款余额10881.41万元,比年初减少780万元,占比21.34%。

营业收入。实现营业收入3557.79万元,利息净收入2726.65万元,实现净利润为1597.02万元(当年拨备-534.03万元)。

资产质量。2020年,不良贷款余额561.6万元,不良率1.35%,较年初下降0.47个百分点。累计收回不良贷款306.68万元,新形成不良贷款184.18万元,表外清收7.69万元,还原后的不良余额1836.5万元,还原后的不良率4.29%,较年初下降0.78%。

主要监管指标。达标的监管指标贷存比81.61%,户均贷款余额32.03万元,不良率1.35%,拨贷比2.9%,拨备覆盖率214.64%,流动性比例86.82%,优质性流动资产充足率144.87%,资本充足率41.89%,一级资本充足率40.81%,单户500万元贷款余额以下占比100%。主发起行持股比例45.9%,储蓄存款占各项存款比21.34%,成本收入比40.18%,高于监管要求的35%。

公司治理架构。不断完善公司治理架构,按照公司法、公司章程和监管要求开展公司治理。股东大会、董事会、监事会按照本行《公司章程》和监管要求履职,2020年,召开股东会2次、董事会4次、监事会4次。“三会一层”公司治理结构规范,按相互制约、有效衔接的原则形成决策、执行、监督机制。 (莫婧雯)

【打击非法集资宣传】 6月26日,桃江村镇银行在大汉龙城假日广场开展打击非法集资和反洗钱宣传活动。通过设立咨询台、发放宣传资料等形式开展宣传,咨询300余人次。 (莫婧雯)

【支持企业复工复产】 2020年疫情发生期间,中银富登村镇银行支推出抗疫贷、复工贷产品,解决受疫情影响客户的融资需求。通过调整还款付息安排帮扶小微企业17户、涉及贷款金额2493.84万元;减免逾期利息1.06万元,涉及贷款2笔;延期还本涉及贷款30笔、贷款金额3175万元,延期还息涉及贷款2户、贷款金额108.5万元,普惠小微企业信用贷款共投放331户、金额4702万元;发放支小再贷款3笔,金额400万元;发放扶贫贷款6笔,金额554万元。加大信用贷款投放力度,发放信用贷款4832万元。 (莫婧雯)

中国邮政储蓄银行桃江县支行

【概况】 2020年11月机构改革后,县支行内设综合管理部、零售金融部、公司金融部3个部室,下设支行营业部、桃花路支行、鸬鹚渡支行3个二级支行。有干部职工56人。2020年,桃江县支行做好疫情防控和金融服务保障工作,做实客户营销与维护工作,加强生态版图建设,做强重点产品,企业整体运营平稳。

个人业务。2020年,县支行储蓄余额10.57亿元,净增5834万元;月日均余额8.82亿元,净增6326万元;年日均余额8.88亿元,净增6386万元。全年新增手机银行激活数4957户,快捷支付净增8681户。绿卡通IC卡发卡8596张,户均6718元;无实体介质账户新增1894户;信用卡新增发卡1735张,新增客户1233户。

公司业务。支行开展机构业务“固本提标”活动,以增资格、增客户、增账户为抓手,夯实公司业务发展基础。营销农民工工资专户2户与社保类专户1户,新增5个机构客户实行国库支付。2020年,县支行公司业务时点余额3.79亿元,新增3330万元;年日均余额3.68亿元,新增1858万元。新开立活期账户87户,开立定期账户2户,新增机构客户19户,进度排名全市第一。

信贷业务。2020年,县支行小企业贷款余额1.5336亿元,全年净增5155万元,完成市行下达的净增计划的147.3%,全市排名第一位。零售贷款业务贷款4409笔,贷款余额6.38亿元,净增1.12亿元,完成全年目标的59.36%,全市排名第四位。其中“三农”贷款结余1926笔,贷款余额3亿元,净增0.78亿元,完成全年目标的244.42%,全市排名第2位;消费贷款结余2483笔,贷款余额3.38亿元,净增0.33亿元,完成年目标的21.4%。

支行建设。全面推进“定责、定岗、

定编”工作。后台按照机构改革要求设综合管理部、零售金融部、公司金融部，配备15人，合理配置人力资源，县支行人员向前台倾斜，以客户为中心。各网点配备专职理财经理、营业主管、大堂经理各1名。7月中旬，桃花路支行新网点搬迁，网点的搬迁助推支行业务的发展走上新的台阶。

内控管理。支行严格按照“强内控、促合规、防风险、提能力、保发展”的工作思路，培育内控合规文化，保持案防高压态势，开展案件风险排查、案件警示教育、送国债下乡、金融消费者权益宣传、送金融知识进学校活动，保持不良资产管控高压态势，守住资产质量生命线。2020年，支行小企业逾期金额439万元，不良金额101万元；零售信贷逾期金额553万元，不良金额588.5万元，各项贷款逾期金额1095万元，不良金额762万元，2020年核销148万元，核销前新增301万元，不良率0.92%。

社会责任。面对新冠肺炎疫情的冲击，县支行加大对实体经济的支持力度，推动金融普惠政策落地，支持企业复工复产。县支行到重点乡镇召开多场小贷产品综合推荐会，把营销触角重点拓展到经济较为活跃的乡镇。做好生猪产业金融服务，支持生猪企业复工复产，与农信担保公司合作，为生猪养殖户解决融资难题，2020年，县支行发放生猪相关贷款340万元。开展“进社区下乡镇”活动，10月，鸬鹚渡3个村（社区）纳入“信用村”。加大专业客户经理上门服务力度，农担贷款占比90%，2020年，县支行发放再就业贷款420笔金额7900万元，全县占比73.63%，6月，县支行设立“邮政储蓄银行桃江县支行创业担保贷款指导中心”，为群众提供再就业贷款。（赵　欣）

【防疫期间应急金融服务】1月26日，县支行接到县卫健局通知，需要拨付5.6万元的新型冠状病毒防控专款，县支行迅速反应，上下协调，特事特办，为疫情防控开辟金融服务“绿色通道”，及时处理防控专用资金划出业务，为县域疫情防控工作提供金融支撑。

（覃高钰　赵　欣）

【桃花路支行迁址开业】7月15日，邮储银行桃江县桃花路支行举行迁址开业仪式。桃花路支行新的网点面积扩大，布局设计更加合理，智能机具设备配置更加齐全，服务功能进一步完善，客户办理业务的环境更加舒适。（赵　欣）

【信用村授牌仪式】10月27日，县支行在鸬鹚渡镇举行“进社区下乡镇”推进会暨信用村授牌仪式，副县长武和全出席仪式，人民银行益阳市中心支行、桃江县支行、鸬鹚渡镇政府、县政府金融办等领导以及鸬鹚渡镇各村（社区）支部书记、规模企业主、各村（社区）产业代表到会。县支行鸬鹚渡镇鸬鹚渡社区、沙河社区和张子清村“信用村”称号。（赵　欣　王柯予）

桃江农村商业银行股份有限公司

【概况】2020年，湖南桃江农村商业银行股份有限公司内设办公室、人力资源部、科技电子银行部、财务会计部、稽核审计部、业务发展部、信贷管理部、风险管理部、安全保卫部、纪检监察室、党群工作部、内控合规部12个职能部室。下辖51个营业网点，其中1个营业部、支行22个、分理处28个，从业人员515人。2020年，桃江农商银行坚持稳中求进工作总基调，稳经营、促普惠、严管理、防风险、优服务，各项工作稳中有进。

公司业务。2020年，各项存款余额94.06亿元，较年初增加9.75亿元，占全县存款总额的31.23%，比上年提高0.78个百分点；存款日均余额90.60亿元，较年初净增10.29亿元。各项贷款余额48.25亿元，较年初增加10.29亿元，占全县贷款总额的27.5%，较2019年提高2.69个百分点；存贷比51.30%，较年初上升6.39个百分点；到期贷款收回率96.93%，较年初上升8.7个百分点。拓展ETC客户5520户；累计拓展手机银行客户23500户；电子银行替代率90%。实现各项收入4.72亿元，其中利息收入2.84亿元，实现经营利润1.12亿元。

重拳治乱。公司针对信贷领域排查发现的问题，对涉嫌违法的客户经理向公安部门移送22人，党纪处分21人、政纪处分47人、组织处理及其他处理17人，77名客户经理退出岗位。赔偿经济损失82.5万元。11月开始，在全行明确规定，禁止发放跨区域、大额关联、垒大户贷款，禁止发放假借冒名贷款，禁止发放违反省联社“十不准”贷款。对新放贷款中凡发现有借冒名贷款行为的支行行长一律就地免职，借冒名贷款行为得到有效遏制。

脱困化险。2020年，公司不良贷款余额从8.57亿元压降到2.33亿元，净压6.24亿元；不良贷款率从

19.69% 下降到 4.82%，下降 14.87 个百分点；拨备覆盖率从 41.79% 上升到 104.56%，上升 62.77 个百分点；资本充足率从 -2.07% 上升到 9.42%，上升 11.49 个百分点。

服务平台。在全县搭建“足不出户可转账、身不出村可取现”的“一门式”金融服务平台，建立 192 个助农金融服务点、配备 244 台自助设备，打通服务农村“最后一公里”。

不良贷款清收。出台《表内不良贷款内部清收攻坚方案》，全力清收不良贷款。现金清收不良贷款 1.06 亿元。4 月，县委办、县政府办联合行文《关于开展桃江农商银行不良贷款清收工作的通知》，成立县委书记和县长为组长的风险化解领导小组，将不良清收目标任务纳入乡镇及相关县直单位绩效考核范围，派出副处级干部为组长的清收办进驻桃江农村商业银行。桃江农村商业银行向县人民法院提起诉讼贷款 358 笔、金额 6601 万元，申请执行 216 笔、金额 5121 万元，累计清收 2798 万元，其中诉讼收回 530 万元、执行收回 2268 万元（含现金执行收回 1644 万元、以物抵债 1154 万元）。县公安局共立案侦查涉桃江农商银行贷款案件 43 人，其中信贷人员 22 人、外部人员 21 人。移送涉案贷款 1608 笔、金额 2.9 亿元，公安受理 2.59 亿元，核实涉案贷款 1176 笔、金额 2.08 亿元。公安成立“609”专案组，加大案件侦办和追赃挽损力度，清收处置贷款 3926.59 万元，其中现金清收 540 万元，查封冻结房产 1 栋、加油站 1 家、扣押车辆 2 台。

（胡　娜）

【培训教育】 2020 年，公司组织开展信贷知识、内控知识、财务知识等知识培训 40 多次，提高公司员工操作技能水平和风险防控能力。

（胡　娜）

【松木塘支行开展外拓营销活动】 1 月 14 日，由益阳市文旅广体局、益阳市接待服务中心、益阳市侨联联合主办的桃江文旅消费扶贫节在松木塘村委便民服务中心举行，桃江农商银行松木塘支行抓住商机，开展“开门红”外拓营销活动。提前在节目现场布置宣传服务点，开展宣传活动，向参与活动的干部群众赠送金融普惠大礼包，普及金融知识，宣传便民卡、手机银行、ETC 等电子产品。活动共发放金融普惠大礼包 176 份，引导客户关注桃江农商银行微信公众号 200 余户，新增存款客户 32 户，发展便民卡客户 11 户、ETC 客户 5 户。（胡　娜）

华融湘江银行桃江县支行

【概况】 2020 年，华融湘江银行桃江县支行有营业网点 1 个，有职工 13 人（在编人员 10 人）。年内，支行以“不断加快业务发展，全面提升风控能力”为导向，坚持效益、质量、规模协调发展的方针，外拓市场，内抓能力建设和管理，防范和化解金融风险，获 2020 年度“诚信经营 放心消费”示范网点和“五星级服务”示范网点称号。

存贷规模。2020 年，县支行对公存款余额 7.33 亿元，公司贷款 11.62 亿元，小微贷款余额 0.76 亿元，个贷 0.77 亿元。

对公业务。加大项目储备力度，对有自偿性的政务类项目、优质产业金融客户和民生领域三类客户营销，成功落地益阳市两型投项目收益债 3 亿元，获批桃江县妇幼保健院综合授信 0.7 亿元。加大项目投放前、中、后掌控力度，做到项目投放前有项目资本金注入，投放中资金留存饱和，投放后资金回笼及时。集中突破行政事业单位代发、房维资金、企业年金、教育基金代管、卫生核算中心等财政管理资金。

内控管理。支行建立健全风险内控制度，加强各个业务环节的风险管控，不定期组织开展业务督查，提高合规操作能力，提高信贷质量，严格落实安全保卫和案件防控工作，每季度组织应急预案演练和案件示例学习，落实岗位责任，增强专项操作风险管理能力，不断增强员工风险意识。细化服务管理流程，开展集中学习网点标准化流程管理活动，提高员工服务知识水平。完善网点服务软硬件设施，规范管理服务流程。（唐　德）

【金融知识宣传】 2020 年，县支行开展宣传活动 3 次，进社区 2 次，接待咨询 100 余人次，发放宣传资料 100 份，提高了公众识别和防范金融风险的能力。（唐　德）

【零售业务获增长】 2020 年，华融湘江银行运用全员营销、公私联动、理财产品、个贷业务、阵地营销、社区营销“六大手段”，零售业务持续增长。具体是：以配套型、集聚型、科技创新型企业为营销重点，拓展小微业务；为小微客户获取政府、行业协会、商会、园区、专业化市场、核心企业上下游、担保公司“七大渠道”，通过做大小微贷款投放规模，

夯实客户群基础。（唐　德）

长沙银行桃江支行

【概况】2020年，长沙银行股份有限公司桃江支行有营业部和市场营销部2个部室，在编员工17人。长沙银行桃江支行年内存款余额9.1亿元，其中对公存款4.02亿元、个人存款5.03亿元，表内外贷款余额21.09亿元，表外授信贷款余额6.4亿元，零售贷款余额2.18亿元，签约农金站点54个，2020年度基础客户41100余户，支行扩大基础客群，教育系统、拆迁户、农金站和医保四个大客群是桃江支行的重点客群。

网点建设。长沙银行桃江支行提升服务质量，硬件设施和软件都有全方位改进，为打造星级网点建设打下基础，客户享受更加放心与安心的服务。

合法合规运营。2020年，坚持合法合规运营，增强员工的合法合规意识，开展“懂法，守规”系列主题活动，禁止员工参与非法金融高风险活动，提高员工守法与廉洁自律意识，落实合法合规责任，集中排查与日常检查相结合，发现问题，及时整改。杜绝违法违规行为，全年未发生重大违规事件。

团队建设。加强团队建设，建立健全营销机制，提升员工营销能力。定期组织开展培训、考核和集中学习，提高员工业务知识水平。组织营销实战演练，开展有针对性的营销活动。（袁珂舟）

【“快乐杯”广场舞大赛】9月13日，桃江支行开展“快乐杯”广场舞大赛。全县各地21支队伍参赛，大赛活跃员工的文化生活。（袁珂舟）

【基础客群增幅大】2020年，长沙银行桃江支行基础客户41100户，较上年新增11000户，增幅36.98%；其中高潜力客户3309户，较上年新增699户，增幅26%；中高端客户2461户，较上年新增801户，增幅48%；钻石客户40户，较上年新增17户，增幅73%。

（袁珂舟）

中国人保财险桃江支公司

【概况】中国人民财产保险股份有限公司桃江支公司是桃江县保险市场上成立最早、服务实力最强、机构网络最全的国有保险企业。2020年，公司内设经理室、综合部、理赔分部、出单分部、团车业务部、营销业务部、车商业务部、商业非车险业务部、互动业务部、农险业务部11个部室，下辖灰山港、桃花江2个营销服务部和15个营销服务分部。2020年有总版、地方版、劳务派遣等在职员工48人、持证营销代理人员179人，协保员223人。开办的主要险种有机动车辆保险、企业财产保险、责任险、意外险、健康险、货运险、农业保险等40多个险种。同时，公司还与各家商业银行、邮政、寿险公司等金融单位建立了兼业代理关系。

经营状况。2020年，公司坚持“以市场为导向、以客户为中心”的经营理念，弘扬“求实、诚信、拼搏、创新”的企业精神，坚持以“做人民满意的保险公司”为愿景。2020年，公司完成保费收入8616万元，县域市场份额42.1%。其中车险承保车辆2万多台，完成保费4166万元；完成企业财产险、学生意外险、各类责任险等商业非车险保费1468万元；农业保险承保2047万元。

客户服务。2020年，公司进一步加强理赔服务，优化理赔流程，加快理赔速度，全年处理各类赔案10987件，共支付赔款6505万元。其中车险赔案3598件，赔款3680万元，商业非车险赔案1264件，赔款985万元，农险赔案6116件，赔款1840万元。（刘　艳）

【服务社会】2020年，公司按时完成县委、县政府分配的精准扶贫工作任务。配合创建办和综治办开展平安创建和社会综合治理。缴纳各项税收近900万元。扶贫帮困和社会捐助等近三十万元，发挥保险在社会保障方面的作用。（刘　艳）

【非洲猪瘟受损赔付】10月，桃江突发非洲猪瘟，桃江财保公司24小时不间断参与现场查勘，核实受损标的，受损数量，与养殖户沟通，主动化解上访苗头，共计赔付180万元。

（刘　艳）

【打击非法集资宣传】9月15日，桃江财保公司在新龙超市广场开展打击非法集资宣传活动。公司设立咨询台、发放打击非法集资宣传资料、反洗钱案例宣传彩页，宣传保险“守信用、担风险、重服务、合规范”的理念，当日咨询量200余人次。

（刘　艳）

中华联合财保公司桃江县支公司

【概况】 中华联合财产保险股份有限公司桃江县支公司是中华联合财产保险股份有限公司在益阳设立的四级机构，成立于2006年1月5日，是桃江县财险市场第二大经营主体。县支公司设经理室、综合科、理赔科、农险科、车险科、非车险科。在三堂街镇、马迹塘镇、灰山港镇有远程出单点。在15个乡镇设有农业保险办公室，现有签约员工20人。

保费收入。2020年，实现保费收入4961.3万元，同比增长4.98%，稳居财险行业第二位。其中车险保费收入1170.77万元，同比负增长17.9%；财产险保费收入163.38万元，同比增长124.91%；意外险保费收入337.23万元，同比负增长7.59%；责任险保费收入201.42万元，同比负增长6.63%；农险保费收入1563.76万元，同比增长0.71%；政策性健康险保费收入1524.73万元，同比增长39.41%。上缴税款211.93万元。

服务水平。调整优化现有服务网点，根据实际需求新设服务机构，实现保险服务有效覆盖。维护金融消费者合法权益，妥善处理来信来访和投诉。推广线上业务，优化服务渠道，开通理赔绿色通道，实行7x24小时线上服务与专人理赔指导，取消定点医院限制服务，为客户提供简单便捷的理赔服务。

（郭　强）

【普惠金融】 2020年，公司承保水稻、玉米、油菜等农作物58.17万亩，为12.7万户农户提供2.16亿元的风险保障。（郭　强）

【定损理赔受灾水稻】 2020年，受“寒露风”影响，桃江水稻灾情严重。中华联合财产保险公司桃江支公司将农民利益放在第一位，从快从宽定损理赔，确保“应赔尽赔快赔”。全县“寒露风”水稻受灾面积6.1万亩，其中理赔面积4.4万亩，已决赔款1400多万元，受益农户达1553户次。（郭　强）

中国人寿保险公司桃江支公司

【概况】 中国人寿保险股份有限公司桃江支公司，成立于1949年10月20日。2020年，公司下设综合管理部、营销发展部、团险业务销售部、银保业务销售部、客户服务中心、教育培训部、收展销售部，下辖三堂街、鸬鹚渡、灰山港、石牛江、粟山河、武潭等营销服务部。公司贯彻落实县委、县政府和上级公司的工作要求，坚持“公司至上、客户至尊、基层至重、员工至爱”的经营价值观，秉承“转型升级、加快发展；整合资源、创新发展；以人为本、促进发展；严控风险、保障发展”的经营理念，取得优良成绩。2020年，实现总保费收入1.98亿元，支付各类满期金、生存金、理赔金4600万元，缴纳税金83万余元。

民生保障。公司为全县人民提供53亿元风险保障。其中，妇女“四癌”保险服务60400人，理赔985人，支付理赔金489万元；五保老人保险服务6300人，理赔1040人，支付理赔金94万元；建档立卡贫困户扶贫保险服务22428人，理赔1218人，支付理赔金127万元；中小学生意外保险服务54200人，理赔2840人，支付理赔金261万元；农村小额信贷保险服务1180人，理赔5人，支付理赔金72万元；大病保险服务710961人，理赔8858人，支付理赔金4621万元，民生保险帮助地方政府确保一方稳定，人民群众获得实实在在的经济补偿。

就业岗位。公司为全县800多人提供就业岗位，其中有下岗职工、待业青年和历届应届大学生。通过线上、线下招募和培训，从职业道德、行业前景、职业规划、专业训练和综合素质多个方面进行培训。

（陈素芬）

风险防范。公司把合规经营放在首位，成立风险防范领导小组，设立举报箱和举报电话，每月组织员工宣传反洗钱、反非法集资。在办公场所张贴风险防控宣传标语，加强大额客户身份识别，防范和打击各类非法集资，洗钱违法活动，守住风险防控底线，确保公司稳健经营。（陈素芬）

【扶贫帮困】 2020年，公司抽调4名年富力强、农村工作经验丰富、工作踏实的党员干部，在松木塘子良岩村开展驻村帮扶工作，为子良岩村投入扶贫资金3万元。（陈素芬）

【抓党建促发展】 2020年，人寿保险桃江支公司按照“抓党建，促发展”的工作思路，组织全体党员、干部认真学习上级公司《三亮 三比 三评》活动实施方案，开展各类学习活动12次，召开民主生活会6次，举办意识形态讲座5次，营造风清气正的发展氛围。（陈素芬）

商　贸

商　务

【概况】县商务局为县人民政府工作部门，主要承担国内外贸易、国际经济合作、流通产业结构调整、招商引资、电子商务、商贸流通监管、市场经济秩序规范与调整等16大项职责职能。2020年，县商务局全力推进电商示范、招商求效、内贸提质、外贸增速、外经拓展等各项工作，效果明显。

招商引资。全县引进市域外资金形成固定资产投资88.5亿元，完成市下达目标任务88亿元的100.57%；引进省外境内资金80.91亿元，完成市下达任务77.5亿元的104.4%；实际利用外资4517万美元，完成市下达任务4300万美元的105.05%；新引进项目41个，完成目标任务的136.7%；新开工项目29个，完成目标任务的116%；新投产项目26个，完成目标任务的173.3%。全年引进过亿元项目7个，过5000万元项目11个。引进22家手机产业链项目企业。先后组织参加2020湖南—长三角经贸合作洽谈周省级、市级主体活动，湖南5G发展高峰论坛活动，省级集中“云签约”项目2个，签约资金19亿元，市级集中签约项目6个，总投资5.71亿元。全县集中签约项目2次，共签约项目42个，签约资金20.72亿元。

电子商务。实现电商交易额100.2亿元，同比增长41.08%，实现电商销售额28.33亿元，同比增长26%。成功获批2020年全国电子商务进农村综合示范县“升级版”项目，争取中央专项资金2000万元。桃花江镇被评为2020年“淘宝镇”，株木谭村和石高桥村被评为2020年“淘宝村”。《桃江县电子商务发展引导资金管理办法》规定每年由县财政统筹安排300万元，从2020年开始，连续支持5年。2020年，电商园成功入驻电商企业46家，开展线上线下电商培训13期，培训电商学员623人，孵化电商企业178家，在淘宝、拼多多等电商平台、芒果扶贫云超市和“竹乡臻品”微信小程序同步上线“中国桃江特色馆”，线上销售的“竹乡臻品”产品257种，“竹乡臻品”抖音号发布86个短视频。

商贸流通。全县纳入规模限上企业113家，新增限上商贸单位31家，实现社会消费品零售总额107.19亿元，同比下降2.5%，总量全市排名第二。重点项目建设稳步推进。农产品批发市场建设项目抓紧推进，电子商务中心已封顶，10月对外开放。作为物资大院和振华市场搬迁承载地的农产品临时交易大棚完成施工建设，正式交付使用。桃江现代商贸物流园项目第一期运营开业。乡村集市建设有新业绩，获省商务厅、省财政厅乡村集市建设政策资金221万元，在全县9个乡镇，新建、改建农贸市场及乡村集市26处。

对外贸易。2020年，新增自营外贸进出口经营权企业25家，“破零倍增”企业13家；对接融资平台1个，外贸进出口总量同比上涨。

（文署成）

【招商引资工作获省先进】1月8日，桃江县商务局获全省商务工作（招商引资）先进单位称号。全省16个单位获先进单位称号，益阳市仅桃江获此殊荣。（文署成　夏　明）

【集中签约30个项目】5月12日，

2020年桃江县第一次集中签约暨手机产业链项目入驻国辰高科园启动仪式在桃江经济开发区举行。副市长胡安邦宣布手机产业链项目入驻国辰高科园正式启动。省市县有关领导罗建军、胡安邦、李国大、张晓、符凤文、李质彬等出席签约仪式，县委副书记、县长黄劲主持签约仪式。本次集中签约活动共签约项目30个，签约资金22.5亿元，项目涵盖电子设备制造业、医疗器械制造业、现代农业、现代服务业等多个领域，其中手机产业链项目总投资16亿元，由深圳可可米科技有限公司等22家企业与桃江县人民政府、国辰高新科技产业园三方共同签约。该项目一期占地128亩，占用标准化工业厂房19万平方米，总投资26亿元，其中手机产业链项目投资16亿元。（胡卫红　文黎明）

【县物资大院棚改项目启动】8月25日，县商务局召开物资大院棚改工作部署会议，成立物资大院棚改工作指挥部，下设协调组、入户调查组、市场门店搬迁组、信访维稳接待组、资产评估清算组。（文署成）

【县委组织开展招商考察】8月31日至9月4日，县委组织到长三角、珠三角地区招商考察，县委副书记张晓，副县长戴文，县委办、经开区、商务局、灰山港镇、灰山港工业集中区、各驻点招商办等相关单位主要负责人参加考察活动。在长三角地区，领导们考察上海毅匹玺建筑科技有限公司、上海鑫国食品有限公司、临亚集团有限公司以及浙江省慈溪市观海卫诗阳塑料制品厂等企业。各企业对桃江的投资环境和营商环境十分认可，上海毅匹玺建筑科技有限公司计划在桃投资年产40万立方加气混凝土板材、砌块和5万立方米装配式预制构件生产项目。（夏明　李毅）

【桃江企业在中国国际食品餐饮博览会参展】9月18日至20日，2020中国国际食品餐饮博览会在湖南长沙国际会展中心举行，县商务局组织湖南省桃江县竹缘林科开发有限公司、湖南国泰农业开发有限公司、桃江县桃花湖商贸有限公司、湖南省桃江世莲食品有限公司、桃江豪云电子商务有限公司、桃江县羊帆起航乳业有限公司、桃江县强龙食品有限公司、湖南省益阳市桃江县圣恩茶业有限公司8家食品食材企业参展，桃江竹笋、桃江竹酒的参展产品全部售完。参展期间，8家企业接待顾客9000多人，现场成交额8万余元，现场签订订单500多万元，带回意向订单约1200余万元。（文署成　肖立军）

【桃江10家企业参加第三届进博会】11月5日—10日，第三届中国国际进口博览会在上海国家会展中心举行。县委副书记、县长黄劲带领桃江10家企业参会。博览会期间，桃江代表团采购商交易采购成果丰硕。意向成交206万美元，其中食品及农产品采购订单69万美元，工程机械及材料加工成型设备76万美元，智能家居及生活科技产品成交31万美元，信息通信技术装备成交30万美元。（赵建坤）

供　销

【概况】2020年，县供销合作社巩固综合改革成果，加强系统制度建设，发挥供销社优势，助力乡村人居环境整治，完成全年各项工作任务。

惠农综合服务平台。重点围绕垃圾分类减量与再生资源回收、农资供应、农产品流通、土地托管服务四大为农服务主业，打造大田托管、代耕代种、代收代贮、代销代售等农业生产服务平台，打造生产、加工、销售农产品的农产品流通服务平台和再生资源回收处理平台；围绕竹笋、茶叶、蔬菜、水果、水产等特色产业和村民综合服务，打造电子商务和便民服务平台。

制度建设。2020年，完善县联合社理事会、监事会和社员代表大会相关制度。6月16日，县委第十九次常委会会议专题研究供销社第六届社代会和县农村经济组织联合会成立大会工作。8月21日，县社第六次社员代表大会暨县农村合作经济组织联合会成立大会在县政府附属三楼会议室召开。会议听取并审议通过《县供销社工作报告》，表决通过《桃江县供销合作社联合社章程（草案）》和《桃江县农村合作经济组织联合会章程（草案）》，选举产生县供销社第六届理事会、监事会和县农合会第一届领导机构。

新型基层组织体系建设。按照全国总社和省社实施的“供销合作社培育壮大工程”要求，整合全县15个乡镇的资源，重点推进村级基层供销社建设，新建4个示范性村级基层供销社。

农村生活垃圾分类减量。制定乡镇分拣中心考核奖惩细则，完善考核管理办法。加大对旧衣服、抛秧盘、旧轮胎、旧鞋子、旧农膜等废旧物资的处理力度，确保废旧物资应收尽收。对全县15个乡镇废旧物资分拣中心的低价值可回收物收购数量进行严格核定，并按照相应补贴标准，发放补贴资金31.0888万元。2020年，全县累计回收废塑料、纤维、玻璃、旧衣服、抛秧盘、废橡胶等1.3万多吨，回收有毒有害物资30吨。

整改工作。县委第一巡察组对县供销社党委进行了巡察。针对巡察中发现的问题，县供销社党委认真对待。制定15项制度，收缴违规违纪资金61860元，清退违规违纪资金26.1238万元，收回往来本金利息1.5万元，免职处理3人，调整工作岗位2人，约谈相关责任人25人次。

大院维修改造。县供销社对机关及直属企业辖区大院进行维修改造，施工面积1700余平方米，包含排水疏通、路面硬化黑化、消防通道规划、停车位划分，缓解了所在路段停车难的问题。位于县城桃花中路最繁华地段的生资公司，是县供销社下属破产改制企业，单位大院为老旧小区，路面年久失修，加上社会车辆无序停放，经常因停车或出行引发矛盾纠纷。县供销社多方协调筹措资金26万余元，对院内路面进行施工改造，把大院改造成可停45辆汽车的公共停车场。

（文庆勋　邓　婕）

【全县供销社工作暨党风廉政建设会议】 4月14日，县供销社召开2020年全县供销社工作暨党风廉政建设工作会议。会议总结2019年全系统的工作，部署2020年全县供销系统重点工作。县社党委书记、理事会主任王坚作题为《聚焦从严治社 深化综合改革 推进全县供销工作再上新台阶》的工作报告。党委副书记、监事会主任卢用主持会议，党委委员、理事会副主任曾建、李望秋分别宣读2019年度先进单位和先进个人的表彰决定。县社机关和资产管理经营中心工作人员、各基层供销社和社有企业行管人员等40余人参加会议。（文庆勋　邓　婕）

【省供销合作社调研座谈会在桃江召开】 11月17日，省供销合作社“十四五”规划编制工作专题座谈会在桃江召开，省社“十四五”规划编制组专家、省社相关负责人、省内部分县市区供销社主任、省内部分再生资源企业负责人共23人参加座谈会。会议由省社经贸发展处处长彭智主持。（文庆勋　邓　婕）

中石化益阳桃江分公司

【概况】 中国石化销售股份有限公司湖南益阳桃江石油分公司（以下简称桃江公司）下辖11座加油站，公司机关及加油站有员工59人。2020年，桃江公司贯彻落实省公司工作思路，强基础，严管理，超额完成市公司下达的各项经营指标，实现经营管理双提升，双丰收。

成品油经营。桃江公司按照上级公司“以日保旬，以旬保月、以月保季、以季保年”的经营工作思路，对外积极主动参与市场竞争，坚持“点上狠、面上准、线上稳”的竞争机制和“以客户为中心”的服务准则，通过“网格化”管理手段和“一站一策”经营策略，调研市场、走访客户、服务客户，稳步推进“点对点”竞争模式和“竞合”竞争模式，提高竞争能力；对内，开展“比、学、赶、帮、超”销售竞赛活动，开展“赛晒看”活动，在员工中形成“在学中比、在比中帮、在帮中赶、在赶中超”的浓厚氛围，逐步把“比、学、赶、帮、超”活动引向深入。通过选树标杆，弘扬典型，表彰先进，广大员工积极性得到全面激发，成品油经营任务超额完成。经营总量同比增长7.9%，其中汽油同比增长4.6%，柴油同比增长14.8%，是全区唯一一个三项指标全部正增长的单位。

非油品经营。桃江公司根据上级公司部署，开展油非互动，加油送电子券，线上线下互动销售，跨界营销开展汽车、梦洁、电器等大宗商品销售，以易捷年货节为依托，深耕门店销售，非油销售继续保持较好发展势头。全年基础品类营业额同比增长55%，毛利同比增长30%。

（李雅娟）

【安全数量质量环保管理】 2020年，桃江公司落实应急预案演练和培训教育，提升全员的安全意识和技能。公司每月组织加油站开展2次应急演练，每周要求站长组织开展1次员工安全教育，全面提升员工的安全意识和应对技能。强化安全隐患排查和整改。公司班子不定期检查加油站的生产安全，排查隐患；每月对加油站开展1次自校，每季度与市场监督管理局进行1次强制检定，有效保障加油站的油品数质量工作，全年无1起有效数质量投诉。严格落实环保管理。公司全面整改完善所属11座加油站的油气回收改造，对城区桃花江站、桃花路站安装油气回收在线监测系统，实时监控加油站的油气回收情况，发现问题及时排查整改，确保油气回收系统正常应用。（李雅娟）

【企业管理】 2020年，公司全面开展基础管理年活动，从严管理。开展“加油服务技能竞赛”，全员开展加油八步法培训，落实“微笑服务”和“开口营销”，公司每月组织考评。按照中石化总部的《加油站现场管理禁令》和《加油站管理规范》的要求修订督查考核办法，通过现场督查、网络远程督查等手段，加强对加油站现场的管理和服务的监督。查处现场违规及违纪员工数起，辞退违纪违规员工6人，处罚现场违规行为数起，严肃公司规章制度，增强全员对公司制度的敬畏心。

（李雅娟）

烟草专卖

【概况】 2020年，县烟草专卖局（分公司）贯彻落实国家局、省局决策部署，坚持党建引领，锚定工作目标，完成了重点工作任务。

打假破网。与公安经侦、治安、技侦、刑侦、高速交警等部门协作，持续推进情报网络立体联防打假网络建设，开展“春雷”专项行动，对各类重点户、无证户、物流快递公司进行重点监控。广布“线”，稽查员发展1～2名“线人”，整理、分析情报线索，在元旦、春节、“3·15”“五一”“十一”等重要时间节点，联合市监、公安等部门联合执法检查，有效净化了卷烟市场。

脱贫攻坚。按照《桃江县脱贫攻坚“百日冲刺”行动实施方案》要求，派出工作队长脱产驻村，配合村支“两委”做好决战决胜脱贫攻坚收官工作，驻村工作队队长走访贫困户，了解民情、村情，帮扶责任人梳理2个村44户贫困户的情况，反复核实登记信息，各项政策宣传到位、落实到位，44户贫困户实现脱贫，圆满完成脱贫攻坚任务，被县扶贫办评为脱贫攻坚优秀单位。

（陶燕班）

【樊剑峰到桃江调研】 2月21日，省烟草专卖局（公司）党组书记、局长、总经理樊剑峰率调研组到桃江调研疫情防控和复工复产工作，慰问坚守一线工作岗位的干部职工。樊剑峰强调，要统筹抓好疫情防控与复工复产工作，确保完成年度目标任务。樊剑峰一行走访桃花江镇湘汇636门店，了解疫情发生以来的市场需求、货源供应情况。

（陶燕班）

【重点税调查座谈会】 3月4日，县烟草专卖局（分公司）与县税务局召开重点税调查座谈会。会上，桃江烟草财务工作分管负责人向县税务局介绍2020年卷烟销售情况及税收入库情况，税务部门表示全力支持桃江烟草工作，完成2020年税收任务。

（陶燕班）

教　育

综　述

【概况】2020年，全县有中小学校173所（公办171所、民办2所），其中普通高中5所、职业高中2所、初中34所、九年一贯制学校8所、十二年一贯制学校1所、小学91所、教学点30个、教师发展中心1个、特殊学校1所。2020年在校学生89532人，其中普通高中13244人、职业高中3880人、初中23479人、小学48751人、特殊教育学校178人。幼儿园165所，其中公办幼儿园53所（不含幼教点16个），民办幼儿园96所（普惠性民办幼儿园88所），幼儿21685人。全县在职教职工5947人，离退休4074人。在职教职工中中小学教师5499人（含乡镇幼儿园教师53人），职业中专教师238人，机关、二级机构（含特校、幼儿园）210人。县人民政府获评益阳市2019年履行教育职责先进单位

学校项目建设。2020年，完成固定资产投资4亿元，实施化解大班额、乡镇寄宿制学校建设项目93个，完成70个。县教师发展中心及九年一贯制学校建设项目小学部、初中部2号楼投入使用，完成教师发展中心、幼儿园主体工程。完成33所中小学运动场升级改造，桃谷山九年一贯制学校、灰山港镇二中、石牛江镇芙蓉学校正在建设。扬帆职校整体搬迁至县经开区。

教育信息化。2020年，投入300万元，新增多媒体设备199套，实现班班通配备100%。投入680万元，完成高考信息化平台建设。参加省“一师一优课　一课一名师”活动，晒课2216节，推荐市级优课53节。组织146支队伍参加全省中小学（幼儿园）教师信息技术与学科教学深度融合在线集体备课大赛。疫情期间，结合线上教学平台和各校实际，“停课不停学”网络学习参与班级1867个学生77165人次；教师直播课8927节、录播课68673节；批阅作业180732次。

财务管理。立项争资1.45亿元，超额完成县定1.42亿元任务。拨付公用经费8621万元，保障学校正常运转。完成政府采购164批次2.0654亿元，节约资金909.9947万元。开展全系统财务工作人员培训2次520人。完成2019年春季2020年春季教育扶贫资金审计，确保专项资金按政策运用到位。完成基建维修项目审计102个，送审金额3429.6万元，审减金额273.9万元。

教育扶贫。落实控辍保学责任制，开展劝返复学工作，全县无一人因贫因残失学辍学。发放学生资助资金2525.164万元，资助学生32580人次。募集发放社会助学金494.1万元，资助1087人。办理大学生生源地助学贷款976.45万元，做到应贷尽贷。开展驻村扶贫，对鸬鹚渡镇蒋家冲村贫困人口427人和边缘易致贫人口50人进行结对帮扶，2户2人如期脱贫。

学校安全管理。全县中小学校基本实现全封闭管理，全部安装一键式报警装置，视频监控接入县局监控平台并与公安“雪亮工程”联网。城镇学校、公办幼儿园及规模较大农村学校配备专职保安。投入260万元，整改安全隐患51处。开展交通、食品卫生、防火、防溺水、防踩踏、防性侵、防校园欺凌、心理健康等安全教育。学校每季完成安全应急演练1次。

开展防溺水工作，发放宣传资料8万份，组织观看警示片1420场。开展预防“小火亡人”宣传教育，全年未发生火灾事故。建立明厨亮灶网络系统，覆盖率100%，未发生食品安全责任事故。

校车安全监管。开展交通安全应急疏散演练2万人次和校车安全培训730人次，开展疫情防控和安全隐患排查3次。加大校车运行路线安全隐患整改力度，安装防护栏12820米、减速带131.9平方米、广角镜34个、标识标牌1676个。完成驾驶员、照管员涉毒毛发检测，未发现涉毒人员。校车监控平台接入县公安交警网络监控平台，开展交通安全问题顽瘴痼疾专项整治106次，查处违法违规车辆26台次。所有兼营校车退出运营，新增专营校车39辆，全年无校车安全责任事故。

扫黑除恶。协同公安部门建设“护学岗”86个。开展“防贷防骗”“防欺凌”“防性侵”“防管制刀具入校园”宣传教育活动500多场。联合相关部门打击侵害师生人身、侵占学校财产、干扰学校办学秩序、冲击校园、网络诱骗学生、威胁恐吓师生等违法犯罪行为20多起，学校及周边安全隐患明显减少，师生和家长安全感明显提高。

队伍建设。落实教师补员长效机制，补充教师361人，送培定向公费师范生160名（高中起点40人、初中起点120人）。交流轮岗54人，派出援疆教师2人，派出湘西支教教师15人。

师资培训。发挥“五级”教师培训体系作用，完成心理健康教育骨干教师网络培训、教师工作坊主持人团队、普通话等培训1万多人次。遴选教师培训团队成员100名，30个教师工作坊整体推进，全面提升教师专业素养。完成全县2014名小学教师业务知识水平考试、4300名中小学教师资格定期注册和251名中小学教师资格认定。

教研教改。完成高中教学视导2轮，完成53所中小学教学视导。加强课题研究，市级以上课题结题13个（其中省级1个、市级12个），评审县级微型课题151个。申报市级以上课题6个，研究课题163个（其中省级3个、市级18个，微型课题142个）。强化校本研修，以学科知识与教学技能、教师成长与专业发展、教学管理与学校发展、班级管理与学生成长、信息技术应用能力等为主要内容，开展订单式培训。教师参加市以上比赛、竞赛，获国家级一等奖4个、省级一等奖12个、市级奖项6个。

▲8月18日，新教师入职宣誓 （夏 琛/摄）

教育发展。依法依规取缔无证幼儿园2所，全县无证幼儿园清零。改扩建17所幼儿园，收回2个小区配套园，改制10所民办园，增设16个幼教点，新增公办学位4551个。认定普惠性幼儿园88所。全县学前三年毛入园率85.2%，普惠性幼儿园覆盖率86.65%，公办园在园幼儿占比50.62%。义务教育阶段大班额清零，起始年级按标准班额办学。合理安置全县适龄残疾儿童少年747人，累计送教2356次。中考总平均分、九科合格率居全市第二。新增学位3400个，消除普高大班额100个，其中超大班额33个，超额完成省厅下达的化解任务。学考合格率98.94%，全市第二。高考二本以上上线1610人，上线率44.82%；录取1725人，录取率50.44%。二本上线率和录取率均居全市第一。录取飞行员10人。获市教育教学质量优胜奖。中职学校校企合作稳步推进，与TCL王牌、理想集团、华荣通信等单位合作，学生就业率98%。县职业中专对考升学二本以上上线59人，居市同类学校第一位。

（夏 琛）

【竞赛成绩】 2020年，县教育局获教育部“新时代好少年”主题教育读书活动“美好生活 劳动创造”先进集体。省创新大赛一等奖1个、二等奖3个，市级一等奖8个，市中小学生田径比赛高中组团体总分第一名、篮球比赛一等奖3个，足球比赛二等奖4个、排球比赛一等奖1个。培养女子400米跑、女子三级跳远两个项目国家一级运动员2人，获市中小学生艺术比赛一等奖21个和二等奖29个和优秀组织奖。市中小学生建制班合唱比赛优秀组织奖，获市中职学校教育教学能力比赛一等奖5个、省比赛二等奖2个、三等奖4个。　　（夏　琛）

【县教育局获评市教育教学质量优胜奖】 11月24日，市教育局在市大剧院召开全市基础教育工作会议。会上，桃江县教育局获市教育教学质量优胜奖，奖金10万元，桃江四中获市普通高中教育教学质量优胜奖。　　（夏　琛）

职业教育

【概况】 2020年，县职业中专学校加强省卓越学校项目建设，专业设置与市场对接。有旅游管理与服务、信息技术、电子机电技术三大特色专业。2020年，在编在岗教职工219人，高级职称68人，中级职称99人。输送全日制中专毕业生852人，一年级注册新生1200人。上学期在校学生2993人，下学期在校学生3308人。县职教中心举办创业培训、就业技能短期培训班273期，培训10765人，补贴资金1227.7706万元，补贴人数4910人。学校主办短期职业培训班22期，培训852人，培训专业有计算机维修、家电维修和茶艺师和家政服务。

教师队伍。2020年，招聘青年专业教师7人，交流轮岗和外聘教师17人。参加国家级中职卓越校校长培训、教务科长专题研修、班主任研修班、中职课标培训和素质提高培训共52人，省级公共课骨干教师培训、信息技术应用能力培训8人，市级信息技术培训35人，县级骨干教师工作坊、心理健康教育培训、校长培训、管理员培训25人。数学老师盛立红、计算机应用专业教师陈朝辉在省级骨干教师与信息技术应用能力培训中评为省级优秀学员，英语教师许湘娟在2020年县教师工作坊研修区域整体推进培训中评为优秀学员，许湘娟的教学设计与教学论文分别获省一、二等奖。全年在《中国教师》《百科论坛》等刊物发表论文14篇，6篇论文获市级竞赛奖，4篇论文获县级竞赛奖。体育老师彭达撰写的论文《若干规则裁判法修改对篮球运动发展影响的研究》《浅谈提高学生学习排球的兴趣》，获2020年湖南省职业教育优秀教学成果评选一等奖。旅游专业教师蒲怀英、财会专业教师蒋琪分别获得省教育厅组织的省职业院校老师职业能力专业技能比赛三等奖、二等奖。语文教师戴晓畅的教案《清塘荷韵》获省职业技术教育学会教学设计评选二等奖。7月，陈朝辉、莫洪燕、姚远参加湖南省职业院校教师教学能力比赛获集体三等奖。8月，陈朝辉、莫洪燕、姚远的作品《我们只有一个地球——演示文稿软件应用》获省赛软件应用课程组竞赛集体三等奖。县职业中专学校获市级教师职业能力竞赛一等奖2个，二等奖2个，三等奖10个。

▲6月5日，县职业中专男子篮球队获市职业学校年度男子篮球赛一等奖（李灿明／摄）

学生管理与竞赛。学校开展"我在抗疫中成长""厉行节约、光盘行动"等主题班团活动12次。完善门卫、寝室、班级管理制度，严肃班主任日常管理签到考核制度，制订防溺水、防事故、反恐演练等安全预案，组织"防溺水""法制伴我行""艾滋病防范"等法治安全教育班刊评比3次，在全县安全知识竞赛中获得学习率、参与率、完成率三个第一。12月，在县教育局组织的《关爱明天普法先行》青少年普法教育征文活动中，获一等奖7个、二等奖17个、三等奖11个。获县中小学阳光大课间评选二等奖。获益阳市中等职业学校"我在抗疫中成长"文明风采活动比赛个人赛一等奖1个、二等奖3个，获女子排球团体赛二等奖1个、建制班合唱比赛二等奖1个。旅游124班被省教育厅授予省中等职业学校省级“先进班集体”称号。旅游125班班主任金凤被授予县优秀班主任称号。

升学与就业。2020年，县职业中专从1200名一年级新生中，择优选取考分405分以上学生125人，首次组建实验班3个，旅游管理、园林艺术、电子技术各1班，每班50人，集中优质资源，家校联动，探索对口升学（高考）教育教学管理新模式，提升对口升学质量。2020年毕业生852人，参加对口升学274人，二本以上上线人数59人，相比上年本科74人，本科上线人数下降，仍居益阳市同类学校第一，其中旅游125班一、二本上线12人，上线率38.71%，超过全省平均水平21.06个百分点，上线人数、上线率均居益阳市同类专业第一名。湖南省职业中专学校参考人数成倍增加，而本科招收指标不升反降，致使全省本科录取率从高峰时的25.21%下降到2020年历史最低10.69%。

校企合作。在机电、数控、电子、计算机等专业课程教学中，采用岗位教学、根据工位定岗定员，遵循企业上班制度进行“三班倒”，让学生提前了解岗位、适应岗位、选择岗位。与广东省惠州市海盈电子科技、深圳奋达实业有限公司、TCL王牌电器（惠州）有限公司、深圳芙蓉宾馆、长沙饮食集团长沙玉楼东有限公司、上海唐宫海鲜舫等大中企业签订校企合作协议，安排顶岗实习学生263人。首次成立县职业中专现代学徒制管理组织机构，校长昌红标任组长。11月，与广东省东莞市理想教育投资有限公司签订现代学徒制实习校企协议，安排电子76、电子77、SMT14班共117名学生到广东惠州顶岗实习。

专业建设。2020年，学校在全国普通话测试中，合格率82%，创历史最高。8月，获得湖南省职业技能大赛二等奖2项、三等奖12项，在市同类学校中仅次于安化职业中专。10月，学校组织3支队伍参加市教育局组织的黄炎培职业教育奖创业规划大赛，李灿明、薛思娜团队作品“桃花江竹之旅”的设计与开发获得一等奖；电子组李盼指导的辉煌二队综合模拟专项赛获得三等奖；电子组刘雄指导的辉煌三队综合模拟专项赛获得三等奖。11月，旅游专业教师胡进辉的旅游管理服务类专业教学团队，遴选为湖南省中职学校立项建设教学团队。《计算机应用专业教学资源库》为湖南省职业教育专业教学资源库立项备选项目。

教研教改。制定《县职业中专教育模式改革方案》《县职业中专学校课堂教学改革实施方案》，开展全校教师常规教研活动4次，建立家长参与评价机制，组织家长对学生在家庭中的学习、劳动、品行进行评价；各教研组成立专业课题研究小组，符旭东主持的省级职业院校教育教学改革课题“农村中职电子电工实习体系建构”研究项目结题；熊多明主持的省级课题“中职学校应用数学校本教材研发”结题；李灿明、曹群撰写的学校德育工作典型案例《弘扬美人特色文化 培育学生人文气质》获省中职学校德育工作典型案例评选三等奖；曹皓波县级微型课题《关于优化实训内容改进实训手段提高中职生学习兴趣的探求》，王萍的《关于翻转课堂在中职计算机教学中的应用》课题，均获县级微型课题研究二等奖。郭朝红的《中职生服务类英语口语技能竞赛情景交流的突破》结题，获县级微型课题研究三等奖。李灿明、余正生组织的《中职教育阳光德育体系建设研究》项目被评为2020年湖南省教育教学改革中职德育研究重点项目；彭爱阳的《中职语文教学与地域文化的融合》项目，蒋文革的《种植类专业校本教材的编写》项目，被评为湖南省教育教学改革中职教育研究一般项目；学校编写的《功夫是被逼出来的》评为湖南省教育教学改革中职在线教学优秀案例。（文 俐 李灿明）

【基础设施建设】2020年，学校制定实习实训工作制度，将电子、机电、计算机实训装备登记造册，电子专业实训室、学校监控室搬入实训大楼，安装与维护实训设备，保障实训室正常开放与运行。投入资金1.2176亿元，维修改造教学楼。高压线路移除项目和实训工厂项目已经立项，新校门、围墙建设项目完成初步设计。

（文 俐 李灿明）

【班主任基本功大赛】6月11日，县教育局主办的县中职学校首届班主任基本功大赛在县职业中专学校大会堂举行。县教育局副局长蔡朝晖致开幕词，校长昌红标致欢迎词，29名班主任同台竞技。比赛设“笔试”“教育故事演讲”“模拟情景答辩”3个环节，学校获胜的5名选手进入益阳市第三届中职学校班主任基本功大赛决赛。6月23日，市决赛在县职业中专学校大会堂举行，14个团队42名班主任参赛。县职业中专蒲怀英、刘艳红、龚扬艳获市级大赛二等奖，李盼、吴楠、陈汸获三等奖。

（文 俐 李灿明）

桃江一中

【概况】桃江一中校园占地面积174166.2平方米，绿化面积78400平方米，教学用地31763平方米，电教实验楼3800平方米，图书馆3533.2平方米，图书15万余册，体育运动区总面积90482.3平方米，学生车库1020平方米，公用停车位120个，多媒体教室64间。2020年，全校有63个教学班，在校学生3593人，在职教职工298人，其中专任教师262人，占比88%，本科学历233人，研究生学历29人；特级教师1人，正高级教师4人；全国优秀教师2人，国家级骨干教师4人，省级优秀教师1人，省级骨干教师9人，县级以上名师55人，其中彭巨洪为益阳市第一、二届名师，胡赛辉、胡芳举、刘再军为益阳市第二届名教师；物理奥赛金牌教练14人，化学奥赛金牌教练12人。2020年1月20日，中共桃江县委批准中共桃江县第一中学总支委员会升格为中共桃江县第一中学委员会。

学考高考成绩。学考一次性合格率99.68%，居市同类学校第一名。高考一本上线665人，上线率56%，二本以上上线965人，上线率达82%，各类指标稳居全市同类学校第一名。600分以上高分135人，为益阳市单个学校最多，空军飞行学员上线10人。桃江一中获评益阳市高考优秀考点、升学在线最受欢迎的高中。

竞赛成绩。在2019—2020年度省级以上学科竞赛和科技活动中，数学获省二等奖4个、三等奖5个，物理获二等奖18个、三等奖3个，化学获省二等奖3个、三等奖1个，生物获省二等奖1个、三等奖6个，科技创新获省二等奖1个。2020年空军飞行员上线10人，艺体生培训获得较好成绩，高考专业生成绩100%过线，一本上线率50%，输送2名国家级运动员。

教研教改成果。2人获教学课件省级一等奖，4人获教学设计省级一等奖，在五市十校教学比武中，4人获一等奖，发表论文7篇。（胡焕明）

【群团工作】2020年，学校举办“学雷锋活动月”、第十八届“青春·中国梦”艺术节，组织学生参加县第十一届中小学艺术节、“践行核心价值观、争做文明益阳人”演讲比赛；组织青年教师参加“不忘初心、牢记使命、共筑教育梦想”校外拓展等活动。完成对学生的国家助学金、“胡杨助学金”“矜墨励学助学金”等8种助学金发放工作，共发放172.4万元，受益学生1103人。校团委被共青团益阳市委授予“五四红旗团委”称号。（胡焕明）

▲教学楼春晖楼（谢锋权/摄）

【教师队伍建设】2020年，学校党委、校长室与教职工签订责任状，着力培养一支依法从教的教师队伍。组织教职工参加各类培训、论坛、研讨会活动，开展好教案评比、网上晒课、青年教师教学比武，教学优质课比赛和教师“人人上好课”等活动，实施“一带一师徒帮扶制”，启动名师工作室建设，邀请专家到一中举办讲座。学校重视青年教师的培养，陈亮、谢玲、刘进、贾卫兵、龙云、丁艺、潘艺琴、胡芳、臧青、黎美等年轻教师评为学校月度青年人物。启用7名年轻教师担任班主任，8名年轻教师进入学校行政岗位。（胡焕明）

教师发展中心

【概况】县教师发展中心前身为桃江师训班（1969年至1977年）、桃江师范学校（1978年至1980年），1981年更名为桃江县教师进修学校，成为具有独立法人资格、全额拨款的副科级事业单位，2016年更名为桃江县教师发展中心。学校占地20亩，建筑面积9123.18平方米。2020年，有教职工38人，有高级职称25人，本科学历34人。担负着全县5000多名教师的继续教育培训任务。2020年，县教师发展中心被湖南省教师发展中心评为网络研修（远程培训）先进单位。

教师培训。2020 年，制定《桃江县师训工作计划》。有序推进教师培训工作，完成各项培训任务。全年培训教师 12300 人次，其中国培、省培 151 人次，市培 236 人次，县培 11913 人次，全年人均培训 2.1 次。4 人参加国家级示范性项目研修，4 人参加高端研修项目研修，143 人参加中西部项目研修。确保参训率、结业率均达到 100%。信息技术应用能力提升工程培训 651 人，信息技术发展测评 1057 人，比益阳市其他县市区的总数多 336 人。中小学（幼儿园）校（园）长培训 255 人，其中中小学校长 147 人，幼儿园园长培训 108 人，校本研修管理者暨教师信息化管理平台培训以及信息技术应用能力测评培训 186 人。小学语文骨干教师培训 31 人。

新教师岗位培训。2020 年，完成 2019 年新招聘的 274 名教师的读书交流、教学展示、考核结业颁证工作，培训 2020 年招聘的新教师 364 名。征集成长故事 200 篇，到中小学校听课 46 堂。8 月，对新入职教师进行集中通识培训，集中通识培训按照各学科课程标准、课堂教学设计要求，开设专题讲座和名师课堂观摩，所有学员按学段、学科分成 37 个小组，由学科教研员、特级教师、名师组成指导团队，对新教师的教学设计与说课，进行面对面的评价分析。9 月，确定“依托校本、导师负责”的培训思路，各学校给每位新教师选派一位实践导师，县教师发展中心选派一位理论导师，进行课堂实战磨炼。10—12 月，组织新教师参加专题研讨、观摩课堂等校本研修实践活动，完成“三课”（亮相课、移植课、展示课）教学，县教师发展中心与各校联动，理论导师、实践导师与新教师之间联动，实现对新教师成长情况的有效跟进。

教师工作坊。2020 年，县教师发展中心教师工作坊培训 184 人次。全县 30 个教师工作坊，有 1640 人入坊学习。实现各学段各学科全覆盖。以问题为导向，以任务为驱动，通过课程学习、资源分享、问题探讨、教学实践、交流研讨、总结提升等环节组织教师开展线上线下研修活动。及时整理研修成果，融入教学实践。初步形成教师工作坊整县推进模式。

其他培训。县教师发展中心举办特殊教育资源教师、体育教师、体育裁判员、大课间与新广播操、安全知识、教育督导人员、财会人员、党支部书记、教育信息化、骨干幼师、中小学实验教师、办公室人员等 12 项培训，共培训 1000 多人。普通话抽测培训 65 人，62 人合格，合格率 95.4%，居全市第一。对桃花江武潭、松木塘、高桥、大栗港、马迹塘、鲊埠等乡镇学校提供订单式培训 11 次，培训 785 人。思想政治教师网络研修 797 人；“做新时代党和人民满意的好老师”网络研修 819 人；心理健康教育骨干教师网络培训 287 人；高中新课程新高考网络研修 100 人。

其他工作。全县 100 名培训团队成员，在教师工作坊研修、校本研修、新教师指导、订单式培训等方面发挥主力军作用。联合县教研室组成 10 个校本研修指导小组，对全县各中小学实行指导、督查，从方案制定、研修内容、研修形式、活动开展等方面对教师指导，跟踪参与乡镇学校的校本研修活动。组织全县小学教师业务知识水平考试，2048 人参加。收集继续教育论文 538 篇，居全市第一。完成全县中小学教师资格注册认定工作，4300 人申请注册，4081 人初审合格。（雷阮桥）

【教师直播课获全省第二】 2020 年，县教师发展中心组织教师参与“疫情期间湖湘直播课”，37093 人次参与，居全省第二名。（雷阮桥）

【成果展示与结业典礼】 6 月 19 日，县教师发展中心在马迹塘镇完小举办成果展示与结业典礼，马迹塘镇完小 47 名语文教师参加活动，实现县级集中培训与中小学订单式培训有机结合。（雷阮桥）

▲ 11 月 5 日，教师工作坊集中研修（文志兵/摄）

文体·旅游

文旅广体工作

【概况】2020年，县文旅广体局贯彻县委经济工作会议精神，履行部门职能，推动全县文化和旅游事业发展，营造良好的文化旅游广电体育市场氛围，为市民创造良好的文旅广体生活环境，圆满完成年度各项工作任务。

文化设施。2020年，投入50万元，完成桃江县文旅云平台建设并投入运营，投入180万元，完成文化馆、图书馆总分馆工程建设，投入100万元，完成县文化馆小剧场改造。

群众文化。完成世界读书日线上答题工作，答题2.13万次；开展面向幼儿的阅读活动，70名师生参加活动，通过动手做书签，调动幼儿动手的积极性，激发幼儿的阅读兴趣。成立文旅广体志愿服务分队，开展“我们的中国梦 湖湘文化进万家”志愿者送戏下乡惠民演出活动，演出15场。

广电服务。全年播放公益电影

▲7月18日，桃花江竹海旅游度假区开园　（江　琼/摄）

3470场，其中在贫困村放映254场，102所中小学校放映408场，观影学生6.2万人。2020年“村村响”系统通响率100%，疫情防控和防汛期间，县级平台播出节目12档。2020年，完成“户户通”建设工程6871户，有效解决边远地区群众看电视难的问题。

文物保护。完成全国重点文物保护单位腰子仑春秋墓群的安全防范系统工程建设，完成萧氏宗祠第二期修缮工程，通过省文物局验收；全程监管浮邱寺修缮工程，配合完成对修缮工程的验收。6月10日，全国第15个“文化遗产日”在大汉人行桥举行“文物赋彩、全面小康”宣传活动，向群众宣讲文物法规、文物收藏知识，展示珍贵馆藏文物图版。加强尚未核定公布为文物保护单位的不可移动文物保护管理自查和基础信息上报工作。开展县域境内的革命文物调查摸底、认定和核实工作，对库房馆藏革命文物进行审定与确认，桃江有不可移动革命文物24处、馆藏革命文物30件。

全域旅游。2020年，桃江县文化旅游业接待游客1200万人次，同比增长33.3%；文化旅游综合收入突破100亿元，同比增长33.2%。制定《2020年旅创重点工作任务分解表》和《2020年桃江县创建国家全域旅游示范区考核办法》，明确25个县直部门和15个乡镇的重点工作任务和旅创工作考核要点。完成省级全域旅游验收资料的申报，制作桃江县全域旅游示范区创建工作视频，2020年成功创建省级全域旅游示范区。修改“旅八条”，已经市人民政府审核通过，县“两办”发文，将乡镇、村纳入奖励主体范围。

旅游服务。建成游客集散中心，布置安排旅游专线，整改景点厕所卫生，景点设置医务室和游客咨询点；完善智慧旅游功能，在文旅云平台新增智慧旅游板块，旅游集散中心、规模景区景点安装网络摄像头，建成智慧旅游监管平台；完善标识标牌，在国、省道通景公路和景区景点入口处设置交通指路牌，制作安装全域全景图80幅，实现全县重要景区、乡村旅游点、游客集中场所、旅游乡村风景区全域全景图全覆盖；新建旅游厕所7座，县内旅游厕所百度地图总体标注率100%。

旅游产品。完成桃花江旅游度假区陆地乐园、水上游乐、停车场等项目建设，7月，景区对外营业；乡村旅游点提质升级，洋泉湾景区完善游客中心设施，成功评选为省级乡村旅游重点村；完成罗溪景区的罗溪瀑布游道、休闲长廊、民宿等项目建设，龙溪村建成游客接待中心，创建省级星级乡村旅游点。开展“寻味竹乡 乐游桃江”2020年度桃江县精品农家乐评选活动，评选10家精品农家乐；23个文旅项目申报湖南省重点文旅项目库，其中荷园农旅一体化和壹方山水生态旅游度假区2个项目列入湖南省第一批文化旅游领域信贷重点支持项目。

▲12月24—25日，2020年湖南省青少年定向越野赛在桃江县举行 （江 琼/摄）

旅游宣传。举办“诗画桃花江”活动、锦绣潇湘 安宁竹谷绿色自行车邀请赛、“益山益水 益美益阳”文旅惠民消费一卡通发行暨益阳人游益阳活动；组织旅游商品参加2020中国特色旅游商品大赛,《地人参》入围中国特色旅游商品大赛；参加湖南省春季乡村旅游节及文化旅游产业博览会，推介桃江特色旅游商品和桃江旅游资源；组织三堂街镇“湖湘风情”文化旅游小镇项目和张子清红色传统文化产业园项目参加福建省闽商资本招商发布会；编制桃江县旅游项目招商手册，拍摄招商宣传片，推广桃江县旅游项目。

群众体育。承办“锦绣潇湘 安宁竹谷”绿色环保自行车邀请赛，全省各地及省外的自行车运动爱好者280人参加比赛。承办桃江县第四届全民健身运动会，运动会设16个单项比赛，报名单位112个，报名人数近1万人。承办湖南省第五届“桃花江杯”乒乓球混合团体公开赛，全省65支队伍412人参赛。

体育设施。全年发放健身器材31套、篮球架5套、乒乓球桌4台，新建社会足球场4个。开展湖南省“四经普”桃江县体育场地普查工作，体育设施场地面积为135万平方米，人均公共体育场地面积达1.70平方米。

体育产业。2020年新增体育彩票门店6个，全县体育彩票电彩销售量1189.21万元，同比增长4.7%，为提升体育彩票销售量，升级改造县体育彩票销售网点，市民对体彩有更多的了解。完成全县15个乡镇的体育产业调查统计、核对及上报工作。

网吧管理。严厉打击接纳未成年人上网的违规行为，将全县网吧市场分组包干，采取不分时段、突出重点、城乡并举、日常检查与集中整治相结合的办法，加大市场监管和查处力度。开展暑假期间网吧专项整治，出动执法车辆50多台次，执法人员200多人次，查处违规网吧30家。

扫黄打非。查缴侵权盗版非法出版物、淫秽色情出版物，检查经营单位20家，查缴非法流动书摊2起，非法印刷内部资料1起。在“4·26”世界产权日宣传活动中，接受群众咨询300人次，发放宣传材料400份。开展2020年“扫黄打非”

护苗、净网、固边、清源四大行动和春季中小学教辅材料发行、销售专项检查与整治行动。（江　琼）

【歌舞娱乐场所、酒吧专项整治行动】5月至7月，开展县城范围内无证歌舞娱乐场所、酒吧集中整治，依法取缔无证照KTV39家，规范15家酒吧的经营，全县歌舞娱乐场所经营秩序明显好转，噪音扰民问题得到解决。（江　琼）

【桃花江旅游度假区正式营业】7月18日，"益山益水 益美益阳"文旅惠民消费一卡通发行暨益阳人游益阳活动在桃花江竹海旅游度假区启动，同时，桃花江竹海旅游度假区开园。依竹海而建的"桃花江竹海旅游度假区"占地面积约40万平方米、投资达7亿元，是集主题度假、游乐体验、山水游憩、文化体验、休闲养生等功能于一体的综合性主题乐园。（江　琼）

【湖南省青少年定向越野锦标赛】10月24日至25日，2020年湖南省青少年定向越野锦标赛在桃江举行。长沙、湘潭、郴州、益阳等市的10支代表队100名选手参赛。比赛包括百米定向、长距离、中距离、短距离、接力赛等多个项目。

（江　琼）

【"桃花江杯"乒乓球混合团体公开赛】10月31日至11月1日，湖南省体育局主办，益阳市文旅广体局、桃江县人民政府承办的湖南省第五届"桃花江杯"乒乓球混合团体公开赛在桃江县全民健身中心开赛。比赛为混合团体赛，全省65支队伍400多名运动员参赛，比赛采取分组循环、五局三胜制的比赛赛制进行，每局比赛采用11分制。

（江　琼）

桃花江国家森林公园

【概况】湖南桃花江国家森林公园总面积3153.05公顷，由桃花江竹海、浮邱山、桃花湖3个景区组成。旅游资源、区位优势十分突出。2020年，公园管理处突出工作重点，大力推动森林公园发展，取得较好进展。

PPP项目建设。生态旅游PPP项目为桃花江森林公园生态旅游综合开发项目，是桃江全域旅游的核心景区和龙头项目，由桃花湖、罗溪、浮邱山3个相对独立的景区组成。2020年，启动项目规划和策划方案编制，组建SPV公司。

森林康养基地。编制森林康养专项规划，委托中南林科大景观与可持续发展研究中心编制森林康养专项规划，获省林业厅批准。加大森林康养宣传推介，通过网站、微信、节会等多种渠道开展宣传推介，提高全社会森林康养知晓率和桃江县示范基地知名度。加强人员队伍建设，选送人员参加全省森林康养技能（国际）培训班学习，干部职工到湖南林业森林康养中心学习森林康养项目规划和经营管理先进经验。

公园林场管理和发展。2020年，争取了特色农业产业园、林道建设、金顶浮邱、德促贷款、农业千亿产业机械化示范点等项目。搞好造林绿化、森林抚育，按省、市主管部门要求完成国有林场森林经营方案报批工作。落实景区规划，规范资产、资源管理。做好竹蝗、松材线虫防治及森林防火工作，确保森林资源安全。编写桃花江国家森林自然公园整合优化分述报告。

森林防火。按计划完成营林生产任务。森林防火常抓不懈，发放森林防火宣传单2000余份，森林防火特护期，实行24小时值班制度和领导带班制度，景区、林场范围内没有发生森林火警火灾。安全生产责任明确，调整安全生产领导机构，制定安全生产领导岗位责任制，与二级机构签订安全生产责任状，坚持隐患排查并建立台账，发现问题，限期整改。11月，成立森林公园防火救援队，培训防火救援队员。

（文　斌）

【走访慰问】1月14日，公园管理处主任赵立峰、副主任杨锦人、胡弘韬带领结对帮扶责任人在松木塘镇竹山村开展春节前走访慰问活动，了解贫困户的生活状况，鼓励他们树立信心，脱贫致富。慰问活动为129户贫困户和23户五保户送去慰问品。（文　斌）

【欧阳叙回到桃江调研】3月13日，省林业局国有林场公园局局长欧阳叙回和风景中心主任张慧一行到桃花江国有林场，调研生态旅游与森林康养产业、自然保护地整合优化、PPP建设项目实施情况，了解国有林场森林经营方案编制工作。副县长罗歆辉、管理处主任赵立峰等陪同。在听取汇报后，欧阳叙回一行到桃花江林场和森林康养基地考察，欧阳叙回认为，桃花江林场拥有得天独厚的自然资源优势，竹木资源丰富，是森林康养的胜地，要在保护好资源的基础上充分利用资源。

（文　斌）

【义务植树活动】 3月12日至16日，桃花江林场和县委组织部、县林业局、松木塘镇政府的干部职工在桃花江林场开展义务植树活动，种植1000多株桃树、紫薇、樱花和橡树。（文　斌）

【扶贫工作座谈会】 7月18日，县森林公园管理处主任赵立峰在竹山村召开座谈会。座谈会上，赵立峰听取扶贫工作队扶贫工作情况的汇报后指出，反馈整改的问题要认真排查，确保问题清零。群众反馈的揪心事、操心事、烦心事要切实解决，确保脱贫攻坚任务全面完成。（文　斌）

融媒体中心

【概况】 县融媒体中心为县委直属公益一类正科级事业单位，归口县委宣传部领导，有事业编制干部职工187人（含退休46人），在编人员141人，其中全额编制56人（含中心班子成员）、差额拨款82人，自收自支3人，另有临聘记者、编辑人员21人。有专业技术人员71人，其中高级职称2人、中级职称39人、初级职称30人。2020年，县融媒体中心围绕县委、县政府中心工作，发挥主流媒体传播优势和引领作用，加快媒体融合，开拓产业发展新渠道。全年新闻发稿1942条，新媒体全平台发稿13207条，省级视听媒体上稿90条，市级视听媒体上稿197条。央级网媒纸媒上稿34条，省级网媒纸媒上稿348条，市级网媒纸媒上稿742条。全年发稿数、央视媒体上稿数均创历史新高。县融媒体中心顺利通过省级验收，获“湖南省广播电视服务优秀县”、全国新闻出版广播影视系统先进集体称号。

全媒体采编。融媒体中心10个差额编制人员转为全额拨款事业编制，激发了员工工作动力。融媒体中心每月开展“融媒讲堂”讲座，邀请宣传领域专家讲课，提高记者的基本素质。派出10余人次到外地学习。出台《桃江县融媒体中心对外上稿奖励办法》《桃江县融媒体中心通讯员星稿评选奖励办法》，记者、编辑撰写的稿件水平大幅提高，通讯员的稿件量多质优，融媒体中心在中央、省、市主流媒体上稿名列全市前列。

聚焦主题。2020年，融媒体中心推出一大批提升桃江知名度、美誉度的重点报道。开辟《双创进行时》《双创曝光台》《精准扶贫进行时》《拆迁拆违攻坚战》《让空气更干净》《环保督察进行时》等系列栏目，展示全县各行各业，各条战线取得的丰硕成果，为推动全县重点工作、中心工作营造舆论氛围。

民生新闻。以本地新闻传播为基础，以本地生活资讯、消费购物一体化服务为重点，改善栏目设置、充实内容。推出《我县举行“锦绣潇湘 安宁竹谷”绿色环保自行车赛》《聚焦竹产业 富民强县路子广 规模发展后劲足》《线上踏春 美人窝里桃花香 千朵万朵报春来》《喜看洋泉湾村新变化》等多篇电视新闻。

专题节目。《一个扶贫队长的日记》MV在学习强国全国平台、新闻网等央级媒体转发，其他省市媒体转载，总点击率超过500万次；《山水桃江·等你来》《融在桃花江》在融媒体平台发布，在学习强国、央视频等平台推介。制作完成部门、企事业单位和乡镇工作汇报片、形象宣传片、微电影共60余个。

电台宣传。桃江人民广播电台立足FM105.2无线调频、“村村响”广播网两个宣传平台，重点开展疫情防控、政府信息发布、法律法规解读、农业科技推广、健康知识资讯的宣传。共编辑播出《竹廉桃江》46期90余条，《平安之声》115期700余条，《“三农”直通车》95期150余条，《社保在线》播出45期，《医保之窗》5期，《健康之友》95期，《安全新视线》《关注消防》13期，《新闻纵横》248期1500余条，《名医访谈》7期。

新媒体发展。推动资源、技术、力量向移动端倾斜，5月14日，“掌上桃江”APP客户端上线，填补在政府服务中的空白，该平台为县内各单位各部门提供统一的新闻发布平台、视频直播平台，通过资源整合，平台涵盖文明实践、党建工作、政务服务、民生建设、文化教育等信息。培育“桃江广播电视台”“桃江融媒”两个具有社会影响力的微信公众号，其中桃江广播电视台官方微信在全省县级媒体影响力排名中长期位居前10位，全国影响力排名前50强，抖音号、快手号、百姓号、头条号等平台，日流量破30万人次。代维运营的桃江县政府门户网（原桃江公众信息网）、桃江新闻网，桃江县政府门户网两次迎市检排名第一。

直播桃江。全程全媒体直播县委、县政府和部门、乡镇的重要会议、重大活动以及自主打造和承办的各大活动，提升会议活动线上、线下双重影响力，“直播桃江”品牌在县域内广受好评。疫情期间，联合县人社局、县住保中心、三堂街镇人民政府等部门、乡镇策划《线上招聘会》《线上看房》《线上踏春》大型网络直播节目，社会反响良好。8月，牛田镇小桃村贫困户的黄桃、修山镇莲盆嘴村葡萄滞销，县融媒体中心直播间开到田间地头，开展直播带货，开拓农副产品网销渠道，滞销农产品全部售罄。2020年，开展直播52场，观看直播人数120万人次，帮助企业销售扶贫商品200余万元。

疫情防控宣传。新冠肺炎疫情防控期间，融媒体中心及时制定疫情防控宣传报道方案，启动融媒体各宣传平台，全方位、立体式、多角度、多侧面、高密度宣传报道疫情防控有关政策、防控知识和工作动态，深入一线发掘感人事迹，通过融媒体平台，报道疫情一线医务人员先进事迹。《融媒体记者一线探访》《面对疫情 他再次请战》《桃江取消或延期1000余起酒宴聚餐》《待到春暖花开 送你精彩婚礼》《为血液透析患者开辟"救命"通道》等节目，受到社会各界的关注和好评。人民日报新闻客户端转发的红网专刊报道《县级融媒体打通抗疫宣传最后一公里》中推介桃江融媒体中心疫情防控宣传报道工作。

事业发展。2020年，网络公司调整部门和人员结构，规范公司内部管理，规范服务流程，借助政策优势，全力转型发展。完成集客业务用户2937户，创收222万元。并联审批项目收入308万元。搭建"教育城域网"、政府外网扩建工程和广电"5G智慧云"工程平台。发展新装数字电视用户607户，宽带用户896户；新发展无线数字电视客户117户。创收1250万元，完成全年任务的90%。全面推进农村广播"村村响"IP化改造项目。投资30余万元，完成中心消防楼梯建设，完成负一楼、三楼、五楼网络公司搬迁项目建设。完成融媒体中心食堂建设。累计投入资金200多万元，购置直播导播机、非编制作机等广播电视制播设备。（钟　锴）

【省验收县融媒体中心建设】9月22日，省验收小组到桃江县融媒体中心验收中心建设，市委网信办主任颜咏涛，县委常委、宣传部部长胡国清陪同。验收组从组织领导、系统建设、融合功能、综合服务等方面对照标准严格验收。验收组认为桃江融媒体中心建设从硬件设施到平台建设整体情况很好。要求强化组织领导、补齐短板。

（罗　寒）

【县融媒体中心推行6S精益管理】12月4日，县融媒体中心召开6S精益管理工作动员大会，决定在全中心推行6S精益管理。创建活动分为动员、推进、考核三个阶段，2021年1月完成融媒体中心各部室、公司和各功能用房的验收达标、挂牌。

（胡卫红　罗　寒）

新华书店

【概况】湖南省新华书店有限责任公司桃江县分公司是湖南省新华书店集团公司在桃江县的分支机构。公司在职员工32人，临聘员工29人。2020年，县新华书店秉承"读者至上"的经营理念，坚持"为读者找书，为书找读者"，服务桃江的精神文明建设。

教材教辅发行。2020年年初，新冠病毒疫情暴发，新华书店迅速成立以经理为组长、副经理为副组长，教材仓库人员和乡镇业务员为成员的工作小组，工作小组召开专题会议，统一部署、协调2020年春季教材教辅的发行工作。开学之前，春季教材全部送到学校。完成文化用品和重点产品销售120.1万元，门店零售6.2万元、步步高联营产品32.5万元、文化用品零售22万元、A佳考试类21.3万元，笔袋销售完成销售金额20万元。大中专教材销售码洋150万元，比上年同期增长8万元，完成任务数的136.36%。高中的衔接教材销售29万元，比上年增长4.3%。阅达APP征订收款1431万元，通过微信线上销售教育期刊、精品阅读等销售收款1390万元。

理论书籍发行和党建书屋建设。2020年，县新华书店发挥政治理论书籍发行的主渠道作用，开展图书的征订与配送服务，发行2020年重点政治理论读物。7月，《习近平谈治国理政》第三卷在全国公开发行。县新华书店成立发行工作领导小组，做好征订发行工作。全年发行《习近平谈治国理政》第三卷2.35万册、《大学习拥抱新时代》读书学习活动书籍3.0188万册、《中华人民共和国民法典》0.1049万册。运用现代化、智能化、信息化手段，建设集党史教育、理论学习为一体的"党建学习书屋"，全年签约建设党建学习书屋2家。

全民阅读。县新华书店助力校园阅读，制定书香校园阅读工程整体方案，发行"四维阅读"系列丛书。系列丛书覆盖小学一年级至高中三年级，学生每学期阅读3本（高三为2本），解决学生"读什么"的

▲书店员工党日活动 （习 娇／摄）

问题。为师生提供“阅前”“阅中”“阅后”全流程服务。5月29日，县新华书店、县委宣传部和县文联联合举办桃江县地方文学创作发行签售会，邀请薛媛媛、郭辉、曾主陶、刘鉴、郭建勋、陈惠飞6名桃江籍作家。活动的开展提高了一般图书的销售额。

营销模式。2020年，疫情导致学校不能正常开学，学校老师线上教学，营销服务的主战场从线下向线上转移，运营方式从线下分区域运营向线上线下协同运营转变。在抗疫期间，县新华书店为最大限度地满足学生学习需求，减少读者出行，在实体门店暂停营业期间，保证线上平台正常运营。在微信公众号推出“防控战疫新华在，线上购书不停学”和“电子教材助力停课不停学”的链接，提供各个年级教辅资料的书目及价格表，客户扫描二维码就能直接进入微信商城购买，工作人员打包发送快递。全县实现市场销售450万元，完成任务数的155%。

服务农家书屋。1月12日，桃江县2020年文化科技卫生“三下乡”和“我的中国梦”文化进万家活动在灰山港镇源嘉桥村举行。为配合此次活动，县新华书店精心安排，为农民捐赠科技致富的图书，传播科技知识，分别向灰山港镇源嘉桥村、马迹塘镇南山村、鲊埠回族乡车门塅村捐赠图书码洋4000余元。为15个乡镇215个行政村农家书屋配送图书，12月，县新华书店为全县农家书屋配发农作物种植、畜牧养殖、医药卫生等图书。

网点建设。2020年，县新华书店扎实推进校园书店建设，开展送书进校园活动，构筑校园阅读平台。玉潭学校校园书店开业，武潭镇勤耙田村投资兴建的永安小学阅览室开放运营，初步建立覆盖全县中小学的校园阅读平台。为了更好地适应新时代大众文化消费和需求特点，县新华书店在论证调研的基础上，对门店提质改造升级，为广大读者提供更舒适多元的阅读体验环境。

（习 娇）

【玉潭学校校园书店开业】 5月10日，玉潭学校校园书店正式开业。玉潭学校校园书店是桃江县一家标准化的校园书店，书店面积130平方米。校园书店运用“书吧＋水吧”的经营模式，书店分为水吧区和阅读区。阅读专区陈列的书目种类多，包含经典名著、人文历史、青春文学类杂志、教辅类等书籍，上架书籍2000多种、8000多册。

（习 娇）

【地方文学创作发行签售会举行】 5月29日，中共桃江县委宣传部主办，桃江县新华书店、桃江县文联承办桃江县地方文学作品签售活动举行。100名读者参加活动，作家为读者在书的扉页签名，并合影留念。

（习 娇）

卫生健康

综　述

【概况】2020年，县卫生健康局机关设17个股室。有在编公务员15人、事业编制2人，借调25人。全县拥有医疗卫生机构495家，其中公立医疗卫生单位26个（包括财务集中核算中心、避孕药具管理服务中心、健康教育管理中心和3个公卫机构、5所县级公立医院和15所乡镇卫生院）。行政村卫生室247个，集体所有制医院2所，民营医院2所，个体诊所24家，医务室7家，61个分院分所门诊部。实际开放床位4650张；卫生技术人员4539人，其中执业（助理）医师1677人，注册护士2289人。每千人拥有医疗卫生机构床位数5.85张，执业（助理）医师2.11人、注册护士2.88人。

新冠肺炎疫情防控。2020年，全县累计发现新冠肺炎输入病例3例，无1例二代感染病例，较全市提前15天实现确诊病例清零。年内再无新增确诊病例，未发现疑似病例和无症状感染者。3月中旬起，确诊患者零死亡、院内零感染、医务人员零感染。县人民医院、县中医医院、县疾控中心核酸检测实验室相继在5月4日、9月30日、10月11日启用。全县选派8名医务人员支援全市集中医疗救治，3名专家驰援湖北武汉。吴建军、范德军、李益获评全省抗疫先进个人。

医药卫生体制改革。1月1日起取消全县公立医疗机构和基层医疗机构医用耗材加成，全部实行零差率销售。县级公立医院和基层医疗机构分别于6月1日、10月1日起调整部分医疗服务价格收费标准。县妇幼保健院成立党委，实行党委领导下的院长负责制。编制“十四五”卫生健康规划（草稿）。基层医疗机构基本医疗服务能力同质化提升工程试点工作经验在全省推广。

医疗卫生服务能力。县人民医院进入全国县级医院百强，位列艾力彼中国县级医院100强榜单第99位。县中医医院创建为市内首家县域三级中医医院。县妇保院创建为二级甲等妇保院。新增省级重点专科5个；县人民医院普外科、儿科、护理科认定为省级重点专科，县中医医院脑病科、针灸科认定为“十三五”省级中医重点专科。县人民医院胡胜云、刘彪获评“益阳市自然科学学科学术带头人”。年内招聘51人。招录农村订单定向医学生4名。

中医药事业。推广运用中医药技术治疗与预防新冠肺炎，全县各医疗机构发放预防性中药9万余剂。65岁以上老年人中医药健康管理服务7.8749万人，管理率65.55%。0～36个月儿童2.4021万人，服务率78.88%。县中医医院脑病科、针灸科通过省级重点专科验收。分别完成第二批基层老中医药专家学术经验继承项目结业、年度考核。年内参加湖南省中医类全科医师转岗培训7人。10月，组织举办桃江县基层中医药适宜技术培训班，培训基层中医药人员150余人。县中医医院《体质辨识话中药》《走近中医之“治未病”》获益阳市中医药科普大赛二等奖。

计划生育服务管理。年内出生6636人，符合政策生育率94.64%，出生人口性别比为112。办理一、二孩生育服务证1914份、2885份，再生育审批证186份。计划生育审查个人或单位7000多人次（个），210人未通过审查。全员数据质量居于全市先进。落实计生特殊对象利益导向政策，年内发放利益导向资金1923.6万元，新增“两扶”对象940人，退出251人。为2863名符合条件的独生子女和特扶对象办理免费参合。实施计划生育特殊家庭重病大病住院护理补贴。

妇幼卫生健康。全年剖宫产率40.98%，较上年下降9.24个百分点。全县孕产妇早孕建册率93.76%，产后访视率98.57%，高危孕妇筛查率55.41%，高危妊娠管理率100%。全县艾滋病、梅毒和乙肝免费孕期门诊初筛3645人，初筛率99.10%，其中孕早期检测率68.45%。5岁以下儿童死亡率4.68‰，婴儿死亡率4.04‰，均控制在省定指标内。新生儿访视率98.71%，0～6岁儿童健康管理率96.9%，0～6岁儿童眼保健视力检查覆盖率98%。免费婚检率93.08%，免费孕前优生健康检查率100.09%，免费叶酸增补率97.88%，免费开展产前筛查率100.18%，新生儿疾病筛查率100.75%，新生儿听力筛查率97.61%。

老龄健康工作。全县有2家二级及以上综合性医院设立老年医学科。许可设置社会办康复、护理等老年医疗服务类医院1家。开展建档立卡失能贫困老人照护工作，全县60岁以上建档立卡贫困老人13080人。开展全国老年人心理关爱项目、安宁疗护试点、“银龄安康”工作。县财政为12756名四类“特困老人”购买老年人意外保险，参保率100%。基层老年协会建会率100%。康复医院获得第三批“全国敬老文明号”称号，龚丽姣，罗叶林获“全国敬老爱老助老模范人物”称号。

公共卫生服务。年内新增居民电子健康档案52478份，建档725954份，建档率91.40%。人脸识别397815人，识别率54.78%。档案使用率82.96%。229587人查阅个人电子健康档案，查阅率31.63%。管理老年人120139人、高血压患者78581人、糖尿病患者25314人，均超过省定任务数，老年人、高血压患者、糖尿病患者面访率分别为88.75%、98.85%、98.90%；老年人健康管理率60.54%，高血压、糖尿病规范管理率分别为81.35%、82.40%，血压（糖）控制率分别为77.74%、79.63%。老年人健康体检86100人，体检率71.67%。

疾病预防控制。规范调查处置新冠肺炎、鼻病毒、诺如病毒、水痘、食源性疾病等公共卫生应急事件23起。及时处置传染病预警信息187起，疑似事件启动调查61起。全年报告法定传染病3404例，较2019年同期（5155例）下降33.97%，无甲类传染病报告，其中乙类传染病共报告1802例，报告发病率226.87/十万，较2019年同期（2148例）下降16.11%，丙类传染病报告1602例，报告发病率201.69/10万，较2019年同期（3007例）下降46.72%。免疫规划报告接种13.91万针次，调查处置疑似预防接种异常反应61例。进行氟斑牙、疟原虫、碘监测等慢病防控工作。落实输入性疟疾、登革热、诺如病毒、艾梅乙重点传染病防控。8所学校近视筛查2460人，检出近视1232人，近视率50.08%，调查发现全县近视呈高发、低龄化趋势。全年新发活动性肺结核病人512例，其中病原学阳性290人，病原学阳性检出率61.6%；定点医院免费收治病原学阳性患者255例；持续追踪326名疑似患者和中断服药患者。

精神卫生。在册登记严重精神障碍患者3843人，在管患者3843人，管理率100%；规范管理3693人，规范管理率96.01%；面访3832人，面访率99.71%；服药人数3572人，服药率94.4%；规律服药2987人，规律服药率77.72%。开展精神障碍患者残疾等级评定895人次。住院救治“三无”（含建档立卡贫困户、低保户）重性精神病人474人次，肇事肇祸重性精神病人363人次，五保户重性精神病人581人次，“流浪乞讨”重性精神病人121人次；门诊免费治疗12595人次。实施农村癫痫防治项目，全县有641人符合入组标准，其中苯巴比妥组266人，丙戊酸钠组237人，达到全县常住人口数的0.81‰，免费发放苯巴比妥1131瓶，丙戊酸钠片1274瓶。有566名患者享受“以奖代补”看护补贴。

职业健康。出台《桃江县尘肺病防治攻坚行动方案》。完成《湖南省职业病防治规划（2014—2020年）》终期评估及总结。完成396家企业职业病危害因素现状调查和45家企业的工作场所职业病危害因素监测。完成尘肺病患者的随访与回顾性调查1177人，随访率96.48%。灰山港镇中心卫生院成为全省基层医疗机构尘肺病康复站建设试点单位。职业健康培训企业法定代表人、企业职业卫生管理人员125人。开展2020年第18个“职业病防治法宣传周”宣教活动。尘肺病农民工基本医疗救治救助268人次。开展矿山、冶金、建材、化工等125家重点行业领域专项治理和职业健康监管执法。纳入治理范围的用人单位粉尘危害申报率100%，粉尘浓度定期检测率100%，接尘劳动者在岗期间职业健康检查率100%，主要负责人、职业健康管理人员和劳动者培训率100%，依法与劳动者签订合同，合同签订率100%，工伤保险覆盖率100%。

卫生监督执法。全年办理案件138起（包括简易程序66起），其中无证行医13起，医疗执业卫生25起、传染病防控17起、学校卫生14起、学校饮用水13起、农村饮用水供水单位6起、放射卫生5起、药店消毒产品4起、公共场所25起、计划生育2起、职业卫生27起。结案127起（包括简易程序66起），共罚款30.45万元。行政约谈单位和个人65次。完成111家单位的双随机卫生监督。

健康扶贫。建档立卡贫困人口15292人，参保率100%，住院15292人次，建档立卡贫困人口享受“三提高、两补贴、一减免、一兜底”政策，共补偿6659.262233万元，综合报销比例85%。其中县域内住院14263人次，总费用6325.532173万元，补偿5607.23211万元，实际报销比例89%。“一事一议”救助16人，救助资金30.0663万元，其中后盾单位救助21.4759万元，医保救助8.5904万元。全县组建家庭医生签约团队236个，签约服务373215人，签约率46.92 %，其中建档立卡贫困人口、五保低保、计生特殊家庭签约率均达100%。

重点民生实事。落实行政村卫生室6000元/年运行经费的财政补助政策。60岁以下在岗乡村医生参加养老保险率100%，45岁以下在岗乡村医生参加城镇企业职工养老保险参保率93.9%。实现15所建制乡镇卫生院配备2名全科医生全覆盖。全县247个行政村（社区），全县239个行政村（社区）卫生室，达到了标准化建设的有217个，达标率91%；公有产权195个，公有率81.59%。年内完成“两癌”免费筛查15050人，为任务数的100.33%；免费开展产前筛查4508人，完成全年筛查任务的100.18%。

其他工作。“老年优待证”和“生育服务证发放”赋权下放到村级。印制依申请类政务服务事项“办事一本通”办事指南。受理办结各类办件1297件。创建省级卫生乡镇(牛田镇)1个、市级卫生乡镇(鸬鹚渡镇、松木塘镇、石牛江镇、沾溪镇)4个、省级卫生村3个、市级卫生村29个，省级文明卫生单位2家。县城区鼠、蚊密度控制继续保持国家C级标准，蟑、蝇密度控制继续保持国家B级标准。县人民医院南院区和县妇保院整体搬迁项目主体工程竣工。完成团体预约无偿献血4481人份，计172.6万毫升，临床用血100%来自无偿献血。年内采集食源性样品(检测)140个，4大类食源性放射性样品18份，报告食品安全风险监测病例1325例，食源性疾病事件14起。

（王小林）

【县人民医院3名专家驰援湖北】2月11日，桃江县人民医院李肽芝、范德军和李超3名医护人员随“湖南省支援湖北第五批医疗队”驰援湖北黄冈麻城市疫情防控工作，2月14日起随益阳市援鄂医疗队接管麻城市人民医院重症病区。（王小林）

【省医改办调研组到桃江调研】7月28日，省医改办常务副主任、省卫生健康委副主任龙开超率领调研组到桃江调研城乡居民基本医疗保险门诊医疗保障和基层医改政策落实情况。龙开超对桃江县医改医保工作予以充分肯定，并强调要坚定信心，探索新的工作思路，扎实推进医共体建设，为全县经济社会和谐稳定提供健康保障。（王小林）

桃江县人民医院

【概况】2020年，县人民医院本部和肿瘤医院院区占地80亩，南院区占地200亩，完成门急诊和住院楼主体工程。有临床、医技科室43个，实际开放床位1329张。有职工1336人（含临聘444人），其中专技人员1263人；研究生19人，正高21人、副高167人，长沙医学院兼职教师64人。有湖南省县级医院重点专科建设项目3个，市级重点专科13个。是湖南省人民医院集团医院，湖南省首批助理全科医生培训基地，长沙医学院、湘潭医卫职院等多所院校附属医院。

疫情防控。县人民医院是全县新冠肺炎定点救治医院，医院24小时完成救治场所改造任务，6个党支部的228名党员，1000多名干部职工递交请战书，100余名医务人员奋战在救治一线，8名医务人员支援全市集中救治，3名专家驰援湖北武汉。发热门诊接诊患者1951人，住院医学观察125人，3例确诊病人痊愈出院，实现确诊患者零死亡、院内零感染、医务人员零感染的目标。统筹推进疫情防控和经济发展，对相关企业人员进行复工体检，开展核

▲4月5日，桃江县人民医院援鄂医疗队凯旋仪式 （院党政办/供图）

酸检测23010人次。

服务能力。推进星级医院创建工作，组织线上线下培训20余场，改善重点医疗设施和环境。落实药品、耗材集中招标采购制度、耗材零差率销售等医改政策，全年减少耗材支出近2000万元，百元耗占比控制在25%左右。新开设特殊门诊、消化内科、内分泌科等诊室，专科门诊增至28个；增设中医外治、眼科等门诊治疗室4个。1—3月，门急诊病人同比下降36.11%，出院病人同比下降21.47 %，病床使用率同比下降20.95%，医疗收入增长率负10.59%，同比一季度医院累计亏损1270万元。4月下旬，医疗业务基本恢复。全年完成门急诊329289人次，出院病人47953人次，手术15092台次。

大病救治能力。推进胸痛、卒中、创伤、危重孕产妇以及危重儿童和新生儿救治五大中心建设，实施心脏介入手术801台次，其中支架置入304台次；救治急性脑卒中患者2227例；救治重症创伤患者1529人次；救治危重患儿411例；救治危重孕产妇187例，救治成功率100%。三、四类手术5182台，同比增加7.8%，微创介入1505台，同比增长21.86%，CD型病历27224份，同比增长5.6%。普外科、儿科、护理科通过省级重点专科建设项目，启动消化内科、呼吸科、急诊科、眼科、检验科市级重点学科的申报。邀请湘雅、湘雅二院、三院和省医专家到医院授课、查房和手术100余次，选派26名骨干医师到省三甲医院进修。新开展腔镜下的输卵管吻合术、小儿四肢骨折弹性髓内钉固定技术、玻璃体切割术、腹膜透析、变应性鼻炎皮肤点刺实验、超声引导下多浆膜腔穿刺及复杂血管开放技术、毒蛇毒虫咬伤治疗、有创颅内压监测、腔内热灌注治疗等新技术新项目20余项。

南院区建设。南院区项目建设复工，门急诊医技楼和住院楼封顶。全部完成南院区建设住院楼主体结构工程和感染楼结构工程。门急诊楼外玻璃幕墙、外保温和铝板完成施工，完成住院楼幕墙预埋件工程。完成门急诊医技楼工程和住院楼室内砌筑墙体工程。机电暖通工程施工完成50%；净化工程、电梯工程完成40%，消防工程施工完成60%。装饰装修进入样板房建设施工阶段。

医教协同。全年培训见习、实习、规培学生321名，创历史新高。圆满完成长沙医学院、湘潭医卫职院教学工作任务。助理全科医生培训基地新招录学员25名，毕业考核通过率97%。全年发表论文26篇。举办或协办省、县培训班3期，培训学员400余人。获实用性专利2项。引进各类专业人才64人，选派业务骨干参加全国、省、市级学术会议200余人次，院内培训30余次。培养专科护士4人。24人评为高级职称，其中正高级6人。

民生福祉。加大就业帮扶和产业帮扶力度，投入扶贫资金17万元。落实“一站式”结算服务及“先诊疗后付费”的住院治疗政策。全年为建档立卡农村贫困户、4类9大疾病、五保户等特殊群体5525人次减免费用370万元。落实消费扶贫资金130万元。落实结核病患者相关免费政策，全年收治病原学阳性患者免费住院隔离治疗242人次，免除各项费用近30万元，有效控制传染源在人群中的传播。完成10家乡镇卫生院的第一轮培训，会诊疑难病例98例，教学查房30余次，培训学员500余人次，义诊10余场，接诊患者1000余人次。全年完成征兵体检、定向越野、抢险救灾等政府指令性任务20余次。完成白内障复明手术612例，干部职工无偿献血7.35万余毫升，爱心捐款16.82万元。开展公益义诊、健康宣教等活动20余场，惠及民众1万余人。 （邹令纯）

【县人民医院综合实力入全国县级百强】 8月31日，中国医院·竞争力排行榜和中国医院发展蓝皮书发布会在广州举行，会上发布“2019中国医院竞争力·县级100强”排行榜。

桃江县人民医院位列中国县级医院100强榜单第99位。（邹令纯）

【县人民医院获“湖南省公众救护培训示范医院”认定】 9月25日，湖南省公众急救知识技能普及工作推进会在长沙召开。桃江县人民医院被湖南省卫生健康委员会确定为“湖南省公众救护培训示范医院”。

（邹令纯）

桃江县中医医院

【概况】 县中医医院是一所三级中医医院。占地16亩，开放病床530张，2020年，有在岗职工490人，其中高级职称65人，研究生学历7人。设有19个临床专科和5个医技科室，有1个国家级农村特色优势中医重点专科骨伤科、3个省级重点专科、7个市级重点专科。拥有重症监护室（ICU）、介入治疗中心，有1.5T超导型磁共振成像系统、64排螺旋CT等先进医疗设备200余台（件）。

运行指标。全年接待门急诊病人115299人次，同比下降4.94%，出院病人18231人次，同比增长7.43%；完成手术5207台次，同比增长9.6%，其中微创手术849台次，同比下降25.85%；三、四类手术1497台次，同比增长12.89%；完成微创介入手术52台次，同比下降53.57%；CD型病历746例，同比增长404%。

医疗服务能力。同各乡镇卫生院双向转诊181人次，下派专家到牛田镇中心卫生院会诊32例，业务查房6次。全年为158人次工伤患者及200人次车伤患者实行医疗救治。完成指示性医疗援助10次，完成中医类别助理全科医生培训工作，培训学员4人。

医疗质量管理。落实各项医疗护理核心制度，加强医疗安全管理，常态化开展业务查房和科主任查房制度，定期召开医疗护理安全质量管理和病历质量分析会，实施临床路径3915例，全年无医疗事故和重大纠纷发生。加强重点部门医院感染控制，住院患者抗菌药物使用率DDD值均符合要求。

人才队伍建设。全年招聘17人（编制人员7人、合同制职工10人）。其中中医3人，临床1人，护理6人，医技6人，其他专业1人，硕士1人，本科8人，大专8人。外出进修学习70人次，其中医、药、技56人次，护理14人次。

教学科研。2020年，接受湖南中医药大学临床实习生21人的教学任务，益阳医学高等专科学校“1+1+1”临床教学模式（1年在校学习+1年医院见习+1年医院实习）康复治疗技术专业39人在院学习。医院成立内科、外科、骨伤科等6个学术团队，申报3个科研课题，脑病科、针灸科通过省级重点专科评估验收。

中医康养院区项目。县人民政府主导的桃江县中医医院中医康养项目（江北新院建设项目），规划用地34亩，其中19亩地由县自然资源局进行土地配置，另15亩地由县经开区在建设银行作贷款抵押。完成项目选址、选址规划、初步设计方案、地勘、概算挂网招标，中航长沙设计研究院有限公司中标。

健康扶贫。对口帮扶一般面上村沾溪长田坊村及重点面上村三堂街镇三堂街村，在沾溪长田坊村结对帮扶20户贫困户，三堂街村结对帮扶42户，实现重点面上村贫困户全覆盖。分批次下乡扶贫帮困30次，完善扶贫手册62份，开展大型义诊活动，发放健康扶贫资料3000余份，健康扶贫义诊400人次。

疫情防控。做好高速路桃花江站、汽运车站的疫情筛查工作，检测筛查10250人次，做好中海城外来人员隔离点集中医学观察工作。基因扩增实验室（核酸检测室）通过市卫健委评估验收，9月投入使用。完成4439人次的核酸检测，争取2020年中央新增传染病项目900万元，核酸检测实验室投入使用，病

▲3月8日，中海城外来人员隔离点集中医学观察（廖艳萍 何 婷／摄）

区建设主体工程完工。 （谢建红）

【发放预防新冠病毒感染中药方剂】 2月16日，县中医医院根据2月10日湖南省中医药管理局下发的《关于在全省机关、企事业单位、学校推广使用中药预防新型冠状病毒感染的通知》精神，医院发放预防一号和预防二号方剂共43323剂。

（廖艳萍 何 婷）

【中医药健康管理服务培训班开班】 4月10日，桃江县中医药健康管理服务培训班在县中医医院6楼会议室开班，全县15个乡镇基层卫生技术骨干50多人参加培训，县卫生健康局领导出席开班仪式。

（廖艳萍 何 婷）

【省人大议案答复见面会】 6月12日，省十三届人大三次会议第2236号建议答复见面会在县中医医院教学楼411会议室举行，答复组成员有省中医药管理局规划综合处副处长徐火红、省发改局社会发展处副处长周权、省中医药管理局规划综合处一级科员罗慧婷，省人大代表，县卫生健康局和县发展改革局领导出席见面会。桃江县人民代表大会常务委员会出具《关于全县中医药工作的审议意见》。

（廖艳萍 何 婷）

【县中医医院新增2个省级重点专科】 2020年，《湖南省中医药管理局关于公布"十三五"省级中医重点专科评估验收结果的通知》确认，县中医医院脑病科、针灸科被确定为"十三五"省级中医重点专科。县中医医院已拥有国家级农村特色优势中医重点专科1个、省级重点专科3个、市级临床重点专科7个，初步形成国家、省、市三级重点专科网络。 （廖艳萍 谢建红）

卫生健康综合监督

【概况】 县卫生健康综合监督执法局（简称卫健执法局）为参照公务员管理的公益Ⅰ类事业单位，隶属县卫生健康局。2020年，县卫健局全面履行卫生监督执法职责，被评为2020年度全县卫健系统绩效考核一类单位、2020年度全市卫计综合监督执法工作优秀单位、益阳市第四批健康促进场所示范单位。

行政执法。全年在县政府网站公示行政处罚案件135起，公布"双随机"抽查情况及查处结果111起。配备执法终端25台，配备行政执法记录仪6个，在投诉举报或重大案件的调查、取证、约谈等环节均有执法记录或影像记录，执法全过程记录有效启动。

疫情防控。监督检查医疗卫生单位（包括村卫生室和个体诊所）的预检分诊点和发热门诊，累计检查345家。发出卫生监督通报3期，整改问题33个。监督检查县委党校等11个定点隔离单位和有暴露史集中管理单位，提出整改意见70条。

执业监督。制定《桃江县卫生健康综合监督执法局关于进一步打击非法行医工作方案》，检查医疗机构479家（二级及以上医院5家，乡镇卫生院13家，疾控中心1家，妇幼保健院1家、精神病院1家、十字单采血浆站1个、个体诊所及村卫生计生室457个）。对479家医疗机构提出整改意见，对其中43家有违法行为的医疗机构作出行政处罚（其中简易程序16个、一般程序27个），共罚款10.2万元。开展打击非法行医和医疗废弃物及医院污水专项整治2次。出动卫生监督执法人员198人次，查处无证行医13起，查处使用非卫技人员21起、查处医疗废物处置违法7起。检查监督全县22家一级以上医疗机构的血液安全，均无违规用血行为。监督检查全县21家疫苗接种单位的疫苗出入库、购入和贮存等工作，未发现违规行为。

学校卫生监督。制定《学校卫生监督工作方案》，监督检查全县15个乡镇321所中小学校及公办（民办）幼儿园2次。出具卫生监督意见书641份，抽检449份水质样品，合格样品391份，合格率87.1%。约谈水质检测不合格学校38所，立案27起，结案27起。

其他卫生监督。督查15个乡镇的社会抚养费征收工作，收集乡镇社会抚养费案件34起。办理征收社会抚养费案件23起，申请法院强制执行11起。征收社会抚养费49万元（其中法院强制划拨13万元）。纳入法院征信系统"黑名单"4人。督查乡镇和县级医院出生医学证明。监督检查县城7家集中式供水单位30次，监督抽检21次，制作《现场检查笔录》25份，出具《卫生监督意见书》30份，监测采集出厂水和末梢水抽检样品97个。监督监测全县123家农村饮水安全工程，制作《现场检查笔录》248份，出具《卫生监督意见书》248份，采集出厂水和末梢水水样240个。监督检查10处千吨万人工程4次。立案查处7家集中式供水单位，结案7家，约谈农村安全饮水工程4家。审查

▲5月14日，县卫健执法局在灰山港自来水厂开展卫生监督 （黄协明/摄）

170家申办卫生许可证的公共场所，审查率100%，抽检率100%。承诺制发放卫生许可证63家，监督检查490家公共场所，监督检查覆盖率100%，制作卫生监督意见书900多份，立案查处整改不到位的公共场所经营单位，立案24起，结案24起。监测公共场所经营单位400多家，抽检顾客用品用具260件，监测公共场所的空气、微小气候、采光、照明和噪声，布点监测620个。监督检查107家宾（旅）馆、287家美容美发、94家沐浴场所、KTV及网吧、超市、影院。共监督检查1600多户次，发放创文宣传海报2200份，公共场所公示牌265块，下达监督意见书519份。全年摸底134家厂矿、企业，监督检查134家，对134家提出整改意见。对2020年作业场所未进行检测、评价的企业，责令限期改正30家，立案查处1家。监督检查放射诊疗机构26家，制作《卫生监督意见书》26份。审查鲊埠乡中心卫生院、松木塘镇中心卫生院放射卫生，立案4起，结案4起。

消毒产品卫生监督。监测检查全县4家餐饮具消毒服务中心和1家面巾纸巾厂，监督检查4家餐饮具消毒服务中心12次、监督抽检7次，纸巾厂监督检查和监督抽检各1次。制作《卫生监督意见书》13份，检测结果均合格。检查72家药店经营的消毒产品，发现6家药店存在销售不合格消毒产品，立案6起，结案6起。

卫生监督协管。制定桃江县2020年卫生监督协管工作方案，举办全县卫生监督协管员培训班1期，培训45人；开展协管工作督查4次，指导卫生监督协管员建立学校、饮用水单位、医疗机构、公共场所、食品安全线索、职业卫生等协管台账，共收集协管巡查信息659条。

（高宇香）

【职业病防治宣传周活动】 4月26日至5月1日，县卫生健康综合监督执法局开展职业病防治宣传周活动。出动宣传车3次，出动执法人员15人次，制作宣传版块3块，印发职业病防治宣传资料2000余份。

（高宇香）

【罗志强到桃江调研】 11月5日，省卫生计生综合监督局局长罗志强一行5人，在市卫生计生综合监督局局长谢宁宁陪同下，到桃江调研指导工作，副县长王建国和县卫健局领导参加调研活动。调研会上，县监督执法局局长汇报工作情况，罗志强充分肯定桃江的工作。

（高宇香　符新宪）

疾病预防控制

【概况】 2020年，县疾病预防控制中心核定编制74人，实有在职工作人员69人。县疾病预防控制中心以新冠疫情防控为重点，统筹做好疾病预防控制工作。

结核病防控。肺结核防控深度试点在全省已形成“桃江模式”。继续进行入学新生肺结核筛查，落实“应筛尽筛”“应治尽治”“应管尽管”工作。县疾控中心、乡镇卫生院、县人民医院“防、管、治”三位一体基本实现。全年新发活动性肺结核病人512例，其中病原学阳性290人，病原学阳性检出率61.6%；定点医院免费收治病原学阳性患者255例，持续追踪326名疑似患者和中断服药患者。

重点传染病防控。全年报告法定传染病3404例，较上年同期（5155例）下降33.97%。无甲类传染病报告；乙类传染病报告1802例，报告发病率为226.87/十万，较上年同期（2148例）下降16.11%；丙类传染病报告1602例，报告发病率为201.69/十万，较上年同期（3007例）下降46.72%。落实24小时应急值班，全年处置传染病预警信息187起，疑似事件启动调查61起。对人感染H7N9禽流感、手足口病、狂犬病、霍乱、登革热、新冠肺炎等重点传染病开展常规监测与防控。

艾滋病性病防控。2020年新发现艾滋病毒感染者和患者56人，男性41人，女性15人，未成年2人；对154793人进行HIV抗体筛查，确证阳性27人；本地报告梅毒199例、尖锐湿疣9例、淋病1例、生殖道沙眼衣原体1例、丙肝178例。

疫情防控。疫情初期，县疾病预防控制中心成立新冠肺炎防控工作领导小组，制订防控工作方案和应急预案，紧急采购口罩、防护服等应急物资。开展流行病学调查。追溯3例确诊病例传染源，确定密切接触者69人。对确诊病例、疑似病例、密切接触者、门诊发热病人、集中隔离点人员、新入院精神病人、复工复产复学人员、公安监管场所及时采样与检测。对确诊病例的疫点和设置的12个集中隔离场所消毒，指导公共场所、学校、复工复产企业消毒。及时收集、整理、上报全县疫情原始数据，6人专门负责收集汇总湖北、北京中高风险地区来桃江人员、发热病人、医院隔离留观人员、居家医学观察人员、密切接触者、健康码非绿码人员、入境人员管理以及工作进展等多类数据。分析数据，为全县防控形势及时作出风险评估和预警。下发6类宣传资料33.44万份。摸排入境和中高风险地区抵桃人员。根据常态化防控形势，制定常态化防控应急预案和工作方案。开展大培训、大演练，进行12次集中培训，对全县医疗机构流行病学调查人员进行2次大培训，对县乡医疗机构相关人员进行现场培训，培训20名流调人员、20名采样人员、10名消毒人员，开展冷链食品检测。对全县冷链食品、环境、相关人员的监测进入常态化。按照有关要求建立核酸检测实验室，培训6名检验人员，并取得上岗证，检测试剂采购到位。2020年，全县报告3例确诊病例（均为武汉输入），得到科学有效处置。未出现二代病例。（邹波涌）

【健康体检和卫生监测】2020年，完成预防性健康体检24840人，职业健康体检2053人，发现疑似活动性肺结核133人、疑似尘肺16人、职业禁忌证3人。检测各类水质样品1426个。完成29家医疗机构、400余家公共场所、4家餐具消毒公司的卫生学监测，采集检验样品663个。报告食源性疾病病例1325例，调查处置食源性疾病事件14起。对987名学生进行氟斑牙调查；完成疟原虫血检493人份；对5所学校200名学生开展盐碘、尿碘监测，对5个乡镇100名孕妇进行盐碘和尿碘检测调查。（邹波涌）

▲1月23日，全县新冠肺炎疫情防控工作业务培训会（文卓敷/摄）

【免疫规划落实】2020年，县疾病预防控制中心完成冷链运转12次，下发一类疫苗15.46万剂次，报告接种13.91万针次；下发二类疫苗7.68万剂次。调查处置疑似预防接种异常反应61例。落实免疫规划相关疾病监测与控制工作。开展麻风类疫苗查漏补种。推进疫苗国家监管体系评估工作。（邹波涌）

妇幼保健

【概况】2020年，县妇幼保健院有在职人员238人，其中卫生专业技术人员202人，高级职称19人。有编制病床80张，开设妇科、产科、内儿科、新生儿科、孕产保健部、儿童保健部、妇女保健部、门诊部等15个职能科室，拥有四维彩超、宫腔镜、腹腔镜、导乐分娩仪、全自动生化仪、心电图机、电子阴道镜、乳透仪、胎心监护仪、听力筛查仪、微量元素分析仪、围产保健仪、孕妇营养检测仪、妊高征监护系统等100余台万元以上仪器设备。2020年，门诊、急诊接待58411人次，住院4738人次，医疗业务收入3684万元。

疫情防控。医院做好防控工作，确保全县母婴安全。同时参与桃花江高速公路出口疫情防控执勤，健康监测万香大酒店入住人员。全面落实预检分诊、院感管理等系列防控工作措施。

医院管理与人才培养。开展医德医风建设、行业作风建设。落实脱贫攻坚相关工作任务和健康扶贫政策。开展妇幼健康服务工作培训，招考聘用专业技术人员5人，从乡镇卫生院借调专业技术人员9人。选送6名技术骨干到外地进修，专业技术人员参加院外培训12次，院内理论培训24次，操作培训16次，每季度进行1次业务考试，完善晋升晋级奖励制度。

妇幼健康服务。2020年，开展助产机构剖宫产率控制工作，剖宫产率40.98%，较2019年下降9.24个百分点；孕产妇早孕建册率93.76%，产后访视率98.57%，高危孕妇筛查率55.41%，高危妊娠管理率100%；完成“两癌”免费筛查15050人，为任务数的100.33%；艾滋病、梅毒和乙肝免费孕期门诊初筛3645人，初筛率99.10%，其中孕早期检测率68.45%。5岁以下儿童死亡率4.68‰，婴儿死亡率4.04‰，均未超过省级控制指标；新生儿访视率98.71%，0～6岁儿童健康管理率96.9%，0～6岁儿童眼保健视力检查覆盖率98%。免费婚检率93.08%；免费孕前优生健康检查率100.09%；免费叶酸增补率97.88%；免费开展产前筛查率100.18%；新生儿疾病筛查率100.75%；新生儿听力筛查率97.61%。

医院信息建设。2020年，进行机房改造，添置机房网络安全、储存硬件设备；更换HIS、电子病历等四大业务系统；搭建医院微信公众平台，完成电子健康卡使用环境改造，实现网上预约挂号、线上缴费和结果查询，保证医院网络安全。

▲2月，县妇幼保健院医生在高速路口执勤　（丁科系／摄）

脱贫攻坚。对口帮扶三堂街镇胡家坳村和天子仑村，安排班子成员和中层骨干15人结对帮扶，每月走访1次贫困户，帮助贫困户代销农产品2万元。提供胡家坳村和天子仑村扶贫资金和基础设施建设资金共6万元（胡家坳4万元、天子仑2万元），协同胡家坳村委修建渠道、桥梁、村委文化墙、舞台等。收治贫困病人106人次，除5人次特殊情况外，其余全部实行先诊疗后付费，综合报销比例85%，病人满意率100%。　（丁科系）

【省妇幼生殖专科联盟医院揭牌】 5月22日，县妇幼保健院举行湖南省妇幼生殖专科联盟医院揭牌仪式。省妇幼保健院副院长张晓春与县妇幼保健院院长张建英签订《湖南省妇幼生殖专科联盟协议》，县妇幼保健院加入湖南省妇幼健康服务联合体和生殖专科联盟。　（丁科系）

【整体搬迁项目】 11月，妇幼健康服务综合大楼封顶，项目总投资1.0233亿元，债券资金7500万元和中央预算内项目资金1200万元到位，并完成财评，综合大楼进入设备安装与精装修阶段。红线内拆迁全部完成，儿童医院门急诊楼及附属设施建设完成初步设计方案和立项。

（丁科系）

【二级甲等妇保院创建】 10月29—30日，接受市卫健委评审专家对县妇幼保健院二级甲等妇幼保健院的现场评审，得到专家的认可。12月12日，评审专家团队进行复审，确认桃江县妇幼保健院达到二级甲等妇幼保健院标准。　（丁科系）

社会生活

民　政

【概况】2020年，县民政局全面落实省委、市委、县委关于民政工作的部署，坚持党对民政工作的集中统一领导。民政工作上了新的台阶。

民生保障。做好城乡低保、特困人员提标工作。农村低保提标到一类335元/月，二类205元/月，三类185元/月；城市低保提标到一类370元/月，二类350元/月，三类330元/月；农村特困提标到5226元/年，城市特困提标到676元/月。发放农村低保资金3449万元、城市低保资金2763万元、分散特困供养人员资金2151万元、集中供养人员资金132万元、城乡低保临时价格补贴资金678.76万元、城乡特困临时价格补贴169.95万元、集中供养临时价格补贴16.95万元、精简退职人员补贴资金39.94万元。加大临时救助力度，扩大救助范围，为各类困难群众解决临时性、突发性生活困难5837人次306万元，制定《桃江县民政局扶贫工作实施方案》《关于建立社会救助兜底保障对象救助帮扶长效机制的实施方案》《桃江县脱贫质量“回头看”和问题整改工作实施方案》。扎实开展城乡低保专项治理工作，整治“人情保”“关系保”“错保”“漏保”，清退不符合低保条件人员1771户2221人，对符合条件的139户173人及时纳入低保。

养老服务体系建设。启动桃花江养老公寓和城企联动桃江县玉溪康养中心项目建设，完成牛田敬老院、沾溪敬老院提质改造工程；完成桃花江镇中心敬老院项目建设。支持民办养老机构持续发展壮大，投入10万元补贴民办养老机构。专项检查28家养老机构的服务质量，分类处置存在的问题，限时整改，消除重大隐患，养老机构消防设施均符合标准。出台《桃江县养老服务机构非法集资风险排查工作方案》，排查全县19家民办养老机构的非法集资风险，发放4.5万份养老领域防范非法集资宣传手册，张贴400张防范非法集资海报。

基层社会治理。推进城乡社区治理体系和治理能力现代化建设，247个村（居）的村规民约全覆盖。完成第十一届试点乡镇村委会换届选举工作，启动14个乡镇第十一（十）届村（居）民委员会选举工作。完成桃花江镇牛潭河等3个村改社区工作。完成年度县界（桃资线）联检工作。

慈善事业。2020年，县慈善总会募集善款502万元(现金436万元、物资折价66万元)。向社会各界募集疫情防控专项资金35万元、物资9.5万元，所有疫情防控专项款物全部按照捐赠人意愿及相关要求发放。开展“扶贫扶智，助学圆梦”助学活动，资助考取二本以上的应届高考毕业生53人，发放助学金12.8万元；开展“脱贫攻坚慈善助学”活动，资助贫困高中学生29名、初中和小学生37名，发放助学金4.75万元。开展九九重阳慰问活动，走访慰问石牛江镇敬老院、牛田镇敬老院、灰山港镇敬老院，发放大米、食用油、日用品，折价2.36万元。慰问贫困户176户，发放大米和食用油折价2.2万元。发放其他指定捐赠及特困、特急帮扶救助资金173.5万余元。

公共服务。全年办理结婚登

▲ 10 月 25 日，副县长罗歆辉（前排左三）慰问特困老人　（邓　强／摄）

记 3950 对，离婚登记 1623 对，补发结婚登记 678 对，补发离婚登记 101 对，登记合格率 100%，完成进驻窗口事项 55 项，下放至乡镇 18 项。发放困难残疾人生活补贴 5963 人，发放重度残疾人护理补贴 12151 人，发放资金 1330 万元。全年发放 96 名孤儿基本生活费 116 万元，为符合政策条件的 18 名孤儿发放孤儿助学金 17 万元。做好事实无人抚养儿童保障工作，符合条件的 282 名儿童纳入事实无人抚养保障范畴，发放资金 201 万元。抓好流浪乞讨人员救助工作。全年救助流浪乞讨人员 557 人次，其中本省籍 176 人次、外省籍 381 人次，老年人 67 人次。

殡葬改革。出台《桃江县加快推进殡葬改革实施方案》《桃江县农村公益性公墓建设管理暂行办法》，规定农村公益性公墓设施审批、设施建设、档案管理、法律责任等工作内容。10 月 26 日在武潭镇召开全县农村公益性公墓建设现场推进会，实行建设进度调度通报制度，加强重点指导，全县 15 个乡镇完成农村公益性公墓建设任务。县殡仪馆整体搬迁工作完成选址、调规工作，进入施工设计、土地报批环节。

社会组织管理。实行“一站式服务”，全年新成立社会组织 28 家，其中社会团体 5 家、民办非企业单位 22 家、基金会 1 家。办理变更社会组织 24 家，其中社会团体 6 家、民办非企业单位 16 家、基金会 2 家。开展第三批行业协会商会与行政机关脱钩工作，完成 7 家行业协会脱钩工作。开展第一批、第二批行业协会商会与行政机关脱钩“回头看”工作，36 家（注销 3 家）脱钩的社会组织未发现需要整改事项。清理规范社会组织涉企收费工作，经行业协会自查未发现涉嫌乱收费的现象。依法依规取缔非法社会组织益阳薛氏宗亲会。全年应检社会组织 278 家，年检合格社会组织 121 家，未参加年检社会组织 157 家。

（邓　强　高　啸）

【疫情管控】 2020 年，全县封闭管理 27 家养老机构、1 家未保中心、1 个救助站、58 个留守儿童之家，暂停社区日间照料、居家养老服务中心养老服务活动，各养老机构及县救助站设置观察隔离区。疫情期间，对生活存在困难的群众，通过简化程序纳入低保或直接给予临时救助，共新增城乡低保 17 户 32 人，临时救助 1343 人、35.16 万元。

（邓　强　高　啸）

【全县民政工作会议】 3 月 23 日，在县民政局二楼大会议室召开 2020 年度全县民政工作会议，会上，党组书记、局长何国伟作《顺势而为乘势而上奋力推动全县民政事业高质量发展》的工作报告。副县长罗歆辉讲话，各乡镇分管领导、社会事务办主任、局机关和二级机构全体干部职工参加会议。

（邓　强　高　啸）

桃锰社区服务指导中心

【概况】 2020 年，桃锰社区服务指导中心落实领导班子“一岗双责”和“五个一”任务清单，强化基层党组织“五化”建设，党支部的战斗堡垒作用和党员先锋模范作用得到发挥。继续强化党风廉政建设和反腐败斗争，党员干部勤政为民，清正廉洁。

脱贫攻坚。中心工委向松木塘镇温塘村派驻扶贫工作队员李涛（正科级干部），工委书记率领工委成员多次到温塘村对接扶贫工作，和村支“两委”共商脱贫与发展之策。8 名扶贫干部按一户一策要求制定扶贫措施，每月到结对帮扶贫困户家中走访调研。中心支付温塘村扶贫资金 4 万元，支持扶贫产业发展，4 户贫困户如期脱贫。

社会稳定。中心是在破产改制企业基础上成立的机构，历史遗留问题及各种矛盾隐患较多，为确保稳定和一方平安，中心及时预判稳定风险，把隐患消除在萌芽状态。落实领导带班的24小时轮流值班制度。中心工委和工作人员采用“一对一”“三包一”等方式，做好相关人员思想工作，中心没有发生一起集访、越级上访事件。

安全生产。成立以中心主要负责人为组长的安全生产工作领导小组，建立健全各项安全生产规章制度，制定汛期山洪灾害防灾预案，领导带班24小时轮流值守。针对下半年久旱无雨天干物燥的天气，采取得力措施防止火灾事故发生。中心辖区全年没发生任何安全事故。

社会民生。完成川门湾社区与松木塘村3000米安全饮水管网联网，基本解决水厂供水不足社区居民饮用水困难问题。进行机关“五小”设施建设与改造，新建小食堂、小澡堂，改善机关工作人员生活条件。全面维修改造社区路灯10杆，解决居民夜间出行不便问题。彻底翻修2号、3号居民楼中间的公共厕所屋顶。（朱金良）

【对外新闻宣传】全年在《人民日报》上稿2篇、《经济日报》上稿9篇，在省、市媒体上稿50篇，在县级媒体上稿12篇。中心通讯员朱金良获评桃江县2020年度优秀新闻工作者。（朱金良）

【川门湾社区党总支换届选举】按上级要求，12月，桃锰社区完成下设的川门湾社区党总支换届选举，朱金良、胡妮、朱正东、王飞跃、文波当选为川门湾社区党总支委员。朱金良为书记、胡妮为副书记。

（朱金良）

桃冶社区服务指导中心

【概况】桃冶社区服务指导中心辖区总面积32586平方米，住户488户，离退休人员495人。2020年，中心以“维稳与安全并重，管理与服务兼容”为主线，积极履职，扎实工作，取得明显成效。

社区管理。组织中心组学习研讨12次、干部职工和党员集中学习10次、上党课4次，完成网宣网评19篇，打造高素质的干部职工队伍。完成“三定”方案申报编制，申报公考事业编制工作人员1名。按期完成2个党支部的换届，加强意识形态、民宗、保密、档案整理等工作和网络安全管理。完成省委第十巡视组交办事项自查自纠、防汛值班等工作。明确楼栋长负责制的楼栋网格化管理服务模式，抓实安全生产。推进依法行政与基层自治的有机统一，制作宣传栏14个、便民信息栏20个、警示牌8个、广告宣传牌8个、横幅标语46条。推介宣传工作信息，完成主流媒体上稿14篇。

疫情防控。落实“外防输入”的新冠肺炎预防措施，摸底排查488户，梳理监控6名疑似人员，及时落实防控措施。加强“居家不出门”工作，设置物理隔断3处和主要路口值守点1个，开展小区集中巡查26次，直接服务职工群众1000人次。党员捐款9170元，参与率100%。开展疫情防控宣传教育60次，对辖区楼道、办公场所喷洒、熏蒸消毒，开展环境卫生治理、病媒滋生地清除等综合整治行动5次。抽调1名班子成员驻点40天，帮扶县红星机械厂复工复产。

社区稳定。举办“迎新春 送春联”活动，为职工群众送祝福800条。投入近10万元帮扶困难职工、军队复退人员、特困党员。将30名困难职工纳入全县救助体系。畅通维稳信息渠道，完成116名解除劳动关系职工社保关键信息审核、7名退休职工抗美援朝战争胜利70周年纪念勋章申领等工作。加强信访工作，处理来信来访件20件，办结率100%，接待来访群众30起85人次，答复率100%。（钟　敏）

【社区创建】2020年，桃冶社区实施《创建全国文明城市和国家卫生县城工作方案》，参与县城文明卫生劝导24人次，更新创建工作宣传栏4期，发放《创建工作倡议书》400份，签订“门前三包”责任书6份。投入20万元落实创建大整治和网格化管控机制，开展清运垃圾、规范社区秩序、维护绿化美化、消杀“四害”、预防青少年溺水、严控高低温等极端天气安全管理等工作。妥善处理“3·21”特大狂风暴雨冰雹袭击灾害事故，维护职工生命财产安全。全面整治小区“顽瘴痼疾”4次。

（钟　敏）

【棚改项目】桃冶小区棚改项目纳入2020年政府投资类项目和全县重点项目。组织全体干部职工包户宣传，访谈涉改楼栋长和职工代表300多人次，力促棚改项目落地。拟涉改292户实现预签约275户，预签约率94.2%。制定并实施《桃冶小区“棚改”项目集中宣传攻坚工作方案》，争取省中小企业服务中心、省财政厅、省住建厅棚改处支持，完成“三供一业”中央财政补助资金清算、实地考核和驻点审计工作。

（钟　敏）

人力资源和社会保障

【概况】县人力资源和社会保障局负责全县就业创业、社会保障、人事人才和劳动关系管理工作。2020年，人力资源和社会保障工作有新的发展。

就业创业。举办创业培训班32期，培训学员960人。举办技能培训班5期，培训223人，其中贫困劳动力98人，退捕渔民39人。新增城镇就业4840人，新增农村劳动力转移就业3010人，新增创业实体3000家，创业带动城乡就业3500人。发放创业担保贷款10710万元，11位退捕渔民享受贴息贷款128万元。城镇登记失业率保持在2%以下。开展重点群体就业保障工作，失业人员再就业率60%；2020届离校未就业高校毕业生跟踪回访率、就业服务率100%，就业率95%；申报成功就业见习人员60人。举办桃江县第五届创业创新大赛，参加市级创业创新大赛的7个项目全部获奖，获市级创业组一等奖、优秀组织单位第一名。认定2020年度扶贫车间30家，其中示范型车间2家、标准型车间19家、以助力型车间9家；认定2020年度扶贫基地11家；有劳动能力未脱贫贫困劳动力228人全部就业。发放交通补助8576人，269.3617万元。拨付扶贫公益性岗位补贴资金163.1万元，完成扶贫公益岗位安置811人。为339家参保企业阶段性减免养老保险费3226万元；为139家企业减免失业保险费126万元；为35家企业发放稳岗补贴130万元；发放失业保险金117万元；免征工伤保险费用1965万元。符合条件的新开工项目缓缴农民工工资保证金419.65万元。为复工的规模工业企业免费发放口罩1.2万个、体温枪174支。组织19趟车次，点对点护送495人到广东、河南等地返岗务工。向省、市申报并获批疫情防控重点保障企业4家。开展“春风行动”网络直播招聘会、“全市重点企业用工服务月”、“点亮万家灯火，就业帮扶服务”退捕渔民专场招聘会、“就业援助月”、易地帮扶专场招聘会等活动，县内外145家企业参与招聘，达成就业意向4094人，其中85名退捕渔民达成就业意愿。新增1家人力资源公司，完成全县5家人力资源公司2019年度年审。

社会保障。完成养老保险征缴115633.02万元、工伤保险征缴1619万元。新增养老保险参保单位（企业）2099个、工伤保险参保单位87家，新增养老保险参保人数23906人。新增退休人员4146人，发放养老金14.788089亿元，办理养老保险待遇资格认证158932人、丧葬抚恤审批134人，遗属困难补助审批45人；完成要求病退的企业职工资料的收集、初审和实地调查工作，上报市局89人，鉴定丧失劳动能力74人；完成特殊工种提前退休的企业职工资料的收集、初审工作，上报313人，提前退休201人；完成特殊工种信息库建设工作，全县38家涉及183项特殊工种纳入国家特殊工种信息库。完成2019年度提前退休人员141人的信息核查。完成军队退役人员军龄认定286人。受理工伤保险快报598起，支出工伤保险待遇3214万元。完成被征地养老保险参保3772人，被确定为被征地农民资格人数新增3000余人。稽核新增养老保险参保单位76家432人。追缴冒领养老保险金额170万元。制作社保卡738580张。

人事人才。教育系统直招1次、面向社会公开招聘教师1次、选调桃江籍县外在编教师1次、卫生系统直招1次。完成2019年初级职称评审。全县评审通过60人，认定1人；完成2019年初、中、高级职称评审发文、发证及岗位聘任；完成2020年中、高级职称评审的材料审核和上报。完成2019年事业单位年度考核和全县1249名考工升级人员兑现工资工作。办理调动及整体转隶人员审批手续645人。完成全县参公人员、事业人员及机关工人共13511人的年度考核增资。完成教育系统省部级以上劳模档案审查。

劳动关系。新增劳动用工合同备案企业160家，劳动用工备案4445人次，解除劳动合同备案762人次。完成2134家企业和个体工商户的划型审批。修订完善《桃江县工程建设领域农民工工资保证金管理实施办法》。收缴农民工工资保证金966.85万元，银行保函100万元，保证保险100万元，退还保证金547.66万元。追回拖欠农民工工资2000万元，惠及农民工1000人。开展2019年度农民工工资支付检查、劳动用工检查，开展实施《禁止使用童工规定》和《未成年工特殊保护规定》和社保追缴清查执法检查。开展根治欠薪夏秋季专项行动。全年检查10次，覆盖全县200多家企业，涉及农民工8000多人。接待投诉举报96起，立案4件，结案2起，法定期限内结案率100%，移送案件

1件。办理劳动争议案件，处理案件150件，结案150件，其中开庭审理裁决案件25件，立案调解61起，不予受理5起，撤诉6起。案外调解处理案件53起。跨省追缴发放拖欠农民工工资94068元。完成桃江县自来水公司、桃江县城乡规划设计院、桃江县桃花江水库水力发电站、桃江县保清律师事务所4家经营业事业单位的改革工作。

（熊照宇　胡妙芝）

【“春风行动”网络直播招聘会】 2月18日，在桃江融媒体中心举行2020年桃江县“春风行动”网络直播招聘会。直播点击观看量超40万人次，创历史新高。评论区互动信息4000余条，观众点赞量11.78万人次，直播过程中收到1325份在线求职信息表。（熊照宇　胡妙芝）

【桃江助力495名农民工返岗复工】 3月，县人社局分3批次，出动大巴车17台次，列车2趟次，将495名农民工护送到广州、深圳、东莞、惠州、河南等地返岗，车票全部由桃江县人民政府买单。

（刘　艳）

【袁正乔一行到桃江调研】 6月11日，省农业农村厅二级巡视员袁正乔率民革湖南省委调研组到桃江调研农民工返乡创业工作。县政协副主席黄平参加调研会 。会上，县农业农村局负责人汇报桃江县农民工返乡创业情况，与会人员进行了座谈交流。会后，调研组到桃江县泰宇电子有限责任公司、捌壹园林绿化有限公司实地察看，了解企业发展规划、生产经营、农民工返乡创业工作开展情况。

（熊照宇　项　荣）

【全县第五届创业创新大赛初赛】 6月30日，第四届“中国创翼”创业创新大赛桃江选拔赛暨桃江县第五届创业创新大赛初赛结束。大赛组委会邀请国家级SIYB培训师郑晓瑾、李杰群及5名市县专家组成评审团。7名评审专家审阅各个参赛项目的商业计划书，对照参赛项目的选拔标准，评选出20个项目（其中创业组10个、创新组10个）进入第四届“中国创翼”创业创新大赛桃江县第五届创业创新大赛选拔赛决赛。

（熊照宇　项　荣）

▲ 3月13日，桃江县组织专车送农民工返岗　（熊照宇／摄）

【退捕渔民专场招聘会】 7月，县人社局在桃花江镇、修山镇、三堂街镇举行“点亮万家灯火，就业帮扶服务”退捕渔民3场招聘会，桃江以及周边县市区的43家企业参加，提供就业岗位2216个。招聘会现场达成就业意向300人，其中退捕渔民178人。

（刘　艳）

【县事业单位档案业务培训会议】 10月29日，全县事业单位档案审核工作暨业务培训会议在桃江县政务服务中心附属楼三楼召开，各部、办、委、乡镇、县直各单位分管政工人事的领导及工作经办人250余人参加会议。会上，县人社局负责人对干部人事档案收集整理、缺失材料补充方面进行培训。

（曾　庭　刘　艳）

【省督导组督查桃江工作】 4月16日，省保障农民工工资支付工作督导组到桃江督查农民工工资支付工作。市、县领导欧春芳、张晓陪同。督导组到县人民医院南院建设项目部和项目建设工地，全面核查在建项目民工实名制管理、工资专用账户、按月足额支付工资、银行代发工资和工资保证金情况，听取桃江县2019年度保障农民工工资支付工作汇报。督导组对桃江县保障农民工工资支付工作给予充分肯定。

（熊照宇　张　盼）

【桃江县创业者协会成立】 12月25日，在县政务中心召开桃江县创业者协会成立大会，桃江县鑫山立体种养专业合作社董事长毛锡山当选为桃江县创业者协会会长。协会吸纳会员单位120家，协会企业总注册资金3.6亿元，年产值达45亿元，解决就业6000多人，吸纳贫困人员就业1300多人，委托扶贫3800多人，带动2万多人就业。

（项　荣　熊照宇）

医疗保障

【概况】2020年，县医疗保障局推进医保体系建设，提升服务能力，强化监督管理，取得较好成效。

基金征缴。2020年城乡居民医保基金筹资工作从2019年10月底开始启动，征收主体是税务部门。2020年，医保参保率97.42%。城镇职工医保46517人参保，基金收入1.8360亿元；城乡居民医保705207人参保，基金收入5.6514亿元。

疫情防控。疫情期间预拨5148万元医保基金，专项用于新型冠状病毒肺炎病人的救治，确保患者不因费用问题影响就医，确保收治医院不因支付政策影响救治。联合市监部门查处医院、药店哄抬医药物品价格行为，查处药店和村卫生室4家。实施医保费缓缴政策，助力企业复工复产，申请缓缴企业11个，缓缴基金247万元。开展优化营商环境整治工作，在129家直交参保企业宣传医保政策，开展问卷调查。

市级统筹。2020年10月1日，全面实行统一政策、统一信息系统、统一经办管理服务市级统筹制度。配合县财政上解市级统筹专户第一批资金，其中职工医保上解奖金11286.99万元，城乡居民上解资金16810.38万元。

基金监管。23家协议医疗机构和183家协议药店均递交专项治理自查自纠报告、自查自纠表和承诺书，自查自纠上缴金额414.39万元。

打击欺诈骗保。发放宣传单52300张、宣传手册500份，悬挂横幅304条，张贴海报331张，展出展板45块，制作电子屏30块。市局飞行检查问题线索追缴32.3万余元。督查23家协议医疗机构、189家协议零售药店、282家村卫生室，查处医疗机构报账病历1288份，核减不规范费用504809元，查处医疗机构吊床108人次，核减吊床金额20.52万元，核减远程查房及人脸识别系统不规范费用17.4万元。

用药报销保障。出台《桃江县城乡居民基本医疗保险普通门诊统筹和高血压糖尿病以及特殊病种门诊管理办法》，确定“两病”的报销标准、比例、享受人员、报销方式。5月25日，组织相关部门召开专题会议推动“两病”门诊工作。从6月开始，局班子成员分组赴乡镇卫生院对“两病”门诊报销落实情况进行跟踪督促，将各医疗机构“两病”报销情况在微信工作群进行一日一通报排名。15个乡镇卫生院、10家分院分所和272个村卫生室开展了“两病”门诊用药保障工作，普通“两病”报销55603人、94598人次、833.7万元。普通门诊中“两病”报销16032人、24537人次、93.75万元。“两病”特门报销1034人、3406人次、128.7万元。普通门诊统筹报销109621人、305585人次，报销741.89万元。高血压病报销50328人，糖尿病报销22341人。

异地就医。2020年，城镇职工跨省住院121人次，医疗费用353.0750万元，基金支出197.5475万元。完成城镇职工医保异地就医备案1630人次，其中市内353人次，省内717人次，跨省560人次。城乡居民医保跨省异地就医备案471人，报销392人次，跨省住院报销283.25万元。

医疗救助。一站式结算平台救助12431人次，救助金额968.75万元。一站式外医疗救助6709人次，391.11万元。临时救助411人次，救助金额79.96万元。

结算模式。实行基本医疗保险+大病保险+扶贫“特惠保”+医疗救助+政府兜底补偿+医院减免的结算模式，贫困户在县域内所有协议医保定点医疗机构都可办理健康扶贫“一站式”结算，减轻贫困人群就医垫资压力。全县扶贫系统

▲3月31日，县长黄劲（中）在县医保局调研　（莫慧明／摄）

43824人100%参保，100%享受“一站式”服务。（莫慧明 臧 齐）

【黄劲调研医保工作】3月31日，县委副书记、县长黄劲到县医保局调研，黄劲对医保局工作给予肯定，要求医疗保障部门做好筹资、监管、服务、救助等工作，承担起全县医保工作的职责，管好、用好医保基金。（莫慧明 臧 齐）

【全县公立医疗机构医用耗材“零利润”】1月1日起，桃江县23家公立医疗机构全面取消医用耗材加成，实行医用耗材“零利润”。6月1日起，县内各公立二级医疗机构全面实施益阳市医疗服务价格目录。10月1日起，县内乡镇中心卫生院和基层医疗机构全面实施益阳市公立一级基层医疗卫生机构医疗服务价格目录。（莫慧明）

退役军人事务

【概况】2020年，县退役军人事务局围绕“县级绩效考核排名一类、市级进入先进行列”这一总目标，不断开拓创新，团结奋斗，全县退役军人工作扎实有序推进。

思想教育和权益维护。2020年，举办县退役军人事务局成立一周年座谈会、模范退役军人座谈会、庆祝“八一”座谈会。5月21日，召开全县退役军人事务暨党风廉政建设会议，表彰奖励全县模范退役军人10人。制作省、市、县模范退役军人宣传展板，录制“优秀退役军人”专题片，在县电视台滚动播放。向退役军人提供政策咨询服务，排查化解矛盾，维护退役军人合法权益。“八一”期间，共处理答复林业局苗圃退役军人安置遗留问题、社保调增问题10个，重点救助特困重病退役军人65人。

▲9月30日，县退役军人事务局在桃江烈士墓园开展纪念活动（夏 平／摄）

退役军人联系。坚持重点联系与普遍联系相结合，局领导班子成员分片包干15个乡镇，乡（镇）和村（社区）退役军人服务站对辖区内退役军人实行普遍联系。局机关与15个乡镇服务站共结对联系困难退役军人。坚持平常联系与定期联系相结合、上门联系与通信联系相结合，经常性地进行政策宣传、谈心谈话、帮扶慰问，搭建县委、县政府与退役军人之间交流沟通的桥梁。

服务站建设。开展服务站标准化建设。灰山港镇、修山镇建成示范型服务站，其余13个乡镇建成标准型服务站，247个村（社区）服务站按要求建设到位。各乡镇、村（社区）退役军人服务站分类建立困难退役军人台账、退役军人党员台账、优抚对象台账、退役军人自主创业工作台账、退役军人矛盾纠纷排查台账等5本台账。

宣传培训。5月21日，县退役军人事务局举办退役军人工作业务培训班，县服务中心及机关各股室负责人就政策法规及相关业务办理要求、流程授课。开展《信访条例》修订15周年宣传活动，发放《信访条例》小手册1000余份、退役军人信访接待问答宣传资料5000余份。

移交安置。做好符合政府安置工作退役士兵档案接收工作，2020年，县委退役军人安置工作领导小组办公室出台安置工作方案，成员单位集中对退役军人量化评分，9月底完成安置。推进社保接续工作，全县受理社保接续资料958份，初审958份。

就业创业培训。实行签约服务，委托智海人力资源服务有限公司承办培训班与招聘会。7月17日，举办退役军人就业专场招聘会，多名退役军人当场达成就业意向。自主就业退役士兵参加驾驶员培训，合格率100%。

拥军褒扬。春节、“八一”期间走访慰问驻桃江部队官兵、退役军人，走访“关爱功臣”“双拥在基层”二等功臣、边海防官兵，慰问伤残军人、烈军属、老复员军人、困难退役军人共4650人次，发放慰问金145万元。举行烈士纪念日活动，完成桃江烈士墓园等4处烈士墓的修缮。

优抚待遇落实。按季度做好优待抚恤资金发放，按时足额发放价格临时补贴334万元。做好评残、评烈等申报。数名老兵集中供养在光荣院。

（夏　平）

【慰问桃江籍现役军人家属】3月5日，县退役军人事务局会同县人社局、桃花江镇退役军人事务站和团山社区，走访慰问在武汉一线抗疫的桃江籍现役军人胡江泉的家属，送去拥军包、慰问信和慰问金。

（夏　平）

【退役军人服务站建设现场会】6月18日，桃江县乡镇、村（社区）退役军人服务站建设工作现场会在石牛江镇召开，全县15个乡镇的分管领导及退役军人服务站站长参加会议。（夏　平）

【退役军人就业专场招聘会】7月17日，桃江县退役军人事务局和桃江县人社局、智海人力资源有限公司在县体育馆举行退役军人就业专场招聘会，副县长郭清平出席。16家本土企业参加招聘会，招聘会提供了保安、行管、机电维修、电工等工作岗位600余个，收到求职人员简历200余份，退役军人初步达成就业意向。（夏　平）

【桃江县安置转业士官】9月28日，桃江县2020年转业士官和消防士官欢迎仪式暨安置选岗会议在县退役军人事务局举行，符合安置条件的转业士官和消防士官参加现场选岗。

（夏　平）

【许勇才到桃江调研】11月10日，湖南省退役军人事务厅二级巡视员许勇才到桃江调研信访工作情况。市退役军人事务局党组成员、副局长毛竹，二级调研员陈杰敏和县政府副县长、公安局局长郭清平陪同调研。（夏　平）

应急管理

【概况】2020年，全县安全生产形势平稳，共发生一般生产安全事故5起，死亡6人，没有发生较大及以上生产安全事故，安全生产、应急指挥救援、防灾减灾救灾等应急管理各项事业得到有序推进。

安全生产。出台《桃江县安全生产专业委员会综合协调工作职责规定》，专业委员会在县安委办的领导下对各乡镇和各成员单位的履职情况以占据县安委会考核总分值的5%的比例开展安全生产目标管理考核工作。在安全生产大例会的基础上，增加小例会制度，有针对性地对全县安全生产的重点突出问题进行把脉会诊。打通安全生产最后一公里的问题，在县委对乡镇网格考核细则里面增加安全生产应急管理相关内容。开展警示约谈，组织对县住建局、桃花江镇人民政府、县城管执法局、县城投公司等单位开展警示约谈。

应急职能。启动应急指挥中心调度平台建设，对1个县政府总体预案、42个专项预案、15个乡镇总体预案和相关部门预案进行修订编制，绘制桃江县人民政府应急信息报送流程图，将应急管理相关内容纳入县委对乡镇网格化管理考核细则，打通安全生产等应急管理工作“最后一公里”。成立桃江县首支专业志愿者救援队伍——蓝天救援队，组织处理溺水、森林火灾等各类突发事件，没有出现因汛情、森林火情导致的人员伤亡事故。

风险防控，开展灾害救助。打造部门专业防、企业主体防、基层属地防、社会广泛防四个方阵的常备防御力量，有效应对“2·15”和“3·21”2次风雹灾害，“5·4”“6·22”“6·29”“7·14”“7·19”“7·26”6次洪涝灾害，紧急转移安置854人，组织灾民开展生产自救，组织因灾倒损房的恢复重建工作，全年已重建90户。

取缔马路市场。全县共有马路市场111处，通过整治已全部取缔。6月28日至29日，经省马路市场整治办实地检查，得到省、市的肯定。7月22日，市整治办验收，共抽查11处，全部合格；9月11日，受到市安委办通报表扬。有9个乡镇申报新、改、扩建乡村集市和农贸市场的建设共26处，由商务局牵头组织实施，10月28日至30日，县商务局牵头组织验收，已全部合格。

消防救援。桃江经济开发区小型消防站建设投资200多万元，于10月23日正式挂牌运行，是全市首个小型消防救援站。全县共有二级消防站3个，三级消防站12个。县级组建2支专业救援队伍（桃江蓝天应急救援服务中心、桃花江冬泳协会水上应急救援大队）。15个乡镇均组建由3名专业队员和20名兼职队员组成的应急救援专业队伍。

（颜晓莹）

【危化品领域安全大检查】自全省开展安全生产集中整治行动以来，桃江县组成专门检查小组，对全县危化品领域开展集中整治。岁末年初，县安委办制定下发《全县集中整治危险化学品烟花爆竹安全生产顽瘴痼疾实施方案》和《桃江县安全生产委员会关于春节期间烟花爆竹经营安全专项整治的通知》等文件，对危化品领域集中整治进行全面部署，共出动行政执法人员750余人次，对全县150家烟花爆竹零售门店进行换证核查，发现和督促整改隐患400多处，取缔不合格零售门店49家，督促5家批发企业对安全设施进行安全“诊断”，逐项落实整改相关隐患。对拒不执行整改或整改后仍不合格的，坚决予以关停。全县安全生产形势稳定好转。

（殷周喜　薛伏祥）

【第19个“安全生产月”活动】 2020年6月是全国第19个“安全生产月”。6月16日，桃江县安委会成员单位在近桃小学校门口开展以“消除事故隐患，筑牢安全防线”为主题的安全生产宣传咨询日活动。设立咨询台，通过现场讲解、发放宣传资料等方式，宣传应急和安全知识。近桃小学组织全校学生参与现场学习。蓝天救援队邀请专门急救人员，现场讲解胸部按压、人工呼吸等急救知识。本次活动共发放应急救援知识手册、宣传海报1万余份，接待参观学习学生2000余人，通过宣传教育、互动练习等方式，巩固群众的安全救援知识，提高在面对各种突发紧急情况下的救援能力。

（陈岳杉　罗　寒）

【规范乡村赶集】 为消除马路市场安全隐患，新改扩建的26个乡村集市全部投入使用。5月初，启动乡村集市建设，下拨省商务厅221万元专项配套资金，在三堂街、灰山港、牛田等9个乡镇，新、改、扩建乡村集市26个，选址均离国、省干道50米，县乡道20米，村道10米以外，建有通水式公厕、钢结构棚架等设施，标识标牌明显，可满足当地群众的“赶集”和农副产品交易需求，深受当地群众喜欢。

（陈岳杉　尹慧芳）

【全县森林防火灭火工作会议】 4月2日，县应急管理局组织各乡镇、林业局、森林公安局、消防救援队负责森林防、灭火工作的分管领导召开全县森林防、灭火工作会议，对全县森林防、灭火形势进行把脉会诊，部署安排清明期间的森林防、灭火工作。各乡镇对各自辖区内的森林防火灭火形势进行分析，报告清明期间森林防、灭火工作，县应急管理局防、灭火工作分管领导胡亮剖析存在的7类问题，县森林公安局分管领导对扑火灭火过程中应该注意的问题进行培训。县应急管理局局长王建荣提出具体要求。

（陈　蓉）

▲6月16日，桃江县代表队参加全市安全管理技能比武大赛获一等奖

（汤　虎／摄）

消防救援

【概况】 桃江县消防救援大队管辖面积2068平方公里，下辖桃花江消防救援站。2020年，大队配备水罐消防车2台、32米举高消防车1台、抢险救援车1台、空气压缩泡沫车1台、水罐泡沫车1台、高喷车1台、通信车1台、皮卡车1台、各类灭火抢险器材40余种、1808件（套）。

灭火救援。消防大队统筹做好常态化疫情防控形势下的火灾防控、应急救援和队伍管理工作，完成“7·11”灰山港镇液化气站火灾、“7·23”好润佳超市火灾以及“8·14”松木塘镇南孚村溯溪救援等急难险重任务。全年共接警474起（不含重大活动安全保卫），其中火灾311起、抢险救援163起，抢救疏散人员90人，挽救财产价值5600余万元，零伤亡，全县未发生较大以上火灾事故。

监督执法。县政府先后10次召开会议研究部署消防安全工作，县长黄劲、常务副县长李丰等领导先后6次带队开展消防安全检查。强化消防安全委员会平台作用，推行安全生产和消防工作同部署、同通报，将“双随机、一公开”监督情况纳入每季度通报内容；组织开展消防车通道专项整治，物流企业、养老机构消防专项检查，消防安全专项整治三年行动等一系列专项行动，大队共检查单位502家，督促整改火灾隐患412处（其中重大火灾隐患立案9起，已整改8起），下发《责令改正通知书》283份，下发行政处罚决定书9份，责令“三停”1家。

业务建设。强化队列和养成训练，每周开展不少于2次的队列训练，在6月全市消防救援队伍队列会操中荣获第一名。常态化开展岗位大练兵活动，以考促训，坚持“每月一大考、每周一小考”，考核结果纳入指战员日常考评。在8月支队组织的消防监督业务培训中排名第二，在11月支队组织的党务知识考试中排名第一，在12月全省消防救援队伍夏季训练片区比武竞赛中，桃江县桃花江消防救援站（以下简称桃花江消防站）位列长沙片区第一。将不同类型的灭火战术指导思想、组织指挥程序与方法、灭火战术的基本原则和方法、抢险救援组织指挥的原则和程序等纳入指战员每日学习内容，每日随机抽点1名大队领导、1名大队干部、1名消防站干部、2名消防员学习情况。抓牢辖区“六熟悉”（熟悉消防队责任区的交通道路、水源情况，熟悉责任区内重点单位的分类、数量及分布情况，熟悉责任区内主要灾害事故处置的对策及基本程序，熟悉责任区内重点单位建筑物使用及重点部位情况，熟悉重点单位内部的消防设施情况，熟悉重点单位的消防组织及其灭火救援任务分工情况）和灭火救援实战演练，共制作修订预案60余份，组织开展辖区道路水源熟悉80余次、演练100余次（含联合政府部门开展的联合演练2次）。完成全县市政消火栓摸排，录入率100%。提升指战员车辆器材装备操作技能，每周组织开展车辆装备器材操作熟悉5次。

营区建设。营房内新建台球、乒乓球室，完成图书馆改造，成立文化兴趣小组，开展擒敌拳“一队一品”活动，创新食堂管理模式，落实“营养餐厅”，规范营区绿化、卫生、接待用房管理方式。11月完成桃江经济开发区小型消防救援站建设，已经驻兵执勤；完成桃花江消防站营区绿化升级改造，设置300米环形跑道，规范营区党建雕塑设置等。

宣传教育。为提高全民消防安全意识，严防辖区内火灾事故发生，消防救援大队以“3·15”消防宣传活动、“5·12”防灾减灾日、“安全生产月”、“119消防宣传月”等活动为契机，在社会单位开展消防安全知识培训和灭火逃生演练等活动，通过张贴消防安全知识挂图、讲解消防法律法规知识、发放消防安全知识资料，以传单和广播等形式向广大群众开展消防安全宣传。全年组织消防宣传教育活动51次，培训人员2775人，发放资料2万余份，1.3万余人接受消防安全教育。督促大队专职宣传队员强化消防监督业务学习，引导其在日常工作中既当宣传员，又当监督员和培训员。

（邹　莹）

【桃江县消防救援大队挂牌】 1月6日上午，桃江县消防救援大队举行挂牌仪式，县委常委、常务副县长张晓，市消防救援支队防火监督处处长陈平生，县政府办党组副书记、副主任孙大军，县应急管理局局长王建荣出席仪式。挂牌仪式由大队政治教导员彭蕾主持。张晓、陈平生为“桃江县消防救援大队”“桃花江消防站”揭牌。（邹　莹）

【桃江经济开发区消防救援站驻队揭牌仪式】 10月22日，桃江经济开发区消防救援站举行驻队揭牌仪式。市消防救援支队支队长伍秋生、县长黄劲、经开区工委书记熊跃明、主任曾钰彬，县应急管理局局长王建荣等领导和部门负责人出席。大队指战员、县应急管理局代表、经开区代表、乡镇代表共90余人参加。仪式由县委常委、常务副县长李丰主持。上午11时，驻队揭牌仪式正式开始。黄劲肯定桃江大队消防工作 取得的成绩，指出，县委、县政府重视消防工作，各乡镇也要加大对乡镇消防队的投入力度，落实好人员、经费、器材等保障机制，加强联勤联训，不断提高实战能力。伍秋生表示，桃江经济开发区消防救援站是全市首个投入执勤的小型消防站，标志着全市以“中心站为支撑、小型站为补充”的队伍建设思路迈出坚实一步。他希望桃江大队坚持队伍建设有关要求，努力推动消防救援各项工作。黄劲、伍秋生共同为桃江经济开发区消防救援站揭牌。（邹　莹）

【“迎国庆 保平安”多部门联合演练】 9月28日，县消防救援大队联合县应急、公安、交通、卫健等部门共70余人开展车辆事故应急演练，旨在提高道路交通事故的应急联动处置能力。（邹　莹）

【消防安全专项整治三年行动】 11月5日，县消防救援大队联合牛田镇应急办、派出所等部门开展全镇重点领域消防安全专项检查行动。检查组到辖区超市、网吧、酒店、加油站、茶厂等场所，检查单位消防疏散通道、安全出口、消防设备设施维护及消防工作责任落实等情况。针对检查发现的火灾隐患，当场反馈给场所负责人，提出改进意见，帮助制定改进措施，责令立即进行整改。（邹　莹）

【高速公路交通事故应急救援演练】 12月23日，县消防救援大队联合市应急管理局、湖南省高速公路交通警察局益阳支队、省高速公路集团有限公司益阳分公司、县应急管理局、县交通局、县人民医院等多家单位开展高速公路交通事故应急救援演练。（邹　莹）

【被困大货车司机获解救】 6月14日晚8时许，牛田镇印象花海附近发生一起车祸，驾驶员被困驾驶室无法脱身。接到报警后，县消防救援大队立即出动一辆消防车，6名消防指战员赶赴现场。同时与县应急局联系请求调动挖掘机做好拖车准备。消防救援人员赶到现场时发现，大货车撞上山体，车厢内大量黄土倾倒在驾驶室顶，因双向挤压，造成驾驶室完全变形，依靠扩张破拆无法救出被困人员。在弄清司机被卡位置后，指挥员立即制定救援方案，采用掀顶方式，打开逃生通道。指战员快速清理驾驶室顶堆积的黄土，使用液压扩剪钳、液压千斤顶对驾驶室实施掀顶扩张，使变形空间扩大。经过两个多小时紧张救援，成功解救被困人员。

（邹　莹）

乡镇概览

桃花江镇

【概况】 桃花江镇东临益阳市高新区，南接石牛江镇和高桥镇，西连浮邱山乡，北与益阳市资阳区毗邻。总面积180平方公里，其中耕地77118亩，林地64946亩，城区面积30平方公里。下辖18个村、13个社区，常住人口19万人，是全国“文明村镇”“中国竹制品名镇”“省级安全生产示范乡镇”。境内山体水体资源丰富，城区及周边重要山体有竹海风景区、黄金塘风景区和曾家坪资江河岸山体，有花果山、牛潭河、桃花江3个万亩堤垸，防洪大堤32.8公里。小（1）型水库2座、小（2）型水库20座，重点骨干山塘11处，小流域支流9条。该镇盛产楠竹，拥有竹林面积83305.5亩，是桃江县主要的竹林产区之一，洪山竹海、黄金塘等旅游景点是有名的风景旅游区。2020年，全镇财税收入1.62亿元，实现地区生产总值36.2亿元，同比增长4%；规模工业总产值43亿元，同比增长7.5%，其中竹产业产值15亿元。申报入规工业企业2家，全镇规模以上工业企业13家、限额以上商贸企业32家，农村电商、网店规模发展壮大，2020年桃花江镇入选“淘宝镇”。

经济发展。完成双季稻种植7.6万余亩，占比全县第一，创建以青山、川门湾、拱头山为核心的万亩双季稻生产示范片，打造梨树桥、金花桥2个千亩双季稻生产示范片；全镇11057户农户水稻全面投保，面积6万余亩，发放稻油水旱轮作项目资金12万元，发展绿肥种植8户1100亩。完成油茶造林628亩，建设笋竹两用林示范基地2500余亩，特色农业成效初显。招商引资：新签约星韵跃宇托管、生物质环保炭等项目2个，总投资2850万元；对接入园项目1个，投资3000万元；在谈项目2个，预计总投资1.52亿元；全年引进域外资金完成固定资产投资5.3亿元。村级经济：完成26个村（社区）集体经济组织集体收入的归集和编制，20个村集体收入年平均5万元以上，村级集体债务化解61万元，化债率8.63%，村级财务逐步规范。农村电商、网店规模进一步扩大，竹木加工企业依托“互联网+”和电商平台转型升级、快速发展，株木潭村、石高桥村入选2020年淘宝村。

县城建设。积极探索从原“拆一还一”的地基安置转向集中建房安置与商品房购买安置的复迁安置新路子，4月，在中国供销农商城项目中启动安置转型试点，成功实施17户新拆迁户的商品房安置。全年完成征地404亩，拆迁房屋53栋，迁坟799座，42处复迁地完成报批手续，安置放样1888间，储备安置商品房20100平方米，妥善处理征拆安置疑难遗留问题50起。根据乡镇机构改革要求，2月，桃花江镇组建综合行政执法大队，依区域划分为4个组开展查违控违拆违和“三抢”整治工作。全年依法拆除违建187处27706.3平方米，妇幼保健院、人民医院南院、教师发展中心等项目区存量违建全部清零。“三抢”整治抢栽抢种苗木20.6亩，整治成效明显。双创工作：3月起全面推行社区网格化管理，成立31个新时代文明实践站，按月开展志愿服务活动，通过市容市貌、环境卫生综合整治，清除城区“菜园子”7000余平方米，退养畜禽1000余只，整治粪池旱厕11处，施划停车位1700个，168处城市角落实施“微工程”改造，居民生活环境获改善。11月2日，经县人民政府批准，杨家坳、打石湾、牛潭河3个村转为城市社区。

生态治理。7月，开展重点水域“清河行动”夏季攻势专项行动推进禁捕退捕工作。全镇211条“三无”船舶全部上岸处置到位，回收并销毁捕鱼网具10吨。组织联合执法行动19次，查处捕鱼事件3起，没收渔具600余件。10月，全镇机关干部“一对一”帮扶退捕渔民，开办免费职业技能培训和组织渔民专场招聘会，引导退捕渔民转岗、创业。开展污染防治，秋收时期专设一支350人的秸秆禁烧巡查队，每天在全镇主要公路、村（社区）主干道沿线开展巡查，焚烧秸秆、垃圾等现象较上年减少1/3。常态化督查建筑工地污染防治、路面冲洗、渣土运输覆盖等情况，调查处理和回复环保投诉17起，依法关闭拆除砖厂1家。启动新一轮农村改水改厕，安装建设治污设施设备1800户。推进水环境保护，查处河道非法采砂、侵占河岸等事件12起，清“四乱”打造示范河湖，獭溪河桃花江镇段获评2020年湖南省“美丽河湖”。

乡村振兴。2020年，全镇11个产业扶贫示范项目共帮扶贫困人口1298人；义务教育阶段无一人因贫失学辍学，顺利实现全部贫困人口脱贫。3月，在农村构建起镇村组三级组织，建立367个网格，实现全镇农村党员群众管理全覆盖。农村人居环境整治三年行动圆满收官，建立起村庄人居环境长效管护机制，在8月全市人居环境整治考核中，桃花江镇获评全市“十佳乡镇”。大华村美丽乡村建设稳步推进，莫应丰故居、扶贫日记馆、文化广场等景点建设开工，并于12月举办一次“乐跑乡村”活动，吸引全市300余名跑步爱好者和游客齐聚大华。

民生事业。开办8期免费职业技能培训，实现新增城镇就业850人、农村劳动力转移就业410人、贫困劳动力稳定就业542人。完成第七次全国人口普查登记，户籍摸底清查和上传户主姓名底册86335户、PAD入户正式登记213057人、长表抽样登记6619户。

文教卫事业。8月24日，桃花江镇中心学校揭牌，新学校总建筑面积5万平方米，规划办学108个班。完成合作医疗参保人数101456人，城乡居民养老保险、医疗保险参保率持续增长，镇中心敬老院完成工程建设。文化产业健康发展，通过举办全民健身运动会、“欢乐潇湘”系列群众晚会、“文化惠民—送戏下村”等活动丰富群众文化生活。社会大局：3月，桃花江镇采取疏堵结合、规范管理的整治办法对辖区内的“马路市场”进行专项整治，取缔关闭马路市场9处。6月暑期防溺水工作，在宣传、巡逻全覆盖的同时，自制千余根竹子救生杆，最大限度减少溺亡事故的发生。全年组织安全生产执法行动51次，检查生产经营单位126家，调处矛盾纠纷427起，办结市长、县长、镇长热线452件，有效化解群众来信来访83件，社会大局安全稳定。

政府建设。改造全镇村、社区便民服务中心，建设10个示范型、13个标准型、8个基本型村（社区）综合服务平台，实现“一键受理、一站办结”，解决“挂牌过多过滥”等突出问题，完善金融、物流、销售等服务，满足农产品销售和群众需求。《一个扶贫队长的日记》同名MV及广场舞火遍全国，先后被“学习强国、新华网客户端、央视频、红网”等多个平台采用推送。

疫情防控。1月23日，镇成立疫情防控工作领导小组，全体镇村干部放弃休假，动员社会各界建起“联防联控、群防群治”体系，以网格化管理模式和“五包一”防控措施，做好重点人群、重点场所、交通要道精准防控工作，共检测各类返桃人员1428人，核查大数据6000条。2月下旬，派出驻企联络员27人，驻种粮大户联络员114人，深入村组、企业对点对户分散指导，引导动员群众和各类经营主体错时段、错地块开展春耕备耕，做到疫情防控与复工复产“两手抓、两不误”。组建32个疫情防控临时党支部，3000余名党员、500余名妇联执委、20余名乡村医生参与卡口值守、物资代购、体温检测、消毒消杀等工作，13个“两新”党支部发挥各自优势，动员、引导、汇聚疫情防控合力。桃花江社区支书董建辉获“湖南省抗击新冠肺炎疫情先进个人”称号。（高　超）

【执法改革】 2月，根据乡镇机构改革要求，桃花江镇整合民政、人社、国土、规划、生态环境、卫计以及农林牧渔等方面的行政执法职责、执法力量和资源，组建镇综合行政执法大队，开展辖区日常执法和重大案件线索巡查，并依法相对集中行使行政处罚权。执法大队共25人，实行一支队伍执法，实现从“多头执法”到“集中执法”转变。全年开展执法活动200次，共拆除违建

▲ 4月28日，近桃社区第一场网格会，居民向新上任的网格长、楼栋长提问题、出主意（高　超／摄）

187处27706.3平方米，整治非法抢栽抢种苗木20亩；查处非法盗采砂石11起、非法捕鱼3起、乱占耕地建设行为10起，行政征收社会抚养费13例，并配合常益长高铁建设协调处理纠纷、迁坟、恢复水系等工作。（高　超）

【网格化管理】3月，桃花江镇搭建“城乡管理2张网”。通过“网格长＋楼栋长＋志愿者”的管理模式，全面推行社区网格化管理，90名网格长、187名楼栋长和1100名志愿者成为社区管理的“主力军”，全年通过召开100多场楼栋长会、屋场会、巷道会，以有奖问答、创文花鼓戏演出等形式，让群众理解、接受、参与文明创建；通过镇、村、组三级网格化管理和志愿服务工作组织架构，建立367个网格，选任171名镇级指导员、100名村级网格长、3544名网格员、424名信息员，联系农户58135户，实现全镇农村党员群众管理全覆盖。（高　超）

【农房确权登记颁证】5月，桃花江镇启动农村宅基地和集体建设用地房地一体确权登记颁证工作，工作人员逐户上门收集户籍资料、进行房屋丈量、拍摄房屋图片等，对所有涉及农村宅基地和集体建设用地的行政村内每一宗地实地调查核实、现场指界；掌握辖区范围内房屋土地产权状况，查清每一宗宅基地和集体建设用地的土地权属、房屋权属、位置、界址、宗地和房屋面积、用途和地上房屋等建筑物、构筑物基本情况，确保确权全面、真实、准确、合法。至2020年年底，外业调查已完成，总计农村宅基地和集体建设用地2.5万余宗，内业工作完成70%。（高　超）

【3个行政村“村改居”】11月13日，桃花江镇杨家坳村、打石湾村、牛潭河村3个村举行“村改居”揭牌仪式。“村改居”的3个行政村中，2个位于桃江县城区，1个位于县经济开发区。随着桃江城镇建设和经济社会的发展，3个村抢抓机遇，利用区位优势，通过人居环境整治、文明城市创建等工作，逐步完善道路、供水、教育、文化等基础公共服务设施，农民的居住环境、就业结构、公共服务与城市的差距缩小，原有村民居住模式也变为以小区为单元。县政府于11月2日批准杨家坳村、打石湾村、牛潭河村3个村转为城市社区。（高　超）

【獭溪河桃花江镇段获评湖南“美丽河湖”】2020年，桃江县獭溪河桃花江镇段入选省级“美丽河湖”，镇农业综合服务中心主任张建军、民间河长李球安获评湖南省“最美河湖卫士”。獭溪河又名桃花江，发源于桃江境内的桃花湖，在桃花江镇段全长9公里。河长制工作推行后，该镇以水域岸线管理、水污染防治、水生态修复为重点，开展“清四乱”专项行动，退养大型养殖场2处，关闭排污口3处，将县城污水引入城外污水处理厂，并设河道保洁人员10名，定期清运河道和河岸垃圾，69名镇、村两级河长巡河率100%。（高　超）

浮邱山乡

【概况】浮邱山乡总面积122平方公里，辖17个行政村，人口5.9万人，耕地面积3804公顷，水田2920公顷，林地面积6016公顷。2020年，实现生产总值10.18亿元，完成财政总收入1500万元，完成固定资产投资2.5亿元。

农业发展。打造2个千亩水稻示范片、1个千亩油菜示范片、1个500亩蔬菜示范片和1个千亩稻肥示范片。培育省级农机示范合作社1家，县级示范家庭农场1家；发展竹笋产业，以“合作社＋高标准笋用林示范基地＋农户”的形式，率先在田家冲村创建村级集体经营模式。全乡已成立4个竹笋生产专业合作社、2个笋竹加工厂，带动1000余名农村劳动力挖笋，产笋量75万公斤。

工业产业。浮邱山循环经济建材工业园内新宇建材公司、方成建筑新材料公司、德基新材料公司投产，金桥石业试投产，其中新宇建材公司和德基新材料公司已创税160余万元。建立党政班子成员联系服务企业制度，对乡域内12家企业分别明确1名班子成员挂牌上岗，为企业投资项目手续办理提供绿色通道，维护企业施工环境，协助调处矛盾纠纷，为企业提供优质服务，帮助企业做大做强。

第三产业。以浮邱山景区为依托，发展乡村休闲旅游，鼓励农家乐、特色民宿发展。全乡17个村均建立商务中心，快递、助农取款等业务已入驻。重点推进"炭山桥村腐乳""白家河蔬菜"等特色农副产品电商平台销售，增加农民经济收入。

三大攻坚战。发展产业扶贫车间2个，完成23户危房改造，为292名学生发放春秋季教育补助资金，2020年脱贫155名贫困群众，全乡2535名贫困群众稳定脱贫。推进人居环境整治，柏白线、桃马线、桃浮线示范路段，毛家港示范河港，水口山集镇示范集镇引领全乡人居环境整治，形成全乡整体协调推进局面。被评为2020年全市农村人居环境整治第二轮双月评比"十佳乡镇"。乡域内103艘"三无"（无船名船号、无船舶证书、无船籍港）船舶处置到位，资江砂石整治取得进展。发动310名党员定期开展义务劳动、带动当地群众自觉行动，引导沿线农户科学处理生活污水、进行粪污科学综合利用。对6条溪港定期进行清淤疏浚和垃圾清理，对9000多米溪港、河岸线实施坡面衬砌。由村级保洁员加强常态化维护。整治、整改31家预制场、轮窑砖厂、锑品冶炼厂、畜禽（水产）养殖场等企业，达国家环评标准。鼓励和支持开发年产值200万元至1000万元的绿色产业基地29处，吸纳1100多名本地劳动力就业。创建省级安全生产示范乡镇，全年未发生较大及以上安全生产事故。成立领导小组，抓好新冠病毒肺炎疫情防控工作，全年无确诊、疑似病例，无咳嗽、留观人员。

▲5月13日，湖南省政协党组副书记、副主席戴道晋（前排左三）调研浮邱山循环经济建材工业园（杨加华／摄）

交通和水利建设。完成14公里自然村通村公路、3座危桥改造建设。开展"四好农村路"示范创建工作，投入资金100万元维修50公里路面破碎部分。投入资金54万元安装临河路段护栏约3000米。农田水利建设方面：完成2000亩高标准农田建设主体工程。完成11.5公里沟渠建设、1座小（2）型水库、22口骨干山塘清淤除险加固。水口山村、田家冲村、担水坝村农村安全饮水工程通过县级验收，并投入使用。完成赵家边山省级地质灾害点治理。

民生改善。2020年，全乡居民医疗保险参保47082人，全乡16～59周岁应参加新型农村社会养老保险20420人，参保缴费18176人。乡农村劳动力转移275人，城镇新增就业困难人员150人，开办创业培训班3期，培训人数140人次，为17户个体工商户、下岗职工、小型企业主申报贴息贷款300万元。建档立卡贫困户劳动力交通补贴366人，补贴金额11万元。劳动力资源信息采集30613人，就业比例95.23%。为17名重度残疾人申请"阳光家园计划"居家托养补贴；为40名残疾人机动车驾驶员办理燃油补贴。实行城乡低保动态管理，核减农村低保36人，新增低保76户、104人，五保户新增14人、核减15人，城乡低保实现应保尽保、应退尽退。

（杨加华）

【"一门式"服务获推介】 浮邱山乡将公安、市监、党务政务综合、财政（收费）、自然资源住建、社会事务、农业农村等便民服务窗口均设置在乡党群和政务服务中心，配置ATM

存取款机、一卡通查询、政务查询等设备，并将69项高频事项受理权限下放到17个村，如老年优待证、生育登记证等可由村级受理、乡镇线上审批、村级发证，让数据多跑路、群众少跑路。同时以网格化管理为抓手，对不方便办理、不会办理事项的老年人、残疾人等弱势群体，由网格员提供上门服务，让该类群众足不出户即可完成事项办理。6月12日，市、县基层公共服务（一门式）全覆盖现场会在浮邱山乡召开。

（杨加华）

【网格化管理全面推行】 17个村全面推进网格化管理，按照地域、人员相熟、便于管理的原则，全乡共设立65个网格，每个网格建立网格化管理团队。以网格为单位，与网格内村民签订道德承诺书，为网格内的每一名群众建立道德档案，对个人不合理的矛盾纠纷、党员不履行义务、违纪违法等不良行为，以及对积极支持村支“两委”工作、积极为村民服务、参与公益事业等良好行为，均在道德档案中予以记录，规范群众行为，助力文明乡村建设。2020年，网格内矛盾纠纷调解400件。（杨加华）

【健康扶贫家庭医生签约服务“回头看”】 10月21日，浮邱山乡卫生院启动健康扶贫家庭医生签约服务“回头看”工作。17个团队家庭医生按照国家基本公共卫生服务规范，分片包干、联合入户，对全乡1036户2536人建档立卡贫困人口等重点人群家庭医生签约服务进行“回头看”。每到一户，他们都耐心细致地询问签约居民的身体状况，并详细讲解常见病的预防要求和日常注意事项，叮嘱其健康饮食，并发放健康扶贫宣传资料，让签约居民了解健康扶贫政策，熟悉自己的签约服务包内容及签约医生和团队。通过为期16天的“回头看”，健康扶贫工作取得实效。

（杨加华）

【桃江汽车西站项目征地拆迁】 桃江县汽车西站工程位于浮邱山乡，县城南环线、西环线交界处，占地面积57566平方米，其中涉及征地拆迁房屋10栋18户35人。2020年，浮邱山乡采取上门宣传、召开“屋场会”、走访被拆迁征地农民等方式做好思想工作，确保群众合法利益。仅半个月，就成功与所有拆迁户达成协议并签订《桃江县汽车西站工程建设征地红线内房屋拆迁补偿安置协议书》。同时根据“六稳”“六保”要求，该乡充分考虑征拆群众的实际情况及意愿，采取有利于拆迁户生产生活的方式对被拆迁征地农民进行安置。（杨加华）

高桥镇

【概况】 高桥镇地处桃江县城西南15公里，东邻石牛江，西接鸬鹚渡，南毗松木塘，北连桃花江，全镇辖10个行政村，总人口32166人，面积96平方公里，耕地面积2.7万亩，山林面积10万亩，辖区内有罗溪、静乐庵、张家冲3个上型号水库。是“市级禁毒示范乡镇”“市级卫生乡镇”“市信访三无乡镇”。2020年，全镇实现生产总值3.68亿元，同比增长3.7%；实现规模工业增加值2.79亿元，同比增长4.3%。完成固定资产投资3.2亿元；完成税收707万元，同比增长1.12%；实现社会消费品零售总额1.87亿元，同比增长5.8%；实现人均纯收入24547元。

经济发展。现代农业：完成双季稻面积9370亩，创建绿色高效双季稻示范片3800亩，一季稻优质率达90%。黎燕军家庭农场获评省级示范家庭农场，葛产业园即将入驻横马塘，农业质效双收初见成效。完成石井头、高桥两个镇级竹笋示范基地建设。工业企业：引进湖南钜鑫竹木科技落户横马塘村、桃江臻盈五金铸造公司落户石井头村、湖南京冀农业选址高桥村、景田矿泉水公司落户荷叶塘村，共计投资1.9亿，科惠汽配二期建成投产，积极对接引进上市公司建设开发石井头石洞绿色矿山。全域旅游：完善罗溪旅游基础配套设施，投入资金2000多万元，完善建设风雨长廊、氧吧木屋、溯溪游步道、果茶基地、野生茶园、樱花谷等一系列旅游基础设施和旅游景点建设，积极利用新闻媒体加强宣传报道，提高知名度。加强旅游整体规划，罗溪旅游公路纳入“十四五”规划，顺利开展景区收费，年接待游客10万人次，罗溪旅游休闲区获评2020年益阳市四星级乡村旅游区。

城乡建设。硬化农村公路30公里，黑化公路2.4公里，危桥改造2座，新装公路安防设施10公里，新装路灯100盏，完成S230二期高桥至松木塘公路建设的申报和线路勘测工作。加大电力设施建设，完成高桥小水电自供体整治和电力设施改造。率先开展生活污水处理设施项目建设，污水处理厂及配套管网系统建设有序开展，建成三格化粪池520个，生活污水处理率达到90%。投入资金30余万元，启动张家冲水库除险加固建设，楠木冲山塘已纳入维修项目。完成5口山塘清淤和近秋支渠的清污疏浚。筹措资金200万元维修政府办公大楼，增设停车位262个，全面取缔马路市场，有效缓解了集镇交通拥堵与脏乱差状况。

三大攻坚战。改造危房28户，完成贫困户自产自销576371元，实现教育扶贫全受益、健康扶贫全参保、兜底保障全救助、产业帮扶全覆盖，全镇197户433名贫困人口顺利脱贫，高桥镇被评为全市脱贫攻坚先进镇，罗溪村被评为全省30个脱贫示范村之一。建立扶贫小额贷款预警、清收机制，清收县农商行不良贷款1800余万元，牢牢守住金融风险底线。聘请6名河道保洁员，对河岸垃圾、水面漂浮物定期打捞清运，实现水面垃圾不出境。整治黑臭水体2处，完成大林村子云庵地质灾害治理1处，全面开展“清河行动”，实行禁捕日夜巡查制度，严查电鱼、网鱼、毒鱼等行为，全力维护河道生态环境。人居环境整治工作获评全市“十佳乡镇”和县先进乡镇。

社会事业。组建高桥镇新时代文明实践志愿服务大队，开展“喜度端阳、欢迎七一”“壮阔四十年，奋斗新时代”“喜迎国庆中秋双节”“加强法治宣传教育，服务经济社会发展”“打击非法集资文艺会演”等文明实践宣传、会演活动30次。开展文明村创建，松柏村成为市级文明村。基本建成高桥镇公益性公墓，新建村级文化广场3个，同时打造红色旅游路线。排查安全隐患80处，开展校园周边环境专项整治行动5次，整治商贩5家，违规接送车辆5辆。开展共建群防群治工作，组织设置10支志愿巡逻队。做好信访化解工作，全镇调解矛盾纠纷117起，信访事件10起，处理热线51件。完成社会面摄像头安装384个、行车卫士安装381台。全年治安案件28起，调解11起，拘留3人，刑事案件22起，逮捕6人，获评全市综治平安先进乡镇。加强镇应急能力水平建设，投入资金50万元，完善消防器材、设施，开展安全生产专项整治三年行动，全年没发生安全生产事故。

基层治理。完成村支“两委”换届选举试点工作，调整村干部4名，新增优秀年轻干部13名。推进基层公共服务“一门式”全覆盖和“网格化”工作，75项服务事项已进村办理，商务服务、公共文化和社会服务已完成进驻，全镇建立基础网格105个。（莫朝苏）

【早稻生产】3月，高桥镇成立粮食生产领导小组，由班子人员包村，加强对早稻生产的领导。派出74名机关干部对74户种粮大户进行“一对一”结对帮扶，帮助解决早稻生产中存在的困难与问题。镇农业综合服务中心对全镇8家农资经营门店的种子、农药、化肥等农资产品的储备数量、进货渠道、产品质量、价格等进行检查，确保种粮农户能买到放心农资。农技专家到农户、田间地头开展种子消毒、浸种催芽、营养泥制作、播种覆膜、田间管理一条龙服务指导。全镇基本完成2020年早稻生产任务。

（肖　瑶　石健康）

【祁圣芳　张媛媛到高桥调研】4月17日，省人大常委会委员、社会委主任委员祁圣芳，省妇联党组成员、副主席张媛媛一行，到高桥镇就《湖南省家庭教育促进条例》立法调研。调研组一行先后调研高桥镇横马塘村妇女儿童之家、小山湾学校，了解高桥镇家庭教育工作开展情况，与高桥镇及学校负责人座谈，就如何加强全民家庭教育，及提高教师地位等问题进行交流。（夏叶荷）

【拖拉机顽瘴痼疾专项整治】11月，高桥镇联合多部门开展交通顽瘴痼疾整治行动，对全镇217台拖拉机摸底清查并建立安全台账，查处和打击违法违规驾驶，拖拉机逾期未检验、逾期未报废，不符合安全运

▲9月17日，高桥镇村支“两委”换届试点工作动员暨培训会（谢　达／摄）

行条件上路行驶问题。全镇原有问题变型拖拉机33台，整治后报废31台、补检2台；在用拖拉机中问题拖拉机142台，已注销50台，公示公告注销50台，补检42台。拖拉机无牌无证、不检审、带病上路等问题已获彻底整治。（杨　妓）

【村支“两委”换届试点工作】 10月21日，高桥镇启动村支“两委”换届试点工作。截至11月28日，全镇10个村的村委会换届选举工作已全部结束。选举工作程序严谨，平稳有序，实现全面坚持党的领导、党组织书记主任“一肩挑”、支委村委交叉任职、落实组织意图、依法依规和确保大局稳定六大目标。新一届村支“两委”成员共62人，“一肩挑”比例100%。平均年龄45.6岁，35岁及以下15人，占总人数的24.2%；大专及以上学历人员30人，占总人数的48.4%，班子成员综合素质得到提升，工作活力增强。

（莫朝苏）

修山镇

【概况】 修山镇下辖3个社区、9个行政村，总人口3.84万人，常住人口2.9万人左右，总面积93平方公里，镇区建成区面积2.5平方公里，耕地面积1496公顷，林地面积6066公顷，其中竹林面积7.6315万亩，立竹1593.4843万株。2020年，实现生产总值20.17亿元，同比增长4.1%，其中工业总产值20.5亿元，同比增长3%，规模工业总产值5.42亿元，同比负增长0.03%，农业总产值4.06亿元，固定资产投资1.7亿元，同比增长11%。实现财政收入2288.8万元，同比增长7%。

公共服务。率先在全市开展“一门式公共服务”整镇推进试点工作，全镇12个村（区）社区均建成商务中心，75项党务、政务服务事项进驻各村（社区）综合服务平台，村民“足不出村”便能在村民服务中心办理邮寄包裹、看病就医、存取款、交“三费”（电费、水费、话费）等20多项便民业务。修山“一门式”公共服务工作先后被《学习强国》、省市县各级主流媒体推介报道，花桥港村、三官桥村、舒塘社区等先后接待省内各级各地学习考察调研团队40批次。

网格管理。全镇共组建基础网格86个，选出网格员485人，覆盖全镇8998户农户。制作网格员特色标识网格员小红帽和小红本1000份。6月在全市率先拍摄《我是修山网格员》宣传片，在“学习强国”等多家主流媒体进行宣传。10月23日花桥港村表彰奖励16名优秀网格员。

城镇建设。投资300万元的羞女山景区游步道建设项目启动，游客接待与体验中心已竣工，配套停车场完成前期工作，10月成功承办桃江县首届湿地文化节开幕式暨羞女湖流域湿地保护网络创新联盟授牌仪式活动。总投资2200万元的三官桥小学整体搬迁项目已实现秋季招生入驻；总投资2000余万元的人人家购物广场10月对外营业；投资1100万元的洞庭湖流域化肥农药农业废弃物污染整治项目完成竣工验收；修山镇老渡口小商业中心、机关食堂、公益性公墓等项目正抓紧建设。树立城镇经营理念，年内对三官桥集镇两宗国有土地进行公开挂拍出让，加强与县城投公司合作，邀请前期开发修山集镇一处70余亩用地。

社会事业。筹资80万元，修复加固镇域内20余处破损公路、隐患地段。农村客运班线已实现12个村（社区）全覆盖。推进人居环境整治，获市级人居环境“十佳乡镇”、全市河长制工作“十好乡镇”，镇长薛浩获全市“十佳河长”称号，镇人居环境垃圾分类和环保工作获“学习强国”、《湖南日报》、湖南经视等媒体报道。

社会治理。镇维护社会稳定，化解社会矛盾；扎实稳妥做好禁捕退捕和渔民转产转业、社会保障工作，591名渔民群体整体稳定。舒塘社区的“枫桥经验”和“道德档案”模式多次被市县考察调研，作为实践模式在全县推广。

产业发展。做大做强修山面业，向省市农业部门申报“面业小镇”特色小镇，多次协调修山面业企业，整合市场资源，成立修山面业协会；已申报“桃江修山面”国家地理商标；完成修山面业工业园的规划选址；先后9次与广西国辰投资集团沟通协商工业园建设事宜。新引进的修水水利、汉宇建筑、翔飞食品、大队长农业、鹏辉生态农场等一批企业落地修山，年内均建成投产。

（阳　婷）

【花桥港村获评市级文明村】 2020年，修山镇花桥港村获评2018—2019年度市级文明村。2018—2019年，花桥港村采取“内外结合”的方式，先后举办文明村创建业务培训班和首届“圣恩杯”采茶比赛；组织村（组）干部和全体党员到安化、浏阳等地学习人居环境整治工作经验。探索实践人居环境整治、农田水利建设、社风民风改善与全域旅游开发的相互融合。依托光伏发电、黄桃种植、畜禽及水产养殖、传统工艺品加工，让村民获得更多收益。调动农户的积极性，每年种植绿肥400多亩，既改良了土质、为稻田丰产打下基础，又为整个村庄增添亮色。（陈耀新）

【王少峰到修山调研】3月24日，省委常委、组织部部长王少峰到修山调研基层党建工作，市委书记瞿海、市委组织部部长杨爱云、县委组织部部长蒋耿等陪同。王少峰先后到修山镇康家村笋竹两用林基地、花桥港村委会实地察看村级集体经济项目，他肯定当地整合资源推进"一门式"服务的做法，强调要加强基层党的建设。

（李成刚　杨雅靖）

【修山镇工会联合会获评湖南省百佳乡镇工会】2020年，修山镇工会联合会成功创建为湖南省百佳乡镇工会。修山镇工会联合会现有基层工会28个，其中村级工会联合会10个，区域性工会联合会1个，企业工会14个，全镇有工会会员875名，女工会员398名，涵盖面业、茶业、米业、特色种养合作社等领域。

（修山镇工会联合会）

【修山镇河长制工作获益阳市表彰】修山镇获评全市"十好乡镇"，镇长薛浩被评为全市"十佳河长"。修山镇严格按照"洞庭清波专项整治行动"的总要求，全力打好河长制"重点战""攻坚战"，打造"生态河流，秀美修山"。（汪建华）

【邓资益到修山调研】12月9日，团省委基层组织建设部部长邓资益到修山八都村、大队长农业有限公司调研农村基层团组织建设及服务青年情况。邓资益到八都村与镇村团组织深入交流，了解村级团支部、青年之家阵地建设、团员青年活动开展情况。到湖南大队长农业有限公司，了解企业青年团队立足农村、服务农民、投身脱贫攻坚的基本情况，她要求各级团组织要为青年创业、发展搭建好平台，引领他们发挥作用，为经济社会发展做出贡献。

（鲁定红　陈亚雄）

【多村开通城乡交通】7月28日，修山镇多个村（社区）开通城乡交通路线。一直以来，修山镇将改善村民交通出行、提升群众幸福感作为一项重要工作来抓，继三官桥村、洪山村开通镇内城乡公交后，党委政府同上级部门、交管和公交公司多方协商沟通，将原来三官桥村至桃江湘运的公交车线路延伸至花桥港村三岔路口，并开通八都村檀树界到桃江湘运汽车站路线。

（任冬阳）

▲12月10日，花桥港—九都峡康线渠道整体维修完成　（薛　浩／摄）

沾溪镇

【概况】沾溪镇距桃江县城16.5公里，与三堂街、修山、浮邱山、鸬鹚渡、大栗港5个乡镇搭界，全镇辖7个村、2个社区，总人口30364人，其中农业人口23415。总面积65平方公里，其中耕地面积21723亩，山林面积6688公顷，森林覆盖率48.8%，属典型的丘陵地貌。2020年，沾溪镇完成地方生产总值5.64亿元，同比增长10.1%，固定资产投资2.1亿元，同比增长43%，实现财政收入2326.58万元，同比增长17%；规模工业2.83亿元，同比增长12.8%，城乡居民可支配收入预计达到19748元，同比增长11.4%。

产业发展。洋泉湾结合美丽乡村建设，发展文化旅游产业，重新组合文化旅游公司。公司投资50万元对洋泉湾旅游景区重新进行规划定位，计划投资8000万元，利用当地竹子元素，展现地方文化，营造乡土氛围，将洋泉湾打造成一个乡土气息、地域独特的乡土装饰、反映湖湘大地乡土风情的乡村旅游网红新景点。突出产业特色，形成以罗氏沼虾、洋泉湾小龙虾、长田坊大闸蟹、白沙洲鳗鱼为拳头产品的特色养殖产业、以伍家洲益丰厚茶厂为代表的茶产业、以洋泉湾风景旅游区为核心的乡村旅游业和以贺家坪水稻专业合作社为核心的优质粮食生产业。全镇依托现代农业和乡村旅游业，实现一、三产业高度融合，助推乡村振兴。工业发展：东坤电机投资300多万元，吸收劳动力50多人，助推全镇工业发展。

网格管理。全镇共组建基础网格98个，选出网格员497人，覆盖全镇8183户农户。7月，《桃江沾溪九螺坊村："网格化"网出美丽新农村》一文获人民网、"学习强国"等多家主流媒体报道。各村（社区）网格员在疫情防控、防汛抗旱、禁捕退捕、防溺水、禁止秸秆焚烧、森林防火、综治民调、人居环境整治、人口普查、移风易俗等工作中充当主力军，成为沾溪镇基层治理的新力量。

镇容村貌。拆除空心房4712平方米，清理各类垃圾1126吨，绿化美化面积4326平方米，卫生改厕470户。按照乡村环境"三清一改"的具体要求，伍家洲、洋泉湾两个人居环境整治示范点工作已见成效；沿路乱堆乱放、乱搭乱建等现象得到改善。投入1000余万元，建设污水处理厂1个；投入300多万元，建造高标准文化广场1个；投入100万元，完成黑臭水体整治1处；投入40万元种植"美国红枫"，打造"桃荷公路"网红打卡点；投入30万元，完成2处非正规垃圾堆放点整治；投入30万元，完善镇区基础设施，拆除镇区牛皮癣、整治镇区卫生死角、规范镇区停车秩序，提高镇容镇貌。开展禁捕退捕工作，全年巡河执法80次，查处专治违法捕捞案件2例，警告相关涉渔人员15人，收缴捕鱼工具背包式捕鱼机2台、渔网150米、地笼230条，参加禁捕退捕工作人员806人次。通过精准识别其中原有8户持证兼业渔民，只保留2户，收缴切割捕捞船舶8艘，其捕捞渔具渔网由渔政部门收缴销毁，71户无证兼业渔民已下达禁渔通知书。全镇230艘"三无"船舶（其中94艘船只、136艘伙排），保留36艘，其余已全部销毁。清缴渔网5421公斤、地笼王7346公斤。

文旅产业。全镇登记在册的广场舞队等文娱组织达27个，农家书屋更新图书600册，组织送戏下乡5场次，受到群众好评。全镇旅游业虽受疫情影响，但洋泉湾景区逆势而上，不断提质升级，新增皮划艇等娱乐项目，通过组织网络直播带货等活动，增加人气，促进增收，取得良好效果。洋泉湾村被评为湖南省乡村旅游重点村（第二批），沾溪镇在桃江国家全域旅游示范区创建中被评为一等奖。

社会治理。启动安全生产专项整治三年行动，检查企业、门店、校园、商场、渡口90余次，查出安全隐患30余处，下达立即整改通知书28份，当场指导整改28处，并派专人督促企业整改，整改率100%，安全生产形势整体平稳。交通问题顽瘴痼疾集中整治、治超治限、食品药品安全、防溺水工作扎实有效。推行网格化管理，全年调处各类矛盾纠纷200余起，处理信访问题28起。获评全市信访工作"三无"乡镇优秀单位，禁毒工作全县排名第一。

三大攻坚战。脱贫攻坚：完成危房改造25户，发放小额扶贫信贷353万元，雨露计划资助学生35个，开发公益性岗位21个，实现剩余41户94名贫困群众脱贫。出台防止返贫致贫监测和帮扶实施方案，开展脱贫质量"回头看"，易地搬迁后续帮扶等巩固措施有力，教育、医疗和兜底保障等帮扶政策落实到位，守住"两不愁三保障"底线。污染防治：全县第一批完成污水处理厂及配套管网建设，完成1175户农村污水改厕项目。贯彻长江流域"十年禁渔"决策部署，全镇8户23名退捕渔民得到妥善安置、74艘"三无"船舶拆解处置到位。全年实现秸秆焚烧卫星监测零火点目标。风险防范：政府债务管理进一步规范，年度化债任务全面完成。清收农商行不良贷款工作全县排名第一，414.5

▲8月6日，湖南农大博士团下乡　（镇党政办供图）

万元扶贫贷款全部还贷，扶贫小额贷款实现“零逾期”。（申　星）

【春耕生产播种增加5000亩】3月5日，沾溪镇党委、政府组织全镇种粮大户召开春耕生产部署会，安排74名干部对种植面积超30亩的种粮大户进行“一对一”结对帮扶，指导他们和农户有序开展春耕生产，帮助协调解决种子、农资、技术、资金、防疫物资等方面的困难和问题。全镇早稻面积比2019年增加5000多亩。（申　星）

【“直播带货”销售】沾溪镇受新冠肺炎疫情影响，各村农副产品销售困难。4月24日，沾溪镇党委书记当“网红”，为农副产品“线上直播带货”。通过2个小时的网络直播，百两花卷茶成交1286单、白沙臻茯黑茶成交2476单、黑茶砖成交4589单，销售总额达60万元。（刘　霓）

【湖南农大“博士团”助产助农】8月6日，湖南农大博士团在李宗军教授的带领下走进沾溪镇，以实地考察、动手实践，问卷调查的方式，到企业、医院、学校、农村、机关等基层一线，就生态旅游、特色产业、绿色农业、营养膳食、老年健康、科技开发、公共卫生服务等领域开展为期7天的“桃江县旅游特色农产品资源挖掘、农业科技推广与百姓营养健康调查”活动。（申　星）

三堂街镇

【概况】三堂街镇辖15个行政村和1个社区，总面积173平方公里，其中耕地面积3200公顷，年末人口数6.7万人。2020年，完成规模以上工业总产值8.74亿元，完成固定资产投资3.08亿元。完善和制订《三堂街镇村级（社区）财务监管办法》，完成16个村（社区）的财务清理。

农业农村工作。全年发展双季稻1.4万亩，油菜种植面积8000亩，紫云英种植面积1800亩。通过竹产业工作年初规划，确定发展笋竹两用林基地1100亩，镇级示范基地700亩，村级示范基地100亩，带动林户新建基地300亩的工作目标，镇级示范基地700亩已达验收标准；完成全镇农业耕地面源污染调查摸底造册工作，并启动实施3200亩改良工作。成功伐除1213株枯死松木，清理农民房前屋后松柴疫木1吨多，开展治蝗行动，将成灾率控制在4‰以内。发放移民补贴105万元，完成特种养殖场的存栏摸底造册与退养退场补贴实施工作，发放补贴资金420万元，非洲猪瘟防控、动物检疫等工作扎实开展。农村基础设施建设：投资900万元的合水桥村虎形灌区低压管网节灌工程项目完成竣工验收，王母村、晚谷村农饮水工程完成扫尾工作并投入使用，龙牙坪村农饮水提质改造工程已竣工，胡家坳村、三堂街村、九峰水厂管网延伸工程已完成竣工验收。完成24.5公里林道建设的验收，17公里林道建设的计划上报工作。完成组级公路硬化4公里，完成危桥改造1座；成功处置龙牙坪窑山村山塘、三堂街神仙洞山塘、接龙桥下栏村山塘及龙洞村水库的险情，并对全镇29座上型号水库和重要骨干山塘及其他存在隐患的涉水工程进行彻底的排查摸底。资江河道禁捕退捕工作，精准识别渔民94户140人，全部完成社保代缴工作，累计完成48艘渔船吊装上岸，拆解渔船210艘、竹筏148艘。收缴渔网地笼等渔具10余吨，各类渔船挂牌45艘，发放渔民各类生活补贴45万元；完成省河湖“清四乱”工作和资江三堂街段的调查摸底工作，对“清四乱”疑似问题进行及时整改并完成销号。

脱贫攻坚。全年共完成危房改造33户，发放补贴资金91万元。发放“雨露计划”教育补助金27万元，发放小额扶贫信贷507万元，实现贫困劳动力就业1263人，安排公益岗位62个，产业帮扶613户1836人。合水桥村顺利通过脱贫攻坚省级考核，全镇1105户、3421名建档立卡贫困户如期脱贫。

招商引资。新引进九代农业服务专业合作社联合社投资1500万元，引导总投资1.1亿元的湖南水岸湿地度假庄园扩大规模，进行水岸湿地度假庄园二期工程投资，重点对三堂街文化旅游招商、竹笋精深加工招商、三堂街“山水城”招商、三堂街镇非物质文化遗产古街招商等项目进行包装，建立招商引资项目库。参加2020湖南（国际）文化旅游产业博览会暨文化和旅游装备展，旅游扶贫农特产成交量8万元，吸引意向投资商8家。绿色稻鸭米、龙伢山菜籽油、龙头湾手工晒面、黄旌古酒、清溪竹缘笋制品农特产品得到博览会上顾客的一致好评。

项目建设。投入400万元新建三堂街镇游客接待中心，投入200万元的镇区停车场已完成建设并正式投入使用，投入6000万元的湖莲坪农耕文创园已完成主体工程建设。同时设置仿古木指路牌32块，大型全景导览图10块，旅游咨询服务点5处。

总投资超1300万元的老街居民楼负一楼70吨/日一体化污水处理设施和500吨/日污水收集处理厂已完成建设并投入使用，1500吨/日污水收集处理厂已完成主体建设工作，5.4公里镇区污水主管网铺设工作全部完成。临江路法院至交警四中队460米雨污分流工作已投入使用，居民生活品质获提升。黄金山公益性公墓第一期建设已顺利完工，投资250万元的郭家洲应急避险安置中心已完成桩基础建设，在“四水治理”基础上自筹150万元的镇区河段防护栏已安装立柱膜，乌旗山习家园组沿江公路已完成路基建设。

法治政府建设。全年共查处各类违法犯罪活动14起，同比下降22.2%，化解各类矛盾纠纷300余起。实行领导干部接访制和网络信访常态化、制度化，领导直面问题，确保人民群众的合理诉求得到有效解决，全年共接待群众来信、来访57起，同比下降30.5%，办理信访件6件，同比下降64.7%，未出现一起进京、赴省、到市上访现象发生。多次上门走访退捕禁捕渔民，第一时间化解不稳定因素。完善“天网工程”和“雪亮工程”建设，镇域重点场所、主要交通要道新增三期“雪亮工程”50处，安装摄像头928个，重点企业电子眼实现全覆盖。党委、政府履行“党政同责”“一岗双责”，全年共开展宣传、联合督察行动50次，录入行政执法系统400条，排查整改隐患300处，下达整改文书400份，经济处罚1.73万元。

社会保障。全年发放城乡低保、残疾人补助、特困供养人员补贴金额376.9万元，发放临时困难救济19万余元。全镇居民基本医疗养老保险和基本养老保险覆盖率均达96%。新增城镇就业271人，新增农村劳动力转移就业185人，就业困难人员再就业48人，失业人员再就业136人。走访慰问退役困难军人106人次，发放慰问金3.15万元，完成退役军人社保补缴17人次共计14.2万元。三堂街镇幼儿园、乌旗山中学标准化建设项目均已完工并投入使用，郭家洲教学点标准化学校建设项目、赤塘小学已完成宿舍楼主体工程。（刘永辉）

【湖莲坪村举办油菜花节】3月14日，正值油菜花盛开时节，三堂街镇湖莲坪村成功举办第一届万亩油菜花节，吸引大批游客前来赏花，同时帮助广大村民扩宽销售渠道。三堂街镇湖莲坪村成立的油菜农业生产合作社是桃江县万亩油菜示范基地。2019年湖莲坪村专门规划2200余亩地种植油菜，田间修建平坦规整的水泥路。拍客团用照片记录美好景色，精编摄影作品《花田大赏》。花期过后，村支“两委”整体规划榨油产业。资源变资产、资金变股金、村民变股民。（刘永辉）

【疫情防控】境外及武汉新冠肺炎疫情发生后，三堂街镇通过镇村摸排，共登记湖北（武汉）返乡人员900人，境外返乡人员30人，在确诊2例输入性病例后，疫情未扩散，病毒未传染给第三人。同时强化宣传，制定“三包一”责任方案，实行网格化管理和隔离管控，先后派出19名机关干部驻企指导开展疫情防控工作，全镇社会、经济发展稳定。（刘永辉）

【参加湖南省旅博会】6月19日，2020湖南（国际）文化旅游产业博览会暨文化和旅游装备展在长沙湖南国际会展中心开幕。三堂街镇在旅博会上展示风情古街、豪华游轮、农耕文化、休闲度假建设项目与“消费扶贫”旅游农特产品。湿地度假庄园旅游精品项目与国泰农业、农铭农机、龙头湾面业、黄旌酒业参加此次“带货销售”活动。展览期间，精美、原生态的旅游农特产品受到家庭主妇的青睐，“休闲舒适型”的旅游理念与精品旅游点被关注度和购买力超预期。（刘永辉）

▲6月19日，三堂街镇参加2020湖南（国际）文化旅游产业博览会暨文化和旅游装备展（胡二锋/摄）

【“禁捕退捕”整治行动】 2020年，三堂街镇贯彻党中央、国务院关于加强生态文明建设的决策部署，落实长江经济带有关要求，开展“三无”（无船名船号、无船舶证书、无船籍港）船舶清理整治。专项行动组深入摸排，通过河道执法巡查，上门走访船户等方式，由村上安排专员上门做政策解释，各部门配合专项行动组开展工作，识别渔民94户140人，全部完成社保代缴工作，累计完成48艘渔船吊装上岸、拆解渔船210艘竹筏148艘。收缴渔网地笼等渔具10余吨，各类渔船挂牌45艘，发放渔民各类生活补贴渔民45万余元；完成省河湖“清四乱”（乱占、乱采、乱堆、乱建）和资江三堂街段调查摸底工作，及时整改疑似问题并完成销号。 （刘永辉）

鸬鹚渡镇

【概况】 鸬鹚渡镇北邻浮邱山乡、沾溪镇，东毗高桥镇，西与大栗港镇接壤，南靠安化县大福镇，国道536线贯穿境内，是革命烈士张子清、张昆弟的故乡。总面积116.4平方公里，耕地面积1553公顷，山林面积7904公顷。辖10个行政村，2个社区，147个村民小组，现有户籍人口39532人。2020年，全镇实现生产总值14.5亿元、同比增长11%，完成固定资产投资2.26亿元、同比增长9%，实现财政总收入2819万元、同比增长13%，其中完成税收收入947万元。

现代农业。2020年，全镇克服疫情防控、天气等因素的不利影响，早稻播种面积4960亩，晚稻种植面积5456亩，治理长年抛荒面积354亩，秋冬种油菜的面积达3000亩，完成上级下达的粮食生产任务。发展规模养殖，新增养殖大户13家，其中投资500万元以上且正在饲养的有3家。新增笋竹两用林面积600亩，全镇全年共挖鲜笋405万公斤，笋农增收明显。

工业发展。镇域内的7家规模工业企业，47家竹制品加工厂，8家绿茶生产企业发展势头良好，9家企业累计完税金额在10万元以上，乐道茶业获县长质量奖。

红色旅游产业。张子清村“红叁营红色革命传统教育基地”建设启动，已整理建设停车坪1500平方米，50个停车位。硬化200米村级公路通往红叁营基地。停车坪设有11块双面宣传牌。红色鎏金广场黑化1600平方米，更新25块红色宣传牌，新建50块路灯宣传牌、2块全景导览图、7块景区指路牌、3个公共厕所。张子清烈士纪念馆接待能力得到很大提升，成功申报红色村组织振兴建设红色美丽村庄试点，张昆弟烈士广场建设成为红色小镇建设的另一亮点。

重点工程。桃江县资江流域锑超标整治工作，久通锑业老尾砂库截洪改造工程、桃江县原板溪联营锑矿135洞口矿井涌水、张万波屋后矿洞涌水处理项目均顺利完成。至年底，已连续9个月资江流域断面锑含量检测达标，整治效果显著。镇域内兴隆茶厂顺利完成升级改造，新建厂房2000平方米；投资5000万年产50万立方米（120万吨）混凝土、水稳料、混凝土砌块等水泥制品建设项目已建成投产；憨哥竹笋新加工生产线、风景寺桥连接线路基工程均完成建设，板溪35千伏变电站已建成投产。

民生保障。三大攻坚战。全镇未脱贫人口29户64人2020年全部实现脱贫，1013户2911人实现“一超过两不愁三保障”。疫情防控：在龙塘湾村出现1例确诊病例的情况下，实现“内防扩散，外防输入”的目标，龙塘湾村获湖南省抗击新冠肺炎疫情先进集体和湖南省先进基层党组织。 污染防治：沾溪流域水质持续改善，禁捕退捕工作全面开展，21只竹筏全部上岸。严肃处罚违规捕捞者，共计收缴地笼181件、禁捕渔具12件，提供线索5次，抓获违法人员6名，刑案2起，判刑2人，罚款1.7万元。禁止燃烧垃圾、焚烧秸秆，中央环保督察环境污染重复信访问题完成县、市级复核销号。防范化解各类风险，完成不良贷款清收258万元，完成全镇12个村（社区）的村级财务清查及村（社区）组织成员任期经济审计工作，化解村级债务48.65万元。城乡面貌获优化美化。落实惠民政策。新增城镇就业人数248人，全年共发放低保金249.53万元、五保分散供养102.5万元、残疾人两项补贴7.66万元，社保参保11613人次；为575名县外就业贫困人口发放交通补贴金19.11万元，签订扶贫公益性岗位34个，发放补贴13.6万元。为63人发放一次性求职创业补贴1.89万元。安全饮水全面保障。完成蒋家冲、梅山村2处农饮水工程，解决近百户群众用水难题。总投资800多万元的沾溪二期续建工程顺利施工，完成沾溪河道治理3公里。改造玉华桥，解决鸬板公路隐患。新建扶贫公路3.5公里，窄路加宽涉板溪村、玉溪村2.818公里，新建涉板溪村、张子清村公路0.8公里。

人居环境整治。11月获评全市“十佳乡镇”。“双创”工作扎实开展，镇区整治效果明显，规划停车位162个，成功创建“市级卫生乡镇”。建成市级卫生村1个，省级卫生村2个。农村宅基地确权登记全部完成，农村宅基地联审联办会议制度全面实行，已办土地批准书和规划许可证16本。全面完成张子清村、千工坝村行政村生活污水治理项目。

社会治理。持续开展扫黑除恶3年专项行动，巩固提高专项成果。发挥禁毒协会、妇联及民间组织作用，禁毒知识宣传家喻户晓。雪亮工程“六进六护”视频监控系统已联网314户，行车卫士安装321台。行政执法在镇环境卫生、交通秩序、市场经营和建设规划秩序等工作中起到积极作用，先进经验做法在全市学习推广。全镇共建立118个网格，设立网格员609人，覆盖群众10441人。未发生进京上访，也未出现不可控的群体性信访问题，做到了大事不出镇，小事不出村。

（邓娉娥　李　绒）

【千名妇女参加“两癌”免费筛查】4月20—26日，鸬鹚渡镇联合县妇幼保健院，对镇域内适龄妇女进行“两癌”免费筛查。工作人员为参加检查妇女提供宫颈癌、乳腺癌筛查引导服务，发放宣传资料；县妇幼保健院医务人员细致检查，询问身体状况，耐心解答妇女提出的健康问题，共计为1050名适龄妇女进行检查，共有3名贫困妇女获“两癌”救助金。（李　绒）

【防汛避灾转移演练】5月8日，鸬鹚渡镇在大塘村水库进行防汛避灾转移演练，镇全体班子成员，各村（社区）党（总）支部书记、部门负责人到场观摩。演练以大塘村水库水位迅速上涨，降雨连续3小时超过100毫米，且降雨正在继续，山洪暴发可能漫坝诱发山体滑坡，危害水库下游一组6户居民的生命财产安全为背景。演练中，面对紧急情况，接到守库人员通报，该区域辅警迅速反应，组织党员志愿者成功转移6户居民。（李　绒）

【鸬鹚渡镇农村宅基地联审联席会议】11月25日，鸬鹚渡镇组织召开农村宅基地联审联办联席第一次会议，同意杨益军等14户的建房申请，按程序发放农村宅基地批准书和规划许可证。这是鸬鹚渡镇《关于切实加强农村宅基地管理与农房利用的实施意见》实行后的首批颁证。

（李　绒）

▲12月2日，沙河社区居民喜领宅基地批准书和规划许可证（刘　萍/摄）

【鸬鹚渡镇获“市级卫生乡镇”称号】1月14日，益阳市爱国运动委员会对2020年卫生乡镇创建情况进行通报，鸬鹚渡镇被授予“市级卫生乡镇”。（李　绒）

【龙塘湾村支部获评“湖南省优秀基层党组织”】11月30日，全省抗击新冠肺炎疫情表彰大会召开，鸬鹚渡镇龙塘湾村获评“湖南省先进基层党组织”“湖南省抗击新冠肺炎疫情先进集体”2项荣誉。疫情防控阻击战打响以来，龙塘湾村党总支部主动作为，组织党员志愿者全面入户发放防控资料2000多份；卡点通宵值守30余天；派送防护口罩3000多只；劝导取消喜事15起，简办丧事5起；劝返走亲访友车辆300余辆次、群众600余人次；组织党员为抗击疫情捐款6000余元，实现党员捐款覆盖率100%。2月1日，龙塘湾村确诊1例新冠肺炎，龙塘湾村党总支全力部署，确保疫点区域的稳定，无本地感染病例出现。

（李　绒）

大栗港镇

【概况】大栗港镇辖16个村、1个社区、504个村民组。辖区总面积172平方公里，耕地面积50525亩，总人口72443人。2020年，大栗港镇完成地区生产总值27.6亿元，同比增长4%；实现财政总收入3785.89万元，其中税收收入1002万元，同比增长15%；完成固定资产投资4.8亿元，同比增长9%，城乡居民年均可支配收入15556元。

三大攻坚战。2020年度未脱贫户82户177名贫困人口全部脱贫退出，完成危改8户，发放扶贫小额信贷231万元，销售扶贫产品500万元，促进近千名困难群众增收，开发公益性岗位95个。完成灵山水库饮用水水源地环保督察问题整改；筹集资金1000万元，调整安宁水库饮用水水源地，在大栗港社区新建集中供水工程，保障群众饮水安全。推进生活污水治理，朱家村、红金村生活污水治理获整村推进，五羊坪村、大栗港社区、牌形上村、张家村完成改厕1877户。贯彻长江流域“十年禁渔”决策，全镇14户退补渔民得到有效安置，132艘“三无”船舶全部上岸拆解。河道治理、秸秆禁烧等专项整治成效明显。加强政府债务管理，加大追逃挽损力度，完成农商行不良贷款清收630万元。

综合治理。组织开展“平安创建”“黄赌毒专项整治行动”“治安重点地区集中整治”“校车专项整治”“禁毒宣传月”等活动，查处社会丑恶现象，打击黑恶势力，创建市级安全生产示范乡镇，获评全市信访工作“三无”乡镇优秀单位，社会大局安全稳定。

基础建设。投资100万元，完成青峰路180米拓宽、硬化、绿化和亮化。镇区污水管网一期管网铺设工程已完工。完成农村危房改造8户，农村房屋调查确权15578户，完成全镇17个村（社区）2021—2025年房屋空间规划，硬化农村公路3.6公里，安装农村公路安保防护设施5.6公里。耕地保护出重拳，受理农村宅基地建房申请182户，通过审批83户，暂缓30户；耕地保护立案4起，查处违规建房20起。加强农田水利建设，争取县级千万投资项目，开展资江河岸防洪护坡工程；完成红金村三斗村水库溢洪道建设，筑金坝村金牛水库副坝除险和五羊坪村三斗村水库外坡建设，完成资江河岸五羊坪段、栗山河段2800米河道建设。

产业结构。加速现代农业发展，完成1000亩高标准农田建设，推进双季稻生产，播种早稻1.84万亩，其中绿色高质高效创建面积1.35万亩，实现粮食播种面积历史性突破。发放双季稻种植和良种补贴资金322万元。推广“稻—油”高效种植模式，油菜播种6500亩，在五羊坪村、栗山河村建成2个千亩油菜示范片。治理8个村8300多亩重金属超标耕地，有效降低镉含量。培育种植大户185户、家庭农场65家、合作社25户、龙头企业2家。完成安宁竹谷1000亩县级笋竹林基地建设和1200亩镇级笋用林基地建设。2020年5月，获评国家农业产业强镇示范建设乡镇。

全域旅游。完善休闲旅游配套基础设施，新建旅游公厕12座，“壹方山水·安宁竹谷”景区实现旅游监控全覆盖，新建400亩生态茶园，刘家村获评全国乡村旅游重点村。推进农村人居环境整治，全镇生活垃圾集中收集、转运、处理率达100%。筑金坝村、红金村、黄栗洑村获评市级卫生村，卢家村建成省级卫生村。

招商引资。2020年新引进投资千万元以上企业2家，500万元以上企业3家，引进县域外资金完成固定资产投资1亿元。桃江天之娇电子商贸有限公司、桃江世康优选电子商务有限公司、益阳嘉晓电子商务有限公司等6家电商公司网商年销售额超过1.2亿元。

社会事业。投资30万元，完成6座农饮工程巩固提升改造，确保饮水安全。做好常态化疫情防控，完成健康码注册56545人。残疾人、低保、特困人员、精退职工等重点人群政策全部落实到位。临时救助全镇困难家庭、重病家庭、残疾家庭、民办教师人员、精退人员428人，发放救助资金24.47万元。为467名县外就业贫困人口发放交通补贴金15.19万元，签订扶贫公益性岗位64个，发放公益性岗位补贴25.6万元。为29人发放一次性求职创业补贴8700元。全镇新增城镇就业167人，贫困劳动力转移就业27人，下岗再就业43人。2020年度社保参保23103人次，医保参保56978人次。

（唐　亚）

【国家农业产业强镇项目建设】 2020年5月，大栗港镇启动国家农业产业强镇项目建设，落实“五个一”工作任务，即新建一万亩竹笋基地、建成一个竹产业初级加工园区、引进一批竹业企业、打造一个电商网络平台、建成一个国家AAAA级竹林生态旅游景区。年内已完成安宁林场1000亩县级示范竹笋基地建设、刘家村400亩镇级示范竹笋基地建设、黄栗洑村800亩镇级示范竹笋基地建设、334亩笋用林示范户基地建设；新引进亿元以上规模工业企业2家，即湖南红旺竹材生物质科技有限公司、桃江升鑫竹业有限公司，园区有规模工业企业3家；已发展新型经营主体34家，竹笋加

▲6月19日，村记兴坪合作社在大栗港镇兴坪村举行开业典礼
（益阳广播电视台／供图）

工企业7家，其中省级农业龙头企业2家，市级农业龙头企业2家；镇域内电商平台有序发展；引进湖南壹耘农业有限公司，项目建设总计划投资2000万元，2020年已签约；新建旅游公厕12座，安宁竹谷旅游景区实现旅游监控全覆盖，新建400亩生态茶园和体验式茶叶加工厂。

（唐　亚）

【建成市级安全生产示范乡镇】2020年，大栗港镇通过抓组织领导、排查治理和宣传教育等举措，建立健全体制机制，加强安全生产监管执法，打击非法生产，建立事故隐患应急机制，强化宣传，加强应急能力建设，建成市级安全生产示范乡镇，获评市级安全生产优秀乡镇。

（唐　亚）

【"我青春，我奋斗"主题演讲比赛】5月7日，大栗港镇举行以"我青春，我奋斗"为主题的演讲比赛，来自镇村两级以及各部门单位选送的21名青年同志参加演讲。团县委、县委组织部、县委宣传部的3位评委以主题内容、语言表达、演讲技巧、仪表形象和时间掌握为评分标准，评选出1个一等奖、2个二等奖、3个三等奖和4个优胜奖，刘家村村委的便民服务员肖琼以97.74的高分获一等奖。

（唐　亚）

【绿色环保自行车邀请赛】4月29日，"锦绣潇湘 安宁竹谷"绿色环保自行车邀请赛在大栗港镇刘家村安宁竹谷景区举行，市、县领导李永军、黄劲、罗卫荣、胡国清、戴剑锋、吴小玲、王建国、黄平等出席开幕式。邀请赛由县政府主办，县文旅广体局、壹方山水安宁竹谷景区联合承办。吸引来自长沙、湘潭、常德等地20支队伍、226名骑行爱好者参赛。陈贻恩、陈凯获青年男子组一等奖，唐学坤、陈湘源获中年男子组一等奖，汤娜、代双平获女子组一等奖。

（唐　亚）

【"村记兴坪模式"助推乡村振兴】6月19日，桃江县村记兴坪合作社在大栗港镇兴坪村举行开业典礼。"村记兴坪模式"以公司为主导，以互联网为平台，以村级主要产业为依托成立合作社，以入股合作社的村民为经营主体，将农民的生产生活分为种养、加工、商贸等6大板块，合作社以"价格低、品质优、服务好"为经营理念，实现农民生产生活所需服务全覆盖，公司以合作社复制加盟模式向外推广。省、市、县有关部门领导参加典礼，并现场考察合作社经营情况，认为"公司＋合作社＋农户＋互联网"的村记兴坪模式能助推"精准扶贫、振兴乡村"目标实现。

（唐　亚）

鲊埠回族乡

【概况】鲊埠回族乡总面积48平方公里，下辖1个社区、8个行政村、67个村民小组，其中2个回民聚居村，其他为回汉杂居村，总人口22117人，其中回族人口9950人，占45%。2020年，鲊埠回族乡实现工业总产值26.5亿元，同比增长2.1%，财政总收入2300万元，同比增长4.4%，税收收入完成1400万元，人均纯收入达3万元。

特色产业。现有细木工板企业23家、规模以上企业7家，培育省级龙头企业2家、湖南省名牌产品2个，带动就业5500人；加大鲊埠牛肉和"全牛宴"宣传推广力度，牛肉销售和特色餐饮行业年销售额达1.06亿元；"鲊埠牛肉"成功申报国家地理标志证明商标。

招商引资。完成2家新引进企业任务，其中1家已经落户园区，1家由胜飞木业胶板厂升级为东山木业有限公司；完成全乡1个亿的固定资产投资、1个企业新开工（桃江县鸿运竹炭加工厂）、1个企业新投产任务（桃江县方圆竹木制品有限责任公司）；完成全年对接外企20家、新包装项目3家；电子商务新增湖南电商扶贫小店5家，推荐16人参加电商园培训，完成建设村级天猫优品站5个。

现代农业。2020年，鲊埠回族乡遏制稻田抛荒，减少抛荒死角面积500亩，基本实现四级公路主干道无抛荒，完成早中稻和玉米、晚稻、油菜保险投保工作；完成稻油水旱轮作1500亩油菜种植；发放耕地地力补贴和稻谷差价补贴资金200万元，实现农业保险理赔资金和耕地地力补贴和稻谷差价补贴资金发放零投诉；落实惠农补贴资金200万元；落实25户养殖大户动物防疫措施；落实双季稻种植面积，集中育秧面积800亩，办好花园台村1000亩双季稻示范片，双季稻高产创建800亩；土地流转面积增加，30亩以上种植大户增加到102户，100亩以上种植大户增加到6户，500亩以上的大户增加到2户，完成水稻播种面积1.8万亩。

基础设施。完成敬老院提质改造、庙子塘危桥改造、军水港5公里岸线恢复及淤泥清除；全乡绿化干道22公里；自筹140万元拓宽花水公路；投入50万元完成莲花坝修复，保证南京湾村、车门墩村灌溉用水；完成4500亩高标准农田改造；完成鲊埠老街黑化、亮化；投入600万元治理资江重要河段。

社会事务。8—9月完成政务大厅改造、窗口设置、人员确定，并在政务大厅完成改造后投入使用。对照经济社会管理权限下放的各项工作内容，梳理“互联网+政务服务一体化平台”办理事项264项填报，其中公共服务类84项，行政权力类180项，村级办理事项梳理72项；全面深化“放管服”改革，打通服务群众的“最后一公里”，力推基层公共服务（一门式）全覆盖，全乡9个村（社区）已建成规范化“一门式”便民服务中心，党务、政务、村务、商务等多项业务都可在村一级办理；推进城乡居民养老保险全覆盖，取得全县收缴工作排名第一；落实社保政策，全乡符合政策领取养老保险金人数为3491人，按时足额发放率100%；统一部署居民养老保险工作，2020年新增参保人员123人次，修改错误信息213条；完成待遇人员生存认证工作，生存认证完成率99.74%（排名全县第一）；截至2020年12月，鲊埠回族乡新变更劳动力信息2976人，其中贫困劳动力信息变更808人；2020年上半年劳动力转移就业66人，新增就业174人；2020年，颜溪村、鲊埠社区建成市级卫生村、江家坝村建成省级卫生村；完成各村（社区）广播信号升级改造工作；发掘民间艺术资源，全乡2个节目参加市级非物质文化遗产宣传活动，12月协助上级文化部门送戏下乡到车门墩村、江家坝村，演出花鼓戏4场。

环境整治。2020年，累计清理农村垃圾3200余吨，开展垃圾分类减量治理工作，年运出不可回收垃圾由之前的年产1100余吨降到800余吨，各村（社区）不可回收垃圾数量减少25%～30%左右；农村生活垃圾分类减量工作实现不可回收垃圾再降10%～15%，年产生垃圾总量降到700吨左右；清理村内河道沟渠41公里；完成以颜溪村为样板的农村人居环境整治示范村；分类梯次推进农村厕所改造，补上全面小康“三农”领域短板，完成县下达的户用卫生厕所改造（新建）工作任务，乡村旅游景点、村民公共活动中心实现无害化公共厕所全覆盖，颜溪村全村实现生活污水“黑灰分离”；完成花军水港2.1公里黑臭水体的治理；打造“党建引领+网格管理+志愿服务”的人居环境整治新模式，得到省、市、县领导认可，并在全县推广；2020年9月，鲊埠回族乡获评全市人居环境整治工作第三批“十佳整洁乡镇”，排名全市第三。

精准扶贫。2020年，鲊埠回族乡新发放小额贷款60笔286万元，对因疫情造成还款困难的农户，及时落实好贷款延期政策；落实参保补助标准，建档立卡贫困人口每人补助100元，农村五保户、农村低保及兜底对象、重度残疾人等特殊群体免费参保。家庭医生签约服务558户，实现全覆盖，扶贫特惠保全覆盖，其中对于2014—2018年的已脱贫户稳定脱贫保险全覆盖；雨露计划2020年春季申报补贴49人，秋季申报49人，实现贫困学生资助“全覆盖”，贫困学生义务教育100%入学；全乡外出务工贫困劳动力779人，新发放转移就业交通补贴396人；建成扶贫车间2家，吸纳贫困劳动力就业23人，针对疫情不能外出务工或外出后又返乡的贫困劳动力特殊群体，新增公益岗位40个；5月与福森木业签订协议，帮扶180人，人均180元；11月与牛魔王食品有限公司签订协议，帮扶13户39人，每户180元。

平安创建。开展扫黑除恶巡回宣传，每季度出动5台宣传车在全乡范围内进行为期3天的宣传，在各主要集镇开展4次集中宣传，悬挂横幅20条，累计发放资料1500余份；全年鲊埠派出所共接处警110起，刑事立案11起，刑事拘留3人，提请逮捕3人，取保候审3人，移送起诉4人，网上追捕在逃人员1人。受理行政案件27起，行政处罚10人；在桃江二中、鲊埠乡中学进行禁毒教育讲座，向在校学生宣传禁毒知识，发放禁毒宣传资料1500余份；开展“6·26”禁毒宣传进企业活动，组织湘宏木业老板、员工进行禁毒知识培训；全年解除社康社戒人员2名，调解矛盾纠纷43起，特护期间全乡无一人到市、赴省、进京上访，网上信访总量2个，到县信访总量5人次，无人到市、省上访。（龙宇辉）

【40万元“同心款”助力黄冈抗疫】新冠肺炎疫情发生后，全乡回汉同胞自发组建鲊埠回族乡志愿者协会，参与抗疫。2月16日，志愿者协会发出“情系湖北 支援黄冈”捐款倡议，得到全乡回汉同胞的参与和响应。4天时间就收到2583名村民自发捐赠的善款389412元。捐赠仪式后，仍有村民持续捐资，累计捐资超过40万元。募集的全部资金直接汇款至湖北黄冈市慈善总会指定账户，用于新冠肺炎疫情中医疗防护设施采购。（胡卫红　龚电明）

【2名青年战“疫”一线入党】2月12日，鲊埠回族乡青年志愿者张飞和乡卫生院护士长邹弯在战“疫”一线入党。43岁的张飞是县人大代表。春节前夕，他回到家乡颜溪村后，遵循政府疫情防控要求，带头不请客，劝阻亲友拜年聚会，并赞助800只口罩给抗疫一线工作人员，主动制作8条疫情防控宣传标语在全村悬挂。担任村志愿者小组组长，协助村开展疫情防控与农村人居环境整治工作，当地村民交口称赞。41岁的邹弯是乡卫生院一名护士长，春节起一直战斗在“防疫”一线。除夕当晚，她接诊第一位从武昌返桃江的低热患者。之后她与同事一道陆续接诊湖北返乡人员及其密接者。疫情期间，邹弯、张飞向党组织提交入党申请书。

（胡卫红　龚电明）

武潭镇

【概况】武潭镇位于湖南省桃江县西北部，资江北岸，南靠资江，北与常德市鼎城区、汉寿县相连，西与安化县相接，G207、S205等公路贯穿全境，二广、益马、马安高速在境内交会互通，是桃江县西部重要交通枢纽，总面积228平方公里，人口8.1万人，耕地面积5.2万余亩。下辖21个行政村、2个社区。2020年，全镇实现生产总值63亿元，财政收入3091万元，完成固定资产投资5.5亿元，实现规模工业增加值50亿元。

三大攻坚战。2020年，共脱贫103户232人，实现全镇贫困人口全面脱贫，实施危房改造59户，统筹安排产业扶贫资金156万元，发放扶贫小额信贷1055万元，全镇1462名贫困劳动力稳定就业。防范化解重大风险，全部收回2020年到期扶贫小额信贷。开展污染防治工作，关停涉污企业3家，严格监管11家竹木企业、竹筷厂，确保规范生产；完成辖区内38家规模以上企业、4家重点企业排污许可登记；完成梅林村、善溪村、景致村、汤家塅村、八家村5个村96户畜禽养殖户环保设施设备整改并通过县级部门验收；配合县级部门完成碧螺水库与资江流域2处千吨万人饮用水一级水源保护区整改；开展6月5日世界环保日宣传活动。

重点项目。“一城一路两区”桃花新城项目：于2015年年底启动，总规划用地278亩，投入8500万元，基本完成一、二、三期主体工程建设，不断完善配套基础设施，初步形成商住一体、规范管理的多功能新城区。2020年重启华莱酒店建设，并根据调整后的建设方案重新报批。国道207线绕城公路于2019年10月启动，全长3.977公里，投资2.2亿元，顺利完成征地拆迁工作和道路清表工作，初步完成全线土路基填筑和边坡防护工程建设，并贯通

▲2月24日，鲊埠回族乡向黄冈捐款40万元　（龙宇辉/摄）

沿线鹅公垭隧道、琅琊山隧道2个隧道。推进G207镇区5公里提质升级工程，完成下水管道改造、人行道铺设、路面黑化亮化和沿途杆线迁移工作，新设置420个停车位。华莱茶旅一体化项目：2020年，完成茶园主体1024亩山林土地流转、5公里环园公路的硬化黑化和茶园围园工作，已初步建好天井山公墓。先田智慧农业投入资金3800余万元建成300亩蔬菜大棚、8000平方米高标准育苗中心、4000平方米玻璃大棚、500米的瓜果走廊，新建的沼液存储池和中央控制室均已建成并通过验收，智慧特色农业园各项基础设施设备不断完善。特色水产养殖园引进澳洲淡水龙虾养殖项目，投入资金近1200万元建成虾塘29口，完成温控育苗大棚和1500立方米过滤水池的建设并通过验收，实际养殖水面300亩，已建成投产。竹旅一体化项目流转山林土地1200亩，建设林（越野）道15公里，初步建成民俗休闲竹木屋1栋。年产1200吨灰树花工厂化栽培及深加工项目规划总投资1.01亿元，分两期建设，第一期已完成试投产。百合花海项目规划总投资8000万元，10月签约正式入驻园区。竹林洲拓展基地投资近4000万元，已完成1000亩山林土地流转和规划区内房屋拆迁，初步完成道路修建接通接顺工作。武潭竹木加工园区于2014年启动建设，规划面积650亩，进驻规模企业4家，2020年引进“全竹利用”集成化生产项目并落地。

民生保障。全年征缴2021年合作医疗1644.538万元，参保人数60916人，参保率81%；城乡居民养老保险参保30484人，参保率97%。落实城乡社会救助制度，全年发放农村低保金近900万元，发放临时困难救助资金约25万元。率先在县内实行农村殡葬改革，顺利建成杨家坪栗树坳公益性墓园。自全省启动重大突发公共卫生事件一级响应以来，武潭镇摸排5000余人，上报800余人。组织疫情防控工作会议，做实做细相关工作，指导帮助辖区内35家企业复工复产。

农业生产。全镇种植水稻4万亩，其中高产创建早稻种植面积7000多亩，直播4000多亩，遏制抛荒、撂荒面积，翻耕常年抛荒、撂荒3000多亩。精准识别上岸渔民，全面摸排上岸渔船，建立“一包一”责任制，认定退捕渔民二类、享受相关待遇上岸渔民39户，指定镇、村两级责任人，提供其转业、就业和后续发展帮助，妥善处置摸排193艘上岸渔船，10月实现清零。

人居环境整治。配合桃江县创建全国文明城市和国家卫生县城工作，清理镇域沟渠17条、农村生活垃圾35吨、畜禽养殖粪污等生产废弃物26吨，开展进村入户宣传教育68场次，全面清理整顿废品回收点、马路市场和占道经营行为，在2020年上半年全市人居环境整治工作“双月评”检查中，武潭镇镇人居环境整治工作排名全市前十、全县第一。

社会稳定。2020年共调解人民内部矛盾纠纷100余起。承办市长热线143件，办结率、回访率均为100%。无群体性信访，无进京访，共处理、办结信访案件6件，完成禁毒“摘帽”工作。

政务服务。镇便民服务中心简化办事流程、完善业务窗口功能，集中设置财政惠民、农机补贴、精准扶贫、卫生计生、民政救助、自然资源和生态环境、安全监管、退役军人事务、养老待遇资格认证、信访维稳、市场监管、公安服务等12个窗口，实现“一站式”服务、群众“最多跑一趟”；配置便民服务自助查询一体机、休息座椅、公共书架等便民设施。同时，摸底各村（社区）综合服务平台，实行“一村一策”，将各村（社区）综合服务平台纳入23项党务、政务服务事项，使村（居）民在家门口也能办成事。

安全生产。加强源头企业治超管理，开展“安全生产专项整治三年行动”、水上安全、校车安全、“强执法防事故”、防雷安全专项检查、消防安全执法检查专项行动等专项整治行动，共检查企业、单位120余个，排查发现隐患125处，整改125处，参与火灾救援16起，抢救财产达100余万元。（丁　达）

【莲花坪村获“同心美丽乡村”授牌】 3月12日，武潭镇莲花坪村获第二批市级“同心美丽乡村”授牌，全市共7个村获授牌，桃江县仅莲花坪村获此荣誉。莲花坪村位于武潭镇南部城乡接合部，村域面积15平方公里，下辖20个村民小组，交通、区位优势明显，是马武地区融合发展的核心区域，是桃江县现代农业核心示范区、湖南建工集团田园综合建设项目实施区域，是桃江县一体两翼发展的重要区域。该村大力开展“同心美丽乡村”创建，带动产业发展，改善基础设施，推进乡风文明、美化村居环境，实现经济社会全面发展，助力乡村振兴战略。

（郭　咏）

【汤瑞祥调研先田智慧农业】 3月19日，益阳市副市长汤瑞祥一行到武潭镇的桃江县现代农业核心示范区考察调研先田智慧农业项目。汤瑞祥听取项目负责人情况汇报、现场察看大棚设施及育秧情况后对各相关职能部门提出具体要求。先田智慧农业共解决当地就业120余人，其中贫困人口28人，年发放工资近300万元。（刁　蕾）

【镇区环境整治】4月20日起，武潭镇社会治安和应急管理办、综合行政执法大队联合县交通行政执法大队七中队、马迹塘交警中队、市监所、派出所等镇直部门组成50余人的环境综合整治行动队，对镇区环境卫生和镇容秩序开展为期5天的重点整治专项行动。镇区共拆除不安全广告牌9块，劝退乱摆设摊点15处，规整乱排乱放、占道经营店面13家。整治行动中，有个别商户不配合、执意占道或跨门槛经营，工作人员一一予以耐心解释和规劝。一些屡教不改者，则由执法人员对占道物品进行依法清拆、收缴。通过综合整治行动，镇区面貌、环境卫生及市场经营秩序得到明显改善。（吕雨晴）

【袁延文到武潭调研】10月27日，湖南省农业农村厅党组书记、厅长袁延文到武潭调研现代农业工作。袁延文一行到莲花坪的国家农村产业融合发展示范园，实地调研位于园区的先田智慧生态农业、特色水产养殖基地、华莱茶旅一体化等项目，袁延文听取项目土地流转、承包面积、建设规模、年产值等情况介绍后，就推进农业供给侧改革和农业农村现代化工作与有关企业负责人交流。袁延文肯定桃江县现代农业工作，并对桃江县现代农业工作提出具体要求。他查看先田智慧生态农业基地智慧农业管理系统，现场体验通过管理系统控制各蔬菜大棚的温度、湿度、光照、施肥等，并提出智慧生态农业创新、发展希望。（刁　蕾）

【高峰村表彰34名模范村民】11月13日，武潭镇高峰村创新基层社会治理表彰大会召开，34名村民受到表彰。34名受表彰的村民是：卢谷安等5户产业发展示范户、周跃如等5户人居环境最美家庭、汪长根等2户平安家庭示范户、王正槐等4位优秀网格长、汪志红等5名优秀网格员、邓善华等6名道德模范、王胜华等3名献爱心先进个人、袁友山等2位优秀保洁员和周跃辉等2位老科协优秀个人。（胡卫红）

▲9月21日，桃江县庆祝第三个中国农民丰收节活动在武潭镇莲花坪村举行（镇党政办／供图）

马迹塘镇

【概况】马迹塘镇位于桃江县西部边陲，资江与沂溪河交汇处，东与大栗港镇相连，南与安化县长塘镇、大福镇接壤，西连安化县滔溪镇、小淹镇，北邻武潭镇。辖20个村、2个社区，面积221.6平方公里，常住人口67232人。2020年，全镇实现工业总产值29.7亿元；固定资产投资4.45亿元；零售消费总额3916万元；税收入库2023万元。被评为益阳市安全生产先进乡镇。

疫情防控。全镇共排查湖北回乡人员974人，转诊上级医院16人次，申请上级防疫部门核酸检测26人次。居家隔离观察1113人，在高速路口设置入镇监测点，共监测入镇车辆13488辆、入镇人员32499人，辖区无1例确诊病例发生。

产业发展。打造竹笋第一镇，申报湖南省“工业特色小镇”“特色产业小镇”等项目。全镇有竹林面积121856亩，已建成笋竹两用林基地21000亩，2020年新增4000亩，辐射全镇21个村（社区）。全镇有竹笋加工厂、竹笋加工企业9家和家庭作坊32家。总投资5亿元年加工100万元罐清水笋项目的湖南惊石农业科技有限公司二期已建成投产，竹缘林科获评湖南省扶贫生产龙头企业称号，惊石农业与湖南农大研发合作协议已签订。引进总投资1.3亿元的三里洲户外拓展基地项目，落户泗里河村的1000万元旋风鼓压机项目；马迹塘镇战史陈列馆红色旅游名片成为全省范围党员活动集中地之一，被命名为“湖南省爱国主义教育基地”“湖南省国防教育基地”。2020年接待参观人员7200人次，同时，加强对纪念园的修缮保护，规划新建马迹塘战史陈列馆，包装并申报红色旅游、特色小镇项目。龙溪村获评“省级美丽乡村”，修建桃江首条“彩虹”公路。

民生事业。投入400万元，完成总长624米、宽24米的横公路及长306米、宽29米的金马路2条镇区公路提质改造工程，重新划定停车位100余个，为创建国家级卫生城镇打下基础。投入400万元，完成惊石农业1080米进场公路山体除险、路基拓宽、道路硬化建设，进场公路已完工并投入使用，园区供水、供电设施进一步完善；投入200万元，完成马王公路维修改造，马王公路路面进一步优化；城镇污水处理厂项目正常运行，并争取县级专项基金开展自来水取水点上移工程建设，保障镇村居民用水安全；全镇21个村（社区）均已建立和完善长效保洁机制清运体系，建立村（社区）分拣中心21个，实行生活垃圾分类减量处理，不可回收垃圾减量40%以上；高标准镇级分拣中心建成并运行。全镇72名保洁员为全镇人民提供保洁服务。三级考评机制已建立并运行；102户251名贫困人口脱贫，完成5个退出贫困村的巩固提升工作。开展行业扶贫，1017名贫困学生享受教育助学，全镇无因贫辍学适龄学生。建档立卡贫困户全部购买城乡居民医疗保险、扶贫特惠保；家庭医生签约服务实现全覆盖签约服务。完成危房改造35户。全面实现“两不愁，三保障”；完成新增城乡低保68户91人，新增特困人员21户21人，发放临时救助资金276400元，救助429人，制定敬老院财务管理制度，新增残疾人2项补贴148人，事实无人抚养18户21人；就业扶贫推荐岗位累计1000次，举办技能培训班6期，免费培训农村劳动力420余人次，为符合条件的外出务工贫困劳动力发放交通补贴1992人382700元、一次求职补贴132人39600元；完成免费优生健康检测403对，出生缺陷筛查326人次。为1009名奖扶对象发放奖励扶助金96.8万元。发放一、二孩生育服务证281份，办理再生育证7份。办理流动人口婚姻证明485份。发放老年人优待证3762份。

综合治理。加强矛盾纠纷的调解和信访化解工作，镇综治办共调处化解矛盾纠纷18起，村级调解委员会调解矛盾纠纷800起，全年调解处理网上信访案件8件，办理市长热线115起；对全镇生产经营单位进行安全检查348次，下发《责令整改通知书》215份，简易程序办案25起，罚款8800元，移交市局案件2起；开展“5·12”防灾减灾日、安全生产月、“珍爱生命，严防溺水”等活动，受教育群众7500人；开展消防演练2次，规划消防通道5处，全年收到消防报警15起，出动15次，无1起人员伤亡。全年社会大局安全稳定。（王灿文　郭大为）

【惊石农业30吨竹笋驰援武汉“两山”医院】 3月1日，湖南惊石农业科技有限公司捐赠30吨竹笋的货车，在桃江县交警大队马迹塘中队警车的牵引下，从马迹塘工业园区出发前往湖北武汉。这车竹笋价值22万元，包括竹笋片、竹笋丝、竹笋块，共1600罐，作为快餐食材捐赠给雷神山医院和火神山医院医务人员。（张　琴　陈钟宇）

【马迹塘战史陈列馆获评省级爱国主义教育基地、省级全民国防教育基地】 6月9日，在湖南省贯彻落实《新时代爱国主义教育实施纲要》暨革命文物保护利用工作会议上，桃江县马迹塘战史陈列馆入选湖南省第五批省级爱国主义教育基地并获授牌。9月29日，湖南省人民政府命名桃江县马迹塘战史陈列馆为第六批省全民国防教育基地。马迹塘战役纪念馆已被确定为益阳市社会科学普及基地、益阳市委组织部党员教育基地。同时，中共湖南省委组织部将马迹塘战役专题纪录片《致敬！益阳解放战场上的东北英雄》列入全省干部培训网上学习内容。

（袁　静　钟　双）

【马迹塘镇第十五届男子篮球赛】 8月23日，马迹塘镇第十五届“博长杯”男子篮球赛在三医院球场落幕。篮球赛由马迹塘镇人民政府主办，马迹塘镇天府庙社区、马迹塘镇篮星俱乐部承办。来自全镇的8支队伍参赛。经过比赛，天府庙社区斩获冠军。马迹塘镇已连续举办篮球赛15届，有25年的举办史，旨在发扬马迹塘精神，营造全镇奋发有为、积极团结的氛围，增强人民体质，以更饱满的热情投身全镇建设。

（王灿文　田龙洋）

【贺安杰到龙溪村调研】 9月1日，

省政协党组成员、副主席贺安杰率调研组到桃江龙溪村，就“搭建协商平台，提升基层社会治理效能”课题开展调研。市政协党组成员、副主席黄仲书，县政协主席李质彬、秘书长蒋胜丰陪同调研。贺安杰肯定桃江县基层群众自治工作，对基层社会治理提出希望。

（李成刚　文黎明）

【龙溪村建成桃江首条“彩虹”公路】9月7日，马迹塘镇龙溪村在龙溪村进场公路至小溪中心广场长达2.7公里的路面中间，施画3道“蓝黄绿”彩线。驾车行驶在公路上，就像穿行在美丽的彩虹中，有一种“车在路上行、人在画中游”的享受，公路弯曲时，彩虹线还起到提醒警示、缓解视觉疲劳的作用，在装扮道路的同时，提高了安全系数。

（王灿文）

【益阳市笋竹产业联盟在马迹塘镇成立】10月28日，湖南省益阳市笋竹产业联盟成立大会在桃江县马迹塘镇举行，全市受邀加盟的从事竹笋精深加工、初加工、笋竹基地培育、笋竹专业合作社、笋竹收购经营、笋竹基地融合发展、笋竹电商、笋竹科研代表、笋竹产品销售的企业家代表们参加。联盟成立后，将重点突出信息共享、抱团发展、创新引领、科技兴业，使笋竹产业成为益阳市具有地方特色的亮丽名片。

（胡卫红　刘　莎）

【马迹塘镇通过省级卫生镇复检】11月13日，省、市爱卫办复检组通过查看马迹塘镇辖区内硬件和软件设施建设，肯定马迹塘镇省级卫生镇建设成果，认定马迹塘镇省级卫生镇复检成功。马迹塘镇在财力紧张的情况下，仍投入400多万元完成横公路、金马路提质改造、添置护栏护板、清理牛皮癣、拆除违章建筑。

（王灿文）

石牛江镇

【概况】石牛江镇位于桃江县城南部，桃花江东西两岸，距县城4公里。总面积63.85平方公里，辖9村、1社区，境内地势平坦，土地肥沃，有少量丘陵，是桃江的农业大镇。2020年，全镇耕地面积41265亩，人口39264人，财政收入2419.67万元，固定资产投资2.29亿元，规模工业生产总值5.83亿元。

重点项目。完成中药材种植、苗木绿化基地包装项目2个，新签约水产养殖、苗木蔬果及中药材种植项目和苗木、花果、家禽及水产农园一体化项目2个，协议投资额5000万元；新开工绿源生态农旅一体化和苗木、花卉、蔬菜种植基地及农旅庄园项目2个，已形成固定资产投资共9600万元；新投产青钱柳种植加工产业化项目1个。

城镇建设。完成石牛江镇污水处理厂项目征地拆迁、主管网铺设等环境协调，达到全线运营，日处理污水600吨，总投入资金1600万元。镇区路灯维修49处。小街小巷道路硬化4处。完成20宗村民建房规划许可证审核发放、镇小城镇建设用地36亩征地拆迁、镇振兴路污水管网改造工程建设任务，完成全镇黑臭水体现场摸底查看42处，并制定相应整改措施。完成全镇2个整体推进村的农村灰水收集治理工作，制定“一村一策”，达到全村60%农户治理。

民生事业。开展产业扶贫，投入产业发展资金41万元，发展捌壹园林紫叶紫薇种植项目、福厚堂中药材种植项目、赛友龙虾养殖项目，建立稳定的利益联结机制，实现效益分配。帮扶特困户300户，全镇206名学生享受教育助学，21名学生享受雨露计划助学，所有建档立卡贫困户均享受医疗保险、家庭医生签约服务。调查摸底全镇所有“四类人员”及边缘户住房情况，2020年新增危改24户，其中“四类人员”22户，边缘户2户，已完成施工建设

▲8月23日，马迹塘镇第十五届男子篮球赛落幕　（镇党政办／供图）

和资金拨付并入住。完成1255名残疾人信息采集和录入工作，免费发放轮椅车20辆、电饭煲5台、盲人手机5台、残疾人辅助器具89件。

农田水利。完成“林改水”土地开发项目200亩，新增耕地150亩。完成“旱改水”项目180亩的验收工作，新增水田130亩。完成“增减挂钩”项目，验收合格40亩。完成桃灰线、九苏公路旁“空心房”整治13处。完成全镇9000多宗村民宅基地确权登记发证工作。完成对牧山冲沟渠、铁夹河溪、车冲沟渠及大塘基山塘等16口山塘清淤硬化。完成黄泥田、游伏沙供水工程提质改造及对外承包经营。完成河湖垃圾治理工作及黑臭水体治理工作。完成獭溪石牛江村段3000米长的示范河段建设。协助完成石牛江溪电站闸门的改造及獭溪河300多米的护坡护脚工程。协助完成投资210万元的石牛江村及投资100万元的黄泥田村移民整村推进项目，共完成基础设施移民项目建设48万元、移民产业开发项目建设29万元。完成投资20万元的三峡移民产业开发项目。

畜牧生产。全年共完成2万头生猪产地检疫，做好病死猪无害化处理，防止疫情传播。完成畜禽粪污资源化利用项目建设，畜禽粪污综合利用率90%，规模养殖场粪污处理设备配套率100%。完成小坡头村八斗冲组200亩、上七里村枧家冲组200亩笋竹两用林基地。完成荒山造林307亩，森林抚育600亩。完成小坡头村、苏团村、田庄湾村、石牛江村共6公里的林道新建工作。

就业创业。完成申报创业贴息贷款12户共200多万元，申报扶贫车间1个、扶贫基地1个、优质初创企业1个，争取补贴资金10万元。发放贫困劳动力一次性求职创业补贴15人次、贫困劳动力转移就业交通补贴190人次56400元，安置贫困劳动力公益性岗位35人、发放补贴资金14万元。解决42名被征地农民资格认证遗留问题。全镇新增城镇就业218人，新增贫困劳动力就业25人，输出农村劳动力182人，核实新毕业大学生新增就业61人，实现4个渠道就业44人，失业人员再就业110人，共完成就业技能培训50人。

安全生产与信访工作。推进安全监管工作，组织安全生产执法行动59次，检查生产经营单位25家，取缔关闭非法经营烟花爆竹门店10家。开展禁毒、综治民调工作，全年调处矛盾纠纷40起，办理群众来信来访97件。开展治超治限行动，出动执法车238次、执法人员612人次，累计检查车辆634台，采取行政强制措施和立案调查56台及非法违法客运、货运行为4台。

（李　姣）

【全市应急法治工作现场会在石牛江镇召开】 4月16日，全市应急法治暨安全生产示范创建工作现场会议在石牛江镇召开。会议回顾总结2019年来全市应急法治和安全生产示范乡镇创建工作，整体部署2020年法治和创建工作。省应急管理厅副调研员杨志文莅临现场并就应急法治和示范创建工作做全面指导，市应急管理局党组书记、局长祁辉出席会议并讲话。各区县（市）应急管理局政策法规分管领导及省、市安全生产示范创建乡镇分管领导参加。

（宋泽建）

【农村妇女“两癌”免费筛查】 9月3—8日，石牛江镇卫计办、镇妇联联合石牛江镇中心卫生院开展农村妇女“两癌”免费筛查活动。活动为筛查中发现有异常的对象建立台账。2020年，石牛江镇通过广播、微信、发放宣传单等方式进行宣传，扩大“两癌”知识知晓率，让每位适龄妇女享受政府惠民政策，防止因病致贫、因病返贫。（李　姣）

【“奔跑吧　美丽乡村”跑步比赛】 12月10日，石牛江镇组织全体干部职工80人在桃花江农业公园獭溪河沿线组织跑步比赛。3公里农业公园

▲10月2日，石牛江镇妇女“两癌”免费筛查活动现场　（李　姣／摄）

路段尽展田园好风光，穿过美丽的竹金塘示范屋场，一侧是波光粼粼美如画的獭溪河，一侧是广阔的大闸蟹农业产业园，奔跑者用脚步丈量乡村的土地，用心感受田园生活的质朴，在美丽农业公园沿线留下一幕幕你追我赶、奋勇争先的精彩瞬间。（宋泽建）

牛田镇

【概况】 牛田镇位于县城南端，毗邻石牛江、松木塘和灰山港，总面积73.88公里，总人口37436人，辖9个行政村，1个社区，有村民小组114个，农户10106户，耕地面积32177亩，山林面积51940.5亩。獭溪河、省道206线、县道鸬清公路过境，区位优势明显，境内有桃江印象花海休闲旅游区、永世佳映山红庄园、桃江印象森林康养旅居基地、獭溪河生态农业观光区等旅游场所，是“湖南省卫生乡镇”。2020年，牛田镇实现地区生产总值12.96亿元，同比增长8.3%；实现财政总收入3695万元，同比增长2.4%；完成固定资产投资3.2亿元，同比增长9%；实现全体居民人均可支配收入25950元，同比增长9%。

经济产业。打造以三塘湾、金光山为核心的双季稻生产千亩示范片，双季稻生产达1.29万亩、一季稻1.8万亩；新发展5个油菜种植大户，打造以观庄为核心的油菜种植千亩示范片，种植面积达2000亩；完成金光山村竹笋基地200亩、观庄村200亩、农户连片示范基地面积300亩；完成造林绿化面积200亩，林木培育7万株，通过县林业局验收，成活率90%。突出“保企业、稳增长”，全面落实“六保”任务若干政策、做好支持中小企业共渡难关“十二条政策意见”，在疫情防控形势下帮助支持企业复工复产，中源钢铁、红五砖厂、宏达新型建材、华泰新型建材等建材产业经营状况良好，产值稳中有升。桃江印象森林康养旅居基地完成3000万元投入，建成配套游乐设施、游客服务中心1个、旅居民宿10套，旅居基地环山公路建设项目全部竣工，均已投入运营，并申报国家AAA级旅游景区。金凤山村按照省级乡村旅游重点村标准建设，设置游客服务中心、停车场、游憩设施、旅游厕所，完善标识标牌。完成谢家河景观公路、獭溪河景观公路、桃灰一级公路等项目建设任务，獭溪河石牛江段和牛田金山公路入口连接线1.3公里黑化。

城镇建设。投入资金500万元启动双江口路及牛田大道绿化亮化、牛田社区广场等项目建设，完成路基及路面硬化、黑化，城镇设施得到完善；投入资金250万元完善牛田镇自来水专网专供，将清泉水库千吨万人饮水水源地纳入牛田镇常态化管理。出台城镇管理服务外包的新管理模式，集中开展城镇秩序整治行动，全年集中开展100次，参与马路市场集中整治16次，受理群众信访举报38起，办结38起，清理占道经营流动摊贩80次，清理违法广告60起，纠正机动车乱停乱靠行为500台；成立控违治违工作组，加强镇区管理，7月1日至9月1日，对镇区内的在建房屋连续开展1个月集中整治行动，拆除镇规划区内违法建筑3处。

民生事业。新增低保86户，牛田镇低保共416户671人，全年发放低保金1614078元。特困人员320人，共发放特困资金1674025元。保障儿童合法权益。牛田镇孤儿上半年2人，下半年已减退1人，全年发放生活补贴资金16150元；事实无人抚养儿童6人，全年发放45989元。敬老爱老工程推进。完成入院公路三化与拓宽，牛田镇敬老院共入住老人32人，生存情况良好，敬老院和残疾人托养服务工作成绩显著，罗叶林获“全国敬老爱老助老”模范称号。

三大攻坚战。通过消费扶贫、直播带货，利用网上消费扶贫平台帮助贫困户销售农产品，实现在线销售黄桃5340公斤，销售额83333元。组织开展社会扶贫，全盛矿业捐赠2万元、中源钢铁捐赠3万元，实现23户54人脱贫。会同牛田农商行贷款清收人员清收贷款本金94.3万元、利息52.4万元，化解贷款692万元，清收扶贫产业小额信贷本息共320万元。联合开展执法活动40次，没收违法捕捞渔获物23公斤，取缔违禁渔具6件，收缴非法捕鱼工具18台。拆除迁移清泉水库周边的全部临时建筑，清理水库两岸违法设置广告3起，投资16万多元完善水库防护栏和相关警示牌。各村农业生产废料、废物获回收利用。农作物秸秆综合利用率95%，加强畜禽粪污处理利用设施建设，畜禽粪便综合利用率90%。开展秸秆禁烧宣传、巡查，乡村大气环境得到改善。加大环保投资，镇区新增分类垃圾桶50个，完成牛田溪黑臭水体治理，总投资1406万元污水处理厂项目已投入运行。生态治理“保蓝天”，建成湖南省省级卫生乡镇。（钟益鑫）

【环保线上直播培训】 4月2日，牛田镇中心卫生院特邀湖南省安居环保中心开展“绿色环保，健康湖南”教程线上直播，全院68名干部职工参加培训。直播课中，王志佳老师结合长沙市推行的垃圾分类，为医院干部职工讲授垃圾的种类、分类的意义及食品安全、水污染、大气污染等健康环保知识。学员们踊跃回答老师的提问，积极参与互动，课堂气氛活跃。通过新型的培训平台，大家充分认识到垃圾分类和环境保护的重要性，表示要把绿色环保理念转化成实际行动，养成垃圾分类的好习惯。（彭佳妮　钟益鑫）

▲ 11月25日，镇执法工作人员到镇区在售烟花、爆竹零售店进行安全检查（刘　翔/摄）

【联合执法整治马路市场】 4月8日，县市场监督管理局牛田监管所联合镇相关职能部门，出动执法人员28人，取缔1处马路市场。该马路市场为躲避整治，从牛田镇主干道转移至杉树仑村村级公路两侧，共有各类摊点30个，占用公路100余米，严重影响当地村容村貌和交通出行，群众意见很大。执法人员在现场发现的摊点涉及农副产品、小食品、农资、日用百货、服装等10种商品，大多无合格证明，存在重大安全隐患，执法人员通过政策宣讲、分类整治、严肃执法，所有摊点全部整治到位，彻底取缔该马路市场。（范博琳　刘跃丰）

【439名网格员“持证上岗”】 5月16日、17日，牛田镇439名网格员在总网格长授牌下“持证上岗”。该镇推行网格化管理和志愿服务工作，通过宣传，组织动员“两代表一委员”、小组长、妇女小组长、妇联执委、入党积极分子、“五老”人员、新乡贤、专业技术人才等志愿者加入网格员队伍。通过精细划分网格，确保横向到边、纵向到底，实现农户全覆盖。年内已建立网格95个、网格员439人、组级信息员95人，实现牛田镇10个村、社区全覆盖。各村、社区通过召开网格员培训会，明确网格员工作职责，确保在全体网格员的努力下，做到“小事不出村、大事不出乡镇，矛盾不上交，服务不缺位”。

（何　婷　刘　超）

松木塘镇

【概况】 松木塘镇共有15个村（社区）、102个村民小组；土地面积228平方公里，农用地面积1.73万公顷，耕地面积1115公顷，林地面积1.44万公顷，在籍人数3.73万人。2020年，松木塘镇规模以上工业完成产值3.67亿元，固定资产投资8.12亿元，完成税收收入1225万元。

政务服务。所有村（社区）六室一厅门牌全悬挂，政务服务相关事项实现办理，物流全面实现到村，商务中心实现全覆盖，打造龙山湾、松木塘、天子山、苍霞埌、关山口等多个示范村。建立74个网格，共74名网格长、67名村级指导员、74名信息员、282名网格员，覆盖全镇8730户群众。

民生工作。城镇新增就业243人，农村劳动力转移就业157人。桥头河村、龙山湾村完成市级星级人社平台建设；南河冲村、松木塘村、温塘村完成县级星级人社平台建设。交通补贴申报939人，共发放交通补贴31.54万元、劳务经纪人补贴0.24万元。申报公益性岗位62人，完成一次性求职创业补贴101人，发放补贴3.03万元。全镇流动人口专人专档，形成“网格化”管理和服务网络。通过市级卫生镇创建和竹山村市级卫生村创建验收。在健康扶贫中为全镇减免住院费用12.48万元426人次，成立家庭医生服务团队15个，贫困户签约率100%，其他人群17641人，服务率100%，满意度98%，基本公卫工作为全镇65岁以上老年人、贫困户、高血压、糖尿病、重度精神病五类人群免费健康体检5290人次，预防接种3606针次，开展健康知识讲座12次，合作医疗总报销1641人次，报销金额250.2万元，五保户报销85人次，报销金额11.3万元，特殊人群报销727人次，报销金额139.5万元，高血压、糖尿病门诊报销3973人次，报销33.7万元，普通门诊4019人次，报销8.9万元，退伍军人优抚12人次，金额1.4万元。

脱贫攻坚。全覆盖入户调查4类对象5次，52户117人于10月全部稳定脱贫，边缘户全部消除致贫风险。召开30次扶贫专题研究会议，研究资金项目使用等问题，确定解决方案，明确责任人限期整改。摸排登记全镇贫困户返乡人员以及有劳动力家庭，实施就业务工信息实时追踪管理，全镇贫困人口务工1477人“家家有务工,家家有就业”。推送口味王槟榔厂、蓝思科技等企业就业信息6次，针对存在就业需求但因疫情无法就业人员，利用扶贫企业、周边企业安排就近就业30人次。针对无法外出务工人员通过增设保洁员、护理员、劝导员等公益性岗位安排贫困户就业75人，累计拨付岗位资金30万元。扶贫项目库申请上报新增项目计划53个，完成计划项目43个，扶贫资金投入161万元。全面维护2016—2020年项目库建设，下拨专项资金1141.1万元，共梳理扶贫项目并完成入库工作218个。对全镇1047户贫困户产业摸底，入股棋盘石茶业等多家扶贫产业项目共23.3万元，带动189户490人产业增收。转产转业投入资金40余万元，实现受禁食退养贫困户全部转产转业。共669人春秋季教育助学全部发放到位。发放小额信贷1118万元，收回到期贷款461万元。接受社会捐款20.642万元，全部用于贫困户脱贫。11月23日省级检查、12月17日国家第三方资金绩效评价考核脱贫工作、扶贫资金使用绩效评价工作均为零问题。

农业农村工作。完成水稻种植1.9万亩、油菜种植2300亩、红薯种植7000亩。组织15个村（社区）按月开展志愿者环卫行动，在各村社区开展最美农户等评比工作，开展大型现场观摩会、学习会2次。完成224户黑水、灰水治理工作。建设笋竹两用基地4处1100亩，完成林业公路建设22公里。对4.5万余头生猪实行强制免疫，免疫率100%。建立河长制工作台账，完成龙山湾示范河流建设，落实属地责任，加强河湖管理与保护，健全长效机制。摸排登记全镇所有农业机械。完成S324沿线龙山湾村至桥头河村以及松木塘村S324沿线至飞水岩景区的美化、亮化工作。

重点工作。完成响涛源污水处理厂建设并初步投入运营。开展农村公益性公墓选址，已完成测量、规划设计和施工图设计，主体工程建设基本完成。完成全镇房地一体确权登记发证工作外业调查工作。完成所有石煤矿治理项目工程竣工验收、效果评估以及市级行政验收，完成省级验收销号。完成拔英湾废水处理设施提质改造工程工程竣工验收和环境评估，并投入使用。

资金补贴。新增39名奖励扶助对象，1名特扶对象，对全镇591名奖扶对象奖金发放56.74万元，特扶和手术后遗症资金20万元，慰问计生困难家庭50户，关爱留守儿童50户。对全镇60户独生子女家庭的保健费和新农合全部参保。收取计生系列保险23万元。临时救助499户512人，累计发放临时救助资金29.98万元，已全部录入社会救助系统。为7名百岁老人累计发放保健金2.72万元。精退职工19人，累计发放补贴1.23万元。大仑山煤矿亦工亦农矽肺工伤人员4人，累计发放临时救助1.29万元。事实无人抚养儿童20人，累计发放生活补贴16.31万元。孤儿11人，累计发放孤儿生活费12.54万元。开展慈善助学，助学1名家庭贫困、品学兼优的高中生及7名考录入一、二本的贫困大学生总金额1.80万元。打卡发放各种补贴61项，资金1901.29万元，其中森林生态效益林240.83万元、稻谷目标价格补贴58.46万元、农村低保62.33万元、危房改造20万元、耕地地力补贴161.70万元、五保户补贴141.02万元、城镇低保166.48万元、民政优抚353.55万元、计生类补贴76.73万元、移民后扶补助40.62万元、扶贫类补贴336.66万元、其他245.91万元。

安全生产。组织开展“5·12”防灾减灾日、“6月安全生产月”，安全生产法宣传周、“消防宣传月”、学生安全教育日等安全生产宣传活动；组织开展安全生产和消防知识培训4次；建立兼职消防队，设立消防设备仓库、值班室；成立森林防灭火指挥部，设置森林防火设备储藏室，镇、村两级分别成立应急队，与村社区签订责任状；在全镇重要交通干线和重要基础设施等重点地段部位，进行地质灾害隐患排查和治理工作；取缔关闭无证经营烟花鞭炮门店4家，6家经营许可证已到期门店完成换证。

基础设施。新修扶贫公路4.6公里，安装公路防护栏25公里。改造松天线10千伏线路投入资金300万元，列入2020年第三批项目。天井山片线已联通鸬鹚渡变电站鸬板线，新架线路1.5公里，投入资金50万元。在金钱洞，梅溪底新建台区2个，增设100千伏安变压器2台，改造高压1.2公里，低压线路3公里，投入资金76万元，验收送电。改造飞水岩低压线路，松响线黑尤洞10千伏支线磨刀溪段低压线路隐患30处，新架设电杆300根线路6.5公里，投入资金85万元，变压器改造增容4台，投资费用40余万元。松响、松关、松天线三回线路林场至孟溪2次整改100人以上大型检修，投入70多万元，共计曾取项目资金投入600多万元。

综治维稳。受理网上信访件22件，已处理20件。信访室受理解决信访人来访件45件。办理省委巡视组交办件8件。调整扫黑除恶工作领导小组，镇、村两级进行扫黑除恶专项斗争的四级谈话，签订扫黑除恶专项斗争承诺书并与村(社区)、部门主要负责人签订《扫黑除恶专项斗争责任状》。建立扫黑除恶常态化宣传工作机制，扫黑除恶专项斗争累计发放宣传资料5万余份，张贴宣传资料3000余份，制定固定宣传展板20块，各类展板50块，悬挂横幅、条幅500余条，大型墙体喷绘10块。查处非法电打鱼立案调查2起，查处非法开采山砂石案件2起，安全生产执法3起，取缔无证经营3起，禁捕退捕、秸秆焚烧工作巡查日常化。禁渔期组织联合执法行动20次、参加执法车15台次、参加执法船艇3艘次、参加执法人34次、没收违法捕捞渔获物数量50公斤、收缴非法捕鱼设备5套、“野生鱼”广告清理14次、没收非法制作、销售电鱼捕鱼工具2套，立案查处1起。开展违法安全生产执法4次，立案调查3起。制止非法采山石8起，立案移交1起、行政处罚1起，对违法砂石厂下达《责令停止矿产资源违法行为通知书》，责令限期恢复2家，关停砂石厂4家。（王世荣）

【瞿海到松木塘镇督导工作】 2月17日，市委书记瞿海到松木塘镇督导新冠肺炎疫情防控及石煤矿山生态治理等工作，先后到松木塘镇东方矿业的拔英湾矿区、污水处理厂以及石鸭头村石煤矿、姚家仑矿区等石煤矿山整治现场了解情况。副市长胡安邦，副县长林龙飞等参加，镇党委书记胡盛武、镇长谢佳等陪同。（王世荣）

【胡立安到竹山村调研精准扶贫】 3月18日，市委常委、市委宣传部部长胡立安到松木塘镇竹山村调研指导精准扶贫工作，胡立安一行先后到竹山村村民文化活动广场了解村民业余文化活动开展情况，到竹山情生态环保炭厂、棋盘石茶叶种植合作社等扶贫产业基地了解企业生产是否受新冠肺炎疫情影响，是否复工复产，是否落实防控措施，产品生产销售等情况。镇党委书记胡盛武等陪同。（王世荣）

【姚斌督察环境问题整治工作】 4月9日，省生态环境厅党组成员、副厅长姚斌率土壤处、督察处、环科院等相关工作人员对黄家坝石煤矿进行现场督察。（王世荣）

【陈文浩检查石煤矿山生态治理工作】 7月16日，副省长陈文浩带队到松木塘镇现场检查、调研石煤矿山生态治理相关工作。（王世荣）

灰山港镇

【概况】 灰山港镇地处湖南省湘中地区，属环洞庭湖经济圈、长株潭经济圈1小时辐射范围。益阳市委、市政府把灰山港镇作为对接长株潭的第二条经济旅游通道来实施“东进东接”战略。2020年，灰山港镇镇域面积229.7平方公里，辖29个村、4个社区，人口14.2万人，城区规划面积10.8平方公里，已建成面积5.8平方公里，城区常住人口5万人。素有“建材之乡”“有色金属之乡”的美称，被评为“全国文明村镇”“湖

▲3月18日，市委常委、宣传部部长胡立安（右四）到松木塘镇竹山村指导疫情防控和扶贫工作（王世荣/摄）

南省百强镇”“益阳市第一镇”。

政务服务。通过深化“互联网+政务服务”，将镇域范围内涉及的145项事项上线电子政务网，推行政务服务“马上办、网上办、就近办、一次办”。加强窗口资源整合并改造升级，设12个服务窗口，5个行政审批室，实现“一个窗口受理、一厅式办结、一条龙服务”的审办模式。推进“阳光政务”，开辟民情通道，全年公示各类执法清单、流程、文书500件，办理市长热线658件，解决群众反映的各种急事、难事。

经济发展。实现地区生产总值57.35亿元，同比增长8.15%；规模工业增加值30.41亿元，同比增长4.4%;社会消费品零售总额2.9亿元，同比增长23.93%；固定资产投资17.52亿元，同比下降4.68%，实现财政总收入3.56亿元。超额完成双季稻生产3.7万亩和冬季农业2.3万亩，早稻粮食产量6800吨，粮食总产量5万吨。加速农业机械现代化，发放农机补贴429万元，新增植保飞机34台，水稻、油菜种植机耕化率99%，机收率98%，机种率50%以上。全镇有5家省、市级农机化示范专业合作社，138家家庭农场，其中洞宾合作社获评市级先进示范合作社，2家家庭农场获评县级示范家庭农场。

重点产业。新引进项目4个，新开工项目8个，新投产项目14个，引进县域外资金完成固定资产投资约9.59亿元，新增规模工业企业3家（湖南临亚新型墙体材料有限公司、湖南临亚建材科技有限公司、湖南湘怡钙业有限公司）。建材产业占比50.87%，建材规模企业实现产值64.69亿元，同比增长14.48%，嘉富木业定制板材已建成投产，新增的建材产业规模企业湖南临亚新型墙体材料有限公司和湖南临亚建材科技有限公司相继投产。装备制造业占比37.49%，装备制造规模企业实现产值47.68亿元，同比下降9.94%。食品加工企业占比2.08%，食品规模工业企业实现产值2.65亿元，同比增长21.94%，食品规模以下工业实现产值5亿元。新奥能源南方水泥窑配套项目投产使用。益阳市东方水泥有限公司日产3700吨熟料生产线投入试运营。南方二期项目生产线主体工程正式投运。

民生事业。落实惠农补贴“一卡通”发放管理，年内发放48项惠农补贴共5312.77万元，惠及3万农户。完成“两癌”筛查4000例，发放生育关怀资金和留守儿童慰问金4万元。核实申报新增失地农民养老保险345人，发放贫困劳动力就业交通补贴36万元，协调和立案追缴农民工工资20万元，新农合参保率90%，新农保参合全面覆盖，申请市、县星级创业就业平台10个。开展植树造林、竹蝗、松线虫病防治，建设林道33公里，建设农村公路11公里，改造危桥2座。振兴路、金沙路、雪峰路、建材路、紫荆路、志溪南路全线拉通。灰金线、刘甘线、川源线3条农电万伏线路改造完成。灰山港镇幼儿园、镇二中等学校征地建设推进并完成主体工程，桃江四中教学楼扩容建设竣工。建档立卡贫困人口1804户5236人全部脱贫。1613户贫困户年度人均纯收入超6000元，191户贫困户年度人均纯收入超4000元。所有贫困人口100%参保，家庭医生签约全覆盖。新建6个产业扶贫重点项目，18家企业吸纳贫困劳动力74人。爱心人士注册5851人，企业消费扶贫申报8家，工会职工凝聚消费扶贫资金96500元，提高贫困户收入。

美丽乡村建设。加强新农村建设，杨家湾村精品乡村建成；刘家湾村千亩竹笋示范基地落成；向阳花、连河冲、刘家湾3村林改水项目完成；雪峰山、麻元坳、曾家湾、万功塘、企石、滩口上6个村高标准农田开发项目完工；雪峰山、麻元坳、金沙坪、曾家湾完成生活污水治理；杨家湾村、麻元坳村、金沙坪村全面完成三格化粪池新建改造；麻元坳村省级美丽乡村授牌相关基础设施建设完成。发动群众投工投劳参与“厕所革命”，完成2268个厕所改造，建立垃圾中转站2个。建设志溪河风光带、克上冲水利风景区、甘泉山茶场等休闲旅游黄金带，通过“农旅”“农商”发展模式，依托供销社电商平台、农户网络平台、益村平台，将灰山港镇的山枣红薯片、刁子鱼、土蜂蜜、云雾茶试水电商领域。

环境治理。划定克上冲一、二级饮用水源保护区，关闭水源区农家乐，保障群众饮用水安全。关停10家违法砂（碎）石场，道源冲石煤矿开采区遗留污染治理项目、源嘉桥石煤矿岩上、石门关、石家冲采区污染治理全面完工。推行禁养区退养和污染防治设施改造，全年完成20户畜禽养殖户退养，拆除栏舍19860.79平方米，投入资金337.96万元。加大志溪河流域治理，聘请第三方机构对志溪河灰山港境内5个断面常年定期监测，确保水质达标。将志溪河源嘉桥、软桥村段打造成“水清、河畅、堤固、岸绿、景美”的河长制示范河。经益阳市生态环境监测中心检测，志溪河灰山港段断面水质全年在三类及以上，志溪河被评为2020年全市“十大最美河湖”之一。

社会稳定。开展“扫黑除恶”专项行动，全年开展城镇秩序、违法建筑、非法占用土地、非法捕捞等联合执法行动500次，打非治违稳步推进。开展“雪亮工程”建设，全年共安装社会面视频监控1500个、“行车卫士”1000台。建立健全网格化服务管理制度，全镇33个村（社区）共建立387个网格，通过网格微信群和网格化服务管理系统为群众提供高效服务。落实安全生产责任制，全年共检查企业、门店326家2656人次，查处隐患问题1268处，取缔或打击非法经营销售烟花爆竹4家，拆除非法流动加油车辆2台。组建消防应急救援力量，建立健全网格化应急救援队伍，开展应急救援140起。加强交通顽瘴痼疾整治，共查处超限超载230起、非法营运货运车辆557起、车辆无证经营及非法改装84起，整治铁路安全隐患28处，排查整改国道、省道、县道风险路段26处，及时消除交通安全隐患。

疫情防控。年内管控境外、武汉、北京等风险地区返乡人员1311人，核酸检测120人，集中隔离186人，居家隔离932人，注册居民健康码115105人，无确诊病例、无疑似病例。推进复工复产，全镇工业、企业、重点项目复工率100%。

（伍　鹏　肖　洋）

【石煤矿山治理】 7月14日，源嘉桥道源冲石煤开采区遗留污染治理项目、源嘉桥石煤矿岩上、石门关、石家冲采区污染治理项目通过工程竣工验收。8月26日，通过效果评估和市级行政竣工验收。12月22日，经湖南省自然资源厅项目核查，已办理销号手续。（肖　洋）

【10家违法砂（碎）石场被关闭】 2020年，灰山港镇召开砂石料场整治工作推进会，建立多方联动的工作机制，明确责任分工，依法整治非法砂石场点，保障生态安全。截至年底，共取缔砂（碎）石厂10处、停产整顿26处。（肖　洋）

【饮用水源保护区划定】 2020年，灰山港镇联合益阳市生态环境局桃江分局划定克上冲水库一、二级保护区，并设立标示标牌14套，在一级保护区安装隔离防护栏800米，按照《桃江县2020年“千吨万人”饮用水水源地环境问题专项整治工作方案》的要求，在二级水源保护区内关闭1家农家乐，完善一级保护区的隔离防护措施。（肖　洋）

【“人民调解+”活动】 2020年，灰山港镇推进诉源治理，开展“人民调解+民间调解”“人民调解+司法确认”“人民调解+法律援助”“人民调解+关键普法”活动。全年调解纠纷2213起，成功率95%；协助申请人完成司法确认22件、申请法律援助10件。

（姜　梅　肖　洋）

【志溪河入选益阳市“十大最美河流”】 灰山港镇强化河长巡河履职，聘请专职保洁员对河岸定期打捞清运、清扫，实现垃圾不入河，水面垃圾不出境。通过加大志溪河流域治理，加强沿岸风光带建设，已建成3000米绿化带和3000米风光带，并聘请第三方机构对志溪河灰山港境内5个断面常年定期监测，确保水质达标。经益阳市生态环境监测中心检测，志溪河灰山港段断面水质全年在三类及以上，2020年，志溪河被评为全市“十大最美河湖”之一。

（肖　洋）

【灰山港镇干部夜校开讲】 11月2日，灰山港镇第一期“干部夜校”开讲，全镇70余名干部参加学习。“干部夜校”采取各部门轮流主持、授课和发言的模式，让到场的每一位干部都能参与其中，相互交流学习心得、分享学习成果，解决工作中的难题。灰山港镇每月开展2次业务讲堂学习，内容涵盖政策理论、法律法规、产业发展、村镇建设、便民服务等，旨在提升基层干部的综合素质和服务群众的能力水平。

（肖　洋）

▲11月2日，灰山港镇第一期“干部夜校”开讲　（伍　鹏／摄）

人　物

先进人物

刘牛元　男，汉族，1965年8月出生，县委组织部副部长、老干部局局长、县委离退休干部工委书记。2015年7月，调任桃江县委老干部局局长、县关工委副主任、县委组织部副部长。几年来，他倾注心力心血，坚持为全县青少年做好事、办实事、解难事，受到社会各界一致好评，2020年8月被中国关心下一代工作委员会、中央精神文明建设指导委员会办公室评为“全国关心下一代工作先进工作者”。

刘牛元深入基层一线勤调研、摸实情、定对策，在全县强力推进村级“四会一体”（即关工委、计生协、老科协和老年人协会）的关工委组织模式，着力构建县、乡镇（县直）、村（社区）三级关工委工作网络格局，得到国家、省、市领导一致好评。他聚焦聚力扶贫帮困，想方设法引入企业资金支持、发动志愿者捐资，广泛开展“扶贫帮困”“捐资助学”活动。2018年以来，共救助贫困学子和残疾儿童173人，救助资金18万余元；做深做实关工委工作，组织各类基金会资助学生1000余人次，捐助金额300多万元，充分发挥“关爱基金”品牌效应，桃江县获评“国家双合格家庭教育示范县”。“示范家长学校”名片成为益阳市关工委工作新亮点。全县创建示范家长学校113所，其中省级8所，市级23所、县级82所。他积极构建关爱留守儿童成长工作机制，成功将石牛江镇小坡头村“留守儿童之家”打造成示范样板，在全省推介。　（刘　倩　刘　蛟　供稿）

何　强　男，汉族，1969年1月出生，中共党员，副主任医师，湖南省中西医结合学会外科专业委员会副主任委员，湖南省第三批基层老中医药专家学术经验继承工作指导老师。2016年1月担任桃江县中医医院党总支书记、院长，2019年9月担任院党委书记。担任《中医外科特色疗法》第一副主编。荣获三等功2次，获2019年益阳市第三届自然科学优秀学术成果奖三等奖、“2017—2018年度湖南省优秀医院院长称号”，2020年11月，被湖南省委、省政府授予“先进工作者”称号。

何强组织深化公立医院改革、健全现代医院管理制度，落实分级诊疗制度，实现药品和高值耗材零利率销售，推行药品“两票制”，让利群众。他完善学科建设，开展三级中医医院创建，2018年成功设置三级中医医院。医院先后创建2个省级重点专科、5个市级重点专科，骨伤科评为国家级农村医疗机构中医特色优势重点专科，提升医院服务能力。2017年组建县域中医医共体，2019年牵头顺利通过全国中医药工作先进县的复评。医院与3个药材种植基地开展长期合作，基地种植面积700多亩，医院完成《桃江县中药志》编写，推动了桃江中医药振兴发展。他促进医教研协同发展，2019年桃江县中医医院成为湖南中医药大学教学医院、益阳医专附属医院。益阳医专2届109名康复专业学生在医院接受“1+1+1”临床教学。医院成功承办2017年全省中医外科年会、2019年湖南中医药大学西学中护理培训班。他作为新冠肺炎定点救治后备医院主要负责人，精心安排、积极备战，全面落实预诊分诊、院感防控。亲自带班、参与高速路口返乡人员体温检测。为全县复工复产员工和集中隔离医学观察人员免费提供中药预防汤剂。门急诊人次、住院人次、医疗业务收入保持年增长15%，连续5年未出现医疗责任事故和重大医患纠纷，群众、职工满意度不断攀升。

（谢建红　供稿）

董建辉　女，61岁，桃江县桃花江镇桃花江社区（常住人口2万余人）党总支书记。2004年起担任社区党支部书记16年，她工作雷厉风行，说一不二，抓细抓实各项工作，社区先后荣获“全国综合减灾示范社区”“湖南省文明社区”“益阳市志愿服务示范社区”等称号，2020年11月，她被湖南省委评为优秀共产党员，被湖南省委、省人民政府评为抗击新冠肺炎疫情先进个人。

桃花江社区是县城的老城区，房屋建设跟不上时代的发展，一下大雨，社区的整个老居民区就成了一片“汪洋大海”，许多居民多次要求解决下水道堵塞的问题，但因牵涉面广，问题一时无法得到根本解决。她多次走访调查核实，联系相关部门，造计划、报审批，申请办理道路硬化及下水道维修，已完成路面硬化4000余平方米，维修下水道2000多米，为社区居民解决了大难题。她找地方、找领导，使社区便民服务窗口由原来的280平方米增加到600多平方米，方便了居民群众来社区办理业务。桃花江是大社区，特困群众较多，董建辉用女性特有的柔情滋润着每一位居民的心。居民王某是癫痫病患者，丈夫是残疾人，孩子还小，面对家庭的种种困境，她曾多次失去生活的信心。董建辉知情后经常上门找她交心，帮她申请低保，争取临时救助，鼓励她坚强、勇敢、乐观，重拾对生活的信心。在董建辉的帮助下，王某已能担起小菜担子，依靠卖小菜、打零工来维持生计了。2020年，董建辉组织社区党员为贫困党员募捐4000多元，慰问特困家庭60多户，发放慰问金2万多元。新冠肺炎疫情发生期间，董建辉克服身患癌症的困难，勇挑主责，一直保持24小时工作状态，全身心投入社区疫情防控工作。她组织党员志愿者200余人，全面摸底返桃人员382人、入户发放防控宣传资料1万份，组织成立2个临时党支部，全天候值守29天、派送防护口罩2000多只、协调化解因疫情引发的矛盾50多起，简办丧事10多起，劝返走亲访友3000余人次、车辆150余辆，组织党员为抗击疫情捐款28578元。疫情期间，董建辉不惧感染，坚守一线，坚持每天带队入户排查、消杀，带头做工作、讲政策、稳情绪；坚持上门为因隔离给日常生活带来诸多不便的管控人员送上蔬菜、食品、米、面和口罩等生活物资20余起，防疫汤药24份。在她的带动下，300多名党员、网格员扛起责任，全力投入战斗，守护家园，温暖居民。

（高　超　供稿）

专　家

刘迪钦　男，汉族，1973年11月出生，桃江县竹产业发展服务中心高级工程师。他长期扎根基层，潜心钻研林业技术，开展林业科研和科技推广，推进基层林业建设工作，服务基础林业企业和林农，成效卓著。他2015年撰写的论文《受SO·短期污染毛竹林发笋成竹功能恢复调查》获第十一届中国竹业学术大会论文二等奖，2019年获桃江县“优秀科技工作者”称号，2020年获“益阳市农业丰收奖”，他所负责的《毛竹全营养有机菌肥研制与应用》科研课题成果被认定为“国内领先”，2020年12月被国家林业和草原局聘任为第二批“林草乡土专家”。

刘迪钦1997年毕业于中南林学院（现中南林业科技大学）。参加工作23年来，共撰写科研论文、调研报告等28篇。针对雨雪冰冻灾害对笋用林的危害，专心研究摸索出“毛竹幼竹人工摇梢技术”，申请发明专利，并在全县推广，在此基础上撰写的《湘北低海拔坡地笋用毛竹幼竹人工摇梢抗倒伏效果分析》一文在《林业资源管理》发表。2014年他指导武潭镇开展竹镂舟蛾防治工作，实践并总结出烟雾机放烟防治竹镂舟蛾技术，撰写的《丘陵区竹镂舟蛾烟雾机放烟防治技术》一文在《湖南林业科技》发表。2005年，鸬鹚渡镇阳厢村的竹林受板溪锑矿废气污染，但赔偿额的核定缺乏科学依据，通过3年的调查，刘迪钦找出一次毒害对单位面积竹林造成的损失量，为竹农的索赔提供了科学依据，这一研究在全国尚是首次。他积极推广竹林集约经营技术，累计组织举办各类竹林培育技术培训班78期，培训竹农5000余人，指导竹农建设材用竹林13333公顷、笋用竹林4677公顷。他牵头组织编制《复水毛竹笋加工技术规程》省级地方标准和《地理标志证明商标桃江竹笋》团体标准，并担任2个竹笋类产品标准的评审专家；牵头开展FSC森林认证，认证竹林面积3800.31公顷，负责每年的年度监督审核。作为“利用德国促进贷款湖南森林可持续利用”项目桃江县工程负责人，他主持建设笋材两用林和材用林3202公顷，为桃江县争取德国贷款1亿多元。

（尹　进　供稿）

劳动模范

曹麦新　男，汉族，1964年6月出生，高中文化，中共党员，桃江县大栗港镇朱家村党总支书记。他担任村支书12年来，以党建为引领，以产业发展为抓手，以建设美丽乡村为契机，敢想敢干，将一个后进村建设成为省级美丽乡村示范村。群众称他：心底无私秉公办事，是铁面无情的“包公”；开山劈石修路架桥，是一马当先的“愚公”，情系弱者问寒送暖，是扶贫帮困的“济公”。曹麦新任职期间，朱家村获“湖南省美丽乡村示范村”“湖南省文明村”“湖南省休闲农业聚集发展示范村”“湖南省五星级乡村旅游村”“全国妇联组织示范村”“全国民主法治示范村”“中国美丽休闲乡村”等荣誉。他本人获“全县优秀共产党员”“全县十佳党支部书记”“全县最美基层干部”“益阳市劳动模范”“湖南省优秀党务工作者”“全省百名法律明白人”等荣誉，2020年11月，曹麦新被中共中央、国务院授予“全国劳动模范”称号。

为了加强法治建设和道德建设，曹麦新和村支“两委”干部采取宣传发动和乡友自愿捐款的方式，新建3个主题广场：德治广场、法治广场、党建广场。竖起毛主席铜像，开辟红色教育和法治教育专栏。广场白天是教育干部群众的直观课堂，晚上成了全村妇女的露天舞场，深受村民喜爱。

2008年以前，朱家村除种粮以外没有别的支柱产业，村里的青壮劳力大多外出打工，经济建设和文化建设几乎一片空白，公路河坝大都年久失修。曹麦新带领群众修公路、修河道、架路灯，开茶园辟果园，搞招商引资建起山水游乐园。他率先拿出自己的积蓄，带动党员、发动群众乡友捐款，筹资200多万元，向上级部门争取项目资金1615万元。先后修通硬化长6.8公里、宽8米的村主干道，投资150万元修建村级服务中心；投资120万元新建村敬老院；投资25万元新建村卫生室；投资110万元绿化、亮化全村主干道；投资600万元疏通衬砌全村河道；投资500万元新建党建广场、法治广场、德治广场；投资300万元硬化全村23个组级公路。

在基础设施完善后，曹麦新将全村1200亩土地全部改造成1000亩茶园，并在千亩茶园间作发展种植果园500亩。成功引进乡友黄跃光回乡创业，获投资2000万元，建起九龙洞山水游乐园，大力发展旅游产业，村上以30%的股份投资发展村级集体经济。2019年，村集体经济收入达30万元以上，村民人均收入提高5000元以上。　（唐　亚　供稿）

道德模范

罗叶林　女，汉族，1983年2月出生，中共党员，桃江县牛田镇敬老院院长。她十年如一日，把“三无”特困老人当作亲生父母对待，把敬老院当作自己的家来修缮，筹集资金700多万元，建成建筑面积2800平方米、多功能床位70张的全县示范敬老院。2020年，罗叶林获国家卫健委、全国老龄办颁发的“全国敬老爱老助老模范人物”荣誉称号。

任院长以来，罗叶林带领全体工作人员，坚持“以人为本，情系老人”，建立健全敬老院一整套规章制度，成立由院长、工作人员及特困老人代表三方组成的院务管理委员会。制定学习、管理、评比、财务、安全保卫等系列规章制度，按月、季度、年度开展优秀院民、优秀院管委、先进工作人员评选活动。她秉承孝爱为先的理念，为特级护理的16名老人更换尿布、翻身清洗、修剪指甲、送餐喂饭，十年如一日不嫌苦、脏、累；为集冠心病、胸肾衰竭、高血压中风等多项疾病于一身的重度一级智力特困老人胡卫平喂药，喂鸡汤、肉汤、蒸土鸡蛋、牛奶，自掏腰包为她买蛋白粉，经过3个多月的精心护理，老人能勉强行走。院民文某英95岁，临走前的4个多月里大小便失禁，罗叶林不厌其烦为她擦洗，弥留之际守候了5天5夜。老人女儿说：“罗院长，您真是个大好人，比我这个亲闺女都做得好。”逢年过节，她都要亲自为老人们做上一顿丰盛的饭菜，陪伴他们一起过节。平时一日三餐，都是和老人们一起在食堂就餐。特别是新冠肺炎疫情肆虐期间，牛田镇敬老院没有发生任何不安全、不稳定因素。

（钟益鑫　供稿）

先进名录

表 1　2020 年桃江县荣获全国（条线）先进集体一览表

获奖单位	奖项名称	授奖单位
县公安局	全国公安机关执法示范单位	公安部
县农业农村局植保植检站	全国农作物病虫害专业化“统防统治百县”	全国农业技术推广服务中心
县农业综合行政执法大队	全国农业综合行政执法示范窗口	农业农村部
县农业农村局农村经济经营服务站	全国农村承包地确权登记颁证工作先进集体	农业农村部
县财政局	第十五届全国法治动漫微电影作品征集活动微视频类优秀奖	全国普法办
中国银行桃江支行营业部	2020 年度全国千佳文明服务示范单位	中国银行业协会
湖南省益阳农村数字电影院线有限责任公司桃江服务站	第八届全国服务农民、服务基层文化建设先进集体	中共中央宣传部、文化和旅游部
国家广电总局		
桃江县教育局	“新时代好少年·美好生活　劳动创造”主题教育读书活动先进集体	教育部关心下一代工作委员会
桃江县人民医院	2020 年度改善医疗服务示范医院	国家卫健委
桃江县中医医院团支部	全国五四红旗团支部	共青团中央
三堂街镇	国家级卫生乡镇	全国爱国卫生运动委员会
大栗港镇	2020 年国家农业产业强镇	农业农村部、财政部
大栗港镇刘家村	全国乡村旅游重点村	文化和旅游部
大栗港镇朱家村	国家森林乡村	国家林业和草原局
大栗港镇刘家村	国家森林乡村	国家林业和草原局
牛田镇人民政府	国家森林乡村——金凤山村	国家林业和草原局

续表 1

获奖单位	奖项名称	授奖单位
灰山港镇人民政府	国家森林乡村	国家林业和草原局
灰山港镇人民政府	全国五星乡镇农技推广机构	全国农业技术推广服务中心

表 2　2020 年桃江县荣获全国（条线）先进个人一览表

获奖个人	所属单位	奖项名称	授奖单位
刘牛元	县委组织部	全国关心下一代工作先进工作者	中国关心下一代工作委员会、中央精神文明建设指导委员会办公室
龚树国	湖南省源益农业综合开发有限公司	全国优秀共青团员	共青团中央
周建华	国家统计局桃江调查队	抗击新冠肺炎疫情个人嘉奖	国家统计局
刘迪钦	县林业局	第二批林草乡土专家	国家林业和草原局
李建强	中国邮政储蓄银行桃江县支行	2020 年“云上相约 健康战疫”主题健步走活动健步走达人奖	中国邮政储蓄银行总行
刘　琦	中国邮政储蓄银行桃江县支行	2019—2020 跨年度营销贵金属销售最佳个人	中国邮政储蓄银行总行
饶智玲	中国邮政储蓄银行桃江县支行	2019—2020 跨年度营销贵金属销售最佳个人	中国邮政储蓄银行总行
陈霞梅	中国邮政储蓄银行桃江县支行	2019—2020 跨年度营销活动最佳个人	中国邮储政储蓄银行总行
李晓明	桃江县疾病预防控制中心	死因登记报告工作先进个人	中国疾病预防控制中心慢病非传染病疾病预防控制中心
曹麦新	大栗港镇朱家村	2020 年全国劳动模范和先进工作者	中国共产党中央委员会、中华人民共和国国务院
罗叶林	桃江县牛田镇敬老院	全国“敬老爱老助老模范人物”	国家卫生健康委员会 全国老龄工作委员会

表 3　2020 年桃江县荣获湖南省（条线）先进集体一览表

获奖单位	奖项名称	授奖单位
县委办	湖南省 2020 年党委信息工作先进单位	中共湖南省委办公厅
县委机要局	2020 年度全省党政机要密码工作先进单位	中共湖南省委办公厅
县委宣传部	2019 年度县级融媒体中心建设工作先进单（2020 年 6 月颁发）	湖南红网新媒体集团
县委网信办	2019 年度红网网民留言办理工作先进单位（2020 年 5 月颁发）	湖南红网新媒体集团
县档案馆	2020 年度全省党史工作先进单位	湖南省委党史研究院
县科协	全国科普日活动优秀组织单位	湖南省科协

续表 3

获奖单位	奖项名称	授奖单位
县公安局	全省公安机关新时代县域警务知识竞赛三等奖	湖南省公安厅
县检察院	全省检察机关扫黑除恶专项斗争“两先一优”先进集体	湖南省人民检察院
县检察院	省以下检察院基础设施建设工作突出单位	湖南省人民检察院计财部
县检察院办公室	2019 年度全省检察机关信息工作表现突出集体	湖南省人民检察院办公室
县应急管理局	湖南省全国科普日优秀活动	湖南省应急管理局
县应急管理局	湖南省全国科普日优秀组织单位	湖南省应急管理局
桃江县人民政府	全省知识产权建设强县	湖南省市场监督管理局
县市场监督管理局	2020 年度全省特种设备安全监察工作先进单位	湖南省市场监督管理局
县农业农村局植保植检站	湖南省植保飞防知识线上竞赛优秀组织奖	湖南省植保植检站
湖南省农业广播电视学校桃江县分校	湖南省农业广播电视学校先进单位	湖南省农业广播电视学校
县农业农村局茶叶产业发展服务中心	2019 年度湖南省千亿茶产业建设先进单位	湖南省茶叶协会、湖南省茶叶学会
县农业综合行政执法大队	2020 年全省农业行政处罚优秀案卷	湖南省农业农村厅
桃花江灌区管理局	湖南省文明卫生单位	湖南省爱国卫生运动委员会
县科工局	真抓实干奖励净增规模工业企业数量排名全市第 1 位的县市区	湖南省工业和信息化厅
县科工局	全省工信系统规范行政执法示范单位	湖南省工业和信息化厅
县住建局	全省住房城乡建设系统 2019 年度建设工程招投标与稽查工作突出单位	湖南省住房和城乡建设厅
县自来水公司	湖南省城镇供水行业 2020 年度先进单位	湖南省城乡建设行业协会供水分会
县自来水公司管网维修队	湖南省城镇供水行业 2020 年度先进集体	湖南省城乡建设行业协会供水分会
县财政局	2019 年度行政事业单位国有资产年度报表编报工作先进单位	湖南省财政厅
县财政局	2020 年度全省财政综合工作优秀单位	湖南省财政厅
县财政局	2019 年度市县财政部门预算绩效管理工作先进单位	湖南省财政厅
浮邱山乡财所	2020 年星级财政所	湖南省财政厅
灰山港镇财政所	先进单位	湖南省财政厅
中国邮政储蓄银行桃江县支行营业部	跨赛储蓄存款“单项先锋奖”	中国邮政储蓄银行湖南省分行
中国邮政储蓄银行桃江县鸬鹚渡镇支行	跨赛财富管理“单项先锋奖”	中国邮政储蓄银行湖南省分行

续表 3

获奖单位	奖项名称	授奖单位
县商务局	全省商务工作（招商引资）先进单位	湖南省商务厅
县供销合作社联合社	湖南省文明卫生单位	湖南省爱国卫生运动委员会
中国邮政集团有限公司湖南省桃江县分公司	2020 年新华社内参发行二十强县	中国邮政集团有限公司湖南省分公司
中国邮政集团有限公司湖南省桃江县分公司	先进基层党组织	中共中国邮政集团有限公司湖南省分公司委员会
中共中国移动通信集团湖南有限公司益阳桃江县分公司支部委员会	湖南移动先进基层党组织	中共中国移动通信集团湖南有限公司委员会
中国移动通信集团湖南有限公司益阳桃江县分公司网格渠道班组	2019 年度湖南移动卓越班组	中国移动通信集团湖南有限公司
中国移动通信集团湖南有限公司益阳桃江县分公司市场部政企客户班	时代先锋健康行优秀班组	中国移动通信集团湖南有限公司
桃江县教育局	2017—2019 年湖南审内部审计先进集体	湖南省内部审计师协会
旅游 124 班	湖南省中等职业学校先进班集体	省教育厅
桃江一中	湖南省文明标兵校园	湖南省精神文明建设指导委员会
桃江县	湖南省广播电视服务优秀县	湖南省广播电视局、湖南省财政厅
桃江县人民医院	2019 年度公立医疗机构法治建设工作先进单位	湖南省卫生健康委员会
桃江县疾病预防控制中心	湖南省学生常见病和健康影响因素监测与干预工作市州级先进单位	湖南省疾病预防控制中心
桃江县疾病预防控制中心	2020 年度湖南省艾滋病抗体筛查实验室质量考评优秀单位	湖南省疾病预防控制中心
桃江县疾病预防控制中心	2020 年度湖南省梅毒考核原始数据质量考评优秀单位	湖南省疾病预防控制中心
桃花江镇横木村	2020 年湖南省卫生村	湖南省爱国卫生运动委员会办公室
桃花江镇牛潭河村	2020 年湖南省卫生村	湖南省爱国卫生运动委员会办公室
浮邱山乡	湖南省星级乡镇财政所	湖南省财政厅
高桥镇罗溪村	湖南省脱贫攻坚村级样本	省扶贫开发领导小组
修山镇	2020 年湖南省百佳乡镇（街道）	湖南省总工会
鸬鹚渡镇龙塘湾村	湖南省先进基层党组织	中共湖南省委
鸬鹚渡镇龙塘湾村	湖南省抗击新冠肺炎疫情先进集体	中共湖南省委　湖南省人民政府
鸬鹚渡镇玉溪村	湖南省卫生村	湖南省爱国卫生运动委员会
鸬鹚渡镇板溪村	湖南省卫生村	湖南省爱国卫生运动委员会

续表 3

获奖单位	奖项名称	授奖单位
大栗港镇卢家村	湖南省卫生村	湖南省爱国卫生运动委员会办公室
石牛江镇人民政府	湖南省示范离退休干部党支部	中共湖南省离退休干部工作委员会
牛田镇人民政府	湖南省卫生乡镇	湖南省爱国卫生运动委员会办公室
牛田镇观庄村	湖南省卫生村（社区）	湖南省爱国卫生运动委员会办公室
牛田镇临市街村	湖南省卫生村（社区）	湖南省爱国卫生运动委员会办公室
牛田镇峡山口村	湖南省卫生村（社区）	湖南省爱国卫生运动委员会办公室
牛田镇金光山村	湖南省卫生村（社区）	湖南省爱国卫生运动委员会办公室
牛田镇清塘村	湖南省卫生村（社区）	湖南省爱国卫生运动委员会办公室
灰山港镇人民政府	湖南省财政工作先进集体	湖南省人力资源与社会保障厅 湖南省财政厅
灰山港镇人民政府	湖南省文化和旅游志愿服务工作先进单位	湖南省文化和旅游厅

表 4　2020 年桃江县荣获湖南省（条线）先进个人一览表

获奖个人	所属单位	奖项名称	授奖单位
黄煦琦	县委办	2020 年度全省党政系统先进机要工作者	中共湖南省委办公厅
周再明	县检察院	2019 年度全省检察机关信息工作表现突出个人	湖南省人民检察院办公室
孟帅益	县检察院	全省检察机关扫黑除恶专项斗争“两先一优”先进个人	湖南省人民检察院
周　娟	县检察院	湖南省检察院优秀女检察官	湖南省人民检察院
吴志群	县法院	执行工作二等功	湖南省高级人民法院
左金辉	县法院	扫黑除恶专项斗争工作表现突出个人	湖南省高级人民法院
符　洋	县发改局	全省政策性粮食库存数量和质量大清查先进个人	政策性粮食库存大清查省级协调机制办公室
丁朝辉	农业农村局植保植检站	湖南省最美基层农技员	湖南省农业农村厅
詹　健	县森林公安局	嘉奖	省森林公安局
王　凯	县气象局	2020 年专业气象服务年度优秀个人	湖南省气象局
周　宇	县气象局	2020 年气象业务工作年度优秀个人	湖南省气象局
欧　果	县自来水公司	湖南省城镇供水行业“威派格杯”2020 年度优秀人物	湖南省城乡建设行业协会供水分会
吴剑君	县财政局	2020 年度全省财政监督工作先进个人	湖南省财政厅
杨立丰	中国邮政储蓄银行桃江县支行	湖南省分行优秀共产党员	中共中国邮政储蓄银行湖南省分行委员会

续表 4

获奖个人	所属单位	奖项名称	授奖单位
杨　娟	中国邮政储蓄银行桃江县支行	优秀理财经理	中国邮政储蓄银行湖南省分行
肖　妍	桃江农商银行	湖南省农村信用社 2020 年度全省先进个人	湖南省农村信用社
熊　锋	桃江农商银行	湖南省农村信用社 2020 年度安全保卫工作先进个人	湖南省农村信用社
陈　敏	桃花江国家森林公园管理处	湖南省 2020 年“最美扶贫人物”	湖南省扶贫开发领导小组
鲁芬芬	中国移动通信集团湖南有限公司益阳市桃江县分公司	优秀共产党员	中共中国移动通信集团湖南有限公司委员会
陈慧芬	中国移动通信集团湖南有限公司益阳市桃江县分公司	2019 年度湖南移动卓越班组长	中国移动通信集团湖南有限公司
彭　玮	中国移动通信集团湖南有限公司益阳市桃江县分公司	2019 年区县网络条线优秀基层班组长	中国移动通信集团湖南有限公司
何　强	县中医医院	湖南省先进工作者	湖南省委、省政府
王奋强	县中医院	益阳市优秀医师	湖南省中医药管理局
符满花	桃江县疾病预防控制中心	学生常见病和健康影响因素监测与干预工作先进个人	湖南省疾病预防控制中心
张建英	桃江妇幼保健院	湖南省巾帼建功标兵	湖南省妇女联合会
彭　鸿	桃江县妇幼保健院	湖南省产科专科护士培训班“优秀学员”	湖南省产科专科护士培训基地 湖南省妇幼保健院
董建辉	桃花江社区	湖南省优秀共产党员	中共湖南省委
董建辉	桃花江社区	湖南省抗击新冠肺炎疫情先进个人	中共湖南省委　湖南省人民政府
袁立华	桃花江镇政府	湖南省 2020 年防汛救灾先进个人	湖南省防汛抗旱指挥部
李永忠	大栗港镇政府	湖南省最美基层农技员	湖南省农业农村厅

表 5　2020 年桃江县荣获益阳市（条线）先进集体一览表

获奖单位	奖项名称	授奖单位
县委办	益阳市 2020 年党委信息工作先进单位	中共益阳市委办公室
县档案馆	2018—2019 年度益阳市级文明标兵单位	益阳市精神文明建设指导委员会
桃江县人民政府	益阳市 2019 年履行教育职责先进单位	市教育督导委员会
县政务服务中心	2018—2019 年度市级文明单位	益阳市精神文明建设指导委员会办公室
县司法局桃花江司法所	益阳市政法系统新时代“十佳政法单位”	中共益阳市委政法委员会
县司法局机关离退休干部党支部	益阳市“五好”离退休干部党支部	中共益阳市委老干部局　中共益阳市离退休干部工作委员会
桃江县	2019 年度易地扶贫搬迁工作后续帮扶先进单位	益阳市易地扶贫搬迁工作联席会议办公室

续表 5

获奖单位	奖项名称	授奖单位
县消防救援大队	全省消防救援队伍二〇二〇年度先进基层党组织	中共湖南省消防救援总队委员会
县统计局	2020 年度区县（市）统计工作先进单位	益阳市统计局
县市场监督管理局	2020 年度全市特种设备安全监察工作先进单位	益阳市市场监督管理局
县市场监督管理局	2020 年全市离退休干部先进集体	益阳市委组织部、益阳市委老干部局
县市场监督管理局	2020 年全市非公经济党委党建工作先进单位	中共益阳市非公有制经济组织综合委员会
县市场监督管理局	2020 年全市公平竞争审查工作先进单位	益阳市政府
县农业农村局绿色食品办公室	2020 年全市“二品一标”工作先进单位	益阳市农业农村局
县科工局	2019 年度全市推进“三型两网”建设真抓实干先进集体	益阳市推进“三型两网”建设领导小组
县科工局	2020 年度全市工业经济运行监测协调先进单位	益阳市工信局
县环境卫生服务中心	益阳市“行业管理先进单位”	益阳市环境卫生协会
县财政事务中心	2020 年度益阳市非税收入征收管理工作先进单位	益阳市财政局
县财政局	财政投资评审工作考核优秀单位	益阳市财政局
县财政局	2019 年度行政事业单位国有资产年度报表编报工作先进单位	益阳市财政局
县财政局	2019 年度公共基础设施等行政事业性国有资产报表编报工作先进单位	益阳市财政局
县财政局	2020 年度行政事业单位国有资产年度报表编报工作先进单位	益阳市财政局
县财政局	2020 年度全市财政综合目标考核优秀单位	益阳市财政局
县财政局	2021 年度县级预算编制事前审核工作优秀单位	益阳市财政局
县财政局	2019—2020 年度社会保险基金预算绩效管理工作考核先进单位	益阳市财政局
国家税务总局桃江县税务局	益阳市税务系统 2019 年度绩效管理先进单位	国家税务总局益阳市税务局
中国银行桃江支行支部	先进基层党组织	益阳分行
中国银行桃江支行营业部	2020 年度益阳市银行业明星网点	益阳市银行业协会
中国邮政储蓄银行桃江县支行	巾帼建功标兵岗	中共中国邮政储蓄银行工会益阳市分行委员会
桃江县教育局	益阳市教育教学质量优胜奖	市教育局市教育基金会
桃江县中医医院	2019 年度药械不良反应 / 时间监测先进单位	益阳市市场监督管理局
桃江县中医医院内三科	市级青年文明号	共青团益阳市委

续表 5

获奖单位	奖项名称	授奖单位
县商务局	2019 年全市商务系统信息工作先进单位	益阳市商务局
中国邮政集团有限公司湖南省桃江县分公司	2020 年度合同管理工作先进单位	中国邮政集团有限公司益阳市分公司
中国移动通信集团湖南有限公司益阳市桃江县分公司	2018—2019 年度益阳市文明单位	益阳市精神文明建设指导委员会
桃江一中	健康促进与教育・全民健康素养促进行动“健康学校”	益阳市卫生健康委员会
桃江县文化市场综合行政执法大队	益阳市“扫黄打非”先进集体	益阳市“扫黄打非”工作小组办公室
桃江县人民医院援市定点医院医疗队	益阳青年五四奖章集体	共青团益阳市委益阳市青年联合会
桃江县人民医院	2019 年度药械不良反应 / 事件监测先进单位	益阳市市场监督管理局
桃江县中医医院	市级青年文明号	共青团益阳市委
桃江县中医医院	2019 年度共青团工作红旗单位	益阳市卫生健康委员会
桃江县中医医院	2019 年度药械不良反应 / 时间监测先进单位	益阳市市场监督管理局
桃江县疾病预防控制中心	年度综合先进单位	益阳市疾病预防控制中心
桃江县疾病预防控制中心	重点传染病检测工作先进单位	益阳市疾病预防控制中心
桃江县疾病预防控制中心	“生活饮用水中锰检测实验室间对比”优秀单位	益阳市疾病预防控制中心
桃江县疾病预防控制中心	“生活饮用水中氯化物检测实验室间对比”优秀单位	益阳市疾病预防控制中心
桃江县疾病预防控制中心	“生活饮用水中硫酸盐检测实验室间对比”优秀单位	益阳市疾病预防控制中心
桃江县疾病预防控制中心	“生活饮用水中氟化物检测实验室间对比”优秀单位	益阳市疾病预防控制中心
桃江县疾病预防控制中心	“生活饮用水中镉检测实验室间对比”优秀单位	益阳市疾病预防控制中心
桃江县精神病医院	健康医院	益阳市卫生健康委员会
县卫健执法局	2020 年度卫生健康综合监督执法工作优秀单位	益阳市卫生健康委员会
桃花江镇	益阳市第三轮人居环境整治考核十佳乡镇	中共益阳市委农村工作领导小组
桃花江镇桃花江社区	益阳市优秀志愿服务社区	益阳市文明办　共青团益阳市委
桃花江镇花园洞村	2020 年度益阳市卫生村	益阳市爱国卫生运动委员会
桃花江镇金凤社区	益阳市基层人力资源和社区保障工作示范（星级）平台	益阳市人力资源和社会保障局
浮邱山乡	益阳市级人居环境季度十佳乡镇	中共益阳市委农村工作领导小组办公室

续表 5

获奖单位	奖项名称	授奖单位
浮邱山乡	益阳市级美丽乡村示范创建村	益阳市法治办
浮邱山乡	益阳市级空心房整治先进乡镇	益阳市自然资源局
浮邱山乡	益阳市级三无信访乡镇	益阳市人民政府
浮邱山乡	益阳市级“四好农村工路”管养示范乡镇	益阳市交通运输局
高桥镇	市年度平安建设（综治工作）先进乡镇	市委办公室
高桥镇农产品质量安全监管站	益阳市乡镇农产品质量安全监管示范站	益阳市食品安全委员会
高桥镇	市人居环境整治“十佳乡镇”	益阳市委农村工作领导小组
高桥镇赵家山村	市级卫生村	市爱国卫生委员会办公室
高桥镇	市级脱贫攻坚先进乡镇	市扶贫开发领导小组
高桥镇高桥村	2020 年益阳市农村生活污水治理工作先进单位	益阳市生态环境局
高桥镇松柏村	2019 年度市级文明村	益阳市精神文明建设指导委员会
修山镇	2019 年益阳市河（湖）长制“十好乡镇”	益阳市河长制工作委员会
修山镇	2020 年度全市森林防灭火工作先进乡镇	益阳市森林防灭火指挥部
修山镇	2020 年度全市平安建设（综治工作）先进乡镇	益阳市委办公室
修山镇	2020 年市级“职工书屋”示范点	益阳市总工会
修山镇	益阳市人居环境十佳整洁乡镇	益阳市委农村领导工作小组
修山镇	益阳市五星级基层武装部建设示范平台	益阳市委组织部
修山镇	全市优秀乡镇武装部	益阳市委组织部
沾溪镇	2020 年度全市信访工作“三无”乡镇先进单位	益阳市委办公室
沾溪镇	2019 年人社服务中心获益阳市星级乡镇平台	益阳市人社局
沾溪镇	益阳市安全生产示范乡镇	中共益阳市委办公室
沾溪镇	全市农村人居环境整治工作第四批“十佳乡镇”	益阳市委农村工作领导小组办公室
鸬鹚渡镇人民政府	十佳整洁乡镇	中共益阳市农村工作领导小组
鸬鹚渡镇人民政府	益阳市卫生镇	益阳市爱国卫生运动委员会
鸬鹚渡镇龙塘湾村	益阳市卫生村	益阳市爱国卫生运动委员会
大栗港镇	市级安全生产示范乡镇	中共益阳市委办公室　益阳市人民政府办公室
大栗港镇	2020 年度全市信访工作“三无”乡镇	中共益阳市委办公室　益阳市人民政府办公室
大栗港镇科协	2020 年度全市科普信息员队伍和基层组织建设优秀单位	益阳市科学技术协会

续表 5

获奖单位	奖项名称	授奖单位
大栗港镇红金村	益阳市卫生村	益阳市爱国卫生运动委员会
大栗港镇黄栗湫村	益阳市卫生村	益阳市爱国卫生运动委员会
大栗港镇筑金坝村	益阳市卫生村	益阳市爱国卫生运动委员会
鲊埠回族乡	十佳整洁乡镇	益阳市委农村工作领导小组
牛田镇人民政府	市级安全生产示范乡镇	益阳市委办公室
牛田镇人民政府	市级平安建设先进乡镇	益阳市委办公室
牛田镇金凤山村	市级文明村	益阳市精神文明建设指导委员会
牛田镇小桃村	益阳市卫生村	益阳市爱国卫生运动委员会
牛田镇牛田社区	益阳市卫生社区	益阳市爱国卫生运动委员会
桃江县牛田镇离退休干部党支部	“五好”离退休干部党支部	中共益阳市委老干部局中共益阳市离退休干部工作委员会
灰山港镇人民政府	2020 年益阳市平安建设先进乡镇	益阳市委、益阳市政府
灰山港镇人民政府	益阳市十大最美河湖	益阳市河长制工作委员会
灰山港镇人民政府	2020 年食品安全示范乡镇	益阳市食品安全委员会
灰山港镇人民政府	基层公共就业服务星级平台	益阳市财政局、益阳市人力资源和社会保障局
灰山港镇人民政府	益阳市离退休干部先进集体	益阳市委组织部益阳市委老干部局
武潭镇政府	益阳市人居环境整治工作第一轮文明评比“十佳乡镇”	中共益阳市委农村工作领导小组
武潭镇政府	2020 年度平安建设先进乡镇	益阳市委政法委

表 6　2020 年桃江县荣获益阳市（条线）先进个人一览表

获奖个人	所属单位	奖项名称（全称）	授奖单位（全称）
李腾云	县交警大队	三等功	益阳市公安局
熊烂辉	县发改局	2019 年度全市重点项目建设工作优秀个人	益阳市人民政府
胡领范	县发改局	2019 年度全市重点项目建设工作优秀个人	益阳市人民政府
刘小钉	县发改局	2019 年度易地扶贫搬迁工作先进个人	益阳市易地扶贫搬迁工作联席会议办公室
蒋　文	国家统计局桃江调查队	新冠肺炎疫情防控表现突出人员	国家统计局益阳调查队
丁朝辉	县农业农村局植保植检站	益阳市第二届自然科学学科学术带头人	市委组织部、市科协、市科技局、市人社局、市财政局

续表 6

获奖个人	所属单位	奖项名称（全称）	授奖单位（全称）
吴灿辉 谢开云	县农业农村局市场与信息化股	2020 年第二十二届中国中部（湖南）农业博览会展会工作先进个人	益阳市农业农村局
胡　平	县农业农村局农产品质量安全监管股	2020 年市农产品质量安全监管先进个人	益阳市农业农村局
肖　灿 胡德合	县农业农村局农产品质量安全监管股	2020 年度全市“两品一标”先进个人	益阳市农业农村局
文加生	县森林公安局	嘉奖	市森林公安局
张　坚	县森林公安局	嘉奖	市森林公安局
龚顺风	县环境卫生服务中心	益阳市五一劳动奖章	益阳市总工会
胡建军	县城市管理和综合执法局	二〇一九年度全市整治违法建设“铁锤行动”工作先进个人	益阳市整治违法建设“铁锤行动”领导小组办公室
张定清	县税务局桃花江分局	巾帼建功先进个人	益阳市妇女联合会
彭自力	中国银行桃江支行	2020 年度优秀共产党员	中国银行益阳分行
陈　旦	中国银行桃江支行	2020 年度优秀共产党员	中国银行益阳分行
吴智婵	中国邮政储蓄银行桃江县支行	2019 年度益阳市分行“巾帼建功标兵”	中共中国邮政储蓄银行工会益阳市分行委员会
刁　兰	中国邮政储蓄银行桃江县支行	2019 年度益阳市分行“巾帼建功标兵”	中共中国邮政储蓄银行工会益阳市分行委员会
李建强	中国邮政储蓄银行桃江县支行	新冠肺炎疫情防控先进个人	中国邮政储蓄银行益阳市分行
杨立丰	中国邮政储蓄银行桃江县支行	市级优秀共产党员	中共中国邮政储蓄银行益阳市分行委员会
丁建华	中国邮政储蓄银行桃江县支行	市级优秀共产党员	中共中国邮政储蓄银行益阳市分行委员会
丁建华	中国邮政储蓄银行桃江县支行	2019 年度金融工作先进个人	益阳市人民政府
文暑成	桃江县商务局	2019 年全市商务系统信息工作先进个人	益阳市商务局
李燕平	县中医医院	优秀护理管理干部	益阳市卫生健康委员会
龚　莲	县中医医院	2019 年度药械不良反应 / 事件监测工作先进工作者	益阳市卫生健康委员会
毛丹从	县中医医院	2019 年度药械不良反应 / 事件监测工作先进工作者	益阳市卫生健康委员会
昌凌云	县中医医院	2020 年优秀教师	益阳市市场监督管理局
李凤平	县疾病预防控制中心	全市药品化妆品不良反应、医疗器械不良事件、药物滥用监测工作先进工作者	益阳市市场监督管理局

获奖个人	所属单位	奖项名称（全称）	授奖单位（全称）
谢　蔚	县妇幼保健院	优秀护理管理干部	益阳市卫生健康委员会
陈　丹	县妇幼保健院	益阳市优秀医师	益阳市卫生健康委员会
薛　浩	修山镇政府	益阳市“十佳河长”	益阳市河长制工作委员会
申　星	沾溪镇人民政府	益阳市脱贫攻坚先进个人	益阳市扶贫办公室
李　瑶	沾溪镇人民政府	益阳市第四次全国经济普查先进个人	益阳市统计局
邓娉娥	鸬鹚渡镇人民政府	2019 年度“益阳市优秀共青团干部”	共青团益阳市委
张　青	鸬鹚渡镇人民政府	2019 年益阳市脱贫攻坚先进个人	益阳市扶贫办公室
何　为	大栗港镇政府	益阳市 2019 年脱贫攻坚先进个人	益阳市扶贫开发办公室
丁　莉	灰山港镇人民政府	益阳市 2019 年度脱贫攻坚先进个人	益阳市农业农村和精准扶贫办公室
文思军	灰山港镇人民政府	益阳市 2019 年度脱贫攻坚先进个人	益阳市农业农村和精准扶贫办公室

统计资料

表 7　2020 年桃江县土地资源情况表

	单　位	2020 年	2019 年
土地面积：	平方公里	2068.1360	2068.136
	公顷	2068.1360	206813.6
1. 耕　地	公顷	44053.87	44049.96
2. 园　地	公顷	3253.42	3258.93
3. 林　地	公顷	126215.05	126584.84
4. 草　地	公顷	2249.60	2284.77
5. 城镇村及工矿用地	公顷	13991.97	13758.67
6. 交通运输用地	公顷	3573.35	3429.75
7. 水域及水利设施用地	公顷	9923.36	9939.74
8. 其他用地	公顷	3550.98	3506.94

表 8　2020 年桃江县水资源情况表

	单　位	2020 年	2019 年
5 公里以上河流	条	81	81
5 公里以上河流（境内长度）	公里	1140	1140
其中：资　江	公里	102	102
敷　溪	公里	16.2	16.2
善　溪	公里	10.3	10.3
沂　溪	公里	23.15	23.15
碧螺港	公里	28.2	28.2

续表 8

	单　位	2020 年	2019 年
沾　溪	公里	43.1	43.1
獭　溪	公里	57.2	57.2
志　溪	公里	27	27
河川年径流量	亿立方米	25.44	18.72
淡水面积	千公顷	10.65	10.65
水产养殖面积	千公顷	3.75	3.75
天然水资源总量	亿立方米	33.88	33.12
水利资源蕴藏量	万千瓦	22.22	22.22
水　库	座	219	219
塘　坝	座	15644	15644
一线堤防长度	公里	34.68	34.68

表 9　2020 年桃江县矿产资源情况表

	单　位	2020 年	2019 年
煤　炭	万吨	103.2	103.2
石　煤	万吨	4870.92	4870.92
铁　矿	万吨	103	103
锰　矿	万吨	853.2	853.2
锑　矿	万吨	14.58	18.8
锑	吨	36638	27272
金　矿	万吨	307.11	293.26
金	千克	9390	9271
硫铁矿	万吨	14.38	14.38
水泥用灰岩	万吨	6780.4	6900
建筑用花岗岩	万立方米	465.86	571.6

说明：矿产资源各数据为年末保有资源储量

表 10　2020 年桃江县农田水利基本情况表

	单　位	2020 年	2019 年
一、有效灌溉面积	千公顷	38.69	37.41
1. 水　田	千公顷	35.21	34.16
2. 旱　土	千公顷	3.48	3.25

续表 10

	单　位	2020 年	2019 年
二、喷灌面积	千公顷	2.1	2.1
三、旱涝保收面积	千公顷	32.47	31.92
1. 水　田	千公顷	30.9	30.5
2. 旱　土	千公顷	1.57	1.42
四、机电排灌面积	千公顷	11.69	11.69
其中：电力排灌	千公顷	10.01	10.01
五、易涝面积	千公顷	11.16	11.16
六、水土流失面积	千公顷	15.324	15.64
七、建成水库	座 / 亿立方米	219/1.98	219/1.98
1. 中　型	座 / 亿立方米	3/1.11	3/1.11
2. 小（Ⅰ）型	座 / 亿立方米	30/0.49	30/0.49
3. 小（Ⅱ）型	座 / 亿立方米	186/0.38	186/0.38
八、塘　坝	万处 / 亿立方米	1.27/0.45	1.27/0.45
九、水轮泵	处 / 台	11.0/23	11.0/23
十、机电排灌站	处	212	212
功　率	万千瓦	2.46	2.46
十一、蓄引提水量	亿立方米	2.92	2.92
其中：蓄水量	亿立方米	2.13	2.13
十二、现有堤防长度	公里	41.33	41.33
保护耕地面积	千公顷	17.72	17.72
堤防保护人口	万人	26.5	26.5
十三、旱灾经济损失	万元	60	38
十四、洪灾经济损失	万元	4200	150
十五、水利建设总投入	万元	13460	12941

表 11　2020 年桃江县国民经济主要指标及比例关系一览表（一）

	单　位	2020 年	2019 年
一、生产总值（当年价）	万元	2798785	2710263
第一产业	万元	469629	409759
第二产业	万元	1296364	1243763
工　业	万元	1026879	977022
第三产业	万元	1032792	1056741

续表 11

	单　位	2020 年	2019 年
二、一般公共预算收入	万元	139778	132701
上划中央两税	万元	30566	28580
上划中央所得税	万元	14191	13707
上划省四税	万元	9369	8155
上划省所得税	万元	2838	2741
地方财政收入	万元	82814	79518
一般公共预算支出	万元	519675	497431
三、金融机构存款余额	万元	3030225	2768800
金融机构贷款余额	万元	1820525	1515643
城乡居民储蓄余额	万元	2521031	2222228
城乡居民人均储蓄余额	元 / 人	28789	25267

说明：2018 年生产总值因第四次全国经济普查进行修订

表 12　2020 年桃江县国民经济主要指标及比例关系一览表（二）

	2020 年	2019 年
一、生产总值	2798785	2710263
第一产业	469629	409759
第二产业	1296364	1243763
第三产业	1032792	1056741
二、农林牧渔业总产值	909153	787874
农　业	425496	380090
林　业	64526	61307
牧　业	331682	267016
渔　业	16465	13734
农林牧渔服务业	70984	65727
三、地方财政收入	82814	79518
增值税	22219	21398
企业所得税	5440	5271
个人所得税	1183	1125
资源税	1167	987
其他工商税收	11240	14268
耕地占用税	945	3729

续表 12

	2020 年	2019 年
契　税	11350	6467

表 13　2020 年桃江县固定资产投资总额情况表

单位：万元

	2020 年	2019 年
固定资产投资总计	1907264	1757281
一、按产业分		
第一产业投资	119162	248877
第二产业投资	556415	514947
第三产业投资	1231687	993457
二、在投资总额中：		
其中：建安投资	1614359	1484258
房地产开发投资	154429	149134
工业投资	556415	514947
工业技改投资	254938	234062

表 14　2020 年桃江县 500 万元以上固定资产投资构成情况表

单位：万元

	2020 年	2019 年
自年初累计完成投资	1907264	1757281
1. 按登记注册类型分		
内资企业	1893196	1747091
国有企业	607111	506364
有限责任公司	500916	272227
股份有限公司	17306	18548
联营企业	0	23150
私营企业	728192	832055
其他企业	39671	93161
外商投资企业	0	296
个体经营	12327	9894
2. 按建设性质分		
新　建	1287337	1207374
扩　建	153595	62901

续表 14

	2020 年	2019 年
改建和技术改造	284178	310823
3. 按构成分		
建筑工程	1445484	1306008
安装工程	168875	178250
设备工器具购置	168081	130296
其他费用	124824	142727
4. 按国民经济行业分类		
（1）农林牧渔业	139474	256828
（2）采矿业	7500	2000
（3）制造业	489454	459000
（4）电力、燃气及水的生产和供应业	59461	53947
（5）交通运输、仓储和邮政业	110804	104700
（6）批发零售业	7585	28565
（7）住宿和餐饮业	40316	16100
（8）房地产业	432863	387447
（9）水利、环境和公共设施管理业	420590	253621
（10）教　育	79874	46396
（11）卫生和社会工作	41293	56778
（12）文化、体育和娱乐业	8370	49329
（13）公共管理、社会保障和社会组织	21360	11533
（14）信息传输、软件和信息技术服务业	8574	19736
（15）科学研究和技术服务业	5297	2197
（16）租赁和商务服务业	27999	9104

表 15　2020 年桃江县社会消费品零售总额情况表

单位：万元

	2020 年	2019 年
社会消费品零售总额	1071954	1160493
一、按销售单位所在地分		
城　镇	902585	977135
乡　村	169369	183358
二、按行业分组		

续表 15

	2020 年	2019 年
1. 批发零售贸易业	1046741	1133197
批发业	58602	63442
零售业	988139	1069755
批发零售业中：限额以上企业	168231	148419
限额以下及个体户	878510	984778
2. 住宿和餐饮业	25213	27296
住宿业	12601	13642
餐饮业	12613	13654
住宿餐饮业中：限额以上企业	4458	4453
限额以下及个体户	20755	22843
三、按规模分组		
1. 限额以上单位	172689	152873
2. 限额以下及个体户	899265	1007620

表 16　2020 年桃江县医疗保险基本情况表

	单位	2020 年	2019 年
一、医疗保险参保情况			
1. 城镇职工医疗保险	人	46517	45607
其中：在职	人	24121	23667
退休	人	22396	21940
特殊人员（离休、复退、伤残等）	人	381	330
2. 城镇职工生育保险	人	22680	22081
3. 城镇居民医疗保险	人	704008	711190
二、医疗保险基金征缴情况			
1. 城镇职工医疗保险	万元	1777	16321
2. 城镇职工生育保险	万元	583	899
3. 城镇居民医疗保险	万元	17667	15686
三、医疗保险基金支出及享受待遇情况			
1. 城镇职工医疗保险			
基金支出	万元	16214	15164
住院享受待遇情况	人次	14746	14302

续表 16

	单位	2020 年	2019 年
2. 城镇职工生育保险			
基金支出	万元	621	739
住院享受待遇情况	人次	468	938
3. 城镇居民医疗保险			
基金支出	万元	58301	57563
住院享受待遇情况	人次	148255	152526

表 17　2020 年桃江县社会养老保险基本情况表

单位：人、万元

	合　计		企　业		事　业		机　关	
	2020 年	2019 年	2020 年	2019 年	2020 年	2019 年	2020 年	2019 年
一、基本养老保险情况								
1. 参保职工人数	68237	54599	51348	37856	12318	12272	4571	4471
实际缴费人数	65339	53140	48450	36397	12318	12272	4571	4471
离退休退职人数	43761	42023	34895	33036	6628	6484	2238	2503
其中：离休	75	76	8	9	34	34	33	33
退休	43686	41947	34887	33027	6594	6450	2205	2470
2. 应发养老金总额	129488	121703	80771	74221	35563	34662	13154	12820
3. 实发养老金总额	129488	121703	80771	74221	35563	34662	13154	12820
二、养老保险基金缴拨情况								
1. 缴费基数总额	286369	234885	166415	126939	87625	78876	32329	29070
2. 应缴纳金额	66836	54901	38047	26835	21030	20488	7759	7578
其中：个人	35720	28953	25791	19599	7343	6829	2586	2525
3. 实际缴纳金额	62417	80726	32628	52660	22030	20488	7759	7578
4. 应拨付金额	129488	121703	80771	74221	35563	34662	13154	12820
5. 实际拨付金额	129488	131703	80771	84221	35563	34662	13154	12820

表 18　2020 年桃江县幼儿教育基本情况表

	单　位	2020 年	2019 年
一、幼儿园数	所	165	156
二、班数	个	785	706
其中：学前班	个	210	263

续表 18

	单 位	2020 年	2019 年
三、在园幼儿数	人	21685	20924
其中：学前班幼儿	人	6720	8892
四、教职工人数	人	2249	2184
其中：园长	人	414	156
专任教师	人	861	902
保健员	人	690	645

表 19 2020 桃江县基础教育普及情况表

	单 位	2020 年	2019 年
一、小学			
学龄人口数	人	48891	48280
在校学龄人口数	人	48891	48280
入学率	%	100	100
二、初中			
学龄人口数	人	23380	23903
在校学龄人口数	人	23380	23903
入学率	%	100	100

表 20 2020 年桃江县特殊教育基本情况表

	单 位	2020 年	2019 年
一、学校数（盲聋哑学校）	所	1	1
二、班数	个	13	14
三、招生人数	人	173	182
四、在校学生	人	748	818
五、教职工人数	人	30	31
其中：专任教师	人	25	25

表 21 2020 年桃江县普通中小学教育基本情况表

	单 位	2020 年	2019 年	备 注
一、学校数	所	170	139	
高中	所	8	6	（民办工所）

续表 21

	单 位	2020 年	2019 年	备 注
初中	所	43	42	
小学	所	119	91	不含教学点（33 个）
二、毕业生数	人	19981	19584	
高中	人	5028	4076	（职高 1023 人）
初中	人	7723	7924	
小学	人	7230	7584	
三、招生数	人	20945	20963	
高中	人	6111	4745	（职高 1626 人）
初中	人	7318	7850	
小学	人	7516	8368	
四、在校学生数	人	89395	85374	
高中	人	17124	13191	（职高 3880 人）
初中	人	23380	23903	
小学	人	48891	48280	
五、教职工数	人	5744	5411	
其中：专任教师	人	5287	4884	
行政人员	人	162	169	
其中：中学教师	人	3927	3240	（职高 239 人）
小学教师	人	1817	2171	

表 22　2020 年桃江县职业中学教育基本情况表

	单 位	2020 年	2019 年	备 注
一、学校数	所	2	2	
二、招生数	人	1628	1552	
三、在校学生数	人	4082	4142	
四、毕业生数	人	1389	1616	
五、教职工数	人	317	327	
1. 专任教师	人	275	271	
2. 行政人员	人	50	23	
3. 工勤人员	人	25	15	
4. 其　他	人	19	18	

表 23　2020 年桃江县小学专任教师学历和技术职务情况表

单位：人

	2020 年	2019 年
专任教师合计	2217	2226
一、学历情况		
大学本科毕业及以上	1331	1083
大学专科毕业	833	1085
高中阶段毕业	53	58
二、技术职务情况		
中教高级	0	100
小教高级	187	1303
小教一级	1249	404
小教二级	407	168
小教三级	295	
未评级的		251

表 24　2020 年桃江县普通中学、职业中学专任教师学历和技术职务情况表

单位：人

	合计		普通中学		职业中学	
	2020 年	2019 年	2020 年	2019 年	2020 年	2019 年
专任教师合计	3158	2904	2945	2633	213	271
一、学历情况						
大学本科毕业及以上	2742	2535	2563	2291	179	244
大学专科毕业	411	364	377	337		27
高中阶段毕业	5	5	5	5		
二、技术职务情况						
正高级	4	1	4	1		
中学高级	692	544	625	466	67	78
中学一级	1595	1487	1499	1374	96	113
中学二级	577	535	534	466	43	69
中学三级	290	63	283	63	7	
未评级的		274		263		11

桃江特产

鲊埠牛肉

鲊埠牛肉作为鲊埠回族人民的一道主菜，伴随回民和清真文化在桃江已有500年的历史。鲊埠回民自明成化十三年（1477）迁居到现址，世代依资江而居。在民族历史文化、餐饮风俗交融发展的背景下，鲊埠优良的生态环境和回民传统的养殖技术使鲊埠黄牛性情温顺、壮实洁净，其肉美味可口、富含营养，鲊埠牛肉成为当地特色产品。鲊埠的黄牛肉之所以美味，主要是选用本地自然放养的黄牛，待黄牛长到四五岁发育健全，方可屠宰；采用当地天然黑麦草、三叶草等高蛋白草类饲养，适当掺杂一些饲料同喂，使营养更全面；在屠宰时放尽血液，绝不在牛肉中注水。有经验的厨者根据牛肉的部位与色泽烹饪出不同风味的佳肴：鲜红的、粘刀的精瘦牛肉最好小炒，筋腱较多的，则放几片山桂枝叶久煮直至筷子能插入。每逢赶集都会有回民挑着货担用荷叶包裹煮熟或新鲜的鲊埠牛肉当街叫卖，鲊埠牛肉也随着南来北往的货商和游客被带到全国各地。据统计，鲊埠从事黄牛养殖、销售、屠宰的人员有800余人，有牛肉加工企业5家、牛肉养殖合作社26家，2020年产量达6500吨，牛肉和特色餐饮年销售额达3.06亿元。

松木塘腊肉

松木塘腊肉，因其味美可口而深受消费者的青睐。现挖出来的冬笋，和着烟熏的腊肉一炒，鲜、嫩、甘、香。清淡与咸腊相融，辣味与鲜香相溢。冬笋的清香、腊肉的烟香、大蒜的辛香，以众香发越之势沁人心脾。

松木塘红薯粉

松木塘盛产红薯，民间有将这些味甜粉多的红薯加工成粉的传统习惯和独特工艺。红薯加工成砣粉后，身价大增，以其味道爽滑可口、颜色清澈透明、绿色无公害，颇受大众喜爱。松木塘纯天然红薯粉，加入纯净水和少许食盐搅成浓汁后，放入锅中用小火拌至凝固，待凉后切成坨状，而后用猪油煎制，辅以自制酸萝卜、剁椒、香大蒜及少许调料烹制而成，口感软糯，酱香。

马迹塘和菜

马迹塘老街上每逢红白喜事办酒席，有四底、四荤、四汤、两素。和菜来自“四底”，也叫碗底子。能做底子菜的有笋、粉丝、红枣、雪薯、百合等。底子越多越体面，底子菜上面覆盖豆干丝。随着时代的发展，和菜虽然还是宴席上的必有菜，但其意义与做法已逐渐简单化，大多是将粉丝、豆干丝、雪薯片、笋丝、胡萝卜丝混合在一起炒，美其名曰“和菜”，寓意和和美美、和气生财。

武潭鱼

武潭镇是千年古镇，千里资江从广西流到武潭，在镇东绕一个大弯，江水常年冲刷，在江中留下几个深潭，潭中常年水碧天蓝，武潭鱼快乐地游弋，觅取天然食物，自由缓慢生长。这种环境造就了武潭鱼肉质细嫩、甘甜、无鱼腥气，味道自然鲜美。取清河鲶鱼剁成大块，过油炸成金黄色，配上豆腐、青椒、紫苏，再加佐料在清水中火煮20分钟即可。口感微辣，肉质外焦内嫩，汤汁鲜香无比。

附 录

专文选登

县委经济工作会议主题报告

中共桃江县委

（2020 年 12 月 28 日）

同志们：

这次会议的主要任务是，深入贯彻落实党的十九届五中全会和中央、省委、市委经济工作会议精神，总结 2020 年经济工作，分析当前经济形势，部署 2021 年经济工作。下面，讲四点意见。

一、全县经济社会发展稳中求进，攻坚克难，即将夺取全面小康最终胜利

2020 年，面对突如其来的新冠肺炎疫情和经济下行压力持续加大的双重挑战，我们坚持以习近平新时代中国特色社会主义思想为指引，沉着应对风险和挑战，团结带领全县广大党员干部群众，迎难而上、精准施策、攻坚克难，经济社会发展保持稳中向好的发展态势。预计全县地区生产总值增长 4% 左右，规模工业增加值增长 4.5% 左右，固定资产投资增长 9% 左右，社会消费品零售总额增长 –2% 左右，地方一般公共预算收入增长 2% 以上，全体居民人均可支配收入增长 8% 左右，全面建成小康社会取得了决定性成就，实现了“十三五”圆满收官。

（一）大力培育六大百亿产业和规模工业增加值百亿园区，实体经济发展取得新突破。园区综合实力不断增强。预计全年实现园区规模工业增加值 90 亿元，同比增长 7.7%。桃江经济开发区成立园区行政审批服务中心，康卫宁医疗器械、锋源科技、科惠汽配二期等一批项目建成投产，25 万平方米标准化厂房年底可完成主体工程，新引进过亿元项目 3 个、过 5000 万元项目 5 个，成功申报省级竹产业特色园区，园区科技企业孵化器通过省级评审验收，省级高新技术产业开发区申报工作顺利推进。灰山港工业集中区新建标准化厂房 2.06 万平方米，临亚建材装配式建筑构件、临亚新型墙体、三树新材料等 6 个项目建成投产，新开工项目 3 个，新引进投资过 5000

万元项目3个。马武现代农业核心示范区积极探索社会资本与农业农村利益紧密联结的现代农业发展新模式，新引进项目7个，惊石农业二期、先田智慧农业、澳洲淡水龙虾养殖等项目建成投产，国家农村产业融合发展示范园正式授牌。六大产业如期突破百亿。预计全年竹产业实现产值120.27亿元，同比增长16.9%，春笋产量突破1亿斤，创历史新高，惊石农业总部签约落户桃江，大栗港镇获评2020年国家农业产业（桃江竹笋）强镇；建材产业实现产值175亿元，同比增长3.6%，博威铝业、方成建材等建成投产；装备制造业实现产值136亿元，同比增长6.3%，新兴管件铸造产业园年内建成；完成电子商务交易额100.12亿元，同比增长40.8%，再次获评全国电子商务进农村综合示范县，桃花江镇株木潭、石高桥村成为2020年“淘宝村”；实现文化旅游综合收入100亿元，同比增长33.2%，羞女湖湿地公园通过国家验收，桃花江竹海旅游度假区建成开园，大栗港镇刘家村成为全国乡村旅游重点村；食品加工产业实现产值101亿元，同比增长33.1%，“桃江竹叶”（绿茶）成为国家农产品地理标志。经济发展后劲蓬勃有力。深入开展“作风建设大提升、营商环境大优化、产业项目大促进”活动，充分发挥县级领导联系重点企业（项目）制度实效，不断深化“放管服”改革，重点项目审批整体提速80%以上；全年争取立项争资项目328个，到位资金达35亿元；开展2次集中签约活动，引进产业项目42个、签约资金36.72亿元，其中国辰高科技产业园入选省重点建设项目；总部经济加速发展，新签约入驻企业16家；规模企业和高新技术企业培育成效明显，全县新增规模工业企业20家、限额以上贸易企业14家、高新技术企业6家，荣获省知识产权建设强县。

（二）坚持以人民为中心的发展思想，民生保障水平达到新高度。三大攻坚战成效显著。坚持脱贫攻坚“五个一”工作机制，“两不愁三保障”问题全部清零，就业产业帮扶全面覆盖，防止返贫致贫机制进一步健全，全县15183户43739名建档立卡贫困人口全部脱贫，顺利通过国、省考核验收，脱贫攻坚战圆满收官。全力整改中央、省环保督察及“回头看”反馈问题，石煤矿山治理和生态修复工程全面竣工，资江流域锑浓度连续8个月达标，石煤矿山、资江锑超标问题治理通过省级销号验收，空气质量优良率超过98%；全面落实禁捕退捕决策部署，“三无”船舶全部上岸并拆解处置到位，退捕渔民妥善安置。全面规范政府债务管理，如期完成年度化债任务；县城投集团完成转型，工程建设、户外广告、加油站等经营收入不断增长；扫黑除恶专项斗争深入推进，2018年以来打掉黑恶犯罪团伙12个，抓获团伙成员77人；涉老涉众金融问题妥善处置，农商行实现脱困化险，金沙重机重组稳步推进，扶贫小额贷款保持“零逾期”，牢牢守住了金融风险底线。城乡面貌优化美化。县城“双创”工作有序推进，获得创建全国文明城市提名城市，拆除违建4.2万平方米，桃花湖路、光明路、文明路等道路建成通行，牛潭河大桥和6个老旧小区改造、6条道路雨污分流工程全面完成，雷公岩大桥全线通车，“智慧城管”建成运行，城市建设管理水平不断提升；农村人居环境整治扎实推进，农村生活垃圾分类减量覆盖率以及集中收集、转运处理率均达100%，先后接受国、省检查，获得较高评价；三堂街获评省级文明镇。社会民生持续改善。积极克服疫情影响，大力推进创业就业，新增城镇就业人数与去年基本持平，新增创业实体不降反增，城镇登记失业率保持在2%以下。坚持教育优先发展不动摇，桃花江镇中心学校（九年一贯制学校）、扬帆职业技术学校建成开学，普通高中大班额化解年度任务顺利完成，高考二本以上上线人数和上线率全市第一。办好人民满意的医疗卫生事业，县人民医院南院区和县妇幼保健院整体搬迁项目主体工程竣工，县中医医院成功跻身三级中医医院行列，牛田创建省级卫生镇通过评估，公共卫生服务体系不断完善。水利建设有力推进，全面完成资江重要河段岸坡防护、中小河流治理、碧螺水库等4座水库除险加固，防汛保安能力明显增强。改扩建敬老院5所，完成城乡低保、特困人员补助、残疾人“两项补贴”提标，人民群众获得感、幸福感、安全感持续提升。

（三）统筹推进疫情防控和经济社会发展，治理能力实现新提升。疫情防控有力有序。科学部署联防联控、群防群控措施，动员广大党员干部和社会各界人士，全面开展人员摸排、通道管控、网格巡逻，全力外防输入、内防扩散，截至目前，全县仅3例输入性病例，无一例二代感染病例，较全市提前15天实现确诊病例清零；坚持疫情防控、复工复产“两手抓、两不误”，在全市率先制定支持中小企业共渡难关的十二条政策，从3月中旬起，全县经济社会运行秩序已全面恢复，王建国、吴建军、董建辉、李益、范德军5人荣获全省抗击新冠肺炎疫情先进个人，鸬鹚渡镇龙塘湾村党总支荣获全省抗击新冠肺炎疫情先进集体、湖南省先进基层党组织。基层治理创新推进。出台全面推行乡村、城镇社区网格化管理和志愿服务工作的指导意见，积极构建以“网格化”为基础的社会基层治理体系和以志愿服务为抓手的新时代文明实践体系，全县建立基础网格2425个，招募网格员12761名，对口联系农户245641户，打通了联系服务群众的“最后一公里”。持续扩大优秀基层妇联组织、“妇贤”奖励范围，进一步激发妇联执委干事创业热情，成为全省唯一的深化妇联组织建设改革实施“破难行动”试点县。在全力推进“三无乡镇”“无信访村（社区）”创建的同时，创新开展“信访工作进步村（社区）”“无诉村（社区）”和优秀调解员评选，着力将矛盾纠纷化解在基层。大力推进“平安桃江”建设，获评全省平安建设（综治工作）先进县。党的建设不断加强。圆满完成村（社区）“两委”换届试点工作，调优配强80名村（社区）党组织书记，为全面实现村（社区）党组织书记“一肩挑”奠定坚实基础；深入推进基层建设“1+5”、基层公共服务“一门式”全覆盖、软弱涣散基层党组织整顿和党支部“五化”提质工程，党的执政根基不断夯实。严格落实意识形态工作责任制，切实加强舆论引导和舆情管控，宗教事务规范化管理成效明显，牢牢把握住了意识形态工作主动权，获评省广播电视服务优秀县，县广播电视台获评全国新闻出版广播影视系统先进集体，县电影公司获评第八届全国服务农民、服务基层文化建设先进集体，鲊埠回族乡军功嘴村获评全省民族团结进步示范单位。严格监督执纪问责，科学运用“四种形态”374人次；以接受省委巡视为契机，深入开展违反中央八项规定精神问题、扶贫领域腐败和作风问题等专项整治；积极探索纪检监察机制改革，被省纪委监委定为2020年全省探索施行扶贫领域监督清单5个试点县之一；创新实施“大片区”协作联动机制，经验全省推广；扎实开展县委巡察工作，实现十二届县委任期内巡察全覆盖，推动全县党风政风持续向好。

二、准确把握发展形势要求，科学确定来年思路目标，努力实现“十四五”良好开局

12月16日至18日，中央经济工作会议召开，指出明年世界经济形势仍然复杂严峻，复苏不稳定不平衡，疫情冲击导致的各类衍生风险不容忽视，提出要继续实施积极的财政政策和稳健的货币政策，努力保持经济运行在合理区间，并明确了八个方面的重点工作：一是强化国家战略科技力量；二是增强产业链供应链自主可控能力；三是坚持扩大内需这个战略基点；四是全面推进改革开放；五是解决好种子和耕地问题；六是强化反垄断和防止资本无序扩张；七是解决好大城市住房突出问题；八是做好碳达峰、碳中和工作。

12月24日，省委经济工作会议召开，明确明年经济社会发展的主要预期目标是：经济增长7%以上，地方一般公共预算收入增长4%以上，城镇新增就业70万人，城镇调查失业率与全国一致，居民消费价格涨幅3%左右，居民收入稳步增长，生态环境质量进一步改善，完成国家下达的能耗“双控”目标，确保粮食播种面积和产量稳定。要求统筹处理好当前与长远、战略与战术、供给与需求、质量与规模、政府与市场、发展与安全、抓项目与抓环境、重点与全面、全局与一域、抓大与保小等十个方面的关系，并明确了七个方面的重点工作任务：一是着力打造“三个高地”；二是坚持扩大内需这个战略基点；三是持续激发市场主体活力；四是推进农业农村现代化；五是大力保障和改善民生；六是持续加强生态文明建设；七是牢牢守住安全发展底线。

12月26日，市委经济工作会议召开，明确明年经济社会发展的主要预期目标是：经济增长8%以上，地方一般公共预算收入增长6.5%以上，城镇新增就业3.4万人……其他指标与省委经济工作会议报告保持一致。要求在明年的经济工作中做到“四个注重”：一是注重结构性动态平衡；二是注重整体性协同推进；三是注重目标性引领攻坚；四是注重统筹性综合施策。明确了七个方面的重点任务：一是做强做优实体经济，着力在构建多元发展、多极支撑的现代化产业体系上迈出新步伐；二是聚焦聚力科技创新，着力在构建高质量发展创新体系上取得新突破；三是全面深化改革开放，着力在打造内陆地区改革开放高地上开创新局面；四是优化投资消费结构，着力在加快融入国内国际双循环上实现新提升；五是优先发展农业农村，着力在推动乡村振兴上绘就新画卷；六是加强生态文明建设，着力在绿色发展上厚植新优势；七是持续增进民生福祉，着力在改善人民生活品质上达到新水平。

根据中央、省委、市委经济工作会议以及关于“十四五”期间经济社会发展的相关会议精神，特别是“十四五”规划中主要指标的调整情况，结合桃江实际分析，做好全县2021年经济工作需重点把握好以下五个方面的形势要求：

要更加重视实体经济，夯实高质量发展“顶梁柱”。中共十九届五中全会强调，要坚持把发展经济着力点放在实体经济上，推进产业基础高级化、产业链现代化。

习近平总书记考察湖南时，提出湖南要打造“国家先进制造业高地”。省委十一届十二次全会提出，要大力发展先进制造业，实施先进装备制造业倍增计划、先进材料提升工程、食品医药轻纺创优行动等。“十四五”规划发展目标中也新增了“制造业增加值占GDP的比重”“产业投资占固定资产投资的比重”“税收占GDP的比重”等指标。我们要坚持发展实体经济不动摇，着力发展制造业、引进产业投资、培育税源增加税收，继续支持六大百亿产业发展壮大，真正把实体经济打造成为高质量发展的“顶梁柱”。

要更加重视创新，升级高质量发展“主引擎”。党的十九届五中全会明确提出要“坚持创新驱动发展，全面塑造发展新优势”。习近平总书记考察湖南时，提出湖南要打造“具有核心竞争力的科技创新高地”。省委十一届十二次全会提出，实施关键核心技术攻关转型行动计划、领先科技创新深化行动、高新技术企业增量提质行动等，加快创新型省份建设。“十四五”规划发展目标中也新增了一类“创新驱动”指标，包括研发经费投入占GDP比例、每万人口有效发明专利拥有量、数字经济增加值占GDP比例等三项指标。我们要坚持创新驱动发展，以桃江经开区创建省级高新技术产业开发区为抓手，加快创新平台建设，提高企业创新能力，推动全县高新技术企业增量提质，为湖南打造“具有核心竞争力的科技创新高地”做出桃江贡献。

要更加重视“三农”，培育高质量发展“增长点”。党的十九届五中全会强调，要坚持把解决“三农”问题作为全党工作重中之重，全面实施乡村振兴战略；实施乡村建设行动，强化县城综合服务能力，把乡镇建成服务农民的区域中心。省委十一届十二次全会提出，要因地制宜发展特色产业，优化“一县一特”“一特一片”布局，推进现代农业产业园、农业特色小镇建设。“十四五”规划发展目标中，也新增了一项“粮食综合生产能力”指标。我们要高度重视“三农”工作，积极推进现代农业综合改革，在扛稳粮食安全责任、扎实抓好粮食生产的同时，全力支持竹产业做大做强，加快推进马武现代农业核心示范区建设和特色小镇建设，积极谋划和争取乡村建设行动相关的资金、项目，打造全县经济社会高质量发展的重要“增长点”。

要更加重视消费，畅通高质量发展“内循环”。党的十九届五中全会提出，要坚持扩大内需这个战略基点，加快培育完整内需体系，特别是要全面促进消费，健全现代流通体系，发展无接触交易服务，降低企业流通成本，促进线上线下消费融合发展，开拓城乡消费市场。“十四五”发展目标中，也增加了“居民人均消费支出”“人均货物贸易总额”等指标。我们要以继续大力发展电子商务和文化旅游产业为抓手，在挖掘本地消费潜力的同时，积极吸引外来消费，着力把电商和旅游打造成为促进全县农业、工业、服务业产品向外流通的重要渠道，畅通经济“内循环”，主动融入和服务“双循环”新发展格局。

要更加重视安全，织密高质量发展“防护网”。党的十九届五中全会提出，要统筹发展与安全，统筹传统安全和非传统安全，把安全发展贯穿国家发展各领域和全过程。“十四五”规划发展目标中也新增了3个“安全保障”指标，除了前面提到的“粮食综合生产能力”外，还包括“食品安全合格率”“亿元GDP生产安全事故死亡率”等两项指标，将安全提升到了空前重要的位置。我们要进一步牢固树立总体国家安全观，坚持统筹发展与安全，扎实抓好疫情防控、污染防治、食品安全、安全生产等各项工作，高水平建设平安桃江，切实为高质量发展营造安全稳定环境。

综合上级要求，立足桃江实际，我们明确了2021年工作思路：以习近平新时代中国特色社会主义思想为指导，全面贯彻党的十九大和十九届二中、三中、四中、五中全会精神，坚决落实习近平总书记关于湖南工作系列重要讲话指示精神和中央、省委、市委经济工作会议精神，坚持稳中求进工作总基调，立足新发展阶段，贯彻新发展理念，融入新发展格局，以推动高质量发展为主题，以深化供给侧结构性改革为主线，以改革创新为根本动力，以满足人民日益增长的美好生活需要为根本目的，认真落实“三高四新”战略，坚持扩大内需战略基点，坚持系统观念和底线思维，更好统筹发展和安全，继续做好“六稳”工作、落实“六保”任务，巩固拓展疫情防控和经济社会发展成果，强化“一体两翼”发展布局，大力推进乡村振兴，持续改善民生，深入开展“作风建设大提升、营商环境大优化、产业项目大促进”活动，做强做优实体经济，支持六大百亿产业进一步发展壮大，力争桃江经开区获得省级高新技术产业开发区授牌，确保“十四五”开好局，以优异成绩庆祝建党100周年。

2021年经济社会发展主要预期目标：经济增长8%以上，地方一般公共预算收入增长6.5%以上，城镇新增就业4500人以上，城镇调查失业率与全国一致，居民消费价格涨幅3%左右，居民收入稳步增长，生态环境质量进一步改善，完成国家下达的能耗“双控”目标，确保粮食播种面积和产量稳定。

三、着力抓好各项重点任务落实，全力推动桃江高质量发展

（一）坚持创新驱动发展，推动实体经济优化升级

升级园区创新平台。坚持将园区作为经济建设主战场、创新发展主阵地，加快完成桃江经开区、灰山港工业集中区调扩区工作，积极推动政策向园区倾斜、要素向园区流动、企业向园区集聚，增强园区规模能级。桃江经开区要大力推进产城融合发展，新建标准化厂房5万平方米，完成1.63万平方米公租房建设，引进投资过亿元项目3个以上、过5000万元项目5个以上；要充分发挥省级科技企业孵化器作用，积极与国内、省内科研机构和高校对接，建立产学研一体化机制，激发园区企业大力开展技术研发、申请专利、申报高新技术企业的动力，确保成功创建省级高新技术产业开发区，为申报国家级高新区打下坚实基础。灰山港工业集中区要加快完善水电路气等基础设施，新建标准化厂房3万平方米，不断提升园区承载能力，引进投资过亿元项目1个以上、过5000万元项目2个以上；要以装备制造产业、新材料科技产业和有色金属精深加工业为发展方向，以临亚建材、博威铝业、紫荆铸业等现有骨干企业为基础，延伸上下游配套，着力打造产业集群。马武现代农业核心示范区要积极推进国家现代农业产业园创建，狠抓项目建设，确保茶旅一体化、竹旅一体化、灰树花工厂化栽培及加工、澳洲淡水龙虾育苗育种基地、云之花海等重点产业融合项目建成投产，示范带动全县农村一、二、三产业加快融合发展。

推动产业创新发展。要抢抓湖南打造国家重要先进制造业高地机遇，巩固拓展六大百亿产业培育成果，积极运用5G、物联网等技术成果，探索绿色生产与智能制造新模式，推动竹、建材、装备制造、食品加工等产业创新升级，增强核心竞争力。要大力发展“一县一特”竹产业。实施竹产业倍增工程，全面落实竹产业发展五年行动计划，继续做活“五篇文章”，加快实现竹资源大县向竹经济强县跨越；突出龙头带动、品牌提升、绿色融合发展，完善“一园五区”发展布局，加快推进惊石农业发行上市、全竹绿色循环产业园和武潭全竹利用示范项目落地建设，将竹产业培育成为富民强县的支柱产业，努力打造湖南千亿竹产业核心基地。要着力打造建材、装备制造、食品加工三大先进制造业。建材产业方面，要坚持传统建材和新型建材“两条腿走路”，在保持水泥等传统建材稳定健康发展的同时，积极做大做强PC构件、装配式建筑、铝模等新型建材，努力实现从“建材之乡”向“建材强县”的蜕变。装备制造产业方面，要加快推进国辰高新科技产业园、深圳可可米手机产业链等项目建成投产，探索发展5G和智能设备制造等战略性新兴产业，培育智能制造新增长点。食品加工产业方面，要用好用活“桃江竹笋”“桃江绿茶”“桃江竹叶”等地理标志证明商标，做大做强“修山面”产业，提升桃江食品产业的品牌影响力和市场占有率。

增强消费拉动作用。把握“国内大循环”新机遇，以推动文化旅游、电子商务产业高速发展为抓手，着力增强消费对县域经济的拉动作用。文化旅游产业方面，要把握旅游消费升级趋势，打造以桃花江竹海旅游度假区为龙头，安宁竹谷、浮邱山、桃花湖等特色景区景点为支撑，张子清烈士纪念馆、马迹塘战役战史陈列馆等红色旅游景点以及洋泉湾、金凤山等乡村旅游景点多点发展的全域旅游格局；要加强旅游配套服务和消费设施建设，提高旅游服务质量，持续优化旅游和消费体验，使旅游业成为桃江特色农业、消费品工业和文化产业的宣传窗口和流量入口，促进文化旅游综合收入持续提升；要结合桃江特色，大力开发本地旅游周边产品，大力推广“全笋宴”“全牛宴”等特色美食，大力发展夜间经济，规范建设购物街、夜宵街、夜经济消费区，不断丰富“吃住行游购娱”六要素，拉伸文化旅游消费空间、时间跨度。电商产业方面，要有序发展“直播带货”等电商新业态，进一步发挥电子商务推动工业品下行、农产品上行的渠道作用，促推“电商+竹”“电商+食品”“电商+现代农业”等产业实现互动发展，推动全县竹产品、食品及农副产品提高知名度、扩大销路。

积极扩大有效投资。发挥政府投资撬动作用，激发民间投资活力，促进产业投资在固定资产投资中的比重持续提升。要大力开展招商引资。围绕三大园区平台和六大百亿产业，积极开展“驻点招商”“以商招商”“小分队招商”，突出抓好“产业链”招商，助力企业打通供应链，营造产业发展生态圈；继续抓好“亲情链”招商，积极推进“桃商回归”，做大做强总部经济，力争全年新引进亿元以上项目6个、5000万元以上项目8个以上、企业总部或分公司20家以上，让产业资本成为固定资产投资主力军。要大力开展立项争资。认真研究国家、

省、市“十四五”规划中明确的重点投资领域和投资方向，积极谋划、包装、上报一批重点项目，抓好“十四五”项目年度调度，争取更多资金和项目落户桃江，力争全年完成立项争资38亿元以上。

（二）坚持人民至上理念，持续提升群众生活品质

大力促进人民增收。要把稳定和扩大就业作为促进群众增收的首要抓手，加大创业担保贷款、创业补贴等政策实施力度，积极鼓励创新创业，培育壮大市场主体，力争新增创新创业市场主体4800家以上，拓展本地就业岗位，保障高校毕业生、退役军人、返乡农民工充分就业；要大力开发公益性岗位，实施就业技能提升行动，帮助零就业家庭、就业困难人员、残疾人和退捕转产渔民积极就业。要鼓励灵活就业人员、农民工参加养老保险，适当提高城乡低保水平和最低工资江平，不断提升社会保障水平，真正让老百姓的“钱袋子”鼓起来。

优化美化生活环境。要深入推进全国文明城市和国家卫生县城创建，完成居士巷棚改，加快獭溪路、团山路、桃冶社区棚改建设，加快县城资江、桃花江和浮邱山大道、桃花江大道“两江两路”开发建设，新建、续建桃花湖路、獭溪路等6条道路，建成桃花江大道地下通道、桂花园小学人行天桥、建设路车行桥和汽车西站主体工程，完成七星河水环境综合治理二期、县城西区雨污分流改造年度任务，同时持续加大拆违控违、老旧小区改造、公共停车场建设力度，不断提升城镇建设水平；充分发挥“智慧桃江”作用，运用智能化手段，高效整治车辆乱停乱靠、违规占道经营、乱堆乱放、乱张乱贴等行为，大力规范市容秩序、交通秩序、经营秩序，推行中心城区生活垃圾分类减量，不断提升城镇管理水平，确保顺利通过国家卫生县城验收，力争三年内成功创建全国文明城市。要大力推进农村人居环境整治，持续推进农村“厕所革命”“空心房”整治、房前屋后环境卫生提升；理顺城镇污水处理厂运营管理机制，继续推进行政村生活污水治理，提质优化村容村貌；全力推进农村废弃物资源化利用、益阳西部片区生活垃圾焚烧发电等项目，提高城乡垃圾分类、转运、资源化利用水平，巩固垃圾“分类减量”成果，力争创建1个以上省级美丽乡村、三堂街镇成为“国家文明乡镇”。

提质发展民生事业。要坚持教育优先发展，扎实推进公办幼儿园学位扩增和普惠性民办幼儿园认定工作，构建以公办幼儿园和普惠性民办幼儿园为主体的学前教育服务体系；全面建成县教师发展中心暨九年一贯制学校，完成9所中小学改扩建，着力开展教师培优补差和校长、教师轮岗交流，持续巩固义务教育阶段大班额消除成果，全面消除高中阶段大班额。要大力提升公共卫生服务水平，全面启用县人民医院、县妇幼保健院新院，全面推进县域“医共体”，加快优质医疗资源扩容和区域均衡布局，破解群众“就医难”。要积极应对人口老龄化趋势，大力推进养老与医疗结合，加快县中医医院康养院区建设，推进养老与旅游结合，发展以竹元素为主题的森林康养产业，打造一批竹林康养基地；积极探索普惠型养老服务和互助性养老，支持家庭承担养老功能，构建居家社区机构相协调、医养康养相结合的养老服务体系，建成玉溪康养城企联动养老等项目，确保“老有所养”。鼓励县城和有需求的乡镇依托“儿童之家”等形式，探索三岁以下婴幼儿托管园建设，切实解决“孩子没人带”的问题。要聚焦建党100周年等重要时间节点，精心组织开展“我的中国梦，文化进万家”群众文化活动；实施文化惠民工程，积极组织送戏下乡、“欢乐潇湘”、全民健身运动会等活动，不断丰富群众精神文化生活。

（三）坚持城乡协调发展，全面推进乡村振兴

巩固拓展脱贫成果。认真落实习近平总书记关于巩固拓展脱贫攻坚成果的重要指示精神，要保持帮扶政策总体稳定，严格落实“四个不摘”要求，保持现有帮扶政策、资金支持、帮扶力量总体稳定；要健全防止返贫监测帮扶机制，继续对脱贫村、脱贫人口开展监测，持续跟踪收入变化和“两不愁三保障”巩固情况，定期核查，及时发现，及时帮扶，动态清零；要持续发展壮大扶贫产业，继续加强脱贫地区产业发展基础设施建设，拓展销售渠道，创新流通方式，促进稳定销售；要做好脱贫人口稳岗就业，加强对脱贫人口的职业技能培训和就业帮扶；要强化易地搬迁后续扶持，完善公共服务和配套基础设施，因地制宜在搬迁地发展产业，确保搬迁群众稳得住、有就业、逐步能致富；要加强资金资产项目管理，建立健全资产管理制度，持续发挥效益；要兜住民生底线，规范管理公益岗位，以现有社会保障体系为依托，促进弱劳力、半劳力等家庭就近就地解决就业，保障这些群众基本生活。

大力发展现代农业。要坚决扛稳粮食安全政治责任，统筹做好高标准农田建设、污染耕地修复和治理等工作，坚决制止乱占耕地、耕地抛荒和“非农化”、基本农田“非粮化”现象，稳定粮食播种面积87万亩，牢牢端稳自己的饭碗。要持续深化农村集体产权制度、农村土地三项制度等重点改革，通过经营权流转、股份合作、代耕代种、

土地托管等多种方式，大力推进适度规模经营，积极培育专业大户、家庭农场、专业合作社、农业企业等农业新型经营主体，确保新发展笋用林基地2万亩以上，设施蔬菜基地100亩、高效茶园500亩、特色水产500亩以上，不断提升农业规模化、设施化、现代化水平。各村和涉农社区要依托现代农业发展，因地制宜组建集体经济组织，不断壮大集体经济，特别是竹林资源丰富的村（社区）要利用集体林地或集中统一流转农户承包林地，大力发展笋竹两用林，为实施竹产业倍增工程提供坚实的资源保障。

实施乡村建设行动。要进一步提质乡村公路、水利、通信等基础设施，建成207国道武潭镇区绕线工程，谋划改造湖莲坪至沾溪、康家村至峡山等乡村公路，新建改建农村公路40公里，改造危桥28座，创建“四好农村路”示范乡镇2个；完成资江尾闾涝区（桃江片）、资江重要河段和中小河流治理，巩固提升农村饮水工程；大力推进信息进村入户工程，确保网络全覆盖、服务无盲区、运营可持续，实现普通农户不出户就能享受便捷高效的信息服务。要立足“一镇一业”，结合当地区位优势和特色资源，着力打造具有鲜明地域特色和可持续发展能力的特色小镇，如马迹塘“竹笋小镇”、修山“面业小镇”等。要以基层公共服务（一门式）全覆盖为抓手，增强村（社区）综合服务平台服务功能，将其打造成集党务、政务、村务、商务、公共文化和社会服务于一体的综合服务阵地，加快城乡基本公共服务标准统一、制度并轨、普惠共享，不断提升农村公共服务水平。

深化基层治理成效。要大力实施党支部“五化”提质工程，持续整顿软弱涣散基层党组织，认真做好村（社区）“两委”换届选举工作，选优配强村党组织书记，全面推行村党组织书记和村主任“一肩挑”，筑牢坚强战斗堡垒。要坚持党建引领，不断深化网格化管理与志愿服务、基层妇联组织改革成果，切实发挥群团组织、社会组织和志愿者在疫情防控、文明创建、城市管理、平安建设等社会治理工作中的作用，努力实现政府治理同社会调节、居民自治良性互动，建设人人有责、人人尽责、人人享有的社会治理共同体。要大力推进“平安桃江”创建，坚持和发展新时代“枫桥经验”，不断优化完善信访制度，继续大力推进“三无乡镇”“无信访村（社区）”“无诉村”创建，鼓励退职村干、“五老”人员、新乡贤和党员积极参与矛盾纠纷调解，构建社会矛盾纠纷多元预防调处化解机制，努力将矛盾解决在基层、化解在萌芽状态。

（四）坚持改革引领发展，不断优化营商环境

持续深化“放管服”改革。要不断完善和落实政府权责清单制，持续向乡镇和园区赋权，推动更多事项就近办理；纵深推进“互联网+政务”，用好用活政务服务旗舰店，加快实现政务服务一网通办，让数据多跑路，企业少跑路；充分发挥重点项目全程代办员队伍作用，全面推行“全程代办”“两不见面”审批，力争实现“最多跑一次”，甚至“一次也不用跑”。要全面推行“双随机、一公开”监督，切实减少多头执法、重复执法；严格落实行政执法公示制度、行政执法全过程记录制度、重大执法决定法制审核制度“三项制度”，规范行政执法自由裁量权，推动监管效能最大化、监管成本最优化、对市场主体干扰最小化。

切实强化要素保障。要不折不扣落实中央、省、市出台的普惠性减税及水电气、“五险一金”等各项降费政策，着力减轻企业负担。要积极发挥政府部门综合协调、牵线搭桥作用，为企业搭建融资服务平台，主动收集企业融资需求，及时推送融资需求信息给银行，切实提升政银企对接效率；金融机构要加大对民营企业、中小微企业的支持力度，用好用活应急转贷、助保贷、专利质押贷款等金融政策，对符合条件的企业应贷尽贷。要扎实做好征地拆迁工作，加大土地报批力度，切实保障重点项目用地需求，推动早日落地见效；着力盘活土地存量，加快闲置土地、低效土地处置力度，提升土地使用效率。聚焦企业、园区用工需求，多渠道开展企业用工保障服务，积极落实人才培养引进机制，加大人才引进力度，着力解决企业用工难题。

认真开展企业帮扶。要牢固树立“三服务”理念，切实强化主动服务意识，真正做到想企业之所想、急企业之所急，积极回应企业群众关切，提供优质高效服务。要继续坚持县级领导联系服务重点企业（项目）制度，做到每季度上门调研走访一次，及时解决企业困难和问题。要积极送政策上门，指导、帮助企业最大限度地创造条件享受各项惠企政策，全力帮助企业争取项目、资金支持。要推进中小企业服务体系建设，引导社会资源投资建设信息、技术、咨询、培训、融资、市场开拓、法律服务、仓储物流等各类服务平台。

（五）坚持统筹发展与安全，高水平建设平安桃江

全力保障公共安全。要毫不放松抓好常态化疫情防控，进一步加强对境外以及国内中高风险地区来（回）桃江人员的摸排管控，严格超市、酒店、农贸市场、医疗机构、公共交通工具等公众聚集场所管控措施，同时

健全完善突发公共卫生事件监测预警、医疗救治、联防联控、物资保障体系，筑牢公共卫生安全屏障。要严厉打击非法集资、金融诈骗、网络传销等违法活动，强力清收农商银行不良贷款，严防扶贫小额信贷逾期，牢牢守住不发生系统性金融风险的底线。要按照“四个最严”要求，抓好食品生产加工、流通、餐饮服务各环节日常监管；持续推进药品医疗器械追溯体系建设，定期开展风险评估、隐患排查，切实保障群众“舌尖上的安全”。要健全社会矛盾源头预防、排查预警、多元化解机制，全面开展雪亮工程“六进六护”活动，加快推进“行车卫士”项目建设，大力推进扫黑除恶工作常态化，严厉打击“黑拐抢、盗抢骗、毒黄赌、食药环”等违法犯罪行为，严密防范个人极端暴力犯罪，确保人民群众安居乐业、社会安定有序。

全力保障生态安全。要扎实推进中央、省环保督察、“绿盾”行动、长江经济带环保专项审计等反馈问题整改，确保彻底整改、全部销号。要持续推进工厂扬尘、秸秆焚烧、餐饮油烟专项整治，不断深化固废危废处理、农业面源污染、畜禽污染防治，扎实开展资江水域环境综合治理、水源地保护、城区雨污分流及污水处理厂提标建设，推动资江和志溪河国控、省控断面水质、资江桃江段锑浓度稳定达标，打好打赢蓝天、碧水、净土保卫战。要认真落实长江流域“十年禁渔”决策部署，不断巩固禁捕退捕成果，全面规范垂钓行为，对非法捕捞行为实行“零容忍”，始终保持高压严打态势，彻底斩断鱼获非法交易利益链，确保实现“四清”“四无”的目标，努力让每一处桃江水域“鱼跃蛙鸣”。

全力保障生产安全。严格落实领导干部安全生产责任制和重大事故隐患治理“一单四制”制度，聚焦道路交通、水上交通、非煤矿山、危险化学品、建筑施工、校车安全、烟花爆竹等重点行业领域，持续深入开展安全生产风险隐患“大排查”“大管控”“大整治”行动，坚决遏制较大及以上安全事故发生，确保全县安全生产形势持续向好。

四、切实加强党对经济工作的领导，打造坚强发展保障

（一）突出政治引领，进一步强化高质量发展思想保障。要坚持把党的政治建设摆在首位，以“不忘初心、牢记使命”主题教育制度化常态化为抓手，持续加强理想信念教育，推动学习贯彻习近平新时代中国特色社会主义思想走深走实，教育引导广大党员干部筑牢信仰之基、补足精神之钙、把稳思想之舵。要坚持党对意识形态的绝对领导，严格落实意识形态工作责任制，全力做强主流媒体，强化正面宣传，壮大主流声音；严密把握舆论导向，严厉查处利用互联网擅自发布违规信息、传播谣言等违法犯罪活动，切实维护网络安全。深入推进民族团结进步创建工作，扎实落实少数民族相关政策，突出抓好宗教场所规范化管理，不断加强对党外代表人士的教育引导和团结引领，牢牢把握意识形态工作的领导权和主动权。

（二）抓好干部队伍，进一步强化高质量发展组织保障。要准确把握“十四五”新形势、新任务、新要求，通过专家讲座、实地考察、跟班学习、挂职锻炼等多种形式，抓好抓实干部教育培训，不断提升引领发展、服务群众的能力水平。要坚持正确用人导向引领干事创业导向，注重在重大斗争、重点工作、重要项目的推进过程中培养和识别考察干部，让真心干事、善于干事、干净干事的干部有为有位。要认真落实“三个区分开来”要求，用好容错纠错免责机制，旗帜鲜明为担当者担当、为负责者负责，切实营造宽容失败、允许试错的良好干事氛围。

（三）严实工作作风，进一步强化高质量发展作风保障。要驰而不息改作风、纠“四风”，力戒形式主义、官僚主义，引导广大党员干部大力弘扬真抓实干作风，做到求真务实推进工作，雷厉风行解决问题，真正把功夫下到出实招、办实事、求实效上；要持续查处违反中央八项规定精神问题，着力破除各类形形色色的潜规则，切实做好巡视整改“后半篇”文章。要科学运用监督执纪“四种形态”开展纪律审查，加大群众身边腐败和作风问题专项整治和涉黑涉恶“保护伞”查处力度，一体推进不敢腐、不能腐、不想腐体制机制建设，为干事创业涵养风清气正的政治生态。

当前，“两会”即将召开，元旦春节“双节”即将来临，全县各级各部门要扎实抓好岁末年初综治维稳、安全生产、保供稳价等各项工作，为开好“两会”、过好“双节”营造良好环境。

同志们，决胜全面建成小康社会、实现第一个百年奋斗目标的伟大胜利已近在眼前，让我们更加紧密地团结在以习近平同志为核心的党中央周围，在省委、市委的坚强领导下，在全县干部群众的团结协作和大力支持下，同心同德，顽强奋斗，只争朝夕，不负韶华，奋力建设现代化新桃江，以优异成绩迎接建党100周年！

桃江县人民代表大会常务委员会
工 作 报 告

——2020年12月31日在桃江县第十七届人民代表大会第六次会议上

桃江县人大常委会主任　符凤文

各位代表、同志们：

我受桃江县第十七届人民代表大会常务委员会的委托，向大会报告工作，请予审议。

2020年的主要工作

2020年，县人大常委会高举习近平新时代中国特色社会主义思想伟大旗帜，始终坚持党的领导，依法履行法定职责，充分发挥代表作用，切实加强自身建设，较好地完成了县十七届人大五次会议确定的各项任务，为推动全县经济社会发展和民主法治建设做出了积极贡献。

一、坚持政治引领，在举旗定向中强化使命担当

坚持把政治建设摆在首要位置。深入学习习近平新时代中国特色社会主义思想，着力强化党的创新理论武装，不断增强“四个意识”、坚定“四个自信”，做到“两个维护”，始终在思想上、政治上、行动上同以习近平同志为核心的党中央保持高度一致。认真贯彻落实习近平总书记关于坚持和完善人民代表大会制度的重要思想，自觉践行人大工作“十个坚持”要求，保证党的路线方针政策和上级决策部署在人大常委会机关落地生根。

坚持把党的领导贯穿工作始终。充分发挥常委会党组把方向、管大局、抓落实的作用，自觉扛牢重要政治机关的责任使命，切实把贯彻党委意图与充分发扬民主、严格依法办事结合起来，确保县委主张通过法定程序转化为全县人民的共同意志。认真落实《桃江县人大常委会讨论决定重大事项办法》，对预算调整、智慧桃江PPP项目、“法治桃江行”等重大事项及时作出决议决定，全年共依法作出决议决定6项。坚持党管干部与人大依法任免有机统一，全面落实县委人事意图，全年共任免国家机关工作人员26人次，接受市县代表辞职12人，补选市代表3人。

坚持把服务发展作为第一要务。认真落实县委要求，积极参与和支持经济建设，联系服务重点项目15个、重点企业14家。积极参与、组织全域旅游示范区创建，联系桃花江竹海旅游度假区、美人谷生态酒店等重要旅游景点景区建设，推动桃江旅游业发展上台阶；联系省级重大招商引资项目国辰高新技术产业园建设，完成投资2.5亿元。参与马迹塘垃圾焚烧发电项目组织协调工作，深入一线排忧解难；联系棚户区改造、风力发电、污水处理厂、工人文化宫等重点项目建设，助力桃江经济发展。积极参与中心工作，重点联系了松木塘镇下干沙村、石牛江镇黄泥田村等9个村的脱贫攻坚、基层党建、美丽乡村建设等工作，顺利完成了年度工作任务。面对严峻的新冠肺炎疫情，主任会议成员率先垂范，不折不扣落实县委指令，分赴所联系的乡镇、村（社区）加强协调指导，组织动员人大代表和机关干部坚守防控一线，充分发挥了人大作用。

二、突出监督重点，在支持发展中增强监督实效

护航经济稳健运行。助推“十四五”规划科学编制。组织对桃江县“十四五”规划编制工作进行深入调研，初审了规划纲要草案，建议县人民政府进一步突出产业支撑、加快城乡统筹、实施创新驱动、推动民生普惠，全面落实“三高四新”战略，确保未来五年我县经济社会发展的指导思想、主要目标、重点任务和重大举措更加符合县情实际，更好顺应人民意愿。加强计划和预决算审查监督。听取和审议了2020年上半年国民经济和社会发展计划、预算执行情况，审查批准了2019年财政决算和2020年预算调整方案，专题调研了“十三五”规划

完成情况，及时提出了意见建议。持续开展审计整改情况监督。连续多年开展对预算执行和其他财政收支审计查出问题整改工作的监督，针对2019年县级预算和5个县直单位部门预算执行、2个乡镇财政决算，以及新冠疫情防控资金和捐赠款物专项审计查出的61个问题，深入被审单位调研指导，督促整改落实，并就整改情况提交常委会议审议，有力地促进了问题的解决。加强国有资产管理情况监督。认真落实党中央关于完善国有资产管理体制的要求，组织对我县国有自然资源管理情况进行了审议，提出了改进工作的建议，促进县政府进一步理顺管理体制、夯实管理基础、强化资源监管、合理开发利用，有效保障全县经济社会发展的资源需求。稳步推进预算联网监督。加强了预算联网监督中心建设，配齐配强了专业机构和人员，进一步完善了基础数据，逐步深化和拓展了系统服务功能。制定出台了《桃江县人大预算联网监督暂行办法》，有效开展了预算联网监督工作，在全省人大预算联网监督系统研讨会上，我县作为县（市）区唯一代表作了经验交流。

促进生态环境优化和城乡规划建设。着力助推环境质量改善。听取和审议了2019年度全县环境状况和环境保护目标完成情况报告，组织对石煤矿山治理和生态修复情况进行了实地督查，对乡镇污水处理厂建设运营情况进行了调研，并就上述工作提出了意见建议，促进县政府和有关职能部门更加注重从源头防控、重点治理和严格监管等方面着力，持续改善全县环境质量。强化野生动植物资源保护。常委会听取和审议了县人民政府关于《湖南省野生动植物资源保护条例》贯彻实施情况的报告，要求县人民政府及相关部门进一步摸清资源底数、加大保护力度、推动退养转型、严厉打击破坏野生动植物资源的违法犯罪行为。高度重视规划引领。组成调查组对桃江县国土空间规划编制情况开展了专题调研，根据桃江国土资源状况和未来经济社会发展需要，就国土空间规划编制及时提出了意见建议。有序推动村民建房管理。配合市人大对《益阳市农村村民住房建设管理条例》的贯彻落实情况开展执法检查，促进县人民政府及相关职能部门进一步完善工作机制、加强巡查监管、加大执法力度，推动村民住房建设管理进一步规范，促进村民牢固树立生态优先理念，着力建设美好家园。

促推民生事业改善。积极助力创业就业。常委会牢固树立“就业是民生之本”的理念，组织开展了全县创业与就业工作情况调查，审议了工作报告，提出了进一步加强创业就业工作领导、强化政策支持、完善服务体系、加大宣传力度、指导企业依法规范用工等意见，有力推动了全县创业就业，为疫情后经济复苏提供了支撑。切实关注中医药发展。常委会把中医药发展作为今年的重点议题，对全县中医药发展现状进行了全面调研，针对中医药工作基础薄弱、发展环境欠佳、发展动力不足的实际，提出了进一步加强中医队伍建设、加大扶持力度、突出差异化特色化发展，推进医疗项目建设的意见，督促有关部门尽快确定县中医医院的整体搬迁方案，同时统筹规划中医医养结合中心、急救中心和传染病区建设，着力破解制约我县中医药工作发展的瓶颈问题。强力推动民族政策落实。主任会议专题听取了全县民族政策法规落实情况的报告，充分肯定了我县支持和推动民族地区发展所取得的成绩，指出了存在的问题，提出了意见建议。积极开展了“民族团结进步行”活动，鼓励鲊埠乡开展民族团结进步示范创建、少数民族特色村创建等活动，促进县人民政府加大对民族地区的支持力度，归集资金800余万元，实施惠民项目19个，解决实际问题30多个。同时，常委会坚持“民有所呼，我有所应”，组织对民生实事项目推进、县城中心城区房屋拆迁安置工作等3项审议意见落实情况开展了跟踪督办，促进工作进一步落实。

推动法治桃江建设。健全机制，强化司法监督。制定出台了《桃江县人大常委会加强司法监督工作的规定（试行）》《桃江县人大常委会司法案件与行政执法案件评析办法（试行）》等文件，切实规范了司法监督工作。加强与司法机关日常联系，探索法律文书日常报备制度，建立“人大法治工作联络群”，组织人大代表旁听法院庭审活动，进一步拓展监督平台，形成监督常态。跟踪监督法院执行、检察院诉讼监督和公益诉讼、公安执法规范化建设等工作，持续问效，力促审议意见精准落地。突出重点，促进依法行政。联合县监察委员会、县人民检察院、县司法局等单位，深入开展行政执法联合检查，及时指出问题、提出意见，要求相关单位迅速整改落实。针对城市管理领域行政执法单位多、执法程序复杂、社会关注度高等情况，常委会成立行政执法案件监督小组，对城管执法工作开展了案件监督，听取和审议了工作报告，提出了系统解决城管执法问题的具体措施与意见，促进了我县城管执法工作的规范化，提升了城管执法水平。坚持有件必备、有备必查，通过事后审查和提前介入，加强了规范性文件备案审查工作，全年共审查规范性文件13件，提出修改建议8条，有效维护了规范性文件制发的科学性、合法性。抓住关键，推动全民普法。切实抓好“七五”普法决定的全面落实，加强领导干部、执法人员和青少年等重点人群的法治宣传教育，督促全县1.4万余名国家工作人员参加普法考试,进一步强化了“谁执法谁普法”工作责任。

三、尊重主体地位，在强化保障中激发代表活力

密切联系，代表履职渠道更加畅通。认真落实《桃江县人大常委会联系代表办法》，强化常委会组成人员与代表、代表与选民的联系。今年以来，建立健全县乡村三级代表联系群众工作室103个，通过上门走访、邀请座谈、电话联系、接待来访等方式，常委会组成人员联系代表260多人次，代表联系选民3万多人次，协助解决问题380多个，进一步营造了人更熟、心更近、情更浓的良好氛围。扩大代表履职参与，丰富代表履职活动，邀请代表列席常委会会议32人次，参加常委会、专委会组织的调研视察活动58人次，参与“一府两院”组织的听证会、庭审旁听等活动30多人次，有效保障了代表的参与权、表达权和监督权。

优化服务，代表履职热情更加高涨。注重加强闭会期间代表活动的服务和保障，指导全县15个县代表小组开展集中视察、部门评议、专题调研、执法检查等“四个一”活动，有效促进了代表作用的发挥。制定代表活动经费管理办法，提高经费标准，及时发放无固定收入代表补助，进一步提高了代表开展活动的积极性。严格代表履职考核，完善履职档案，建立激励机制，评选表彰优秀代表20名，向上级人大推荐优秀代表9人。注重挖掘和推介先进典型，20多名代表的履职事迹被中央、省市媒体刊载，彰显了桃江代表履职新风采。

加强督办，代表建议办理更具实效。认真总结代表建议督办工作经验，坚持和完善常委会领导牵头督办、各委室对口督办、联工委协调督办、联合政府集中督办的“四位一体”联动机制，精心制订方案，实现了多层次、全过程督办，有力提升了办理质效。十七届人大五次会议期间收到的91件建议均已按时办结；闭会期间收到的88条意见建议已转交县人民政府处理；本届人大以来收到的94件B类建议，已办结落实50件。同时，我们还对每一件建议的办理质效，由领衔代表、督办委室和人大常委会组成人员进行了量化测评，满意和基本满意率达96.7%。

四、加强自身建设，在学思践悟中提升履职水平

浓厚学习氛围，加强队伍建设。大兴学习之风，以大学习促进大提升，进一步加强学习型机关建设。坚持办好常委会会前专题讲座，组织集中学习5次；积极开展“大学习拥抱新时代”读书心得交流、“沐氤氲书香·写时代担当”演讲比赛、法律法规和党纪知识闭卷考试、“学习强国”达人挑战赛等活动，引导机关干部树立“全员学习、终身学习”的理念，着力打造一支政治坚定、业务精通、勤学好思、公道正派的人大干部队伍。

保持务实作风，提升工作效能。认真落实中央八项规定和省、市、县关于作风建设的要求，扎实抓好巡视巡察反馈问题整改，积极支持县纪委监委派驻人大常委会机关纪检组开展工作，主动接受人大代表和人民群众监督。坚持把加强调查研究作为改进作风的重要手段，全年开展调查研究29项，撰写调研报告30多篇，发表调研信息文稿50多篇。注重工作创新，进一步完善常委会审议发言预约制度，有效提高了议题审议质量和水平。组织机关干部和人大代表投入脱贫攻坚、扫黑除恶、美丽乡村建设、创文创卫等中心工作，深入基层一线，察民情解民忧，展现了人大常委会机关的良好形象。

加强联系指导，形成工作合力。认真落实常委会领导牵头、各委室分片联系乡镇人大工作制度，重点指导8个乡镇开展民生实事项目人大代表票决制试点工作，票决民生实事项目11个，切实推动民生实事项目变“为民做主”为“由民做主”。围绕重要监督议题，探索县乡两级人大联动开展专题调研、执法检查，密切工作协同，形成工作合力，扩大全县人大“一盘棋”效应，提升县乡人大工作整体水平。

各位代表，过去一年成绩的取得，得益于县委的坚强领导，饱含着常委会组成人员和全体代表、人大工作者的辛勤付出，离不开“一府一委两院”和全县人民的大力支持。在此，我谨代表县人大常委会向大家表示崇高的敬意和衷心的感谢！

在新征程上阔步前行的同时，我们也不能忽视工作中存在的问题，主要表现在：创造性开展工作步伐不大，刚性监督方式运用较少，视察调研深度不够，代表建议办理实效有待提升，代表作用发挥仍有不足。对于这些问题，我们将高度重视，切实加以改进。

2021年的工作设想

2021年是“十四五”开局之年，更是开启全面建设社会主义现代化国家新征程、向第二个百年奋斗目标进

军的第一年。县人大常委会将坚持以习近平新时代中国特色社会主义思想为指导，深入贯彻党的十九大和十九届二中、三中、四中、五中全会精神，认真贯彻县委十二届十次全会和县委经济工作会议精神，聚焦主责主业，履行法定职责，积极担当作为，为推动桃江高质量发展和民主法治建设贡献力量。

一是坚定不移讲政治、顾大局。始终不渝坚持党的领导，旗帜鲜明站稳人民立场，坚定不移地担当起宪法和法律赋予的各项职责，更加有效地把地方人大的作用发挥好体现好。坚持把党的领导贯穿人大工作始终，聚力县委决策，依法行使重大事项决定权；紧扣党委意图，认真行使人事任免权，确保人大工作始终沿着正确的政治方向前进。二是坚决有力强监督、求实效。坚持正确监督、有效监督，综合运用多种监督方式，突出监督重点，延伸监督链条，抓实督办环节，推动监督工作落到实处。注重加强国民经济和社会发展计划、预算执行情况及决算的审查和监督，推进预算联网监督制度化建设，全面掌握全县经济运行情况，加强政府性债务情况的监督，促使“疫”后经济保持稳中向好运行。围绕生态环境保护和国土空间规划编制开展监督工作，跟踪乡村振兴战略规划编制和实施，加大禁捕退捕工作督查力度，推进生态环境持续改善。聚焦保障和改善民生，组织对就业、医疗、养老等群众关切的重点民生问题加强监督，听取和审议学前教育、华侨侨眷权益保护等专项报告，全面推动乡镇民生实事代表票决制工作，努力办成更多顺民意、暖民心的实事好事。持续开展“法治桃江行”活动，重点调研和审议行政执法、“八五”普法等工作，认真落实涉法涉诉信访事项办理，切实提升人民群众的幸福感、获得感、安全感。三是坚持不懈固根本、提素质。加强理论学习，强化业务培训，不断提高政治理论水平和履职能力。坚持改革创新，探索工作新方法、创造工作新亮点。坚决贯彻落实中央八项规定精神和相关作风建设要求，持之以恒反“四风”改作风。继续做好代表工作，为代表履职创造更好的条件。加强对乡镇人大工作的指导和支持，保持良性互动，形成整体合力。在县委的领导下，依法认真做好人大换届的各项工作，确保平稳过渡，健康有序运行。

各位代表，数尽人生好光景，最是奋斗动人心。让我们更加紧密地团结在以习近平同志为核心的党中央周围，在县委的坚强领导下，牢记新使命，开启新征程，展现新作为，履职尽责、扎实工作，奋力谱写桃江人大工作新篇章。

政府工作报告

——在桃江县第十七届人民代表大会第六次会议上

桃江县人民政府县长　黄　劲

各位代表：

现在，我代表县人民政府向大会作工作报告，请予审议，并请各位政协委员和其他列席人员提出意见。

“十三五”时期和2020年工作回顾

“十三五”时期是打赢脱贫攻坚战、全面建成小康社会、实现第一个百年奋斗目标的决胜阶段。五年来，县政府认真贯彻落实中央、省、市决策部署，在县委的坚强领导，县人大、县政协的监督支持下，坚持稳中求进工作总基调，开拓进取、真抓实干，全县经济社会高质量发展迈出坚实步伐。预计（下同）“十三五”期间，全县地区生产总值年均增长7.1%；地方一般公共预算收入年均增长6.76%；社会消费品零售总额年均增长8.1%；固定资产投资年均增长12%；规模工业增加值年均增长6.7%；全体居民人均可支配收入年均增长9.2%，全面建成小康社会取得决定性成就。三次产业结构由2015年的18.3 ：45.3 ：36.4调整为2020年的17.3 ：44.1 ：38.6。竹、建材、装备制造、食品加工产业产值，以及文旅产业综合收入、电商产业交易额突破百亿元，高标准举办第十届中国竹文化节，“桃江竹笋”“桃江竹叶”（绿茶）入选国家农产品地理标志，国家农村产业融合发展示范园、电子商务进农村综合示范县、全域旅游示范区创建县、楠竹产业示范园区等促发展的大事相继落地。获得创建全国文明城市提名城市，益马、益娄高速先后贯通，改扩建国省道100公里、县乡村道路940公里，除险加固水库13座，解决39.58万人饮水不安全问题，国家羞女湖湿地公园建设通过验收，县城空气质量明显提升，石煤矿山污染、资江流域锑污染和砂石整治等利长远的难事有效解决。全县43739名贫困人口脱贫、43个贫困村出列，实现义务教育大班额、高中阶段超大班额“清零”，医联体建设经验全省推广，获评省级现代公共文化服务体系示范区，全面小康、全民社保等惠民生的好事陆续办成。

2020年，面对复杂的宏观经济形势、突如其来的新冠肺炎疫情，全县人民坚定信心、沉着应对、砥砺前行，经济社会发展形势好于预期。预计2020年全县实现地区生产总值286.27亿元，同比增长4%左右；固定资产投资同比增长9%左右；完成地方一般公共预算收入8.28亿元，同比增长4.1%左右；社会消费品零售总额达107.8亿元，同比增长–2%左右；全体居民人均可支配收入达24965元，同比增长8%左右。一年来，我们重点抓好了以下六个方面的工作：

——坚持补短板、强弱项，全面小康决战有力。

脱贫攻坚决战决胜。完成危改364户，建成扶贫公路47公里，改造贫困村电力台区43个，贫困村全部接通自来水，发放小额扶贫信贷7689.3万元，销售1.29亿元扶贫产品帮助9797名困难群众增收，开发公益性岗位978个，实现剩余862户1869名贫困群众脱贫。严格落实“四个不摘”要求，出台防止返贫致贫监测和帮扶实施方案，开展脱贫质量“回头看”，易地扶贫搬迁后续帮扶等巩固措施精准有力，教育、医疗和兜底保障等帮扶政策落实到位，守住了“两不愁三保障”的底线。

污染防治有力有序。中央、省环保督察及“回头看”反馈问题整改卓有成效，石煤矿山、资江锑超标问题治理通过省级销号验收。松木塘、灰山港石煤矿山治理和生态修复工程全面竣工，升级改造畜禽养殖场（户）粪污处理设施312个。资江流域锑浓度连续8个月达标，洞庭湖生态环境专项整治成效居全市前列，河长制责任落实较好。认真贯彻长江流域“十年禁渔”决策部署，全县692户1016名退捕渔民得到妥善安置、1633艘“三无”船舶拆解处置到位。整治“散乱污”企业18家，秸秆禁烧、夜宵摊点等专项整治取得实效，空气质量优良率达98%以上。

风险防范全面加强。政府债务管理进一步规范，年度化债任务全面完成，新增债券6.85亿元。县城投集团资产归集力度加大，工程建设、户外广告、加油站等经营收入不断增长。强力清收农商行不良贷款，加大恶意逃废债务和追赃挽损力度，已退出高风险机构。积极开展处非宣传，妥善处置涉老涉众金融问题，金沙重机重组稳步推进，扶贫小额贷款实现“零逾期”，防范化解金融风险工作获得全省先进。

——坚持出实策、求实效，经济发展稳中有进。

百亿产业成效显著。完善出台“工八条”“竹八条”“旅八条”等文件，奖励企业资金1559万元，为重点企业争取项目资金9800万元。竹、建材、装备制造产业实现产值120亿元以上，惊石农业二期、新奥能源南方水泥配套工程、科惠汽配二期、华莱茶园基地和县旅游集散中心等一批项目建成运营，新兴管件铸造产业园、至和电缆、城鉴铝单板材、印象森林康养旅居基地一期等一批项目进展顺利，浮邱山循环经济建材产业园投产企业2家，惊石农业总部、景田饮用水等一批项目落户我县。

工业经济持续向好。预计规模工业增加值同比增长4.5%，新增规模工业企业20家。范家洞风电全面并网，博威铝业二期、嘉富木业定制板材等项目建成投产。评选县长质量奖企业3家，申报马德里商标4件。预计实现园区规模工业增加值90亿元，省级高新技术产业开发区创建进展顺利。经开区成功申报竹产业特色园区，完成25万平方米标准化厂房主体工程，平整土地295亩、报批290亩，引进投资过亿元项目3个、过5000万元项目5个，康卫宁医疗器械、锋源科技等项目投产，合群新型建筑爬架、高胜爬架等项目春节前可投产，国辰高科园一期完成主体工程。成立园区行政审批服务中心，完成6项区域评估，科技企业孵化器通过省级评审验收。灰山港工业集中区建成标准化厂房2.06万平方米，平整土地350亩，引进投资过5000万元项目3个，临亚建材装配式建筑构件、临亚新型墙体等6个项目建成投产。

现代农业发展迅速。完成3.6万亩高标准农田建设，粮食播种面积、产量再创新高，耕地安全利用获省市肯定。新增笋用林基地2万亩，生产鲜笋0.6亿公斤。有序恢复生猪生产，出栏生猪62万头。建成设施蔬菜基地200亩、高效茶园500亩、特色水产养殖面积526亩，成为全国综合油料大县。国家农村产业融合发展示范园引进项目7个，澳洲淡水龙虾养殖、年产1200吨灰树花工厂化栽培和加工一期等项目投产。培育省级农业产业化龙头企业3家、示范合作社（家庭农场）13家，注册国家农产品追溯平台企业55家，认证“二品一标”产品企业3家，“鲊埠牛肉”申报国家地理标志证明商标取得突破，省级优质农副产品供应示范基地通过验收，大栗港、石牛江分别获评国、省级农业产业强镇。

第三产业扩面增效。桃花江旅游度假区开业火爆，旅游厕所实现全覆盖，三堂街镇湖莲坪文创园即将营业，羞山景区游步道、接待中心等基础设施不断完善，竹海大道启动建设，大栗港镇刘家村、沾溪镇洋泉湾村，分别获评国、省级乡村旅游重点村。电商产业园引进企业16家，发展跨境电商企业5家，再次获评全国电子商务进农村综合示范县，桃花江镇株木潭村、石高桥村成为2020年“淘宝村”。新增限上商贸企业14家，新改建乡村集市26处，中国供销桃江农商城、雪峰山农贸市场启动建设。金融、房地产业健康发展，桃花江两岸夜经济、地摊经济成为新亮点。

——坚持强基础、谋振兴，城乡面貌不断改善。

城镇品质稳步提升。国土空间总规编制进展顺利。县城桃花湖路、光明路、文明路等道路建成通行，牛潭河大桥和6个老旧小区改造、6条道路雨污分流工程基本完成，雷公岩大桥全线通车，桂花园小学人行天桥启动建设。“智慧城管”建成运行，拆除违建4.25万平方米，县城垃圾填埋场完成闭库改造。县城征拆安置方式实现转型，遗留问题基本解决，完成30处复迁安置地建设、715户拆迁群众安置。修山、武潭、马迹塘等城镇建设力度加大，牛田创建省级卫生镇通过评估。

基础设施日益完善。高标准完成常益长高铁建设年度任务。207国道武潭镇区改线工程顺利推进，207国道武潭镇区段、234国道灰山港段提质改造竣工通车。新改建农村公路120公里，建成生命安全防护工程535公里，改造危桥17座。除险加固水库4座，启动桃花江水库大坝除险加固，新增农村通自来水人口15.63万人，资江8处重要河段、沾溪和桃花江28.75公里治理全面完成。连河冲110千伏输变电工程升级改造、板溪35千伏输变电工程建成投运。新建5G和4G通信基站104个。

乡村环境更加整洁。扎实推进农村人居环境整治，完成农村改厕1.4万个，整治23个行政村生活污水，疏浚沟渠317公里，清淤塘坝461处，农村生活垃圾集中收集、转运处理率达100%，获得国、省检查较高评价。

完成自然保护地优化整合，石牛江镇省级美丽乡镇、马迹塘镇龙溪村省级美丽乡村创建取得实效，三堂街镇成为省级文明镇，创建省级卫生村29个。

——坚持抓重点、求突破，发展后劲持续增强。

各项改革稳步推进。完成4家经营类事业单位改革。预算绩效现场评价和重点评价深入开展，实现财政投资项目应评尽评、国库集中支付全覆盖、财政资金支付全过程监管。“放管服”改革持续深化，依申请类政务服务事项“应进尽进”，落地“一件事一次办”事项213件，下放乡镇经济社会管理权限248项，基层“一门式”服务全省推介。供销社综合改革纵深推进，完成换届选举、农村合作经济组织联合会组建。农村宅基地房地一体确权登记基本完成，现代农业综合改革有序推进，县农业农村局获评全国农村承包地确权登记颁证工作先进集体。

重点项目驱动有力。制定年度重点建设项目和前期项目表，建立问题清单和交办、督查、销号“一单三制”，实行一个项目、一名县级领导、一套班子、一个方案、一抓到底的“五个一”联系推进和挂图作战机制，全县44个市级重点建设项目、27个市级重点产业建设项目、48个县级重点项目超额完成投资任务。“智慧桃江”、工人文化宫等PPP项目稳步推进。紧抓中央政策机遇，完成立项争资35亿元。编制“十四五”规划，谋划重点项目379个。

营商环境持续优化。推行“全程代办、两不见面”审批和容缺受理、政务服务“好差评”机制，组建代办员队伍包干服务重点项目，梳理容缺受理事项81项，行政审批提质增速。全面推行市场“双随机、一公开”监管和公平竞争审查，开展“营商环境大优化”行动，拖欠民营企业中小企业账款提前清零，办理影响营商环境刑事案件18起。

开放创新成果丰硕。坚持产业链招商、驻点招商，探索“云招商”，开展集中签约活动，引进投资过亿元项目6个、过5000万元项目10个。抓住第22届中部农博会等活动契机，专场推介“桃江竹笋”，培育自营外贸进出口经营权企业21家、“破零倍增”企业10家，外贸进出口额逆势上涨。培育创业实体6200家、高新技术企业6家，申报专利776件，争取省科技引领项目5个，荣获省知识产权建设强县，紫荆铸业成为国家第二批专精特新“小巨人”企业。建成总部大楼14栋，引进企业16家，游步道等配套设施建设稳步推进，预计年底实现税收5000万元。

——坚持保基本、兜底线，民生福祉明显改善。

基本民生保障有力。省、市重点民生实事全面完成。新增城镇就业4842人、农村劳动力转移就业3010人。完成城乡居民医保、社保征缴任务，劳动用工更加规范，失地农民、退捕渔民社保基本实现应保尽保。建成乡镇、村（社区）退役军人服务站262个，优抚安置政策有效落实。实施棚改1160户，獭溪路、团山路、桃冶社区、居士巷等棚改项目有序推进。改扩建敬老院5所，完成城乡低保、特困人员补助、残疾人“两项补贴”提标，孤儿和事实无人抚养儿童救助得到加强，困难人群和老年人生活更有温度。

民生事业繁荣发展。县教师发展中心暨九年一贯制学校、杨帆职校开学，灰山港镇二中、石牛江镇芙蓉学校完成主体工程，桃谷山九年一贯制学校建设进展顺利，改扩建乡村寄宿制学校3所、公办幼儿园（点）11所。切实保障教师工资待遇、提高教师地位，高考、中考成绩保持全市领先。县人民医院新院区、县妇保院搬迁完成主体工程，县中医院三级中医医院授牌，公卫服务、计生关怀更加精准。图书馆文化馆总分馆制二期投入使用，扶贫表彰晚会、农民丰收节、自行车邀请赛、省青少年定向越野锦标赛等活动反响热烈。荣获省广播电视服务优秀县，县广播电视台获评全国新闻出版广播影视系统先进集体。第七次全国人口普查有序推进。鲊埠回族乡军功嘴村成为全省民族团结进步示范单位。启动第三轮部门志编修。完成2个移民村整村推进项目。县殡仪馆搬迁、乡镇农村公墓建设稳步推进。国防动员、民兵预备役、武警、农机、核电、行政学校、老干老龄、森林防火、工商联、侨联、妇联、科协、文联、共青团、红十字会、水文、气象、石油、烟草、公积金、新华书店、桃锰社区等工作取得新成绩。

社会大局和谐稳定。启动安全生产专项整治三年行动，建立常态化警示约谈、曝光制度，县应急救援中心投入使用，交通问题顽瘴痼疾集中整治、治超治限、食品药品安全、防溺水工作扎实有效，安全生产形势整体平稳。积极实践“枫桥经验”，全面推行网格化管理，强化重点信访问题督办，化解信访积案67件，信访问题控增量去存量工作经验全市推广。“扫黑除恶”、禁毒工作纵深推进，“三所合一”建设有序实施，县乡村三级综治中心建成运行，获评全省平安建设（综治工作）先进县。

——坚持转作风、优服务，政府效能大幅提升。

以建设人民满意政府为目标，坚决落实全面从严治党“两个责任”，坚持依法行政、依宪行政，政府系统意识形态工作不断加强，依法公开政府信息1.9万余条，县公安局获评全国执法示范单位、县农业综合行政执法大队获评全国农业综合行政执法示范窗口，政府治理体系和治理能力现代化水平持续提高。坚持向人大及其常委会报告工作，支持政协履行职能，办理市县建议93件、提案58件。积极落实“基层减负”，扎实开展“接地气、去官气、传正气、转作风、惠民利”主题活动，力戒形式主义、官僚主义，办公用房、公务用车管理得到规范，文风会风和政务督查不断改进，行政效能持续提升。认真落实党风廉政建设“一岗双责”，加强政府投资、公共资金、国有资源和资产等重点领域审计，开展工程建设项目招投标突出问题等专项整治，查处了一批典型案件，全县政治生态环境持续向好。

各位代表，新冠肺炎疫情发生后，我们始终把人民群众生命安全和身体健康放在第一位，按照坚定信心、同舟共济、科学防治、精准施策的总要求，建立联防联控机制，千方百计筹集防疫物资，广大医务工作者、乡（镇）村（社区）干部和公安干警坚守岗位、逆行出征，人民群众、爱心人士和志愿者众志成城、守望相助，累计摸排重点对象9300多人、追踪密切接触者69人、集中隔离观察1194人，全县仅有3起输入性病例，书写了全民抗疫、共克时艰的壮丽篇章，践行了为民担当、为民解忧的初心使命！疫情的影响是巨大的，县内部分项目退出、部分企业停产，一季度经济出现负增长。为此，我们统筹推进疫情防控和经济社会发展，制定支持中小企业共渡难关十二条措施，为各类市场主体减税5812万元、减费5317万元，发放支持企业复工复产贷款12.77亿元、稳岗补贴等130万元，优惠电费1200余万元，从3月中旬起，全县经济社会运行秩序全面恢复。

各位代表，一年来，我们遇到的困难比预想的更为复杂，取得的成绩比以往更为不易。这是上级党委政府和县委正确领导，县人大、县政协监督支持的结果，是全县广大干部群众团结奋斗的结果，是驻桃江部队、武警官兵、人民团体、离退休老同志、桃江乡友等各界人士关心帮助的结果。在此，我代表县人民政府，向全县人民、人大代表、政协委员，向离退休老同志和所有参与、关心、支持桃江发展的各界朋友，特别是向广大医务工作者、乡（镇）村（社区）干部、公安干警、志愿者和爱心人士表示崇高的敬意和衷心的感谢！

同时，我们也清醒地看到，全县经济社会发展还面临诸多困难和压力，主要表现在：受全球疫情冲击，宏观经济衰退，企业特别是小微企业困难凸显，稳增长面临更大压力。实体经济不强，落地项目减少，现代产业和龙头企业支撑不足，产业产品科技水平不高，高质量发展面临更多困难。财政收支矛盾加剧，稳就业保民生压力持续增大，安全生产、城乡基础、生态环保、公共服务供给，特别是公共卫生应急管理仍有许多短板。政令不畅、办事拖拉、审批烦琐等现象依然存在，少数干部不作为、不会为、不担责，与群众更高更好需求还不匹配，等等。我们一定努力改进工作，切实履行职责，尽心竭力，不负人民期待。

“十四五”时期总体思路和2021年政府工作安排

“十四五”时期，是我国开启全面建设社会主义现代化国家新征程、向第二个百年奋斗目标进军的第一个五年，将进入新发展阶段。当前和今后一个时期，世界经济形势仍然复杂严峻，复苏不稳定不平衡，疫情冲击导致的各类衍生风险不容忽视，加快发展面临的风险挑战前所未有。为此，党中央提出加快构建以国内大循环为主体、国内国际双循环相互促进的新发展格局，保持财政和货币政策对经济恢复的必要支持。党中央、习近平总书记关心关爱湖南、国省宏观政策总体稳定、经济社会总体预期稳定向好、构建新发展格局、长江经济带等国省战略开放合作建设，为桃江融入周边经济圈、发展现代产业体系、实现资源互通共享带来新机遇。我们将全面贯彻新思想、展现新作为，抓项目、强实体、谋创新、求突破，奋力谱写新时期桃江后发赶超新篇章！

“十四五”时期政府工作的总体思路是：高举中国特色社会主义伟大旗帜，深入贯彻党的十九大和十九届二中、三中、四中、五中全会精神，坚持以马克思列宁主义、毛泽东思想、邓小平理论、“三个代表”重要思想、科学发展观、习近平新时代中国特色社会主义思想为指导，全面贯彻党的基本理论、基本路线、基本方略，全面落实习近平总书记系列讲话特别是考察湖南重要讲话精神，坚定不移贯彻新发展理念，坚持稳中求进工作总基调，以推动高质量发展为主题，以深化供给侧结构性改革为主线，以改革创新为根本动力，以满足人民日益增长的美好生活需要为根本目的，统筹发展和安全，围绕“推动科学跨越・建设生态桃江”，强化“一体两翼”发展布局，大力实施生态立县、产业强县、文旅活县、科教兴县战略，着力构建生态产业体系、城乡融合体系、基础设施体系、开放创新体系和新型消费体系，狠抓项目建设，向东全面融城，将桃江打造成为益阳城市副中心、环长株潭高质量发展先行区、全省千亿竹产业核心引领区、中部地区国家现代农业样板区和国家生态文明建设示范区。

2021年是实施“十四五”规划的第一年。政府工作总的指导思想是：全面贯彻党的十九大和十九届二中、三中、四中、五中全会，以及中央、省委、市委、县委经济工作会议精神，坚持稳中求进工作总基调，立足新发展阶段，践行新发展理念，融入新发展格局，认真落实“三高四新”战略，坚持扩大内需战略基点，坚持系统观念和底线思维，更好统筹发展和安全，继续做好“六稳”工作、落实“六保”任务，巩固拓展疫情防控和经济社会发展成果，强化“一体两翼”发展布局，大力推进乡村振兴，持续改善民生，深入开展“作风建设大提升、营商环境大优化、产业项目大促进”活动，做强做优实体经济，支持“六大”百亿产业进一步发展壮大，力争桃江经开区省级高新技术产业开发区授牌，确保“十四五”规划良好开局。全县经济社会发展的预期目标是：地区生产总值比上年增长8%以上，地方一般公共预算收入比上年增长6.5%以上；固定资产投资比上年增长9.5%，社会消费品零售总额比上年增长9.5%，全体居民人均可支配收入增速与经济增长基本同步，城镇调查失业率控制在省定目标以内。在实际工作中，争取更好效果。重点做好以下六个方面工作：

（一）突出产业支撑，打造经济体系“升级版”。

巩固提升优势产业。坚持补短板和锻长板结合，实施产业发展“132”工程。实施竹产业倍增工程，全面落实竹产业发展工作五年行动计划，加快水发集团全竹绿色循环产业园落地，推动武潭全竹利用示范性生产等项目建设、惊石农业总部上市，新引进投资过亿元竹加工企业1家。实施装备制造、建材、食品加工产业培优工程，确保新兴管件铸造产业园、国辰高科园、手机配套产业链项目投产达效，浮邱山循环经济建材产业园新引进项目2个以上，新建成熊力金属防盗门生产、年产15万平方米防火门窗、景田饮用水等项目，新引进竹笋、茶叶深加工企业各1家。实施文旅、电商产业提升工程，确保桃花江旅游度假区全面运营并申报A级景区，新建成印象森林康养旅居基地一期、马迹塘镇三里洲拓展基地一期、三堂街镇湿地度假庄园二期、松木塘镇大龙庵康养中心，完成竹海景区整体招商，支持浮邱山、安宁竹谷、罗溪瀑布、羞女山等景区提质发展。升级县电商公共服务中心、30个乡（镇）和村（社区）电商站点，新增交易额过5000万元电商企业2家，完善“竹乡臻品”品牌标准，新收录特色产品100种以上。

做大做强现代工业。新增规模工业企业10家以上，实现规模工业增加值同比增长8.5%。推进企业扩能增效，加快盛远包装二期、临亚建材二期、烯富环保二期、惠强环保二期等项目投产。大力发展数字经济，探索互联网、大数据、区块链等与工业融合，发展通信设备、智能终端等产业产品，新增省“上云上平台”标杆企业1家。实施质量提升行动，新增马德里商标2个。坚持培强、培优、培新，用好中小企业服务平台，培育省级以上专精特新“小巨人”企业1家，打造产业链细分领域“单项冠军”。

大力建设高新园区。完善园区管理体制，加快完成经开区、灰山港工业集中区调扩区，启动基础设施PPP项目建设，开展园区亩均效益评价，提升园区基础配套能力和资源利用效率。经开区报批土地200亩、平整300亩，新建标准化厂房5万平方米，新引进投资过亿元项目3个、过5000万元项目5个以上，完成1.63万平方米公租房、半稼洲复迁地等配套设施建设，确保省级高新技术开发区授牌。灰山港工业集中区新建标准化厂房3万平方米，新引进投资过亿元项目1个、过5000万元项目2个以上。

各位代表，产业体系是经济体系的根基，我们将坚定不移加强产业基础、产业链条建设，培育更多产业增长点。

（二）坚持扩大内需，对接国内经济“大循环”。

持续发力实体经济。认真落实各级实体经济扶持政策，明确“三个亿元”扶持措施，积极纾困解难，携手共克时艰。落实减税降费政策，综合运用减、降、免、缓等方式，力争为企业减负1亿元以上。建立清偿拖欠民营和中小企业账款长效机制，全力协助企业争取上级项目资金，归集各类产业扶持资金，及时兑现“工八条”“竹八条”“旅八条”“商八条”和相关产业引导资金等奖励措施，促推企业技改升级、扩大生产，力争统筹归集产业（企业）奖扶资金1亿元以上。加大金融支持，分类开展银企对接活动，引导金融机构用好用活信贷政策，将新增信贷资金重点投向民营企业和小微企业，力争净增小微企业贷款5亿元以上。

强力推进项目攻坚。树立“项目为王”理念，设立重点项目前期工作基金500万元，完成立项争资38亿元以上。制定政府类投资项目、重点产业项目和PPP项目“三张清单”，完成重点项目投资100亿元以上。开展部门单位项目投资“大比武”，理顺重点项目引进、落地、建设全程协调机制，强化县级领导“五个一”联系推进、“一单三制”定期调处和挂图作战、“一线吹哨、部门报到”等举措，确保按序时进度争取一批、落地一批、开工一批、投产一批重点项目。

积极促进消费升级。新增限上商贸企业5家以上，建成运营中国供销桃江农商城、商贸物流园二期。完善县乡村三级物流配送体系，新引进冷链物流企业1家。挖掘红色旅游消费，建成“美人谷”、金裕等酒店，建设特色民宿20栋以上，推广“全笋宴”“全牛宴”，打造线上线下知名、县内县外畅销的“桃江礼品”“桃江名菜”，规范建设购物街、夜宵街、夜经济消费区，拉伸文化旅游消费空间、时间跨度。加大金融普惠，保持房地产市场健康发展，支持有条件的乡镇开发居住小区。鼓励企业通过电子商务等拓展域外市场，规范发展直播带货等新模式，探索“宅”消费、无接触交易服务等疫后消费新业态，适度扩大公共消费，拓展教育、医疗、体育、养老等服务消费领域和规模。

各位代表，扩大内需是经济转型的战略基点，我们将坚定不移服务实体经济，扩大有效投资和消费需求，全面对接融入经济发展新格局。

（三）加快城乡统筹，开启乡村振兴“加速度”。

加快发展精细农业。推动农业产业精准定位。实施优质粮油工程，完成4.2万亩高标准农田建设，实行耕地分级分类管理，稳定粮食播种面积87万亩，坚决确保粮食安全。坚持“一县一特”“一特一片”，新增笋用林2万亩以上，建成惊石农业三期；新增设施蔬菜基地100亩、高效茶园500亩、特色水产500亩以上，抓好生猪稳产保供。推动农产品精深加工。加快以现代农业核心示范区为主的农村一二三产业融合发展，积极创建国家现代农业产业园，确保灰树花工厂化栽培及加工、中药材种植基地、云之花海等项目全面投产。深化农产品溯源和身份证管理，探索建立地标产品标准体系和监管机制，新认证“二品一标”企业3家以上，培育更多知名“桃味”品牌。推动农业生产精准服务，加强农机、农技推广，健全面向小农户的农业社会化服务体系。

着力夯实乡村基础。建成207国道武潭镇区绕线工程，启动234国道谢石线建设，完成207国道马武大道等项目前期工作，推进536国道桃江至益阳高铁站改线工程，完成常益长高铁省市下达任务，启动通用机场建设。谋划改造湖莲坪至沾溪、康家村至峡山等乡村公路，新改建农村公路40公里，改造危桥28座，整治隐患里程123公里，创建“四好农村路”示范乡镇2个。完成资江尾闾涝区（桃江片）、资江重要河段和中小河流治理、农饮工程巩固提升年度任务，桃花江水库除险加固关闸蓄水。加快“三型两网”建设，建成大屋山110千伏输变电工程。实施信息进村入户工程，实现县城、工业园区5G连续覆盖。

全面巩固脱贫成果。继续实行“四个不摘”，保持帮扶政策、资金、力量总体稳定，接续推进脱贫村发展。健全农村低收入人口帮扶、防止返贫致贫监测帮扶机制，加强扶贫产业发展和农村低收入人口、易地扶贫搬迁后续帮扶，有效防止已脱贫人口返贫。深化农村集体资产产权制度改革，从严控制和化解村级债务，加强扶贫项目资产管理，因地制宜发展村级集体经济。鼓励农业适度规模经营，全面推进农业新型经营主体“四级同创”，培育省级示范新型农业经营主体10家，健全利益联结长效机制，推动巩固拓展脱贫攻坚成果同乡村振兴有效衔接。

各位代表，“三农”工作是政府工作的重中之重，我们将坚定不移推进乡村振兴，优先发展农业农村，促进城乡区域协调发展。

（四）聚焦绿色发展，建设绿水青山“好家园”。

强化环境污染防治。坚持精准施治，把全面加强长江生态环境保护摆在压倒性位置，坚决否决不符合生态环境准入要求的项目。注重抓常抓细、杜绝不严不实，开展污染防治工作“回头看”，持续推进中央、省环保督察、“绿盾”行动、长江经济带环保专项审计等反馈问题整改，确保彻底整改、全部销号。坚持社会共治，开展绿色机关、绿色企业、绿色学校等创建行动，严打环境污染违法行为。坚持系统防治，继续开展污染防治“夏季攻势”，打好蓝天、碧水、净土保卫战，持续开展工地扬尘、秸秆禁烧、餐饮油烟等专项整治，加快工业窑炉和锅炉改造，深化农业面源污染、畜禽污染防治，强化“河长制”和禁捕退捕工作，加强土壤污染治理和国土绿化，加大林地、湿地、野生动植物保护，推动资江和志溪河国控、省控断面水质、资江流域锑浓度稳定达标，让天蓝、地绿、水清成为桃江高质量发展底色。

打造宜居宜业城镇。大力推进以人为核心、以县城为重点的新型城镇化，完成国土空间总规（2020—2035年）和4个专项规划编制。加快县城资江、桃花江和浮邱山大道、桃花江大道“两江两路”开发建设，新建、续建桃花湖路、獭溪路等6条道路，建成桃花江大道地下通道、桂花园小学人行天桥、建设路车行桥和汽车西站主体工程，完成七星河水环境综合治理二期、县城西区雨污分流改造年度任务。以创建国家卫生县城和全国文明城市、“智慧城管”为抓手，加强老旧小区改造、桃花江沿岸亮化工程维护、公共停车场（位）建设、拆违控违等工作，推行中心城区生活垃圾分类减量，确保通过国家卫生县城验收，建设更具魅力、更加智慧的品质新城。立足“一镇一业”，支持马迹塘“竹笋小镇”、修山“面业小镇”建设，打造主导产业突出、城乡融合发展新支点。

建设干净整洁家园。提质优化农村人居环境，通过网格化治理带动村容村貌、群众垃圾分类减量意识整体提升。巩固垃圾“分类减量”成效，建成农村废弃物资源化利用、益阳西部片区生活垃圾焚烧发电等项目，提高城乡垃圾分类、转运、资源化利用水平。持续推进农村“厕所革命”，改造农村户用厕所1.2万户，新建农村公厕10座。理顺城镇污水处理厂运营管理机制，继续推进行政村生活污水治理。强力整治侵占耕地等违法建房行为，坚决遏制耕地“非农化”、防止“非粮化”。大力推进文明创建活动，力争三堂街创建国家文明乡镇、获评省级美丽乡村1个。

各位代表，绿色生态是最大财富、最大优势，我们将坚定不移加强环境保护与治理，坚持节约优先、保护优先、自然恢复为主，守住自然生态安全边界。

（五）实施创新驱动，下好改革开放“先手棋”。

在深化改革创新上力求突破。拿出更多“放管服”改革的实招，厘清县乡、部门职责职能边界，深度整合行业准入“政府侧”审批事项，实行证明事项告知承诺制，落实工程建设项目审批制度改革，启动不动产登记“交房即交证”改革。建立健全农村宅基地联审联办制度，推进农村闲置宅基地和闲置住宅盘活利用。统筹抓实财税金融、文化卫生、现代农业等改革。探索靶向引才、专家荐才机制，引导企业加大科创投入，新增高新技术企业5家、发明专利220件。审慎包容新产业新业态发展，新增创新创业市场主体4800家以上。完成总部基地示范园建设，谋划游戏软件基地、网红直播基地建设，引进企业总部或分公司20家以上，实现税收3000万元。

在优化营商环境上力求突破。围绕打造市场化、法治化营商环境，深化“亲清”政商关系，推动政企对接常态化、制度化，做到亲而有度、清而有为。紧盯前期手续办理等瓶颈，纵深推进“互联网+政务服务”，扩大“一件事一次办”“跨域通办”和基层公共服务深度、广度，全面推行“全程代办”“两不见面”审批，提高办事效率。紧盯用地、征拆、安置等保障要素，强力推进县城征地拆迁体制改革和安置转型，完成复迁安置地建设，保障重点项目土地供应，提升发展保障。紧盯环境维护等重点问题，提高驻点帮扶实效，深化工程建设领域突出问题治理，强化施工环境司法保障，依法打击破坏项目建设和违法阻工行为，提振发展信心。

在全面对外开放上力求突破。加强优势产业链开放发展的战略谋划，推进精准化靶向链式招商，持续开展产业大招商行动，重点瞄准行业领军企业、500强企业及上市公司，有针对性地招商引资、引智、引技，新引进投资过亿元项目6个、过5000万元项目8个以上，提高项目履约率、开工率、投产率。鼓励以商引商、以企引企，大力引进产业链上下游关联配套企业，补齐产业链缺失环节和发展短板。精准对接长江经济带、中国（湖南）自贸区、长株潭经济圈等战略需要，主动承接产业转移，打造区域性装备制造、建材等产业配套基地。利用中非经贸博览会等平台，引导“桃企”“桃品”抱团外拓域外市场，新增跨境电商企业3家、“破零倍增”企业5家，确保进出口总额持续稳定增长。

各位代表，创新驱动是重大发展战略，我们将坚定不移推进更深层次改革、更高水平开放，不断激活高质量发展一池春水。

（六）推动民生普惠，增强人民群众“获得感”。

全力强化民生保障。全面完成省市下达的重点民生实事任务。千方百计稳定和扩大就业，新增城镇就业4500人，依法治理拖欠农民工工资问题。持续强化五大保险扩面提标和基金监管，鼓励农民工、民营经济从业人员、灵活就业人员参保缴费。稳步发展医养结合、居家养老等模式，建成玉溪康养城企联动养老等项目，新增养老床位700张。完成居士巷棚改，加快獭溪路、团山路、桃冶社区棚改建设，启动弄溪桥棚改。统筹推进城乡救助体系建设，落实留守儿童、事实无人抚养儿童、低保五保、残疾人等困难群众保障政策，做好退役军人优待抚恤、移交安置、就业创业等工作，让人民群众感受到全面小康的幸福。

全力发展民生事业。推进城乡义务教育优质均衡发展，全面建成县教师发展中心暨九年一贯制学校，启动崄峒、牛潭河九年一贯制学校建设，完成9所中小学校改扩建，探索3岁以下婴幼儿托管园建设。深化新时代教育评价改革，消除高中阶段大班额，加大乡村教师定向补充力度，用心用情落实教师政策待遇，让每所学校按照教育规律安心办学、潜心育人。慎终如始做好常态化疫情防控工作，突出重点场所、重点人群、重点环节综合防控，守护人民群众生命健康。全面启用县人民医院、妇幼保健院新院区，推动县中医医院康复院区建设，加强公卫服务、传染病防控与卫生应急体系建设，深入开展爱国卫生运动，提高卫生计生服务供给能力，加快建设“健康桃江”。不断完善县、乡、村公共文化服务设施，开展庆祝建党一百周年系列活动，完成县工人文化宫主体工程，举办3场以上有影响力的赛事活动。加强民族团结进步创建和宗教事务规范化管理，支持鲊埠地区经济社会发展。扎实做好村（居）“两委”换届选举、统计核算联管、数字档案馆建设等工作。推进殡葬改革，完成县殡仪馆搬迁。支持工会、妇联、共青团、工商联、侨联、残联、文联、科协、计生协、红十字会等群团组织更好发挥作用，统筹抓好国防动员、民兵预备役、武警、公积金、老干老龄、核电、石油、烟草、水文、新华书店、机关事务、桃锰社区等工作。

全力防范民生风险。处理好恢复经济与防范风险的关系，有序推进政府债务风险化解，完善政府债务风险常态化监控机制，加快融资平台市场化转型。严厉打击非法集资、逃废债等违法活动，稳妥推进金沙重机重组，积极支持农商行发展，强力清收不良贷款，严防扶贫小额信贷逾期，坚决防范金融风险。强力推进安全生产专项整治三年行动计划，坚守食品药品安全、质量底线，建成突发事件预警信息发布平台县级终端，开展治超治限常态化“零点行动”，加强防汛抗旱、森林防火、应急救灾物资储备和应急广播信号传播覆盖网建设，提高乡镇应急能力，遏制较大以上事故发生。大力推进“扫黑除恶”常态化，加快乡（镇）、村（社区）综治中心实体化运行和“三无”乡村创建，实施基层治理“四个一”（一村一网格长、一调委会、一辅警、一法律顾问）工程，完成牛田、大栗港派出所建设，创建全省禁毒示范县，更好守护“平安桃江”。

各位代表，增进民生福祉是发展的根本目的，我们将坚定不移抓重点、解急需，尽力而为、量力而行，让桃江人民幸福在手、未来可期。

不断加强政府自身建设

（一）把牢政治方向。进一步增强政治意识、大局意识，始终把政治建设摆在政府工作首位。深入学习贯彻习近平总书记考察湖南提出的总体要求，落实落细“三高四新”战略，发挥县政府党组示范作用，引导干部树牢“四个意识”、坚定“四个自信”、做到“两个维护”，以实际行动确保上级党委、政府和县委重大决策部署落地生根。深入贯彻全面从严治党要求，压实意识形态工作责任制，不断提升干部风险预见预判、处置应对能力，做好省委巡视问题整改“后半篇文章”。完善和落实绩效考核、容错纠错机制，加大正面激励力度，让干部敢于直面困难、勇于负重拼搏。

（二）站稳人民立场。进一步树牢群众观念、为民情怀，始终以人民满意作为政府奋斗方向。树牢过“紧日子”思想，压减政府一般性经费支出10%以上，把有限财政资金用在刀刃上，让人民群众和市场主体有真真切切的感受。完善村（社区）“一门式”“一站式”服务机制，发挥县综合指挥中心作用，畅通线上线下民意直通车，正确引导舆论宣传，着力解决群众“急难愁盼”问题，让政府工作处处情系百姓、事事惠及民生。

（三）建设法治政府。进一步坚持重视法治、厉行法治，始终把依宪执政作为政府工作准绳。坚持依法应对重大挑战、抵御重大风险、克服重大阻力、解决重大矛盾，推进行政复议规范化、行政执法信息化建设，不断规范重大行政决策程序。大力建设“诚信政府”，清理、废除妨碍统一市场和公平竞争的各种规定与做法，开展“僵尸”企业和合同违约清理，让有为政府与有效市场和弦共振。主动接受县人大及其常委会的法律监督、县政协的民主监督，认真办理代表建议和委员提案，深化政务公开，广泛接受公众和社会舆论监督，让群众更好地了解政府、监督政府。

（四）守住廉政底线。进一步强化思想防线、制度约束，始终把清正廉洁作为政府工作底线。持之以恒抓好政府系统党风廉政建设，强化纪法监督、审计监督，加强征地拆迁、工程招投标、政府投资和采购等重点领域监管，保持反腐高压态势。认真贯彻落实中央八项规定精神，支持纪委监委执纪执法，继续精文简会，规范督查考核，坚决向办事服务中的“中梗阻”、群众身边的“微腐败”等亮剑，让政治更加清明、工作更加高效。

各位代表，为政以公，行胜于言。让我们更加紧密地团结在以习近平同志为核心的党中央周围，在县委的坚强领导和县人大、县政协的监督支持下，以昂扬的斗志、奋进的姿态、务实的作风，为实现“十四五”规划良好开局、加快建设社会主义现代化强国展现桃江新作为、做出桃江新贡献，以优异成绩向建党100周年献礼！

中国人民政治协商会议桃江县第九届委员会常务委员会工作报告

——在政协桃江县第九届委员会第五次会议上

桃江县政协主席　李质彬

（2020 年 12 月 22 日）

各位委员、各位同志：

我受政协桃江县第九届委员会常务委员会的委托，向大会作工作报告，请委员们审议，并请列席会议的同志提出宝贵意见。

2020 年工作回顾

2020 年是极不平凡的一年，是全面建成小康社会决胜之年、实施“十三五”规划收官之年、脱贫攻坚决战之年。一年来，面对突如其来的新冠肺炎疫情和百年未有之大变局，在县委的坚强领导下，县政协及其常务委员会以习近平新时代中国特色社会主义思想为指导，聚焦决胜全面建成小康社会，坚决打赢三大攻坚战，认真履行政协职能，为全县经济社会高质量发展做出了新的贡献。

一、忠实践行“两个维护”，把牢正确政治方向

（一）坚持党的领导，增强践行“两个维护”的坚定性。始终坚持在县委的正确领导下开展工作，协助县委制定全年政协协商工作要点和协商监督计划，严格执行请示报告制度，重要工作及时报告，重大事项及时请示，全年共向县委请示报告 12 次。以政治建设为统领，深入推进政协党的建设。规范政协党组议事规则，完善工作机制，认真落实各项重大工作由党组研究决策。履行“一岗双责”，切实落实党风廉政建设主体责任，支持县纪委县监委派驻机关纪检监察组开展工作。

（二）深化主题教育，提高践行“两个维护”的自觉性。县政协坚持“不忘初心、牢记使命”主题教育常态化，紧扣学习贯彻习近平新时代中国特色社会主义思想这条主线，把“改”字贯穿政协各项工作的始终，把“不忘初心、牢记使命”作为党员干部的终身课题，坚持自我净化强信念，始终保持忠于党、忠于人民的政治本色，把党交给的任务完成好，兢兢业业地干好本职工作，努力使政协工作队伍不断增强“四个意识”、坚定“四个自信”，更加自觉地做到“两个维护”。

（三）加强理论学习，筑牢践行“两个维护”的压舱石。以习近平新时代中国特色社会主义思想和中共十九届四中、五中全会及省委十一届十一次全体会议精神为重点，县政协党组会议、主席会议、常委会会议先学一步、深学一层，推动中央、省委、市委、县委对政协工作的新部署新要求更好落实。县政协党组和主席会议成员带队，走进基层，走访委员，走近群众，宣讲党的基本理论、基本路线、基本方略；发挥委员影响力，面向社会深入解读中国特色社会主义优越性和治国理政新成就。

二、全面履行“三项职能”，聚力助推高质量发展

一年来，我们认真履行政治协商、民主监督、参政议政职能，着力凝聚共识，组织专题议政性常委会会议 1 次、专题协商 10 次、对口协商 8 次、界别协商 5 次、政协云微协商 132 次。提交提案 60 件，提案办理协商 8 次。

（一）贯彻新发展理念，紧扣推动高质量发展建诤言。例如，围绕生猪产业健康发展，召开了“规范生猪生产，稳定生猪市场”专题议政性常委会会议，提出了“生猪生产规模化、标准化、智能化、产业化”等建议，助推了全县生猪生产转型升级，生猪市场供应渐趋平稳。围绕全域旅游发展，开展文旅产业融合调研，提出了“高起点做好文旅融合规划、高标准建好文旅融合平台、高品位提升文旅融合创意”等建议。围绕乡村振兴，畅通农村交通动脉，提出了“进一步理顺管理体制机制、加大资金投入、强化管养队伍建设”等建议。围绕生态文明建设，开展深入推进城乡垃圾分类减量重点提案督办调研，调研组建议从“健全工作机制，强化组织领导；明晰分类标准，城乡统筹推进；加强基础建设，推动资源化利用；加大经费投入，确保运行可持续”等四个方面着手破解垃圾分类工作难题，助推马迹塘垃圾焚烧发电厂建设、县级垃圾分拣中心选址、餐厨垃圾处理设施等一批资源化利用重点项目建设。围绕改革与稳定，开展退役军人服务保障体系建设调研，对改革中的一些难点问题提出了建设性的意见，促进了一些遗留问题的解决，使改革进一步落到实处。围绕防控融资平台风险，专题调研协商县城建投资集团国有资产归集工作，提出了“加大县属国有资产归集力度，加快推进县城建投资集团运营发展”等建议，为城投公司增强自身造血功能提供了有益参考。县政协还专题协商了“十四五”规划编制、财政预算编制、优化营商环境、重大项目建设等工作。

（二）发挥独特优势，紧扣推动高质量发展增动力。

持续发力，助推百亿竹产业健康发展。为进一步打造湖南千亿竹产业核心基地，县委明确县政协牵头，加强对竹产业发展的指导，通过参观考察、专题协商，助推县委、县政府出台了《桃江县竹产业发展工作五年行动计划（2020—2024年）》，完善了《关于支持竹产业发展的八条政策措施》，为竹产业快速发展提供了强力支撑。全县笋竹两用林和丰产竹林面积达到30万亩，竹材、竹笋加工骨干企业发展到102家，全年竹业产值达到120亿元。

久久为功，助推招商引资源头活水。充分发挥北上广深长汉等地经促分会的辐射作用，进一步加强与异地商会的紧密合作，大大激发了桃江籍知名企业家回乡创业的激情。据不完全统计，2020年桃江新上招商引资项目80%以上是桃江籍乡友。例如县政协常委胡治国回乡投资创办的国辰高科技产业园，列入了2020年省级重点项目，计划投资12亿元，已完成投资3.5亿元，项目主体工程基本建成。以该项目为平台，今年引进签约企业22家，投资总额16亿元，目前已有4家企业正式注册进驻。积极协助县政府推进总部经济建设，总部基地引进外地乡友企业发展到60家，预计今年可实现税收3000万元以上，为我县经济社会发展凝聚合力、增添动力。

广泛动员，聚力打赢新冠肺炎阻击战。自新冠状肺炎疫情发生以来，县政协迅速行动，积极投身抗击疫情阻击战。有100多名委员奋战在隔离点、观察点、检查站等抗疫第一线，有50多名委员深入企业指导和帮助复工复产。在外政协委员和知名乡友第一时间捐款、捐物50多批次，总额达340余万元，在当时“一罩”难求的紧要关头，是这些乡友们第一时间送来了物资和现金，为全县疫情防控提供了有力支持。

（三）坚持为民服务宗旨，紧扣推动高质量发展聚合力。

民有所呼，吾有所应。4月，县委在全县人大政协工作会议上对政协九届四次会议立案的60件提案进行了交办。6月、8月，提案委会同县委办、县政府办对提案办理情况进行了两轮专项督查；9月，县委办、县政府办向县政协常委会通报了九届四次会议以来的提案办理情况；11月，对三年来的B类提案的办理情况再次进行了督查。通过反复协商办理和督促落实，提案办理落实率达72%，促进了群众关切和期盼的民生事项落地落实，60件提案均达到了满意或基本满意。

加强精准帮扶，致力打好脱贫攻坚战。根据精准扶贫工作的要求和省、市政协的部署，县政协组织全体政协委员扎实开展了“三个一”扶贫行动和“助力万户帮扶”行动。特别是在“助力万户帮扶”行动中，省市县三级政协委员和市县政协干部共349人在我县结对帮扶95户，制定了帮扶计划，明确了帮扶措施和脱贫的时限，建立了帮扶台账，2020年投入扶贫帮困资金100多万元，全力确保这些贫困户如期脱贫。钟渭贤将军等4位知名乡友成立的桃江育才基金会举行了第十三届育才学子奖扶大会，发放奖扶资金100余万元。武潭镇教育基金会、大栗港镇“勋贤奖扶基金会”等10多个奖扶基金会发放资金200余万元。

凝聚各界力量，统筹做好民族宗教工作。围绕深化民族团结进步教育、以社会主义核心价值观引领教义教规阐释等，开展界别协商，就做好新时代民族工作、坚持我国宗教中国化方向、依法加强和创新寺观教堂管理等做了大量有益工作，加强了民族团结，促进了宗教和睦。

三、精心锤炼“一支队伍”，着力提升政协工作质效

（一）严格要求，强化内部管理。进一步完善了政协常委、政协委员、政协机关、政协智库等绩效考核制度，加强了日常考核管理。严格委员管理，对3名涉嫌违法、违反公俗良序的委员，依章程撤销其县政协委员资格。以市届中经济责任审计和省委巡视为契机，进一步完善了机关管理的各项制度，努力提升服务水平，为政协履职提供了有力保障。

（二）探索创新，充实协商队伍。今年8月，县政协根据全国政协的要求，将县政协智库更名为县政协参政议政专家人才库，在认真调研、遴选、考察的基础上，报经县委常委会会议研究，聘任县政协第二届专家人才55名，兼职政协文史委员8名，进一步优化了政协参政议政和文史工作的队伍。县政协教卫文史委组织编撰的《桃花江地名趣谈》，收录全县地名故事170篇近28万字，为助推我县全域旅游发展做出了积极贡献。

（三）加强培训，增强履职能力。以履职培训为重点，组织50名政协委员赴韶山华声红色教育学院开展履职能力提升专题培训，精选课程，建立临时党支部，严格学习期间的管理，既接受了红色文化的教育与洗礼，又丰富了理论与实践知识的学习。县政协将政协云应用作为打造智慧政协的有力抓手，实现了县政协委员、机关工作人员“政协云”APP安装的全覆盖，推荐了11名委员进入省市委员智库，开展委员线上值班，将县直单位66名微建议承办人员接入政协云，在微建议的运用处理上进行了有益探索，提高了履职现代化水平。充分利用全国、省、市政协的融媒体平台，宣传桃江政协的履职实践50余篇，宣传新时代政协委员风采10多篇，进一步扩大了桃江政协的影响力。今年以来，先后有邵阳市绥宁县、永州市东安县、江西省铜鼓县、安徽省霍山县、广东省清远市、湖北省赤壁市等10多个省内外兄弟单位来我县考察交流。

各位委员、同志们，县政协工作赢得的良好局面，得益于县委的坚强领导，得益于县人大、县政府的大力支持，得益于全县各部门、政协各参加单位的密切协作，得益于广大政协委员的辛勤付出。在此，我谨代表第九届县政协常委会表示衷心的感谢！

在取得点滴成绩的同时，我们更清醒地认识到，我县政协工作还存在一些薄弱环节：例如，发挥专门协商机构作用不够；调查研究深入不够；建言资政精准不够；民主监督力度不够等问题，我们要高度重视，努力加以解决。

2021年工作意见

2021年，是中国共产党建党100周年，我国将开启全面建设社会主义现代化国家新征程、向第二个百年奋斗目标进军的第一个五年，将进入崭新的历史阶段。我们要深入贯彻党的十九届五中全会精神、习近平总书记考察湖南重要讲话精神以及省委十一届十一次全会精神，坚持发扬民主和团结相互贯通、建言资政和凝聚共识双向发力，广泛动员参加人民政协的各族各界人士，紧扣统筹推进常态化疫情防控和经济社会发展工作履职尽责、凝心聚力，为我县“十四五”规划实施开好局、谱写高质量发展新篇章。

一、不断完善民主协商机制

完善民主协商机制是发挥好专门协商机构作用的“牛鼻子”。健全协商制度体系。以落实党对政协工作的全面领导、发挥新型政党制度优势、双向发力融入履职等为重点，建立健全覆盖政协党的建设、履职工作、组织管理、内部运行各方面，权责清晰、程序规范、关系顺畅、运行有效的制度体系。完善协商工作机制。聚焦协商主责主业，把开展协商作为主要工作，把搭建协商平台作为主要方式，把双向发力作为工作主旨，着力完善协商于决策之前和决策实施之中的落实机制，着力解决好“协商什么”“谁来协商”“何时协商”“怎么协商”“协商成果如何运用”等问题。依托省政协的云平台，提高协商开放度，扩大协商参与面，推动网络议政远程协商更加广泛深入、规范有序，推动政协协商与其他协商渠道有效衔接、共同发力，推动共建共治共享格局形成。认真贯彻中央和省委、市委关于政协换届工作的精神，按照政协章程和市委的统一部署，按程序做好有关界别设置、委员和常务委员的名额及人选等方面的协商工作，严肃政治纪律和政治规矩，严把委员入口关，从讲政治、讲大局的高度开展好政协换届工作。

二、围绕高质量发展履好职

围绕习近平总书记考察湖南提出的“三个高地”战略定位和“四新”使命任务，紧扣省委确定的“四大体系”和“五大基地”目标，加强前瞻性调研，找准高质量发展和后发赶超的突破口。就“加大品牌建设力度，助推桃江经济高质量发展”开展重点履职协商，召开专题议政性常委会会议。围绕加强大中型灌区建设管理、饮用水源地保护、妇联基层组织建设、振兴乡村建设等议题，组织开展好专题协商。就县委、县政府促进民营经济高质量发展、优化经济发展环境等方面的政策落实情况开展民主监督。建立历届委员企业家合作机制和平台，推动委员企业信息互通、资源共享、合作共赢。发挥政协参政议政专家人才库作用，对影响高质量发展的重点、难点问题进行专题研究。加强前瞻分析，就做好“六稳”工作、落实“六保”任务等建言献策，为县委、县政府决策提供参考。

三、强化委员责任担当

政协委员是界别群众的代表、政协工作的主体，影响大、荣誉高、责任重，一言一行广受关注，担当尽责义不容辞。强化责任担当精神。以庆祝建党100周年为契机，组织广大政协委员开展学习、研讨等活动，教育和引导委员从党的光辉历程中汲取砥砺奋进的精神力量，把红色文化、红色故事作为加强我县政协队伍政治建设的鲜活教材。提高责任担当能力。广大政协委员要适应推进国家治理体系和治理能力现代化建设要求，加强理论学习，开展读书活动，建设“书香政协”，促进增强政治把握能力、调查研究能力、联系群众能力、合作共事能力，做到懂政协、会协商、善议政，守纪律、讲规矩、重品行，把维护、遵守人民政协制度落实到积极、有效参与政协各项工作之中。当好责任担当的模范。广大委员要坚持“敢”字当头、“干”字为先，充分认识政协是政治组织，做到政治立场不含糊、政治原则不动摇，关键时刻靠得住、站得出、敢发声。

各位委员！各位同志！站在“两个一百年”奋斗目标历史交汇点上，人民政协使命光荣、责任重大。让我们更加紧密地团结在以习近平同志为核心的党中央周围，高举中国特色社会主义伟大旗帜，奋力开创新时代人民政协事业新局面，为实现我县经济社会高质量发展、人民对美好生活的向往而努力奋斗！

文件选登

中共桃江县委　桃江县人民政府 印发《关于支持竹产业发展的八条政策措施》和《桃江县竹产业发展工作五年行动计划（2020年—2024年）》的通知

各乡镇党委、人民政府，县委各部办委，县直机关各单位：

现将《关于支持竹产业发展的八条政策措施》和《桃江县竹产业发展工作五年行动计划（2020年—2024年）》印发给你们，请结合实际抓好贯彻落实。

中共桃江县委　桃江县人民政府

2020年3月12日

关于支持竹产业发展的八条政策措施

为加快推动全县竹产业发展，力争到2024年，实现高产竹笋基地20万亩以上、竹业总产值达200亿元以上的目标。经县委、县政府研究，特制定如下支持政策措施。

一、支持竹笋基地建设。建设由县级领导挂牌扶持、连片面积1000亩以上的县级示范基地；建设由乡镇党委书记、乡镇长负责、连片面积200亩以上的乡镇级示范基地，建成后每亩奖补200元；建设由村级党组织负责并与发展壮大村级集体经济相结合、连片面积100亩以上的村级示范基地，建成后每亩奖补200元；鼓励农户新建连片面积10亩以上基地，产笋当年每亩奖补有机肥料50斤。继续扶持传统加工产业，对年生产榨笋50吨以上（折合加工鲜笋20万公斤以上）符合环保要求的加工企业，每斤榨笋奖补0.8元。重点支持笋用林基地内林道建设，每公里奖补5000元。支持合作社牵头组织生产经营，组建专业挖笋队。加强技术培训，每年现场培训林农1000人次以上。推动提高基地培育机械化作业水平，鼓励农业机械设备开展竹林采伐、运输、培育等生产，对相关基地或合作社进行奖励。（责任单位：县林业局、县农业农村局、县人力资源和社会保障局、县交通运输局、县农机事务中心、相关乡镇）

二、壮大竹笋加工生产。大力扶持规模企业，对年加工鲜笋750万公斤以上（去壳）的竹笋加工企业，明确由一名县级领导牵头组建企业帮扶小组予以重点扶持，免费授权使用“桃江竹笋”国家地理标志证明商标。对新建的竹笋深加工、竹笋副产品加工（笋壳、笋头、笋汁等）企业享受桃江县支持工业经济发展的政策措施，并优先予以项目支持。对引进上述竹笋加工规模企业、深加工和副产品加工企业的有功人员，在我县招商引资奖励基础上另行奖励。（责任单位：县林业局、县农业农村局、县商务局、县科学技术和工业信息化局、县扶贫办、相关乡镇）

三、提升竹材加工产业。鼓励竹材加工做大做强，建立竹材加工规模企业名录，名录内企业享受桃江县支持工业经济发展的政策措施。新入园的高新技术企业、精深加工企业固定资产投资5000万元以上的企业，采取“一事一议”的办法，明确优惠政策。设立竹产业发展贡献奖，按产值、税收、影响力、带动作用综合评比，分一、二、三等奖分别对笋、竹的前六名企业进行奖励。加大龙头企业服务力度，对固定资产投资在3000万元以上的入园企业，组建由一名县级领导牵头的“企业服务小组”，帮助企业办理相关手续，配合企业解决建设和生产期间的困难，对拟上市企业全程提供服务。支持企业拓展国际市场，对需使用FSC国际森林经营认证的企业，免费提供相应指标额度。对新引进竹材加工高新企业、规模企业的有功人员，在我县招商引资奖励基础上另行奖励。对当年销售业绩比上年度增长50%的企业，按照增长营业额的10%予以奖励，单个企业奖励最高不超过20万元。坚持“一园五区”建设，大力推进桃江经济开发区完成“国家（桃江）楠竹产业示范园区”精深加工园的建设；支持马武区（马迹塘镇、武潭镇）、江南区（大栗港镇、鸬鹚渡镇）、江北区（三堂街镇）、桃花江区（桃花江镇）、石牛江区（石牛江镇）完成竹产业乡镇初级加工集中区建设任务，建成后分别支持集中区环保设施建设资金100万元，对集中区所在乡镇奖励50万元。（责任单位：桃江经济开发区、县财政局、县科学技术和工业信息化局、县林业局、县自然资源局、市生态环境局桃江分局、相关乡镇）

四、促进产业融合发展。鼓励工商资本融入基地培育，推进森林旅游康养基地、竹文化主题公园、竹文化科技馆、竹林景观影视拍摄基地、竹乡特色小镇等竹文化主题项目建设，融合发展全域旅游。支持竹工艺品的研发与生产，支持建设“桃江竹艺街”，对入驻经商的门店每年实施奖励。推进竹文化全域建设。倡导全县机关单位和宾馆酒店室内外装饰、办公桌椅、铭牌标牌等使用竹元素风格；鼓励酒店、餐饮公司提升推广全笋宴，营造笋、竹文化氛围，有关奖励实行“一事一议”。（责任单位：桃花江国家森林公园管理处、县发展和改革局、县文化旅游广电体育局、县林业局、县商务局、县市场监督管理局、相关乡镇）

五、强化科技创新引领。每年安排专项经费，用于聘请国内知名竹产业专家学者担任桃江竹产业发展顾问，与国内知名大学、科研院校合作建立产品研发、设备研制、技术改造等课题的科研平台。鼓励本土技术人员承担竹产业相关课题研究，对获得国家、省、市奖励的课题，分别奖励5万元、3万元、1万元。鼓励企业和个人自主创新，对获得国家发明专利并投入生产的，每项奖励5万元；对新研发的笋、竹产品获国际、国家金奖的，分别奖励5万元、2万元。每年设立竹产业工作奖金20万元，奖励对推动竹产业科技创新和转型升级有突出贡献的有关单位和工作人员。（责任单位：县林业局、县科学技术和工业信息化局、县市场监督管理局）

六、加强产业营销宣传。每年安排专项经费，加大“桃江竹笋”“桃江竹凉席”等笋、竹国家地理标志证明商标的品牌宣传，通过录制宣传片、制作户外广告、策划会节活动、上稿国家或省级媒体等方式，不断扩大提升桃江笋、竹产业的知名度和影响力。鼓励连锁专卖销售，鼓励笋、竹规模企业和销售公司在国内一线城市按照桃江笋、竹品牌要求统一门店标识规定设立连锁专卖店，对设立专卖店一年以上的择优奖励，按省、市中心城区分别奖励10万元、5万元，单个企业（集团）年度奖励不超过50万元；对在国际一线城市按照桃江笋、竹品牌要求统一门店标识规定设立专卖店的，通过“一事一议”进行奖励。鼓励企业参展布展。笋、竹企业参加国际或全国性展会的，按展位费的50%奖励给企业，单个企业（集团）年度奖励不超过5万元；在本县布展推介桃江笋、竹产品的，通过“一事一议”给予支持。鼓励发展竹笋专业合作社，带动本区域发展竹笋产业，完善竹笋产业乡村体系建设，每年择优奖励1～3万元/个。（责任单位：县林业局、县市场监督管理局、县财政局、县供销社、县商务局、县文化旅游广电体育局、县融媒体中心）

七、加大资金保障力度。从2020年开始，县政府每年整合资金3000万元支持引导全县竹产业发展。其中，县财政局资金1000万元（其中预算内资金500万元），县发展和改革局项目资金300万元，县科学技术和工业信息化局项目资金300万元，县林业局项目资金300万元，县农业农村局项目资金200万元，县交通运输局项目资金200万元，县扶贫办项目资金200万元，县人力资源和社会保障局项目资金100万元，县水利局项目资金100

万元，县商务局项目资金100万元，县供销社项目资金100万元，县库区移民事务中心项目资金100万元。上述所有项目资金、奖励资金的拨付由各部门商县林业局拿出方案，报县竹产业发展工作领导小组研究同意后实施。（责任单位：县财政局、县林业局、县发展和改革局、县科学技术和工业信息化局、县农业农村局、县交通运输局、县扶贫办、县人力资源和社会保障局、县水利局、县商务局、县供销社、县库区移民事务中心）

八、加强组织领导。桃江县竹产业发展工作领导小组，由县委书记和县委副书记、县长任顾问，县政协主席任组长，分管林业的副县长任常务副组长，联系林业工作的政协副主席任副组长，县政府办、桃花江国家森林公园管理处、桃江经济开发区、县发展和改革局、县科学技术和工业信息化局、县财政局、县人力资源和社会保障局、县自然资源局、县交通运输局、县水利局、县农业农村局、县商务局、县林业局、县文化旅游广电体育局、县市场监督管理局、市生态环境局桃江分局、县供销社、县城市建设投资运营集团有限公司、县库区移民事务中心、县竹产业发展服务中心、相关乡镇的主要负责人为成员。领导小组下设办公室，简称县竹产业办，办公地点设县林业局，负责全县竹产业发展工作的项目规划、协调指导、招商引资、宣传策划、督查考核等工作。全县每年的竹产业重点工作，纳入县绩效考核范畴进行考核。

本政策措施奖补对象为本县注册的笋、竹企业和笋、竹专业合作社，以及县域内从事笋、竹生产的农户和相关乡镇。相关部门和乡镇要结合实际，对上述措施进一步细化，确保落实到位。县本级其他支持经济发展的相关政策与本政策措施重复的，按“就高不就低”的原则执行，不重复奖励。本政策措施由县竹产业办负责解释和组织实施，县财政局负责监管和绩效评估，县审计局负责跟踪审计落实情况。本政策措施自发布之日起实施，实行5年，原《中共桃江县委桃江县人民政府印发〈关于支持竹产业发展的八条政策措施〉的通知》（桃发〔2017〕11号）文件自然废止。

桃江县竹产业发展工作五年行动计划
（2020年—2024年）

以习近平新时代中国特色社会主义思想为指导，坚持绿水青山就是金山银山发展理念，积极对接省政府“千亿楠竹产业”的发展要求，充分发挥桃江竹产业特色县域经济的重要作用，为长效、高速推动我县竹产业发展，制定本方案。

一、发展目标

坚持企业主体、政府主导、政策扶持；坚持科技引领、产品创新，不断推进以竹代木、以竹代塑、以竹代钢；坚持做好做活竹资源培育、竹传统产业、竹精深加工、竹笋健康美食、竹文化旅游五篇文章，在统筹兼顾的同时，重点推进龙头带动全县基地培育、产品加工、文化旅游融合发展，确保实现绿色、丰产、高效、富民、共享五大发展目标，打造湖南千亿楠竹产业的核心基地，建成全国竹笋生产加工交易中心、重要的竹文化旅游目的地、竹产业科研创新孵化基地，建设成为“中国竹业强县”。

二、工作内容

力争每年增长竹业产值20%左右，到2024年，实现竹产业产值达到200亿元以上。其中一产业30亿元（竹笋产值10亿元），二产业130亿元（竹笋加工30亿元、竹材加工100亿元），三产业40亿元。

（一）新增十万亩高标准竹笋基地

1. 实施措施。新扩竹笋基地建设分县级示范基地、镇级示范基地、村级示范基地和农户自建基地四类，建设期均为3年。县级示范基地建设由相关县级领导牵头、鼓励竹笋专业合作社组织农户参加、龙头企业对口挂牌扶持建设。通过整合各部门项目资金100万元以上，连续3年实施高标准修山垦覆、按时施肥和采挖春（冬）笋等技术措施，建设喷灌设施，建好参观林道，建成连片1000亩以上高产与观光于一体的竹笋示范基地。乡镇级示范基地建设由县竹产业办根据各乡镇竹林面积和立地条件、产业需求、建设能力等分配基地建设任务，由各乡镇党委书记、乡镇长牵头，按照技术要求在本乡镇建设一至两个连片面积200亩以上的笋用林基地（国有林场按照镇级示范基地建设要求完成相应基地建设任务）。村级示范基地由县委组织部牵头，每年在全县选择有战斗力的村级党组织结合发展壮大村级集体经济，建设连片面积100亩以上的笋用林基地。农户自建基地建设由各乡镇统筹安排其余班子成员和村干部对口扶持，鼓励农户新建10亩以上基地，按《关于支持竹产业发展的八条政策措施》政策给予肥料奖补和林道建设的扶持。建立健全奖惩机制，对乡镇级示范基地（含国有林场）和村级示范基地建设每年由县竹产业办会同县绩效考核办按建设要求进行年终考核验收。对考核验收合格的基地，由县竹产业办在每年竹产业发展资金中进行奖励，奖励标准为200元/亩；对验收不合格或没完成任务的建设单位予以绩效考核扣分。

2. 建设进度。2020年—2024年，每年新建笋用林基地20000亩以上，5年共计新建笋用林100000亩以上。

3. 任务分配。2020年—2024年，马迹塘镇、武潭镇、大栗港镇、桃花江镇、桃花江国有林场每年各新建1个连片1000亩的县级示范基地，每年共计5000亩；各乡镇、相关国有林场每年根据任务要求新建连片面积200亩以上的乡镇级示范基地，每年共计10000亩（其中乡镇8000亩、林场2000亩）；县委组织部每年牵头在全县选择有战斗力的村级党组织新建连片面积100亩以上的村级示范基地；同时通过县级、镇级、村级示范基地带动农户每年新建连片面积10亩以上基地5000亩（具体任务分配详见附表）。

（二）建成全国竹笋生产加工交易中心

1. 实施措施。在马迹塘镇建设以中南地区和华东地区为核心，辐射全国的竹笋综合交易市场。积极鼓励基地林农成立竹笋专业合作社，搭建更多销售信息、市场资源共享平台，不断形成基地笋农与规模企业、交易市场相联结的春笋、冬笋销售渠道。鼓励加工企业到各大、中城市和知名网站设立“桃江竹笋”品牌的专卖连续销售，拓宽“桃江竹笋”线上线下销售渠道。组建一支由一名县级领导任组长的省建工集团马迹塘竹笋交易市场建设帮扶小组，采取“一事一议”予以支持。竹笋专业合作社，有任务的乡镇、部门以及在大、中城市或知名网站设立“桃江竹笋”品牌专卖店的企业，每年由县竹产业办进行考核，按照相关文件进行奖励或项目资金扶持。

2. 建设进度。2020年，启动省建工集团马迹塘竹笋交易市场建设；每个新建县级、镇级示范基地成立竹笋专业合作社；在大、中城市或知名网站设立至少1个“桃江竹笋”品牌专卖店。2021年，基本完成省建工集团马迹塘竹笋交易市场建设并开始招商工作；对全县每个新建县级、镇级示范基地成立的竹笋专业合作社实行实效考核，对不合格的竹笋专业合作社取消或重组；在大、中城市或知名网站设立至少5个“桃江竹笋”品牌专卖店。2022年—2024年，省建工集团马迹塘竹笋交易市场正常运转；全县每个新建县级、镇级示范基地成立的竹笋专业合作社有效运转；在大、中城市或知名网站共设立20个“桃江竹笋”品牌专卖店。

3. 任务分配。省建工集团马迹塘竹笋交易市场建设2020年由建设单位完成规划、用地编制及资金筹措等工作，并做好各项开工建设准备；县林业局完成建设林地的报批；县自然资源局完成建设用地的报批；市生态环境局桃江分局做好企业环评的报批。由县林业局、县农业农村局、县市场监督管理局、县商务局指导竹笋专业合作社的成立和在大、中城市或知名网站“桃江竹笋”品牌专卖店的设立。

（三）建好一个“一园五区”的产业格局

根据“国家（桃江）楠竹产业示范园区”规划，大力推进“一园五区”发展战略。建成一个以桃江经济开发区竹产业精深加工园为核心，五个竹产业乡镇加工集中区为基础的、层次与功能清晰的竹产业加工全域体系。

1. 实施措施。按照集中、规范、整洁、环保的原则，强力推进“国家（桃江）楠竹产业示范园区”“一园五区”（一园为桃江经济开发区竹产业精深加工园，五区为马武区、江南区、江北区、桃花江区、石牛江区）建设。通过竹产业乡镇初级加工集中区建设，把过去的家庭式、作坊式、乱排污企业进驻集中区，提升传统产业的生产水平，增强传统产业的生命力，形成既能保障桃江竹产业传统产业绿色发展，致富广大农民，又能保障桃江竹传统产业为桃江竹产业精深加工提供稳定原材料与半成品供应的加工局面。具体是完成桃江经济开发区竹产业精深加工园的规划设计、标牌标识设置、企业聚集等工作，建成桃江竹材加工展示窗口；完成“五区”竹产业乡镇初级加工集中区的建设。对完成任务的乡镇按照初步完成奖励10万元，全部建成另行奖励40万元。其他具有工作任务的单位一并纳入县绩效考核范畴进行考核。

2. 建设进度。2020年，完成桃江经济开发区精深加工园的详规编制、门楼标牌布置、启动竹产业企业入园等工作；初步完成武潭镇（马武区）、鸬鹚渡镇（江南区）两个竹产业乡镇初级加工集中区建设；完善建成马迹塘镇（马武区）竹产业乡镇初级加工集中区，打造示范建设样板工程；完善建成大栗港镇（江南区）、桃花江镇（桃花江区）两个竹产业乡镇初级加工集中区的建设。2021年，桃江经济开发区现有竹加工企业和新引进企业全部集中至竹产业精深加工园；初步完成石牛江镇竹产业乡镇初级加工集中区的建设；完善建成武潭镇（马武区）、鸬鹚渡镇（江南区）两个竹产业乡镇初级加工集中区建设。2022年，在江北规划建设竹产业乡镇初级加工集中区；完善建成石牛江镇竹产业乡镇初级加工集中区。2023年，初步完成江北竹产业乡镇初级加工集中区。2024年，完善建成江北竹产业乡镇初级加工集中区；“一园五区”竹产值达到110亿元；力争完成1至3家企业上市。

3. 任务分配。桃江经济开发区和有建设任务的乡镇按时间节点完成规划、用地编制及资金筹措等工作（竹产业乡镇初级加工集中区按照市场化建设方式进行建设，确定建设牵头企业），并实施各项开工建设；县林业局完成建设林地的报批；县自然资源局完成建设用地的报批或提出土地利用方式的建议；市生态环境局桃江分局做好企业环评的报批；县科学技术和工业信息化局做好集中区企业布局指导；县商务局做好招商引资工作。每年由县竹产业办牵头进行考核。

（四）培育一批核心龙头企业

1. 竹笋加工龙头企业

（1）实施措施。对年加工鲜笋750万公斤以上（去壳）的竹笋加工企业，组建由一名县级领导任组长的企业帮扶小组，采取“一事一议”的方式予以支持。

（2）建设进度。2020年，大力扶持湖南惊石农业科技有限公司（以下简称惊石农业），确保惊石农业3月完成二期建设并投产，下半年启动三期建设；年内完成一个以上竹笋产品国际品牌的创建和农业龙头企业的申报；完成重点产业扶贫（竹笋）项目相关建设任务。2021年，扶持惊石农业上半年完成三期建设，启动四期建设；力争新引进一家竹笋规模企业落户马迹塘工业园，并根据建设需求制定帮扶计划。2022年，扶持惊石农业上半年完成四期建设，力争各项税收达到1000万元；对新引进的规模企业进行扶持。2023年—2024年，力争惊石农业完成上市；再新引进一家竹笋加工规模企业，并按建设需求进行扶持。

（3）任务分配。2020年3月由县竹产业办牵头，县扶贫办、县农业农村局落实扶贫贷款500万元支持惊石农业。完成办公场所布置、合作协议签订、资料归档整理，完善企业与贫困户结对发展生产相关工作。2020年—2022年，由企业帮扶小组牵头，确定惊石农业二、三、四期工程建设涉及的工作部门；由县竹产业办牵头，县林业局、县商务局编制竹笋加工招商引资文本，由商务局牵头招商。2020年—2024年，由县竹产业办牵头，县林业局、县农业农村局、各乡镇配合每年举办一次收笋动员会议，支持企业原材料收购；企业通过人民银行认可的商业银行或政策性银行的贷款，由县林业局、县农业农村局申报贷款贴息支持；对与惊石农业类似的竹笋加工龙头企业进行同类扶持。

2. 竹材加工龙头企业

（1）实施措施。重点扶持湖南桃花江竹材科技股份有限公司、益阳桃花江竹业发展有限公司、益阳万维竹业有限公司、桃江风河智慧竹业有限公司、湖南春龙竹艺有限公司、桃江县波恩贝广告科技有限公司、桃江县鑫盛竹业有限公司、益阳市远洋竹制品有限责任公司等现有和新引进的规模企业，以上述企业为龙头，孵化带动建立桃江县竹户外材、竹集装箱底板、竹剩余物利用、竹车厢底板、竹凉席、竹家居、竹家具、竹拉丝等产业集群。

（2）建设进度。2020年，完成湖南桃花江竹材科技股份有限公司500万元小额信用贷款的扶贫建设任务，利用扶贫小额贷款支持该公司二、三期顺利投产，完成该公司原有生产区退二进三工作；协助益阳桃花江竹业发展有限公司力争与中远集团达成竹集装箱底板销售协议，以益阳桃花江竹业发展有限公司牵头推动全县现有的20条竹胶板企业转型；利用扶贫小额贷款支持桃江县波恩贝广告科技有限公司、桃江县鑫盛竹业有限公司发展竹家具生产；利用德助贷款支持益阳万维竹业有限公司发展生产；利用各种平台扩大桃江风河智慧竹业有限公司、湖南春龙竹艺有限公司、益阳市远洋竹制品有限责任公司对外贸易。2021年—2024年，对上述企业及新引进龙头企业继续在政策、项目、信贷等方面予以支持，孵化带动建立产业集群。力争完成一家企业上市。

（3）任务分配。县竹产业办牵头，县扶贫办、县农业农村局完成扶贫小额贷款支持企业工作；县林业局完成德助贷款支持企业工作；县商务局完成对外贸易平台与渠道建设工作；县林业局完成FSC森林认证，为竹材加工企业出口做好原材料认证保障；县科学技术和工业信息化局实施好项目申报工作；县财政局、县农业农村局、县林业局做好符合贴息的贷款贴息工作。

（五）建设一个全国性的竹产业科研创新孵化基地

1. 实施措施。通过国家林草局竹子研究开发中心桃江竹子高效利用试验基地运转，积极与国内、省内科研机构和高校对接，形成企业、科研机构和高校互动，建立产学研一体化机制，使桃江竹产品占据全国同类产品技术尖端。对使用于桃江企业的研制新成果、新技术，予以项目和资金支持。

2. 建设进度。2020年，国家林草局竹子研究开发中心桃江县竹子高效利用试验基地开始运转；积极对接湖南工业大学竹包装科研产教基地建设项目；继续加强与中南林业科技大学、省林科院的合作；搭建与国际竹藤中心、全国竹产业科研机构和高校的对接合作渠道。2021年—2024年，每年完成2项以上竹材、竹笋新技术向生产企业的输入；建成与国际竹藤中心、全国竹产业科研机构和高校的对接合作渠道。

3. 任务分配。县林业局完成国家林草局竹子研究开发中心桃江县竹子高效利用试验基地运转工作，并对接好合作企业，搭建与国际竹藤中心合作渠道；县竹产业办积极对接湖南工业大学竹包装科研产教基地建设项目，继续加强与中南林业科技大学、省林科院的合作，搭建全国竹产业科研机构和高校的合作渠道。

（六）打造一批国际、国内知名品牌

1. 实施措施。力争每年组织一次“桃江竹凉席”“桃江竹笋”全国性订货会，通过节会搭台，积极推动“桃江竹凉席”“桃江竹笋”等区域品牌的建设；鼓励企业争创国家、省级品牌；支持企业参加国际展会并评奖，“一事一议”另行奖励；大力推进企业壮大销售网络，支持企业在国际一线城市建立销售门店；新增国家级产业化龙头企业一家以上，省级产业化龙头企业三家以上，市级产业化龙头企业十家以上。

2. 建设进度。2020年，3月—5月面向全国在网上征集宣传“桃江竹笋”口号；11月在桃江县城组织一次“桃江竹凉席”全国性订货会；年底力争一家企业争创一个国际知名展会的金奖。2021年—2024年，力争每年组织一次“桃江竹凉席”“桃江竹笋”全国性订货会；力争桃江企业获得两个国际知名展会的奖项；力争企业在国际一线城市建立一个以上销售门店；新增国家级产业化龙头企业一家以上，省级产业化龙头企业三家以上，市级产业化龙头企业十家以上。

3. 任务分配。县竹产业办牵头，县林业局、县商务局、县科学技术和工业信息化局、县竹产业协会、县竹凉席协会做好“桃江竹笋”“桃江竹凉席”全国性订货会工作；县商务局做好争取获得国际知名展会奖项的工作；县农业农村局、县林业局、县科学技术和工业信息化局做好国家级、省级、市级产业化龙头企业申报工作；县市场监督管理局做好争创国际、国家品牌工作。

（七）建成一个全国重要的竹文化旅游目的地

1. 营造一种竹文化氛围

（1）实施措施。县政府明确各单位使用的奖牌装饰、装修和办公桌椅优先采购本土竹产品；县城标牌、标识突出竹元素；竹文化博览馆进一步提质建设；建立一个竹培育科普文化教育基地。

（2）建设进度。2020年，做好竹海竹文化博览馆提质建设。2020年—2022年，建成黄金塘竹培育科普文化教育基地。2020年—2024年，县直部门、乡镇使用的奖牌装饰、装修和办公桌椅优先采购本土竹产品；县城标牌、标识逐步改成竹元素。

（3）任务分配。竹海竹文化博览馆提质建设由县城市建设投资运营集团有限公司、县文化旅游广电体育局、县旅游开发有限责任公司负责；黄金塘竹培育科普文化教育基地由县林业局负责；县直部门、乡镇负责使用的奖牌装饰、装修和办公桌椅优先采购本土竹产品；县住房和城乡建设局负责县城标牌、标识逐步改成竹元素。

2. 办好一桌全笋宴

（1）实施措施。探索和健全全笋宴菜品；在全县各酒店、农家乐推广全笋宴；全笋宴菜品命名体现文化内涵。

（2）建设进度。2020年—2021年，健全全笋宴菜品；在全县各酒店、农家乐全覆盖全笋宴推广；提升全笋宴菜品命名的文化内涵。

（3）任务分配。县文化旅游广电体育局。

3. 建成一个示范点

（1）实施措施。利用交通方便、位置适中的县级竹笋示范基地为基础，重点打造一个浓缩或凝聚竹文化、森林康养、研学科普等于一体的文化旅游示范点。

（2）建设进度。2020年—2022年，建成文化旅游示范点。

（3）任务分配。县文化旅游广电体育局。

4. 串好一条特色旅游线

（1）实施措施。建设桃花江竹海旅游精品园区，以其为核心，将竹文化博览馆、百竹园、竹文化展示街、竹笋美食街、科普教育基地、康养研学基地、乡村旅游串起来，打造一条竹文化旅游线路。

（2）建设进度。2020年—2022年，建成桃花江竹海竹文化展示街、竹笋美食街。2023年，建成一条竹文化特色旅游线路。

（3）任务分配。县文化旅游广电体育局。

（八）形成一套长效完备工作机制

1. 实施措施

（1）坚持领导挂帅、分工合作的领导体系。按照县委六大百亿产业的战略布局，形成由县委、县政府主要领导挂帅，所有县级领导、部门单位负责人参与的领导体系。进一步加强县竹产业发展工作领导小组的工作力量，举全县之力，将“桃江竹笋”“桃江竹凉席”等区域品牌打造成媲美“安化黑茶”“南县稻虾”等的知名品牌，坚定信心，坚持一张蓝图干到底。

（2）坚持全民动员、人人参与的建设原则。一是广泛培训发动。每年至少召开两次全县竹产业培训宣传会议，人员覆盖全县行政干部、笋竹基地村（社区）、竹笋专业合作社负责人；组织两次以上乡镇主要领导、相关部门领导学习考察竹产业活动。全年培训人员3000人次以上。二是实行全民发动。通过县级领导，乡镇书记、镇长对口扶持竹笋示范基地建设，示范带动村（社区）、驻村干部、合作社、大户、农户全民参与。鼓励各单位通过工会活动形式开展各种笋用林基地劳动技能竞赛活动，鼓励全员参与。三是加大宣传力度。全县至少完成五块高速路大型竹产业宣传牌制作；重点乡镇完成两块醒目宣传牌制作；收集整理中央7套、湖南卫视等已播宣传资料，编制一个高标准宣传片，充分利用电视台、微信公众号等媒体平台广泛宣传“桃江竹笋”“桃江竹凉席”等品牌；通过继续举办笋竹文化节等活动进一步提升影响力。

（3）坚持赏罚分明、较真碰硬的考核机制。将竹产业发展工作任务细化分解，纳入全县各单位每年绩效考核重点工作内容，提高分值权重，严格考核，激发工作活力。完善激励机制，对竹产业发展有突出贡献的单位和个人，给予重点奖励。

2. 建设进度。2020 年—2024 年，修改完善绩效考核方案；全县至少保障五块高速路大型竹笋宣传牌制作；重点乡镇完成两块醒目宣传牌制作；编制一个高标准宣传片；充分利用电视台、微信公众号等媒体平台广泛宣传“桃江竹笋”“桃江竹凉席”品牌；完善“竹笋全宴”席，在县域扶持多家“竹笋全宴”店，各机关食堂推行竹笋特色菜品，到 2022 年，将“竹笋全宴”打造成舌尖上的知名品牌，进一步扩大影响力。

3. 任务分配。由县竹产业办完成绩效考核方案的完善调整，牵头完成各项大型宣传工作。县绩考办加强对竹产业工作的考核。县林业局编辑相关专业技术资料，组织一支专业技术人员队伍对全县竹产业工作进行技术指导与培训。县文化旅游广电体育局、县商务局完成“竹笋全宴”提升推广，在县域扶持多家“竹笋全宴”店。县文化旅游广电体育局完成笋竹文化节相关筹办任务。

附件：2020 年—2024 年每年新建笋用林基地任务分配表

附件

2020 年—2024 年每年新建笋用林任务分配表

序号	乡镇及国有林场	县级示范基地			乡镇级示范基地			带动农户新建基地面积（亩）	三类基地面积小计（亩）
		实施单位	对口支持部门	面积（亩）	牵头领导	实施单位	面积（亩）		
1	马迹塘镇	马迹塘镇	县财政局、县发展和改革局、县林业局、县农业农村局、县交通运输局	1000	乡镇书记镇长	农业综合服务中心	1000	400	2400
2	桃花江镇	桃花江镇	县财政局、县发展和改革局、县林业局、县农业农村局、县供销社	1000	乡镇书记镇长	农业综合服务中心	900	400	2300
3	大栗港镇	大栗港镇	县财政局、县发展和改革局、县林业局、县农业农村局、县人力资源和社会保障局、县商务局	1000	乡镇书记镇长	农业综合服务中心	800	400	2200
4	桃花江林场	桃花江国家森林公园管理处	县财政局、县发展和改革局、县林业局、县农业农村局、县扶贫办、县科学技术和工业信息化局	1000					1000
5	武潭镇	武潭镇	县财政局、县发展和改革局、县林业局、县农业农村局、县水利局、县库区移民事务中心	1000	乡镇书记镇长	农业综合服务中心	900	400	2300
6	松木塘镇				乡镇书记镇长	农业综合服务中心	700	400	1100
7	鸬鹚渡镇				乡镇书记镇长	农业综合服务中心	700	400	1100
8	三堂街镇				乡镇书记镇长	农业综合服务中心	700	400	1100
9	灰山港镇				乡镇书记镇长	农业综合服务中心	600	400	1000
10	修山镇				乡镇书记镇长	农业综合服务中心	500	400	900
11	牛田镇				乡镇书记镇长	农业综合服务中心	400	300	700

续表

12	石牛江镇				乡镇书记镇长	农业综合服务中心	400	300	700
13	高桥镇				乡镇书记镇长	农业综合服务中心	400	300	700
14	沾溪镇				乡镇书记镇长	农业综合服务中心	400	300	700
15	浮邱山乡				乡镇书记镇长	农业综合服务中心	400	200	600
16	鲊埠回族乡				乡镇书记镇长	农业综合服务中心	200		200
17	板溪林场				县林业局局长	县林业局场圃管理股	400		400
18	苗　圃				县林业局局长	县林业局场圃管理股	300		300
19	石井头林场				桃花江国家森林公园管理处主任	桃花江国家森林公园管理处资源保护科	300		300
合　计				5000			10000	5000	20000

说明：村级示范基地由县委组织部制订方案

桃江县委 桃江县人民政府
关于加快新时代教师队伍建设的实施意见

各乡镇党委、人民政府，县委各部办委，县直机关各单位：

为持续深化新时代教师队伍建设改革，根据《中共湖南省委湖南省人民政府关于全面深化新时代教师队伍建设改革的实施意见》（湘发〔2018〕22号）、《湖南省人民政府关于加强乡村教师队伍建设的意见》（湘政发〔2019〕18号）和《中共益阳市委益阳市人民政府关于加快新时代教师队伍建设的实施意见》（益发〔2020〕6号）精神，结合我县实际，特提出如下实施意见。

一、总体要求

（一）指导思想

以习近平新时代中国特色社会主义思想和党的十九大，十九届二中、三中、四中全会精神为指导，全面贯彻党的教育方针，按照全国、全省、全市、全县教育大会决策部署，坚持社会主义办学方向，落实立德树人根本任务，遵循教育规律和教师成长发展规律，持续深化新时代教师队伍建设改革，加强思想政治教育和师德师风建设，培养高素质专业化创新型教师队伍，大力倡导全社会尊师重教，加快形成优秀人才争相从教、教师人人尽展其才、好教师不断涌现的大好局面，为推动全县教育高质量发展、办好人民满意教育提供有力保障。

（二）总体目标

通过5年左右努力，全县教师培养培训体系更加完备，职业发展通道比较畅通，建立事权人权财权相统一的教师管理体制，完善待遇提升保障机制，教师职业吸引力明显增强。教师队伍规模、结构、素质能力基本满足全县各级各类教育发展需要。

二、主要任务

（一）切实加强师德师风建设

1. 切实加强教师队伍党的建设。健全完善中小学校党建工作管理体制，巩固支部“五化”建设成果，将学校党建工作纳入教育督导内容。持续开展“不忘初心、牢记使命”主题教育，引导党员教师增强“四个意识”，坚定“四个自信”，做到“两个维护”，争做“四有”好老师。建立健全把骨干教师培养成党员，把党员教师培养成教学、科研、管理骨干的“双培养”机制，将教师党支部书记培训纳入师训规划，定期组织轮训，学校党支部书记一肩挑全覆盖。（责任单位：县委组织部、县教育局）

2. 深入开展教师理想信念教育。深入学习贯彻习近平新时代中国特色社会主义思想，积极培育和践行社会主义核心价值观。围绕构建德智体美劳全面培养的教育体系，深入开展中华优秀传统文化和革命文化、社会主义先进文化教育，落实立德树人根本任务。落实中小学意识形态工作责任制，弘扬主旋律，防范错误思潮的侵染，确保教师队伍对党忠诚、政治可靠，有热爱教育的定力、淡泊名利的坚守。（责任单位：县委宣传部、县教育局）

3. 实施师德师风建设工程。贯彻落实新时代教师职业行为十项准则，确定每年9月为师德建设主题教育月，发掘师德典型、讲好师德故事、弘扬师德楷模。建立新教师入职宣誓制度，将师德教育作为新教师岗前培训和在职教师继续教育的必修课程，贯穿教师职业成长全过程。强化师德考评，实行师德考核负面清单制度。加大教师考评环节中职业操守权重，对学术不端、师德失范的，在职称评审、岗位聘用、评优评先等方面实行一票否决制。规范教师依法执教、廉洁从教行为，持续开展中小学在职教师参与有偿补课专项治理，防止教师队伍中出现“微腐败”现象。建立教师个人信用记录，健全违反师德行为惩处制度，严肃查处教师队伍中存在的问题，对危害严重、影响恶劣者，依法依纪处理。（责任单位：县纪委监委、县委宣传部、县教育局）

（二）全面深化教师管理改革

4. 创新和规范中小学教师编制管理。全面落实城乡统一的中小学教职工编制标准。建立在编制核定总量内，县教育局按班额、生源等情况，及时调整各学校编制，报县委编办和县财政局备案的机制。对乡镇小规模学校和乡镇寄宿制学校和教学点，教职工编制实行倾斜政策，通过统筹现有编制资源、加大调剂力度等方式，适当增加。逐步落实公办幼儿园和特殊教育学校编制。严禁给登记为民办的学校核定事业编制，今后凡借用公办教师到民办学校任教的，不得超过半年。逐步压缩非教学人员编制，一般性教学辅助和工勤不再纳入编制管理范围，通过政府购买服务方式妥善解决，所需资金列入财政预算。（责任单位：县委编办、县财政局、县教育局）

5. 完善中小学教师招聘机制。建立健全中小学教师补员长效机制和公开考选招聘机制，加大公费定向师范生培养力度。加大思政课等紧缺、薄弱学科教师补充力度。严格执行新教师在桃江服务期不少于5年制度。比照县委人才引进政策，引进的“双一流”建设高校和师范生培养院校优秀毕业生等人才同等享受相关优惠。严禁挤占、挪用和截留乡村中小学教职工编制，严禁在有合格教师来源的情况下“有编不补”，确保每年教师净增长不低于3%。对长期聘用的临聘教学人员，符合条件的非在编教师要加快入编。（责任单位：县委组织部、县委编办、县人社局、县财政局、县教育局）

6. 全面推进义务教育教师“县管校聘”制度。落实教育行政部门对教师的归口管理。县教育局在编制部门核定的教职工编制总量和人社部门核定的岗位总量内，对县域内教师和校长统一管理、按需配备，学校负责教师的聘用和日常管理，2021年春季开学全面推行。逐步建立事权人权财权相统一的符合学校办学规律的管理体制，不断激发学校办学活力，提升办学质量。（责任单位：县委编办、县人社局、县财政局、县教育局）

7. 改革教师职称和考核评价制度。优化中小学一级、高级教师岗位比例，畅通教师职业发展通道。将中小学教师到乡村学校、薄弱学校任教或支教时间累计达到2年以上的经历作为申报一级、副高级、正高级和特级教师的必要条件。建立符合乡村教师特点的“定向评价、定向使用、定期服务”的基层中小学教师职称制度。参照现行中小学教师系列统一职称体系，结合基层实际，建立相对独立的基层中小学教师职称体系，设置基层中小学教师系列高级职称、基层中小学教师系列中级职称。基层中小学教师职称制度包括基层中小学岗位乡村教师职称制度和资深乡村教师职称制度。基层中小学岗位乡村教师职称制度实施范围为：县政府驻地以外的乡镇中心区、村庄学校（含小学幼儿园、初中、普通高中学校）；基层中小学教师正高级、副高级和中级岗位实行总量控制、比例单列，不占当地专业技术中级、高级岗位结构比例。资深乡村教师职称制度实施范围为：在乡村学校从教累计满30年的男教师、满25年的女教师，且申报当年年底距法定退休年龄不足2年，申报时仍在乡村学校任教，目前还是中级职称、符合评审条件标准的乡村教师。建立健全有利于优秀青年教师脱颖而出的职称评审机制，对取得市级以上教坛明星、学科带头人等荣誉满5年的优秀教师，在申报中、高级专业技术职务时予以优先。完善符合中小学教师岗位特点的考核评价指标体系，把教师完成课时量作为参评教师专业技术职务和竞聘教师专业技术岗位的必要条件。专任教师课时量达不到省定标准、管理岗位兼职人员课时量低于省定标准三分之一的，不得申报评审教师专业技术职务和聘任教师专业技术岗位。加强教师聘后管理，乡村学校教师评定为特级教师和高级专业技术职务，须服务5年后方可逆向流动。推行聘用合同管理制度，将课时量标准纳入教师专业技术岗位职责任务并写入聘用合同，对达不到约定课时量的，考核不能评为优秀档次。加强年度考核、聘期考核，建立教师退出机制。在职中、高级教师不接受提供岗位学校聘用，不履行职责和未达到规定服务年限的，取消相应专业技术职务任职资格。实行教师师德考核、业务知识考试和业务能力考评的“三考”评价机制，对于“三考”不合格的教师，在评优、职务晋升、职称评定中实行一票否决，并相应扣减绩效工资。（责任单位：县人社局、县财政局、县教育局）

8. 推进校长教师合理流动。优化义务教育教师资源配置。完善义务教育学校教师和校长交流轮岗制度，实行教师聘期制、校长任期制管理，推行城乡学校组建教育集团，建立城镇学校与乡村学校结对帮扶制度，扩大优秀教师专项支教计划，推动城镇优秀教师和校长向乡村学校、薄弱学校流动，同类学校高级教师和骨干教师交流轮岗比例不低于教师总数的5%。对教师交流轮岗成绩突出的学校给予奖补。把握正确的人才流动导向，坚持激励与约束并重，规范中小学教师县域内流动。积极推行校长职级制。实行校长任期目标管理制度，健全校长年度和任期目标考核评价制度、奖惩机制、培训制度

和流动制度。（责任单位：县委编办、县人社局、县财政局、县教育局）

9. 健全职业学校教师管理制度。根据职业教育特点，贯彻落实中等职业学校教职工编制标准，动态调整职业学校人员编制。通过公开招聘、定向培养等方式，加大中等职业学校专业课教师补充力度。通过政府购买服务方式，大力引进行业企业一流人才，建立企业家、高科技人才、高技能人才等兼职教师制度。探索建立突出师德、技能水平和专业教学能力的职业学校教师考核评价机制。（责任单位：县委编办、县人社局、县财政局、县教育局）

（三）着力提升教师职业素养

10. 建好一批教师培训基地校。建设好县教师发展中心，发挥桃江一中、桃花江镇中心学校（本部）、桃花江小学、县幼儿园作为省级教师培训基地学校（园）的作用，每个乡镇遴选一所中小学（幼儿园）作为教师培训基地校（园）。加强职业学校“双师型”教师队伍及职业教育教师培训基地建设，完善职业学校教师企业实践制度。对实施职业学校教师企业实践制度支持力度大，成绩突出的企业给予奖补。（责任单位：县委编办、县人社局、县财政局、县教育局）

11. 建设高素质幼师队伍。优化幼儿园教师培养课程体系，科学开设儿童发展、保教活动类课程，强化实践课程，不断提高幼儿园教师保教水平。通过开展集中培训、跟岗实践、送教下乡、幼儿教师工作坊研修等活动，强化幼儿园园长、乡村幼儿园教师、普惠性民办幼儿园教师培训。（责任单位：县人社局、县财政局、县教育局）

12. 建设高素质专业化中小学教师队伍。完善“国培、省培、市培、县培、校培”五级培训体系，落实中小学教师 5 年一周期的全员培训制度，推进教师培训“互联网 + 教育”行动，实行线上线下相结合混合式研修。组建一支教育理念先进、业务精湛、足够实用的培训团队，提高教师培训的针对性和实效性。加大乡村教师培训力度，着力提高乡村教师队伍整体水平。加强对新任教师、紧缺薄弱学科和特殊教育教师的培养。实施中小学名师名校长工程、领航教师培养工程；实施卓越人才培养计划，通过集中培训、挂职跟岗、在岗研修、导师引领、外出深造等方式搭建成长平台，加强学校校长、中层管理干部、班主任及骨干教师队伍建设。加快名师队伍建设，成立一批特级教师工作坊和名师工作室。用 5 年左右时间培养 200 名骨干教师、50 名教学名师、10 名名校长和一批优秀教研员。（责任单位：县人社局、县财政局、县教育局）

13. 建设高素质“双师型”职业学校教师队伍。实施职业学校教师素质提高计划，开展“双师型”教师专业技能、优秀青年教师跟岗访学、名师、专业带头人领军能力研修等培训，建立一支爱岗敬业、技艺精湛、专兼结合的“双师型”教师队伍，将职业学校师训经费列入财政预算。弘扬工匠精神，完善职业学校教师企业实践制度，安排专业教师每 5 年不少于 6 个月的企业实践，不断提升实践教学能力。开展每年一次的教师专业技能竞赛，对获奖者，予以表彰奖励。（责任单位：县财政局、县教育局）

14. 大力加强教研员队伍建设。配齐配强各学段学科教研员，优化教研员岗位结构比例。完善教研员全员培训制度，建立教研员与学校教师长期顶岗交流制度。将教育教学研究经费列入财政预算。制定教研考评及教研员工作规范和评价制度，提高教研员指导教师优化课堂教学的能力、引领教师专业发展的能力和推动各项教育教学改革的能力。（责任单位：县委编办、县人社局、县财政局、县教育局）

15. 加大教师继续教育管理和经费投入力度。每年按不低于中小学教师工资总额的 1.5% 和教育费附加中不低于 5% 的比例安排中小学教师继续教育经费，切实落实教师培训专项资金。各级各类学校要在公用经费预算中足额安排教师培训经费。加强教师培训经费管理，提高经费使用效益。（责任单位：县委编办、县财政局、县教育局）

16.“互联网 + 教育”赋能乡村教师。融入益阳智慧教育云平台的数字教育资源公共服务体系，充分运用“益阳学堂”丰富优质网络教育内容，为乡村教师提供更多的优质数字教育与学习资源。实施中小学教师信息技术应用能力提升工程 2.0，力求乡村教师在应用学校（教学点）空间网上备课、班级空间师生互动、个人空间与名师等同行进行教育教学经验交流互动等方面取得突破性进展。通过“1+N”或“N+N”网络课堂方式，组建一批农村网络联校群，覆盖全县所有农村学校，推动城区学校音体美、英语、科学等教师为农村学校学生在线开设相关课程，着力解决农村学校课程开设不全、师资不足等问题。继续以中小学特级教师、正高级教师、名师（名校长、名班主任）、骨干教研员为领衔人，组建一批具有引领示范作用的“名师网络教研联盟”，带动乡村教师参与名师引领、网络研讨、资源开发、资源应用等活动，从而打造“乡村名师”，组建一批区域“乡村名师网络工

作坊”，推动信息化教学应用覆盖全体乡村教师。（责任单位：县财政局、县教育局）

（四）不断提高教师地位待遇

17. 明确教师的特别重要地位。全县各乡镇、各部门要从战略高度来认识教师工作的极端重要性，坚持把教师队伍建设作为基础工作，切实负起中小学教师保障责任，落实教师各项待遇，提升教师的政治地位、经济地位、职业地位、社会地位，吸引和稳定优秀人才从教。建立各级党委政府主要负责同志直接联系服务教师制度，关心教师工作、生活和思想状况。关注教师身心健康，落实教师医疗保障，每两年安排在职在岗乡村教师进行1次公费健康体检，建立优秀教师疗（休）养制度，提供教师心理健康服务。帮助农村青年教师解决困难，关心农村青年教师工作生活。加大桃江县优秀校长、优秀班主任、优秀教师宣传表彰力度，每年教师节组织召开表彰大会，奖励30名优秀校长、优秀班主任、优秀教师，奖金每人1万元。落实中考、学考、高考年度奖励制度，对完成目标任务、教学质量高、教研成果显著的先进集体和个人给予奖励。教师要切实履行作为国家公职人员的义务，强化国家责任、政治责任、社会责任和教育责任。（责任单位：各乡镇人民政府、各县直部门）

18. 完善中小学教师待遇保障机制。健全中小学教师工资长效联动机制。核定绩效工资总量时统筹考虑当地公务员实际收入水平，确保中小学教师平均工资收入水平不低于或高于我县公务员平均工资收入水平。对公务员普遍发放的奖励性补贴，同时考虑义务教育阶段教师，所需经费列入财政预算。进一步改进学校绩效考核和分配办法，加大工作量和实际业绩考核权重，体现多劳多得、优绩优酬，重点向高层次人才、一线教师和做出突出成绩的工作人员倾斜，调动广大教师的积极性、创造性。（责任单位：县人社局、县财政局、县教育局）

19. 大力提升乡村教师待遇。深入实施乡村教师支持计划，关心乡村教师生活。落实乡村教师享受艰苦边远地区津贴、乡镇工作补贴和乡村教师人才津贴政策，依据学校艰苦边远程度实行差别化补助。落实《湖南省人民政府关于加强乡村教师队伍建设的意见》（湘政发〔2019〕18号）精神，对农村中小学具有初级以上职称（含初级职称）的在编在岗教师，要根据学校所在位置，区分行政村（含自然村）所在地、乡镇政府所在地（不含街道、县城关镇）两类情况，分别给予每人每月不低于300元、150元的人才津贴，鼓励有条件的地区提高标准，在绩效工资分配时向艰苦地区、乡村小规模学校和乡镇寄宿制学校教师倾斜，着力构建“越往基层、越是艰苦、待遇越高”的激励机制。（责任单位：县人社局、县财政局、县教育局）

20. 维护民办学校教师权益。民办学校应依法保障民办学校教师工资、福利待遇、社会保险费、住房公积金等各项合法权益，建立健全教职工工资正常增长机制。民办学校应每年在学费收入中安排不少于5%的资金用于教师队伍建设。鼓励民办学校（幼儿园）按照国家规定为教师办理补充养老保险、医疗保险，探索建立患重大疾病教师及家庭经济困难教师救助机制，改善教职工退休后待遇。民办学校（幼儿园）应当保障教职员工寒暑假期间带薪休假权利。民办学校教师培养培训纳入全县教师队伍培养培训统一规划。依法保障和落实民办学校教师在培训进修、职称评定、职务聘任、教龄和工龄计算、评优表彰、科研立项等方面享有与公办学校教师同等权利。（责任单位：县人社局、县财政局、县民政局、县教育局）

21. 加强乡村教师周转房建设。由县人民政府统筹，将符合条件的乡村学校教师纳入当地政府住房保障体系予以优先保障。积极争取国家政策支持，将教师周转房纳入教育现代化推进工程投资、乡镇小规模学校和乡镇寄宿制学校建设内容。加大资金和政策支持力度，购置校园附近闲置价廉的旧房改造教师住房，解决教师住房问题。（责任单位：县财政局、县住建局、县教育局）

三、组织保障

22. 加强组织领导。教师工作实行党委和政府一把手负责制，县委常委会会议、县政府常务会议每年要研究教师队伍建设改革工作。建立教师工作联席会议制度，健全部门沟通协调机制，及时研究解决教师队伍建设中的突出矛盾和重大问题。教育行政部门要加强对教师队伍建设的统筹管理、规划和指导。机构编制、财政、人社等部门要各司其职、密切配合，形成联动机制和工作合力。

23. 强化经费保障。将教师队伍建设作为教育投入重点予以优先保障，完善支出保障机制，确保中央、省委和市委关于教师队伍建设重大决策部署落实到位。优化经费投入结构，优先支持教师队伍建设最薄弱、最紧迫的领域，重点用于按规定提高教师待遇保障，保障义务教育教师工资收入水平达到规定要求，提升教师专业素质能力。健全以政府投入为主、多渠道筹集教育经费的体制，充分调动社会力量投入教师队伍建设的积极性。制定严格的经费监管制度，规范经费使用，确保资金使用效益。

24. 强化督查问责。将教师队伍建设列入教育督导、绩效考核重点内容，建立教师工作专项督导制度和约谈机制，并将督查督导和考核结果作为党政领导班子和有关领导干部综合考核评价、奖惩任免的重要依据，确保各项政策措施全面落实到位，真正取得实效。对工作推进不力、成效不明显，影响教育事业发展和教师队伍稳定的，按规定追究相关人员责任。

中共桃江县委　桃江县人民政府

2020 年 10 月 1 日

中共桃江县委　桃江县人民政府 印发《关于支持和促进旅游产业发展的八条政策措施》的通知

各乡镇党委、人民政府，县委各部办委，县直机关各单位：

现将《关于支持和促进旅游产业发展的八条政策措施》印发给你们，请结合实际抓好贯彻落实。

中共桃江县委　桃江县人民政府

2020 年 6 月 18 日

关于支持和促进旅游产业发展的八条政策措施

为加快全县旅游产业的发展，确保成功创建国家全域旅游示范区，使旅游产业成为县域经济发展的主要产业，经县委、县政府研究，特制定如下政策措施。

一、加大资金投入

从 2020 年开始，县财政每年归集旅游产业发展资金 3000 万元（含部门项目资金），并设立县文化旅游产业发展资金 500 万元，专项用于旅游产业的发展。

二、支持重点景区建设

鼓励各社会投资主体策划、建设、运营旅游景区、景点，对新建并授牌为国家 AAA 级、AAAA 级、AAAAA 级旅游景区的，分别一次性奖励 30 万元、100 万元、300 万元；对新评定为省级或国家级旅游度假区的，分别一次性奖励 50 万元、100 万元；对新建符合规划并被授牌为省级乡村旅游区（点）三星、四星、五星级的，分别一次性奖励 5 万元、10 万元、20 万元；对其他纳入省级或国家级研学旅行示范基地、体育旅游示范基地、工农业旅游示范区、红色旅游示范区、重点旅游村、特色旅游名镇等具有创新示范意义称号的，分别一次性奖励 10 万元、20 万元。所有进档升级的景区、景点给予两档之间的差额奖励。

三、支持旅游配套设施建设

1. 鼓励社会资本参与通景公路建设，对符合全域旅游总体规划、路面路幅 6 米以上的改建、新建通景公路（国道、省道、县道、乡道至景区景点的道路）一次性奖励 20 万元 / 公里。

2. 鼓励社会资本参与景区外游客服务中心、汽车露营地建设，对符合全域旅游总体规划要求的新建游客服务中心、汽车露营地，最高一次性奖励 30 万元。

3. 鼓励社会资本参与景区外旅游公共厕所建设，对在全域旅游总体规划内景区景点之间沿线新建旅游公共厕所，达到国家 A 级旅游公共厕所标准，并有长效管理机制的，每个蹲位一次性奖励 5000 元。

4. 鼓励社会资本参与景区外绿色停车场建设，对在游客集中场所新建符合标准的绿色停车场（50 个小车位或 20 个大客车车位以上）的，分别一次性奖励每个小车泊位 500 元、大客车泊位 1000 元，单个停车场最高奖励不超过10万元，立体停车场每个车位一次性奖励2000元。

5. 由乡镇、村投入建设的通景公路、游客服务中心、汽车露营地、旅游公共厕所、绿色停车场，按社会资本建设奖励标准的50%予以奖励。

四、支持旅游文化创意

加快全县旅游文化产品创新，由社会资本投资的相关项目经文旅主管部门专家评议认可，报县创建国家全域旅游示范区协调推进工作领导小组审定后予以奖励。

1. 对打造体现桃江文化元素并获得市场实效的大型实景剧，一次性奖励100万元；创演反映桃江历史文化、民族民俗文化、地域特色文化，主题鲜明、健康向上、社会反响好的大型原创精品舞台剧、沉浸式互动体验剧，当年在旅游景点、景区，主要面向游客演出10场以上的，奖励5000元/场，单个企业年度内奖励累计最高不超过10万元。

2. 对挖掘、编排体现桃江旅游文化、民俗风情、参与性强的原创传统娱乐节目，在省级相关评比中获一、二、三等奖的分别奖励10万元、8万元、5万元，在市级相关评比中获一、二、三等奖的分别奖励5万元、3万元、1万元。

3. 鼓励个人、企业和社会组织新建、改建、扩建符合桃江县全域旅游总体规划的非国有博物馆、民俗文化馆和非物质文化遗产传习所，对新增固定资产投资在200万元以上的，按当年实际投资的5%给予奖励，最高不超过50万元。

4. 在AAA级以上旅游景区、三星级以上乡村旅游区（点）新建50个、100个固定座位以上并长期开展演艺活动的旅游文化场所，分别最高一次性奖励10万元、20万元。

5. 支持等级景区开展智慧景区建设，对建成达标的智慧景区并接入县智慧旅游运营平台的，经测试通过后，一次性奖励5万元。

五、支持旅游商品开发

1. 支持深度挖掘、开发、包装地方特色旅游商品，鼓励有桃江特色的旅游商品参加各级评选活动，对在国家旅游主管部门主办的旅游商品或旅游纪念品评比中获得金奖、银奖、铜奖并批量投放市场的，分别一次性奖励5万元、3万元、2万元；对在省旅游主管部门主办的旅游商品或旅游纪念品评比中获得金奖、银奖、铜奖并批量投放市场的，分别一次性奖励3万元、2万元、1万元。凡自主研发具有桃江地方特色的旅游商品、纪念品，并形成一定品牌，当年获得国家地理标志、省级以上非物质文化遗产等荣誉的，给予适当奖励。

2. 每年安排不超过30万元，对生产和经营本地特色旅游商品（包括旅游食品、特色餐饮、纪念品、文创产品等）的重点企业、特色门店，经文旅广体、财政、税务、商务等部门认定，并报县创建国家全域旅游示范区协调推进工作领导小组审定后，根据销售额分别给予3万元、2万元、1万元奖励。

3. 支持建设桃江美食一条街（特色小吃）和购物一条街（名优特产），对参与创建的经营门店，给予适当奖励。

4. 旅游购物场所当年营业收入不低于1000万元，且综合类旅游购物场所内设旅游商品专柜面积不小于100平方米，专营类旅游购物场所经营面积不小于1000平方米（连锁经营可累加店面营业面积），给予3万元奖励，被评定为湖南省旅游购物示范点的给予5万元奖励。两个奖项不予叠加奖励。

六、支持旅游酒店、民宿、农家乐建设

1. 鼓励社会资本投资星级酒店建设，对授牌为国家三星级、四星级、五星级的旅游酒店，分别一次性奖励20万元、50万元、100万元。建设文化主题旅游饭店，对授牌为银鼎级、金鼎级文化旅游饭店的，分别一次性奖励10万元、30万元。进档升级的酒店给予两档之间的差额奖励。

2. 鼓励发展精品民宿，对由省市文旅部门授牌为三星级、四星级、五星级的旅游民宿，分别一次性奖励5万元、10万元、20万元。进档升级的民宿给予两档之间的差额奖励。

3. 鼓励农家乐提质升级，每年安排不超过30万元，由县文旅广体局根据有关标准对农家乐进行评议，并报县创建国家全域旅游示范区协调推进工作领导小组认定后，对优秀农家乐分别给予3万元、2万元、1万元奖励（措施实行期内同一农家乐不重复奖励）。

七、支持旅游品牌宣传营销

1. 鼓励市场主体独立举办或参与有影响力的省级以上文化旅游节会活动，有关奖励标准实行“一事一议”，最高奖励标准不超过20万元。

2. 鼓励市场主体加大广告宣传投入，对在省级及以上大型主流媒体专题宣传推介桃江旅游或开展旅游广告宣传的，按照企业所付宣传费用的50%给予奖励，最高一次性奖励15万元。

3. 县内旅游企业自行在县域以外的高速公路、国省干道、城市中心广场、交通站场等场所设立大型户外广告牌、投放视频广告（一年以上）宣传推介桃江旅游的，按照企业所付宣传费用的50%给予奖励，单个企业每年奖励不超过50万元。

八、加大扶持政策配套

1. 对重点景区（点）项目建设，成立“支持服务小组”，全程服务，帮助企业解决申报许可、建设运营过程中的相关事宜。

2. 在符合全县空间规划和全域旅游规划的前提下，年度用地计划优先安排旅游项目建设；由旅游产业行政主管部门依据项目类型、产业标准向自然资源主管部门申请土地供应前置条件，投资景区建设的旅游企业按照土地出让公告条件参与土地竞买，依法取得土地。

3. 在旅游产业发展资金中安排专项资金，采取贷款贴息方式，扶持重点旅游项目建设，单个项目贴息年度不超过三年，贴息（以人民银行贷款基准利率为准）不超过50%，贴息总额不超过30万元。

4. 根据旅行社电子行程单，对组团到桃江旅游并在桃江过夜食宿的旅行社，按照10元/人的标准给予奖励，单个旅行社每年奖励最高不超过20万元。

5. 对投资超过1亿元的重大旅游项目或关键性旅游项目，实行“一事一议”，给予特别奖励。

6. 设立旅游产业发展贡献奖，每年对全县旅游发展贡献较大的文旅企业前三名分别奖励3万元、2万元、1万元。

本政策措施自发布之日起实施，施行5年。县本级其他支持经济发展和县以上支持扶植旅游产业发展的相关政策与本政策措施重复的，按“就高不就低”的原则执行，不重复奖励。本政策措施由县创建国家全域旅游示范区领导小组办公室负责解释，县创建国家全域旅游示范区协调推进工作领导小组实施，县财政局负责监管和绩效评估，县审计局负责跟踪审核落实情况；原《中共桃江县委〈桃江县人民政府关于支持和促进旅游产业发展的八条政策措施〉的通知》（桃发〔2017〕14号）文件同时废止。

中共桃江县委　桃江县人民政府印发《关于支持工业经济发展的八条政策措施》的通知

各乡镇党委、人民政府，县委各部办委，县直机关各单位：

现将《关于支持工业经济发展的八条政策措施》印发给你们，请结合实际抓好贯彻落实。

中共桃江县委　桃江县人民政府

2020 年 6 月 16 日

关于支持工业经济发展的八条政策措施

为进一步保护和扶持发展我县工业经济，提升产业发展水平，根据相关政策，特制定如下支持政策措施：

一、大力引进工业项目。进一步完善工业招商奖励办法。新增建设用地指标优先保障工业企业用地需求。促进工业企业建设项目加快落地开工，签订投资合同后，符合国土空间规划，自然资源部门即可提供勘测定界图，供企业进行地勘、设计、场地平整等前期工作。新引进企业的土地价格和租赁标准化厂房价格按照《桃江县人民政府关于印发〈桃江县招商引资优惠政策暂行办法〉的通知》（桃政发〔2019〕8 号）执行。（责任单位：县科技和工信局、县自然资源局、县财政局、县商务局、各园区）

二、加快工业项目落地。对工业投资项目手续办理，由县政务服务中心提供绿色通道服务，建立项目落地单位代跑，政务服务中心代办机制，实行“一窗受理、分头派件、并联审批、效能备案”，实现窗口与企业全程零见面审批。对非关键材料或通过后续监管可解决的事项，探索实行容缺审批。对工业投资项目涉及的行政事业性、服务性收费等严格按照《中共桃江县委桃江县人民政府印发〈关于构建“亲”“清”新型政商关系的八条措施〉》（桃发〔2019〕1 号）和桃政发〔2019〕8 号文件执行，新入园工业企业自建标准化厂房的行政事业性、服务性收费和政府性基金实行零收费；自建生活用房和办公用房只收取人防费，免收除农民工工资保证金以外的各类担保金、履约金和保证金。住建（消防、人防）、供水、供电、供气等部门不得强制工业企业使用指定设备。（责任单位：县纪委县监委、县政务服务中心、县发改局、县科技和工信局、各相关审批部门）

三、建立挂牌保护制度。各单位不得对在建工业企业项目进行重复检查、随意罚款和擅自下达停工令。除安全生产、环保、消防紧急情况需进入企业进行业务检查外，全县所有部门单位到工业企业进行检查，必须按照《桃江县优化经济发展环境工作领导小组办公室关于做好涉企检查备案工作的通知》（桃优办〔2018〕1 号）要求，在进入企业检查前报县优办备案。（责任单位：县发改局、县优办）

四、加强人才引进与培养。园区负责摸清每家入园企业用工需求，并加强与各乡镇对接，由各乡镇、村（社区）负责在所在地宣传、招工。县人社局负责将新引进工业企业纳入“春风行动”现场招聘会企业名单，不定期为其发布招聘公告，并为其招聘人员提供相应的职业技能培训，按政策享受补贴。企业自行对招聘的专业人才或员工进行专业培训的，按相关政策给予企业补贴。园区负责为入园企业配套可供租赁的职工宿舍。对在企业工作三年以上，新评定高级工程师、高级技师、高级技工职称的，奖励职称获得者1万元。支持企业联合高校和科研院所共同建设产学研用合作平台和产业技术创新联盟，对设立的院士工作站、博士后工作站、省级以上研发中心、工程中心、技术中心、设计中心、重点实验室和协同创新中心等创新机构，并在桃江开展实质性工作，每家奖励20万元。（责任单位：县委组织部、县人社局、县财政局、县发改局、县科技和工信局、桃江经开区、灰山港工业集中区、各乡镇）

五、鼓励工业企业转型升级。对当年新“入规”企业（注销后新注册的除外），分三年奖励6万元（其中第一年奖励2万元，第二年奖励2万元，第三年税收比上年度增长10%以上，奖励2万元，否则第三年不予奖励）。从2020年起，规模企业当年引进单台价款达300万元以上（含300万元）的先进基础机械、电子基础件、重大技术装备等先进设备，给予5%的财政补贴，单个企业（集团）补贴金额不超过50万元。鼓励企业申报科技进步奖，对获得国家级科技进步一、二、三等奖，且税收比上年度增长10%以上，分别奖励40万元、30万元、20万元；对获得省级科技进步一、二、三等奖，且税收比上年度增长10%以上，分别奖励20万元、15万元、10万元。鼓励工业企业申报高新技术企业，被新认定为国家火炬计划重点高新技术企业、高新技术企业，且税收比上年度增长10%以上，分别奖励30万、15万元；重新认定的高新技术企业，且税收较上年度增长10%以上，奖励5万元。企业获得发明专利的，每项奖励3万元；企业获得发明专利后转化生成产品的，且税收较上年增长10%以上，每项奖励5万元；企业职工以个人名义获得发明专利后转化生成产品的，每项奖励2万元。企业新认定国家级、省级“小巨人”企业或工业品牌培育试点企业的，且税收较上年度增长10%以上，分别奖励10万元、5万元；新认定省级“新材料”企业，且税收较上年度增长10%以上，奖励5万元。工业企业所编制的技术标准被评为国际标准、国家标准、行业标准（地方标准）的，分别奖励30万元、20万元、10万元；装备制造、建材、食品、竹等主导产业建立的国家级、省级研发平台、科技成果转化平台、工业产品会展平台、检测平台，分别奖励50万元、20万元。鼓励企业建立创新创业孵化平台，对获批为国家级孵化器、众创空间、星创天地，且税收较上年度增长10%以上，分别奖励30万元、20万元、10万元；对获批为省级孵化器、众创空间、星创天地，且税收较上年度增长10%以上，分别奖励10万元、8万元、5万元。每年安排50万元引导资金，用于鼓励工业经济主管部门通过编制近中期发展规划、加强企业及企业主培训和核心服务机构等平台建设，引导工业企业通过转型升级逐步做大做强。（责任单位：县科技和工信局、县统计局、县市监局）

六、支持工业企业融资和上市。对拟上市企业，按桃政发〔2019〕8号给予政策扶持；由县政府召开县长专题办公会，组织相关部门“一事一议”，为企业提供政策及相关支持。在申报项目上，对上市企业给予优先支持。鼓励银行业金融机构分类支持重点工业企业，实行名单制管理。健全完善“转贷应急周转资金”制度和具体操作细则。（责任单位：县金融办、人民银行桃江支行、各银行机构、县财政局、县科技和工信局、桃江经开区、灰山港工业集中区）

七、支持工业企业促销。本县工业企业合格产品列入政府采购目录和推广目录，县内政府采购项目，在同等条件下优先采用县内企业产品；县内各新闻媒体采取多种方式加强产品宣传。对新获得马德里商标、国家知识产权优势企业（示范企业）、PCT国际专利、知识产权贯标企业的工业企业，且税收较上年增长10%以上，一次性奖励10万元；成功申报地理标志证明商标、地理标志保护产品的工业企业（协会），奖励30万元。鼓励工业企业扩大外贸出口，设“破零奖”，对新获得自营进出口权且业绩破零的企业，奖励人民币2万元；设“业绩奖”，对年出口在100万~300万（不含300万）美元、300万~500万（不含500万）美元、500万~1000万（不含1000万）美元、1000万~3000万（不含3000万）美元、3000万美元以上的，分别一次性奖励人民币3万元、5万元、8万元、10万元、20万元；设“增长奖”，当年度出口增量部分超过上年入库数50万美元、100万美元、300万美元、500万美元、1000万美元，分别奖励人民币3万、5万、8万、10万、20万，出口类三项奖励按“就高不就低”的原则执行，同一企业或同一产品在县内其他扶持政策中获得外贸同类奖励或补助的，不重复奖励。凡参加国（境）外各类贸易展销会等产品促销活动，并经县科技和工信局、县商务局、县财政局确认的，每次参展补贴5万元，每个企业每年不超过15万元。（责任单位：县委宣传部、县科技和工信局、县市监局、县财政局、县商务局）

八、支持工业企业“创安”。新创建安全标准化三级、二级、一级的工业企业（矿山、烟花和危化品企业除外），且税收较上年增长10%以上，由县财政分别补贴1.5万元、3万元、5万元工作经费。（责任单位：县应急管理局）

本政策措施自发布之日起实施，施行5年，仅适用于税收解缴关系在县内的诚信守法经营的规模工业企业和入园工业项目（矿山企业、烟花企业、物流企业和产业平台项目除外），其中对获得相关资质和荣誉的奖励补助项目，仅适用于年纳税10万元以上的规模工业企业。奖励资金由县财政局和各责任单位初审，县重大产业项目协调暨加速推进新型工业化领导小组办公室负责核定、公示，县政府常务会议审定。设立县工业发展奖励资金，财政预算每年安排500万元用于工业发展奖励，不足部分由县财政统筹安排。县本级其他支持经济发展的相关政策与本政策措施重复的，按“就高不就低”的原则执行。本政策措施由县重大产业项目协调暨加速推进新型工业化领导小组办公室负责组织实施，县财政局负责监管和绩效评估，县审计局负责跟踪审核落实情况。原《中共桃江县委桃江县人民政府印发〈关于支持工业经济发展的八条政策措施〉的通知》（桃发〔2017〕1号）自然废止。

中共桃江县委办公室　桃江县人民政府办公室关于印发《关于进一步规范机关事业单位人员流动调配工作的实施意见》的通知

各乡镇党委、人民政府，县委各部办委，县直机关各单位：

《关于进一步规范机关事业单位人员流动调配工作的实施意见》已经县委、县人民政府同意，现印发给你们，请认真遵照执行。

中共桃江县委办公室　桃江县人民政府办公室

2020年9月11日

关于进一步规范机关事业单位人员流动调配工作的实施意见

为进一步规范我县机关事业单位人员流动调配工作，根据《中华人民共和国公务员法》和《党政领导干部选拔任用工作条例》《事业单位人事管理条例》（国务院令第652号）、《事业单位领导人员管理暂行规定》（中办发〔2015〕34号）、《关于进一步规范机关事业单位人员流动调配工作的意见》（湘组发〔2015〕26号）等法律法规及政策规定，提出如下实施意见。

一、严把机关事业单位人员流动调配资格条件

（一）机关事业单位人员流动调配，主要是指公务员（含参照公务员法管理机关工作人员，下同）转任，以及事业单位工作人员流动（不包含机关事业单位领导人员的流动调配）。

1. 公务员转任，是指公务员跨地域、跨单位在不同公务员职位之间的交流。

2. 事业单位工作人员流动，是指事业单位工作人员在不同事业单位之间交流，公务员交流到事业单位，以及事业单位从国有企业调入急需紧缺高层次专业技术人才。

（二）机关事业单位人员流动调配，应在规定的编制限额、职数和结构比例范围内进行，并有相应的职位（岗位）空缺。

（三）机关事业单位流动调配人选应具备法律、法规和有关政策规定的基本条件，同时应具备以下资格：

1. 身份。公务员转任人选，应是在编在岗并经公务员主管部门进行公务员登记的人员；事业单位工作人员流动人选，应是在编在岗的事业单位工作人员、机关公务员，或急需紧缺高层次专业技术人才。

2.学历。一般应具有大学专科以上学历。

3.任职年限和工作经历。一般应在拟调出单位工作一年以上，新提拔的应在现职岗位任满一年。其中公务员转任的应具备两年以上公务员工作经历（含试用期）。

4.年龄。机关公务员转任、事业单位工作人员流动年龄一般不超过50周岁。

5.符合拟调职位（岗位）所需的其他资格条件。事业单位工作人员流动，还应符合拟聘（任）岗位要求的管理人员职级或专业技术职务资格条件。

因工作特殊需要，前款2、3、4项经拟调入单位党组（党委）集体研究，按管理权限报流动调配审批机关同意，可以适当调整。

（四）事业单位工作人员流动，除安排担任领导人员和引进急需紧缺高层次专业技术人才外，一般不得从国有企业调入事业单位、从生产经营类事业单位调入公益类事业单位。其中，作为急需紧缺高层次专业技术人才引进的，调入事业单位一般应具有副高级以上专业技术职务。按照中央关于后勤服务社会化的要求，严格控制机关事业单位工勤人员流动调配。

（五）有下列情形之一的，不得确定为流动调配人选：

1.在试用期内或未满最低服务年限的；

2.违规进入机关事业单位、违规取得相应身份尚未作出处理的；

3.近三年年度考核未达称职（合格）以上等次的；

4.受处分期间或未满影响期限，或涉嫌违纪违法，正在接受有关部门审查尚未作出结论的；

5.存在违规破格提拔、突击提拔等违反干部选拔任用政策规定尚未作出处理的；

6.法律法规规定的其他情形。

二、规范流动调配人选产生方式

（六）机关事业单位人员流动调配，属于逆向流动的（乡镇调入县直、其他乡镇调入桃花江镇和浮邱山乡、非全额拨款单位调入全额拨款单位等），一般应采取公开遴选、公开选调等竞争性方式产生人选。

（七）本县范围内顺向流动的，可采用直接考核方式。顺向流动指同编制同层级单位之间的人员流动及县直全额拨款单位流动到非全额拨款单位，包括乡镇之间（桃花江镇、浮邱山乡除外）、县直之间。根据2017年第5次县委常委会会议精神，部办委可直接从乡镇或县直部门选调工作人员。

（八）县外调入的，须符合下列规定：桃江籍在县外工作人员调入桃江的，应具有大学专科及以上学历，担任县处级职务和高级专业技术职务的人员，一般不超过50周岁；担任乡科级及以下职务和中级及以下专业技术职务的人员，一般不超过40周岁。

（九）系统内部具有独立法人资格单位之间调动人员，主管单位须事先将调动计划报组织、编制、人社部门研究，经同意后方可实施。

（十）严格流动调配人选考察。考察由调入单位或其主管部门负责组织。考察时，应认真审查拟调人选基本信息、“三龄两历一身份”、编制性质等情况，了解人选资格条件和德、能、勤、绩、廉等方面的表现，形成书面考察材料。必要时，应对相关问题作出专题说明。

（十一）实行流动调配人选公示制度。流动调配人选要在调入单位或其主管部门党组（党委）研究后、呈报流动调配审批前，分别在调入、调出单位进行公示，公示期不少于5个工作日，公示结果对流动调配有影响的不得呈报办理审批手续。

三、严格执行人员流动调配工作程序

（十二）规范流动调配编制使用核准和工作方案申报工作。

1.调入单位或其主管部门在启动流动调配工作前，应向同级机构编制部门申请编制使用核准，申请内容包括：拟用编类别、结构、经费形式、数量和理由、现有编制和职数使用状况等，其中直接考察的流动调配人选，应说明其原使用编制类别；

2.调入单位或其主管部门应按照管理权限，向组织、人力资源社会保障部门申报流动调配工作方案，内容包括：流动调配的职位（岗位）及资格条件、数量、人选产生方式及具体实施办法等。

（十三）严格按要求呈报人员流动调配审批材料。经有关部门审核后，呈报单位要根据核准使用的编制和工作方案，按照规定程序，集体研究确定流动调配人选，并向流动调配审批机关呈报下列材料：

1.党组（党委）关于办理有关人员流动调配手续的请示；

2.人员流动调配审批表、干部考察材料和公示情况；

3.编制使用核准通知单；

4.单位组织人事部门审核流动调配人选档案、确认其“三龄两历一身份”的书面意见；

5.流动调配人选干部档案；

6. 按有关政策规定和要求需要呈报的其他材料。拟调人员干部档案未按《干部人事档案材料收集归档规定》（中组发〔2009〕12号）要求整理的，不得呈报审批。

（十四）坚持按管理权限和职责分工办理人员流动调配审批。组织、人力资源社会保障部门根据核准使用的编制和工作方案，按照管理权限和职责分工，分别受理公务员和事业单位工作人员流动调配审批事项，办理流动调配手续。办理流动调配手续之前，须组织、编制、人社三部门集体研究。

（十五）加强人员流动调配的编制使用与公务员日常登记管理。机构编制部门要根据核准使用的编制和工作方案，以及组织、人力资源社会保障部门的流动调配手续材料，对流动调配人员编制使用情况等进行严格审核把关，办理流动调配人员的出入编登记手续，严格编制实名制管理。调入、调出单位要在人员调入、调出后15个工作日内，分别向同级机构编制部门申报办理人员入编、出编登记手续。需进行公务员登记的，调入单位应在人员调入后一个月内向同级公务员主管部门呈报办理公务员登记（变更登记）手续。

四、加强监督和责任追究

（十六）严明流动调配工作纪律。严禁以会议纪要、领导讲话等代替人员流动调配政策；严禁违反中央、省、市有关干部人事和机构编制纪律，出台人才引进、人员流动调配“土政策”；严禁超编制、超职数或未经编制使用核准，进行人员流动调配；严禁违反流动调配程序越权审批、不报批、先任职或先到位后报批；严禁流动调配过程中干部考察走过场或弄虚作假；严禁未经集体研究提出流动调配人选；严禁在流动调配过程中突击提拔或违规解决流动调配人员身份、待遇。对违反政策出台的相关规定予以废止；对不符合规定的流动调配事项不予审批办理；对违规作出的流动调配决定予以纠正或宣布无效。

（十七）实行流动调配责任追究制度。调入单位或其主管部门是执行流动调配政策的第一责任主体，应严格按核准使用的编制和流动调配工作方案，开展流动调配工作，按程序提出流动调配人选。调出单位或主管部门应提供人选真实情况，协助做好相关工作。组织、人力资源社会保障部门负责指导调入单位制定流动调配工作方案，监督调入单位遵守流动调配工作规定，审批办理流动调配及公务员日常登记手续。机构编制部门应监督指导调入调出单位在流动调配工作中执行编制使用管理规定，办理编制使用核准和出入编登记手续，进行实名制管理。对违反流动调配政策和纪律的行为，严肃追究相关领导和责任人员的责任。

附件：

1. 公务员转任审批表
2. 事业单位工作人员流动调配审批表

附件1

公务员转任审批表

姓　名		性　别		出生年月 （　岁）		照　片
籍　贯		出生地		户口所在地		
民　族		参加工作时间		入党时间		
专业技术职务				健康状况		
学历 学位	全日制 教育			毕业院校 系及专业		
	在职 教育			毕业院校 系及专业		
现工作单位 及职务						
拟调入单位 及职务						
近三年年度 考核情况						

续表

<table>
<tr><td>简
历</td><td colspan="6"></td></tr>
<tr><td rowspan="6">家庭主要成员及重要社会关系</td><td>与本人关系</td><td>姓　名</td><td>出生年月</td><td>政治面貌</td><td colspan="2">工作单位及职务</td></tr>
<tr><td></td><td></td><td></td><td></td><td></td><td></td></tr>
<tr><td></td><td></td><td></td><td></td><td></td><td></td></tr>
<tr><td></td><td></td><td></td><td></td><td></td><td></td></tr>
<tr><td></td><td></td><td></td><td></td><td></td><td></td></tr>
<tr><td></td><td></td><td></td><td></td><td></td><td></td></tr>
<tr><td>调出单位或其主管部门意见</td><td colspan="3">（盖章）
年　月　日</td><td>同级组织人社部门意见</td><td colspan="2">（盖章）
年　月　日</td></tr>
<tr><td>调入单位意见</td><td colspan="3">（盖章）
年　月　日</td><td>调入单位主管部门意见</td><td colspan="2">（盖章）
年　月　日</td></tr>
<tr><td>审批机关意见</td><td colspan="6">（盖章）
年　月　日</td></tr>
<tr><td>备
注</td><td colspan="6"></td></tr>
</table>

说明：此表由调入单位负责填报，一式三份，本人档案、调入单位、审批机关各存一份。

中共湖南省委组织部　湖南省人力资源和社会保障厅制

附件 2

事业单位工作人员流动调配审批表

<table>
<tr><td>姓　名</td><td></td><td>性　别</td><td></td><td>出生年月
（　岁）</td><td></td><td rowspan="4">照　片</td></tr>
<tr><td>籍　贯</td><td></td><td>出生地</td><td></td><td>户口所在地</td><td></td></tr>
<tr><td>民　族</td><td></td><td>参加工作时间</td><td></td><td>入党时间</td><td></td></tr>
<tr><td>专业技术职务</td><td colspan="3"></td><td>健康状况</td><td></td></tr>
</table>

续表

<table>
<tr><td rowspan="2">学历
学位</td><td>全日制
教育</td><td colspan="2"></td><td>毕业院校
系及专业</td><td colspan="2"></td></tr>
<tr><td>在职
教育</td><td colspan="2"></td><td>毕业院校
系及专业</td><td colspan="2"></td></tr>
<tr><td>现工作单位
及职务</td><td colspan="6"></td></tr>
<tr><td>拟调入单位
及职务</td><td colspan="6"></td></tr>
<tr><td>近三年年度
考核情况</td><td colspan="6"></td></tr>
<tr><td>简

历</td><td colspan="6"></td></tr>
<tr><td rowspan="6">家庭主要成员及
重要社会关系</td><td>与本人关系</td><td>姓　名</td><td>出生年月</td><td>政治面貌</td><td colspan="2">工作单位及职务</td></tr>
<tr><td></td><td></td><td></td><td></td><td></td><td></td></tr>
<tr><td></td><td></td><td></td><td></td><td></td><td></td></tr>
<tr><td></td><td></td><td></td><td></td><td></td><td></td></tr>
<tr><td></td><td></td><td></td><td></td><td></td><td></td></tr>
<tr><td></td><td></td><td></td><td></td><td></td><td></td></tr>
<tr><td>调出单位或其
主管部门意见</td><td colspan="3">（盖章）
年　月　日</td><td>同级组织人社
部门意见</td><td colspan="2">（盖章）
年　月　日</td></tr>
<tr><td>调入单位意见</td><td colspan="3">（盖章）
年　月　日</td><td>调入单位主管
部门意见</td><td colspan="2">（盖章）
年　月　日</td></tr>
<tr><td>审批机关意见</td><td colspan="6">（盖章）
年　月　日</td></tr>
<tr><td>备

注</td><td colspan="6"></td></tr>
</table>

说明：此表由调入单位负责填报，一式三份，本人档案、调入单位、审批机关各存一份。

中共湖南省委组织部　湖南省人力资源和社会保障厅制

中共桃江县委办公室　桃江县人民政府办公室 关于印发《桃江县党政机关国内公务接待管实施细则》的通知

桃办发〔2020〕3号

各乡镇党委、人民政府，县委各部办委，县直机关及省、市驻桃各单位：

《桃江县党政机关国内公务接待管理实施细则》已经县委、县人民政府同意，现印发给你们，请认真遵照执行。

中共桃江县委办公室　桃江县人民政府办公室

2020年10月1日

桃江县党政机关国内公务接待管理实施细则

第一章　总　则

第一条　为进一步规范全县党政机关国内公务接待管理，厉行勤俭节约，反对铺张浪费，根据《党政机关厉行节约反对浪费条例》《党政机关国内公务接待管理规定》《湖南省党政机关国内公务接待管理办法》及《益阳市党政机关国内公务接待管理实施细则》，结合我县实际，制定本细则。

第二条　本细则适用于全县党的机关、人大常委会机关、行政机关、政协机关、审判机关、检察机关，以及工会、共青团、妇联等人民团体和参照公务员法管理事业单位的国内公务接待行为。本细则所称国内公务，是指出席会议、考察调研、执行公务、学习交流、检查指导、请示汇报工作等公务活动。

第三条　国内公务接待应当坚持有利公务、务实节俭、严格标准、简化礼仪、高效透明、尊重少数民族风俗习惯的原则。

第四条　县委办公室负责管理全县党政机关国内公务接待工作，指导下级党政机关国内公务接待工作。

乡镇党委、政府应加强国内公务接待管理，严格执行有关管理规定和开支标准。

第二章　加强国内公务外出管理

第五条　严格审批控制。全县党政机关应当加强公务外出计划管理，科学安排和严格控制公务外出的时间、内容、路线、频率、人员数量。公务外出须按规定程序报批。

第六条　实行公函制度。公务外出确需接待单位接待的，由派出单位向接待单位发出公函，告知内容、时间、行程、人数和人员身份。

第七条　依规乘坐交通工具。公务外出人员应当严格按规定等级乘坐交通工具。县内公务人员外出，只能乘坐火车硬席（硬座、硬卧）、高铁（动车）二等座、全列软席列车二等软座，轮船三等舱，飞机经济舱；厅局级及相当职务人员，按上级相关规定执行。乘坐其他交通工具，凭据报销。未按规定等级乘坐交通工具的，超支部分由个人自理。如遇特别紧急情况，无法按规定等级乘坐交通工具，须报告所在单位相关负责同志批准。

第八条　严格按规定食宿。公务外出应当在定点饭店或者接待单位机关内部接待场所食宿，执行协议价格。出差人员住宿费按差旅费管理有关规定执行，与会人员住宿费按会议费管理有关规定执行。出差人员应当严格按照标准用餐，超出伙食补助费标准的部分由个人自理。

第三章　规范国内公务接待行为

第九条　严格国内公务接待范围。出席会议、考察调研、执行公务、学习交流、检查指导、请示汇报工作等公务活动和有公函的来访人员，属于国内公务接待范围。

第十条　实行对口接待。上下级党政机关之间、同级党政机关之间、异地党政机关之间开展公务活动，原则上由对口部门和单位负责接待。没有对口单位的，根据来访单位性质和公务活动内容，相对应地由县委办公室、县人大常委会办公室、县政府办公室、县政协办公室确定接待单位。

属于县公务接待服务中心接待的范围有：省部级及其以上领导同志；中央及国家机关司（局）级实职、省直单位正厅级实职领导同志；市委常委、市人大常委会主任、市政协主席；军队系统军分区主官和其他副军级及其以上领导；由市级领导带队的考核县委、县政府整体工作的考核组、督察组、视察组等；兄弟区（县、市）党委、人大、政府、政协主要负责人；县主要领导交办的其他接待对象。

以下接待由对口单位负责落实，视工作需要可以安排相关县级领导陪同：来桃江视察或开展专题调研活动的全国和省人大代表、政协委员；中央、省级各类新闻媒体记者；招商引资客人；出席我县各部门会议或进行行业性考察和检查的省直部门副厅级干部、市人大常委会副主任、市政府副市长、市政协副主席；县直有关部门承办的大型活动。

厅局级及以上领导来桃江，各部门单位须按照有关规定及时向县委办公室报告。

第十一条　严格接待审批。全县党政机关国内公务接待活动要从严把关，从紧控制，实行统一管理。

属于县公务接待服务中心接待范围内的接待任务归口县委办统筹协调。由人大办、政府办、政协办主任（秘书长）携公函或书面通知报告县委办主任审批后，由县公务接待服务中心负责具体落实。其他公务接待由相应领导同志审批后，由对口单位统一安排。

第十二条　简化迎来送往。不得在车站、高速公路出入口、机场、码头和辖区边界组织迎送活动，不得跨地区迎送，不得张贴悬挂标语横幅，不得安排群众迎送，不得铺设迎宾地毯，不摆放花草。

第十三条　严格控制陪同人员。严格执行相关规定，不得层层多人陪同。县主要负责同志下基层，陪同的乡（镇）负责同志不超过 2 人；其他县领导下基层，乡（镇）只安排 1 名与考察调研工作相关的负责同志陪同，主要负责同志可不陪同。

县直部门负责同志下基层，不得要求乡（镇）党政主要负责同志参加陪同。

第十四条　严格食宿标准。严格按标准安排接待住宿用房，不得超标准安排接待住房，不得额外配发洗漱用品。接待对象应当按照规定标准自行用餐，确因工作需要，接待单位可以安排工作餐一次，并严格按规定标准执行。严格控制陪餐人数和工作人员数量，接待对象在 10 人以内的，陪餐人数不得超过 3 人；接待对象超过 10 人的，不得超过接待对象人数的三分之一。工作餐根据人数采用圆桌餐或自助餐形式用餐，以桃江地方特色菜、家常菜为主，不得提供鲍鱼、燕窝、鱼翅等高档菜肴和用野生保护动物制作的菜肴，不得提供香烟和酒水，不得使用私人会所、高消费餐饮场所。

第十五条　坚持低碳环保出行。国内公务接待的出行活动应当安排集中乘车，合理使用车型，严格控制随行车辆。

第十六条　严格执行安全警卫规定。接待单位应当严格按照有关规定使用警车，不得违反规定实行交通管控。确因安全需要安排警卫的，应当按照规定的警卫界限、警卫规格执行，合理安排警力，尽可能缩小警戒范围，不得清场闭馆。

第十七条 如实填写接待清单。公务活动结束后，接待单位应当如实填写接待清单，由相关负责同志审签。接待清单包括接待对象的单位、姓名、职务和公务活动项目、时间、场所、费用等内容。接待清单与派出单位公函要相一致，一起作为财务报销凭证。

第四章 严格国内公务接待经费预算和管理

第十八条 科学制定经费开支标准。根据本县经济发展水平、市场价格等实际情况，参照本县会议用餐标准制定本县国内公务接待工作餐开支标准，并定期进行调整。接待住宿应当执行本县的差旅住宿费标准。

第十九条 县本级公务接待住宿标准。省部级安排普通套间，每人每天不得超过800元；厅局级安排单间，每人每天不得超过450元；其余人员安排标准间，每人每天不得超过330元。

在县城举行的会议，县城居住人员不安排住宿。

第二十条 县本级会议类别及会议费标准。

会议类别：一类会议是县党代会、县人代会、县政协全会、县委经济工作会议（表彰大会）。二类会议是县委全会，县群团组织、工商联等换届会议。其余为三类会议。国家部委、省委、省政府、市委、市政府在桃召开的会议，实行“一事一议”。

会议费标准：严格按会议费管理有关规定执行。

第二十一条 县直党政机关工作人员公务活动用餐标准。

在县城规划区范围内开展公务活动，不得安排接待用餐。

到县城规划区以外开展公务活动，在县内的，凭公函、活动（会议）通知或方案等，可由对方单位接待安排一餐，不用缴纳用餐费，用餐标准严格按照80元/人·餐标准执行，村、社区不安排任何接待用餐；在县外的，按照当地规定执行。除此之外，对方单位不负责安排用餐。确因工作需要，由对方单位协助安排用餐的，在出差伙食补助费标准内安排（早餐20元、中晚餐各40元；出差目的地为西藏、青海、新疆，早餐20元、中晚餐各50元），不作为接待用餐，餐费由用餐人员在标准内据实结账支付，接待单位不承担协助安排用餐费用。

在县城规划区范围内，因执行公务确实无法回家或回单位食堂就餐的，经单位审批后，可在早餐20元、中餐40元、晚餐40元标准内凭据报销工作餐。县直党政机关工作人员工作日在单位连续加班4小时以上及休息日在单位连续加班4小时以上8小时以内的，可按不高于40元标准安排一餐工作餐，休息日在单位连续加班8小时以上的，可按每餐不高于40元标准安排两餐工作餐。符合上述工作餐安排条件的，原则上在单位食堂安排就餐，确实无法在食堂就餐的，可按上述标准凭据报销。各单位应就工作餐制定具体实施办法，严格审批程序，定期对工作餐安排情况在单位内部进行公示。

县直党政机关国内公务接待，必须严格控制用餐标准，即在职务级别对应的标准限额内安排，具体标准限额为：省部级200元/人·餐，厅局级160元/人·餐，县处级140元/人·餐，其余人员100元/人·餐。同一批次接待人员，按用餐人员中最高职务级别对应的标准安排用餐。除按规定的陪餐人员之外，确因工作需要的工作人员，可以按上述规划区内公务活动报销用餐标准安排工作餐。

第二十二条 实行预算管理和总额限定。全县党政机关国内公务接待经费实行总额控制，列入部门预算，日常公务接待限额管理，单独列示。一、二类会议经费按综合定额标准和资金来源核实后，由县财政统筹安排，不足部分不再另行补助；三类会议经费按综合定额标准核实后在年初安排的部门预算公用经费中支出。

第二十三条 规范资金支付。接待费资金支付应当严格按照国库集中支付制度和公务卡管理有关规定执行。具备条件的地方应当采用银行转账或者公务卡方式结算，不得以现金方式支付。应当由接待对象承担的费用，按照接待对象在本县的差旅标准由接待对象进行支付结算。

第二十四条 严格支出报销审核。接待费凭据报销，报销凭证包括财务票据、派出单位公函和接待清单。不得报销任何超范围、超标准以及与公务活动无关的费用。

第二十五条 公务接待尽可能在内部食堂安排。接待开支标准不得高于市级标准。干部职工伙食补助每人每月不得超过220元。

县本级差旅费按财政部门规定的标准执行，尽可能在内部招待所安排食宿。

第二十六条 乡镇国内公务接待标准参照县直党政机关国内公务接待标准执行，不得高于县本级标准。

第五章 规范国内公务接待设施管理

第二十七条 严格控制接待设施建设。全县党政机关不得以任何名义新建、改建、扩建内部接待场所，不得对机关内部接待场所进行超标准装修或者装饰、超标准配置家具和电器。

第二十八条　建立接待资源共享机制。全县党政机关要推进机关所属接待场所的集中统一管理和利用，建立资源共享机制，提高利用效率。

第二十九条　推进接待服务社会化改革。积极引入社会资源和资本参与机关所属接待场所的服务经营，有效利用社会资源为公务接待提供住宿、用餐、用车等服务。

第六章　严肃国内公务接待纪律

第三十条　严格公务外出活动纪律。禁止异地部门间没有特别需要的一般性学习交流、考察调研，禁止重复性考察，禁止以检查指导、学习培训、研讨交流等各种名义和方式变相旅游，禁止违反规定到风景名胜区举办会议和活动。

第三十一条　严格公务接待行为纪律。不得超规格、超标准接待，不得随意增加接待项目，不得组织旅游和与公务活动无关的参观，不得组织到营业性娱乐、健身场所活动，不得安排专场文艺演出，不得以任何名义赠送礼金、有价证券、支付凭证、纪念品和土特产品等，不得以任何名目违规开支和发放会议补助费、劳务费。经县委、县政府批准在会议中发放的奖励经费不在会议费中开支。

第三十二条　严格接待经费管理纪律。禁止在接待费中列支应当由接待对象承担的差旅、会议、培训等费用，禁止以举办会议、培训为名列支、转移、隐匿接待费开支，禁止向下级单位及其他单位、企业、个人转嫁接待费用，禁止在非税收入中坐支接待费用，禁止借公务接待名义列支其他支出，禁止用公款报销或者支付应当由个人负担的费用。

第七章　加强国内公务接待监督检查

第三十三条　监督检查主体。县委办公室会同有关部门对全县党政机关国内公务接待工作进行监督检查。

县财政局对党政机关国内公务接待经费开支和使用情况进行监督检查。县审计局对党政机关国内公务接待经费进行审计，并加强对全县党政机关内部接待场所的审计监督。

第三十四条　监督检查内容。主要包括国内公务接待规章制度制定情况，国内公务接待标准执行情况，国内公务接待经费管理使用情况，国内公务接待信息公开情况，机关内部接待场所管理使用情况。

全县党政机关应当定期汇总国内公务接待情况，报县委办公室、县财政局备案。

第三十五条　接受社会监督。县委办公室每年应当会同县财政局按年度组织公开全县国内公务接待制度规定、标准、经费支出、接待场所、接待项目等有关情况，自觉接受社会监督。

第三十六条　严格责任追究。县纪委监委要加强对国内公务接待工作中违规违纪行为的查处，并及时通报。

第八章　附　则

第三十七条　政府招商引资、各类展会、经贸洽谈会、信访接待、公共突发事件等，接待除国家工作人员以外的其他因公来访人员，由相关职能部门按照有关规定做好接待工作，严禁扩大接待范围、增加接待项目，严禁以招商引资为名变相安排公务接待。

第三十八条　县直国有企业和县直不参照公务员法管理的事业单位参照本细则执行。

第三十九条　本细则由县委办公室、县财政局负责解释。

第四十条　本细则自发布之日起施行。原有规定与本细则不一致的，以本细则为准。

桃江县人民政府
关于应对新型冠状病毒感染的肺炎疫情
支持中小企业共渡难关的十二条政策意见

各乡镇人民政府、县直及省、市驻桃各有关单位：

为深入贯彻落实习近平总书记2月3日在中央政治局常委会会议上关于"要在做好防控工作的前提下，全力支持和组织推动各类生产企业复工复产"的重要指示精神，全面落实国家、省、市关于疫情防控的决策部署，支持中小企业共渡难关，特制定以下政策意见：

一、支持对象

全县范围内符合工信部等四部门印发的《中小企业划型标准规定》，受到新型冠状病毒感染的肺炎疫情影响，生产经营遇到困难的中小企业。

二、支持措施

（一）帮助企业安全有序复工复产

1. 成立县应对新型冠状病毒感染的肺炎疫情支持中小企业共渡难关帮扶领导小组，由县委常委、常务副县长张晓任组长，办公室设县科学技术和工业信息化局（名单详见附件1）。具体负责及时协调、解决全县疫情防控期间中小企业复工复产务工人员返企、防控物资保障、原材料供应、物资运输等困难和问题，对重大事项，按照"一事一议"原则专题研究，保障企业按照国家、省、市有关规定安全有序复工复产。各乡镇、桃江经济开发区、灰山港工业集中区要安排专人"一对一"帮扶企业，及时帮助企业解决生产困难和问题。县卫生健康局要加强企业疫情防控工作指导。（责任单位：县科学技术和工业信息化局、县应对新型冠状病毒感染的肺炎疫情支持中小企业共渡难关帮扶领导小组各成员单位）

（二）加大金融支持

2. 积极满足信贷需求。对于受疫情影响出现暂时性经营困难、不能及时还款的中小企业，积极对其开展无还本续贷、延期还款业务，不得盲目抽贷、断贷、压贷。开辟"金融绿色通道"，缩短贷款审批时间，确保信贷资金及时发放。（责任单位：县金融办、人民银行桃江县支行、各银行业金融机构）

3. 引导降低融资成本。各银行业金融机构积极向上争取优惠政策，通过降低利率、减免逾期利息、减免手续费等措施，进一步压降企业融资成本费率，力争贷款利率在原来利率的基础上下浮10%。（责任单位：县金融办、人民银行桃江县支行、各银行业金融机构）

4. 充分发挥县域法人银行作用。积极推广小额信用贷款发放模式，企业股东可向桃江县农村商业银行申请不超过50万元的小额信用贷款，桃江中银富登村镇银行在自主审批范围内扩大小额信用贷款覆盖面。通过园区推荐，可采取销售合同、应收账款质押、无抵押信用等方式，按企业纳税信用等级、上年度纳税金额10倍以内给予贷款支持。在资料齐全的前提下，信贷资金从贷款申报到资金发放到位必须在5个工作日内完成。（责任单位：县金融办、人民银行桃江县支行、桃江经济开发区、灰山港工业集中区、桃江县农村商业银行、桃江中银富登村镇银行）

（三）稳定职工队伍

5. 实施援企稳岗政策。对不裁员或少裁员的参保企业，可返还其上年度实际缴纳失业保险费的50%。对面临暂时性生产经营困难且恢复有望、坚持不裁员或少裁员的参保企业，返还标准可按6个月的当地月人均失业保险金和参保职工人数确定，政策执行期限按照国家规定执行。充分利用桃江人社公众号等平台实施企业员工招聘"春风行动"，畅通用工信息供需对接机制，缓解企业用工难问题。（责任单位：县人力资源和社会保障局、县财政局、桃江经济开发区、灰山港工业集中区、县科学技术和工业信息化局、各乡镇人民政府）

6. 缓缴社会保险费。对受疫情影响，连续3个月以上无力支付职工最低工资或3个月以上无法正常生产经营仅为职工发放生活费的企业，可经县人力资源和社会保障局批准后缓缴社会保险费，缓缴期为3个月，缓缴期间免收滞纳金，且职工各项社会保险待遇不受影响。（责任单位：县人力资源和社会保障局、县医疗保障局）

（四）减轻企业负担

7. 减免中小企业房租。对承租国有资产类经营用房的中小企业，免收2020年2月和3月房租。（责任单位：县财政局、县城市建设投资运营集团有限公司、桃江经济开发区、灰山港工业集中区）

8. 减免或延期缴纳税款。因疫情原因，导致企业发生重大损失，正常生产经营活动受到重大影响，缴纳房产税、城镇土地使用税确有困难的，可申请房产税、城镇土地使用税困难减免。对因受疫情影响办理申报困难的中小企业，由企业申请，依法办理延期申报，资料不全的容缺办理。对确有特殊困难而不能按期缴纳税款的企业，由企业申请，依法办理延期缴纳税款，最长不超过3个月。（责任单位：县税务局）

（五）完善政策执行

9. 加快兑现支持或奖励企业发展资金。对受疫情影响较大暂时困难的中小企业，2019年已明确给予奖励或扶持资金，且落实到了具体企业但尚未拨付的，在2020年3月底前拨付到位。已列入2020年度预算的支持中小企业发展资金，抓紧组织企业申报，加快资金核准，及时拨付。（责任单位：县财政局、县科学技术和工业信息化局、县林业局、县文化旅游广电体育局、县直相关部门）

10. 规范行政执法行为。除环保、安全生产、消防工作外，各行政执法单位依法履职时，对中小企业轻微不当行为，要实行预先提醒、主动指导、及时纠正等措施，县发展和改革局（县优办）、县司法局要加强协调、督查、指导，最大限度减少行政执法行为对中小企业生产经营活动的影响。（责任单位：县发展和改革局、县司法局、各行政执法单位）

11. 完善清理和防止拖欠账款长效机制。持续推进清理拖欠民营企业中小企业账款工作，确保全县政府部门、融资平台及其所属单位，在省政府规定的欠款“清零”时间基础上，提前3个月完成，桃江经济开发区、灰山港工业集中区、县城市建设投资运营集团有限公司和各乡镇要依法履约，避免形成新的拖欠。（责任单位：县科学技术和工业信息化局、县财政局、桃江经济开发区、灰山港工业集中区、县城市建设投资运营集团有限公司、各乡镇）

12. 建立商事纠纷专项法律援助机制。通过政府购买法律服务等方式，对企业因疫情防控面临的商事合同纠纷提供政策和法律咨询，减少违约责任和合同风险。（责任单位：县司法局、县商务局）

本意见执行期为自发布之日起三个月。国家、省、市出台相关支持政策，桃江县遵照执行。具体由县科学技术和工业信息化局会同相关部门负责解释。

桃江县人民政府

2020年2月8日

附件：

1. 桃江县应对新型冠状病毒感染的肺炎疫情支持中小企业共渡难关帮扶领导小组成员一览表

2. 桃江县应对新型冠状病毒感染的肺炎疫情支持中小企业共渡难关帮扶责任人员一览表

附件1：

桃江县应对新型冠状病毒感染的肺炎疫情支持中小企业共渡难关帮扶领导小组成员一览表

组　长	张　晓	县委常委、县人民政府常务副县长
副组长	戴　文	县人民政府副县长
成　员	孙大军	县政府办副主任
	胡安清	县政府办副主任
	文卫华	桃江经济开发区管委会副主任

续表

成 员	陈 愈	县发展和改革局局长
	杨 龙	县教育局局长
	黄志刚	县科学技术和工业信息化局局长
	李光明	县公安局副局长
	郭洪涛	县司法局局长
	刘小阳	县财政局局长
	徐灿红	县人力资源和社会保障局局长
	熊 伟	县自然资源局局长
	袁 玫	县住房和城乡建设局局长
	汪小明	县交通运输局局长
	薛虎军	县农业农村局局长
	肖金兰	县商务局局长
	董 佳	局长
	吴建军	县卫生健康局局长
	王建荣	县应急管理局局长
	李庆华	县城市管理和综合执法局局长
	颜克强	县林业局局长
	肖建光	县市场监督管理局局长
	鲁复生	县统计局局长
	吕红强	县医疗保障局局长
	周志刚	市生态环境局桃江分局局长
	文 胜	县公安局交通警察大队大队长
	杨松柏	县政务服务中心主任
	夏跃军	县城市建设投资运营集团有限公司总经理
	陈海斌	县公路建设养护中心主任
	熊 军	灰山港工业集中区管委会主任
	肖志芳	县税务局局长
	孙准成	桃花江镇镇长
	文 毅	浮邱山乡乡长
	胡 军	高桥镇镇长
	薛 浩	修山镇镇长
	刘矿安	沾溪镇镇长

续表

成　员	朱果辉	三堂街镇镇长
	鲁　攀	鸬鹚渡镇镇长
	熊　丹	大栗港镇镇长
	李鹏辉	鲊埠回族乡乡长
	杨明山	武潭镇镇长
	李　庆	马迹塘镇镇长
	姚兰图	石牛江镇镇长
	陈立兵	牛田镇镇长
	谢　佳	松木塘镇镇长
	王　锋	灰山港镇镇长
	李子良	人民银行桃江县支行行长
	竺传兵	建设银行桃江支行行长
	文　莉	农业银行桃江支行行长
	彭自力	中国银行桃江支行行长
	汤再满	工商银行桃江支行行长
	周　信	农业发展银行桃江支行行长
	刘　城	长沙银行桃江支行行长
	莫伟文	华融湘江银行益阳分行桃江支行行长
	王添贵	邮政储蓄银行桃江支行行长
	黎君辉	桃江农村商业银行董事长
	曾志强	桃江中银富登村镇银行行长
	何文杰	县供电公司总经理
	符顶天	县金融办副主任

领导小组下设办公室，办公地点设县科学技术和工业信息化局，由县科学技术和工业信息化局总工程师刘庚申兼任办公室主任。如遇人员异动，则由担任相应职务的人员自然递补，不另行文。

附件 2

桃江县应对新型冠状病毒感染的肺炎疫情支持中小企业共渡难关帮扶责任人员一览表

单位名称	姓　名	职　务	单位名称	姓　名	职　务
县政府办	胡安清	副主任	县市场监管理局	胡巍然	副局长
县科学技术和工业信息化局	黄志刚	局长	县农业农村局	彭建良	副局长
	刘庚申	副局长	县文旅广体局	刘国海	副局长

续表

单位名称	姓　名	职　务	单位名称	姓　名	职　务
县税务局	汪文革	副局长	县卫生健康局	李　静	副局长
	李文辉	副局长	县医疗保障局	文　静	副局长
县财政局	黄朝中	副局长	县司法局	赵立军	法律援助中心主任
县发展和改革局	周运贤	优办主任	县统计局	贺素平	副局长
灰山港工业集中区	王文科	副主任	县公安局	胡德为	治安大队长
县公路建设养护中心	肖建荣	副局长	县公安局交警大队	胡　杰	班子成员
县人力资源和社会保障局	龚玉兰	副局长	市生态环境局桃江分局	刘桂初	副局长
县自然资源局	张海辉	总工程师	县教育局	钟建湘	副局长
县住房和城乡建设局	刘湘辉	总工程师	县政务服务中心	刘运安	副主任
县金融办	符顶天	副主任	中国银行桃江支行	蔡　浩	副行长
县交通运输局	薛永华	副局长	工商银行桃江支行	张卫强	副行长
县商务局	刘春蕾	班子成员	农业发展银行桃江支行	夏　莹	副行长
县应急管理局	殷谷良	副局长	长沙银行桃江支行	龙喆晴	副行长
县城市管理和综合执法局	李宇红	副局长	县城市建设投资运营集团有限公司	肖　伟	总经理助理
县林业局	刘同庆	副局长	邮政储蓄银行桃江支行	周　馥	副行长
桃江经济开发区	文卫华	副主任	桃江农村商业银行	文　聪	副行长
人民银行桃江县支行	梁仁希	副行长	中银富登村镇银行	文　迎	副行长
建设银行桃江支行	周　莉	副行长	县供电公司	王喜华	书记、副总经理
农业银行桃江支行	李　丹	副行长	华融湘江银行益阳分行桃江支行	贺星宇	小微客户经理

桃江县人民政府办公室
关于印发《桃江县新型冠状病毒感染的肺炎疫情防控应急预案（试行）》的通知

桃政办发〔2020〕2 号

各乡镇人民政府，县直各有关单位：

《桃江县新型冠状病毒感染的肺炎疫情防控应急预案（试行）》已经县人民政府同意，现印发给你们，请认真遵照执行。

桃江县人民政府办公室

2020 年 1 月 22 日

桃江县新型冠状病毒感染的肺炎疫情防控应急预案（试行）

1. 总则

1.1 编制目的

做好新型冠状病毒感染的肺炎疫情防控，提高防治水平和应对能力，及时、有效地采取各项防控措施，早发现、早报告、早隔离、早治疗，控制疫情的传播、蔓延，保障广大人民群众的身体健康和生命安全，维护社会稳定。

1.2 编制依据

《中华人民共和国传染病防治法》《国境卫生检疫法》《突发公共卫生事件应急条例》《国内交通卫生检疫条例》《国家突发公共卫生事件应急预案》《新型冠状病毒感染的肺炎疫情防控方案（第二版）》《新型冠状病毒感染的肺炎诊疗方案（试行第二版）》《湖南省突发公共卫生事件应急预案》等法律法规和有关规定。

1.3 适用范围

本预案适用于县内新型冠状病毒感染的肺炎疫情处置工作。

1.4 工作原则

（1）预防为主，常备不懈。提高全县防范新型冠状病毒感染的肺炎防控意识，落实防范措施，做好人员、技术、物资和设备的应急储备工作。及时进行分析、预警，做到早发现、早报告、早处理。

（2）统一领导，分级负责。根据疫情的范围、性质和危害程度，实行分级管理。在县人民政府的统一领导和指挥，各有关部门（单位）按照预案规定，在各自的职责范围内做疫情处置工作。

（3）依法规范，快速反应。县卫生健康局按照相关法律、法规和规章的规定，完善疫情应急体系、建立健全系统规范的反应处置工作制度，做出快速反应，及时、有效地开展监测、报告和处置工作。

（4）依靠科学，加强合作。充分尊重和依靠科学，重视业务培训。各有关单位要通力合作、资源共享，有效应对，广泛组织、动员公众参与。

2. 应急指挥体系及职责

成立桃江县新型冠状病毒感染的肺炎疫情应急指挥部（以上简称县疫情应急指挥部），负责本县新型冠状病毒感染的肺炎疫情处置工作的组织领导。

2.1 应急组织机构

由县人民政府县长任指挥长，分管副县长任副指挥长，县委宣传部、县委政法委、县委网信办、县发展和改革局、县教育局、县科学技术和工业信息化局、县公安局、县民政局、县司法局、县财政局、县人力和社会保障局、县交通运输局、县水利局、县农业农村局、县商务局、县文化旅游广电体育局、县卫生健康局、县应急管理局、县城市管理和综合执法局、县林业局、县市场监督管理局、县医疗保障局、市生态环境局桃江分局、县公安局交警大队、县总工会、县残联、县红十字会及各乡镇人民政府为成员单位。

指挥部下设办公室，办公地点设县卫生健康局，由县卫生健康局局长兼办公室主任。

2.2 应急组织机构职责

2.2.1 指挥部

负责对发生在本县范围的隔离留观病例、疑似病例、确诊病例、聚集性疫情的统一领导、指挥，作出疫情处置的重大决策和采取措施的决定。

2.2.2 办公室

负责全县疫情处置的日常管理工作，组织协调有关处置工作；负责处置相关预案、实施方案及有关工作计划的起草工作，组建与完善监测和预警系统。组织对防控和医疗救治专业人员进行业务培训、预案演练，帮助和指导各医疗单位应对病例防控救治工作。

2.2.3 成员单位

县卫生健康局。负责牵头组织制定疫情防控、诊疗工作方案；组织实施医疗救治和预防控制措施，并进行检查、督导；根据预防控制工作需要，依法提出隔离、封锁有关地区等措施和建议；组织开展爱国卫生运动；负责开展业务培训。

其他成员单位职责分工见《桃江县新型冠状痫毒感染的肺炎疫情防控工作方案》。

2.3 专家组

县卫生应急办公室组建桃江县新型冠状病毒感染的肺炎疫情处置专家组，负责对确定疫情级别以及采取相应措施提出建议；参与制订、修订应急预案和技术方案，对疫情应急处置进行技术指导，对疫情响应的中止、后期评估提出咨询意见；承担卫生应急指挥机构交办的其他工作。

2.4 应急处置专业技术机构

2.4.1 全县医疗卫生机构是疫情处置的专业技术机构，要结合本单位职责开展业务培训，提高快速应对能力和技术水平。

2.4.2 发生疫情后，医疗卫生机构要服从疫情指挥部的统一领导，开展疫情处置工作。

（1）医疗卫生机构加强病例监测，发现疑似病例，按程序报告。县人民医院为我县定点救治医院，定点救治医院负责医学观察病例、疑似病例的筛查与报告，负责病人的诊断、转运、隔离治疗、医院内感染控制；在县疾控中心的指导下，开展标本采集工作；配合县疾控中心开展流行病学调查；加强院内有关人员的业务培训。各类医疗机构发现武汉等地回乡的发热、咳嗽、呼吸急促等急性重症呼吸道感染症状病例后，要及时报告当地乡镇卫生院，并在上级部门的指导下开展防控工作。

（2）县疾控中心负责全县疫情预防控制及监测工作，疫情资料的收集、汇总分析、反馈和上报，指导全县医疗机构开展预防控制和监测工作，组织开展现场流行病学调查及疫情处置，开展技术培训、健康教育和风险沟通。开展现场流行病学调查处理（包括新型冠状病毒感染的肺炎病例的流行病学调查，密切接触者追踪和医学观察，相关标本的采集和运送），指导做好生活环境、物品的卫生学处理和现场处置人员的个人防护。

（3）县卫生健康综合监督执法局对医疗机构、疾控等机构落实传染病预检分诊、疫情报告、消毒隔离、医疗废弃物处置、流行病学调查、现场处理、实验室生物安全等进行监督检查，开展公共场所卫生监督。

3. 预防预警机制

3.1 病例监测、发现和报告

县疾控中心、各医疗机构按照《新型冠状病毒感染的肺炎监测方案》开展疫情监测、发现和报告工作。

3.1.1 病例监测和发现。各医疗机构在疫情监测和日常诊疗过程中，应提高对病例的诊断和报告意识，对于不明原因发热、咳嗽等症状的病例，应注意询问发病前 14 天内的旅行史或可疑的暴露史，了解本人近期有无赴疫情发生地区的旅行史，或哺乳动物、啮齿动物、禽类等，尤其是野生动物的接触史，及其与类似病例的密切接触史。

3.1.2 病例报告。发现疑似病例、确诊病例时，应当于 2 小时内进行网络直报。负责病例网络直报的医疗机构或县疾控中心要根据实验室检测结果及时对病例分类进行订正。

3.2 预警

县卫生健康局要在权限范围内，及时、准确地发布疫情预警信息，并根据疫情发展趋势，及时调整预警级别或解除预警。预警信息包括疫情的起始时间、可能影响范围、警示事项、应采取的措施和发布单位等。涉及跨区域的预警信息的发布、调整和解除，须报上级卫生健康行政部门批准。

3.3 疫情报告

任何单位和个人有权向各级人民政府及相关部门（单位）报告相关疫情或隐患，有权向上级政府部门举报不履行或者不按照规定履行疫情处置职责的部门（ 单位 ）和个人。

3.3.1 责任报告人

执行职责的各级各类医疗卫生机构的医疗卫生工作人员或个体医护人员。

3.3.2 报告时限和程序

医疗卫生机构和有关单位发现疑似病例，应在 2 小时内向县卫生健康局报告，同时向县疾控中心报告。

县卫生健康局接到报告后应在 2 小时内向县人民政府报告，同时向市卫生健康委员会报告，并立即组织进行现场调查确认，及时采取措施，随时报告事态进展情况，并提请县人民政府在接到报告后 2 小时内向市人民政府报告。

县卫生健康局要与毗邻地区加强协作，建立信息通报机制，一旦出现疫情影响范围超出本行政区域的态势，要根据处置工作的需要，及时通报、联系和协调。

3.3.3 报告内容

疫情报告应分为首次报告、进程报告和结案报告，要根据疫情的严重程度、事态发展和控制情况及时报告事件进程。

3.3.4 报告方式

医疗卫生机构通过电话等进行报告的同时，并通过“国家传染病报告管理信息系统”及时上报，提高信息报告的及时性。县疾控中心收到报告后，应及时审核，确保信息准确，并统计汇总、分析，按照有关规定报告县卫生健康局。

3.3.5 疫情通报

县卫生健康局接到疫情报告后，要根据事件性质和有关要求及时分别向市卫生健康委员会以及县人民政府有关部门通报，并应按规定逐级上报。

4. 应急响应

4.1 应急响应级别

根据新型冠状病毒感染的肺炎疫情性质和实际工作处置情况划分四种情形，分别为隔离留观病例、疑似病例、确诊病例、聚集性疫情。

4.1.1 同时具备下列情形的，为隔离留观病例处置

（1）武汉生活、旅游史；

（2）出现发热，乏力、干咳、鼻塞、流涕等上呼吸道症状。

4.1.2 同时符合以下 2 条的，为疑似病例

（1）流行病学史。发病前两周内有武汉市旅行史或居住史；或发病前 14 天内曾经接触过来自武汉的发热伴有呼吸道症状的患者，或有聚集性发病。

（2）临床表现。有发热；具有肺炎实变影像学特征；发病早期白细胞总数正常或降低，或淋巴细胞计数减少。

4.1.3 有下列情形的，为确诊病例

符合疑似病例标准的基础上，痰液、咽拭子、下呼吸道分泌物等标本行实时荧光 RT-PCR 检测新型冠状病毒核酸阳性；或病毒基因测序，与已知的新型冠状病毒高度同源。

4.1.4 有下列情形的，为聚集性疫情

发现 2 例确诊病例，且病例间可能存在因密切接触导致的人际传播的可能性或因共同暴露而感染的可能性，判定为聚集性疫情。

4.2 应急响应行动

4.2.1 出现隔离留观病例的应急响应

接到隔离留观病例报告后，县卫生健康局应立即组织专家调查确认，对留观病例进行综合评估，及时甄别；提出相应处置工作建议，按照规定报告有关情况。

4.2.2 出现疑似、确诊病例的应急响应

接报疑似病侧成确诊病例后，县卫生健康局要立即蒋实各项防控措施，并按规定向县人民政府及市卫生健康委员会报告有关信息。

县人民政府根据县卫生健康局的建议启动应急预案，

由疫情应急指挥部负责处置的统一领导和指挥；紧急调集和征集有关人员、物资、交通工具以及相关设施、设备；进行现场隔离、疫区的确定与封锁；保证应急处置所需的物资、经费；组织相关部门协助卫生健康行政部门进行病人救治、现场消毒、人员疏散等工作；及时做好舆论宣传与引导工作。必要时，请求市人民政府或市人民政府有关部门予以支持，保证疫情处置工作的顺利进行。

县卫生健康局应立即组织专家调查确认，对疫情进行综合评估；迅速组织应急处置队伍和有关人员进行疫情处置，落实标本采集、现场流行病学及卫生学调查、病人救治、密切接触者观察和消毒处置等紧急控制措施，分析疫情发展趋势，提出应急处置工作建议，按照规定报告有关情况。

疫情发生地乡镇人民政府在县疫情应急指挥部的统一指挥下，认真履行属地管理职责，落实有关控制措施。未发生疫情地区的乡镇人民政府，应服从县疫情应急指挥部的调度，支援事发地的疫情处置工作；同时采取必要的预防控制措施，防止疫情在本乡镇内发生。

4.2.3 聚集性疫情应急响应

当本县行政区域内发生聚集性疫情时，县疫情应急指挥部立即启动本预案，全力开展应急处置工作，同时，立即报告县人民政府和市应急指挥部，在上级指挥部的统一领导和指挥下，县人民政府认真落实上级指令，接受上级的领导、指挥和协调。

4.3 应急响应原则

发生疫情时，按照分级响应的原则，县人民政府作出相应级别应急响应。同时结合实际情况和预防控制工作的需要，及时调整预警和响应级别，有效控制事件，减少危害和影响。启动高级别应急预案时，低级别应急预案同时启动。

4.4 应急响应措施

（1）由县疫情应急指挥部组织协调有关部门（单位）参与疫情处置。

（2）根据需要，调集本行政区域各类人员、物资、交通工具和相关设施、设备参加疫情处置工作。

（3）划定控制区域。新型冠状病毒感染的肺炎已纳入乙类传染病，按甲类传染病进行处置。一旦发生病例时，县人民政府报经市人民政府决定，可以宣布疫区范围；经省人民政府决定，可以对本县疫区实施封锁；封锁跨区市的疫区，以及封锁疫区导致中断干线交通的，由国务院决定。

（4）疫情控制措施。县疫情应急指挥部可以在本辖区内采取限制或者停止集市、集会、影剧院演出，以及其他人群聚集的活动；停工、停业、停课；封闭或者封存被传染病病原体污染的公共饮用水源、食品以及相关物品等紧急措施；临时征用房屋、交通工具以及相关设施和设备。

（5）流动人口管理。对流动人口采取预防工作，落实控制措施，对传染病病人、疑似病人采取就地隔离、就地观察、就地治疗的措施，对密切接触者根据情况采取集中或居家医学观察。

（6）实施交通卫生检疫。组织交通、市管等部门（单位）在交通站点设置临时交通卫生检疫站，对进出疫区和运行中的交通工具及其乘运人员和物资、宿主动物进行检疫查验，对病人、疑似病人及其密切接触者实施临时隔离、留验和指定医疗机构移交。

（7）信息发布。新型冠状病毒感染的肺炎疫情发生后，有关部门要按照国家有关规定，做好信息发布工作。信息发布要及时主动、准确把握，实事求是，正确引导舆论，注重社会效果。

（8）开展群防群治。街道、乡镇以及居委会、村委会协助卫生健康行政部门和其他部门、医疗卫生机构，做好疫情信息的收集、报告、人员分散隔离及公共卫生措施的实施工作。

（9）维护社会稳定。组织有关部门保障商品供应，平抑物价，防止哄抢；严厉打击造谣传谣、哄抬物价、囤积居奇、制假售假等违法犯罪和扰乱社会治安的行为。

4.5 应急响应终止

疫情响应的终止需符合以下条件：疫情危险因素消除，末例病例发生后经过 14 天无新的病例出现。

隔离留观病例情形，由县卫生健康局组织专家进行分析论证，提出终止应急响应。

疑似病例、确诊病例情形，由县卫生健康局组织专家进行分析论证，提出终止应急响应的建议，报请疫情指挥部批准后实施，并向市卫生健康委员会报告。

聚集性疫情情形由市卫生健康委员会组织专家进行分析论证，提出终止应急响应的建议，报市疫情应急指挥部批准后实施，并向省卫健委报告。

5. 善后工作

5.1 善后处置

疫情工作结束后，县、乡镇人民政府对疫情处置期间紧急调集、征用有关单位、企业、个人的物资和劳务应进行合理评估，给予补偿。对因参与疫情处置工作致病、致残、死亡人员，按照国家有关规定，给予相应的补助和抚恤；对参加疫情处置一线工作的专业技术人员应制订合理的补助标准，给予补助。

5.2 社会救助

县红十字会要积极争取国际、国内红十字组织的支持，民政局要积极募集疫情处置物资与资金，对贫困人员进行救济，保障群众的基本生活。

5.3 保险

疫情发生后有关保险机构应及时主动赶赴现场定损理赔。

5.4 总结评估

疫情处置结束后，县卫生健康局应对疫情处理情况进行评估。评估内容主要包括疫情概况、现场调查处理概况、病人救治情况、所采取措施的效果评价、疫情处置过程中的问题、经验及改进建议。评估报告上报县人民政府和市卫生健康委员会。

6. 应急保障

6.1 技术保障

6.1.1 信息系统

积极加入全市新型冠状病毒感染的肺炎疫情处置决策指挥系统的信息平台，承担本县疫情处置及相关信息收集、整理、分析、发布和信息传递等工作。

6.1.2 疾病预防控制体系

建立全县统一的疾病预防控制体系。加快疾控机构和基层预防保健组织建设，强化医疗卫生机构疾病预防控制的责任；建立功能完善、反应迅速、运转协调的疫情处置机制；健全覆盖城乡、灵敏高效、快速畅通的疫情信息网络；改善疾控机构基础设施和实验室设备条件；加强疾控专业队伍建设，提高流行病学调查、现场处置和实验室检测检验能力。

6.1.3 疫情处置医疗救治体系

按照“分级负责、平战结合、统筹兼顾、科学建设、因地制宜、合理布局、整体规划、分步实施”的原则，在全县范围建立符合县情、功能完善、反应灵敏、运转协调的新型冠状病毒感染的肺炎医疗救治体系。

县级综合医院要建立传染病区，设置监护病房、隔离病房，配备相应的救治技术力量和设备，成立由呼吸科、传染科等科室的医师组成的专家组，并配足医务人员。

全县乡镇卫生院、县级综合医院、中医医院及其他二级医院都要设立发热门诊，与普通门诊相对独立，并有明显标识；配备有一定经验的、并经过防治专业知识培训的高年资内科医生。

6.1.4 卫生监督体系

建立全县统一的卫生监督体系。县卫生健康局要明确职能，落实责任，加强卫生综合执法机构建设，规范执法监督行为，提高卫生综合执法队伍素质，增强卫生综合执法能力。

6.1.5 疫情防控和救治队伍

县卫生健康局根据疫情处置的需要，分别组建相应的疫情防控和救治队伍，建立专业人员资料库，由现场流行病学、实验室检测、临床救治、信息网络等专业人员组成。

6.2 物资与经费保障

6.2.1 物资保障

县卫健、财政、商务等部门要加强沟通、协调配合，做好处置疫情处置的物资供应和储备工作。县卫生健康局负责提出卫生应急物资储备计划，县商务局负责组织、落实物资储备，县财政局负责保障物资储备经费。发生疫情时，县卫生健康局根据应急工作需要，从商务部门调用储备物资。卫生应急储备物资使用后要及时补充。

在紧急情况下，县疫情应急指挥部有权紧急调用辖区内医疗卫生机构、医药器械公司的设备与药械，任何单位不得拒绝。由此造成的损失经应急指挥部组织专家现场评估后，县财政给予补偿。

6.2.2 经费保障

县财政局应保障新型冠状病毒感染的肺炎疫情防控经费，所需资金及时安排、足额拨付。

6.3 通信与交通保障

各电信运营企业要组织、协调好通信保障工作。县公安局交警大队要确保运输安全通畅。紧急情况下，对现场及相关通道实行交通管制，开设应急救援“绿色通道”，保证医疗卫生救援工作的顺利开展。应急医疗卫生救治队伍要根据实际工作需要配备通信设备和交通工具。

6.4 治安保障

县公安局要做好新型冠状病毒感染的肺炎疫情处置中的治安保障工作，并依法协助县卫生健康局落实强制隔离措施。

6.5 社会动员保障

确需动员社会公众参与时，乡镇政府和村（居）委会要通过多种形式深入发动群众，广泛动员社会各界参与、支持疫情处置工作。

7. 监督管理

7.1 宣传和教育

县疫情应急指挥部要组织有关部门（单位）利用广播、影视、报刊、互联网、手册等多种形式对社会公众广泛开展新型冠状病毒感染的肺炎知识的普及教育，宣传卫生科普知识，指导群众以科学的行为和方式对待。

7.2 奖惩

对在疫情处置中做出突出贡献的单位和个人予以表彰奖励。对在疫情处置中，有玩忽职守、失职、渎职等行为的，有关单位要依法给予责任人行政处分，触犯法律的，依法追究法律责任。

7.3 监督检查

县政府督查室及县卫生健康局等有关部门（单位）对本预案实施情况进行监督检查，保障应急措施到位。

8. 附则

8.1 预案管理与更新

县卫生健康局根据情况变化，对本预案进行修订和完善，并报县人民政府批准。

8.2 预案解释部门

本预案由县卫生健康局负责解释。

8.3 预案实施时间

本预案自印发之日起施行。

桃江县人民政府办公室
关于印发《桃江县2021年度城乡居民基本医疗保险参保缴费工作方案》的通知

各乡镇人民政府、县直机关及省、市驻桃各相关单位：

《桃江县2021年度城乡居民基本医疗保险参保缴费工作方案》已经2020年县人民政府第十四次常务会议研究同意，现印发给你们，请认真贯彻执行。

桃江县人民政府办公室

2020年9月23日

桃江县2021年度城乡居民基本医疗保险
参保缴费工作方案

根据《湖南省医疗保障局 湖南省财政厅 国家税务总局湖南省税务局关于转发〈国家医保局 财政部 国家税务总局关于做好2020年城乡居民基本医疗保障工作的通知〉的通知》（湘医保发〔2020〕36号）文件精神，为切实做好我县2021年城乡居民基本医疗保险参保缴费工作，结合我县实际，特制定如下工作方案。

一、基本原则

按照"全覆盖、保基本、多层次、可持续"的城乡居民医疗保险制度基本原则和"政府统一组织、各方协助配合，集中征缴"的征缴方式的工作要求，以乡镇（村、社区）为单位进行征缴，积极推行线上自主缴费。2021年度城乡居民医保集中参保缴费期原则上为2020年9月1日至12月31日。未如期达到规定参保率的乡镇，可适当延长至2021年2月28日。各乡镇要全面落实困难群众分类资助参保政策，并建立参保资助工作台账。税务、医保部门要密切配合，加强城乡居民医保惠民政策宣传，做好2021年度参保缴费动员工作，确保常住人口基本医疗保险（含城乡居民医保、城镇职工医保）参保率稳定在95%以上。部门代缴人员（建档立卡贫困人口、城乡特困对象、城乡低保对象、贫困残疾人、边缘户等）参保率达到100%。要全力推动基本医疗保险全覆盖，实现应保尽保、应缴尽缴。

二、组织领导

成立2021年度桃江县城乡居民基本医疗保险参保缴费工作领导小组，领导小组负责本次工作的领导和协调。

组　　长：李　丰　县委常委、常务副县长

常务副组长：王建国　县人民政府副县长

副 组 长：孙大军　县人民政府办公室副主任

贺孟良　县人民政府办公室副主任

肖志芳　县税务局局长

胡国辉　县医疗保障局党组书记

昌红强　县医疗保障局局长

成　员：各乡镇乡镇长及分管副乡镇长，县医疗保障局、县税务局、县卫生健康局、县财政局、县统计局、县民政局、县残联、县扶贫办、县退役军人事务局等单位分管负责人，县政府督查室主任。

领导小组下设城乡居民医疗保险征缴办公室，由县税务局副局长刘铁新同志兼任办公室主任。2021 年征缴工作由桃江县税务局组织协调并具体负责落实，县医疗保障局全力配合。（领导小组成员单位职责详见附件 1）

三、工作内容

（一）参保对象

除职工基本医疗保险应参保人员以外的其他所有城乡居民，具体包括农村居民、城镇非从业居民、取得居住证的常住人口。

1. 城乡居民未在规定的参保缴费期内办理参保缴费手续的，原则上不予补办，不得享受基本医疗保险待遇。新生儿在出生 28 天内（含 28 天）取得统筹地区户籍并按当年度城乡居民医保个人缴费标准一次性缴纳基本医疗保险费，可自出生之日起享受基本医疗保险待遇。因户籍变动等客观原因或特殊情形（具体指当年新迁入户口、复转军人、未及时就业的大中专毕业生、新生儿未在 28 天内参保缴费、社会福利机构新接收的弃婴儿、刑满释放人员、因劳动关系终止导致职工医保断保后需要参加城乡居民医保的人员、扶贫部门认定新增建档立卡贫困人口未参保的）未能在统筹地规定时间内办理参保缴费手续的，可在户籍或其他关系异动后 60 天内参加城乡居民医保，按当年度城乡居民医保参保缴费标准（含个人缴费部分和财政补助部分）一次性足额缴纳基本医疗保险费，从缴费的下个月起享受医保待遇。

2. 已参加城镇职工医疗保险的人员、已在其他统筹区参加城乡居民医疗保险的人员不能再在本县参加城乡居民医疗保险。

（二）个人缴费标准

根据湘医保发〔2020〕36 号文件精神，2021 年我县城乡居民医疗保险参保个人缴费统一按 280 元 / 人收缴。

（三）参保缴费方式

1. 线上和线下自主缴费。缴费人可通过银行柜台、智能 POS 机、手机银行、网上银行、湘税社保 APP、湘税社保微信小程序上直接缴费。

2. 部门代缴

（1）特困人员、城镇低保户、孤儿、事实无人抚养儿童由医疗救助资金全额代缴；个人缴费部分由县医疗保障局统一代缴拨付至医保基金专户。农村低保对象参加城乡居民医保的个人缴费部分，医疗救助资金给予 50% 补贴；个人缴费补贴部分由县医疗保障局统一代缴拨付至医保基金专户。

（2）建档立卡贫困人口中的非低保对象参加城乡居民医保的个人缴费部分，由县财政根据脱贫攻坚规划统筹给予 50% 的资助；个人缴费补贴部分由县财政统一代缴拨付至医保基金专户。

（3）重点优抚对象由县退役军人事务局核准后全额代缴；个人缴费部分由县退役军人事务局统一代缴拨付至医保基金专户。

（4）残疾人经县残联核准后，一、二级残疾人由县残联全额代缴；三、四级残疾人由县残联代缴 50%。个人缴费补贴部分由县残联统一代缴拨付至医保基金专户。

（5）计生后遗症人群、计生特扶对象、5—14 周岁独生子女由乡镇计生办登记造册，经县卫生健康局核准后，个人缴费部分由县财政统一代缴拨付至医保基金专户。

（6）符合参保条件的被征地农民参加城乡居民基本医疗保险，由乡镇人民政府造册并核定后，其个人缴费部分由县财政统一代缴拨付至医保基金专户。

（7）对社会保障兜底保障一类对象参加城乡居民医保的个人缴费部分由医疗救助资金解决 50%，不足部分由县财政给予补贴，其个人缴费补贴部分分别由县医疗保障局、县财政局统一代缴拨付至医保基金专户。

（8）对边缘户参加城乡居民医保的个人缴费部分，补助标准按照当地建档立卡贫困户补助标准的 50% 执行（即 25%），所需资金从中央财政脱贫攻坚补短板综合财力补助资金中列支。个人缴费补贴部分由县财政统一代缴拨付至医保基金专户。

（四）信息采集

1. 采集和录入。由各村组（社区）负责对参保人员的信息采集、录入。各村（社区）需安排专人办理采集、录入工作。新增人员姓名、身份证号码、身份属性、家庭住址等参保信息必须完整、准确。坚决杜绝参保户漏登、错登的情况发生。对因工作不负责导致漏登、错登而影响参保城乡居民享受医疗待遇的，相关责任由村（社区）共同承担。

2. 特殊人员标识：特困人员、孤儿、事实无人抚养儿童、重点优抚对象、城镇低保户、计生后遗症、计生特扶对象、5—14岁独生子女、符合参保条件的被征地农民、社会兜底一类对象、一二级残疾人、农村低保对象、三四级残疾人、建档立卡贫困人口中的非低保对象、边缘户等由县民政局、县扶贫办、县残联、县卫生健康局、县退役军人事务局等单位在2020年9月30日前将核准后的特殊人员名单提供给县医疗保障局，再由县医疗保障局将核准后的特殊人员名单提供给各乡镇，最后由各村组（社区）在城乡居民医疗保险信息系统中进行准确标识，确保在开征前登记或变更到位，县税务局将依据缴费人当前身份属性进行征缴，缴费后身份发生变化不再补退。各部门要对自己单位所提供的数据准确性负责。（具体标识顺序见附件2）

四、工作要求

（一）切实加强领导

各乡镇乡镇长作为落实城乡居民基本医疗保险参保缴费工作的第一责任人，要早安排、早部署、抓落实，组织责任心强、业务熟悉的工作人员，采取强有力措施，做好参保信息采集录入工作及资金收缴工作，确保参保信息准确率达100%，常住人口基本医疗保险（含城乡居民医保、城镇职工医保）参保率稳定在95%以上，部门代缴人员（建档立卡贫困人口、城乡特困对象、城乡低保对象、贫困残疾人、边缘户等）参保率达到100%。本县动员会议后，各乡镇要及时召开动员大会，并落实工作任务。成立城乡居民参保缴费工作领导小组，负责城乡居民医疗保险参保缴费工作。县政府督查室将对各乡镇的征缴进度进行督查。

（二）广泛宣传发动

各乡镇（社区）和有关部门要采取多种形式、多层次、全方位宣传城乡居民基本医疗保险制度的目的意义、新的参保缴费标准、参保缴费方式、补偿政策、报销办法，做到家喻户晓、人人皆知，营造踊跃参加城乡居民基本医疗保险的氛围，动员城乡居民积极参保。

（三）规范管理

各责任单位要组织参保缴费经办人搞好业务培训，讲清要求、严明纪律，规范流程、按要求按标准收费、开票、登记、并做到人、钱、票、册四相符，各责任单位要积极配合，及时报送相关资料。必须杜绝因工作失误或政策解释不到位引发的信访、群访事件。对经办工作中不作为、出现挪用、少交医保基金等违法违纪行为，将依法依纪追究相关责任人的责任。

（四）考核奖惩

将城乡居民基本医疗保险征缴工作纳入全县综合目标管理考核内容，考核得分计入全县综合目标管理考核结果。具体考核办法见《桃江县城乡居民两险征缴考核办法》。

本方案由桃江县医疗保障局、国家税务总局桃江县税务局负责解释。

附件：

1. 桃江县城乡居民基本医疗保险参保缴费工作领导小组成员单位职责

2. 桃江县城乡居民医保系统身份属性标识分类表

附件1

桃江县城乡居民基本医疗保险参保缴费工作领导小组成员单位职责

一、县医疗保障局：负责医保政策的宣传，指导乡镇基础数据录入和特殊人群标识工作。确保特殊人群标识准确率达100%。确保2021年我县城乡居民医疗保险参保率稳定在95%以上。

二、县税务局：负责城乡居民医保参保缴费工作，负责信息录入的对接，征缴工作的具体协调和操作。

三、县卫生健康局：负责提供计生后遗症人群、计生特扶对象和5—14岁独生子女人员花名册给县医疗保障局。乡镇卫生院派专人指导村（社区）参保信息采集、录入、身份属性标示工作。

四、县财政局：负责及时对各部门申请的参保补助拨付至医保基金专户。负责《湖南省社会保险基金收款收据》发放、管理和缴销，负责有关对象保费代缴。

五、县统计局：负责核准2019年末各乡镇常住人口人数，并提供给领导小组作为考核依据。

六、县民政局：负责提供特困人员、城镇低保、农村低保、孤儿、事实无人抚养儿童、社会兜底一类对象人员花名册给县医疗保障局。

七、县残联：负责提供一二级残疾人、三四级残疾人人员花名册给县医疗保障局和部分保费代缴。

八、县扶贫办：负责提供建档立卡贫困人口和边缘户花名册给县医疗保障局。

九、县退役军人事务局：负责提供重点优抚对象人员花名册给县医疗保障局。

十、各乡镇人民政府：负责医保参保征缴任务的完成、被征地农民花名册的提供给县医疗保障局，组织各村（社区）对参保信息进行采集、录入和身份属性标识，确保参保率达 95% 以上、部门代缴人员（建档立卡贫困人口、城乡特困对象、城乡低保对象、贫困残疾人、边缘户等）参保率达到 100%。

对农村贫困人口和其他部门代缴人员参加城乡居民医保个人缴费部分县财政、医保、残联、退役军人事务等有关部门给予的相应补助，必须在年度城乡居民医保征缴结束后、2021 年 3 月 31 日前分别由县财政、医保、残联、退役军人事务等有关部门一并统一缴纳，参保贫困人员和其他部门代缴人员只缴纳个人应缴部分。各乡镇、村（社区）按特困人员、孤儿、事实无人抚养儿童、重点优抚对象、城镇低保户、社会保障兜底一类对象、一二级残疾、计生后遗症人群、计生特扶对象、5—14 岁独生子女、符合参保条件的被征地农民、农村低保户、三四级残疾人、建档立卡贫困人口中的非低保对象、边缘户顺序进行代缴；不重复享受，分类核算。

附件 2

城乡居民医保系统身份属性标识分类表

<table>
<tr><th>人员类别</th><th colspan="3">医保系统身份属性</th><th>说　明</th></tr>
<tr><td>正常参保</td><td colspan="3">一般农户、城镇居民</td><td></td></tr>
<tr><td>特困人员</td><td>贫困户（特困）</td><td></td><td>五保户</td><td rowspan="13">1. 各乡镇、村（社区）按表格中从上至下、从左至右的优先度进行标识，不重复享受，分类核算。如：既是五保户又是一二级残疾人的，需五保户进行标识
2. 属于建档立卡贫困人口的必须表格中标识的对应身份属性进行标识
如：既是五保户又是贫困户的，需按贫困户（特困）标识</td></tr>
<tr><td>孤儿、事实无人抚养儿童</td><td>贫困户（孤儿）</td><td>农村低保（孤儿）</td><td>孤儿</td></tr>
<tr><td>重点优抚对象</td><td>贫困户（优抚对象）</td><td>农村低保（优抚）</td><td>优抚对象</td></tr>
<tr><td>城镇低保对象</td><td>贫困低保户（城镇）</td><td></td><td>低保户（城镇）</td></tr>
<tr><td>计生后遗症</td><td>贫困户（计生后遗症）</td><td>农村低保（计生后遗症）</td><td>计生后遗症人员</td></tr>
<tr><td>计生特扶对象</td><td>贫困户（计生特扶）</td><td>农村低保（计生特扶）</td><td>计生特扶对象</td></tr>
<tr><td>5~14 岁以下独生子女</td><td>贫困户（独生子女）</td><td>农村低保（独生子女）</td><td>14 周岁以下独生子女</td></tr>
<tr><td>社会兜底保障一类对象</td><td>兜底贫困户</td><td></td><td></td></tr>
<tr><td>符合参保条件的被征地农民</td><td>贫困户（被征地农民）</td><td>农村低保（被征地农民）</td><td>被征地农民</td></tr>
<tr><td>一二级残疾人</td><td>贫困残疾人</td><td>农村低保（一二级残）</td><td>一二级残疾人</td></tr>
<tr><td>农村低保对象</td><td>贫困低保户</td><td></td><td>低保户</td></tr>
<tr><td>三四级残疾人</td><td>贫困户（三四级残）</td><td></td><td>三四级残疾人</td></tr>
<tr><td>建档立卡贫困人口中的非低保对象</td><td>贫困户</td><td></td><td></td></tr>
<tr><td>边缘户</td><td>边缘户</td><td></td><td></td><td></td></tr>
</table>

桃江县人民政府办公室关于印发《桃江县新增限额以上商贸企业和个体入统促进奖励办法》的通知

桃政办发〔2020〕13号

各乡镇人民政府，县直机关各有关单位：

《桃江县新增限额以上商贸企业和个体入统促进奖励办法》已经县人民政府2020年第六次常务会议审议通过，现印发给你们，请认真遵照执行。

桃江县人民政府办公室

2020年6月3日

桃江县新增限额以上商贸企业和个体入统促进奖励办法

为充分发挥限额以上商贸企业和个体（以下简称“限上商贸企业和个体”）在经济发展中的示范和支撑带动作用，切实加大对商贸企业和个体的培育扶植发展力度，全面调动商贸企业和个体升级为限额以上单位并纳入统计的积极性，为商贸统计工作提供后续保障，特制定本办法。

一、奖励范围和条件

（一）奖励范围

新增入统的限上商贸企业和个体。

（二）奖励条件

1. 新增入统限上商贸企业和个体，必须在县市场监督管理局注册登记，合法经营，无安全生产责任事故和违法行为，企业财务管理规范，并按照县商务局与县统计局的要求按时联网直报数据和报送相应报表。

2. 新增入统限上商贸企业和个体，统计和财务人员必须服从县商务和统计部门的业务指导和工作安排，统计基础工作规范，上报数据及时、全面、准确。

二、奖励方式

（一）政策扶持

1. 凡是国家、省、市、县支持企业发展的各项优惠政策和扶持资金，原则上首先用于支持限上商贸企业和个体发展（除支持小微型企业发展的专项资金外）。

2. 开辟绿色通道。对各类限上商贸企业和个体的项目审批、扶持资金申请等事项采取“急事急办”“特事特办”等方式优化服务。

3. 鼓励工业企业创办限上商贸企业，对县内工业企业将营销和服务部门单独设立为限上商贸企业的，享受同等待遇。

4. 积极争取省、市有关扶持限上企业和个体发展的项目、资金和政策，并及时落实到位。

5. 优先推荐限上商贸企业和个体参加各类展览洽谈评选活动。

（二）现金奖励

自2020年1月1日起，当年被批准认定为新增入统限上商贸企业和个体的，县财政给予奖励2万元。

（三）奖励的中止和取消

1. 新增入统限上商贸企业和个体必须在库满两年以上，不得随意退出。

2. 新增入统限上商贸企业和个体要按要求及时联网直报数据和报送统计报表，不得瞒报、迟报、拒报，确保源头数据的质量。

如有违反上述情节之一，将取消政策扶持、取消和中止现金奖励。

三、奖励表彰程序

（一）企业申报。每年1月，由上年符合条件的企业自主组织资料向县商务局进行申报。申报递交的资料包括：桃江县新增限额以上商贸企业和个体入统奖励申报审批表、企业法人证书复印件、企业法定代表人、其他相关证明材料。

（二）部门审核。每年的2月上旬，县商务局对企业申报的材料进行初审汇总后，分别送县统计局、县市场监督管理局进行审核。主要审查是否为登记注册的企业法人，是否纳入了限上商贸统计范围。

（三）政府审批。经上述审核后，由县商务局汇总审批花名册，报分管副县长和常务副县长审核批准。

（四）社会公示。经审核批准后的获奖单位名单在桃江公众信息网公示7天，接受社会监督。

（五）表彰奖励。公示无异议后，在全县商贸统计工作会议上，对获奖的单位进行奖励表彰。

四、组织实施

（一）对限上入统企业和个体的奖励表彰由县商务局为主组织实施，县统计局、县市场监督管理局按照各自的职能履行审核职责。

（二）奖励资金由县财政据实安排。

（三）县商务、统计、市监等部门要严格审核标准，不得徇私舞弊和放低工作要求，对在新增限上商贸企业和个体奖励中出现违法违纪问题的，将严肃追究相关责任人的责任。

五、在本办法实施期间，如国家、省、市出台更优惠的奖励政策，按国家、省、市的奖励政策执行。

六、本办法由县商务局负责解释，自发文之日起执行。

桃江县人民政府办公室
关于促进农民增收和粮食“双稳”工作的通知

桃政办发〔2020〕3号

各乡镇人民政府，县直有关单位：

促进农民增收和粮食“双稳”是“三农”工作的中心任务。确保农业经济协调发展，迫切需要拓宽新渠道、挖掘新潜力、培育新动能。为进一步完善支持政策，促进农民持续增收，结合我县实际，现就促进农民增收和粮食“双稳”工作通知如下：

一、明确目标任务

农民收入增长支持政策体系进一步完善，农业支持保护制度更加健全，农民就业创业政策更加完善，农村资源资产要素活力充分激发，农村保障政策有力有效，农民收入持续较快增长，确保实现农民人均收入较上年增长9%左右，粮食播种面积稳定在84.2万亩，总产稳定在35.3万吨。

二、落实工作措施

（一）加大农业基础设施投入。优先保障财政对“三农”的投入，加大立项争资力度，确保全县农业固定资产投入力度不减。积极推进高标准农田建设和农村土地整治，加强农田水利等基础设施建设，让农民长期受益。

（二）推动农业产业结构调整。进一步推动农业产业结构调整，将产业结构调整任务落地落实，增加农民收入。一是搞好规划布局，稳定粮食播种面积，发展特色旱杂粮和蔬菜、水果等经济作物，推进“稻油”水旱轮作，适度发展“稻渔”综合种养。二是全力抓好示范带动，各乡镇要办好示范片、示范点。三是强力推进农业园区建设，推动一、二、三产业融合发展，构建园区企业与农民之间的利益连接机制，促进农民增收。

（三）发展优势特色种养业。落实国家促进畜牧业发展的各项政策，扩大养殖规模，大力推动规模化饲养场、标准化养殖小区建设，推行“龙头企业＋专业合作社＋适度规模养殖农户”的发展模式，建设一批生猪养殖基地，力争畜牧业产值、畜牧业增加值与肉类总产量年增长达10%左右。发展蔬菜生产，依托蔬菜种植专业合作社，带动小农户种植，扩宽增收覆盖面，增加农民收入。

（四）拓展农产品加工与销售。重点扶持稻谷、竹笋、茶叶、牛肉、薯类等为主的加工企业，加强产销对接，发展订单农业。建立农产品购销对接信息平台，加大优势农产品宣传推介力度，针对性组织参加各类农产品展销促销活动，拓宽销售市场，延长产业链，促进农产品增产增收。充分发挥企业引领作用，积极吸纳农民工就业，调动农民务工积极性，增加农民收入。

（五）健全新型农业经营主体扶持政策。完善财税、信贷、保险、用地、项目支持等政策，培育发展种植大户、家庭农场、农民专业合作社、农业产业化龙头企业等新型农业经营主体。认真开展粮食生产规模经营主体营销贷款工作，健全土地流转服务体系，引导农民以多种方式流转承包土地的经营权。加强农民合作社规范化建设，相关扶持政策向规范化、示范性农民合作社倾斜。支持龙头企业发展，强化科技支撑，创新生产管理和商业模式。支持农业社会化服务组织发展，推广农业生产经营环节服务外包、土地托管、代耕代种、联耕联种等综合服务模式，重点扶持建设集收储、烘干、加工、配送、销售等全程一体化粮食服务中心。

（六）加强农业保险工作。农业保险是确保农民增收、稳定粮食播种面积、促进农业产业发展的重要保障，必须健全农业保险基层服务体系，覆盖直接物化成本，提高承保机构服务能力和服务水平，强化相关职能部门技术指导。积极开展以下保险：（1）水稻、玉米、油菜等粮油作物；（2）育肥猪、能繁母猪、生猪价格指数、能繁母牛、肉鸡等畜禽产品;(3)柑橘、葡萄、茶叶等经济作物;(4)生态公益林、楠竹等林业保险。另外对水稻、玉米、生猪和农民住房开展巨灾保险，增强对重大自然灾害风险的抵御能力和保障水平。

(七)加强农村金融服务。加强对“三农”的金融支持，提升服务“三农”能力。在银行业金融机构风险可控和商业可持续的前提下，对符合条件的新型经营主体，推进农村承包土地的经营权、农作物投保单和农民住房财产权进行抵押贷款，给予贷款扶持，并享受政策性贴息补贴。

(八)落实就业创业扶持政策。一是加强新型职业农民培育。实施新型职业农民培育工程，加强培训基地和农业田间学校建设，推进新型农业经营主体带头人培育行动。依托农业技术推广单位、涉农企业、农民合作组织、涉农职业院校和农林示范基地，围绕特色产业发展急需的关键技术开展培训。二是加强农村劳动力培育。以农民工为重点，开展劳务培训，实施农民工职业技能提升，提高职业培训针对性和有效性。加强农民工输出输入地劳务对接，积极开展有组织的劳务输出。三是支持农民创业创新。大力发展农产品加工、休闲农业和乡村旅游、农村服务业等劳动密集型产业项目，推进农村产业融合发展。支持农民工等人员返乡创业，挖掘农村传统工匠技艺，发展一乡一业、一村一品，培育乡村手工艺品和农村土特产品品牌。

(九)实施城镇化带动计划。根据地域分布、交通条件和现有基础，以城区为重点，以周边小城镇为支撑，规划发展特色产业，培育产业基础，增强小城镇对贫困农民的吸纳能力，保障进入小城镇的农民转得出、稳得住、能致富；督促、引导在县内从事服务业生产的企业优先使用当地劳务人员，加强合同监督管理，加强结算管理，确保农民工工资及时足额兑付，依托服务业助农增收。

(十)落实强农惠农补贴政策。落实好各项强农惠农政策，确保耕地地力保护和粮食适度规模经营补贴等资金及时发放到位。用好用活产粮大县奖励资金，通过加大财政投入力度，切实提高财政资金使用效益，加大对粮食生产功能区和油菜生产保护区建设扶持力度，保障农民合理收益。严格按照程序要求和管理办法，及时组织农业补贴资金的申报和发放，确保农民享受最大实惠。

(十一)切实减轻农民负担。切实加强农民负担监管，深入开展涉农收费专项治理。对学校违规收取教辅材料、保险、校服费、补课费、试卷费、水费，农民建房中违规罚款、收取押金、超标准收取办证费，办理居民身份证、户口簿等证件违规收费问题，办理惠农补贴“一卡通”违规收取年费问题，农机购置补贴发放中搭车收费、强制服务收费，一事一议超范围、超标准筹资筹劳等问题实行重点监管。严肃查处各种乱收费、乱摊派和截留、挪用、抵扣、滞留惠农资金的行为。

(十二)保持粮食生产“双稳”。一是严格落实粮食安全行政首长负责制。各乡镇人民政府要把粮食生产摆上重要议事日程，建立健全主要领导亲自抓、分管领导具体抓的工作机制，加强调度，及时解决生产中的具体问题，确保粮食生产有序推进。二是加强功能区建设。按照良田、良种、良法、良制、良机综合配套的要求，加快建设设施完善、土壤肥沃、技术先进、机制健全的高标准现代化粮食生产核心区域。三是禁止耕地抛荒。保持现有耕地面积基本稳定、土壤质量不下降。加强基本农田管理，严禁水稻生产功能区出现“非粮化”“非农化”。对辖区内发现10亩以上连片抛荒或实际抛荒面积超过耕地面积10%的，追究乡镇主要领导的责任。对于城镇建设和招商引资项目征而未用的连片耕地，各乡镇要进行认真清理，短期内确定不能开工建设的，要鼓励种粮合作社和种粮大户开展临时的季节性承包。四是稳定双季稻生产。各乡镇要加大政策宣传，以早稻绿色高质高效创建为抓手，引导农民合理安排种植结构，在排灌条件好、机械化程度和农民种植双季稻水平高的优势区要稳定双季稻播种面积，控制“双改单”，减少一季稻插花种植。五是大力发展高档优质杂交稻。力争全县高档优质稻推广面积达到20万亩以上。六是大力扩种旱杂粮。旱地、高岸田、天水田等要大力发展旱粮生产，扩大旱杂粮播种面积，重点发展红薯、玉米、大豆、马铃薯等特色旱杂粮。稻虾综合种养田埂要推广种植大豆等旱杂粮，既可满足虾用饲料，又可增加生产效益。七是发挥龙头企业引领作用。以稻米加工企业为依托，积极创建“公司+基地+农户”高效产业化经营模式，建立稳定的标准化生产基地，推进生产与市场的有效对接，实现粮食产品的优质优价和种植主体、龙头企业“双赢”。八是强化科技支撑。要推广优良品种，加大高产、优质、高抗、宜机等综合性状优良新品种的推广力度；要推广合理密植，实施“多播一斤种、增产一担粮”行动，保证丰产所需苗架，实现减氮增效目标；要推广晚稻安全齐穗技术，抓住晚稻高产稳产这一关键；要防范自然灾害风险，控制直播，改中稻为一季晚稻；要加强病虫综合防治，降低病虫灾害损失，实现虫口夺粮。九是发展“互联网 +”。促进粮食生产上网（互联网 +）通电（农村电商），延伸产业链。

三、强化保障措施

（一）加强组织领导。成立桃江县促进农民增收和粮食“双稳”工作领导小组，由县委常委、常务副县长任组长，分管副县长任副组长，县农业农村、财政、发改、国调队、统计、税务、水利、畜牧等部门和各乡镇人民政府主要负责人为成员。领导小组下设办公室，由县农业农村局局长兼任办公室主任，办公地点设县农业农村局。

（二）强化部门配合。建立促进农民增收和粮食“双稳”工作联席会议制度，联席会议原则上每季度召开一次，由领导小组组长、副组长召集，定期调度，定期研究。

（三）加强督查考核。领导小组办公室每年下达促进农民增收和粮食“双稳”工作任务，并不定期开展工作督查，各乡镇、各部门任务完成情况纳入年度绩效目标管理考核范围。

桃江县人民政府办公室

2020 年 2 月 26 日

年度文件目录

表 25

2020 年桃发文件目录一览表

文件名称	发布文号	发布机关	发布日期
印发《关于支持竹产业发展的八条政策措施》和《桃江县竹产业发展工作五年行动计划（2020 年—2024 年）》的通知	桃发〔2020〕2 号	县委、县政府	3 月 12 日
关于 2019 年度相关工作考核情况的通报	桃发〔2020〕3 号	县委、县政府	3 月 23 日
关于印发《2020 年桃江县乡镇、县直部门和双重管理单位绩效考核办法》的通知	桃发〔2020〕4 号	县委、县政府	3 月 27 日
印发《关于支持工业经济发展的八条政策措施》的通知	桃发〔2020〕5 号	县委、县政府	6 月 16 日
印发《关于支持和促进旅游产业发展的八条政策措施》的通知	桃发〔2020〕6 号	县委、县政府	6 月 18 日
关于印发《桃江县贯彻落实中央生态环境保护督察“回头看”及洞庭湖生态环境保护专项督察反馈意见整改方案》的通知	桃发〔2020〕7 号	县委、县政府	6 月 22 日
关于加快新时代教师队伍建设的实施意见	桃发〔2020〕8 号	县委、县政府	10 月 1 日
关于省委第十巡视组交办贯彻落实中央八项规定精神方面有关问题自查自纠工作方案	桃发〔2020〕9 号	县委	10 月 16 日
关于制定桃江县国民经济和社会发展第十四个五年规划和二〇三五年远景目标的建议	桃发〔2020〕10 号	县委	12 月 18 日
桃江县“洞庭清波”专项行动专项督查立行立改问题情况汇报	桃委〔2020〕7 号	县委、县政府	7 月 15 日
关于同意撤销中国共产党湖南桃江南方水泥有限公司委员会的批复	桃委〔2020〕8 号	县委	7 月 20 日
关于申请建立清华大学远程教育教学站的请示	桃委〔2020〕9 号	县委	8 月 19 日
关于对省纪委禁捕退捕工作督查组督查反馈意见整改情况的报告	桃委〔2020〕10 号	县委	8 月 31 日
桃江县“洞庭清波”专项行动专项督查交办问题整改情况汇报	桃委〔2020〕11 号	县委	9 月 11 日
关于同意设立中共桃江县法学会党组的批复	桃委〔2020〕12 号	县委	11 月 16 日
关于召开桃江县委经济工作会议及人大政协“两会”的报告	桃委〔2020〕13 号	县委	12 月 17 日
关于贯彻落实市委六届十次全会精神的情况汇报	桃委〔2020〕14 号	县委	12 月 17 日
关于违规发放津补贴、奖金的深刻检查	桃委〔2020〕15 号	县委	12 月 17 日
关于 2020 年桃江县食品安全工作情况的报告	桃委〔2020〕16 号	县委、县政府	12 月 21 日
中国共产党桃江县第十二届委员会第十次全体会议公报	桃委〔2020〕17 号	县委	12 月 21 日
关于设立中国共产党桃江县应急管理局委员会的通知	桃委〔2020〕19 号	县委	12 月 31 日
关于撤销中共共青团桃江县委员会党组的通知	桃委〔2020〕20 号	县委	12 月 31 日
关于设立中共桃江县征地拆迁安置与房屋征收补偿事务中心党组的批复	桃委〔2020〕21 号	县委	12 月 31 日

续表 25

文件名称	发布文号	发布机关	发布日期
关于印发《关于进一步规范机关事业单位人员流动调配工作的实施意见》的通知	桃办发〔2020〕2 号	县委办、县政府办	9 月 11 日
关于印发《桃江县党政机关国内公务接待管理实施细则》的通知	桃办发〔2020〕3 号	县委办、县政府办	10 月 1 日
关于印发《桃江县城乡义务教育优质均衡发展实施方案》的通知	桃办发〔2020〕4 号	县委办、县政府办	10 月 1 日
关于印发《2020—2023 年桃江县党员教育培训工作方案》的通知	桃办发〔2020〕8 号	县委办	12 月 29 日
关于成立中共桃江县委实施乡村振兴战略领导小组的通知	桃办〔2020〕1 号	县委办	11 月 3 日
关于开展 2020 年办实事送温暖活动的通知	桃办〔2020〕2 号	县委办、县政府办	1 月 3 日
关于印发《桃江县人大常委会机关职能配置、机构设置和人员编制规定》的通知	桃办〔2020〕3 号	县委办	1 月 3 日
关于印发《中国人民政治协商会议桃江县委员会机关职能配置、机构设置和人员编制规定》的通知	桃办〔2020〕4 号	县委办	1 月 3 日
关于印发《桃江县总工会机关职能配置、内设机构和人员编制规定》的通知	桃办〔2020〕5 号	县委办	1 月 3 日
关于印发《共青团桃江县委员会职能配置、内设机构和人员编制规定》的通知	桃办〔2020〕6 号	县委办	1 月 3 日
关于印发《桃江县科学技术协会职能配置、内设机构和人员编制规定》的通知	桃办〔2020〕7 号	县委办	1 月 3 日
关于印发《桃江县政务服务中心职能配置、内设机构和人员编制规定》的通知	桃办〔2020〕8 号	县委办、县政府办	1 月 3 日
关于印发《中共桃江县委党校（桃江县行政学校、桃江县社会主义学校）职能配置、内设机构和人员编制规定》的通知	桃办〔2020〕9 号	县委办	1 月 3 日
关于成立中共桃江县委新型冠状病毒感染的肺炎疫情防控工作领导小组的通知	桃办〔2020〕10 号	县委办	1 月 29 日
关于做好 2020 年县级领导联系乡镇和服务实体经济、重点项目工作的通知	桃办〔2020〕11 号	县委办、县政府办	2 月 5 日
印发《关于进一步落实重大事项请示报告制度的实施办法》的通知	桃办〔2020〕13 号	县委办	2 月 12 日
关于印发《桃江县妇女联合会机关职能配置、内设机构和人员编制规定》的通知	桃办〔2020〕14 号	县委办	2 月 19 日
关于印发《桃江县残疾人联合会机关职能配置、内设机构和人员编制规定》的通知	桃办〔2020〕15 号	县委办	2 月 26 日
关于印发《桃江县融媒体中心职能配置、内设机构和人员编制规定》的通知	桃办〔2020〕16 号	县委办	2 月 24 日
关于印发《桃江县数据资源服务中心职能配置、内设机构和人员编制规定》的通知	桃办〔2020〕17 号	县委办、县政府办	2 月 24 日
关于做好《益阳党委执政实录（2020）》及《桃江年鉴（2020）》组稿工作的通知	桃办〔2020〕18 号	县委办、县政府办	2 月 24 日
关于印发《县级领导和县直单位联系乡镇、村（社区）工作安排表》的通知	桃办〔2020〕19 号	县委办、县政府办	2 月 26 日
关于 2019 年度党风廉政建设和反腐败工作考评情况的通报	桃办〔2020〕20 号	县委办、县政府办	3 月 2 日

续表 25

文件名称	发布文号	发布机关	发布日期
关于印发《桃江县政协2020年工作要点和协商监督计划》的通知	桃办〔2020〕21号	县委办、县政府办、县政协办	3月2日
印发《关于保障全县早稻生产的十条措施》的通知	桃办〔2020〕22号	县委办、县政府办	3月12日
关于印发《2019年度县委书记抓基层党建述职评议考核问题整改方案》的通知	桃办〔2020〕23号	县委办	3月20日
关于印发《桃江县石牛江镇全域推进美丽乡村示范创建工作方案（2019—2020）》的通知	桃办〔2020〕24号	县委办、县政府办	3月20日
关于印发《桃江县机关事务服务中心职能配置、内设机构和人员编制规定》的通知	桃办〔2020〕25号	县委办	3月20日
关于成立桃江县推进湖南益阳金沙重型机械制造有限公司重组工作指导小组的通知	桃办〔2020〕26号	县委办、县政府办	3月24日
关于成立桃江县分类推进事业单位改革工作领导小组的通知	桃办〔2020〕27号	县委办、县政府办	3月27日
关于印发《桃江县2020年扶贫领域监督清单》的通知	桃办〔2020〕28号	县委办	3月31日
印发《关于深化改革加强食品安全工作的若干措施》的通知	桃办〔2020〕29号	县委办、县政府办	4月3日
关于印发《2019年度全县办公室工作考核情况通报》和《2020年全县办公室工作目标管理考核办法》的通知	桃办〔2020〕30号	县委办、县政府办	4月7日
关于印发《桃江县创建无信访村（社区）和无讼村（社区）实施办法》的通知	桃办〔2020〕31号	县委办、县政府办	4月9日
关于印发《桃江县“作风建设大提升、营商环境大优化”活动实施方案》的通知	桃办〔2020〕32号	县委办、县政府办	4月13日
关于印发《桃江县营商环境大优化行动方案》的通知	桃办〔2020〕33号	县委办、县政府办	4月13日
印发《关于加强党建引领全面推行乡村网格化管理和志愿服务工作的指导意见（试行）》的通知	桃办〔2020〕34号	县委办、县政府办	4月13日
关于开展桃江农商行不良贷款清收工作的通知	桃办〔2020〕35号	县委办、县政府办	4月13日
关于印发《中共桃江县委办公室2020年工作要点》的通知	桃办〔2020〕36号	县委办	4月13日
关于印发《桃江县2020年防汛抗旱工作责任制》的通知	桃办〔2020〕37号	县委办、县政府办	4月13日
关于印发《桃江县全面小康决胜年行动方案》的通知	桃办〔2020〕38号	县委办、县政府办	4月17日
关于印发《桃江县开展第四届“关爱明天、普法先行”——青少年普法教育活动实施方案》的通知	桃办〔2020〕39号	县委办、县政府办	5月15日
关于成立桃江县新时代文明实践中心和桃江县志愿服务促进中心的通知	桃办〔2020〕40号	县委办、县政府办	5月25日
关于印发《桃江县电子商务发展引导资金管理办法》的通知	桃办〔2020〕41号	县委办、县政府办	6月3日
印发《关于加强党建引领全面推行城镇社区网格化管理和志愿服务工作的指导意见（试行）》的通知	桃办〔2020〕42号	县委办、县政府办	6月3日
关于印发《桃江县国土空间总体规划（2020—2035年）编制工作方案》的通知	桃办〔2020〕43号	县委办、县政府办	6月11日
印发《关于成立桃江农商行脱困化险工作领导小组》和《关于重新明确桃江农商行不良贷款清收工作任务》的通知	桃办〔2020〕44号	县委办、县政府办	6月28日

续表 25

文件名称	发布文号	发布机关	发布日期
关于印发《桃江县“桃花江文艺奖”评奖办法》的通知	桃办〔2020〕45 号	县委办、县政府办	6 月 29 日
关于印发《桃江县基层妇联组织、“妇贤”评选奖励办法》的通知	桃办〔2020〕46 号	县委办、县政府办	7 月 7 日
关于印发《成立桃江县湖南益阳金沙重型机械制造有限公司维稳处突工作领导小组》等三个文件的通知	桃办〔2020〕47 号	县委办、县政府办	7 月 14 日
关于印发《2020 年重点工作和重点项目目标管理考核办法》的通知	桃办〔2020〕48 号	县委办、县政府办	7 月 15 日
关于印发《2020 年桃江县乡镇、县直部门重点工作目标考核细则》的通知	桃办〔2020〕49 号	县委办、县政府办	7 月 15 日
关于印发《桃江县 2020 年排查整顿农村发展党员违规违纪问题工作方案》的通知	桃办〔2020〕50 号	县委办	7 月 17 日
关于规范 2020 年绩效考核奖励工作的意见	桃办〔2020〕51 号	县委办、县政府办	7 月 28 日
关于成立县委退役军人安置工作领导小组的通知	桃办〔2020〕52 号	县委办、县政府办	8 月 19 日
关于开展奖金补助发放、公务接待、商务接待问题自查自纠的通知	桃办〔2020〕53 号	县委办	8 月 28 日
关于印发《信访问题控增量去存量实施办法》的通知	桃办〔2020〕54 号	县委办、县政府办	9 月 8 日
转发《县委宣传部、县委组织部关于认真做好〈习近平谈治国理政〉第三卷学习使用工作的通知》的通知	桃办〔2020〕55 号	县委办	9 月 9 日
关于表彰 2020 年桃江县优秀校长、优秀班主任、优秀教师的通报	桃办〔2020〕56 号	县委办、县政府办	9 月 9 日
关于成立桃江县配合湖南省生态环境保护督察“回头看”工作协调联络组的通知	桃办〔2020〕57 号	县委办、县政府办	9 月 14 日
关于印发《桃江县桃花江核电项目工作办公室职能配置、内设机构和人员编制规定》的通知	桃办〔2020〕58 号	县委办、县政府办	10 月 9 日
关于印发《桃江县桃冶社区服务指导中心职能配置、内设机构和人员编制规定》的通知	桃办〔2020〕59 号	县委办、县政府办	10 月 9 日
关于印发《桃江县文学艺术界联合会机关职能配置、内设机构和人员编制规定》的通知	桃办〔2020〕60 号	县委办	10 月 9 日
关于印发《桃江县归侨侨眷联合会机关职能配置、内设机构和人员编制规定》的通知	桃办〔2020〕61 号	县委办	10 月 9 日
关于进一步推进重点项目建设工作的通知	桃办〔2020〕62 号	县委办、县政府办	10 月 11 日
关于印发《桃江县 2020 年国家重点生态功能区县域生态环境质量考核工作实施方案》的通知	桃办〔2020〕63 号	县委办、县政府办	10 月 18 日
关于调整县委农村工作领导小组成员的通知	桃办〔2020〕64 号	县委办	11 月 3 日
关于做好 2021 年度全县党报党刊发行工作的通知	桃办〔2020〕65 号	县委办、县政府办	11 月 6 日
关于印发《桃江县网格化管理工作考核奖励办法》的通知	桃办〔2020〕66 号	县委办、县政府办	11 月 18 日
关于印发《县委落实全面从严治党主体责任清单》《县委常委会成员履行全面从严治党责任清单》的通知	桃办〔2020〕67 号	县委办	12 月 10 日
关于印发《2020 年桃江县在职县级干部绩效考核办法》的通知	桃办〔2020〕68 号	县委办、县政府办	12 月 10 日
关于印发贯彻落实许达哲同志调研座谈会重要工作部署责任分工方案的通知	桃办〔2020〕69 号	县委办	12 月 10 日

续表 25

文件名称	发布文号	发布机关	发布日期
关于成立全县党员教育管理工作协调小组的通知	桃办〔2020〕70 号	县委办	12 月 29 日
关于进一步规范全县奖金发放审批管理的通知	桃办〔2020〕71 号	县委办、县政府办	12 月 30 日
关于印发《2021 年县级领导周一信访接待安排表》的通知	桃办〔2020〕72 号	县委办、县政府办	12 月 30 日
关于做好 2021 年元旦春节期间有关工作的通知	桃办〔2020〕73 号	县委办、县政府办	12 月 31 日

表 26

2020 年桃政发文件目录一览表

序 号	文 号	标 题
1	桃政发〔2020〕1 号	关于应对新型冠状病毒感染的肺炎疫情支持中小企业共渡难关的十二条政策意见
2	桃政发〔2020〕2 号	关于认真做好桃江县第七次全国人口普查工作的通知
3	桃政发〔2020〕3 号	关于印发《桃江县畜禽养殖禁养区划定方案》的通知（TJDR-2020-00001）
4	桃政发〔2020〕4 号	关于分解下达 2020 年《政府工作报告》工作任务的通知
5	桃政发〔2020〕5 号	关于征收居士巷片区城市棚户区改造项目国有土地上房屋的决定
6	桃政发〔2020〕6 号	关于公布《桃江县乡镇权力清单和责任清单》《桃江县乡镇经济社会管理权限目录》的通知（TJDR-2020-00002）
7	桃政发〔2020〕7 号	关于印发《桃江县政府投资项目审计监督暂行办法》的通知（TJDR-2020-00004）
8	桃政发〔2020〕8 号	关于印发《桃江县市场监管领域全面推行部门联合“双随机、一公开”监管实施方案》的通知
9	桃政发〔2020〕9 号	关于征收团山路片区城市棚户区改造项目国有土地上房屋的决定（A3）
10	桃政发〔2020〕10 号	关于印发《桃江县财政投资评审管理暂行办法》的（TJDR-2020-00007）
11	桃政发〔2020〕11 号	关于印发桃江县中心城区声环境功能区划分调整方案的通知
12	桃政发〔2020〕12 号	关于征收滨江棚户区育英巷东片区改造项目国有土地上房屋的决定
13	桃政发〔2020〕13 号	关于进一步促进企业上市的意见（TJDR-2020-00009）
14	桃政发〔2020〕14 号	关于公布规范性文件第七轮清理结果的通知（TJDR-2020-00010）

表 27

2020 年桃政文件目录一览表

序 号	文 号	标 题
1	桃政〔2020〕1 号	关于请求延长碍航补偿期并提高补偿标准的请示
2	桃政〔2020〕2 号	关于请求对 S223 桃江县城至益马高速桃花江互通公路改建项目等给予资金补助的请示
3	桃政〔2020〕3 号	关于请求将桃江高桥至宁乡黄材公路纳入省道路网规划并在“十四五”启动建设的请示
4	桃政〔2020〕4 号	关于申请政府转债资金用于国道项目建设的请示
5	桃政〔2020〕5 号	关于解决冠状病毒感染的肺炎疫情防控物资的请示

续表 27

序　号	文　号	标　题
6	桃政〔2020〕6 号	关于请求调拨疫情防控防护物资的请示
7	桃政〔2020〕7 号	关于将桃江县鲊埠回族乡中心学校纳入全省芙蓉学校建设项目规划的请示
8	桃政〔2020〕8 号	关于增加 2020 年高标准农田建设项目指标的请示
9	桃政〔2020〕9 号	关于请求批准桃江县生活垃圾和餐厨垃圾纳入益阳市焚烧发电厂处理计划的请示
10	桃政〔2020〕10 号	关于请求同意湖南桃江经济开发区申报省级高新技术产业开发区的请示
11	桃政〔2020〕11 号	关于继续将桃江县纳入财政支持农业生产社会化服务试点项目的请示
12	桃政〔2020〕12 号	关于请求解决农业生产救灾资金的请示
13	桃政〔2020〕13 号	关于请求解决公路建设资金的请示
14	桃政〔2020〕14 号	关于设立桃江县高桥镇石洞板岩矿与鸬鹚渡镇分水岭板岩矿有关事项的请示
15	桃政〔2020〕15 号	关于请求同意我县石牛江镇、牛田镇 2 家砂石场延期整改的请示
16	桃政〔2020〕16 号	16 号 关于将我县马迹塘镇九岗塅村自然湾组不稳定斜坡予以立项的请示
17	桃政〔2020〕17 号	关于请求同意益阳松木塘风电 110 千伏送出工程穿越桃花江风景名胜区（罗溪景区）的请示
18	桃政〔2020〕18 号	关于请求同意桃江县灰山港镇铁矿坳砂岩矿扩界的请示
19	桃政〔2020〕19 号	关于请求解决我县历史遗留石煤矿山地质环境治理和生态修复治理资金的请示
20	桃政〔2020〕20 号	关于请求支持桃江县以笋竹产业为核心创建国家现代农业产业园的请示
21	桃政〔2020〕21 号	关于请求支持我县石牛江镇农村人居环境整治整镇推进建设项目的请示
22	桃政〔2020〕22 号	关于局部调整大栗港镇等部分乡镇土地利用总体规划的请示
23	桃政〔2020〕23 号	关于请求免除批而未供土地出让交易服务费的请示
24	桃政〔2020〕24 号	关于市洞庭水泥厂申报棚改建设项目相关情况的报告（桃政）
25	桃政〔2020〕25 号	关于请求同意撤销桃花江自然保护区的请示
26	桃政〔2020〕26 号	关于调整石煤矿山污染治理销号时间的请示
27	桃政〔2020〕27 号	关于局部调整《桃江县土地利用总体规划（2006—2020 年）（2020 年修订版）》的请示
28	桃政〔2020〕28 号	关于请求解决水毁公路维修资金的请示
29	桃政〔2020〕29 号	关于请求推荐并重点支持桃江县创建以笋竹产业为核心的省级现代农业特色产业集聚区的请示
30	桃政〔2020〕30 号	关于将桃江县列为 2020 年全国电子商务进农村综合示范县的请示
31	桃政〔2020〕31 号	关于请求同意新设桃江县高桥镇石洞板岩矿等 3 家砂石矿山的请示
32	桃政〔2020〕32 号	关于增补 2020 年省重点建设项目的请示
33	桃政〔2020〕33 号	关于将我县纳入 2020 年湖南省全域旅游示范区验收认定单位的请示
34	桃政〔2020〕34 号	关于请求对桃江县城市防洪工程建设项目给予重点支持的请示
35	桃政〔2020〕35 号	关于益阳东方新博石料有限公司启动建设许可的请示

续表 27

序　号	文　号	标　题
36	桃政〔2020〕36 号	关于请求同意益阳东方新博石料有限公司万功塘石灰岩矿与桃江东方石料开发有限公司天子坡石灰岩矿矿山扩界与调整生产规模的请示
37	桃政〔2020〕37 号	关于请求验收桃江县日斗石煤矿和益阳弘基矿业有限公司桃江县松木塘陈家冲石煤矿开采区污染治理工程项目的请示
38	桃政〔2020〕38 号	关于申报 2020 年度湖南省知识产权建设强县的请示
39	桃政〔2020〕39 号	关于将我县范家洞风电场项目纳入《桃江县土地利用总体规划（2006—2020 年）（2020 年修订版）》重点建设项目规划表的请示
40	桃政〔2020〕40 号	关于请求支持置换桃江县气象局东西面土地相邻地块的请示
41	桃政〔2020〕41 号	关于申报 2021 年中央财政支持农作物秸秆综合利用重点县项目的请示
42	桃政〔2020〕42 号	关于请求对我县灰山港工业集中区规划环评的产业规划予以重新调整的请示
43	桃政〔2020〕43 号	关于推荐“益阳市教育突出贡献奖”候选人的报告
44	桃政〔2020〕44 号	关于申办 2020 中国户外健身休闲大会桃江站的请示
45	桃政〔2020〕45 号	关于调整桃江县马迹塘镇水厂、武潭镇水厂 2 个河流型饮用水水源地保护区范围的请示
46	桃政〔2020〕46 号	关于局部调整《桃江县土地利用总体规划（2006—2020 年）（2020 年修订版）》的请示
47	桃政〔2020〕47 号	关于赋予灰山港镇人民政府、武潭镇人民政府婚姻登记职权的请示
48	桃政〔2020〕48 号	关于申报创建湖南省家庭农场示范县的请示
49	桃政〔2020〕49 号	关于呈请将唐珀鸣涉黑案中的财产依法判决后指定桃江县人民法院执行的请示
50	桃政〔2020〕50 号	关于申请调整湖南省桃江县大栗港镇安宁水厂供水工程水源地的请示
51	桃政〔2020〕51 号	关于请求将桃江县灰山港镇二中纳入全省芙蓉学校建设项目规划的请示
52	桃政〔2020〕52 号	关于桃江县污水处理厂污泥处置问题的请示
53	桃政〔2020〕53 号	关于申报 2020 年稻油水旱轮作试点项目的请示
54	桃政〔2020〕54 号	关于申请发行地方政府债券支持高标准农田建设的请示
55	桃政〔2020〕55 号	关于申请调整湖南省桃江县大栗港镇安宁水库饮用水水源保护区水源地的请示
56	桃政〔2020〕56 号	关于湖南省桃江县大栗港镇安宁水库饮用水水源保护区环境问题销号的请示
57	桃政〔2020〕57 号	关于请求推荐桃江县洋泉湾村申报创建湖南省乡村旅游重点村的请示
58	桃政〔2020〕58 号	关于请求调整我县 2018 年及 2020 年棚改项目的请示
59	桃政〔2020〕59 号	关于将我县 2020 年度地质灾害搬迁避让项目予以立项的请示
60	桃政〔2020〕60 号	关于请求推荐桃江县灰山港镇创建国家卫生镇的请示
61	桃政〔2020〕61 号	关于请求将桃江县九家纸厂（原 27 家合并）引导退出纳入省级综合奖补范围的请示
62	桃政〔2020〕62 号	关于请求解决桃江县石牛江镇牧山冲农村安全饮水工程项目建设资金的请示
63	桃政〔2020〕63 号	关于请求解决修山镇石溪、南晓冲溪河岸护坡建设资金的请示
64	桃政〔2020〕64 号	关于请求同意划分高桥镇荷叶塘 牛田镇临市街 松木塘镇响涛园 3 个“千人以上”集镇供水工程水源地保护区范围的请示
65	桃政〔2020〕65 号	关于变更减少桃江县 2019 年度二期城乡建设用地增减挂钩项目拆旧区面积的请示

续表 27

序　号	文　号	标　题
66	桃政〔2020〕66 号	关于申报湖南省桃江县 2021 年重点流域农业面源污染治理项目储备的请示
67	桃政〔2020〕67 号	关于请求同意划分桃江县鲊埠回族乡山茅村水库支流饮用水源保护区范围的请示
68	桃政〔2020〕68 号	关于申报 2020 年综合油料大县项目的请示
69	桃政〔2020〕69 号	关于申报 2020 年茶油大县项目的请示
70	桃政〔2020〕70 号	关于桃江县石煤矿山治理项目申请销号的请示
71	桃政〔2020〕71 号	关于支持桃江县牛田集镇地质灾害勘查项目立项的请示
72	桃政〔2020〕72 号	关于局部调整《桃江县土地利用总体规划（2006—2020 年）（2016 年修订版）》的请示
73	桃政〔2020〕73 号	关于请求增补原桃江稀土金属冶炼厂职工家属区“三供一业”项目后续资金的请示
74	桃政〔2020〕74 号	关于局部调整灰山港镇等三个乡镇土地利用总体规划的请示
75	桃政〔2020〕75 号	关于请求支持我县少数民族龙头企业发展的请示
76	桃政〔2020〕76 号	关于再次申请政国土字〔2013〕207 号《农用地转用、土地征收审批单》地块二延期供地的请示
77	桃政〔2020〕77 号	关于请求批准白竹洲等 22 座小水电站清理整改验收销号的请示
78	桃政〔2020〕78 号	关于请求同意益阳东方新博石料有限公司万功塘石灰岩矿在市级延续登记的请示
79	桃政〔2020〕79 号	关于请求支持湖南稀土金属材料研究院和原益阳桃江金牛稀土厂放射性废渣处置的请示
80	桃政〔2020〕80 号	关于我县耕地严格管控区治理有关问题的请示
81	桃政〔2020〕81 号	关于请求将我县 1500 万元借款转为市属四家国有企业改制成本的请示
82	桃政〔2020〕82 号	关于请求尽快出让桃江县石洞矿区建筑用板岩矿的请示
83	桃政〔2020〕83 号	关于局部调整大栗港镇和三堂街镇土地利用总体规划的请示
84	桃政〔2020〕84 号	关于请求同意由县财政出资对桃江县灰山港镇万功塘矿区石灰岩矿进行勘查的请示
85	桃政〔2020〕85 号	秘密文件
86	桃政〔2020〕86 号	关于将我县大仑山煤矿矿山地质环境治理项目予以立项的请示
87	桃政〔2020〕87 号	关于请求关停益阳鸿胜物流有限公司的请示
88	桃政〔2020〕88 号	关于呈请将唐珀鸣等涉黑案财产留归桃江县财政的请示
89	桃政〔2020〕89 号	关于请求变更《桃江县畜禽粪污资源化利用项目实施方案》的请示
90	桃政〔2020〕90 号	桃江县人民政府关于调整城镇土地使用税地段等级税额标准和征收范围的请示
91	桃政〔2020〕91 号	关于划分桃江县大栗港镇三斗村水库等 30 个“千人以上”供水工程饮用水水源保护区范围的请示
92	桃政〔2020〕93 号	关于请求批准实施 2020 年秸秆综合利用重点县项目的请示
93	桃政〔2020〕94 号	关于浮邱山乡“8·16”淹溺事故的检查书
94	桃政〔2020〕95 号	关于审查《桃江县 2020 年松材线虫病除治工作实施方案》的请示
95	桃政〔2020〕96 号	关于局部调整《桃江县土地利用总体规划（2006—2020 年）（2016 年修订版）》的请示

续表 27

序　号	文　号	标　题
96	桃政〔2020〕97 号	关于桃江久通锑业有限责任公司新建尾矿库的请示
97	桃政〔2020〕98 号	关于划分桃江县大栗港镇资江饮用水水源地保护区范围的请示
98	桃政〔2020〕99 号	关于支持我县严格管控区耕地产业结构调整的请示
99	桃政〔2020〕100 号	关于将“马迹塘笋竹小镇”建设纳入农业特色小镇支持范围的请示
100	桃政〔2020〕101 号	关于申请对全省城乡客运一体化示范县创建工作进行验收的请示
101	桃政〔2020〕102 号	关于局部调整灰山港镇土地利用总体规划的请示
102	桃政〔2020〕103 号	关于 2018 年省环保督察反馈的第 25 个问题整改销号的请示
103	桃政〔2020〕104 号	关于申请全民国防教育基地实物展品的请示
104	桃政〔2020〕105 号	关于桃江县农业农村局女性专业技术人员信访事项调查处理情况的报告
105	桃政〔2020〕106 号	关于支持桃江县农村人居环境整治整县推进县的请示

表 28

2020 年桃政办发文件目录一览表

序　号	文　号	标　题
1	桃政办发〔2020〕1 号	关于印发《桃江县新型冠状病毒感染的肺炎疫情防控工作方案》的通知
2	桃政办发〔2020〕2 号	关于印发《桃江县新型冠状病毒感染的肺炎疫情防控应急预案（试行）》的通知
3	桃政办发〔2020〕3 号	关于促进农民增收和粮食“双稳”工作的通知
4	桃政办发〔2020〕4 号	关于印发《桃江县资江流域锑超标整治工作领导小组方案》《桃江县沾溪流域污染综合治理工程（第一阶段）整治方案》《桃江久通锑业有限责任公司环境问题督导整改方案》的通知
5	桃政办发〔2020〕5 号	关于印发《桃江县森林火灾应急预案》的通知
6	桃政办发〔2020〕6 号	关于推进行政审批中介服务标准化建设的通知
7	桃政办发〔2020〕7 号	关于印发《桃江县工程建设项目审批制度深化改革实施方案》的通知
8	桃政办发〔2020〕8 号	关于印发《桃江县第四届全民健身运动会实施方案》的通知
9	桃政办发〔2020〕9 号	关于印发《桃江县人民政府法律顾问工作实施办法》的通知
10	桃政办发〔2020〕10 号	关于印发《桃江县贯彻落实〈保障农民工工资支付条例〉实施办法》的通知
11	桃政办发〔2020〕11 号	关于明确 2020 年全县真抓实干督查激励措施工作责任和任务的通知
12	桃政办发〔2020〕12 号	关于印发《桃江县集中化解房地产办证信访突出问题专项行动方案》的通知
13	桃政办发〔2020〕13 号	关于印发《桃江县新增限额以上商贸企业和个体入统促进奖励办法》的通知
14	桃政办发〔2020〕14 号	关于印发《桃江县尘肺病防治攻坚行动方案》的通知
15	桃政办发〔2020〕15 号	关于印发《2020 年秋季县城义务教育阶段招生工作方案》的通知
16	桃政办发〔2020〕16 号	关于印发《桃江县 2020 年早稻收储实施方案》的通知

续表 28

序 号	文 号	标 题
17	桃政办发〔2020〕17 号	关于印发《桃江县人民政府常务会议制度》《县长专题(现场)会议制度》《县长碰头会议制度》的通知
18	桃政办发〔2020〕18 号	关于印发《桃江县政务数据资源管理办法》的通知
19	桃政办发〔2020〕19 号	关于印发《桃江县突发公共卫生事件应急预案》的通知
20	桃政办发〔2020〕20 号	关于印发《桃江县城镇居民住宅项目配建教育设施建设资金缴纳标准和管理使用暂行办法》的通知
21	桃政办发〔2020〕21 号	关于印发《桃江县农村公益性公墓建设管理暂行办法》的通知
22	桃政办发〔2020〕22 号	关于印发《桃江县 2021 年度城乡居民基本医疗保险参保缴费工作方案》的通知
23	桃政办发〔2020〕23 号	关于印发《桃江县政府和社会资本合作(PPP)项目管理办法》的通知
24	桃政办发〔2020〕24 号	关于印发《桃江县政府和社会资本合作(PPP)项目绩效评价实施意见》的通知

索 引

说 明

一、本索引把年鉴条目用主题分析的方法，按汉语拼音字母顺序排列。

二、索引名称后的阿拉伯数字表示内容所在页码，英文字母（a、b、c）表示栏别从左至右分 a、b、c 栏。

三、同一主题的内容在文中多处出现的，在其主题词后用不同的页码标明。

四、本年鉴“特载”“大事记”“先进名录”“统计资料”“附录”中的条目或信息均未作索引。

D

E

F

G

H

J

K

L

M

N

O

P

Q

R

S

T

W

X

Y

Z